민법총칙

황경웅 저

법영사

머 리 말

로스쿨에서 처음 법학을 접하는 학생들에게 가르치다 보니 학생들로 하여금 법학에 흥미를 갖게 하기가 어렵다는 것을 알게 된다. 더구나 민법총칙은 법학 중에서도 고도의 추상화가 가장 많이 되어 있는 분야라 이해하기 쉽게 가르치기가 만만치 않다.

이런 초학자들이 쉽게 접근할 수 있고, 쉬우면서도 민법의 근본이론을 알게 할 수 있는 교재가 있으면 좋겠다는 생각을 하였다. 그런데 기존의 교재들은 마치 암기장처럼 추상적인 법조문에 대한 해석과 학설, 판례를 나열식으로 소개하고 있다는 느낌을 많이 받았다.

그래서 쉬우면서도 깊이를 가지는 교재를 한번 만들어보자는 생각을 품게 되었다. 교재를 만들 때는 구체적인 예를 많이 넣어서 쉽게 설명을 하려고 노력하였고 법적 논리력을 키울 수 있도록 각 학설에 따라 어떤 결론이 나오는지를 밝히려고 노력하였다. 아울러 판례의 중요성을 고려하여 단순한 판례의 소개를 떠나 사안을 소개하고 나름대로 판례들에서 일관되는 숨어있는 논리를 찾아보려고 노력하였고 일견 모순되어 보이는 판례에 대해서는 일관성을 가질 수 있도록 논리를 개발하거나 저자의 시각에서 비판을 시도해 보았다.

그리고 본 책은 초학자뿐 아니라 로스쿨을 졸업하여 변호사가 되었을 때도 참고가 될 수 있는 책이 될 수 있도록 새로운 문제점에 대해서도 기술하였다.

이런 노력이 얼마나 성과를 거두었는지는 모르겠다. 차후 독자들의 냉정한 평가를 기다린다.

2022. 1.

흑석동 연구실에서

저자 씀

차 례

제 1 장 민법의 의의

제 2 장 권리의 주체

제3장 법 인

제4장 물 건

제 5 장 법률행위

제 6 장 기간(期間)

제 7 장 소멸시효

제 8 장 신의성실의 원칙

제1장 민법의 의의

Ⅰ. 법학이란

인간은 사회적 동물로서 타인과 다양한 관계를 맺으면서 생활하고 있다. 이런 다양한 인간관계에 관하여 각 학문은 각자의 관점에서 분석하는데, 예를 들면 정치학에서는 정치적인 관점에서 분석하고, 경제학은 경제적인 관점에서 분석하는 것처럼 법학은 법률적인 관점에서 분석한다.

이런 법률관계를 다루는 법학이 다른 학문과 다른 점은, 법률관계에서는 강제력을 가진다는 점이다.

Ⅱ. 법률관계의 다양성

법학의 대상으로서의 법률관계에서는 다양한 종류가 있고, 그 종류에 따라 그 법률관계를 규율하는 원칙이 다르며, 그 원칙을 구현하기 위한 제도나 방법도 다르다. 이를 구체적으로 본다.

예 1-1

A가 술에 취한 상태로 자동차를 운전하여 가던 중 B를 자동차로 쳐 상해를 입게 하였다.

위 예에서 벌어질 수 있는 법률적인 상황을 보면, 첫째 A는 B의 상해에 대해 형사적 처벌을 받게 된다(형사관계). 둘째 A의 운전면허가 관계 행정당국에 의해 정지 또는 취소된다(공법관계). 셋째 A는 B에 대해 손해배상으로 금전적 배상금을 지급해야 한다(민사관계).

1. 형사관계

위 예에서 A는 수사기관에 의해 구속 또는 불구속 상태에서 수사를 받게 될 수 있고 기소가 되면 재판절차를 통하여 교도소에 구금되는 처벌을 받을 수 있다. 이처럼 사회의 기본적 질서를 규정한 형법에 위반되는 행위를 한 사람에 대해서는 그 사람의 생명이나 신체에 직접적인 영향을 주는 강제적인 처벌수단을 동원한다. 이런 관계를 형사관계라고 한다.

역사적으로 형사관계에서는 권력자들이 권력의 유지를 위한 수단으로 고문이나 사형 등의 강제적인 처벌수단을 남용한 사례가 많았다. 그러나 근대에 이르러 사람들 사이에서 인권개념이 확산되면서 실체적 진실발견도 중요하지만 인권보호('열사람의 범인을 놓치더라도 한 사람의 무고한 사람을 만들면 안된다') 역시 중요하다는 인식을 갖게 되었다. 그리하여 형사관계에서는 죄형법정주의(罪刑法定主義), 영장주의, 무죄추정의 원칙 등이 중요하게 부각되고 이를 구현하기 위한 제도적 장치를 마련해 두고 있다.

2. 공법관계

위 예에서 음주운전을 한 A는 관할 경찰청장으로부터 운전면허가 정지 또는 취소당하는 처분을 받게 된다(도로교통법 제93조). 국가기관(또는 국가로부터 위임받은 단체나 기관 또는 사인)은 공공의 이익을 위해 국민에 대해 일정한 의무(국방의 의무, 납세의 의무 등)를 부과하거나 또는 어떠한 권리를 부여하는 처분(행정처분)을 할 수 있다. 이런 관계를 공법관계라고 한다.[1)]

이런 공법관계는 국가기관이 국민에 대하여 우월한 지위에서 공권력을 행사하는 관계라는 점에서 당사자 간의 대등한 관계를 전제로 하는 민사관계와 다르다. 이런 공법관계에서는 우월한 지위에 있는 국가기관이 공권력을 남용하지 못하도록 하기 위하여 '법률의 근거에 따라 처분을 하여야 한다'는 법치행정(法治行政)원칙이 작동한다.

전통적인 공법관계는 이처럼 국가의 공권력의 행사와 관련한 것이 대부분이었

---

1) 이런 공법관계에 해당하는 행정사건을 다루는 전문법원으로서 서울에는 행정법원이 일반법원에서 분리되어 따로 설립되어 있다. 그 외 헌법관련 소송은 헌법재판소에서 다룬다.

는데, 현대에 와서 극심한 빈부격차로 인한 노사관계의 악화, 독점적 시장지배력이나 경제적 우위를 이용한 독과점 등 자본주의의 폐해가 나타나자 이런 사적(私的) 영역에 국가가 개입하게 되었다. 즉 '국가의 공권력 행사'와 무관한 '일반 사기업 내지 일반인들 사이의 민사적 거래사건'에까지 국가가 개입하기 시작하였고 점점 더 개입의 범위가 넓어지고 있다. 이런 추세에 따라 국가의 역할에 대한 시각이 '야경국가(夜警國家)'[2)]라는 이념에서 '복지국가'라는 이념으로 변화하고 있다.

이런 새로운 분야는 대등하여야 할 민사관계에, 우월한 지위에 있는 국가가 개입한다는 점에서 전통적 공법관계와 차이가 있다. 이런 점에서 민사관계와 공법관계의 중간적 영역(이를 사회법이라 한다)에 해당한다고 할 수 있다. 그런데 이런 국가의 사적 영역에의 개입은 비전문가인 공무원에 의한 사적 거래관계에 과도한 간섭을 불러오고 그에 따른 비효율 및 국가경쟁력상실, 관련 공무원에 대한 로비 등으로 개인들간의 사적 거래관계에서의 불평등관계가 발생하는 등의 부작용이 생길 우려가 크므로 필요최소한의 개입에 그쳐야 할 것이다.

3. 민사관계

위 예에서 A는 피해자 B에 대해 금전으로 B가 입은 손해를 배상해야 한다. 이런 관계는 민사관계라고 한다. 이런 민사관계는 앞에서 본 형사관계나 공법관계와 달리 대등한 일반인들 사이에서 벌어지는 법률관계를 말한다. 이런 관계에서는 당사자들은 대등한 관계에서 자유롭게 법률관계를 형성할 수 있으며 언제든지 그 권리를 포기할 수도 있다.

법원에서 이런 종류의 소송을 심리할 때는 변론주의라고 하여, 증거의 제출이나 법률상의 주장에 대한 책임은 당사자 자신의 책임 하에 이루어지도록 하고 당사자가 제출하지 않거나 주장하지 않은 사항은 설사 법원이 우연히 알게 되었다고 하더라도 그것을 근거로 판결할 수 없도록 하는 원칙을 취하고 있다. 그 이유는 당사자가 서로 대등한 민사관계에서는 법원이 어느 한쪽의 편을 들어서는 아니 되고 공정한 심판자의 입장에서 판단을 내려야만 판결의 신뢰를 얻을 수 있기 때문이다.[3)]

---

2) 국가는 개인의 자유로운 활동을 최대한 보장하여야 할 의무가 있으므로, 국가의 역할은 밤에 도둑을 지키는 등 최소한의 질서를 유지하는 것으로 족하다고 하는 이념이다.

3) 이에 반하여 형사관계에서의 법원의 심리방식은 직권탐지주의라고 하여 법원이 책임지고 증

다만 민사관계에서도 특수한 종류의 것으로 가족관계사건이 있다. 이런 가족관계사건에는 친자관계, 혼인관계, 이혼관계, 상속관계[4]등이 있는데 이런 관계는 다른 민사관계와는 달리 재산적이거나 이해타산적인 것이 아니고 감정적이거나 이타적인 성격이 짙으므로 일반 민사사건과 다른 취급이 필요하다.

따라서 우리 민법은 가족관계사건(통상 가사사건이라고 한다)에서는 일반 민사사건에서의 심리방법인 변론주의에 의하기보다는 그 사건의 성격에 따라 직권탐지주의 또는 직권조사주의나 변론주의를 적절히 선택하여 심리하도록 하고 있다.[5]

Ⅲ. 민법의 구조

1. 민사관계의 내용

인간은 종족을 유지하기 위하여 혼인하여 자식을 출산하여야 하고, 또 자신들이 생존하기 위한 의식주의 해결방법으로 그 필요한 자산을 스스로 생산하거나 다른 사람과 교환을 한다. 전자를 규율하는 것이 가족법 분야이고, 후자를 규율하는 것이 재산법 분야라고 할 수 있다.

가족법 분야는 구체적으로는 남녀의 혼인 및 이혼, 친자에 대한 양육과 교육, 가족재산에 대한 상속 등을 규율하게 된다.

재산법 분야는 스스로 생산하여 소유한 자산에 대하여 그 소유자는 어떤 권리를 가지는지를 기초로 하여(물권 분야), 그 소유자들이 자신의 자산을 서로 간에 어떠한 방법으로 교환하고 또 교환하기로 약속하면 어떠한 권리를 가지는지(계약 분야)에 관하여 규율하게 된다. 그런데 소유자의 재산이 감소하는 경우는 소유자의 의사에 기한 교환이라는 방식이외에도 제3자가 소유자의 재산을 파괴하는 등의 침해를 당하는 때에도 발생하고 어떤 경우에는 자신의 신체가 타인에 의해 손상당하는 일이 생기는데 이런 경우 피해자는 가해자에 대해 어떤 권리를 가지고, 가해자는 피해자에 대해 어떤 의무를 가지는지(불법행위 분야)에 관해서도 재산법

거를 수집, 조사하는 방식이다.

4) 상속관계에 대해서는 가족관계에 속하는 것이 아니라 일반민사사건의 재산법 분야에 속한다는 견해도 있다.

5) 가사사건과 상속관계사건은 가정법원이 설치되어 있는 지역에서는 일반 법원이 아닌 가정법원의 관할로 하고 있다(가사소송법 제2조).

분야는 규율하지 않을 수 없다.

이렇게 보면 재산법 분야는 크게 물권 분야, 계약 분야, 불법행위 분야로 나눌 수 있을 것이다.

2. 불문법과 성문법

가. 불문법(不文法)

민사적 법률관계를 규율하고 가르치는 방식은 나라마다 조금씩 다르다.

영미법계에서는 민사적 법률관계 전부를 망라하여 규율하는 일반법을 두지 않고, 특정 분야만을 규율하는 법률을 두고 있다(예를 들면 동산을 매매하는 분야라면 동산매매법 등을 제정하여 규율하는 식으로 한다). 이처럼 민사적 법률관계 전체를 망라하는 성문(成文)법규인 일반법이 없기 때문에 불문법 국가라고 한다. 그리고 영미법의 경우는 물권관련 분야는 물권법(property law), 계약관련 분야는 계약법(contract), 불법행위 관련분야는 불법행위법(tort)이라고 하여 각기 독립된 분야로 파악하여 가르치고 있고, 이들 분야 상호간에 밀접한 상호관련성이 있다거나 공통된 원칙이 있다고는 생각하지 않는다.

나. 성문법(成文法)

이에 반하여 대륙법계에서는 민사적 법률관계 전체를 망라하는 포괄적이고 일반적인 성문법규인 민법을 두고 있으므로 성문법 국가라고 한다. 성문법국가의 민법전 구성방법에는 로마식(인스티투티오네스식)과 독일식(판덱텐식)이 있는데, 로마식은 민법전을 인사편, 재산편, 소송편으로 나누는 방식이고(프랑스가 이를 따른다), 독일식은 총칙, 물권, 채권, 친족, 상속의 5편으로 나누는 방식이다. 대륙법(프랑스, 독일 등)의 경우는 민사적 법률관계의 성격을 규명하여 공통된 성질을 가진 것은 서로 모아서 통합하는 방식으로 규율한다.

특히 독일에서는 물권관련 분야는 객체를 직접 지배하는 성격의 법률관계(지배권)로 파악하여 물권으로 분류하고, 계약관련 분야나 불법행위 관련분야는 다른 사람에 대해 어떤 행위를 청구할 수 있는 청구권적 성격을 가지는 법률관계로 파악하여 채권으로 분류하고 나아가 채권에는 앞서 본 계약과 불법행위 이외에 사무관리[6]와 부당이득[7]도 있다고 보아 이들도 채권에 포함시켰다.

우리나라는 대륙법, 특히 독일의 예를 따라 민법이라는 단일한 법을 두고 그 속에 물권, 채권, 친족, 상속편을 두고 있다.

다. 차이

(1) 불문법 국가와 성문법 국가는 단지 민사관계를 규율하는 일반법으로서 민법이라는 법전이 존재하느냐 아니냐라는 점에 중요성이 있는 것이 아니고, 성문화된 법률을 어떻게 보느냐 하는 사고구조에서 큰 차이가 있다.

(2) 즉 성문법 국가에서 민법은 민사적 법률관계 전체를 망라하여 규정하고 있기 때문에 법률내용이 추상적, 일반적으로 규정될 수밖에 없는데, 어떤 법률문제가 구체적인 해당 민법규정의 범위를 벗어난 것 같이 보이는 경우(그것이 입법자의 과실로 미처 생각하지 못하였거나 시간의 경과로 사회환경이 변화되어 그대로 적용하기 곤란한 때에 발생할 수 있다) 성문법 국가의 법률가들은 기존 민법의 규정 중 그 문제를 규율하여야 할 것으로 판단되는 유사한 규정을 선택하여 그 규정의 입법취지, 입법경위 등을 고려한 해석을 통하여 해결하거나 유추적용하여 해결한다.

(3) 그러나 불문법 국가의 법률가들은 법률은 그 법률이 규정하는 구체적인 사안에 대해서만 적용되고 그 법률이 규정하지 않은 사안에 대해서는 적용되지 않는다고 판단한다. 그리하여 그 법률에서 규정되지 않은 사건이 발생하면 그 법률이 적용되지 않는다고 보아(이런 사건을 해당 법률이 규율하려고 하였다면 법률에 그 내용을 규정하였을 것인데, 규정하지 않은 것은 해당 사건과 같은 사안에는 그 법률을 적용하지 않으려는 의도였다고 본다), 그 이전에 선고된 common law 상의 판례들로부터 일반원칙을 도출하여 그 원칙에 따라 사안을 해결한다.[8][9]

---

6) 사무관리란 의무 없이 타인을 위하여 사무를 관리하는 경우를 말한다(민법 제734조 참조). 예를 들면 이웃집에서 키우는 개가 다치자 스스로 그 개를 자신의 비용으로 치료해주고 그 치료비를 이웃집 개 주인에게 청구하는 경우를 들 수 있다.

7) 부당이득이란 법률상 원인 없이 타인의 재산 또는 노무로 이익을 얻고 이로 인하여 타인에게 손해를 가한 때에 이득자가 그 이익을 손실자에게 반환하는 경우를 말한다(민법 제741조 참조). 예를 들면 계약에 기하여 급부하였으나 그 계약이 불성립·무효·취소되어 그 급부를 반환하는 경우(급부부당이득이라고 한다)나, 타인의 토지를 이용하여 이득을 취한 때에 그 이득을 토지 소유자에게 반환하는 경우(침해부당이득이라고 한다) 등을 들 수 있다.

8) 성문법 국가에서의 법원의 역할은 입법기관이 마련한 법률의 단순한 해석 적용에 있다고 보는 소극적인 것임에 반하여, 불문법 국가에서의 법원의 역할은 법률이 미비한 사안에서는 새로운 규율을 형성하는 적극적인 것임을 알 수 있다. 이를 보면 성문법 국가에서는 판사에 대한 부정적인 시각이 있음에 반하여, 불문법 국가에서는 판사에 대한 긍정적인 시각을 갖고

(4) 이처럼 어떤 법계의 국가에 속하는지에 따라 법률가들의 법률에 대한 시각이나 태도가 다르고, 그에 따라 판례가 가지는 역할이나 의미가 달라진다. 즉 불문법 국가에서는 판례가 가지는 의미나 역할이 사회변화를 주도할 정도로 중요하지만, 대륙법 국가에서의 판례는 원칙적으로 법률을 해석하는 소극적 역할을 담당하고 있다.

3. 근대민법의 3원칙과 그 변화

근대에 이르러 사람들 사이의 거래와 교역이 활발해지면서 개인의 자유로운 활동을 보장하기 위한 제도적, 법적 장치가 필요하게 되고 이를 뒷받침하게 될 사상적, 이론적 배경과 원칙이 등장하게 된다.

이런 필요성에서 앞에서 본 물권 영역, 계약 영역, 불법행위 영역에 맞추어 소유권 존중의 원칙, 계약자유의 원칙, 과실책임의 원칙이 등장하게 되었다.

가. 소유권 존중의 원칙

이는 각 개인의 사유 재산권에 관한 절대적 지배를 인정하여 국가나 다른 개인으로부터의 간섭이나 제한을 배제한다는 원칙이다. 사유재산권에서 가장 중요한 것이 소유권이므로 소유권절대의 원칙이라고도 한다. 근대 민법에서의 이 원칙은 개인의 소유권을 확고히 한 후 그 소유물을 발판으로 스스로 법률관계를 형성하여 가는 것이므로 가장 기본적이고 절대적인 것이었다.

그런데 현대에 들어와서 자본주의의 폐해가 드러난 후에는 개인의 사유재산권의 지나친 보호는 타인의 소유권의 침해가 되고, 나아가 공공복리에도 도움이 되지 않는다는 것을 인식하게 되었고, 그리하여 이 원칙에 대하여도 수정을 가하여 소유권의 행사도 공공복리에 의해 제한되도록 하고 있다(헌법 제23조 제1항은 '국민의 재산은 보장된다. 그 내용과 한계는 법률로 정한다'고, 제2항은 '재산권의 행사는 공공복리에 적합하도록 하여야 한다'고 규정하고 있다).

있다는 것을 알 수 있는데, 이는 해당 국가들의 역사적 사실이나 경험에서 비롯된 것이다.

9) 영미법 국가에서도 성문화된 규정을 유추하여 적용하는 예가 없는 것은 아니다. 그러나 기본적인 생각이 이와 같다는 것이다. 기존의 성문화된 법률규정을 배제한 체 사건을 해결한다는 생각은 대륙법계 국가에서는 도저히 상상할 수 없다.

나. 사적자치의 원칙

각 개인의 사적 영역에서의 법률관계를 자신의 의사에 기하여 자유롭게 형성할 수 있는 자유를 말한다. 사적자치의 영역에서 가장 중요한 것은 계약이므로 계약자유의 원칙이라고도 한다.

구체적으로 계약자유의 원칙은 보통 ① 계약을 체결하거나 체결하지 않을 자유, ② 계약체결의 상대방을 선택할 자유, ③ 계약의 내용을 결정할 자유, ④ 계약체결의 방식에서의 자유 등 4가지를 든다. 그런데 위 ①②③은 시장경제가 제대로 작동할 때 의미가 있는데, 현대에 들어와 독과점이 생기고 생활에 꼭 필요한 재화나 물품이 독과점기업에 의해 지배될 때에는 명목상의 자유로 전락하게 된다. 예컨대 수도, 전기나 가스공급과 같이 생활에 꼭 필요한 재화나 물품에 대하여는 계약을 체결할 수밖에 없고, 다른 공급자를 선택할 방법이 없으며, 계약의 내용도 공급자가 제시하는 것을 받아들일 수밖에 없는 경우가 생기는 것이다.

그리하여 일정한 경우에는 법률에 의하여 계약체결을 강제하기도 하고,[10] 상대방을 선택하여 계약을 체결하지 못하게 하며,[11] 계약의 내용에 대하여[12] 제한을 가하기도 한다.

이에 반하여 ④는 대륙법계통의 나라에서 예전에 법률행위에 대하여 방식을 요구한 전통에서 벗어나기 위하여 도입된 원칙인데, 이런 전통이 없는 우리나라에서는 그다지 중요성이 없다. 오히려 계약의 신중함을 요구하는 보증(제428조의2)이나 유언자의 진정한 의사를 확인하기 어려운 유언(제1060조) 등에서는 방식주의를 채용하고 있다.

다. 과실책임의 원칙

개인 활동의 자유를 보장하기 위하여 타인에게 가한 손해에 대하여는 자신에게 고의나 과실이 있는 경우에 한하여 책임을 진다는 원칙이다. 고대에는 타인에게

10) 「전기사업법」 제14는 '발전사업자, 전기판매사업자 및 전기자동차충전사업자는 대통령령으로 정하는 정당한 사유 없이 전기의 공급을 거부하여서는 아니 된다'고 규정한다.

11) 「독점규제 및 공정거래에 관한 법률」 제23조 제1항 제1호는 '사업자는 부당하게 거래를 거절하거나 거래의 상대방을 차별하여 취급하는 행위를 하여서는 아니 된다'고 규정한다.

12) 「약관의 규제에 관한 법률」 제17조는 '사업자는 제6조부터 제14조까지의 규정에 해당하는 불공정한 약관 조항을 계약의 내용으로 하여서는 아니 된다'고 규정하여 자세히 나열하고 있다.

손해가 발생하면 무조건 책임을 지는 결과책임주의의 입장에 서 있었으나 근대에 들어오면서 타인에게 손해를 가하였더라도 자신에게 고의나 과실이 없으면 손해배상의 책임을 부담하지 아니하도록 하여 행동의 자유의 폭을 넓힘으로써 근대자본주의의 발달에 기여하였다.

그런데 근대사회에 이르러 기술이 발전함에 따라 수많은 고속교통기관이나 공장시설 등이 들어서고 또 독립된 개인이나 시설 간의 분업화가 고도화됨으로써 위험성이 높아지고 사고도 자주 발생할 뿐 아니라 사고로 인한 피해가 심각하고 광범위한 데 반하여 그 사고에 과실이 있는지 없는지 나아가 과실이 있어도 누구에게 있는지를 판단하기가 어렵고 피해가 광범위하게 되면서 하나의 가해 기업으로서는 그 피해의 배상을 감당하기 어렵게 되었다.

이에 따라 무과실책임주의가 등장하고,[13] 또 보험제도까지 도입되었다. 이로 인하여 불법행위 영역에서의 이념이 '가해자에 대한 제재' 및 '불법행위의 억제'에서 '피해자의 구제'와 '불법행위로 인한 피해의 적절한 분배'로 이동하는 등 큰 변화가 예상된다.

4. 민법총칙의 구성

가. 구성

민법총칙은 통칙규정을 두고서, 먼저 권리의 주체로서 인(人)에 대해 규정한다. 특히 인에 관하여 자연인과 법인으로 나누어 규정한다.

나아가 권리의 객체로서 물건에 관하여 규정하고 있다. 권리의 객체는 유체물 외에도 무체재산권 등 많은 것이 있지만 민법총칙에서는 채권이나 무체재산권에 대해서는 규정하지 않고 유체물 및 관리할 수 있는 자연력에 대해서만 규정하고 있다.

그 외 법률행위와 기간 및 소멸시효에 대해 규정하고 있다.

나. 적용범위

(1) 민법총칙의 실질적 적용범위와 관련하여 학설은 나뉜다. 즉 민법총칙은 그 형식적 성격상 재산법과 가족법 모두에 적용된다는 견해와 재산법에만 적용되고

---

13) 「원자력손해배상법」 제3조는 무과실책임을 규정하고 있다.

가족법에는 적용되지 않는다는 견해가 있다.

(2) 민법총칙이라는 명칭은 본래 민법의 모든 영역에 공통적으로 적용된다는 의미에서 나온 것이지만, 실제로 그 내용을 분석하면 모든 영역에 공통적으로 적용된다고 보기 힘든 규정들이 많다. 예를 들면 '제1편 총칙'에서 법률행위를 할 수 있는 '행위능력'의 연령(제4조)과 '제5편 상속'에서 '유언능력'의 연령(제1061조)이 다르고, 또 '제1편 총칙'에서 법률행위의 '취소할 수 있는 경우(제109조, 제110조)나 그 효력(제141조)'이 '제4편 친족'에서 '취소할 수 있는 경우(제816조 등)와 그 효력(제824조)'과 서로 다른 점이 많아 민법총칙이 그대로 적용된다고 보기는 어렵다.

그렇다고 민법총칙의 규정이 가족법에 전혀 적용되지 않는 것도 아니다. 즉 제2조의 신의성실의 원칙이나 권리남용규정, 기간계산에 관한 규정(제155조 내지 161조) 등은 가족법에도 적용된다고 보아야 할 것이다.

따라서 민법총칙의 규정이 일률적으로 가족법에는 적용되느냐 아니냐는 식의 논의보다는 개별규정을 두고서 적용여부를 판단해야 할 것이다. 다만 재산법(제2편 물권, 제3편 채권)은 성격상 합리성과 이기적인 성격을 갖고 있음에 반하여 가족법은 감성적이고 이타적인 면이 있는 것을 감안하면 민법총칙의 규정은 대부분 재산법에만 적용되고 가족법에 적용되는 경우는 적을 것이다. 이렇게 보면 민법총칙의 총칙적 성격은 그리 철저하지 않다고 할 수 있다.

(3) 그렇다고 하여 민법총칙이 재산법의 총칙적 성격은 철저한가 하면 그렇지도 않다. 특히 민법총칙의 법률행위에 관한 규정들은 '계약과 같은 법률행위'를 염두에 둔 것인데, 법정채권관계에 있는 사무관리, 부당이득, 불법행위 등에서는 법률행위에서 가장 중핵적인 요소인 '당사자의 효과의사'라는 것이 의미가 없다. 법률행위란 당사자들이 그들의 의사에 기하여 어떤 권리, 의무를 설정한다는 것을 전제로 한 것인데, 법정채권관계에서는 '당사자들의 의사'와는 무관하게 '법률'에 따라 권리, 의무를 설정하는 것이기 때문이다. 따라서 민법총칙의 법률행위에 관한 규정들은 법정채권관계에는 적용되기 어려운 것들이다.[14)]

이런 점에서 민법총칙은 재산법의 총칙성이라는 측면에서도 철저하지 못하다는 것을 알 수 있다.

---

14) 이런 점에서 영미법에서 통일된 민법전을 마련하지 않는 이유를 수긍할 수 있다.

제 2 장 권리의 주체

제 1 절 권리주체

Ⅰ. 권리주체

권리는 법률상의 일정한 이익을 누릴 수 있도록 법에 의하여 주어진 힘이고, 권리주체란 이런 권리가 귀속되는 자를 말한다.

민법상 인정되는 권리주체로서는 자연인과 법인이 있다(제3조, 제34조).

근래 로봇이나 AI를 권리주체로 인정하도록 법률을 개정하여야 한다는 논의가 있는데, 사견으로는 현재 단계에서는 인정할 필요가 없고 설사 인정하더라도 뒤에서 볼 법인에 준하여 제한된 범위 내에서만 인정되어야 하고, 인정하는 경우에도 로봇이나 AI의 활동에 따른 재산적 거래관계와 관련하여 보험제도와 같은 재산적 담보가 필요할 것이다.

Ⅱ. 민법상의 각종 능력

예 2-1

(1) A가 자신이 사고로 사망할 경우를 대비하여 자신의 애완견에게 재산을 남겨두고 싶은데 가능한지
(2) A가 자신의 부동산 L을 갓 태어난 자신의 손자 B에게 증여하였다.
(3) A가 자신의 부동산을 나이가 들어 치매로 인지 및 판단기능이 많이 저하되어 있던 C에게 시가보다 비싸게 매도하였다.
(4) A의 아들 B(18세)가 신용카드회사와 신용카드회원으로 가입하는 회원계약을 체결했다.
(5) 18세인 B가 자기 친구 D를 때려 상해를 입혔다.

1. 권리능력

권리능력이란 권리의 주체, 즉 권리를 가질 수 있고 의무를 부담할 수 있는 지위 내지 자격을 말한다. 우리 민법은 자연인과 법인에게만 권리능력을 인정하지만 그 권리능력의 범위와 관련하여, 자연인의 경우는 향유할 수 있는 권리와 부담할 수 있는 의무에 제한이 없지만, 법인의 경우는 그 범위가 제한된다.

위 예 (1)에서 보면 애완견과 같은 동물은 자연인도 아니고 법인도 아니므로 권리능력이 없어 재산을 소유하거나 사용·수익권의 주체가 될 자격이 없고, 또 손해배상의무와 같은 의무를 부담할 수 있는 자격도 없다. 따라서 애완견은 재산을 소유할 수도 없고, 또 남을 물어서 상해를 입혀도 손해배상책임을 부담하지도 않는다.

그러나 위 예 (2)의 경우는 손자 B는 자연인이므로 부동산 L을 소유할 수 있고, 따라서 L에 관한 등기부에 B명의로 소유권 이전등기도 가능하다.

2. 의사능력

권리주체는 그 소유의 재산을 다른 사람에게 매도하여 처분하거나 임대를 하여 그 임대료의 수익을 얻을 수도 있고, 다른 사람의 재산을 매수하여 자신의 소유로 할 수도 있다. 이처럼 다른 사람과 매매나 임대 등의 법률행위를 하기 위해서는 그 매매나 임대가 어떤 법적 의미를 가지는지를 이해하고 판단할 수 있는 능력이 있어야 한다. 이런 능력을 의사능력이라고 하고, 이런 의사능력이 없는 사람이 한 법률행위는 의사주의원칙[1]에 따라 무효이다.

이런 의사능력 유무의 판정은 일률적인 기준에 의해 정해지는 것이 아니라 문제된 법률행위의 복잡성이나 난이도에 따라 달라지는데, 문제된 법률행위의 내용이 복잡하고 어려울수록 의사능력의 부존재로 판단되기 쉽고, 그 내용이 단순하고 쉬울수록 의사능력이 있었다고 판단되기 쉽다.

위 예 (3)의 경우 일반적인 매매의 경우 그 법률행위의 내용이 어렵다고 보기

---

1) 의사주의원칙이란 법률행위를 함에 있어 의사(효과의사)와 밖으로 나타난 행위와 사이에 차이가 있으면 의사를 중시하여 그 법률행위의 효력은 무효라고 보는 사상이다. 뒤에서 나올 법률행위에서 자세히 보도록 한다.

는 힘들지만 C의 치매정도가 높거나 지능이 낮은 상태를 고려하여 의사능력이 없었다고 판단되면 A와 C의 매매계약은 무효가 되어 효력이 발생하지 않게 된다.[2] 이처럼 의사능력이 있었는지 없었는지는 계약의 유효와 무효를 결정하는 중요한 요소이므로 의사능력이 없는 자(의사무능력자)와 계약하는 사람이 의사무능력자인 점을 모르고 계약을 하였더라도 그 계약은 무효로 되고, 따라서 거래의 안전을 해칠 우려가 크다. 게다가 의사능력의 유무는 해당 법률행위를 할 때마다 판단해야 하며 그 판단도 용이하지는 않은 점을 고려하면 거래의 안전을 해칠 우려는 더욱 커진다. 이런 이유로 의사능력의 유무는 신중히 판단해야 한다.

나아가 통설은 의사무능력의 경우는 위 예 (3)의 경우 A와 C 모두 무효주장이 가능하다고 한다. 그러나 의사무능력을 이유로 법률효과를 무효로 하는 취지가 의사무능력자를 보호하고자 하는데 있는 점을 고려하면, 의사무능력자 측에서만 무효를 주장할 수 있다고 해야 한다고 생각한다. 통설에 의하면 C가 매수한 부동산의 시가가 후에 상승하게 되면 A가 C의 의사무능력을 이유로 그 부동산을 다시 찾아갈 수 있지만, 사견에 의하면 A는 C의 의사무능력을 주장할 수 없고, C만이 의사무능력을 이유로 무효를 주장할 수 있으므로 C가 위 부동산의 보유를 원한다면 무효주장을 하지 아니하거나 적법하게 추인하면 될 것이다.

3. 행위능력

행위능력이란 법률적 행위의 의미를 이해하고 혼자서 독립적으로 유효하게 법률행위를 할 수 있는 자격을 말한다. 우리 민법상 행위능력이 없는 자로서는 미성년자나 피성년후견인, 피한정후견인 등이 있다.

이런 행위능력제도는 객관적이고 획일화된 기준에 의하여 행위능력을 판단하게 함으로써 거래의 신속과 안전을 꾀하기 위하여 도입된 제도이다. 즉 의사능력은 개별적 법률행위 시마다 행위자에게 의사능력이 있었는지를 구체적 사정에 따라 판단해야 하기 때문에 거래의 안전과 신속을 저해하는 요소가 되는데 반하여, 행

2) 위 예 (3)의 경우 C측에서는 A의 사기를 이유로 취소할 수도 있지만(제110조), 통상 가격은 양 당사자의 협상에 의해 정해지므로 시가보다 조금 저렴하다거나 높다는 점만으로 속였다고 보기 힘들고 또 가사 사기를 이유로 취소할 수 있다고 하더라도 취소권을 행사할 수 있는 기간(제146조)을 도과하면 취소할 수 없다. 이런 때에는 의사능력의 부존재를 주장하여 구제받을 수 있다는 점에서 의미가 있다.

위능력은 일률적인 기준, 즉 연령으로서 19세미만 또는 법원의 심판으로서 성년후견심판이나 한정후견심판의 존재여부에 의해 결정되므로 거래의 안전과 신속을 꾀할 수 있다.

위 예 (4)에서 B가 18세정도이면 어느 정도의 판단능력이 있고 간단한 법률행위를 할 수 있는 지력과 경험도 있을 것이고, 경우에 따라서는 성년보다도 더 나은 판단능력을 갖추고 있을 수도 있다. 그럼에도 불구하고 미성년자이기 때문에 일률적으로 B가 한 계약에 대해서는 B의 부모가 이유를 불문하고 취소할 수 있다(제5조 제2항). 상대방인 신용카드회사가 과실 없이 B가 미성년자임을 알지 못했다고 하더라도 마찬가지이다. 거래의 안전보다는 행위무능력자의 보호를 더 중요시하는 태도이다.

4. 책임능력

법률행위의 영역(계약 영역)에서는 행위자가 어떤 목적 하에 그 목적에 가장 적합한 수단인 법률행위를 선택하여 행하므로 행위자의 의사나 의사능력, 행위능력이 중요성을 가진다. 그러나 불법행위 영역에서는 행위자의 의사보다는 가해자의 규범을 벗어난 위법행위에 대한 제재와 피해자의 손해배상이 중요성을 가지므로 규범의 내용과 그 규범을 위반한 경우의 결과에 대해 이해할 수 있는 능력만 있으면 불법행위에 대한 책임을 부담시켜도 불합리하지는 않다. 따라서 불법행위 영역에서는 의사능력이나 행위능력이라는 개념은 불필요하고, '법률상의 책임을 변식할 수 있는 지능이 있어 불법행위로 인하여 생기는 결과에 대한 책임을 부담할 수 있게 된다는 것을 인식할 수 있는 판단능력', 즉 '책임능력'이 있으면 된다. 결국 책임능력은 불법행위영역에서 불법행위로 인한 책임을 부담할 수 있는 자격을 말한다(제753조, 제754조 참조).

책임능력의 유무는 의사능력과 유사하게 문제되는 개별적 불법행위의 태양이나 종류에 따라 판단해야 하고, 행위능력처럼 일률적인 기준으로 판단해서는 아니된다.

따라서 위 예 (5)에서는 18세 정도가 되었으면 법률행위측면에서는 행위능력이 없지만, 불법행위에 따른 책임에 대하여 변식할 수 있는 지능이나 판단능력은 있다고 할 것이므로 책임능력이 긍정되고, 따라서 불법행위로 인한 책임규정(제750조)에 따라 손해배상의무를 부담하게 된다. 만일 B의 책임능력이 부정된다면 제755조에 의해 B의 법정대리인인 부모가 손해배상책임을 부담하게 되는 경우도 있다.

제 2 절 자연인

Ⅰ. 자연인의 권리능력

1. 권리능력의 시기(始期)

가. 의의

사람은 생존한 동안 권리와 의무의 주체가 되므로(제3조) 출생한 때부터 사망할 때까지 권리주체가 된다. 이는 권리능력평등의 원칙을 규정한 것으로 노예나 여자에게도 권리능력을 인정한 점에서 역사적 의의가 있지만 현대에 와서는 이런 역사적 의미는 퇴색되었다.

나. 시기

사람의 권리능력은 출생과 함께 시작된다. 이 시기는 상속이 개시된 때(부 또는 모의 사망 시)에 상속인이 존재하느냐 아니냐를 결정하는 기준이 된다는 점에 의의가 있다. 통설은 기준이 명확하다는 점에서 태아가 모체로부터 완전히 분리되었을 때(전부노출설)를 권리능력의 시기로 본다.

출생의 경우 「가족관계의 등록 등에 관한 법률」에 따라 출생신고를 하여야 하는데, 출생신고서에 기재된 출생일의 기재는 그날 출생한 것으로 추정하는 효력만이 있을 뿐이고 실제 출생한 날이 출생신고를 한 날과 다른 것을 증명하면 실제 출생한 날이 권리능력을 취득하는 때이다.

다. 태아의 권리능력

예 2-2

아버지 A와 어머니 B 사이에 자 C가 있다. A가 2000.3.1. 음주운전한 E의 자동차에 치어 사망하였다. 2000.5.1. D가 출생하였는데, 사망 당시 A의 재산으로 3억5천만원이 있었다.

---

(1) 의의

(가) 태아보호의 필요성

사람으로서의 권리능력은 출생한 때로부터 시작되므로 임신에서 출산 때까지의 기간 동안은 권리능력을 가지지 못하게 된다. 따라서 위 예처럼 아버지가 사망하더라도 사망당시 D는 출생하지 않았으므로 아버지의 재산을 상속받지 못하게 되고, E에 대한 손해배상청구권이라는 권리도 가지지 못하게 된다. 그러나 이는 곧 태어나 권리능력을 취득할 태아의 보호라는 측면에서 보면 부당하다고 하지 않을 수 없다. 따라서 각국은 태아의 보호를 위한 대책을 강구하고 있는데, 태아에 대해 자연인과 동일하게 모든 경우에 권리능력을 인정하는 입법주의와 예외적으로 제한된 범위에서만 권리능력을 인정하는 입법주의가 있고, 우리나라는 후자를 채택하고 있다.

(2) 우리 민법상 권리능력이 인정되는 경우

우리 민법은 태아에게 일반적인 권리능력은 부정하지만 다음의 경우에는 인정한다.

(가) 불법행위에 기한 손해배상청구

제762조는 '태아는 손해배상의 청구권에 관하여는 이미 출생한 것으로 본다'고 규정한다. 이는 태아에 대하여 불법행위가 이루어진 경우를 말한다. 예를 들면 임신 중의 처치나 분만과정에서의 의사의 잘못으로 태아가 기형으로 태어나거나 위 예에서 E의 교통사고로 동승했던 어머니도 다치고 태아에게도 영향을 끼쳐 기형으로 태어나는 경우처럼 태아에게 직접 불법행위가 행해져야 하는 것이다.

따라서 위 예에서 E의 A에 대한 불법행위로 인하여 D가 제752조에 의하여 취득하게 되는 '정신적 고통으로 인한 위자료청구권'[3]이 여기에 해당한다. 주의할

---

3) 부의 사망이나 상해 당시 아직 태아로서 정신적 고통에 대한 감수성이 없었더라도 장래 이를 감수할 것이 합리적으로 기대되므로 이를 인정한다.

것은 불법행위자 E에 대한 A의 손해배상청구권이 D에게 상속되어 D가 그 상속된 손해배상청구권을 행사할 수 있는데, 이는 제762조에 의한 것이 아니고 뒤에서 볼 상속의 문제로 처리된다.

(나) 상속

제1000조 제3항은 '태아는 상속순위에 관하여는 이미 출생한 것으로 본다'고 규정하고 있으므로 상속이 문제될 때는 권리능력이 있는 것으로 취급한다.

따라서 위 예에서 아버지 A의 재산 3억5천만원 및 A의 E에 대한 손해배상청구권이 상속되는 때에는 B, C, D가 공동으로 상속하게 된다.

(다) 유증(遺贈)

유증에 관하여 태아는 이미 출생한 것으로 본다(제1064조, 제1000조 제3항). 제562조는 '증여자의 사망으로 인하여 효력이 생길 증여(사인증여[死因贈與])에는 유증에 관한 규정을 준용한다'고 규정하고 있어 사인증여의 경우에도 태아를 권리능력자로 취급하여야 한다는 견해가 있다.

그러나 사인증여는 계약이므로 양 당사자의 의사의 합치가 있어야 하는데, 태아의 경우에는 수증자로서의 의사를 표시할 수 있는 방법이 없고, 가사 태아의 수증자로서의 의사표시를 법정대리인인 부모가 대리할 수 있다고 하더라도 뒤에서 보는 것처럼 태아의 부모가 누구인지가 문제 되는 점 등을 감안하면 사인증여의 경우에는 태아의 권리능력을 부정해야 할 것이다. 판례도 같은 입장이다.[4)]

(3) 권리능력취득시기에 관한 해석

위 각 규정에서는 '…이미 출생한 것으로 본다'라고 규정되어 있는데 이 규정의 의미에 관하여 학설이 나뉜다.

(가) 정지조건설

태아가 살아서 출생하면 그때 비로소 권리능력을 취득하고, 그 효력이 권리능력

---

4) 대판 1982.2.9. 선고 81다534(태아에게는 일반적으로 권리능력이 인정되지 아니하고 손해배상청구권 또는 상속 등 특별한 경우에 한하여 제한된 권리능력을 인정하였을 따름이므로 증여에 관하여는 태아의 수증능력이 인정되지 아니하였고, 또 태아인 동안에는 법정대리인이 있을 수 없으므로 법정대리인에 의한 수증행위도 할 수 없다).

이 문제된 시점으로 소급한다고 한다. 따라서 위의 예에서 A가 사망한 때인 2000.3.1.에는 아직 D가 출생하지 않았으므로 A의 재산과 A의 E에 대한 손해배상청구권은 B, C에게만 상속되고, 그 후 D가 살아서 출생하면 그 권리능력의 취득일이 2000.3.1.로 소급하여 A의 재산과 A의 E에 대한 손해배상청구권이 B, C, D에게 상속되게 되고, 따라서 D가 출생하기 전에 A의 상속재산을 B, C가 상속재산비율(B : C = 1.5 : 1)로 나누어 분배받아 갔다면 D는 B, C를 상대로 수정된 상속비율(B : C : D = 1.5 : 1 : 1)에 따른 금액으로 재분배한 금액의 반환을 구할 수 있다.[5)6)]

그러나 D가 사산(死産)된 경우에는 D는 권리능력을 취득한 적이 없으므로 A의 사망당시의 상속비율 그대로 B, C의 상속이 유지된다.

이 설은 태아의 법정대리인의 자격을 모에게만 주는 것은 타당하지 않고, 후에 1명이 아니라 쌍둥이나 세 쌍둥이 등이 태어날지도 모르므로 아직 출산하지 않은 때에는 상속인들의 상속비율을 확정할 수 없다는 점을 근거로 한다.

(나) 해제조건설

A의 사망으로 상속이 문제될 때 태아는 이미 출생한 것으로 보아 B, C, D가 상속하지만, D가 후에 사산되면 소급하여 D가 권리능력을 취득한 적이 없는 것으로 되어 B, C가 상속하는 것으로 된다. 따라서 위 예에서 A 사망시인 2000.3.1.에 B는 1억5천만원{=3억5천만원×1.5/3.5(1.5+1+1), C와 D는 각각 1억원{=3억5천만원×1/3.5(1.5+1+1)}을 상속받았다가, D가 사산되면 D는 권리능력을 취득한 적이 없었던 것으로 되어 B, C가 1.5:1의 비율로 상속받는 것으로 정정하게 되는 것이다.

이 설은 태아의 보호에 충실하다는 점을 근거로 든다.

---

5) 구체적으로는 A의 3억5천만원의 상속재산을 D가 출생하기 전에는 B는 2억1천만원{=3억5천만원 X 1.5/2.5(1.5+1), C는 1억4천만원{=3억5천만원 X 1/2.5(1.5+1)}을 상속받는다. D가 출생하면 B : C: D는 1.5 : 1 : 1의 비율로 상속하므로 B는 1억5천만원{=3억5천만원×1.5/3.5(1.5+1+1), C와 D는 각각 1억원{=3억5천만원×1/3.5(1.5+1+1)}을 상속받아야 하므로, D는 B를 상대로 6천만원(2억1천만원 - 1억5천만원), C를 상대로 4천만원(1억4천만원 - 1억원)의 지급을 청구할 수 있다. D가 태아이므로 모인 B나 형인 C를 상대로 소송하는 경우를 상정하기 힘들겠지만, C와 D가 각기 모가 다르고 A가 B와 재혼한 상태인 경우이거나 D가 자신의 처가 아닌 다른 여자의 소생인 경우에는 이런 문제가 생긴다.

6) E가 D출생 전에 B, C와 A의 손해배상과 관련하여 합의한 경우, D가 출생하면 D에게도 그 합의의 효력이 미치는지가 문제로 될 것이다. 이는 D의 법정대리인으로 모인 B만으로도 충분한가 하는 문제로 될 것이다. D의 부가 A가 아닐 수도 있고, 법적인 부자관계는 부로 될 사람의 인지(認知, 제855조 이하 참조)가 있어야만 하는 점과 B가 미혼모인 경우를 생각하면 일반적으로 D의 법정대리인을 B 1인이라고 해도 되는지는 의문이다.

(다) 양설의 검토

현재 의료기술의 발전으로 태아가 사산할 가능성은 적고 또 초음파검사로 쌍둥이인지 아닌지도 판단할 수 있어 상속비율의 정함에 있어 어려움이 없는 점을 감안하면 해제조건설이 타당한 것처럼 보인다. 그러나 해제조건설을 취하는 경우에는 태아를 대신하여 법률행위를 해줄 대리인이 필요한데, 앞에서 본 것처럼 모에게만 대리권을 부여하는 데는 문제가 있다.

따라서 태아를 대리할 수 있는 제도를 구비하고 있지 않은 현재의 규정상으로는 정지조건설을 취할 수밖에 없을 것이다. 판례도 같은 태도이다.[7)]

2. 외국인의 권리능력

외국인도 원칙적으로 내국인과 같이 동등한 권리능력을 가지나, 입법정책에 따라 일정한 권리는 가질 수 없도록 하는 경우가 있다.

첫째, 외국인은 항공기를 소유하거나 항공기의 임차권을 등록할 수 없고(「항공기안전법」 제10조 제1항 제1호), 도선사가 될 수 없다(「도선법」 제6조 제1호).

둘째, 상호주의의 원칙하에 외국인의 본국법에 의하여 대한민국 국민에게 인정하는 것과 같은 정도의 권리능력을 인정하는 경우가 있다. 예를 들면 「부동산거래신고 등에 관한 법률」 제7조는 '국토교통부장관은 대한민국 국민, 대한민국의 법령에 따라 설립된 법인 또는 단체나 대한민국 정부에 대하여 자국(自國) 안의 토지의 취득 또는 양도를 금지하거나 제한하는 국가의 개인·법인·단체 또는 정부에 대하여 대통령령으로 정하는 바에 따라 대한민국 안의 토지의 취득 또는 양도를 금지하거나 제한할 수 있다. 다만, 헌법과 법률에 따라 체결된 조약의 이행에 필요한 경우에는 그러하지 아니하다'라고 규정하고 있다.

셋째, 관할관청의 허가 또는 면허가 필요한 경우도 있다, 예를 들면 「수산업법」 제5조 제1항은 '시·도지사 또는 시장·군수·구청장은 외국인이나 외국법인에 대하여 대통령령으로 정하는 어업면허나 어업허가를 하려면 미리 해양수산부장관과

7) 대판 1976.9.14. 선고 76다1365(태아가 특정한 권리에 있어서 이미 태어난 것으로 본다는 것은 살아서 출생한 때에 출생시기가 문제의 사건의 시기까지 소급하여 그 때에 태아가 출생한 것과 같이 법률상 보아 준다고 해석하여야 상당하므로 그가 모체와 같이 사망하여 출생의 기회를 못 가진 이상 배상청구권을 논할 여지가 없다).

협의하여야 한다'라고 규정한다.

3. 권리능력의 종기

가. 사망

사람은 사망과 동시에 권리능력이 소멸하는데, 사망시점은 언제인가. 이는 상속인의 확정과 유언의 효력발생시기(제1073조 제1항)와 관련되는 문제이다.

통설은 호흡과 혈액순환이 영구적으로 정지되고 동공이 확장되는 때라고 한다(심장사설).

「장기등 이식에 관한 법률」에서는 심장사가 아니라 뇌사판정을 하여 장기적출을 하여 이식을 할 수 있도록 하고 있다.

나. 동시사망의 추정

예 2-3

A와 B 부부 사이에 자 C가 있고, A가 B와 이혼 후 D와 재혼하였는데, A와 C가 같이 비행기를 타고 여행을 가던 중 비행기추락사고로 사망하였다. 위 사고에서 A와 C 중 누가 먼저 사망하였는지가 밝혀지지 않았다. A의 상속재산은 5천만원인데 상속은 어떻게 되는가.

(1) 의의

2인 이상이 동일한 위난으로 사망한 경우 동시에 사망한 것으로 추정한다(제30조). 위 예에서 A의 재산(5천만원)이 어떻게 상속되느냐와 관련하여 일어날 수 있는 경우는, A가 C보다 먼저 사망하는 경우, C가 A보다 먼저 사망한 경우, A와 C 중 누가 먼저 사망하였는지를 알 수 없는 경우(동시에 사망한 경우도 포함된다)가 있을 수 있다.

(가) A가 C보다 먼저 사망한 경우

이때에는 C와 D가 1 : 1.5의 비율(2천만원 : 3천만원)로 상속한 후 C의 사망으로 그의 모 B가 C의 상속분에 해당하는 2천만원을 상속하여 결국 상속분은 B는 2천만원, D는 3천만원이 된다.

(나) C가 A보다 먼저 사망한 경우

이때에는 A의 사망 당시 상속인으로 D만이 있으므로 D는 A의 재산 5천만원을 전부 상속받게 된다.

(다) A와 C 중 누가 먼저 사망하였는지를 알 수 없는 경우

이때에는 위 (가)와 (나) 두 경우 중 어느 경우인지를 알 수가 없다. 따라서 만일 D가 A의 재산 5천만원을 먼저 차지하게 되면, B는 A가 C보다 먼저 사망하였음을 증명하여야만 C의 상속분에 해당하는 2천만원의 반환을 구할 수 있다. 그러나 이는 증명하기 힘들고 결국 D가 위 5천만원을 독차지하게 된다.

이에 반하여 만일 B가 A의 재산 중 C의 상속분에 해당하는 2천만원을 먼저 차지하게 되면, 이제는 D측에서 C가 A보다 먼저 사망하였음을 증명하여야만 위 2천만원을 반환받을 수 있는데 이것도 증명하기 힘들다.

결국 이런 경우에는 A와 C 중에서 누가 먼저 사망하였는지를 증명하는 것이 곤란하기 때문에 B와 D 중에서 누가 먼저 A의 상속재산을 차지하는가에 따라 결론이 달라진다. 이는 결코 바람직하지 않다.

그리하여 제30조를 두어 A와 C는 동시에 사망한 것으로 추정함으로써 A의 재산을 C가 상속하지 못하고, C의 재산도 A가 상속하지 못하도록 하였다. 결국 D가 5천만원 전부를 상속하게 하여 다툼의 여지를 없애고 있다.

참고로, C의 재산상속의 문제도 위와 같이 되는데, A와 C가 동시사망한 경우 C의 재산을 A가 상속할 수 없고(따라서 D가 상속할 수 없다) B가 전부를 상속하게 된다.

(2) 적용범위의 확대

조문 상으로는 '동일한 위난'으로 되어 있으나 위 예에서 A는 비행기사고로, C는 자동차사고로 같은 날에 사망하였지만 그 순서를 알 수 없는 경우에도 적용되고, 또 A의 사망시기는 명확하고 C의 사망시기가 명확하지는 않지만 A의 사망시기와 비슷한 때로서 선후를 정할 수 없는 경우에도 적용된다고 보아야 할 것이다.

다. 인정사망

가족관계등록부상의 사망기재는 신고의무자가 사망사실에 대한 증빙서류를 첨부하여 신고함으로써 이루어진다(「가족관계의 등록 등에 관한 법률」 제84조, 제85조).

사망의 확증은 없으나 수난, 화재 그 밖의 재난으로 인하여 사망한 사람이 있는 경우에는 이를 조사한 관공서가 통보하여 사망사실이 가족관계등록부에 기재된다(동법 제87조). 이를 인정사망이라고 한다.

라. 실종선고

이에 대해서는 뒤에서 자세히 본다.

Ⅱ. 자연인의 행위능력

1. 서

가. 의의

행위능력은 법률행위를 독자적으로 유효하게 할 수 있는 능력을 말하는 것으로 거래의 안전과 신속을 위하여 일률적인 기준(연령과 가정법원의 심판)에 의해 판단한다.

권리능력은 모든 사람에게 인정되지만, 유아나 성년이더라도 병 또는 노화로 정신적 판단능력에 문제가 생기면 법률행위의 내용과 의미를 파악할 수 없게 되어 자신의 이익을 보호하기 힘들다. 이렇게 행위능력이 제한된 사람을 제한능력자라고 하여 보호하고 있는데, 우리 민법이 인정하는 제한능력자로는 미성년자와 피성년후견인이나 피한정후견인이 있다.

우리 민법은 이런 제한능력자의 법률행위에 대해서는 취소할 수 있게 하고 있다. 이렇게 취소되면 거래의 상대방이 '제한능력자와 거래한다는 사실'에 대하여 알지 못하고(선의) '알지 못한 것'에 대하여 과실이 없더라도 그 법률행위의 효력이 소급적으로 상실하게 되어 거래 상대방은 피해를 입게 된다. 나아가 예컨대 제한능력자 소유의 부동산을 제한능력자로부터 매수한 그 상대방과 거래하여 그 부동산을 취득한 제3자가 선의이고 과실이 없더라도 제한능력자는 제3자를 상대로 위 매매를 취소하여 자신의 부동산을 반환받을 수 있다. 이는 상대방의 신뢰나 거래의 안전보다는 제한능력자를 더 보호하겠다는 입법자의 가치판단에서 비롯된 것이라고 할 수 있다. 따라서 제한능력자와 거래를 하는 사람은 자신의 손해를 피하기 위하여 제한능력자인지에 대해 조사한 후 거래를 하여야 할 것이다.

나. 적용범위

행위능력은 법률행위를 독자적으로 유효하게 할 수 있는 능력에 관한 것이므로 법률행위의 영역에 적용되는 것이다. 따라서 법률행위 영역이 아닌 불법행위영역에서는 행위능력이라는 용어 대신 책임능력이라는 용어가 사용된다. 그러나 법률행위의 법리가 준용될 수 있는 준법률행위 중 의사의 표시와 관련된 행위(의사의 통지)에는 적용될 수 있다.

그리고 재산법 영역은 거래 상대방의 신뢰보호와 거래의 안전을 도모하기 위하여 의사와 표시행위 중 표시행위를 중시하여 의사와 다른 표시행위의 효력을 인정하는 경우가 많으므로 행위능력이 중요시되지만, 가족법 영역에서는 거래의 안전보다는 표의자의 진의가 중요하므로 의사와 다른 표시행위의 효력을 무효로 보는 경우가 많아 행위능력이 그다지 중요시되지 않고 행위능력이 없더라도 의사능력이 있으면 가족법상의 행위를 할 수 있도록 하는 경우가 많다(제801조, 제807조, 제869조, 제1061조 내지 제1063조).

2. 미성년자

가. 의의

미성년자는 만 19세에 달하지 않은 자를 말한다(제4조). 연령을 계산할 때는 초일불산입(初日不算入)의 원칙의 예외로서 출생일도 산입한다(제158조).

미성년자를 제한능력자로 한 것은 의사능력이 충분하지 않은 때문도 있지만 사회경험이 부족하기 때문에 적절한 판단을 할 수 없는 위험을 고려하여 특별히 제한한 것이다.

미성년자도 혼인을 하게 되면 성년으로 의제된다(제826조의2). 이는 가정생활을 부부가 부모의 간섭 없이 독자적으로 영위해 나가게 하기 위해서이다. 여기서의 혼인은 법률혼만을 의미하고 사실혼은 포함되지 않는다는 견해가 다수이지만, 가정생활의 간섭금지와 독자적 영위를 위해서는 주거의 임차나 음식물의 구입 등의 법률행위가 필수적인 점을 고려하면 사실혼도 포함한다고 보아야 할 것이다. 따라서 가정생활이 이루어지고 있었던 이상 혼인이 취소되는 경우에도 성년의제의 효력은 상실되지 않는다고 보아야 하고 혼인무효의 경우에는 제815조 제1호 사유로 인한 때에는 가정 공동체가 이루어지고 있지 않았을 것이므로 성년의제의 효력을 인정할 수 없지만 동조의 제2호 내지 제4호 사유로 인한 때에는 성년의제의 효력을 인정해야 할 것이다. 이처럼 성년의제가 되어 성년으로 되면 그 후 이혼하거나 사실혼이 파기되더라도 다시 미성년자로 되지 않는다고 보아야 할 것이다.

나. 미성년자의 행위능력

(1) 원칙

미성년자는 혼자서 단독으로 법률행위를 할 수 없고 법정대리인의 동의를 받아야 한다(제5조 제1항 본문). 동의 없이 단독으로 한 법률행위는 미성년자 또는 법정대리인이 취소할 수 있다(제5조 제2항, 제140조).

법정대리인의 동의가 있었다는 점에 대한 증명책임은 법률행위의 유효를 주장하는 자에게 있다.

(2) 예외

(가) 권리만을 얻거나 의무만을 면하는 행위(제5조 제1항 단서)

권리만을 얻거나 의무만을 면하는 행위는 미성년자에게 불이익이 없고 이익만을 주는 행위이기 때문에 미성년자가 단독으로 할 수 있다. 어떤 행위가 미성년자에게 이익만을 주는 것인가의 판단은 경제적인 관점이 아니라 법적 효력의 관점에서 이루어져야 한다. 부양하지 않는 부양의무자를 상대로 한 부양료청구,[8] 부담없는 증여계약이나 채무면제계약의 청약에 대하여 승낙을 하는 것은 이에 해당하지만, 미성년자에게 경제적으로 이득인 매매계약은 이에 해당하지 않는다. 왜

8) 대판 1972.7.11. 선고 72므5.

냐하면 매매계약으로 인하여 반대급부의무를 부담하므로 '권리만을 얻거나 의무만을 면하는 행위'가 아니기 때문이다.

미성년자에 의한 변제의 수령이 이에 해당하는지에 관하여는 의견의 대립이 있는데, 변제의 수령은 이익을 얻는 대신 채권을 상실하게 되고, 수령된 급부를 미성년자가 임의로 불리하게 처분할 위험을 고려하면 이에 해당하지 않는다고 할 것이다.

(나) 범위를 정하여 처분을 허락한 재산의 처분(제6조)

법정대리인이 범위를 정하여 처분을 허락한 재산은 법정대리인의 동의가 있는 것과 같이 보아도 될 것이다. '범위'의 해석과 관련하여, '재산의 범위'를 의미한다는 것에는 이론이 없지만, '처분의 목적'도 '범위'에 포함되는지 여부가 문제된다. 예컨대 책값으로 사용하라고 준 돈을 유흥비로 사용한 경우처럼 처분을 허락한 목적의 범위를 넘어서 재산을 처분한 경우 본조가 적용이 되지 않아 미성년자가 단독으로 할 수 없는 것인지 여부가 문제로 된다. 문면상 그 범위는 재산의 범위를 의미하는 것으로 목적은 여기에 포함되지 않는다고 보아야 할 것이다. 따라서 위 예에서 책값으로 사용하라고 준 돈을, 유흥비로 사용하였더라도 본조에 의하여 법정대리인은 취소할 수 없다고 할 것이다.

다만 처분이 허락된 재산의 범위가 광범위하거나 포괄적이어서 행위능력제도의 취지에 반하는 것으로 평가되는 경우에는 허락이 없는 것으로 보아야 할 것이다.[9)]

허락은 묵시적으로도 가능하므로 용돈으로 일상생활에 필요한 승차권 구입비나 군것질비용 등은 허락이 있는 것으로 보아야 할 것이다.[10)]

---

9) 대판 2005.4.15. 선고 2003다60297, 60303, 60310, 60327은 미성년자와 신용카드회사 사이에 체결된 신용카드이용계약 자체에 대해서 그 계약은 포괄적인 재산처분을 허용하는 계약에 해당한다는 이유로 법정대리인의 취소를 인정한 하급심판결의 판단을 수긍하고 있다.

10) 20세가 성년의 기준일 때의 판결인 대판 2007.11.16. 선고 2005다71659, 71666, 71673은 '묵시적 동의나 처분허락이 있다고 볼 수 있는지 여부를 판단함에 있어서는, 미성년자의 연령·지능·직업·경력, 법정대리인과의 동거 여부, 독자적인 소득의 유무와 그 금액, 경제활동의 여부, 계약의 성질·체결경위·내용, 기타 제반 사정을 종합적으로 고려하여야 할 것이고, 위와 같은 법리는 묵시적 동의 또는 처분허락을 받은 재산의 범위 내라면 특별한 사정이 없는 한 신용카드를 이용하여 재화와 용역을 신용구매한 후 사후에 결제하려는 경우와 곧바로 현금구매하는 경우를 달리 볼 필요는 없다고 할 것이다'고 하면서 19세 2개월로서 경제활동을 통해 월 60만 원 이상의 소득을 얻고 있었던 미성년자가 식료품·의류·화장품·문구 등 비교적 소규모의 일상적인 거래행위를 하고, 또 신용카드를 이용하여 할부구매를 한 월 사용액이 미성년자의 소득범위를 벗어나지 않는 경우에는 미성년자가 당시 스스로 얻고 있던 소득에 대

허락된 재산으로 취득한 재산에 대하여는 원칙적으로 그 처분이 허락된 것으로 보아야 하지만 그 취득한 재산의 가치가, 처분이 허락된 재산의 그것보다 현저히 상회하는 경우(예컨대 복권이 당첨된 경우의 당첨금의 처분)에는 그 취득재산과 관련한 법률행위 시에는 법정대리인의 동의가 필요하다고 할 것이다.

(다) 허락된 영업에 관한 행위(제8조)

허락된 영업에 관해서는 성년자와 동일한 행위능력이 있어 법정대리권은 그 범위에서 소멸된다. 여기서 영업이란 영리를 목적으로 하는 독립적·계속적 사업을 말한다.

여기서 허락하는 영업의 범위는 영업의 특성상 그 범위가 넓을 수 있지만, 그 영업의 범위가 지나치게 넓거나 포괄적인 때에는 앞에서 본 '처분이 허락된 재산의 범위'에서 본 법리와 같이 허용되지 않는다고 보아야 할 것이다.

(라) 대리인으로서의 대리행위

대리인은 행위능력자임을 요하지 않는다(제117조). 대리부분 참조

(마) 무한책임사원으로서의 행위

상법 제7조는 '미성년자가 법정대리인의 허락을 얻어 회사의 무한책임사원이 된 때에는 그 사원자격으로 인한 행위에는 능력자로 본다'고 규정한다.

(바) 「근로기준법」 상의 특칙

「근로기준법」 제67조 제1항은 '친권자나 후견인은 미성년자의 근로계약을 대리할 수 없다'라고, 제2항은 '친권자, 후견인 또는 고용노동부장관은 근로계약이 미성년자에게 불리하다고 인정하는 경우에는 이를 해지할 수 있다'라고, 제3항은 '사용자는 18세 미만인 자와 근로계약을 체결하는 경우에는 제17조에 따른 근로조건을 서면으로 명시하여 교부하여야 한다'라고, 제68조는 '미성년자는 독자적으로 임금을 청구할 수 있다'라고 각 규정하고 있다.

하여는 법정대리인의 묵시적 처분허락이 있었고, 이 사건 각 신용구매계약은 위와 같이 처분허락을 받은 재산범위 내의 처분행위에 해당한다고 보았다.

(사) 취소권의 행사

미성년자도 법정대리인의 동의 없이 행한 자신의 행위에 대하여 취소할 수 있다(제140조). 무효와 취소에서 자세히 보도록 한다.

다. 법정대리인

(1) 법정대리인이 되는 자

미성년자의 법정대리인은 친권자인 부와 모이다(제909조 제1항, 제911조). 부모가 혼인 중인 때는 공동으로 행사하고, 부모의 의견이 일치하지 아니하면 당사자의 청구에 의해 가정법원이 이를 정하며(제909조 제2항), 부모의 일방이 친권을 행사할 수 없을 때[11]에는 다른 일방이 행사한다(제909조 제3항).

미성년자에게 부모가 없거나 친권을 행사할 수 없는 경우에는 후견인이 법정대리인으로 되는데, 1차적으로 부모가 유언으로 후견인을 지정할 수 있고(제931조 제1항), 이렇게 지정된 후견인이 없을 때는 2차적으로 법원이 선임한다(제932조 제1항).

(2) 법정대리인의 권한

(가) 동의권

1) 법정대리인은 미성년자가 법률행위를 함에 대한 동의 또는 처분이나 영업허락을 해 줄 수 있다(제5조 제1항, 제6조, 제8조 제1항)는 것은 앞에서 본 바와 같고, 법정대리인은 이와 같이 행한 동의나 허락에 대하여, 미성년자가 동의를 받거나 허락을 받은 행위를 하기 전에는 취소할 수 있다(제7조). 여기서의 '취소'는 그 법률행위의 효력이 발생하기 전에 그 법률행위의 효력을 소멸시키는 것이므로 정확하게는 '철회'에 해당한다. 따라서 위 규정을 반대해석하면 법정대리인이 동의한 법률행위를 미성년자가 한 후이거나, 처분을 허락한 재산에 대하여 처분을 한 후에는 그 법률행위의 동의나 처분행위에 대한 허락을 취소할 수 없다고 할 것이다.[12]

---

11) 대판 2000.4.11. 선고 2000다3095는 부가 도피 중으로 연락이 되지 않고 있어 모가 혼자서 동의한 경우에 이는 민법 제909조 제3항이 정한 '부모의 일방이 친권을 행사할 수 없을 때'에 해당한다고 하였다.

12) 제7조에서 법정대리인은 미성년자가 아직 법률행위를 하기 전에는 전2조의 동의와 허락을 취소할 수 있다고 규정하고 있는 이유는, 동의나 허락을 취소하기 전에 행해진 미성년자의

2) 친권자의 동의가 필요한 행위에 대하여 친권자가 정당한 이유 없이 동의하지 아니함으로써 자녀의 생명, 신체 또는 재산에 중대한 손해가 발생할 위험이 있는 경우에는 자녀, 자녀의 친족, 검사 또는 지방자치단체의 장의 청구에 의하여 가정법원이 친권자의 동의를 갈음하는 재판을 할 수 있다(제922조의 2).

3) 친권자가 허락한 영업을 후견인이 취소하려고 할 때는 미성년후견감독인의 동의를 받아야 하고(제945조 제3호), 법정대리인이 영업의 허락을 취소한 경우 선의의 제3자에 대하여 그 취소로 대항할 수 없다(제8조 제2항 단서).

본래 미성년자의 행위와 같이 제한능력을 이유로 취소를 하는 경우에는 선의의 제3자에게 대항할 수 있는 것이 우리 민법이 취하고 있는 태도이다. 그럼에도 불구하고 제8조 제2항을 두어 선의의 제3자에게 대항하지 못하게 하는 것은 무슨 이유인가.

여기서 취소의 대상은 미성년자의 행위가 아니라, 행위능력자인 법정대리인 자신이 한 영업의 허락이므로 행위능력자의 보호의 문제와는 다른 차원의 문제이다(이는 제7조도 마찬가지다). 따라서 여기서는 판단능력에 전혀 지장이 없는 법정대리인이 잘못 판단한 경우에는 거래의 안전을 도모하여야 하기 때문에 선의의 제3자에게 대항하지 못하게 한 것이라고 할 것이다.

4) 그리고 동의나 허락의 취소의 경우인 제7조에는 제8조 제2항과 같은 규정이 없다. 그리하여 제7조의 '동의와 허락의 취소'시 법정대리인이 미성년자에 대해서만 동의나 허락의 취소를 한 경우, 동의나 허락의 취소사실을 알지 못한 선의의 제3자에 대항할 수 있는지가 문제된다.

이에 대해 영업허락의 취소와 같은 제8조 제2항이 없으므로 원칙으로 돌아가 취소로 대항할 수 있다는 견해와, 선의의 제3자를 보호할 필요성은 영업허락의 취소와 동일하다는 이유로 준용을 인정하여 대항할 수 없다는 견해(통설)가 있다. 통설에 찬성한다.

(나) 대리권

1) 법정대리인이 친권자인 경우

법정대리인인 친권자는 자(子)의 재산에 관한 법률행위에 대하여 그 자를 대리하지만, 미성년자의 행위를 목적으로 하는 채무를 부담할 경우에는 본인의 동의

법률행위는 제한능력자의 행위가 아니어서 취소할 수 없다는 것을 명확히 하기 위한 것이라고 할 것이다.

를 얻어야 한다(제920조). 친권자가 대리할 경우 부모가 공동대리하는 것이 원칙이고, 부모 사이의 의견이 일치하지 않으면 가정법원에 청구할 수 있는 것은 앞에서 본 바와 같고, 부모의 일방이 공동명의로 자를 대리하거나 자의 법률행위에 동의한 때에는 다른 일방의 의사에 반하더라도 상대방이 악의가 아닌 한 효력이 있다(제920조의2).

법정대리인인 친권자와 그 자 사이에 이해상반되는 행위이거나 법정대리인의 친권에 따르는 수인의 자 사이에 이해상반되는 행위에 관하여는 법정대리인의 대리권이 제한되어 특별대리인을 선임하여야 한다(제921조).

2) 법정대리인이 후견인인 경우

후견인은 미성년자의 자녀에 대한 친권을 행사하고(제948조 제1항), 재산에 관한 법률행위에 대하여 대리하나(제949조 제1항), 미성년자의 행위를 목적으로 하는 채무를 부담할 경우에는 본인의 동의를 얻어야 한다(제949조 제2항, 제920조).

법정대리인이 친권자가 아닌 후견인인 경우에는 제950조 제1항 각호에 해당하는 행위를 대리할 때에는 후견감독인의 동의가 필요하다.

친권자와 미성년자의 이해상반행위에 관한 제921조 규정은 후견인에 대해서도 적용되지만(제949조의3), 후견감독인이 있으면 후견감독인이 피후견인인 미성년자를 대리한다(제940조의6 제3항).

(다) 취소권

법정대리인은 독자적인 취소권을 가진다(제140조). 법정대리인의 동의 없이 행한 미성년자의 법률행위에 대해서 취소할 경우, 취소권을 법정대리인인 친권자 부와 모가 공동으로 행사하여야 하느냐, 단독으로 해도 되느냐가 문제로 된다.

이에 대해서는, 여기서의 취소권은 다른 취소권과 다르게 부 또는 모가 자신이 동의하지 않은 행위라는 것을 통지하거나 기존에 미성년자에게 부여한 동의를 철회하는 것을 의미하므로 단독으로 할 수 있다는 설과 해지·해제권의 불가분성에 관한 조항인 제547조 제1항을 준용하여 공동으로 행사하여야 한다는 설이 있다.

법정대리인의 동의 없이 한 행위가 유효하려면 부모 모두의 동의가 필요한 점에 비추어 부모 중 단독으로 취소권을 행사할 수 있다고 보아야 할 것이다.

3. 피성년후견인, 피한정후견인, 피특정후견인

19세 이상의 성년은 원칙적으로 행위능력이 있지만, 정신적인 질환 또는 노령화로 인하여 판단력이 저하되면 완벽하게 법률행위의 의미를 이해하고 평가하여 행동하기가 어렵게 된다. 이런 자들을 위하여 재산행위와 치료, 요양 등의 복리에 관한 도움을 주고자 마련한 제도가 성년후견, 한정후견, 특정후견제도이다.

이런 성년후견제도가 도입되기 전에는 한정치산(限定治産)제도와 금치산(禁治産)제도를 두어, 한정치산자에 대하여는 미성년자와 같은 행위능력을 인정하고, 금치산자에 대하여는 행위능력을 전혀 인정하지 않았는데, 이런 제도 하에서는 일상생활에 필요한 생필품의 구입조차도 혼자서는 불가능하여 지나치게 행위능력을 제한한다는 점에서 비판이 많았다.

그리하여 민법의 일부 개정을 통하여 위와 같은 성년후견제도를 도입하여 2013.7.1.부터 시행하고 있다. 개정된 성년후견제도에서는 노령화가 진행됨에 따라 판단능력이 점진적으로 쇠퇴하듯 행위능력의 범위도 한정후견에서 성년후견으로 갈수록 축소시키고 있다. 그렇다고 해도 금치산자와 다르게 피성년후견인에게서 행위능력을 완전히 박탈하고 있지는 않다.

가. 피성년후견인

(1) 의의

피성년후견인이란 질병, 장애, 노령 그 밖의 사유로 인한 정신적 제약으로 사무를 처리할 능력이 지속적으로 결여된 사람으로서 가정법원으로부터 성년후견개시 심판을 받은 자를 말한다.

(2) 요건

성년후견개시 심판의 요건은 다음과 같다.

(가) 실질적 요건

정신적 제약으로 사무를 처리할 능력이 지속적으로 결여되는 것이 필요하고 그 원인은 질병, 장애, 노령이든 그 외의 것이든 불문한다. 그 판정을 함에 있어서는 정신상태에 관하여 의사에게 감정을 시켜야 하지만 다른 자료로 충분히 판단가능하면 하지 않아도 된다(「가사소송법」 제45조의2 제1항).

(나) 절차적 요건

본인, 배우자, 4촌 이내의 친족, 미성년후견인, 미성년후견감독인, 한정후견인, 한정후견감독인, 특정후견인, 특정후견감독인, 검사 또는 지방자치단체의 장의 청구가 있어야 한다. 본인의 청구는 본인이 의사능력이 있는 상태에서 행해져야 할 것이다. 검사 또는 지방자체단체의 장도 청구권자로 된 것은 다른 청구권자가 없거나 다른 청구권자들이 청구하려 하지 않으려는 경우를 예상하여 공익의 대표자로서 포함된 것이다.

위와 같은 청구를 받은 가정법원은 본인이 의식불명이거나 의사를 표명할 수 없는 경우가 아닌 한 그의 의사를 들어야 하고 요건에 해당된다고 판단되면 성년후견개시심판을 하고, 후견등기사무를 처리하는 사람에게 후견등기부에 등기할 것을 촉탁하여(「가사소송법」 제9조, 가사소송규칙 제5조의2 제1항 제1호), 후견등기부에 등기되도록 하여 일정사항을 공시하게 한다(「후견등기에 관한 법률」 제25조).

이런 후견등기부는 성년후견제도를 이용한 사람에 관하여 '피성년후견인이 할 수 있는 법률행위'와 '할 수 없는 법률행위'를 공시하여 피성년후견인과 거래를 하려는 상대방을 보호하여 거래의 안전을 도모하기 위한 것이다(이는 한정후견, 특정후견, 임의후견도 마찬가지다. 「후견등기에 관한 법률」 제25조, 제26조). 미성년자인 경우에는 주민등록증으로 확인할 수 있고, 성년후견제도를 이용한 사람은 후견등기부를 보고 그 행위능력의 범위를 파악할 수 있다.

(3) 행위능력의 범위

(가) 원칙

피성년후견인이 한 법률행위는 취소할 수 있다(제10조 제1항). 성년후견인의 동의가 있더라도 피성년후견인은 독자적으로 법률행위를 할 수 없다. 이를 인정하게 되면 성년후견인으로 하여금 보수(제955조)를 지급하면서까지 후견사무를 수행하도록 하는 의미가 상실되기 때문이다.

(나) 예외

1) 가정법원이 취소할 수 없도록 정한 범위에 속하는 피성년후견인의 행위

가정법원은 성년후견심판을 개시할 때 취소할 수 없는 피성년후견인의 법률행위의 범위를 정할 수 있으므로(제10조 제2항), 그 범위 내에서는 행위능력자로 본다. 위 범위는 본인, 배우자, 4촌 이내의 친족, 성년후견인, 성년후견감독인, 검사 또는 지방자치단체의 장의 청구에 의하여 가정법원이 변경할 수 있다(제10조 제3항).

2) 피성년후견인의 일상생활에 필요한 법률행위

피성년후견인의 일용품의 구입 등 일상생활에 필요하고 그 대가가 과도하지 아니한 법률행위에 대해서는 취소할 수 없다(제10조 제4항). 피성년후견인의 가장 기본적인 의식주 활동에 대해서는 행위능력을 인정하여 일상생활을 스스로 영위해 나갈 수 있게 하기 위한 것이다.

3) 피성년후견인의 신상에 관한 결정 등

피성년후견인은 자신의 신상에 관하여 그의 상태가 허락하는 범위에서 단독으로 결정하는 것은 가능하고(제947조의2), 가족법상의 행위 중 피성년후견인의 동의를 받아 유효한 행위를 할 수 있는 경우가 있으며(제802조, 제808조 제2항, 제835조, 제873조 제1항, 제902조), 의사능력이 회복된 때에는 유언도 유효하게 할 수 있다(제1063조).

(4) 능력보충기관

예 2-4

성인인 A에 대하여 성년후견심판이 개시되어 A의 성년후견인으로 B가 선임되었다. 그런데 C가 A의 부동산 L을 성년후견심판의 개시 전에 매수하는 계약을 체결하였다면서 소유권 이전등기청구를 해 오자, B가 위 매매계약을 취소한다고 하였다.

(가) 성년후견인

가정법원은 성년후견개시심판을 할 때 직권으로 성년후견인을 선임하여야 하고(제929조, 제936조 제1항), 이렇게 선임된 성년후견인은 피성년후견인의 법정대리인이 된다(제938조 제1항). 대리권의 범위는 원칙적으로 모든 법률행위가 그에 속하지만 앞에서 본 피성년후견인에게 인정되는 법률행위는 제외된다. 그 외 취소권(제140조)도 가지지만, 법률행위에 대한 동의권은 가지지 않는다는 것은 앞에서 보았다(제947조의2 제3항의 동의권은 신상결정 등에 관한 것이지 법률행위에 관한 것이 아니다).

위 예에서 성년후견인 B는 피성년후견인 A의 법률행위에 대하여 취소권이 있지만 그 취소권은 성년후견심판이 내려진 후에 행해진 법률행위에 대하여 가지는 것이고 그전에 행해진 법률행위에 대해서는 취소할 수 없다. A가 C와 매매당시에 그 매매계약을 취소할 수 있는 다른 사유(착오, 사기, 기망 등)가 없는 한, 매매계약 당시 성년후견심판을 받을 만한 정신적 판단능력밖에 없었다는 이유만으로는 취소할 수 없다.[13] 즉 성년후견제도를 마련해 두었음에도 불구하고 이런 제도를 이용하지 않은 사람은 그로 인한 불이익은 자신이 감수할 수밖에 없는 것이다.

이런 경우 A가 구제받을 수 있는 방법은 매매계약 당시 의사능력이 없었다는 점을 주장하고 증명하여 매매계약을 무효로 만드는 수밖에 없다.

(나) 성년후견감독인

가정법원은 필요하다고 인정하면 직권으로 또는 피성년후견인, 친족, 성년후견인, 검사, 지방자치단체의 장의 청구에 의해 성년후견감독인을 선임할 수 있다(제940조의4).

이렇게 선임된 성년후견감독인은 성년후견인의 사무를 감독하고, 피성년후견인의 신상이나 재산에 대하여 급박한 사정이 있는 경우 그의 보호를 위하여 필요한 행위 또는 처분을 할 수 있으며, 피성년후견인과 성년후견인 사이에 이해상반되는 행위에 관하여는 성년후견감독인이 피후견인을 대리한다(제940조의6). 또 성년후견인이 제950조 소정의 행위에 관하여 피성년후견인을 대리할 때는 후견감독인이 동의를 하여야 하고, 만일 동의없이 성년후견인이 행위를 하면 피후견인 또는 후견감독인이 취소할 수 있다(제950조).

(5) 성년후견의 종료

성년후견개시의 원인이 소멸된 경우에는 가정법원은 본인, 배우자, 4촌 이내의 친족, 성년후견인, 성년후견감독인, 검사 또는 지방자치단체의 장의 청구에 의하

---

13) 대판 1992.10.13. 선고 92다6433. 이 판결은 금치산제도와 한정치산제도가 있었을 때의 판례이나 현재에도 유효할 것이다.

여 성년후견종료의 심판을 한다(제11조). 이때 피성년후견인이 의식불명 또는 그 밖의 사유로 자신의 의사를 표명할 수 없는 경우 외에는 피성년후견인의 진술을 들어야 한다(가사소송법 제45조의3 제1항 제2호).

가정법원이 피성년후견인에 대하여 한정후견개시의 심판을 할 때에는 종전의 피성년후견의 종료심판을 하여야 한다(제14조의3 제2항).

이런 성년후견의 종료심판은 장래효밖에 없으므로 성년후견의 종료심판 전에 피성년후견인이 법률행위를 하였고 당시 판단능력이 회복되어 성년후견개시원인이 소멸한 상태였고 그로부터 얼마 되지 않아 실제로 성년후견의 종료심판이 있었다고 하더라도 그 법률행위는 취소할 수 있다.

나. 피한정후견인

(1) 의의

피한정후견인이란 질병, 장애, 노령, 그 밖의 사유로 인한 정신적 제약으로 사무를 처리할 능력이 부족한 사람을 말한다(제12조 제1항).

(2) 요건

(가) 실질적 요건

정신적 제약으로 사무를 처리할 능력이 부족하여야 하고 그 원인은 질병, 장애, 노령 등 그 사유는 불문한다. 성년후견과의 차이는 그 능력이 지속적으로 결여되어 있는지 아니면 능력이 부족한 상태에 있는지의 판단에 있다.

정신상태의 감정에 관하여는 성년후견과 동일하다.

(나) 절차적 요건

본인, 배우자, 4촌 이내의 친족, 미성년후견인, 미성년후견감독인, 성년후견인, 성년후견감독인, 특정후견인, 특정후견감독인, 검사 또는 지방자치단체의 장의 청구가 있어야 한다(제12조 제1항).

한정후견개시의 심판을 할 때 본인의 의사를 고려해야 하는 것과 후견등기부에 기재하는 것 등은 앞의 성년후견과 같다(후견등기에 관한 법률 제25조 제1항 제6호).

(3) 행위능력의 범위

(가) 원칙

피한정후견인은 가정법원이 한정후견인의 동의를 받도록 한 법률행위의 범위를 제외하고는 모든 법률행위에 대하여 행위능력을 가지고, 그 범위는 본인, 배우자, 4촌 이내의 친족, 한정후견인, 한정후견감독인, 검사 또는 지방자치단체의 장의 청구에 의하여 변경할 수 있다(제13조 제1항, 제2항).[14] 피한정후견인이 동의를 받아야할 행위를 동의 없이 한 때에는 취소할 수 있다(제13조 제4항).

(나) 예외

1) 한정후견인의 동의에 갈음하는 법원의 허가

한정후견인의 동의를 필요로 하는 행위에 대하여, 한정후견인이 피한정후견인의 이익이 침해될 염려가 있음에도 그 동의를 하지 아니하는 때에는 가정법원은 피한정후견인의 청구에 의하여 한정후견인의 동의를 갈음하는 허가를 할 수 있고(제13조 제3항), 이런 허가를 받으면 단독으로 피한정후견인이 행위를 할 수 있는 것은 당연하다.

2) 한정후견인의 동의가 필요한 행위로 정한 범위 외의 행위

위와 같은 행위는 본래 피한정후견인의 행위능력 범위 내에 속하는 것이므로 단독으로 할 수 있다. 일용품의 구입 등 일상생활에 필요하고 그 대가가 과도하지 아니한 법률행위에 대하여는 피성년후견인에게도 허용되는 것이므로 그보다 행위능력의 범위가 넓은 피한정후견인에게도 허용되어야 할 것이다(제13조 제4항 단서).

3) 가족법상의 행위

가족법상의 행위는 진정한 의사를 중시하므로 의사능력이 있으면 제한되지 않고, 따라서 피한정후견인도 제한 없이 할 수 있다. 피한정후견인의 신상결정에 관하여는 피성년후견의 신상결정규정인 제947조의2가 준용되므로 피성년후견인과 차이가 없다(제959조의6).

---

14) 피성년후견인의 행위능력의 범위를 정한 방식을 positive방식이라고 하면, 피한정후견인의 그것은 negative 방식이라 할 수 있다. 이는 피한정후견인의 행위능력을 최소한으로 제한하여 스스로 자기생활을 결정하고 영위할 수 있도록 하기 위한 목적에서 나온 것이다.

(4) 능력보충기관

(가) 한정후견인

가정법원은 한정후견개시의 심판을 하는 경우 직권으로 한정후견인을 선임하여야 하고(제959조의2, 959조의3), 피한정후견인이 한정후견인의 동의를 받아야 하는 법률행위의 범위와, 한정후견인이 피한정후견인의 법률행위를 대리하여 할 수 있는 법률행위의 범위를 정할 수 있다(제959조의 4).

피한정후견인이 한정후견인의 동의를 받아야하는 행위에 관하여 그 동의 없이 행위를 하였다면 한정후견인은 취소할 수 있다(제13조 제4항).

(나) 한정후견감독인

가정법원은 필요하다고 인정하면 직권 또는 피한정후견인, 친족, 한정후견인, 검사, 지방자치단체의 장의 청구에 의하여 한정후견감독인을 선임할 수 있다.

한정후견감독인의 업무는 성년후견의 경우와 동일하다. 다만 한정후견인과 피한정후견인 사이의 이해상반행위에 대하여는 한정후견감독인이 피한정후견인을 대리하거나 피한정후견인이 그 행위를 하는데 동의할 수 있다는 부분만 다르다(제959조의5).

(5) 한정후견의 종료

한정후견개시의 원인이 소멸된 경우에는 가정법원은 본인, 배우자, 4촌 이내의 친족, 한정후견인, 한정후견감독인, 검사 또는 지방자치단체의 장의 청구에 의하여 한정후견종료의 심판을 한다(제14조).

가정법원이 피한정후견인에 대하여 성년후견개시의 심판을 할 때에는 종전의 한정후견의 종료심판을 하여야 한다(제14조의3 제1항).

다. 피특정후견인

(1) 의의

앞에서 본 성년후견이나 한정후견은 포괄적인 범위의 행위에 관하여 어느 정도의 기간 동안 지속하여 그 행위능력을 보충해주는 것이지만, 경우에 따라서는 일시적으로 또는 포괄적인 범위가 아니라 특정한 사무에 관하여 그 행위능력을 보충하거나 후원을 해 주는 제도가 필요하다.

이런 특정한 사무에 관하여 일시적으로 본인의 행위능력을 보충하거나 후원하여 주는 제도로서 특정후견제도가 있다.

(2) 요건

가정법원은 질병, 장애, 노령, 그 밖의 사유로 인한 정신적 제약으로 일시적 후원 또는 특정한 사무에 관한 후원이 필요한 사람에 대하여 본인, 배우자, 4촌 이내의 친족, 미성년후견인, 미성년후견감독인, 검사 또는 지방자치단체의 장의 청구에 의하여 특정후견의 심판을 하고(제14조의2 제1항), 이때 가정법원은 의사나 그 밖에 전문지식이 있는 사람의 의견을 들어야 하는데 이 경우 의견을 말로 진술하게 하거나 진단서 또는 이에 준하는 서면으로 제출하게 할 수 있다(가사소송법 제45조의2 제2항).

본인의 의사에 반하여 특정후견을 개시할 수 없으므로(제14조의2 제2항), 의식불명 그 밖에 자신의 의사를 표명할 수 없는 경우 외에는 본인의 진술을 들어야 한다(「가사소송법」 제45조의 3 제1항 제1호).

특정후견심판을 할 경우 특정후견의 기간 또는 사무의 범위를 정하여야 하며(제14조의2 제3항), 이를 후견등기부에 등기하여야 한다(「후견등기에 관한 법률」 제25조 제1항 제7호).

(3) 행위능력의 범위

특정후견심판에서 정한 기간과 사무범위 내에서 가정법원으로부터 대리권을 수여하는 심판을 받으면 특정후견인은 대리권을 가지고, 이때 가정법원은 대리권 행사에 가정법원이나 특정후견감독인의 동의를 받도록 명할 수 있다(제959조의11).

특정후견의 심판이 개시되어도 피특정후견인의 행위능력은 제한되지 않으므로 피특정후견인은 가정법원에서 명한 사무의 범위 내의 행위에 관하여 법률행위를 하여도 유효하고, 이를 특정후견인이 취소할 수 없다. 만일 동일한 목적물에 관하여 특정후견인과 피특정후견인이 각각 다른 사람과 매매계약을 체결하였다면 둘 다 유효하여 이중매매의 법리로 해결해야 할 것이다. 이렇게 본다면 피특정후견인은 제한능력자가 아니라 대리관계에서의 본인에 해당하는 지위를 가진다고 할 것이다.

(4) 후원기관

(가) 특정후견인

가정법원은 피특정후견인의 후원을 위하여 필요한 처분으로 피특정후견인을 후원하거나 대리하기 위하여 특정후견인을 선임할 수 있고(제959조의8, 제959조의9), 필요한 경우 대리권을 수여하는 심판을 할 수도 있다(제959조의11). 대리권이 수여되면 그 범위 내에서 피특정후견인을 대리할 수 있지만, 피특정후견인의 행위능력이 제한되지 않는다는 것은 앞에서 보았다.

(나) 특정후견감독인

가정법원은 필요하다고 인정하면 직권으로 또는 피특정후견인, 친족, 특정후견인, 검사, 지방자치단체의 장의 청구에 의하여 특정후견감독인을 선임할 수 있고, 특정후견감독인은 가정법원의 명에 따라 특정후견인의 대리권 행사에 동의를 할 수 있다(제959조의10).

(5) 특정후견의 종료

가정법원이 피특정후견인에 대하여 성년후견개시의 심판을 하거나 한정후견개시의 심판을 할 때는 특정후견의 종료심판을 해야 한다(제14조의3).

Ⅲ. 제한능력자의 상대방 보호

1. 의의

가. 제한능력자에 대하여 민법이 인정하는 보호조치

예 2-5

미성년자인 A가 부모의 동의 없이 B로부터 향수를 100만원에 매수하여 1/3정도 사용하였다. 그 후 이를 알게 된 A의 부모가 위 향수의 매매계약을 취소했다.

위 예에서 A의 부모는 B가 미성년자임을 알았든지 몰랐든지 상관없이 매매계약을 취소할 수 있고 이렇게 취소되면 A는 현존이익인 사용하다 남은 2/3정도의 향수를 반환하면 되는데 반하여(제141조 단서), B는 100만원을 전부 반환해야 한다. 이렇게 되면 B로서는 반환받은 향수를 재판매할 수 없음에도 100만원 전액을 반환해야 하는 손해를 입게 된다. 이런 손해를 B가 입지 않으려면 거래를 할 때마다 상대방이 미성년자나 성년후견의 심판을 받은 자가 아닌지를 일일이 조사하여 거래를 하여야 하므로 거래의 신속을 해친다.

만일 위 예에서 A가 B에게 자신 소유의 토지 L을 매도하였고, B가 A로부터 매수한 토지 L을 C에게 다시 매도한 경우, C가 선의이고 무과실(B가 미성년자인 A와 거래를 한 것임을 몰랐고 이에 대한 과실도 없었음을 의미)이라고 하더라도 A의 부모가 취소를 한 후 C를 상대로 토지 L의 반환을 구하게 되면 C는 A측에 반환하여야 한다. 이런 결과는 거래의 안전을 해친다.

우리 민법은 이런 결과를 용인하고 있는데 이것은 거래의 신속과 안전보다는 제한능력자를 보호하겠다는 입법적 결단을 한 것이라고 할 수 있다.

나. 상대방의 보호방법

위 예에서 A측은 취소하거나 추인(제143조)할 수 있는데 반하여, B측으로서는 제한능력자와의 거래라는 사실을 알게 되었을 때 A가 취소나 추인을 할 때까지 기다리거나 제146조에 규정한 기간의 경과로 인한 취소권의 소멸 시까지 기다리고만 있을 수밖에 없다는 것은 너무나 수동적이고 소극적인 방법이다. B측에게도 자기의 손해를 줄이기 위하여 다른 곳에 판매하는 등의 대비책을 강구하기 위한 방법으로서의 능동적이고 적극적인 수단을 마련해 두는 것이 마땅할 것이다.

그리하여 우리 민법은 B측에게 A측이 취소할 것인지 추인할 것인지를 빨리 결정해서 알려달라고 촉구하는 최고(촉구)권과, 제한능력자와의 거래를 단념하겠다는 의사를 표명할 수 있는 권리(단독행위에서는 거절권, 계약에서는 철회권)를 인정하고 있다.

나아가 제한능력자가 자신이 제한능력자가 아닌 것처럼 상대방을 속인 경우 그에 대한 제재로서 제한능력자측의 취소권을 배제하고 있다.

2. 최고(촉구)권

가. 방법

(1) 제한능력자에 대하여 하는 경우

제한능력자에게 촉구를 하는 경우에는 제한능력자는 의사표시를 수령할 권한이 없으므로(제112조), 능력자가 된 후에 1개월 이상의 기간을 정하여 그 취소할 수 있는 행위의 추인여부의 확답을 촉구하여야 한다(제15조 제1항).

(2) 법정대리인에게 하는 경우

제한능력자가 아직 능력자가 되지 못한 경우에는 그의 법정대리인에게 위와 동일한 방법으로 추인여부의 확답을 촉구할 수 있다(제15조 제2항).

제한능력자의 법정대리인이 복수인 경우(친권자인 부모 또는 제930조 제2항에서처럼 후견인이 복수인 경우) 법정대리인 전부에게 촉구해야 하는지 아니면 그 중 1인에게만 해도 되는지가 문제될 수 있다. 의사표시를 수령하는 수동대리의 경우에는 상대방의 보호와 거래상의 편의를 고려하여 1인에게만 해도 된다는 점을 고려하면 1인에게만 해도 된다고 할 것이다.

나. 효과

(1) 확답한 경우

촉구를 받은 능력자나 법정대리인이 추인하면 유효하게 되고, 취소하면 소급하여 무효로 된다(제141조). 이런 효력은 능력자나 법정대리인의 효과의사에 따라 효력이 발생하는 것이다.

문제는 추인과 취소의 효력은 언제 발생하느냐이다. 즉 본조가 다음에서 볼 확답하지 않은 경우의 효력에 대하여 '…발송하지 않으면…'이라고 표현하고 있기 때문이다. 이에 의하면 추인이나 취소의 의사표시는 발송한 때에 효력이 발생한다고 보지 않을 수 없고, 상대방이 추인인지 취소인지를 알 수 있는 것은 그가 송달을 받아 요지(了知)한 때일 것이다. 결국 이는 의사표시의 효력은 상대방에게 도달한 때에 효력이 발생한다(제111조 제1항)는 원칙의 예외다.

따라서 능력자나 법정대리인은 추인이나 취소의 의사표시를 발송하였다는 점만 증명하면 추인이나 취소의 효력이 발생한다고 보아야 할 것이고, 그 효력을 부인하고 다음에서 볼 확답을 받지 못한 경우의 효력을 발생시키려면, 발송한 확답이 도달하지 않았다는 것을 상대방측에서 증명하여야 할 것이다.

그리고 추인이나 철회의 의사를 발송함으로써 그 효력이 발생한다고 본다면 능력자나 법정대리인도 추인이나 철회의 의사를 발송한 후에는 설사 상대방에게 송달되기 전이라도 추인이나 철회의 의사를 번복할 수 없다고 할 것이다.

(2) 확답하지 않은 경우

능력자나 법정대리인이 추인이나 취소의 의사표시를 발송하지 않으면 그 효력에 관하여 법률로 정하고 있다. 따라서 제한능력자의 상대방이, 촉구 시에 법률로 정한 효력(추인효)을 원하지 않았든지 또는 법률로 정한 효력과 반대되는 효력을 원하였다고 하더라도 그의 의사와 무관하게 정해진다. 이런 의미에서 위 촉구는 의사표시가 아니고 준법률행위[15]로서 '의사의 통지'에 해당한다.

(가) 추인에 특별한 절차가 필요 없는 경우

특별한 절차가 필요 없음에도 불구하고 그 촉구기간 내에 확답을 발송하지 않은 경우에는 추인한 것으로 본다(제15조 제1항). 추인한 것으로 보는 이유는 제한능력자의 행위는 현재 유효한 상태로서 취소권자의 취소가 있어야 무효로 되는데, 취소권자의 추인권의 행사나 취소권의 행사가 없는 상태이므로 현재의 상태, 즉 유효인 상태가 그대로 유지되어 확정된다고 보기 때문이다.

(나) 추인에 특별한 절차가 필요한 경우

후견인이 혼자 결정할 수 없고, 미성년후견감독인 또는 성년후견감독인의 동의가 필요한 경우(제950조 제1항)나 한정후견감독인의 동의가 필요한 경우(제959조의6, 제950조 제1항)와 같이 특별한 절차가 필요한 경우에는 촉구기간 내에 확답을 발송하지 않으면 추인을 거절한 것으로 본다(제15조 제3항).

---

15) 추인이나 취소한다는 확답을 하면 추인되거나 취소되는데, 이런 효력은 추인이나 취소라는 의사표시에 따라서 발생한다는 점(법률행위)과 비교할 것.

그런데 이 조항은 조금 이상하다. 즉 확답이 없어 추인을 거절한 것으로 보기 위해서는 후견감독인의 동의가 없는 행위는 무효라고 보아야 법리에 맞다고 할 것인데(확답이 없어 무효로 보려면, 확답하기 전의 상태가 유효한 상태가 아니라 무효인 상태여야 한다), 우리 민법은 후견감독인의 동의가 없는 행위는 유효한 것으로 보아 피후견인이나 후견감독인이 취소할 수 있도록 규정하고 있기 때문이다(제950조 제3항). 그리하여 '취소한 것으로 본다'고 규정한 이유로 '특별한 절차가 필요한 경우에는 그 절차를 거치는데 시간이 많이 소요되기 때문이다'고 하는데, 이런 설명은 법리에도 맞지 않고 설득력도 부족하다.

본래 후견감독인의 동의를 받아야 함에도 받지 않고 한 후견인의 대리행위는 후견인의 대리권의 범위를 벗어난 무권대리행위로서 무효로 보아야 하는 것이 법리상 올바르다(법률상의 제한). 이런 무효인 무권대리행위에 대해서는; 유효임을 전제로 한 취소권을 운위할 여지가 없다. 그럼에도 우리 민법은 이를 유효한 행위로 보아 취소할 수 있다고 규정하고 있다(제950조 제3항, 제956조의6). 이는 일반법리에 어긋난다고 하지 않을 수 없다. 따라서 이를 일반법리에 부합시키기 위해서는 후견감독인의 동의 없이 한 후견인의 행위를 무효로 규정하여야 한다.

현재의 규정은 후견감독인의 동의 없이 한 후견인의 대리행위를 무효가 아닌 취소할 수 있는 행위라고 규정하여 기존의 대리권에 관한 기본원리와 맞지 않는다. 또 위 규정을 전제로 취소할 수 있는 유효한 행위라고 본다면 상대방의 촉구에 대하여 확답을 발송하지 아니한 경우에는 아무런 현상의 변경행위가 없으므로 계속 유효하고 따라서 추인을 거절한 것으로 보아야 함에도 현재의 유효한 상태를 변화시키는, '취소한 것으로 본다'고 규정한 점도 일반적인 법리에 맞지 않는다. 이는 입법상의 잘못이라고 할 것이다.

3. 철회권과 거절권

가. 의의

상대방이 제한능력자와의 거래를 단념하여 그 행위의 효력을 원하지 않을 경우 유용한 제도이다. 제한능력자의 단독행위의 경우에는 거절을 할 수 있는 거절권과 계약의 경우에는 자신의 청약이나 승낙을 철회할 수 있는 철회권을 인정한다.

나. 계약의 경우

계약의 경우는 청약과 승낙의 의사표시가 합치되어야 효력이 발생하므로, 제한능력자와 계약을 체결한 상대방이 그 계약의 효력을 원하지 않는 경우에는 제한능력자의 청약이나 승낙에 대응한 자신의 승낙이나 청약을 철회함으로써 계약을 성립시키지 않게 할 수 있다(제16조 제1항 본문).

그러나 법정대리인의 추인이 있게 되면 더 이상 취소할 수 있는 제한능력자의 행위라고는 할 수 없고 완전하게 유효한 계약이 되므로 추인이 있기 전까지만 철회권을 행사할 수 있다. 다만 상대방이 계약당시 자신과 거래하는 사람이 제한능력자임을 알고 있었다면 이런 보호를 해줄 필요는 없으므로 철회권은 없고(제16조 제1항 단서), 앞에서 본 최고(촉구)권만을 가질 뿐이다.

다. 단독행위의 경우

제한능력자의 단독행위의 경우에는 상대방에게 도달하면 효력이 발생하고 제한능력자의 단독행위에 대응하는 상대방의 의사표시는 존재하지 않는다. 따라서 이 경우; 상대방은 그 단독행위에 의해 발생하는 효력을 원하지 않는다는 의사로서, 거절하는 거절권을 행사할 수 있다.

이 거절권도 추인이 있게 되면 앞의 철회권과 같은 이유로 거절권을 행사할 수 없고, 계약과 달리 상대방의 의사는 제한능력자의 단독행위에 어떠한 영향을 주지 않으므로 철회권과 달리 상대방이 제한능력자의 단독행위 당시에 제한능력자임을 알고 있었다고 하더라도 거절권 행사에 지장이 없다.

라. 의사표시의 수령능력에 대한 예외

위 철회나 거절의 의사표시는 제한능력자에게도 할 수 있다(제16조 제3항). 본래 제한능력자에 대한 의사표시는 효력이 없는 것이 원칙이나(제112조 본문), 상대방이 제한능력자와 거래를 한 때 법정대리인을 찾아서 그에게 그 의사를 표시하여 송달하게 하는 등의 번잡한 절차를 거침이 없이 그 거래 당시 곧바로 그 자리에서 제한능력자를 상대로 철회나 거절을 가능하게 하기 위하여 예외를 인정한 것이다.

4. 취소권의 배제

가. 의의

일반적으로 행위자가 계약내용과 관련하여 상대방을 속여서 계약을 체결한 경우, 상대방은 사기를 이유로 계약을 취소하거나(제110조), 손해배상(제750조, 제753조, 제755조)을 청구할 수 있다. 나아가 우리 민법은 법률행위 내용 자체에는 기망의 요소가 없지만 제한능력자인지 여부에 관하여 기망의 요소가 있어 제한능력자를 보호할만한 가치가 없다고 판단되는 경우에는 제한능력자측의 취소권을 배제하여 상대방이 예상한 법률행위의 효과를 그대로 발생하게 하는 방법을 마련하고 있다.

나. 요건

(1) 제한능력자가 자신을 능력자로 믿게 하거나 미성년자 또는 피한정후견인이 법정대리인의 동의가 있는 것으로 믿게 하려고 했어야 한다(제17조 제1항, 제2항).

법정대리인의 동의가 있는 것으로 믿게 하려고 한 경우에는 피성년후견인이 그 대상에서 제외되어 있는데, 그 이유는 피성년후견인은 법정대리인의 동의가 있어도 법률행위를 할 수 없기 때문이다.

(2) 제한능력자가 속임수를 써야 한다. 여기서의 속임수는 법률행위의 내용에 관련된 것이 아니라(매매대상 물품의 품질이나 성능, 유통기한 등에 관하여 속이는 경우 등) 자신의 행위능력과 관련한 것이어야 한다.

그 속임수의 정도와 관련하여 학설의 다툼이 있다.

단순한 침묵이나 묵비(默祕)도 속임수에 해당한다는 견해와, 단순한 침묵이나 묵비를 넘어 미성년자 자신의 주민등록증의 생년월일을 성년자 연령으로 임의로 고쳐서 제시하거나 법정대리인의 동의서를 위조하는 등으로 적극적인 기망수단을 사용한 경우이어야 한다는 견해가 있다. 판례[16]는 후자의 견해를 취하고 있다.

---

16) 변조한 인감증명서를 제시한 경우(대판 1971.12.14. 선고 71다2045), 인감증명서의 생년월일을 동사무소 직원 짜고 성년자로 생년월일을 고쳐서 제시한 경우(대판 1971.6.22. 선고 71다940)는 속임수에 해당한다고 판시했다. 위 71다2045 판결은 이유에서 '적극적으로 사기수단을 쓰는 것을 말하고 단순히 자기가 능력자라고 거짓말하는 것은 속임수에 해당하지 않는다'고 하고 있다.

생각건대 제한능력자와의 거래는 대부분이 자신이 능력자인 것처럼 가장하여 이루어지는 경우가 많을 것이고, 만일 이때 소극적인 침묵이나 묵비의 경우에도 취소권을 배제한다면 구제되는 제한능력자의 거래는 거의 없을 것이므로 판례의 태도가 정당하다고 할 것이다.

제한능력자가 속임수를 썼다는 사실에 대해서는 취소권의 배제를 주장하는 자, 즉 상대방이 증명해야 할 것이다.

(3) 상대방이 오신하였어야 한다. 상대방이 능력자로 믿었어야 하고, 그렇게 믿은 데에 과실이 있었더라도 상관없다.

(4) 상대방이 그 오신에 기하여 제한능력자와 행위를 하였어야 한다. 상대방의 오신과 제한능력자의 법률행위 사이에 인과관계가 있어야 한다.

다. 효과

제한능력자측의 취소권이 배제되어 제한능력자는 물론 그 법정대리인도 취소권을 행사할 수 없다. 여기서 취소권이 배제되는 것은 제한능력자가 행위능력과 관련하여 사술을 쓴 경우만 해당되고, 제한능력자가 다른 사유, 즉 착오(제109조)나 기망 또는 강박(제110조)에 의한 의사표시를 한 때에는 그를 이유로 한 취소권은 배제되지 않는다.

제 3 절 주 소

Ⅰ. 주소의 개념

주소는 생활관계의 중심지로서 생활의 근거되는 곳을 말한다(제18조 제1항). 주소는 부재(제22조), 실종(제27조), 변제장소(제467조 제2항), 상속의 개시지(제998조) 등의 표준이 된다는데 의미가 있다.

주소와 구별되는 개념으로 가족관계등록기준지와 주민등록지가 있다.

가족관계 등록기준지란 출생 또는 그 밖의 사유로 가족관계등록부에 등록하는 경우 신고하는 장소를 말하고(「가족관계의 등록 등에 관한 법률」 제10조), 이 등록기준지를 기준으로 가족관계등록부를 검색하며 가사비송사건의 심판청구서에 이를 기재하도록 하고 있다(「가사소송법」 제36조).

주민등록지란 30일 이상 거주할 목적으로 일정한 장소에 주소 또는 거소를 가지는 자가 「주민등록법」에 따라 등록하는 장소를 말한다(「주민등록법」 제6조). 공법상의 개념이지만 주소로 추정하고 있으며, 주민등록이 「주택임대차보호법」에 임차권의 대항력의 요건(「주택임대차보호법」 제3조 제1항)이나 보증금의 우선변제의 요건(동법 제3조의2 제2항)으로 되어 있다.

Ⅱ. 주소의 결정

주소를 정하는 기준으로, 형식적 표준에 의해 획일적으로 정하는 형식주의와 생활의 실질적 관계에 따라 정하는 실질주의가 있는데, 민법은 실질주의를 채택하고 있다. 그리고 주소도 두 곳 이상의 곳에 둘 수 있다(제18조 제2항)고 규정하여 복수주의를 취하고 있다.

Ⅲ. 주소의 효과

민법상으로 주소는 앞서 본 바와 같이 부재나 실종, 변제장소, 상속개시지를 정하는 표준이 된다. 그 외 어음·수표행위의 장소(「어음법」 제2조, 「수표법」 제8조), 재판관할권(「민사소송법」 제2조, 「가사소송법」 제13조)의 표준이 된다.

Ⅳ. 거소, 현재지, 가주소 등

1. 거소

거소란 사람이 어느 정도의 기간 동안 계속하여 거주하는 장소로서, 주소를 알 수 없으면 거소를 주소로 보고(제19조), 국내에 주소가 없는 자에 대하여는 국내에 있는 거소를 주소로 본다(제20조).

2. 현재지

현재지에 대해서는 민법이 따로 정하지 않고 있지만, 현재지는 거소보다 장소적 관계가 희박한 곳을 의미하고, 거소에 현재지가 포함될 수 있다.

3. 가주소

당사자는 어떤 거래와 관련하여 일정한 장소를 선정하여 그 거래관계에 있어서는 그 곳을 주소로서의 법적 기능을 하도록 할 수 있다(제21조). 이처럼 주소로서의 효력을 가지는 장소를 가주소(假住所)라고 한다.

제 4 절 부재(不在)와 실종(失踪)

Ⅰ. 서

어떤 사람이 종래의 주소나 거소를 떠나 돌아올 가망이 없는 상태가 지속되면 그의 재산에 대한 관리가 부실하게 되어 훼손되거나 멸실될 가능성이 높고 그렇게 되면 그 사람이나 그 사람과 생계를 같이 하는 사람 등은 피해를 받게 된다. 이런 경우 법은 우선 그 사람을 대신하여 그 사람이 돌아올 때까지 그의 재산을 관리하고, 이 상태가 생사불명으로 일정기간 지속되면 실종선고를 하여 사망으로 간주함으로써 상속이 일어나게 하고 그 후는 상속인이 알아서 하도록 하고 있다.

Ⅱ. 부재자의 재산관리

1. 부재자의 의의

부재자란 종래의 주소나 거소를 떠나 당분간 돌아올 가망이 없는 자를 말하고 반드시 생사불명이어야 하는 것은 아니다(민법 제22조 제1항).

2. 잔여재산의 관리

부재제도는 본래 부재자의 재산관리를 위한 것이므로 부재자가 그 전에 재산관리인을 선임하여 두었다면 법원은 원칙적으로 개입하지 않는다. 다만 예외적인 경우에는 법원이 개입한다. 그러나 부재자가 재산관리인을 선임하여 두지 않았으면 법원이 전면적으로 개입하게 된다.

가. 재산관리인을 미리 선임해 둔 경우

(1) 원칙

부재자가 재산관리인을 선임해 둔 경우에는 법원은 원칙적으로 개입하지 않는다. 이런 경우 부재자의 재산관리인의 권한이나 관리방법은 부재자와 재산관리인 사이에 체결된 선임계약의 해석에 의하여 결정된다. 따라서 부재자가 그가 선임한 재산관리인에게 재산처분권한을 위임하였다면 그 재산관리인이 부재자의 재산을 처분함에는 법원의 허가를 받을 필요가 없다.[17]

이런 부재자 재산관리인은 부재자의 임의대리인으로서 위임규정이 적용된다.

(2) 예외

그러나 다음과 같은 경우에는 법원이 관여하게 된다.

첫째, 본인의 부재중 재산관리인의 권한이 소멸한 때이다. 이때는 부재자가 재산관리인을 선임하지 않은 것과 같은 결과가 되므로 법원이 '재산관리인을 선임해 두지 않은 경우'와 같이 보아 관여하게 된다. 재산관리인의 권한이 소멸한 때란 재산관리인으로서의 기간이 종료하거나 재산관리인이 사망하거나 파산하는 등(제690조)으로 소멸하는 때를 말한다.

둘째, 부재자의 생사가 분명하지 아니하게 된 때이다. 이런 경우에는 부재자 본인이 재산관리인을 감독할 수 없게 되기 때문이다. 이때 법원은 재산관리인, 이해관계인 또는 검사의 청구에 의하여 재산관리인을 개임(改任)할 수 있다(제23조).

---

17) 대판 1973.7.24. 선고 72다2136.

이렇게 법원에 의하여 개임되거나 선임된 재산관리인의 권한은, '재산관리인을 선임해 두지 않은 경우' 법원이 선임한 재산관리인의 권한과 동일하다.

나. 재산관리인을 선임해 두지 않은 경우

(1) 법원의 처분

이해관계인이나 검사의 청구에 의하여 법원은 재산관리에 관하여 필요한 처분을 명하여야 한다(제22조). 재산관리에 필요한 처분에는 상황에 따라 여러 가지가 있을 수 있으나 일반적인 방법은 재산관리인을 선임하는 것이다.

(2) 재산관리인

(가) 가정법원에 의하여 선임된 재산관리인은 법정대리인이다. 선임된 재산관리인이 사임하고자 할 때는 가정법원에 그 사유를 신고하여야 하고, 가정법원은 언제든지 개임할 수 있다.

(나) 재산목록 작성 등

먼저 재산관리인은 재산의 현황을 파악하여 재산목록을 작성하여야 한다(제24조 제1항). 법원은 재산관리인에게 부재자의 재산을 보존하기 위하여 필요한 처분을 명할 수 있고(제24조 제2항), 재산관리인은 법원의 명에 따른 처분을 수행하여야 한다.

법원은 재산관리인에게 부재자의 재산관리와 반환을 위하여 상당한 담보를 제공하게 할 수 있고, 재산관리인의 보수는 부재자의 재산으로 지급할 수 있다(제26조 제2항, 제3항).

(다) 권한범위(관리와 보존)

재산관리인은 제118조에서 규정한 행위를 자유롭게 할 수 있는 권한이 있고, 그 권한을 넘는 행위를 함에는 가정법원의 허가를 받아야 한다(제25조). 재산관리인은 법원으로부터 매각허가를 받은 후 부재자를 대리하여 매매계약을 체결하는 것이 원칙이나, 판례에 따르면 부재자의 재산관리인이 법원의 허가 없이 매각하고 그 매각에 대해 추인함으로써 매각행위와 추인이 효력이 없더라도 그 후 법원의 허가를 받아 재산관리인이 그 매각행위에 따른 이행행위를 하면 적법하게 추인한 효력이 있다고 한다.[18)]

제118조의 보존행위와 관리행위에 관하여는 대리부분을 참조.

(3) 재산관리의 종료

예 2-6

가정법원은 2000.1.1. 부재자 A의 재산관리인으로 B를 선임하였다. B는 2002.5.1. 법원으로부터 매각허가를 받아 A의 부동산 L을 C에게 매도하는 계약을 체결하고 소유권 이전등기까지 경료해 주었다. 그 후 A가 2001.6.1. 이미 사망하였다는 사실이 밝혀졌다. 그러자 A의 단독 상속인인 D는 C를 상대로 L의 반환을 청구하는 소송을 제기하였다. 이때 D가 주장한 청구원인은 다음과 같다. 부재자 재산관리인인 B가 L을 매도할 당시에는 이미 A가 사망한 상태이므로 L은 A의 소유가 아니라 A의 상속인 D소유인데, A의 법정대리인 B가 A소유가 아닌 D소유의 L을 소유자인 D로부터 아무런 권한도 부여받지 않고 L을 매도한 것이어서 무권한자 B로부터 매수한 C는 L에 관하여 어떠한 권리도 취득할 수 없다.

가. 부재자 본인이 스스로 재산관리를 할 수 있게 된 때 또는 부재자가 그 후 재산관리인을 선임한 때(제22조 제2항)에는 본인의 의사에 따라 재산관리가 가능하므로 법원에 의한 관여는 중단되어야 한다. 따라서 이런 경우 가정법원은 본인, 재산관리인, 이해관계인 또는 검사의 청구에 의하여 재산관리인 선임처분 등 재산관리에 관하여 명한 처분을 취소하여야 한다.

나. 부재자 본인의 사망이 분명하게 되거나 실종선고가 있는 때 또는 관리할 재산이 더 이상 남아있지 아니한 때에도 가정법원은 사건본인 또는 이해관계인의 청구에 의하여 재산관리인 선임처분 등 재산관리에 관하여 명한 처분을 취소하여야 한다(가사소송규칙 제50조). 부재자 본인이 사망하거나 실종선고로 사망간주 된 때는 부재자의 재산은 상속인의 소유로 되고 부재자의 소유가 아니므로 부재자의 법정대리인인 재산관리인은 상속인으로부터 권한을 받지 않는 한 더 이상 관리를 할 권한이 없게 되기 때문이고, 관리할 재산이 없는 때에는 더 이상 재산관리인이 할 업무가 없기 때문이다.

---

18) 대판 1982.12.14. 선고 80다1872, 1873(부재자의 재산관리인에 의한 부재자 소유 부동산매각행위의 추인행위가 법원의 허가를 얻기 전이어서 권한 없이 행하여진 것이라고 하더라도, 법원의 재산관리인의 초과행위 결정의 효력은 그 허가받은 재산에 대한 장래의 처분행위뿐만 아니라 기왕의 처분행위를 추인하는 행위로도 할 수 있는 것이므로 그 후 법원의 허가를 얻어 소유권이전등기절차를 경료케 한 행위에 의하여 종전에 권한 없이 한 처분행위를 추인한 것이라 할 것이다).

다. 법원은 위와 같은 종료사유가 발생하면 재산관리인의 선임처분을 취소하여야 하고, 재산관리인의 권한은 위와 같은 종료사유의 발생에 의하여 자동적으로 소멸하는 것이 아니고 법원의 선임처분취소에 의하여 소멸하게 된다.

문제는 위 예에서처럼 부재자가 사망하여 부재자의 재산이 상속인에게 상속된 후에도 법원에 의해 재산관리인 선임결정이 취소되지 않으면 부재자의 재산관리인은 부재자의 재산이 아닌 상속인의 재산을 관리하는 셈이 되고 나아가 매각허가가 나서 매각하게 되면 부재자의 재산이 아니라 상속인 소유의 재산을 처분하는 결과가 되기 때문에 그 매각허가가 무효이고 매각한 처분행위도 무효가 아닌가 하는 것이다.

판례는 법원의 결정에 의하여 부재자의 재산관리인에 선임된 자는 그 부재자의 사망이 확인된 후라 할지라도 그에 대한 부재자 관리인 선임결정이 취소되지 않는 한 그 관리인으로서의 권한이 소멸되는 것은 아니라고 하여 무효가 아니라고 판시했다.[19] 이는 법적 안정성의 관점에서, 법원의 판단에 대하여는 설사 실제와 맞지 않더라도 존중해야 한다는 것을 보여주고 있다. 이런 입장은 진실한 권리관계와 부합하지 않는 확정판결도 원칙적으로 효력이 있다는 점을 보아도 알 수 있다. 이런 경우 상속인은 부동산 L 대신 그것을 매각한 대금을 상속받게 되어 그다지 손해를 보는 것도 아니라는 점을 감안하면 판례의 태도는 수긍할 수 있다.

Ⅲ. 실종선고

1. 의의

부재자가 생사불명이라는 이유로 사망사실이 증명될 때까지 재산의 관리만이 가능하다고 한다면 언제까지나 상속인들은 부재자의 재산을 상속하지 못할 뿐 아니라 배우자도 재혼을 하지 못하게 된다. 그러나 이런 불확정된 상태를 오랜 기간 지속시키는 것은 바람직하지 못하다. 따라서 부재자의 생사불명상태가 일정기간 동안 계속되는 경우 가정법원의 선고에 의하여 사망한 것으로 간주하여 법률관계를 확정시키는 제도가 실종선고이다.

---

19) 대판 1971.3.23. 선고 71다189. 실종선고의 경우에도 동일한 판시를 한 대판 1981.7.28. 선고 80다2668 참조.

2. 요건

가. 실질적 요건

(1) 생사불명

부재자의 생사가 분명하지 않아야 한다.

(2) 실종기간의 경과

부재자의 생사불명이 일정기간 동안 계속되어야 한다. 민법은 생사불명으로 된 사유가 사망의 결과를 발생시킬 가능성이 높은 사태인 전쟁이나 선박의 침몰, 항공기의 추락 등의 위난인 경우를 다른 경우와 구별하여 실종기간을 달리 정하고 있다. 전자를 특별실종이라고 하고 후자를 보통실종이라고 한다. 실종기간은 특별실종에서는 위난이 종료한 후 1년간, 보통실종에서는 생존을 증명할 수 있는 최후의 시점으로부터 5년간으로 규정하고 있다(제27조).[20]

나. 절차적 요건

(1) 이해관계인이나 검사의 청구가 있어야 한다.

이해관계인이란 부재자의 법률상 사망으로 인하여 직접적으로 신분상 또는 재산상의 권리를 취득하거나 의무를 면하게 되는 사람을 뜻한다.[21] 이에 해당하는 사람으로 상속인, 배우자, 재산관리인을 들 수 있다. 상속인 중에 1순위 상속인만이 이해관계인이 되고 2순위 상속인은 이해관계인이 아니다.[22]

부재자의 채권자는 상속인에 대하여 채권을 행사하도록 하기 위하여 이해관계인에 포함시키지만 부재자의 채무자는 이해관계인에 포함되지 않는다는 견해가

---

20) 대결 2011.1.31.자 2010스165. 잠수장비를 착용하고 바다에 입수하였다가 행방불명이 된 경우는 특별실종에 해당되지 않는다고 한다.

21) 대결 1986.10.10.자 선고 86스20.

22) 위 86스20 결정(부재자의 자매로서 제2순위 상속인에 불과한 자는 부재자에 대한 실종선고의 여부에 따라 상속지분에 차이가 생긴다고 하더라도 이는 부재자의 사망 간주시기에 따른 간접적인 영향에 불과하고 부재자의 실종선고 자체를 원인으로 한 직접적인 결과는 아니므로 부재자에 대한 실종선고를 청구할 이해관계인이 될 수 없다).

있다. 그러나 부재자의 채권자는 부재자로부터 이행을 받지 못하면 부재자를 상대로 소송을 제기하여 판결을 받은 후 부재자의 재산에 대하여 강제집행을 하면 되고, 채무자에 대해서는 부재자의 재산관리인이 그를 상대로 채무이행을 청구하면 된다는 점을 고려하면 부재자의 채권자나 채무자는 부재자의 법률상의 사망으로 인하여 어떠한 채권을 취득하거나 의무를 면하지 아니하므로 이해관계인에 해당하지 않는다고 할 것이다.

(2) 6개월 이상의 공시최고

가정법원은 실종선고청구가 있으면 공시최고를 하여, 공고종료일로부터 6개월 이후로 정한 기일까지 부재자나 부재자의 생사를 아는 자로 하여금 신고를 하도록 하는 내용을 공고하여야 한다(가사소송규칙 제54조).

3. 효과

가. 사망의 간주

실종선고가 확정되면 사망한 것으로 본다(제28조). 따라서 상속인들은 실종자의 재산을 상속할 수 있고 배우자는 재혼할 수 있다.

사망간주의 효력은 설사 실종자가 생환하였거나 다른 시기에 사망하였다는 자료가 있다고 하더라도 실종선고로 인한 사망의 효력은 번복되지 않고 이 사망의 효력을 저지하려면 실종선고를 취소를 해야 한다는 것이 통설과 판례[23]의 태도이다.

학설은 이런 효력이 인정되는 이유에 대하여 제28조가 '…사망한 것으로 본다'라고 규정하였기 때문이라고 한다. 그러나 우리 민법에는 이렇게 '…한 것으로 본다'라는 간주규정이 많지만[24] 이런 간주규정에 대해 본조와 같은 강력한 효력을 부여하지는 않는다. 특히 제115조나 제145조는 단서규정까지 두어 단서에 해당되면 간주하지 않도록 하고 있는 점에 비추어 학설의 설명은 일관성이나 설득력이 없다(생환한 것처럼 사망에 반대되는 증거는 없음에도 사망한 법적 효력이 부인되지 않는 이유를 위 규정의 표현형식에서 찾는 것은 설득력이 없다). 따라서 위와 같은 설명보다

---

23) 대판 1995.2.17. 선고 94다52751.

24) 제15조, 제115조, 제131조, 제139조, 제145조 등.

는 실종선고라는 법원의 확정된 판단이 있기 때문이라는 절차적인 점에서 그 이유를 찾아야 할 것이다. 즉 사망으로 간주한 법원의 확정된 판단이 있기 때문에 절차법상의 법적 안정성이라는 측면(다음 나.항 참조)에서 법원의 확정된 판단인 실종선고를 무효화하여야만 그 사망의 효력을 번복할 수 있다고 보아야 한다. 이는 마치 확정된 판결은 진정한 권리관계에 어긋나더라도 재심사유에 해당되어(민사소송법 제451조) 재심으로 번복되지 않는 한 확정판결의 효력을 부인할 수 없는 것과 같은 법리라 할 것이다.

나. 사망으로 보는 시기

예 2-7

A가 1951.7.2. 사망하였고(이 당시 상속은 호주가 단독으로 재산을 상속하도록 규정되어 있었다) 상속인으로서는 A의 처 B와 장남 C, 차남 D가 있었다. C는 1945.7.31.경부터 실종상태에 있었고 C에게는 직계비속이 없었다. 1970.1.30. C에 대해 실종선고가 내려지고 확정되었다. 그런데 1975년경 부동산 L을 E가 몰래 소유권 이전등기를 해 간 사실이 드러나게 되자 B가 E를 상대로 L에 관한 소유권 이전등기를 말소하라고 소송을 제기하였다.

실종선고에 의해 사망으로 간주되는 시기에 관하여는 다양한 입법례가 있지만 우리나라는 실종기간 만료 시에 사망한 것으로 보고 있다. 따라서 위의 예에서는 C의 사망시기는 1945.8.1.부터 5년이 되는 1950.8.1.이 될 것이다.

그런데 문제는 A가 사망할 당시에는 아직 장남 C에 대해서는 실종선고가 되어 있지 않으므로 C는 생존한 것으로 보아 C가 상속하고 그 후 실종선고에 의해 C가 사망했으므로 직계비속이 없는 C의 상속인으로서 그의 직계존속인 모(母) B가 상속한다고 보아야 하는지, 아니면 C는 1950.8.1. 사망한 것으로 보므로 A보다 먼저 사망하여 C는 상속인 될 수 없고, 장남의 사망으로 장남 대신으로 호주가 되는 차남인 D가 L을 상속한다고 보아야 하는지 이다.

판례는 설사 C에 대한 법원의 실종선고 자체는 A의 사망 후에 이루어졌더라도 사망간주 시기가 A의 사망 전이라면 C는 A의 재산을 상속할 수 없고, 따라서 차남인 D가 L을 상속한다고 했다.[25)]

---

25) 대판 1982.9.14. 선고 82다144. 이 사건은 현 민법이 시행되기 전의 사건으로 민법 부칙이

만일 위 예에서 E가 A로부터 A의 사망 전에 L을 적법하게 매수하는 계약을 체결하였으나 아직 소유권 이전등기를 하지 못하고 있는 상태에서 A가 사망하였고, A 재산의 단독상속인 C에 대해 아직 실종선고가 내려져 있지 아니한 1969. 12.1. C를 상대로 L에 관한 소유권 이전등기절차의 이행을 구하는 소송을 제기한 경우, 위 소송을 심리하는 도중 C에 대한 실종선고가 내려져 C가 1950.8.1. 사망한 것으로 간주되면 위 소송은 사망한 자를 상대로 한 소송이어서 무효로 되는지[26]가 문제다.

판례는 '실종선고의 효력이 생기기 전까지는 생존한 것으로 보아야 하므로 실종선고가 있는 때 사망으로 인한 위 소송절차의 중단사유가 발생하였다고 보아야 한다'고 하였다.[27] 이렇게 중단되면 C의 상속인들이 소송절차를 수계하여야 하고(민사소송법 제233조 제1항), 만일 위 소송이 선고되어 확정된 상태라면 상속인들은 새심이나 추완에 의한 상소를 제기할 수 있다.[28]

이런 판례의 태도에 비추어보면 사망시기와 관련한 효력에 관하여 실체법상의 효력과 소송절차법상의 효력을 달리 보고 있다고 할 수 있다. 실체법적인 측면에서는 실종선고가 내려지면 실종기간 만료 시에 사망한 것으로 보아야 하지만, 소송절차적인 측면에서는 이렇게 보는 것은 소송절차의 안정성을 해치고 실종자를 상대로 소송을 제기하는 사람의 불이익도 크다. 즉 실종자를 상대로 소를 제기하는 사람의 입장을 고려하면, 소 제기 시에는 실종선고가 없어 적법하였던 소송이 소 제기후 실종선고가 있었다고 하여 부적법하게 되어 적법한 상속인을 상대로

적용되었지만, 이해의 편의상 민법 부칙과 관련한 쟁점은 생략하였다. 결국 위 소송은 L의 소유자가 아닌 B가 소송을 제기하였다는 이유로 B가 패소했다.

26) 사망한 사람을 상대로 한 소송은 당연무효라는 것이 판례의 태도이다(대판 2015.1.29. 선고 2014다34041).

27) 대판 1977.3.22. 선고 77다81, 82.

28) 대판 1992.7.14. 선고 92다2455(실종선고의 효력이 발생하기 전에는 실종기간이 만료된 실종자라 하여도 소송상 당사자능력을 상실하는 것은 아니므로 실종선고 확정 전에는 실종기간이 만료된 실종자를 상대로 하여 제기된 소도 적법하고 실종자를 당사자로 하여 선고된 판결도 유효하며 그 판결이 확정되면 기판력도 발생한다고 할 것이다. 그리고 이처럼 판결이 유효하게 확정되어 기판력이 발생한 경우에는 그 판결이 해제조건부로 선고되었다는 등의 특별한 사정이 없는 한 그 효력이 유지되어 당사자로서는 그 판결이 재심이나 추완항소 등에 의하여 취소되지 않는 한 그 기판력에 반하는 주장을 할 수 없는 것이 원칙이라 할 것이며 비록 실종자를 당사자로 한 판결이 확정된 후에 실종선고가 확정되어 그 사망간주의 시점이 소 제기 전으로 소급하는 경우에도 위 판결 자체가 소급하여 당사자능력이 없는 사망한 사람을 상대로 한 판결로서 무효가 된다고는 볼 수 없다).

다시 제소하게 하는 것은 제소기간이나 소멸시효와 관련하여 제소자에게 불리하고 또 소송절차의 안정을 해치는 것이어서 바람직스럽지 않다. 따라서 위 소 제기를 소송절차적인 측면에서 적법한 것으로 취급하여 제소자측의 이익을 도모하면서도, 실종자의 상속인들의 입장도 고려하여 그들의 소송에의 절차관여를 보장하기 위하여 위 소송을 다툴 수 있는 권리를 인정함으로써 소송절차의 안정성과 실종자의 상속인들의 이해관계도 고려한 타당한 태도라고 할 것이다.

다. 사망의 효과가 미치는 범위

실종선고는 부재자의 종래의 주소나 거소를 중심으로 한 재산관계나 가족관계 등의 민사적 법률관계에서 사망으로 의제하여 부재자와 관련한 민사적 법률관계를 확정시키는 제도이다. 따라서 실종자의 종래의 주소나 거소가 아닌 다른 곳에서의 실제 생활관계상의 민사적 법률관계에는 영향을 미치지 않는다.

그리고 민사적 법률관계가 아닌 선거권이나 피선거권 등 공법상의 법률관계에는 영향을 미치지 않는다.

4. 실종선고의 취소

가. 의의

실종선고로 일응 실종자는 사망한 것으로 간주되지만, 실종자가 살아서 돌아오거나 실종기간의 만료 시와 다른 시기에 사망하였다는 증명이 있는 경우에는 상속관계에 영향을 미치게 된다. 이와 같은 경우 상속관계를 다투기 위한 전제로서 실종선고의 취소(제29조)라는 법원의 판단을 받아야 한다.

나. 실종선고 취소의 요건과 절차

(1) 실질적 요건

그 요건으로는 ① 실종자가 생존하고 있는 사실이나, ② 실종자가 실종기간이 만료된 때와 다른 시기에 사망한 사실 또는 ③ 실종기간의 기산점 후 어느 시점에 실종자가 생존하고 있었던 사실이 있어야 한다.

이런 사실들은 모두 상속관계에 영향을 미치기 때문이다. 즉 ①의 사실이 있으면 상속이 무효로 되고, ②의 경우에는 실제 사망한 때와 실종기간이 만료된 때 사이에 상속인이 사망하게 되면 상속인의 수가 다르게 되기 때문이고, ③의 경우에는 실종기간의 산정 시점이 달라져서 사망시기가 달라지기 때문이다.

(2) 절차적 요건

이해관계인 또는 검사의 청구가 있어야 한다. 그러나 실종선고와 달리 공시최고는 요하지 않는다.

다. 실종선고 취소의 효과[29]

예 2-8

A에 대하여 2000.1.1 가정법원으로부터 실종선고가 내려지고 확정되었다. 당시 A의 상속인으로는 처 B와 자 C가 있었고, A의 재산 중 현금과 동산은 B가, 부동산 L은 C가 단독상속하기로 협의가 되었다. C는 L을 D에게, D는 E에게, E는 F에게 각 양도하고 소유권 이전등기까지 경료해 주었다. 그런데 그 후 A가 살아서 돌아와 가정법원으로부터 실종선고의 취소 심판을 받았다.

(1) 원칙(소급효)

실종선고가 취소되면 A의 사망으로 간주됨으로써 발생한 상속은 무효로 되어 실종선고 전의 상태로 돌아가야 하는데, 이런 효과는 실종선고의 취소의 사유에 따라 조금씩 다르다.

즉 위 ①의 사유에 의한 때는 상속은 무효로 돌아가 실종선고 전의 상태로 돌아가야 하므로 위 예에서 A는 B와의 혼인관계가 존속하게 되고, L에 대한 소유권도 회복된다.

위 ②의 사유에 의한 때는 실종기간이 만료된 때가 아닌 실제 사망시기를 기준으로 상속이 개시된다.

위 ③의 사유에 의한 때는 실종선고 전의 상태로 돌아가고, 그 후 이해관계인이나 검사가 다시 실종기간을 따져 실종선고를 청구하여 실종선고를 받으면 그때의 실종기간 만료시를 기준으로 상속이 개시되게 된다.

---

29) 졸고, '실종선고 취소의 효과', 중앙법학 제17집 제3호, 중앙법학회(2015.9), 81면 이하 참조.

(2) 예외(소급효의 제한)

실종선고의 취소로 소급효가 발생하게 되면 실종선고를 신뢰하고 거래한 사람들에게 손해를 주게 된다. 그리하여 제29조 제1항 단서는 '실종선고 후 그 취소 전에 선의로 한 행위의 효력에 영향을 미치지 아니한다'고 규정하여 소급효를 제한하고 있다.

여기서 '선의로 한 행위'의 의미를 둘러싸고 학설의 대립이 심하다. 먼저 재산법적 행위와 관련하여 보고, 다음으로 가족법상의 행위를 보도록 한다.

(가) 재산법적 행위

1) 선의의 의미

'선의'란 '실종선고가 사실에 반함을 알지 못한 것'을 말한다. 즉 '실종자가 생존하고 있는 것 또는 실종선고에 의해 사망으로 의제되는 시기와 다른 시기에 사망한 사실을 해당 행위 시에 알지 못한 것'을 말한다.

조문의 문면상 과실 여부는 묻지 않으므로 선의에 과실이 있더라도 상관없다.

2) 누구와 누구 사이의 선의인가

단독행위인 경우에는 단독행위를 하는 자가 선의이면 족하고 상대방의 선의, 악의는 단독행위의 효력에 영향을 주지 않으므로 상관없다. 문제는 계약의 경우인데, 위 예 중 부동산 L을 기준으로 설명한다.

가) 먼저 관계자 전원 C, D, E, F가 모두 선의이어야 한다는 설이 있다.

그러나 이 설에 의하면 위 4명 중 한 명이라도 악의이면 모든 거래가 무효가 된다고 보므로, C, D, E가 선의로 거래를 한 상태이면 그 당시에는 유효했던 거래가 악의인 F가 거래에 관여하게 되면 기존에 유효하였던 거래가 무효로 된다는 것은 이해하기 힘들고, 거래가 많아져 관계인이 많아지면 많아질수록 악의자가 관여할 가능성이 커져 거래의 안전을 위해 도입한 위 조항의 취지에 반하게 된다. 따라서 이 설을 취하기는 힘들다.

나) 본항 단서를 일반의 의사표시[30]의 '선의의 제3자 보호규정'과 동일한 의미

---

30) 제107조의 비진의의사표시, 제108조의 허위표시, 제109조의 착오로 인한 의사표시, 제110조의 사기, 강박으로 인한 의사표시에서는 선의의 제3자에게 그 무효나 취소로 대항하지 못한다고 규정한다.

라는 설이 있다.

그러나 선의의 제3자를 보호하는 규정 내용('선의의 제3자에게 대항하지 못한다')과 본항 단서의 규정내용('선의로 한 행위의 효력에 영향을 미치지 아니한다')이 명확히 다름에도 불구하고 동일하게 해석하는 것에는 동의할 수 없고, 또 일반의 의사표시에서 선의의 제3자가 보호되는 이유는 표의자의 표시행위에 대한 상대방의 신뢰를 보호하기 위한 것임에 반하여, 본항 단서에서는 실종자가 자기의 재산과 관련하여 어떠한 의사표시를 한 적이 없을 뿐 아니라 의사표시의 표의자에게는 그 의사표시의 무효나 취소에 관하여 선의의 제3자에게 대항하지 못한다는 불이익을 입어도 될 정도의 어느 정도의 귀책성(제대로 알지 못하고 착오에 빠진 잘못이나 쉽게 믿음으로써 기망에 빠진 잘못 등)을 찾을 수 있지만 실종자에게는 재산손실에 관하여 어떠한 귀책성도 찾을 수 없는 점을 감안하면 이 설을 취하기도 어렵다.

다) 각 당사자의 선의와 악의에 따라 개별적으로 선의자에게는 유효로, 악의자에게는 무효로 하자는 설이 있다.

즉 위 예에서 D와 E의 거래에서 D가 선의이면 A는 D로부터 L의 반환을 구할 수 없고, E가 악의면 A는 E로부터 L의 반환을 구할 수 있다는 것이다. 이 설에 대해서는 A로부터 L을 반환당한 E가 선의인 D를 상대로 제570조의 담보책임을 물을 수 있게 되어 결과적으로 선의의 D가 보호되지 못하여 부당하다는 비판이 있다. 그러나 이런 비판은 잘못된 것이다. 즉 제570조는 타인의 권리를 매도한 경우에 매도인이 부담하는 책임인데, 이 경우 선의의 D가 A로부터의 반환청구에 응하지 않을 수 있는 권리, 즉 완전한 소유권이라는 권리를 가진 자라면, 매매목적물의 적법한 권리자이므로[31] 이를 매도하였다고 하더라도 이는 타인의 권리를 매도한 것이 아니어서 제570조의 담보책임을 추궁당할 이유가 없다. 제570조가 무과실책임이라는 것을 감안하더라도 E가 A에게 반환을 하지 않을 수 없게 된 것은 E의 악의라는 전적으로 자신에게만 귀속되는 잘못이나 속성으로 인하여 반환하게 된 것이므로 D에게 담보책임을 추궁할 수 없다. 판례도 이런 결과를 승인하고 있는 것으로 보인다.[32] 따라서 위 비판은 그릇된 전제에서 출발한 것으로

---

31) 만일 E가 선의자라면 E는 D로부터 유효하게 소유권을 취득할 수 있는데, 이는 D가 E에게 유효하고 적법한 소유권을 양도할 수 있는 권리를 가지고 있는 자임을 의미한다. 이를 보더라도 D는 타인의 권리를 매도한 매도인이 아님을 알 수 있다.

32) 대판 1979.6.26. 선고 79다564(타인의 권리매매에 있어 매도인의 목적물을 매수인에게 이전할 수 없게 된 것이 오직 매수인의 귀책사유에 기인한 경우에는 매도인은 민법 제569조 하

부당하다.

그러면 이 설은 타당한가. 이 설의 당부를 판단함에 있어서는 먼저 다음의 점을 검토해야 한다. 즉 D가 선의이고 E가 악의인 경우, E는 선의자로서 완전한 권리자인 D로부터 L에 관한 소유권을 취득한 것이므로 설사 E가 악의자라고 해도 D가 가졌던 완전한 권리를 승계한 것이라고 주장하여 A의 청구에 대항할 수 있지 않느냐 하는 점을 검토해야 하는 것이다. 이 문제에 대해서는 권리자로부터 승계취득한 경우에는 완전한 권리자로 보아야 한다는 견해(절대적 구성)와, 각 거래당사자 별로 개별적으로 효력을 정하여야 한다는 견해(상대적 구성)가 있을 수 있다.

만일 상대적 구성을 취한다면 언제까지나 권리관계가 확정되지 않게 되고 위 예에서 L이 A의 실종선고로 인하여 상속된 재산으로서 A가 생환하여 왔다는 사실이 널리 알려지면 그 당시의 선의의 최종 취득자가 D인 경우, D는 다른 사람에게 매도하려 해도 매수할 사람을 찾을 수 없어 권리행사가 방해받게 될 것이므로(왜냐하면 L이 A의 재산임이 알려져 있으므로 L을 취득하려는 사람은 악의자가 되고 따라서 L을 매수하면 A에게 반환해야 하므로 아무도 매수하려고 하지 않을 것이기 때문이다) 원칙적으로[33] 절대적 구성을 채택하여야 할 것이다.[34] 이렇게 절대적 구성을 취한다면 D가 선의이면 E가 악의라도 D의 권리를 승계하여 완전한 권리를 취득하게 되므로 A의 반환청구를 물리칠 수 있다. 이렇게 본다면 이 설의 주장은 상대적 구성에서의 단점을 그대로 지니게 되는 셈이 되어 취하기 힘들다.

라) 거래의 양 당사자만 선의이면 보호된다는 설이 있다.

즉 C와 D만 선의이면 본항 단서에 의해 유효하게 된다는 것이다. 이것이 다수설의 입장으로 타당하다고 할 것이다. 그런데 다수설은 최초의 양도행위인 상속인 C와 상대방 D의 거래가 양 당사자 사이에 유효하기만 된다는 것인지, 아니면

자담보책임을 지지 않는다).

33) 참고로 채권자취소권은 상대적 구성을 취하고 있음을 제406조 제1항 단서에서 명확히 규정하고 있다.

34) 상대적 구성에서는 반대로 C가 악의이고 D가 선의인 경우, D가 권리를 취득하는지도 또 문제가 될 수 있다. 원칙적으로 앞 사람의 권리 이상의 권리는 뒷사람이 승계취득할 수 없는 것이 원칙이므로 D는 권리를 취득하지 못한다고 할 것이다. 예외적으로 동산의 경우에는 제249조에 의해 선의취득할 수 있다. 다만 선의취득제도가 없는 부동산에 관한 거래임에도 판례는 허위표시의 경우 C가 악의이고 D가 선의인 경우 D를 구제하고 있는데(대판 2013.2.15. 선고 2012다49292), 이 판례는 예외적으로 허위표시자의 귀책성이 강력하기 때문에 인정한 것이지 일반화할 것은 아니라고 생각한다. 이에 대해서는 뒤의 허위표시에서 보도록 한다.

C나 D의 어느 한쪽이 악의여서 무효이더라도 그 후의 거래에서 양 당사자가 선의이면(위 예에서는 E와 F가 거래할 때 EF가 선의인 경우) 보호된다는 것인지에 대해서는 더 이상 언급하고 있지 않다.

생각건대 원칙적으로는 실종선고 후의 최초의 거래인 C와 D의 거래에서 C나 D 중 어느 한쪽이 악의이기만 하면 '앞 사람이 가진 권리 이상의 권리는 뒷사람이 승계취득할 수 없다'는 원칙에 따라 그 후의 거래는 아무리 거래의 쌍방당사자가 선의라도 무권리자일 수밖에 없는 것이 원칙이다. 그러나 본항 단서가 거래의 안전을 도모하기 위하여 도입된 것임을 고려한다면 위와 같은 해석은 지나치게 거래의 안전을 해친다고 생각되므로 최초의 거래 이후의 거래에서도 양쪽 당사자가 선의이면 유효하다고 보아야 할 것으로 생각한다.

마) 따라서 사견에 의하면 다음과 같이 될 것이다.

① 위 예에서 CDEF가 모두 선의이거나 CD가 모두 선의이면 그 후 거래관계자(E나 F)가 악의이더라도 위 각 거래가 유효하여(절대적 구성) A는 L을 반환받을 수 없고 선의인 C를 상대로 제29조 제2항에 따라 현존이익만을 구할 수 있을 뿐이다.

② 위 예에서 CDEF가 모두 악의이면 A는 F를 상대로 L의 반환을 청구할 수도 있고, C나 D 또는 E를 상대로 불법행위 내지는 부당이득을 이유로 L의 가치에 상당하는 금액의 반환을 구할 수도 있다.[35] A가 F를 상대로 L의 반환을 받으면, F는 E(악의이므로)를 상대로, E는 D를 상대로, D는 C를 상대로 각각 채무불이행책임이나 담보책임을 물을 수 있을 것이다. 만일 A가 D를 상대로 금액의 반환을 받으면 D와 E의 매매를 추인한 것이 되어[36] F는 L에 대한 완전한 권리를 취득하게 된다. D는 C를 상대로 채무불이행이나 담보책임을 물을 수 있을 것이다.

③ C와 D가 선의이면 절대적 구성에 따라 그 후 E나 F가 악의이더라도 E나 F는 앞 사람의 완전한 권리를 취득하므로 유효하게 권리를 취득한다. 따라서 A는

---

35) A가 C를 상대로 청구할 때는 제29조 제2항이 적용되는 점에 주의를 요한다. 뒤에서 본다.

36) 대판 2001.11.9. 선고 2001다44291(무권리자가 타인의 권리를 자기의 이름으로 또는 자기의 권리로 처분한 경우에, 권리자는 후일 이를 추인함으로써 그 처분행위를 인정할 수 있고, 특별한 사정이 없는 한 이로써 권리자 본인에게 위 처분행위의 효력이 발생함은 사적 자치의 원칙에 비추어 당연하고, 이 경우 추인은 명시적으로뿐만 아니라 묵시적인 방법으로도 가능하며 그 의사표시는 무권대리인이나 그 상대방 어느 쪽에 하여도 무방하다). 이 판결은 무권대리행위의 추인에서 다시 보지만, A가 F를 상대로 원물의 반환을 받을 수 있었음에도 이의 반환을 구하지 않고 굳이 D를 상대로 가액의 반환을 구하는 것은 D의 처분을 추인한 것으로 보아야 할 것이다.

제29조 제2항에 따라 선의인 C를 상대로 현존이익의 반환을 구하여야 한다.

④ C와 D 중 어느 일방이 악의인 경우 EF 중 어느 일방이 악의이면(DE가 모두 선의인 때는 제외한다) 위 ②의 결과와 동일하고, EF가 모두 선의이면 그 거래가 유효하여 F는 L의 권리를 취득하게 된다. 이때 A는 C가 선의이면 제29조 제2항에 따라 현존이익만을, C가 악의이면 받은 이익 및 그 이자와 손해가 있는 경우 손해배상을 청구할 수 있다. 또는 A는 C를 상대로 하지 않고 D를 상대로 L에 상당하는 금액의 배상을 구할 수 있다. 이때 D는 자신이 선의라고 하더라도 C의 악의로 '쌍방의 선의'에 해당하지 않으므로 L의 권리를 취득할 수 없고 따라서 자신의 소유가 아닌 A의 소유인 L을 팔아 그 대가를 자신이 취했기 때문에 부당이득으로 반환해야 하는 것이다.

(나) 가족법적 행위

위 예에서 B가 G와 재혼한 경우와 같이 가족법적 행위에도 위와 같은 이론을 적용하여 당사자 쌍방이 선의인 경우 재혼이 유효하다고 하는 설이 있다. 이 설에 의하면 쌍방이 선의이면 G와의 후혼(後婚)이 유효하고 실종자 A와의 전혼(前婚)은 부활하지 않지만, 당사자 중 일방이나 쌍방이 악의인 경우 전혼이 부활하고, 전혼에는 이혼사유(제840조 제1호)가, 후혼에는 중혼(重婚)을 이유로 하는 취소사유(제810조, 제816조 제1호)가 존재한다고 한다.

또 다른 견해는 가족법적 행위에는 본항 단서가 적용되지 않는다고 보아, 실종선고가 취소되면 전혼이 부활하고 후혼은 선의·악의에 관계없이 중혼이 되며 전혼과 후혼 중 어느 혼인을 유효하게 할 것인지는 3자간의 협의에 의하고 협의가 이루어지지 않으면 법원의 판단에 맡겨야 한다는 설, 악의의 생존 배우자의 본심을 절대적으로 존중하여야 하므로 악의의 잔존 배우자의 재혼을 인정하여야 하고 전혼은 후혼 양 당사자의 선의·악의를 불문하고 부활하지 않는다는 설, 원칙적으로 전혼은 부활하지만 실종자는 재혼한 배우자 B가 악의인 경우에는 제840조 제1호의 배우자의 부정행위를 이유로, 배우자 B가 선의인 경우에는 제840조 제6호의 '기타 혼인을 계속하기 어려운 중대한 사유'를 이유로 재판상 이혼을 청구할 수 있고 만일 실종자가 이혼을 원하지 않는 경우에는 후혼의 취소(제810조, 제816조 제1호)를 청구할 수 있다는 설 등이 있다.

생각건대 혼인이란 자신이 여생을 누구와 함께 보낼 것인가 하는 인생에 관한 결단의 문제로서 당사자의 의사를 중시하여야 하고 거래의 안전이나 상대방의 신뢰와는 무관하다고 할 것이므로 본항 단서는 적용되지 않는다고 보아야 할 것이다. 따라서 후혼 당사자의 선의, 악의를 불문하고 전혼은 부활하지 않고, 후혼만이 유효하다고 보아야 할 것으로 생각한다.

(3) 실종선고를 직접 원인으로 하여 재산을 취득한 자의 반환범위

(가) 의미

제29조 제2항의 '실종선고를 직접 원인으로 하여 재산을 취득한 자'란 실종선고를 이유로 실종자로부터 물권을 얻은 자 또는 채권을 얻어 이행을 받은 자를 말한다.

(나) 해당되는 자

이에 해당하는 자로는 상속인, 유증을 받은 자, 생명보험금 수취인을 들 수 있다. 위 예에서는 B나 C는 여기에 포함되지만, D, E, F는 여기에 포함되지 않는다. 다만 생명보험금 수취인의 경우 실종선고의 취소 시 보험금반환청구를 할 수 있는 자는 보험회사이지 실종자가 아니라는 점에 주의를 요한다.

그 외 문제되는 경우를 본다.

1) 상속재산의 분할협의로 자신의 법정상속지분보다 많은 재산을 취득한 자

제1015조는 '상속재산의 분할은 상속개시된 때에 소급하여 그 효력이 있다'라고 규정하고 있어 본래 상속지분보다 많은 재산을 받은 상속인도 이에 해당된다고 할 것이다.

2) 상속인의 상속인

위 예에서 C가 사망하여 C의 상속인 C1이 A의 재산을 C로부터 다시 상속받은 경우 C1이 이에 해당되는지에 관하여는 견해가 나뉜다.

해당되지 않는다는 견해는 C1은 C의 사망으로 A의 재산을 취득한 것이지 실종선고를 직접 원인으로 취득한 것은 아니라는 점을 드나 C의 A에 대한 부당이득반환의무를 C1이 상속하므로 이에 해당된다고 보는 견해가 타당할 것이다.

(다) 상속회복청구권과의 관계

우리 민법은 공동 상속인이나 단독 상속인이 아닌 자(이런 사람을 참칭상속인이라고 한다)가 피상속인의 재산을 상속하였다고 주장하여 정당한 상속분을 초과하거나(참칭상속인이 공동 상속인인 경우), 상속분이 없음에도 상속을 받아간 경우(참칭상속인이 상속인이 아닌 경우) 진정한 상속인이 자신의 상속권이 침해되었음을 이유로 참칭상속인을 상대로 상속재산의 반환을 구하는 청구를 상속회복청구라 하고 제999조에서 그 권리의 행사방법을 규정하고 있다. 이에 의하면 진정한 상속인은 참칭상속인을 상대로 침해를 안 날로부터 3년, 상속권의 침해행위가 있은 날로부터 10년을 경과하면 소멸된다고 규정하고 있다(제999조 제2항).

따라서 실종선고가 취소되어 상속이 무효로 돌아가거나 또는 사망으로 의제되는 시기가 달라짐으로써 상속인이나 상속분이 달라지면, 실종자나 상속인이 다른 상속인에 대하여 제29조 제2항에 따른 청구가 가능한데, 이 청구가 위 상속회복청구에 해당한다고 보면 실종선고의 취소가 실종선고 시부터 10년이 경과한 후에 이루어지는 경우 참칭상속인을 상대로 제29조 제2항의 청구를 할 수 없게 된다.

여기서 제29조 제2항에 따른 실종자의 상속인에 대한 청구가 상속회복청구인가가 문제로 되는 것이다. 이 문제를 해결하기 위해서는 실종선고 취소의 사유가 실종자가 생환하였기 때문인 경우와 그 외의 경우로 나누어 보아야 한다.

첫 번째 실종선고의 취소가 실종자의 생환을 이유로 한 경우에는, 상속이 개시되지 않아야 함에도 상속이 개시된 것이므로 실종자가 상속인을 상대로 상속재산의 반환을 구하게 될 것이다.[37] 그런데 이 경우는 실종자가 실종선고의 취소로 회복한 소유권에 기한 물권적 청구권으로서 그 재산의 반환을 청구하는 것이지, 앞서 본 것처럼 '진정한 상속인'이 참칭 상속인을 상대로 '상속권의 침해'를 이유로 하는 소송이 아님이 명백하고, 또 상속회복청구는 상속이 이루어진 것을 전제로 한 것인데 실종선고의 취소가 있게 되면 상속이 이뤄지지 않는 것이므로 상속회복청구에 관한 제999조가 적용될 여지가 없다고 할 것이다.

두 번째로 실종자의 생환 이외의 사유로 취소된 경우, 즉 실종선고로 사망의제된 시기와 다른 시기에 사망한 것이 판명되어 실종선고가 취소되거나 또는 사망의제된 시기 이후에 생존한 사실이 인정되어 실종선고가 취소되는 경우에 대해서 본다.

---

37) 실종자가 원고로 되는 경우도 있고, 또 보험금수취인의 경우에는 보험회사가 원고로 될 경우도 있을 것이다. 또 상대방인 피고도 상속의 경우는 상속인이 될 것이나, 유증의 경우는 유증을 받은 수유자가 될 것이다. 상속인이 아닌 보험회사가 원고인 경우에는 상속회복청구와는 무관하므로 제999조가 적용되지 않는다. 이하 논의의 편의상 실종자와 상속인 사이만을 상정하여 논의하기로 한다.

이 경우 사망의제된 시기와 다른 시기에 사망한 것이 판명되면 실제 사망시기를 기준으로 상속이 이루어지게 되는데, 실제 사망시기를 기준으로 상속이 이뤄지게 되는 때의 상속인과 상속분이, 실종선고로 인한 사망의제된 시기의 상속인과 상속분과 다르면, 사망의제된 시기의 상속에서 배제되었거나 적게 상속받은 상속인이 많이 상속받은 상속인을 상대로 그 부분만큼의 반환을 청구할 수 있게 된다.[38)]

또 사망의제된 시기이후에 실종자가 생존하였던 사실이 밝혀지고 실제 생존하였던 시기로부터 다시 생사불명이 되어 실종기간을 도과하게 되었음을 이유로 재차 실종선고가 내려졌으며 후에 내려진 실종선고에 의해 사망의제된 때의 상속인과 상속분이, 그 전의 실종선고에 의해 사망의제된 때의 상속인과 상속분이 다르면, 위와 마찬가지로 배제되거나 적게 상속받은 상속인이 많이 상속받은 상속인을 상대로 그 부분만큼의 반환을 청구할 수 있게 된다.[39)]

이 경우는 상속이 정당하게 이루어진 것을 전제로 하여 정당하게 상속받아야 할 상속인이 다른 상속인을 상대로 자신이 정당하게 받을 상속분에 대하여 그 반환을 구하는 것이므로, 이 청구는 상속회복청구라고 보아야 할 것으로서 제999조가 적용된다고 할 것이다.

이에 대하여 위에서 본 두 가지 경우를 구분함이 없이 실종선고에 의하여 직접 재산을 취득한 표현상속인이나 그의 전득자에 대하여 재산회복청구를 하는 경우는 모두 상속회복청구로 된다는 견해가 있으나, 앞에서 본 이유로 타당하지 않다고 생각한다.

(라) 반환범위

1) 제29조 제2항은 반환범위와 관련하여 선의이면 현존이익만을, 악의이면 그 받은 이익에 이자를 붙여서 반환하고 손해가 있으면 배상하여야 한다고 규정하고 있는바, 그 반환범위는 일반 부당이득에서의 반환범위(제748조)와 동일하다.

2) 상속재산이 금전이 아닌 물건으로서 원물이 존재하면 선의자는 현상 그대로의 원물을 반환하면 되고 과실이나 사용이익은 민법 제201조에 따라 반환하지 않

38) 실종선고가 내려질 당시에는 실종자의 처, 자녀들이 상속인으로 있었는데 실종선고 후에 실종자가 사망한 날짜가 밝혀지고 그 사망날짜 이전에 실종자의 처가 사망하였던 경우가 그 예의 하나일 것이다.

39) 최초 실종선고로 인한 사망의제된 시기와 재차 내려진 실종선고로 인한 사망의제된 시기 사이에 실종자의 처가 사망한 경우에는 자녀들의 상속분이 변동될 수 있다.

아도 될 것이나, 악의자는 원물반환과 아울러 과실 및 사용이익을 반환하여야 하고 손해가 있으면 손해도 배상하여야 할 것이다.

만일 상속재산이 금전이거나 원물이 존재하지 않는다면 선의자는 현존이익을 반환해야 할 것이고(금전의 경우 현존이익이 있는 것으로 추정하는 것이 판례[40]의 태도이다), 악의자는 금전 또는 받은 이익 및 그에 대한 이자를 반환하여야 할 뿐만 아니라 손해도 배상해야 한다.

현존이익과 관련하여 상속인이 실종자의 재산을 처분하여 다른 재산을 구입하여 가지고 있는 경우에는 실종자의 재산이 변형된 상태로 남아 있는 경우에 해당되기 때문에 변형물을 반환하여야 한다는 견해가 있으나, 실종자의 반환청구권은 물권적 청구권으로서 원물에 대한 소유권에 기하여 반환을 구하는 것이므로 원물이 처분되어 상속인의 수중에서 이탈된 이상 원물의 반환이 아닌 그 가액만을 반환받을 수 있고(제747조 제1항), 그 처분대가로 구입한 다른 재산에 대하여는 반환을 청구할 수 없다고 보아야 한다.

40) 대판 1996.12.10. 선고 96다32881.

제3장 법 인

Ⅰ. 서

1. 의의

가. 개념

법인이란 자연인이 아니면서 법률에 의하여 권리능력(법인격)이 인정되는 사람의 집단 또는 일정 범위의 재산을 말한다. 이런 법인은 권리능력이 있으므로 권리를 취득하고 의무를 부담할 수 있다.

나. 존재이유

예 3-1

자연인 A, B C, D는 대학교수나 변호사 등 여러 사람을 회원으로 두고서 민법을 연구하는 학회를 조직하려고 계획하였고 이 계획에 100여명이 회원으로 참가였다. 회원들이 모여 정관을 만들고 대표자로 A를 선출하였으며 관할관청의 허가를 받아 이를 사단법인으로 등록하였다. 회원들이 회비를 모아 사무실로 사용하기 위하여 오피스텔을 구입하였다.

(1) 법률관계의 단순화

사단법인은 자연인과 별도로 권리능력을 가지므로 위 오피스텔의 소유권을 취득할 수 있고, 따라서 위 오피스텔에 관하여 위 사단법인의 명의로 등기하여 공시할 수 있다. 만일 이런 사람들의 모임에게 법인격을 인정하지 않으면 위 오피스텔의 소유권은 A를 비롯한 100여명의 회원에게 귀속하므로 등기부에 A를 비롯한 100여명의 회원의 이름을 기재하여야 한다. 그렇게 되면 회원이 탈퇴하거나 새로이 가입하게 되면 그때마다 등기부의 등기명의를 변경하여야 하는 불편이 생긴다. 이런 불편을 방지하기 위하여 법인이라는 제도를 도입한 것이다.

이런 법인제도를 도입하게 되면 법인과 거래하려는 사람으로 하여금 법인의 존재 여부나 대표자의 자격 여부를 알 수 있게 하는 방법이 필요하다. 이를 위해 법인에 관한 일정한 사항을 공시하도록 하는 법인등기부제도를 두고 있다.

(2) 법인의 재산과 개인의 재산의 분리

사단법인에 법인격을 인정하게 되면 구성원 개인의 재산과 법인의 재산이 법률적으로 분리된다는 이점이 있다. 즉 법인이 지속적으로 활동을 하기 위해서는 물적 기반이 필요한데 그 물적 기반이 구성원 개인의 채무에 의해 잠식당하는 것을 막을 수 있어 법인과 거래하는 상대방은 구성원 각자의 채무와 무관하게 안심하고 법인과 거래를 할 수 있게 된다.

반대로 법인의 채권자는 구성원의 개인의 재산에 집행을 할 수 없다. 따라서 구성원 개인의 입장에서도 법인의 활동으로 인하여 발생한 채무에 책임이 없으므로 안심하고 단체활동을 할 수 있게 되는 것이다(구성원의 유한책임).

(3) 법인의 기초이론

(가) 학설

법인의 본질과 관련하여, 권리나 의무의 주체는 자연인에 한정되고 법인은 법률에 의하여 자연인으로 의제된 것에 불과하다는 법인의제설(法人擬制說)과, 법인은 권리의무의 주체로서 실체를 가진다는 법인실재설(法人實在說)이 있다.

(나) 법인의 점유

예 3-2

사단법인 A의 대표자 B가 C로부터 사무실을 임대하였고 회원들의 소통과 연락을 위하여 직원을 고용하였다. 임대차기간이 만료되었음에도 B가 A법인의 직원들이 계속 사용하게 하면서 C에게 사무실을 인도하지 않았다. 그리하여 C는 A법인과 A법인의 대표자 B를 상대로 사무실의 인도와 임차기간 만료일로부터 인도 시까지의 임료 상당의 손해배상을 청구하였다.

법인의 점유를 어떻게 볼 것인지는 법인의제설과 법인실재설에 따라 다르다.

법인의제설에 따르면 대표자가 직접점유자이고 법인은 간접점유자로 보게 되고(제194조), 법인실재설에 따르면 대표자는 점유보조자(제195조)로서 독립된 점유주체가 아니고 법인만이 점유하는 것으로 보게 된다.

판례는 위 예에서 점유는 법인만이 한다고 보아 사무실에 대한 인도청구의 상대방은 A법인이지 대표자 개인 B가 아니라고 한다.[1] 나아가 C가 임료상당의 손해배상을 불법행위를 이유로 구하는 경우[2] 판례는 대표자 B가 독립된 점유주체는 아니지만 업무와 관련하여 법인의 불법점유상태를 형성 유지한 위법행위를 야기한 때에는 직접 불법행위자로서 손해배상책임을 진다고 하였다.[3]

따라서 위 예에서 인도의 의무자로서 그 소송의 상대방은 A법인이고, 불법원인을 이유로 하는 손해배상은 A법인과 B가 연대하여(제35조) 책임을 져야 할 것이다.

(다) 법인과 구성원의 관계

앞에서 본 것처럼 법인의 존속을 위한 물적 기반을 유지하기 위하여 법인과 구성원의 재산을 엄격히 분리해 두어 구성원의 유한책임(有限責任)을 인정하고 있다. 그러나 비영리법인만을 인정하는 민법에 국한하지 않고 영리법인을 규율하는 상법까지도 고려하면 법인격이 필연적으로 구성원의 유한책임과 결부되는 것은 아니다. 법인제도를 편의를 위해 도입한 법기술로 본다면 이 둘을 엄격하게 분리해 두지 않는 법인을 둘 수도 있다. 다만 이런 법인의 성립을 용인한다면 법인과 거

---

1) 대판 2013.6.27. 선고 2011다50165(주식회사에 관한 사안임), 대판 2011.2.10. 선고 2006다65774(당사자능력을 가진 독립사찰이 토지 및 건물을 소유하고 점유하는 경우, 그 소유의 토지 및 건물을 점유하는 자는 사찰 자신이고, 그 주지의 지위에 있는 자가 그 토지와 건물을 점유하는 것은 아니다).

2) 임료상당의 손해에 대해서는 불법행위로 인한 손해배상법리로도 가능하지만, 부당이득의 법리로 구성하여서도 위 금액 상당의 반환을 구할 수도 있을 것이다. 부당이득법리로 청구한다면 이득은 A법인만이 얻고 있다고 보아 A법인만을 피고로 삼아야 하지 않을까.

3) 앞의 2011다50165 판결(주식회사의 대표이사가 업무집행과 관련하여 정당한 권한 없이 그 직원으로 하여금 타인의 부동산을 지배·관리하게 하는 등으로 소유자의 사용수익권을 침해하고 있는 경우, 그 부동산의 점유자는 회사일 뿐이고 대표이사 개인은 독자적인 점유자는 아니기 때문에 그 부동산에 대한 인도청구 등의 상대방은 될 수 없다고 하더라도, 고의 또는 과실로 그 부동산에 대한 불법적인 점유상태를 형성·유지한 위법행위로 인한 손해배상책임은 회사와 별도로 부담한다고 보아야 한다. 대표이사 개인이 그 부동산에 대한 점유자가 아니라는 것과 업무집행으로 인하여 회사의 불법점유 상태를 야기하는 등으로 직접 불법행위를 한 행위자로서 손해배상책임을 지는 것은 별개라고 보아야 하기 때문이다). 주식회사에 관한 판례이나 그 법리는 법인에 공통되는 것이다.

래한 상대방(법인의 채권자)을 보호할 수 있는 제도도 마련해 두지 않으면 안 된다.

그런 예는 상법에서 볼 수 있다. 즉 법인의 채권자를 보호하기 위하여 법인의 재산에 관하여 구성원들이 함부로 배당 등으로 감소시키는 것을 방지할 수 있는 조치를 마련하여 둔 주식회사[4]와 같은 법인의 경우에는 구성원의 유한책임이 인정되지만,[5] 법인의 재산에 관하여 구성원에게로의 이익배당 등에 아무런 제한을 두고 있지 않는 법인인 합명회사는 회사의 채무에 대해 구성원인 각 사원이 연대하여 책임을 지도록 하고(상법 제212조 제1항) 있다. 결국 법인제도를 구상함에 있어서 법인의 채권자의 보호를 어떠한 방식으로 보호할 것인지가 관건이라고 할 수 있을 것이다.

(라) 법인격부인론

법인과 구성원의 엄격한 책임의 분리라는 법인제도를 이용하여 자신의 책임을 면하려고 하는 경우에는 법인격이 부인될 수 있다는 것을 통설과 판례는 인정한다. 이런 법인격부인론에 의하면 일정한 경우 법인을 이용한 개인은 법인의 채무에 대하여 책임을 지게 된다.

판례는 '(주식)회사가 외형상으로는 법인의 형식을 갖추고 있으나 이는 법인의 형태를 빌리고 있는 것에 지나지 아니하고 그 실질에 있어서는 완전히 그 법인격의 배후에 있는 타인의 개인기업에 불과하거나 그것이 배후자에 대한 법률적용을 회피하기 위한 수단으로 함부로 쓰여지는 경우에는, 비록 외견상으로는 회사의 행위라 할지라도 회사와 그 배후자가 별개의 인격체임을 내세워 회사에게만 그로 인한 법적 효과가 귀속됨을 주장하면서 배후자의 책임을 부정하는 것은 신의성실의 원칙에 위반되는 법인격의 남용으로서 심히 정의와 형평에 반하여 허용될 수 없고, 따라서 회사는 물론 그 배후자인 타인에 대하여도 회사의 행위에 관한 책임을 물을 수 있다고 보아야 한다'고 하면서,[6] '기존회사가 채무를 면탈할 목적으로 기업의 형태·내용이 실질적으로 동일한 신설회사를 설립하였다면, 신설회사 설립은 기존회사의 채무면탈이라는 위법한 목적달성을 위하여 회사제도를 남용한 것이므로, 기존회사의 채권자에게 위 두 회사가 별개의 법인격을 갖고 있음을 주

4) 주식회사는 상법 제462조에 의하여 이익배당의 요건으로서 배당가능이익의 산출방법을 엄격히 규정하고 있다. 이는 회사채권자를 보호하기 위한 것으로 자본충실의 원칙에 기한 것이다.

5) 주주는 주식의 인수가액의 범위 내에서만 책임을 진다. 이는 법인의 채무에 대하여 아무런 책임도 지지 않는다는 의미에서의 유한책임과는 구별된다.

6) 대판 2001.1.19. 선고 97다21604.

장하는 것은 신의성실 원칙상 허용될 수 없다 할 것이어서 기존회사의 채권자는 위 두 회사 어느 쪽에 대하여서도 채무 이행을 청구할 수 있고, 이와 같은 법리는 어느 회사가 채무를 면탈할 목적으로 기업의 형태·내용이 실질적으로 동일한 이미 설립되어 있는 다른 회사를 이용한 경우에도 적용된다. 기존회사의 채무를 면탈할 의도로 다른 회사 법인격을 이용하였는지는 기존회사의 폐업 당시 경영상태나 자산상황, 기존회사에서 다른 회사로 유용된 자산의 유무와 정도, 기존회사에서 다른 회사로 이전된 자산이 있는 경우 정당한 대가가 지급되었는지 등 제반 사정을 종합적으로 고려하여 판단하여야 한다'라고 판시하고 있다.[7]

다. 종류

(1) 공법인(公法人)과 사법인(私法人)

법인설립의 근거가 되는 법률이 공법인지 사법인지에 따라 공법인과 사법인으로 나눈다. 원칙적으로 공법인과 관련된 법률분쟁은 행정소송으로, 사법인과 관련된 법률분쟁은 민사소송으로 다투어야 한다는 점에서 의의가 있다.

그러나 사법의 영역에 국가의 개입이 확대되면서 공법인인지 사법인인지의 구별이 어려운 중간법인이 많이 나타나고 있다. 이런 경우에는 분쟁이 되는 법률관계의 성질에 의하여 행정소송으로 할 것인지 민사소송으로 할 것인지를 결정해야 할 것이다.

(2) 영리법인과 비영리 법인

영리를 목적으로 하는 법인, 즉 법인의 활동으로 발생한 이익을 구성원들에게 분배하는 것을 목적으로 하는 법인이 영리법인이고, 그렇지 않은 법인이 비영리 법인이다.

영리법인의 전형적인 예로 상법상의 각종 회사를 들 수 있다.

비영리 법인에는 공익을 목적으로 하는 공익법인이 있고, 공익을 목적으로 하지 않고 회원 상호간의 친목도모나 상호부조 등을 목적으로 하는 중간법인이 있

---

7) 대판 2011.5.13. 선고 2010다94472. 이런 법리는 과다한 채무를 부담하고 있는 개인이 법인을 설립하여 그 법인에 자신의 재산을 모두 넘긴 후 그 법인을 단독으로 운영하는 경우나 개인이 법인을 이용하여 법인에게 과다한 채무를 부담시키고 그로 인한 이득은 자신이 챙긴 경우에도 동일하게 적용된다.

다. 비영리 법인 중 공익적 사업을 목적으로 하는 법인에 대하여는 「공익법인의 설립·운영에 관한 법률」이 적용된다.

(3) 사단(社團)법인과 재단(財團)법인

사단법인은 일정한 목적을 위한 사람들의 모임에 권리능력을 부여한 것을 말하고, 재단법인은 일정한 목적에 바쳐진 재산의 집합에 권리능력을 부여한 것을 말한다.

사단법인은 그 구성원들이 서로 협의하여 자신들을 규율할 규범을 스스로 만들 수 있는데 반하여, 재단법인은 사단법인과 같이 스스로 규범을 정할 수 있는 구성원이 없으므로 최초로 재산을 출연(出捐)하는 설립자가 규범(정관)을 정하고 이사들을 선임하여 규범에 따라 운영하게 할 수 있을 뿐이다.

사단법인으로는 여러 학술회 단체 등을 들 수 있고, 재단법인으로는 학교법인을 들 수 있다.

Ⅱ. 설립

1. 서

가. 법인의 설립시기

예 3-3

자연인 A, B, C, D가 사단법인을 설립하기로 하여, 구성원들의 모집과 정관작성 등의 준비행위를 거쳐 2000.5.1. 구성원들이 모여 대표자와 정관을 확정시켰으며 주무관청으로부터 허가를 받아 법인등기를 마쳤다. 그 후 오피스텔을 구입하여 사단법인 명의로 소유권 이전등기를 하였다.

(1) 조합(組合)과 사단의 구별

(가) 통설, 판례의 입장

사람의 모임이나 집단은 단체성의 강약에 따라 조합(제703조 제1항)과 사단으로 구별한다.[8] 즉 구성원 각자의 개성이 단체에 매몰되어 구성원의 개성을 초월한 독립된 단체로서의 단일체를 이룬다고 판단되는 집단은 사단으로 보아 그 단체 자체에 법인격을 부여하기에 적합하지만, 단체로서의 구속력보다는 구성원 각자의 개성이 강하게 드러나는 집단은 조합으로 취급하여 그 집단에 대하여는 각 구성원으로부터 독립된 법인격을 부여하기에 적합하지 않다고 본다.

이런 차이로 말미암아 사단에 대하여는 소송에서의 당사자능력(민사소송법 제52조)과 등기능력(부동산등기법 제26조)을 인정하지만, 조합에 대하여는 조합자체에 위와 같은 능력을 인정하지 않는다(따라서 소송을 제기하려면 구성원인 조합원 모두가 원고가 되어야 한다). 또 구성원의 수에 있어서도 일반적으로 사단은 다수이지만 조합원은 소수이고, 재산의 소유형태도 사단법인은 그 법인의 단독소유[9]이나 조합은 조합 구성원들의 합유(제704조)이며, 단체를 구성하게 되는 계기나 규범에 있어서도 사단은 정관이지만 조합은 계약이라는 점에서 차이를 두고 있다고 한다.

(나) 유력한 반론

그러나 위와 같은 통설, 판례의 견해에 대해서는 유력한 반론이 있다. 즉 사단과 조합의 차이는 통설과 같이 본질적이지 않고 또 사회학적 실체로서도 위와 같은 구별은 불가능하다는 것이다.[10] 따라서 사단과 조합의 차이를 통설과 판례와 같이 본질적이거나 존재론적인 차이를 인정해야 할 것은 아니라고 하면서, 오히려 사단을 구성원 개인으로부터 독립시키는 의의는 사단 자체의 재산을 구성원의

8) 대판 1992.7.10. 선고 92다2431(민법상의 조합과 법인격은 없으나 사단성이 인정되는 비법인사단을 구별함에 있어서는 일반적으로 그 단체성의 강약을 기준으로 판단하여야 하는바, 조합은 2인 이상이 상호간에 금전 기타 재산 또는 노무를 출자하여 공동사업을 경영할 것을 약정하는 계약관계에 의하여 성립하므로(민법 제703조) 어느 정도 단체성에서 오는 제약을 받게 되는 것이지만 구성원의 개인성이 강하게 드러나는 인적 결합체인 데 비하여 비법인사단은 구성원의 개인성과는 별개로 권리의무의 주체가 될 수 있는 독자적 존재로서의 단체적 조직을 가지는 특성이 있다 하겠는데 민법상 조합의 명칭을 가지고 있는 단체라 하더라도 고유의 목적을 가지고 사단적 성격을 가지는 규약을 만들어 이에 근거하여 의사결정기관 및 집행기관을 두는 등의 조직을 갖추고 있고, 기관의 의결이나 업무집행방법이 다수결의 원칙에 의하여 행해지며, 구성원의 가입, 탈퇴 등으로 인한 변경에 관계없이 단체 그 자체가 존속되고, 그 조직에 의하여 대표의 방법, 총회나 이사회 등의 운영, 자본의 구성, 재산의 관리 기타 단체로서의 주요사항이 확정되어 있는 경우에는 비법인사단으로서의 실체를 가진다고 할 것이다).

9) 법인으로 되지 않은 사단의 소유형태는 총유이다(제275조).

10) 법인인 상법상의 합명회사는 구성원이 2인이라도 가능할 뿐 아니라 합명회사의 실제내용이나 규율은 조합의 법리에 의하고 있다(상법 제178조 이하 참조).

재산으로부터 독립시키는 데에 있다고 한다.

나아가 어떤 사람의 집단을 사단으로 할 것인지, 조합으로 할 것인지는 집단을 구성하려는 구성원들의 결정에 의하여야 할 것이고, 중요한 것은 그 집단의 채권자를 보호하기 위한 조치로서 법률로 어떤 보호를 줄 것인가 하는 점이라고 하면서 채권자의 보호에 관하여 법률이 구성원에게도 단체의 채무에 대해 책임을 지울 것인지, 지운다면 어떤 기준을 채용할 것인지를 연구하는 것이 필요하다고 한다.

(2) 위 예에서의 사단법인 설립시기

위 예에서 보면 A, B, C, D가 사단법인을 설립하기 위하여 합의한 단계에서는 '사단법인의 설립'이라는 공동사업을 하기로 약정한 것, 즉 조합계약을 체결한 것이라고 할 수 있다.[11] 그 이후 단체로서의 실체, 즉 정관과 대표기관 등의 단체의 임원을 선정하는 등의 행위가 완료된 때인 2000.5.1.경에야 각 구성원 개인의 개성을 초월한 단체가 성립되었다고 보아야 할 것이다.

그러나 이 단계에서는 사단으로서의 인적, 물적 요소는 갖추고 있지만 주무관청의 허가와 법인으로서의 등기를 하지 않은 단계이므로 법인격을 가지고 있다고 할 수는 없다. 이런 단계의 사단을 '비법인사단' 또는 '권리능력 없는 사단'이라고 한다(이에 관하여는 뒤에서 설명하기로 한다).[12]

그 후 주무관청의 허가를 받아 법인등기까지 만료하여야 비로소 사단법인이 되어 법인격을 취득하게 된다(제33조).[13]

나. 입법주의

법인설립에 관한 입법주의로는 법인의 실체를 갖추고만 있으면 법인으로 인정하는 자유설립주의, 법률에서 정한 요건에 해당되면 법인격을 인정하는 준칙주의, 법률이 정한 요건을 갖추어 주무관청이 인가하면 법인격을 인정하는 인가주의, 주무관청의 허가가 있어야 법인격이 인정되는 허가주의, 법인의 설립에 특별법의

---

11) 이 경우 A, B, C, D가 사단법인의 설립의 예비단계로서 재산을 소유하게 되면 그 소유형태는 합유(제704조)로 보아야 하고, 어떠한 채권이나 채무를 취득하게 하게 되면 조합에 관한 규정으로 해결해야 할 것이다.

12) 이 경우 재산을 소유하게 되면 그 소유형태는 총유(제275조)로 보아 해결해야 한다.

13) 이 경우 재산소유형태는 사단법인의 단독소유로 된다.

제정이 필요한 특허주의, 법인의 설립을 국가가 강제하는 강제주의 등이 있다.

자유설립주의나 준칙주의에서도 법인의 공시를 위하여 등기나 등록 또는 신고를 요구하는 경우가 많고, 인가주의와 허가주의의 차이는 인가주의는 그 법정요건이 갖추어지면 주무관청은 반드시 인가를 해 주어야 하지만, 허가주의는 주무관청의 재량에 따라 허가를 할지 여부를 결정할 수 있다는 점에 있다.

우리나라는 입법주의를 필요에 따라 적절히 사용하고 있다. 상법상의 주식회사 같은 경우에는 법률상의 요건을 갖추어 법인으로 등기하면 법인격을 인정하는 준칙주의를 채용하고 있고, 일정한 경우에는「한국도로공사법」,「한국은행법」등의 특별법으로 법인을 인정하는 특허주의도 채용하고 있다. 비영리 법인에 관하여는 제32조에 의해 허가주의를 취하고 있다.

민법은 비영리 법인에 대하여 규율하므로 이하에서는 비영리 사단법인과 비영리 재단법인에 대하여 본다.

2. 비영리 사단법인의 설립

가. 설립요건

(1) 목적의 비영리성

학술, 종교, 자선, 기예, 사교 기타 영리 아닌 사업을 목적으로 해야 한다(제32조). 영리 아닌 사업이란 구성원들인 사원에게 이익을 배분하는 등으로 사원의 이익을 목적으로 하지 않는 것을 말한다.

(2) 설립행위를 할 것

(가) 의의

사단법인을 설립하려면 2인 이상의 설립자가 사단법인의 근본규범(정관)을 정하여 서면에 기재하고 기명날인하여야 한다(제40조).

(나) 법적 성격

이런 정관(定款)을 작성하는 행위를 사단법인 설립행위라고 한다.[14] 사단법인 설

14) 사단법인 설립행위는 넓게 보면 예 3-3에서처럼 A, B, C, D가 사단법인을 설립하기로 합의한 때부터 법인등기할 때까지로 볼 수 있지만, 위와 같이 넓게 볼 때는 조합계약까지 포함되

립행위의 법적 성격과 관련하여서는 정관이라는 서면을 요한다는 의미에서 요식행위라는 점에는 이론이 없으나 그 성격이, 계약이라는 견해와 합동행위[15]라는 견해가 있다.

어느 견해를 취하더라도 사단법인 설립행위에는 쌍방대리금지에 관한 제124조가 적용되지 않고 설립자 일부에게 제한능력이나 의사의 흠결 같은 사유가 있어도 설립행위에 영향을 미치지 않는다[16]는 결론에는 차이가 없다. 이와 관련하여 법률행위에서 보는 것처럼 법률행위의 종류로서 계약 외에 합동행위를 별도로 인정할 것인지가 다투어지고 있다.

사견으로는 조합과 사단의 차이가 크지 않고, 또 우리 민법은 조합(제703조 내지 724조)을 계약으로 보아 '제2장 계약 제13절 조합'편에 규정하고 있는 점에 비추어 계약으로 보되 그 특수성을 인정하면 족하고 굳이 따로 합동행위라는 범주를 두어야 할 것은 아니라고 생각한다.

(다) 정관기재사항

제40조는 정관에 반드시 기재하여야 할 사항(필요적 기재사항)을 규정하고 있고 이들 중 하나라도 누락하면 그 정관은 무효로 된다.

위 사항 외의 것(임의적 기재사항)을 정관에 기재하는 것은 무방하고, 일단 정관에 기재되면 필요적 기재사항과 동일한 효력이 있다.

(3) 주무관청의 허가를 얻을 것

제32조에 의하여 비영리 사단법인은 주무관청의 허가를 받아야 한다. 허가는 인가와 달리 주무관청의 자유재량에 속한다.[17]

어 법적 성격을 따지기 어렵다. 그런 의미에서 좁은 의미로의 사단법인 설립행위는 정관작성행위만을 의미한다고 할 것이다.

15) 뒤의 법률행위에서 보지만, 계약은 매매와 같이 일방의 매도의사와 상대방의 매수의사라는 대립적인 의사표시가 있어야 하는데 반하여, 합동행위는 동일한 목적을 향한 같은 방향의 다수의 의사표시가 있다는 점에서 차이가 있다.

16) 위와 같은 경우 민법의 원칙대로 취소나 무효를 인정하면 법인의 존재를 믿고서 거래관계에 돌입한 제3자에게 불의의 손해를 입히게 되고, 그리고 언제까지나 또 누구라도 법인설립의 무효를 주장할 수 있게 되어 법률관계의 혼란을 야기할 우려가 있어서 문제가 되는 것이다. 상법의 경우에는 회사설립무효의 소와 회사설립취소의 소에 관하여 제소권자와 제소기간을 정하여 제한하고 있는데 반하여(상법 제184조, 제2897조의6, 제552조), 민법은 이런 조항이 없기 때문에 발생하는 문제이다.

법인의 목적이 둘 이상의 행정관청의 소관사항인 경우에는 정관상의 주된 목적을 관장하는 행정관청의 허가만을 받으면 된다.

(4) 설립등기를 할 것

주된 사무소의 소재지에서 설립등기를 하여야 비로소 권리능력을 취득한다(제33조).

3. 비영리 재단법인의 설립

가. 설립의 요건

(1) 영리 아닌 사업을 목적으로 할 것

영리 아닌 사업의 의미는 사단법인에서와 같다.

(2) 설립행위를 할 것

(가) 의의

재단법인의 설립자는 일정한 재산을 출연하고 제40조 제1호 내지 제5호의 사항을 기재한 정관을 작성하여 기명날인하여야 한다(제43조).

(나) 법적 성격

재단법인은 사단법인과 달리 사원이라는 관념을 인정할 수 없다. 그리고 재산을 출연하고 정관을 작성하여야 성립한다는 점에서 요식행위이고, 출연 시에 법인은 아직 성립되어 있지 않다는 점에서 상대방 없는 단독행위라고 할 것이다.[18]

---

17) 대판 1996.9.10. 선고 95누18437(현행 법령상 비영리법인의 설립허가에 관한 구체적인 기준이 정하여져 있지 아니하므로, 비영리법인의 설립허가를 할 것인지 여부는 주무관청의 정책적 판단에 따른 재량에 맡겨져 있다. 따라서 주무관청의 법인설립 불허가처분에 사실의 기초를 결여하였다든지 또는 사회관념상 현저하게 타당성을 잃었다는 등의 사유가 있지 아니하고, 주무관청이 그와 같은 결론에 이르게 된 판단과정에 일응의 합리성이 있음을 부정할 수 없는 경우에는, 다른 특별한 사정이 없는 한 그 불허가처분에 재량권을 일탈·남용한 위법이 있다고 할 수 없다).

18) 대판 1999.7.9. 선고 98다9045(재단법인의 출연자는 재단법인의 성립 여부나 출연된 재산이 기본재산인지 여부와 관계없이, 착오를 원인으로 출연의 의사표시를 취소할 수 있다).

설립자가 2인 이상인 경우에는 단독행위의 경합으로 본다.

나. 출연재산의 귀속시기

예 3-4

A가 재단법인 B를 설립할 목적으로 자신의 토지 L을 출연하기로 하였다. 그리하여 기본재산을 L로 한 정관을 작성하여 주무관청으로부터 허가를 받아 2000.5.1. 법인설립등기를 하였으나 아직 L에 대한 소유권이전등기를 하지 않고 있던 중 2000.5.10. A가 갑자기 사고로 사망하였다. 그러자 상속인 A1이 위 L을 C에게 매도하고 2000.6.1. 소유권 이전등기까지 경료해 주었다. 이를 알게 된 재단법인 B의 대표자가 C를 상대로 L에 관한 소유권 이전등기 말소와 인도를 구했다.

(1) 문제점

제48조는 출연재산의 귀속시기와 관련하여 생전처분으로 재단법인을 설립하는 때에는 법인이 성립된 때, 유언으로 재단법인을 설립하는 때에는 유언의 효력이 발생한 때로부터 법인에 귀속된다고 규정한다.

그런데 부동산이나 동산의 소유권 변동시점(물권변동시점) 및 채권양도의 시점은 이와 달리 규정하고 있어 법인에 관한 규정을 우선시킬 것인지, 아니면 물권변동시점이나 채권양도시점에 관한 규정을 우선시할 것이냐가 문제다.

(2) 출연재산이 부동산이나 동산인 경우

(가) 학설

민법은 부동산의 소유권의 변동시기와 관련하여 법률행위로 인한 경우에는 등기한 때에(제186조), 상속, 공용징수, 판결, 경매 기타 법률의 규정으로 인한 경우에는 법률의 요건이 충족된 때 등기하지 않아도 변동된다(제187조)고 규정하고 있다.

1) 다수설

이 설은 제48조를 재단법인의 재산적 기초를 충실하게 하기 위한 특칙으로 이해하고 제48조가 제187조의 '기타 법률의 규정'에 해당한다고 보아 재단법인명의로 소유권 이전등기가 되지 않더라도 제48조가 정한 시기, 즉 생전처분 시에는 법인이 설립한 때(구체적으로는 법인으로서 법인등기부에 등기된 때), 유언 시에는 출연자의 사망 시(제1073조 제1항)에 재단법인에 귀속된다고 한다. 따라서 위 예에서는 재단법인 B가 설립된 때인 2000.5.1. L 부동산이 재단법인 B명의로 소유권 이전등기가 되어 있지 않더라도 재단법인 B에게 귀속된 것으로 보아야 하므로, C는 무권리자인 A1으로부터 L을 매수한 셈이 되어 소유권을 취득할 수 없어 자신의 명의 소유권 이전등기를 말소하고 B에게 L을 인도하여야 한다.

2) 소수설

이 설은 재단법인으로의 출연은 재단법인의 설립행위라는 법률행위(상대방 없는 단독행위)이므로 제186조가 적용되어 법인설립등기만으로는 부족하고 부동산에 관하여 법인명의로 소유권 이전등기가 되어야 법인의 소유가 된다고 한다. 따라서 재단법인 B명의로 L에 관하여 소유권 이전등기를 하지 않았으므로 여전히 A소유로서 A1은 적법하게 상속받은 상태이고 따라서 C에게 처분한 행위도 유효하다. 이는 L에 관하여 이중양도가 있는 셈이고 이런 경우에는 먼저 등기를 하여 소유권을 취득한 C가 우선하므로 재단법인 B는 L의 소유권을 취득하지 못한다. 결국 재단법인 B는 C를 상대로 소유권 이전등기의 말소나 인도를 구할 수는 없고, 출연의무를 상속한 A1을 상대로 출연을 이행하지 않은 것을 이유로 채무불이행책임을 추궁하여 손해배상을 청구할 수밖에 없다.

(나) 판례

판례[19]는 '출연된 재산 L은 출연의무를 상속한 A1과 재단법인 B 사이에는 재단법인 B 소유이나, 그 외 사람들 사이에서는 제186조가 적용되어 B명의로 소유권 이전등기가 되어야만 L의 소유자임을 주장할 수 있다'고 한다. 따라서 B는 A1에 대해서는 L에 관하여 소유권 이전등기가 되어 있지 않더라도 소유권자임을 주장할 수 있지만, C를 포함한 A1외의 사람들에 대해서는 소유권 이전등기를 하지 않으면 소유권자임을 주장할 수 없게 되므로 C가 먼저 소유권 이전등기를 해버린 경우에는 C가 L의 소유권자가 된다.

---

19) 대판 1993.9.14. 선고 93다8054. 또 대판(전합체) 1979.12.11. 선고 78다481, 482도 '재단법인을 설립함에 있어서, 출연재산은 그 법인이 성립된 때로부터 법인에 귀속된다는 민법 제48조의 규정은 출연자와 법인과의 관계를 상대적으로 결정하는 기준에 불과하여 출연재산이 부동산인 경우에도 출연자와 법인 사이에는 법인의 성립 외에 등기를 필요로 하는 것은 아니지만, 제3자에 대한 관계에 있어서, 출연행위는 법률행위이므로 출연재산의 법인에의 귀속에는 부동산의 권리에 관한 것일 경우 등기를 필요로 한다'라고 판시한다.

(다) 사견

재단법인 설립행위가 법률행위인 이상 제186조에 의하여야 한다. 그리고 재단법인의 경우 제48조와 같은 예외를 두기 위해서는 그 예외를 두어야 할 사정이 있어야 한다. 다수설은 이런 예외를 두는 이유로서 재단법인의 재산적 기초를 충실하게 하기 위한 것이라고 한다. 그러나 출연을 약속한 자나 그 포괄승계인이 출연의무를 이행하지 않는 경우 재단법인은 그들에 대하여 그 의무불이행으로 인한 손해배상청구권이라는 재산권을 가지므로 재단법인의 재산적 기초를 어느 정도 마련할 수 있다고 생각된다. 따라서 소수설의 입장이 타당한 것으로 생각한다.

(3) 출연재산이 채권인 경우

위 예에서 A가 재단법인 B에게 출연하려고 하는 재산이 'D에 대하여 가지는 1억원의 채권'인 경우, B에게 양도하려면 제450조에 의하여 A가 D에게 통지하여야 하고,[20] 이를 D외의 제3자에게 대항하기 위해서는 확정일자 있는 통지로 하여야 한다.

이런 경우에는 두 가지 문제가 있다. 첫째는 A의 D에 대한 채권양도통지는 B가 법인으로 등기되지 아니하여 아직 권리능력을 취득하지 못한 상태에서도 할 수 있는지, 둘째 만일 A의 상속인 A1이 C에게 자신이 상속한 A의 D에 대한 채권을 C에게 양도통지하는, 소위 이중양도의 경우 위 채권은 누구에게 귀속하는지 하는 것이다. 먼저 A의 D에 대한 채권이 지명채권인 경우를 보고, 그 후 지명채권 외의 채권인 경우를 보도록 한다.

(가) 지명채권인 경우

1) 채권양도통지의 효력

첫 번째 문제에 대해서 보면, 채권양도로 채권을 취득하려면 권리능력을 가지는 자여야 할 것이고 또 이런 경우 채무자 D의 입장에서도 채권을 변제하려 해도 B가 법인으로 등기되어 권리능력을 취득하지 않는 이상 B에게 변제할 수 없으므로 B가 법인으로 등기되어 권리능력을 취득한 후에야 비로소 채권양도통지

---

20) 제450조에 의하면 통지 외에 채무자 D의 승낙이 있어도 가능하나, 승낙도 통지와 동일한 법리가 적용되므로 통지의 경우만을 보도록 한다.

를 할 수 있다고 할 것이다.

나아가 B가 법인으로 되는 것을 조건으로 채권양도통지하는 것이 가능한지도 문제될 수 있으나, 이를 긍정하면 채권양도통지의 효력은 조건이 성취된 때인 'B가 법인으로 성립한 때'에 발생한다고 보아야 할 것인데, 이렇게 해석하면 D가 채권양수인에게 대항할 수 있는 사유가 확정되지 않게 되어[21] D에게 불리하므로 부정해야 할 것이다.

2) 이중양도의 경우

채권이 이중으로 양도된 경우에는 제450조 제2항에 의하여 확정일자 있는 통지의 도달순서에 의하여 결정된다. 즉 위 예에서 재단법인 B가 성립된 후 A에 의해 행해진 확정일자 있는 양도통지가 D에게 도달한 날과, A1이 C에게로 양도했다는 확정일자 있는 양도통지가 D에게 도달한 날의 선후에 의해 결정된다. 따라서 이 경우에는 제48조는 적용되지 않는다고 보아야 할 것이다.

(나) 지명채권 외의 채권인 경우

D에 대한 채권이 지시채권(제508조)이나 무기명채권(제523조)인 경우에는 출연재산이 부동산인 경우와 같은 학설의 대립이 있다. 즉 다수설은 지시채권의 배서 및 교부(제508조)나 무기명채권의 교부(제523조)가 없더라도 제48조의 시기에 재단법인에 귀속하게 된다고 보는 반면, 소수설은 재단법인에게 지시채권의 배서 및 교부나 무기명채권의 교부 시에 재단법인에게 귀속된다고 보고 있다.

앞의 지명채권의 경우와 마찬가지로 배서 및 교부 등의 요건을 갖춘 경우에 재단법인에게 귀속된다고 보아야 할 것이다.

Ⅲ. 법인의 능력

1. 서

법인도 자연인과 마찬가지로 권리능력은 물론 행위능력 및 불법행위능력도 가

21) 채권양도가 된 경우, 채무자는 양도통지를 받은 때까지 양도인에 대하여 생긴 사유로써 양수인에게 대항할 수 있는데(제451조 제2항) 언제 조건이 성취되어 양도통지의 효력이 발생할 것인지를 D가 알 수 없어 D는 불리한 지위에 처하게 된다.

진다. 그러나 법인의 행위는 그 대표자가 하므로 통상의 행위능력의 문제나 불법행위능력의 문제와 다른 측면이 있다.

2. 권리능력

법인이 자연인과 마찬가지로 권리와 의무의 주체가 될 수 있다고 하더라도 그 범위는 자연인과 같이 모든 권리와 의무의 주체가 될 수 있는 것은 아니고 일정한 범위 내에서만 권리와 의무의 주체가 된다. 그 범위는 법인 자체의 성질에 의하여 제한되거나, 법률에 의하여 제한되거나, 법인의 목적에 의하여 제한된다.

가. 성질상의 제한

법인은 신체가 없고 성별(性別)의 구분이 없으므로 생명이나 신체, 인격권, 혼인, 친권, 상속, 유언과 관련한 권리의무의 주체가 될 수 없다. 그러나 재산권, 성명권, 상호권은 가질 수 있다.

문제는 명예권이나 비재산적 손해로서의 위자료청구권을 가질 수 있느냐는 것이다. 특히 비영리법인에 대한 명예훼손에 의한 손해를 영리법인의 경우와 같이 매출감소액이라는 재산적 손해로 환원하여 이해하거나, 위자료 청구를 정신적 피해로 인한 손해로 이해한다면 비영리법인에게 인정할 수 없다고 할 것이다. 그러나 명예훼손은 반드시 매출의 감소라는 재산적 손해로 환언할 수 있는 것이 아니고 비영리법인에 대한 외부인의 평가가 저하됨으로써 구성원들이 받는 정신적 피해라고 본다면 정신적 피해를 인정하지 못할 바도 아니며, 또 위자료는 정신적 피해에 관한 것만이 아니라 앞서 본 것처럼 비영리법인의 구성원들이 받는 정신적 피해 내지는 비재산적 손해로 접근한다면 충분히 인정할 수 있다고 할 것이므로 긍정하는 것이 타당하다. 판례도 같은 입장이다.[22)]

나. 법률상의 제한

법인의 권리능력을 법률에 의하여 제한할 수 있는 것은 당연하나, 법인의 권리

22) 대판 2017.12.22. 선고 2015다247912(법인의 목적사업 수행에 영향을 미칠 정도로 법인의 사회적 명성, 신용을 훼손하여 법인의 사회적 평가가 침해된 경우에는 그 법인에 대한 불법행위책임이 성립한다). 비법인사단인 종중에 대하여 명예훼손을 인정한 대판 1990.2.27. 선고 89다카12775도 참조.

능력을 일반적으로 제한하는 법률은 없고, 개별적인 법률에서 그 법률의 입법취지나 목적에 따라 제한하는 경우는 존재한다. 예컨대 상법 제173조는 회사는 다른 회사의 무한책임사원이 될 수 없다고 하여 무한책임사원이 될 수 있는 능력을 제한하고 있다.

특히 특별법에 의하여 설립된 법인들은 그 특별법에 의하여 제한된 목적 범위 내에서만 행위를 할 수 있다(「새마을금고법」 제28조, 「농업협동조합법」 제57조).

다. 목적상의 제한

법인은 법률의 규정에 좇아 정관으로 정한 목적의 범위 내에서 권리와 의무의 주체가 된다(제34조). 이 규정의 '목적범위 내의 해석'과 이 규정이 권리능력을 제한하는 것인지, 행위능력을 제한하는 것인지에 관하여 다툼이 있다.

(1) 제34조의 '목적범위 내'의 의미

다수설은 '법인의 목적에 반하지 않는 범위 내'라고 보아 넓게 인정하는데 반하여, 소수설은 '법인의 목적을 수행하는데 필요한 범위 내'에서라고 좁게 인정한다. 판례는 '목적 범위 내의 행위라 함은 법률이나 정관에 명시된 목적 자체에 국한되는 것이 아니라 그 목적을 수행하는 데 있어 직접, 간접으로 필요한 행위는 모두 포함한다'고 보아 넓게 인정한다.

생각건대, 목적상의 제한을 두는 이유는 법인의 유지에 필수적인 재산을 대표자의 임무위반행위로부터 보호하여 법인의 지속적인 활동을 보장하는 데 있다고 할 것이므로, 영리법인의 경우에는 목적에 의한 제한은 거의 인정하지 않는 것이 타당하고, 비영리법인의 경우에는 영리법인과는 달리 엄격하게 판단되어야 한다. 그렇다고 하더라도 비영리법인의 활동에 지장을 주지는 않아야 할 것이므로 법인의 활동을 적극적으로 도와준다는 입장에서 보면 다수설이나 판례와 같이 넓게 인정하는 것이 타당할 것이다. 그리고 그 판단기준은 객관적이고 추상적으로 판단하여야 할 것이고,[23] 실제 법인에 도움이 되었는지 여부는 판단기준으로서 불

23) 대판 2014.1.23. 선고 2011두25012(비영리법인이 '목적 이외의 사업'을 한 때란 법인의 정관에 명시된 목적사업과 그 목적사업을 수행하는 데 직접 또는 간접으로 필요한 사업 이외의 사업을 한 때를 말하고, 이때 목적사업 수행에 필요한지는 행위자의 주관적·구체적 의사가 아닌 사업 자체의 객관적 성질에 따라 판단하여야 한다), 영리법인인 회사에 대하여는 대판 1987.12.8. 선고 86다카1230(회사의 권리능력은 회사의 설립근거가 된 법률과 회사의 정관상

필요하다.

비영리법인과 관련하여 판례에서 나타난 예를 보면, 축산업을 영위하는 조합원의 생산력 증진과 경제적·사회적 지위향상이 목적인 축산업협동조합이 이 목적과 전혀 무관한 농업협동조합에의 통합에 반대하여 통합반대를 위한 소송을 제기하는데 사용한 소송비용 및 통합을 비판하는 광고를 신문에 게재하는 데 쓴 신문광고비용을 목적범위 내의 사용이라고 하고,[24] 어업협동조합이 어민들의 경제적 사회적 지위 향상과는 무관하게 정기총회, 임원회의와 내빈의 접대를 위하여 외상으로 구입한 음료수 대금도 목적사업수행에 필요한 부대경비의 일부라고 보았으며,[25] 교육 및 선교 목적의 비영리법인이 선교 등을 담당할 교회나 학교를 설립하거나 운영하는 행위, 그러한 교회나 학교의 설립·운영을 지원하는 행위 역시 그 법인의 목적사업에 해당하고, 나아가 선교 등을 목적으로 하는 선교교회나 대학교에 부지 또는 건물의 매입자금을 지원하는 등의 행위도 목적범위 내의 사용에 해당한다고 한다.[26]

영리법인과 관련하여 판례는, 점포관리업무를 하는 합자회사가 자신의 존재기반인 유일한 점포 부지를 매각하는 행위도 목적범위 내라고 보았고,[27] 주식회사의 지배주주가 자신의 재산을 담보로 제공하여 그 주식회사의 채무를 보증한 상태에서, 지배주주가 사망하여 지배주주를 상속한 상속인이 상속세 납부의무의 연부연납허가를 받기 위하여 보험회사와 납세보증보험계약을 체결할 때 그 회사가 보증을 한 것도 목적범위 내에 속한다고 보았다.[28]

의 목적에 의하여 제한되나 그 목적범위내의 행위라 함은 정관에 명시된 목적자체에 국한되는 것이 아니라 그 목적을 수행하는데 있어 직접 또는 간접으로 필요한 행위는 모두 포함되고 목적수행에 필요한지의 여부도 행위의 객관적 성질에 따라 추상적으로 판단할 것이지 행위자의 주관적, 구체적 의사에 따라 판단할 것이 아니다) 참조.

24) 대판 2007.1.26. 선고 2004도1632.

25) 대판 1974.6.25. 선고 74다7.

26) 앞의 2011두25012 판결.

27) 대판 2009.12.10. 선고 2009다63236의 원심은 '존립의 기초인 이 사건 토지를 처분하는 행위는 그 합자회사의 정관에 정해진 목적인 시장의 점포관리업무를 수행할 수 없게 되거나 그 존립을 부정하게 되어 실질적으로 합자회사가 해산되는 것과 같은 결과를 초래하게 된다'라는 이유로 목적범위 내에 속하지 않는다고 보았으나, 대법원은 '그 정관에서 목적을 이 사건 토지 위에 존재하는 시장건물의 관리업무로 한정하고 있지 아니하여 이 사건 토지를 매도한 후 새로 시장건물을 매수하는 등의 방법으로 계속하여 존속할 수도 있을 것' 등의 이유를 들어 목적범위 내라고 보았다.

28) 대판 2005.5.27. 선고 2005다480. 이 판결은 영리법인의 목적범위를 판단할 때에는 '거래행위

(2) 목적범위 외의 행위의 효력

예 3-5

비영리사단법인 A는 구성원들 사이의 금융편의를 위하여 구성원만을 상대로 한 금전거래를 허용하고 그 재원은 구성원들로부터 걷은 자금만으로 하는 정관을 두어 외부자와의 금전거래는 못하도록 정관으로 금하고 있었는데, A의 대표자 B가 자신의 잘못으로 인하여 손실이 난 금액을 메울 목적으로 C로부터 A명의로 돈을 차용하였다.

(가) 학설

1) 통설

통설은 제34조를 문자 그대로 권리능력을 제한하는 것으로 보아 목적범위를 벗어난 행위를 한 경우에는 법인의 권리능력 밖의 것이므로 법인에게 효력이 미치지 않고, 법인이 추인할 수도 없고 표현대리의 문제도 생기지 않는다고 한다.

이에 따르면 위 예에서 A의 목적은 '구성원 사이'의 금융편의를 주기 위한 것으로 그 재원으로 이용하기 위하여 외부인으로부터 금전을 차용하는 것은 그 목적범위 외의 행위이고, 따라서 A는 C를 상대로 B에 의하여 행해진 대여계약의 효력이 자신에게 미치지 아니함을 주장할 수 있다. 이때 B의 위 행위가 제35조 제1항의 불법행위의 요건에 해당되면 A는 C에 대하여 불법행위로 인한 손해배상책임을 지게 된다고 한다.

그러나 통설에 의하면 이런 목적범위 외의 행위에 대해서는 A에게 권리능력이 없어 어떠한 채무나 책임을 부담할 수 없음에도 제35조가 권리능력이 없는 A에게 손해배상채무를 부담시키고 있는 것을 이론적으로 설명하기가 곤란하다.

2) 소수설

소수설은 제34조는 문면과 달리 권리능력을 제한한 것이 아니라 행위능력을 제

를 업으로 하는 영리법인으로서 회사의 속성과 신속성 및 정형성을 요체로 하는 거래의 안전을 충분히 고려하여야 할 것인바, 회사가 거래관계 또는 자본관계에 있는 주채무자를 위하여 보증하는 등의 행위는 그것이 상법상의 대표권 남용에 해당하여 무효로 될 수 있음은 별론으로 하더라도 그 행위의 객관적 성질에 비추어 특별한 사정이 없는 한 회사의 목적범위 내의 행위라고 봄이 상당하다'고 판시하였다. 목적범위의 판단할 때 영리법인에 대해서는 비영리법인보다 더 탄력적으로 해석해야 한다는 것을 의미한다고 할 것이다.

한한 것, 즉 대표자의 대표권을 제한한 것이라고 본다. 따라서 목적범위를 벗어난 행위는 A의 대표자 B의 대표권 없는 행위, 즉 무권대표행위가 되므로 무권대리의 법리에 따라 A는 추인을 할 수 있고 또 상대방에게 제126조 소정의 정당한 사유가 있으면 표현대리가 성립할 수 있다고 본다.

(나) 사견

통설처럼 제34조가 권리능력에 관한 조항이라면 B의 목적범위를 벗어난 행위로 발생하는 권리나 의무에 관하여 A는 권리주체가 될 수 없어 권리나 의무를 부담할 수 없으므로 위 예에서 대여금채무는 물론 손해배상채무도 지지 않아야 한다. 그럼에도 불구하고 제35조에서는 A에게 손해배상채무를 부담시킴으로써 권리주체로서의 지위를 인정하고 있다. 통설은 이런 결과를 이론적으로 설명할 수 없으나, 소수설은 이런 결과를 이론적으로 무리 없이 설명할 수 있다.

이런 면에서 소수설이 타당한 것으로 보인다. 그러나 목적범위가 정관에 기재되고 법인등기부에 공시되고 있는 점을 고려하면 상대방이 그 목적을 몰랐다거나 그 부지(不知)에 관하여 과실이 없다고 인정되기 어려워 표현대리가 성립되는 경우는 거의 없을 것이고, 실제 결과는 통설과 거의 차이가 없을 것이다.

3. 법인의 행위능력(대표권의 범위)

가. 의의

통상의 행위능력을 논할 때는 법률행위를 독자적으로 할 수 있는 능력이 부족한 자에 대하여 법정대리인이 어떠한 도움을, 어떻게 줄 수 있느냐가 문제로 되지만, 법인에서는 대표자가 행위를 하게 되므로 위와 같은 문제는 일어나지 않고, 오히려 법인을 대표해서 행동을 할 수 있는 대표자는 누구인지, 그런 대표자에게는 어떤 권한이 있고, 그 권한에 어떠한 제한이 가해져 있는지 등이 문제로 된다.

나. 법인의 행위

법인의 경우는 대표기관을 맡게 되는 자연인(법인의 대표자)이 행위를 하고, 그 행위의 효력이 법인에게 귀속된다.

법인의 대표기관(대표자)의 선임이나 인원수 등은 법인의 내부규율인 정관에 의해 정해진다. 비영리법인에서의 대표자는 이사(제59조 제1항), 임시이사(제63조), 특별대리인(제64조), 청산인(제82조), 직무대행자(제52조의2, 제60조의2 제1항) 등이 이에 해당한다.

다. 행위능력의 범위

법인은 법인의 권리능력의 범위 내에서 그 행위능력을 가지는 것은 당연하다. 그런데 법인의 행위는 대표자가 하므로 결국 행위능력을 제한한다는 것은 대표자의 대표권의 제한을 의미한다고 할 것이다. 이 제한과 관련해서는 이사의 권한 중 대표권에서 자세히 보도록 한다.

4. 법인의 불법행위

가. 의의

(1) 법인이 책임을 지는 경우

우리 민법에 의하면 법인은 2가지 방법으로 불법행위책임을 부담한다. 첫 번째는 법인의 사무를 집행하는 자의 행위를 매개로 하여 부담하는 경우이고, 두 번째는 법인의 사무를 집행하는 자의 행위를 개입함이 없이 직접 불법행위책임을 부담하는 경우이다.

첫 번째는 다시 사무집행자의 행위자가 누구인가에 따라 나눌 수 있는데, 법인의 대표자의 불법행위에 의한 때는 제35조 제1항, 법인의 대표자가 아닌 피용자의 불법행위에 의한 때는 제756조 제1항(사용자책임)에 따라 책임을 진다.[29]

두 번째는 공작물의 소유자책임(제758조)이나 제조물책임법[30]에 의하여 책임을 진다.

29) 대판 1978.3.14. 선고 78다132는 법인의 대표자에 의한 불법행위가 성립하면 이는 민법 제35조에 의하여 법인 자체의 불법행위가 되는 것으로서, 비록 배상책임이 있다는 점에서는 같다 할지라도 민법 제756조 소정의 사용자의 배상책임과는 그 성질이 다르다고 판시한다.

30) 제조물의 결함으로 발생한 손해에 대해 제조업자가 부담하는 손해배상책임으로 「제조물책임법」이라는 특별법이 제정되어 있다.

(2) 본조의 의의

제35조 제1항은 법인의 대표자가 법인의 사무를 집행함에 있어 불법행위를 한 경우에 적용된다. 이 조문에 대하여 법인의제설에서는 법인의 대표자라는 타인이 한 불법행위에 의한 책임을 법인이 인수한 것이고 이는 사용자책임과 동일한 성격을 가진다고 보며, 단서와 같이 대표자가 개인적으로 책임지는 것은 당연하다고 본다. 이에 반하여 법인실재설에서는 대표자의 행위가 곧 법인의 행위이므로 법인이 자신의 가해행위에 의하여 불법행위책임을 진다고 보게 되고, 대표자의 어떤 행위가 법인의 행위로 되느냐가 문제로 되며, 단서의 대표자의 개인적 책임은 특별하게 인정한 규정으로 보게 된다.

(3) 본조의 적용범위

본조는 비영리법인 뿐 아니라 영리법인을 포함한 모든 법인에 적용되고, 나아가 법인이 아닌 비법인사단[31]이나 재단에도 적용된다.

나. 요건

(1) 대표자의 행위일 것

(가) 법인이 제35조에 의한 책임을 지기 위해서는 법인을 대표하는 대표자의 행위에 의하여야 한다. 법인의 대표자가 누구인지는 앞의 법인의 행위능력에서 보았다.

법인의 대표자가 아닌 기관 즉, 감사나 다른 피용자에 의한 가해행위에 대해서는 제35조가 아닌 제756조 제1항(사용자책임)에 따라 책임을 지게 된다.

(나) 대표자에 의해 선임된 대리인에 의한 불법행위의 경우, 본조에 의한 책임을 진다는 견해와 사용자책임인 제756조가 적용된다는 견해가 있다.

생각건대 뒤에서 보는 것처럼 본조의 불법행위에는 거래행위 형태로 이뤄지는 경우와 사실행위 형태로 이뤄지는 경우로 나눌 수 있고, 또 대리(또는 대표)행위가

31) 대판 2003.7.25. 선고 2002다27088은 비법인사단의 대표자가 직무에 관하여 타인에게 손해를 가한 경우 그 사단은 민법 제35조 제1항의 유추적용에 의하여 그 손해를 배상할 책임이 있다고 판시한다.

허용되는 범위는 법률행위에 한하므로 거래행위적 불법행위가 대리행위로 이뤄진 경우에는 그 대리행위는 대표자의 행위를 대리한 것이고 그 대리행위의 효과가 본인인 법인에게 귀속된다고 보아 법인의 행위로 볼 수 있지만, 사실행위적 불법행위가 대리행위로 이뤄진 경우에는 그 대리행위의 효과는 본인인 법인에게 귀속될 수 없어 법인의 행위로 볼 수 없을 것이다. 따라서 대리행위형태로 불법행위가 이뤄진 경우에는 일률적으로 본조나 제756조가 적용된다고 볼 것이 아니라, 대리인의 행위가 사실행위의 형태로 행해진 불법행위에 해당하는 경우에는 법인은 본조에 의한 불법행위책임이 아닌 사용자책임조항에 의하여 책임을 부담하여야 하지만 거래행위의 형태로 행해진 불법행위에 해당하는 경우에는 법인은 본조에 의한 책임을 진다고 보아야 할 것이다.

판례는 비법인사단의 대표자가 대리인을 선임하여 대리인을 통하여 비법인사단 소유로서 총유인 물건을 구성원 총회의 결의 없이 타인에게 처분한 사안에서 본조의 손해배상책임을 인정하였는데,[32] 이런 법리는 법인에게도 마찬가지일 것이다. 이 판례는 대리인의 행위가 거래행위의 형태로 행해진 사안이기 때문에 본조의 손해배상책임을 인정한 것이라고 보아야 할 것이다.

(다) 나아가 판례는 본조의 '법인의 대표자'에는 그 명칭이나 직위 여하 또는 대표자로 등기되었는지 여부를 불문하고 당해 법인을 실질적으로 운영하면서 법인을 사실상 대표하여 법인의 사무를 집행하는 사람을 포함한다고 해석함이 상당하다고 하면서, 그 구체적인 사안에서 이러한 사람에 해당하는지는 법인과의 관계에서 그 지위와 역할, 법인의 사무집행 절차와 방법, 대내적·대외적 명칭을 비롯하여 법인 내부자와 거래 상대방에게 법인의 대표행위로 인식되는지 여부, 공부상 대표자와의 관계 및 공부상 대표자가 법인의 사무를 집행하는지 여부 등 제반 사정을 종합적으로 고려하여 판단하여야 한다고 한다.[33]

(2) 대표자의 행위가 직무에 관한 것일 것

예 3-6

(1) 비영리사단법인 A의 대표자 B에게는 금융기관으로부터 금전을 차용할 수 있는 권한이 있었다. B는 자신의 채무변제를 목적으로 A를 대표하여 C은행으로

---

32) 위 2002다27088 판결.

33) 대판 2011.4.28. 선고 2008다15438.

부터 1억 원을 대출받아 자신의 채권자에게 변제하였다.
(2) 비영리사단법인 A의 정관에는 외부에서 금전차용 시 이사회의 의결을 거치도록 되어있고, 이런 대표권의 제한은 등기까지 되어 있었다. 그런데 A의 대표자 B가 마치 금전차용에 관한 이사회 의결이 있었던 것처럼 이사회 결의서를 위조하여 A를 대표하여 C로부터 1억원을 대출하였다.
(3) 법인 A의 대표자 B는 자신의 여비서 D에게 업무능력이 떨어진다면서 자주 질책을 하였는데, 어느 날 다른 직원들과 함께 회식을 마친 후 D와 단둘이 남게 되자 업무적 조언을 한다면서 이야기를 하던 중 D를 성추행하였다.
(4) 법인 A의 대표자 B가 출근 중 지하철에서 옆에 있던 여 승객 E를 성추행하였다.

(가) 직무관련성

대표자가 하는 행위에는 법인의 직무와 관련한 행위와 그렇지 않은 행위가 있다. 대표자의 전자의 행위로 불법행위가 성립하는 경우 법인이 손해배상책임을 부담하는 것은 당연할 것이다. 문제는 이런 직무와 관련한 행위의 기준은 무엇인지이다.

(나) 직무관련성의 기준

1) 통설과 판례

그 기준에 관하여 통설과 판례는 행위의 외형에서 관찰하여 그것이 법인의 대표자의 직무에 속하는지 혹은 그 직무와 사회통념상 관련이 있는지를 기준으로 판단한다.[34] 이처럼 외형상 객관적으로 판단하는 이유는, 대표자가 법인의 직무를 행하고 있다고 하는 상대방의 신뢰를 보호하기 위한 것이므로 상대방이 '문제된 행위가 법인의 대표자 직무가 아니라는 점'을 알았거나 중대한 과실로 알지 못한 경우에는 그런 신뢰는 보호할만한 가치가 없으므로 법인의 불법행위책임을 인정하지 않는다.[35] 이때의 중대한 과실이란 '거래의 상대방이 조금만 주의를 기울였더라면 대표자의 행위가 그 직무권한 내에서 적법하게 행하여진 것이 아니라는 사정을 알 수 있었음에도 만연히 이를 직무권한 내의 행위라고 믿음으로써 일반인에게 요구되는 주의의무에 현저히 위반하는 것으로 거의 고의에 가까운 정도의 주의를 결여하고, 공평의 관점에서 상대방을 구태여 보호할 필요가 없다고 봄이

34) 대판 2004.2.27. 선고 2003다15280.
35) 앞의 2002다27088 판결, 대판 2004.3.25. 선고 2003다34045.

상당하다고 인정되는 상태'를 말한다.[36)]

통설과 판례에 의하면, 위 예 (1)에서는 은행으로부터의 차용행위는 A의 대표자 B의 직무범위 내에 속하므로 C는 A를 상대로 대출계약이 유효함을 주장하여 대출계약에 따른 이행을 구할 수 있고 불법행위로 구성할 필요는 없다. 다만 C측에서 B의 이런 목적을 알고 있었거나 알 수 있었다면 대출계약이 유효한지 여부가 문제로 되고 이런 사정으로 대출계약이 유효하지 않다고 본다면 불법행위책임 문제가 등장할 수 있는데 이는 뒤의 '대리권의 남용'항에서 본다.

위 예 (2)에서는 대표자 B의 대표권이 금전차용 시에는 제한이 되어 있어 그 제한을 넘으면 무권대리행위와 같이 무효가 되므로, C는 법인 A에 대하여 위 대출계약의 유효를 주장할 수 없다. 그러나 외형상 위 행위는 대표자의 직무와 밀접한 관련이 있으므로 C는 법인 A에 대하여 본조에 의한 손해배상책임을 물을 수 있다. 그러나 C측이 B의 직무관련성에 관하여 악의이거나 중대한 과실이 있으면[37)] 손해배상책임을 물을 수 없다.

2) 통설과 판례에 대한 의문

통설과 판례에 의할 경우 예 (4)에서의 B의 행동은 법인 A의 대표자로서의 직무와는 전혀 관계가 없으므로 E는 법인 A에 대하여는 본조에 기하여 손해배상을 청구할 수 없고, 개인 B에 대하여 불법행위로 인한 손해배상을 청구할 수 있을 뿐이다. 이에 대해서는 이론이 없다.

문제는 위 예 (3)이다. 앞에서 본 통설과 판례에 의하면 'B의 부하직원에 대한 성추행'이라는 행위는 외형상 객관적으로 법인의 대표자의 직무에 속하지도 않고 또 전혀 관련이 없으며, 피해자 D로서도 그런 행위가 법인의 대표자의 직무에 속하지 않는다는 것을 잘 알고 있으므로 직무관련성에 대한 악의자라고 할 수 있고 따라서 법인 A는 악의자인 피해자 D에 대해 본조에 의한 책임이 없다고 보아야 한다. 더구나 이런 행위로 인한 손해배상채무는 제34조의 법인의 목적범위 내의 채무라고도 볼 수 없으므로 이런 손해배상의무는 법인의 권리능력의 범위 외에 속하여 이 부분에 관하여는 권리능력이 없다고 보아야 한다.

---

36) 위 2003다34045 판결.

37) 여기서 C은행도 법인인 경우, C의 대표자(은행장)에게 악의나 중대한 과실이 있어야 하느냐, 아니면 지배인이나 대출담당자에게 악의나 중대한 과실이 있어도 되느냐가 문제로 될 수 있다. 뒤에서 본다.

그러나 우리 판례는 '본조에서의 직무관련성'과 사용자책임인 제756조에서의 '…사무집행에 관하여(사무집행관련성)…'에 관한 해석에 있어 둘을 동일하게 보고 있는데, 사용자책임에 관한 판례는 법인의 피용자가 자기 부하직원을 성추행한 사안에서, 그 성추행이 '사용자(법인)의 업무수행과 시간적, 장소적인 근접성'이 있으면 사무집행관련성을 인정하여 사용자인 법인의 사용자책임을 인정하고 있다.[38)]

이런 판례의 태도에 비추어 보면 위 예 (3)에서도 본조에 의한 법인의 손해배상책임을 인정해야 할 것이다. 그렇다고 하면 이런 사실행위로 인한 불법행위에서는 직무관련성에 대한 상대방의 신뢰는 고려할 바가 아니다.

(다) 직무관련성의 새로운 기준

이런 문제점을 고려하면, 법인 대표자의 불법행위가 사실행위에 기하여 행해진 것이라면 상대방인 피해자의 직무관련성에 대한 신뢰를 문제로 삼지 않아야 한다. 따라서 피해자가 직무관련성에 대해 악의이거나 또는 중대한 과실로 알지 못하였다고 하더라도 법인은 본조에 의한 책임을 져야 한다. 그러나 불법행위가 위 예 (1)이나 (2)와 같이 거래적 형태에 기하여 행해진 것이라면 거래관계에서는 상대방도 거래관계상 요구되는 주의의무를 가지고 임하여야 하고, 그런 주의의무를 게을리 한 경우에는 상대방의 직무관련성에 관한 신뢰는 보호할 가치가 없다고 보아야 할 것이다.

결론적으로 기존의 통설과 판례는 거래적 형태로 행해진 법인 대표자의 불법행위에만 타당한 이론이라고 할 것이고, 사실행위 형태로 행해진 불법행위에는 적용할 것이 아니라고 생각한다.

---

38) 대판 2009.2.26. 선고 2008다89712(피용자가 다른 피용자를 성추행 또는 간음하는 등 고의적인 가해행위를 한 경우, 그 행위가 피용자의 사무집행 자체는 아니라 하더라도, 피해자로 하여금 성적 굴욕감 또는 혐오감을 느끼게 하는 방법으로 업무를 수행하도록 하는 과정에서 피해자를 성추행하는 등 그 가해행위가 외형상 객관적으로 업무의 수행에 수반되거나 업무수행과 밀접한 관련 아래 이루어지는 경우뿐만 아니라, 피용자가 사용자로부터 채용, 계속고용, 승진, 근무평정과 같은 다른 근로자에 대한 고용조건을 결정할 수 있는 권한을 부여받고 있음을 이용하여 그 업무수행과 시간적, 장소적인 근접성이 인정되는 상황에서 피해자를 성추행하는 등과 같이 외형상 객관적으로 사용자의 사무집행행위와 관련된 것이라고 볼 수 있는 사안에서도 사용자책임이 성립할 수 있다), 그 외 호텔종업원의 손님에 대한 상해행위가 제756조의 사무집행에 관한 것으로 보아 사용자책임을 인정한 예(대판 2000.2.11. 선고 99다47297), 근로자 친선배구대회에서 심판판정과 관련하여 근로자들 사이에 일어난 폭행에 대해 사용자책임을 인정한 예(대판 1989.2.28. 선고 88다카8682) 참조.

(라) 위 예의 해결과 그 외 문제점

1) 위 예 (1)의 해결(대표권 남용)

가) 대표자의 행위가 대표권의 범위 내의 행위이기는 하지만, 그 행위의 목적이 법인의 이익이 아니라 자신이나 타인의 이익을 위한 경우에는 어떻게 할 것인지에 관하여 학설이 나뉜다.

대표권에는 법인을 위하여 행위를 하여야 한다는 내재적 한계가 있으므로 그 한계를 벗어나 법인 외의 사람을 위하여 하는 행위는 무권대리행위와 같이 무효이지만 제126조를 유추적용하여 상대방이 선의이고 무과실이면(정당한 사유가 있으면) 유효라고 보아야 한다는 견해(표현대리설), '법인 외의 사람의 이익을 위한다'는 의사를 가지고 '법인을 위하여' 행위를 하는 것 같이 표시하였다는 점에서 제107조의 비진의의사표시와 유사하므로 제107조로 해결해야 한다는 견해(비진의의사표시설), 이런 행위도 대표권의 범위 내의 행위로서 유효하지만 상대방이 대표자의 목적에 관하여 악의이면 신의성실의 원칙상 무효라고 하는 견해(신의칙설) 등이 있다.

나) 판례

판례 중에는 표현대리설에 선 것은 보이지 않지만, 판례가 비진의의사표시설과 신의칙설 중 어느 입장을 취하고 있는지에 대하여는 일관성을 가지고 있다고 보기는 어렵다. 즉 판례 중의 다수가 비진의의사표시설에 따르고 있지만,[39] 신의칙설에 따른 판례도 있고 신의칙설을 따르더라도 상대방이 악의인 경우에만 무효라는 것[40]과 악의 외에 중과실의 경우[41]에도 무효라는 것도 있다. 다만 신의칙설에 따른 판례는 민법상의 비영리법인과 관련한 사안에서는 보이지 않고, 영리법인인 상법상의 회사와 관련한 사안에서만 보이는 점에 특징이 있다.

---

39) 앞의 2003다34045 판결, 대판 1987.7.7. 선고 86다카1004, 대판(전합체) 2017.7.20. 선고 2014도1104 등.

40) 대판 1987.10.13. 선고 86다카1522, 대판 2016.8.24. 선고 2016다222454. 특히 앞의 86다카1522 판결은 '원심의 판단 중 (주식회사의) 대표이사가 그 권한을 남용하여 한 행위임을 거래의 상대방이 중대한 과실로 알지 못하였을 때에도 회사가 상대방에 대하여 그 행위의 효력을 부인할 수 있는 것처럼 설시한 부분은 잘못이라 하겠으나'라고 판시하여 악의인 경우에만 무효라고 명확하게 판시하고 있다.

41) 대판 2013.2.14. 선고 2011도10302.

이런 점에 비추어 보면, 적어도 비영리법인에 대해서는 판례는 비진의의사표시설에 따라 해결하고 있는 것으로 보인다.

다) 사견

생각건대 상세한 것은 뒤의 '대리'항에서 보도록 하고 개인적으로는 신의칙설이 타당한 것으로 생각한다.

라) 비진의의사표시설에 따른 해결

비진의의사표시설에 따라 위 예 (1)을 해결하면, C가 B의 대표권남용사실에 대하여 선의이고 과실이 없었다면 A는 위 대출계약의 효력에 구속되어 이행하여야 하지만, C가 악의이거나 알 수 있었을 경우에는 A는 위 대출계약의 효력을 부정할 수 있다. C에게 과실이 있어 대출계약의 효력이 부정되는 경우, C에게 경과실만 있고 중과실이 없다면 C는 A에 대하여 본조에 기한 불법행위책임을 추궁할 수 있고,[42] C에게 악의나 중과실이 있는 경우 C는 A에 대하여 본조의 불법행위책임도 추궁할 수 없지만, 무효인 위 대출계약에 기하여 지급한 대출금이 A의 대표자 B에게 지급되었다면 A를 상대로 부당이득반환청구로서 지급한 돈의 반환을 구할 수 있을 것이다.

나아가 C가 선의이고 과실이 없었던 경우, C로서는 대출계약상의 이행청구권을 행사할 수도 있고 또 본조에 기한 손해배상청구권을 행사할 수도 있는데 이 두 청구권의 관계와 관련하여 다툼이 있다.

즉 대출계약이 유효하게 되면 손해배상청구권이 성립하지 않는다고 보거나 둘 다 성립하는 경우에는 거래행위로서의 효력을 인정하여야 한다고 하여 대출계약에 기한 청구권만을 행사할 수 있다는 견해와, 손해배상청구권과 대출계약에 기한 청구권 중 어느 하나를 선택할 수 있다는 견해가 있다.

생각건대 둘 다 요건이 해당되면 선택권을 인정하는 것이 옳을 것이나 손해배상을 청구하는 경우 C측의 과실을 참작하게 되어 손해배상금액이, 대출계약에 기한 청구를 할 경우보다 줄어들 것이므로 대출계약의 유효를 주장할 수 있음에도 손해배상청구를 주장할 실익이 있는지 의문이다.

---

42) 앞의 2003다34045 판결에 의하면, 불법행위를 원인으로 한 손해배상금에 대한 지연이자율과 관련하여 대출계약이 무효이므로 대출계약상의 지연이율을 적용할 수도 없고, 또 불법행위로 인한 손해배상금이므로 상인과의 거래였다고 하더라도 상법상의 법정이율 6%가 아니라 민사상의 법정이율 5%를 적용하여야 한다고 하고 있다.

2) 위 예 (2)의 해결(법인의 인식)

위 예 (2)의 경우에는 뒤에서 보는 '이사의 대표권의 제한'항에서 보듯이 '제한사유'가 정관에 규정되고 등기까지 되어 있으면 제41조와 제60조에 의하여 A는 상대방 C에 대하여 대출계약의 무효를 주장할 수 있다. 이때 C는 악의 또는 중과실이 아니면 본조에 기하여 A에 대해 손해배상을 청구할 수 있지만, C가 악의 또는 중과실이면 A에 대해 손해배상을 청구할 수 없으므로 C는 위 무효인 대출계약에 기하여 급부한 것에 대하여 부당이득반환청구를 할 수밖에 없을 것이다.

문제는 C도 법인인 경우 누구를 기준으로 법인의 선의·악의, 과실여부를 판단하느냐이다.

원칙적으로 C의 대표자나 그 대표자의 대리인(제62조)을 기준으로 하여야 하는 것은 당연할 것이다(제59조 제2항, 제116조). 상법상의 지배인(상법 제11조 제1항)도 이에 포함된다.[43] 그리고 해당업무를 담당하는 피용자의 선의·악의나 과실은 적어도 문제된 업무와 관련하여서는 법인의 그것과 같이 보아야 할 것이다.

판례는 위 예들과 같이 법인의 외부관계에서가 아니라 법인의 내부관계, 즉 법인이 위 예 (1), (2), (3)에서 피해자에게 손해배상을 해 줌으로써 법인이 손해를 입게 된 경우 '법인이 대표자 개인을 상대로 위와 같은 손해에 대해 손해배상청구를 할 때'의 '그 손해배상청구권의 기산일'과 관련하여, 임무위반행위를 한 대표자를 기준으로 하지 않고, 다른 대표자, 임원 또는 사원이나 직원 등이 손해배상청구권을 행사할 수 있을 정도로 이를 안 때부터 기산하여야 한다고 한다.[44]

3) 위 예 (3)과 예 (4)의 해결

앞에서 본 것과 같고, 더 이상 덧붙일 것은 없다.

---

43) 대판 2005.12.23. 선고 2003다30159.

44) 대판 2012.7.12. 선고 2012다20475(불법행위로 인한 손해배상청구권의 단기소멸시효 기산점은 '손해 및 가해자를 안 날'부터 진행되며, 법인의 경우에 손해 및 가해자를 안 날은 통상 대표자가 이를 안 날을 뜻한다. 그렇지만 법인 대표자가 법인에 대하여 불법행위를 한 경우에는, 법인과 대표자의 이익은 상반되므로 법인 대표자가 그로 인한 손해배상청구권을 행사하리라고 기대하기 어려울 뿐만 아니라 일반적으로 대표권도 부인된다고 할 것이어서, 법인 대표자가 손해 및 가해자를 아는 것만으로는 부족하다. 따라서 위 경우에는 적어도 법인의 이익을 정당하게 보전할 권한을 가진 다른 대표자, 임원 또는 사원이나 직원 등이 손해배상청구권을 행사할 수 있을 정도로 이를 안 때에 비로소 단기소멸시효가 진행하고, 만약 임원 등이 법인 대표자와 공동불법행위를 한 경우에는 그 임원 등을 배제하고 단기소멸시효 기산점을 판단하여야 한다). 한편 주식회사의 경우에는 상법 제394조 제1항에 의하여 감사가 안 때부터 기산해야 할 것이다.

(3) 일반불법행위의 요건

본조는 일반불법행위 조항인 제750조의 특별조항이므로 제750조의 요건, 즉 고의 또는 과실로 인한 가해행위, 가해행위의 위법성, 손해의 발생, 가해행위와 손해 사이의 인과관계가 필요하다.

다. 효과

(1) 원칙

법인의 불법행위가 성립하면 피해자에게 손해배상책임을 진다. 손해배상액을 산정함에 있어서 피해자에게 과실이 있으면 과실상계를 하여야 한다.

(2) 기관 개인의 책임

법인의 불법행위가 성립한 경우 대표자 개인도 책임을 진다(제35조 제1항 단서). 이 규정의 성격에 관한 법인실재설과 법인의제설의 입장 차에 대해서는 앞에서 보았다.

법인의 불법행위가 성립할 때는 대표자와 법인은 부진정연대채무의 관계에 있다고 보아야 하고, 법인이 손해를 배상한 때에는 대표자에 대하여 구상할 수 있다(제65조, 제61조).

대표자는 실질적인 불법행위자이므로, 법인 대표자의 직무관련성에 대한 악의 또는 중과실로 인하여 상대방이 법인에 대하여 불법행위책임을 추궁할 수 없는 때에도 대표자는 상대방에 대하여 손해배상책임을 부담한다.

(3) 목적범위 외의 행위로 인한 불법행위의 경우(제35조 제2항)

본래 법인의 불법행위가 성립하기 위해서는 대표자의 직무와 관련된 행위여야만 하는데, 법인의 목적범위 외의 행위는 직무와 관련된 행위라고 할 수 없어 대표자의 행위라도 법인의 권리능력의 범위를 벗어난 것이므로 논리적으로 법인이 불법행위책임을 포함한 어떠한 법률적 책임도 질 수 없다고 해야 할 것이다(목적범위가 권리능력을 제한한다고 보는 견해에서는 더욱 그럴 것이다).

본조는 법인의 목적범위를 벗어난 사항의 의결에 찬성하거나 그 의결을 집행한 사원, 이사 및 기타 대표자에 대하여, 그가 법인의 대표자인 대표기관이 아니어도 연대하여 손해를 배상할 책임을 부담시키고 있다(제34조와 관련하여 보면 이때 법인은 손해배상책임을 부담하지 않는다고 해야 할 것이다). 이는 법인의 존립목적인 목적범위 내에서만 활동을 하도록 사원이나 이사 등에게 감독책임을 부담시키고, 이에 위반하면 이에 관여한 자들에게 손해를 배상시키도록 하여 피해자를 보호하려는 조항이라고 할 것이다.

Ⅳ. 법인의 기관

1. 의의

법인은 자연인과 같이 스스로 의사를 결정하고, 그 사무를 집행할 수 없으므로 법인을 대신하여 행할 의사결정기관과 의사집행기관이 필요하다.

우리 민법에 의하면 민법상 비영리사단법인에서는 그 기관으로서 필요기관인 이사와 사원총회 그리고 임의기관인 감사를 두고 있고, 재단법인에서는 그 기관으로서 이사와 감사를 두고 있다. 재단의 성질상 사원총회는 있을 수 없다.

2. 이사

가. 의의

이사는 대내적으로는 법인의 사무를 집행하고(제58조 제1항), 대외적으로 법인을 대표하는(제59조 제1항) 상설(常設)의 필수기관이다(제57조). 이사의 수와 임기에 대한 민법상의 제한은 없고(제58조 제2항) 정관에서 임의로 정할 수 있다(제40조, 제43조).

나. 이사의 임면

이사의 임면은 정관의 필요적 기재사항이다(제40조 제5호). 이사를 선임하는 행위는 법인과 이사 사이의 위임계약과 유사하여 이사와 법인 사이는 위임규정(제680조 이하)이 준용된다. 따라서 이사는 선량한 관리자의 주의의무(선관주의의무)를 다하여 법인의 사무를 처리하여야 하고(제61조), 이사로서의 직무를 포괄적으로 타인에게 위임하여서는 아니 되지만[45] 정관 또는 총회의 의결로 금지하지 아니한 사항에 한하여 타인으로 하여금 특정한 행위를 대리하게 할 수는 있다(제62조).

이사는 언제든지 사임할 수 있지만 부득이한 사유 없이 법인의 불리한 시기에 사임하면 손해배상책임을 부담한다(제689조 제1항). 사임에는 합의에 의해 사임하는 경우[46]와 이사의 일방적 의사표시에 의하여 사임하는 경우가 있다. 사임의 효력은 전자에서는 합의 시에, 후자에서는 상대방 있는 단독행위로서 사임의 의사표시가 법인에 도달한 때에 발생하고 이처럼 사임의 효력이 발생한 후에는 사임의 의사표시를 철회할 수 없다.[47]

이사의 임기가 만료되면 일단 이사와 법인 사이의 위임관계는 종료되는 것이 원칙이다. 다만 이사의 임기만료 후 후임 이사의 선임 시까지 이사가 존재하지 않게 되는 경우에는, 기관에 의하여 행위를 할 수밖에 없는 법인으로서 당장 정상적인 활동을 중단하지 않을 수 없는 상태에 처하게 된다.[48] 따라서 이런 경우에는 제691조의 규정을 유추하여 임기 만료된 구 이사로 하여금 법인의 업무를 수행케 함이 부적당하다고 인정할 만한 특별한 사정이 없고 종전의 직무를 구 이사로 하여금 처리하게 할 필요가 있으면 후임 이사가 선임될 때까지 임기 만료된 구 이사에게 이사의 직무를 수행할 수 있는 업무수행권이 인정된다. 그러나 임기 만료된 이사의 업무수행권은 급박한 사정을 해소하기 위하여 퇴임이사로 하여금 업무를 수행하게 할 필요가 있는지를 개별적·구체적으로 가려 인정할 수 있는 것이지, 퇴임이사라는 사정만으로 당연히 포괄적 권한이 부여되는 지위는 아니므로, 그 임기 만료된 이사에게 이사로서의 지위는 인정되지 아니한다.[49] 이런 긴급사무처리권은 임기가 만료되지 아니한 다른 이사들로 법인이 정상적인 활동을 할 수 있는 경우에는 인정되지 않는다.[50]

---

45) 앞의 2008다15438 판결.

46) 대판 1998.4.28. 선고 98다8615(주식회사와 이사의 관계는 위임에 관한 규정이 준용되므로, 이사는 언제든지 사임할 수 있고 사임의 의사표시가 대표이사에게 도달하면 그 효과가 발생하나, 대표이사에게 사표의 처리를 일임한 경우에는 사임 의사표시의 효과 발생 여부를 대표이사의 의사에 따르도록 한 것이므로 대표이사가 사표를 수리함으로써 사임의 효과가 생긴다).

47) 대판 2006.6.15. 선고 2004다10909.

48) 이사가 1명뿐이라든지, 퇴임한 이사를 제외하면 다른 이사들로서는 의사정족수나 의결정족수에 미달하는 경우 등.

49) 대판 1996.12.10. 선고 96다37206.

50) 대결 2014.1.17.자 2013마1801.

이런 권한은 이사의 임기만료가 아니라 이사의 사임의 경우에도 인정해도 좋을 것이나, 이사가 배임 등 임무위반으로 해임된 경우 그런 이사에게는 이런 권한을 인정할 수는 없을 것이다.

다. 직무권한

이사는 선량한 관리자의 주의의무로서 직무를 수행하여야 하고, 그 임무를 해태한 때에는 법인에 대하여 연대하여 채무불이행으로 인한 손해배상의 책임이 있다(제65조).

(1) 대외적 권한(대표권)

(가) 원칙

이사는 대외적으로 법인을 대표하므로 다른 제한이 없는 한 법인의 권리능력 내에서 모든 행위를 할 수 있는 포괄적인 대표권을 가진다. 이사가 여러 명이 있는 경우에는 특별한 제한이 없으면 각자가 대표권을 가진다(제59조 제2항, 제119조).

법인의 대표에 관하여는 대리의 규정이 적용되므로(제59조 제2항) 대표기관으로서 행위를 함에는 법인을 위한 것임을 표시하여 하여야 하고(제115조), 무권대리나 표현대리에 관한 규정이 적용된다.

판례에 의하면, 사단법인의 정관에서 이사 중 회장으로 불리는 이사에게만 대표권을 부여하고 있던 중 회장이 사임한 경우 다른 이사에게 대표권이 있는지와 관련하여 '정관에서 법인을 대표하는 이사인 회장과 대표권이 없는 일반 이사를 명백히 분리함으로써 법인의 대표권이 회장에게만 전속되도록 정하고 회장을 법인의 회원으로 이루어진 총회에서 투표로 직접 선출하도록 정한 경우 일반 이사들에게는 처음부터 법인의 대표권이 전혀 주어져 있지 않기 때문에 회장이 궐위된 경우에도 일반 이사가 법인을 대표할 권한을 가진다고 할 수 없다'고 한다.[51]

(나) 대표권의 제한

대표권은 원칙적으로 제한되지 않으나, 일정한 경우 제한할 수 있다. 대표권이

51) 대판 2003.3.14. 선고 2001다7599. 위 판례는 사임한 회장이 제691조의 유추적용에 의해 긴급사무처리권을 행사할 수 있지만 긴급사무처리권의 범위는 보충적인 범위 내에서 인정되므로 사단법인 소유의 업무용 기본재산을 처분하는 행위는 그 범위에 포함되지 않는다고 판시한다.

제한되는 경우로는 정관에 의한 제한(제41조, 제59조 제1항 단서), 사원총회에 의한 제한(제59조 제1항 단서), 이익상반의 경우를 들 수 있다.

1) 정관에 의한 제한

대표권에 대한 제한은 정관에 기재되어야 효력이 있다(제41조). 법인은 목적범위 내에서만 권리주체가 되고(제34조), 그 목적은 정관의 필요적 기재사항(제40조 제1호)이므로 이사의 대표권이 정관에 의해 제한되는 것은 당연하다(위 예 3-6 참조). 그러나 이런 제한은 정관에 기재된 것만으로는 이사와 거래한 상대방[52]에 대하여 대표권의 제한으로 대항할 수 없고, 법인등기부에 등기되어야 대항할 수 있다(제60조).

따라서 법인등기부에 대표권의 제한이 등기되어 있다면 상대방이 실제로 그 제한사실을 알았든 몰랐든, 법인은 대표권의 제한을 주장하여 법인 대표자가 한 계약 등의 법률행위가 무효임을 주장할 수 있다.

문제는 정관에 의해 대표권이 제한되어 있지만 그 제한사항이 등기되지는 않은 상태에서 법인의 대표자와 거래한 상대방이 정관에 의한 제한사실을 알고 있었던 경우, 법인이 이런 악의의 상대방에 대하여 정관상의 대표권의 제한을 주장할 수 있는지 여부다.

악의의 상대방에 대하여는 대표권의 제한으로 대항할 수 있다는 견해와 대항할 수 없다는 견해로 나뉘는데, 제60조가 제3자의 선의·악의를 구분하고 있지 않고[53] 또 등기가 대항요건인 점(제54조 제1항)[54]을 감안하면 대항할 수 없다는 견해가 타당하다고 할 것이다. 판례도 같은 견해이다.[55]

2) 사원총회의 결의에 의한 제한

제59조 제1항 단서의 해석과 관련하여 사원총회의 결의에 의하여 대표자인 이

---

52) 제60조는 이런 사람을 제3자라고 표현하고 있지만, 정확히는 법인의 대표자와 거래한 상대방이라고 표현하여야 할 것이다. 따라서 여기서의 제3자라는 표현은 뒤에서 볼 의사표시에서의 '선의의 제3자'라고 할 때의 제3자와는 다른 의미임을 주의하여야 한다.

53) 민법과 달리 상법의 경우에는 대표권의 제한과 관련하여 '선의'의 제3자에게 대항할 수 없다고 규정하고 있다(상법 제86조의8 제2항, 제209조 제2항, 제389조, 제567조).

54) 대항요건이란 어떤 사실을 등기부에 등기하여 공시하지 않으면 그 사실의 존재와 효력을 제3자에게 주장할 수 없다는 것을 뜻한다. 물권법에서의 부동산물권변동과 관련한 대항요건주의와 부동산 이중양도의 법리를 참고할 것.

55) 대판 1992.2.14. 선고 91다24564.

사의 대표권을 제한할 수 있는지 여부가 다투어진다.

이에 대해서는 규정의 문면에 비추어 제한할 수 있다는 견해와, 정관으로 대표권을 제한할 때는 제42조 제1항에 의하여 총사원의 2/3가 찬성해야 하는데 본조에 의해 사원총회의 결의로 대표권의 제한을 할 때에는 참석사원의 과반수(제75조 제1항)의 찬성으로 가능하게 되어 균형이 맞지 않다는 점을 들어 사원총회의 의결로 제한할 수 없다는 견해가 있다.

생각건대, 사단법인은 대표권의 제한에 관하여 사원들이 자유롭게 결정할 수 있는 자유가 있고, 사원총회가 사단법인의 최고(最高)의 기관인 점을 고려하면 제한할 수 있다고 할 것이다.

이와 같은 논의는 사단법인에만 적용되고 사원이 없는 재단법인에는 적용되지 않는다.

3) 이익상반(利益相反)의 경우

법인의 이익과 이사의 이익이 상충되는 사항에 관하여는 이사에게 대표권이 없고, 이때에는 이해관계인(당해 이사도 포함) 또는 검사의 청구에 의하여 법원이 선임한 특별대리인이 법인을 대표한다(제64조).[56] 이해가 상반되는 이사 외에 다른 이사가 있으면 그 이사가 법인을 대리하면 되므로 특별대리인을 선임할 필요가 없다는 것이 통설이다.

이사가 이에 위반한 경우 그 행위는 무효로서 법인에 대하여 효력이 없다.

(2) 대내적 권한

이사는 대내적으로 법인의 모든 사무를 집행하고, 이사가 여러 명인 경우 대외적인 대표권행사와 달리, 정관의 다른 규정이 없으면 이사의 과반수로써 결정한다(제58조 제2항).

대내적 업무로서는 재산목록 및 사원명부의 작성 및 비치(제55조), 사원총회의 소집(제69조, 제70조), 사원총회의 의사록 작성(제76조) 등이 있다.

라. 이사회

이사회란 법인의 사무를 집행하기 위하여 이사 전원으로 구성되는 의결기관으

56) 이런 취지의 규정은 친권자와 자 사이에도 존재한다(제921조 참조).

로 민법상 필요적 기관은 아니지만,[57] 정관에서 필요기관으로 정할 수 있다.

참고로 판례는 이사회 소집권을 가지고 있는 이사가 이사회소집을 거절하면 다른 이사는 법원의 허가를 받지 않더라도 이사회를 소집할 수 있다고 하고(제70조 제3항과 비교요),[58] 또 이사회결의무효판결은 소송의 당사자 사이에서만 발생하는 것이지 대세적 효력이 없다고 한다.[59]

마. 임시이사

이사가 없거나 결원이 있는 경우 이로 인하여 손해가 생길 염려가 있는 때에는 법원은 이해관계인이나 검사의 청구에 의하여 임시이사를 선임하여야 한다(제63조).

'이사가 없거나 결원이 있는 경우'라 함은 이사가 전혀 없거나 있더라도 정관에서 정한 인원수에 부족이 있는 경우를 말하고, '손해가 생길 염려가 있는 때'란 통상의 이사 선임절차에 따라 이사가 선임되기를 기다리면 법인이나 제3자에게 손해가 생길 우려가 있는 것을 의미하며, '이해관계인'이라 함은 임시이사가 선임되는 것에 관하여 법률상의 이해관계가 있는 자로서 그 법인의 다른 이사, 사원 및 채권자 등을 포함한다.[60] 임시이사는 이사가 선임될 때까지는 원칙적으로 이사와 동일한 권한을 가지는 것이 원칙이다.[61]

판례는 임시이사로 선임될 자와 관련하여, '종교단체인 경우에는 헌법상 보장되는 종교의 자유와 관련하여 원칙적으로 당해 종교단체의 신도 중에서 임시이사

---

57) 상법상의 주식회사에서는 이사회가 필요기관이고(상법 제390조), 「공익법인의 설립·운용에 관한 법률」에 기한 공익법인도 이사회가 필요기관이다(동법 제6조).

58) 대판 2017.12.1.자 2017그661.

59) 대판 2000.1.28. 선고 98다26187.

60) 대결(전합체) 2009.11.19.자 2008마699.

61) 대판 1963.3.21. 선고 62다800(민법 제63조에 의하여 법원이 선임한 임시이사는 특히 법원의 결정에 의하여 그 권한에 제한이 없는 이상 일반 이사와 동일한 결의권이 있다). 이는 민법상의 법인에 관하여 선임되는 임시이사에 관한 것이다. 주의할 것은 비영리법인 중 특별법에 의해 행정기관이 선임하는 임시이사의 권한은 각 특별법에 따라 다르다는 점이다. 판례에 의하면 「사회복지사업법」상 시·도지사가 선임하는 임시이사(제22조의3)는 사회복지법인의 정식이사를 선임하는 등 정식이사가 할 수 있는 권한을 행사할 수 있지만(대판 2013.6.13. 선고 2012다40332), 「사립학교법」상 관할청(교육인적자원부장관)이 선임하는 임시이사는 사립학교라는 재단법인의 자주성을 보장하여야 할 특수성이 있음을 이유로 학교운영에 관하여는 정식이사와 동일한 권한을 가지지만 정식이사를 선임할 수 있는 권한은 없다고 한다(대판(전합체) 2007.5.17. 선고 2006다19054).

를 선임하여야 하고, 중립적인 지위에서 종단의 대표자 업무를 적정하게 수행할 수 있는 적임자를 도저히 찾을 수 없는 예외적 사정이 존재하는 경우에 한하여 신도 아닌 사람도 임시이사로 선임할 수 있으나, 이 경우에도 그 직무범위나 권한을 비종교적 영역 내에서 선임의 필요성에 상응한 최소한의 범위로 제한함으로써, 종단의 정체성을 보존하고 그 자율적 운영에 대한 제약도 최소화될 수 있도록 하여야 한다'고 한다.[62]

임시이사는 정식이사가 선임되면 당연히 그 권한이 소멸한다는 것이 통설이나, 법원에 의해 선임된 임시이사는, 아래 직무대행자에서 보는 것처럼 법원에 의하여 선임이 취소되기 전까지는 임시이사로서의 권한을 가지고 있다고 보아야 할 것이다.

바. 특별대리인

특별대리인에 대해서는 이사의 대표권의 제한에서 보았다. 다만 특별대리인의 권한은 일반적인 이사와 같이 포괄적인 것이 아니고, 이익이 상반되는 사항에 한하여 대표권을 가지는 점에서 다르다. 이런 특별대리인은 그 사항을 처리함으로써 그 권한은 소멸한다고 보아야 할 것이다.

사. 직무대행자

이사의 선임에 흠결이 있거나 이사의 사임, 해임, 임기만료 등의 사유로 법인의 직무를 수행하기 곤란한 경우, 선임에 흠결이 있는 이사의 직무집행을 정지하거나 직무의 집행을 대행할 대행자를 이해관계인의 신청에 의하여 법원이 가처분으로 선임할 수 있다(제52조의2, 제60조의2). 이런 직무대행자는 가처분명령에서 따로 정함이 없는 한 법인의 통상사무에 속하는 행위만 할 수 있고, 법원의 허가가 있으면 통상사무가 아닌 행위도 할 수 있다(제60조의2 제1항).[63] 직무대행자가 위 규정에 위반하여 그에 속한 범위 외의 행위를 한 경우 법인은 선의의 제3자에 대하여 책임을 진다(제60조의2 제2항).

직무대행자는 법원에 의해 선임이 취소되기 전에는 후임 이사가 정식으로 선임

62) 대결(전합체) 2009.11.19.자 2008마699.

63) 대판 2006.1.26. 선고 2003다36225.

되더라도 권한은 당연히 소멸되지 않는다.[64)]

3. 감사

가. 의의

감사는 이사의 직무집행을 감독하는 기관으로, 정관 또는 사원총회의 결의로 둘 수도 있는 임의기관이다(제66조).

감사의 선임방법, 자격, 수, 임기 등은 정관 또는 총회의 의결로 정해진다.

나. 직무권한

감사의 직무에 관하여는 제67조에서 규정하고 있다. 제67조에 기재되지 아니한 사항도 직무상 필요하면 조사할 수 있다.

감사와 법인과의 관계도 위임에 관한 조항이 적용되고, 감사는 선관주의의무를 부담한다.

4. 사원총회

가. 의의

사원총회는 사원 전원으로 구성되는 사단법인의 최고(最高) 의사결정기관으로 정관에 의하더라도 두지 않거나 폐지할 수 없는 필요기관이다.

재단법인에는 사원이 없으므로 사원총회라는 기관은 있을 수 없다.

나. 사원총회의 종류

사원총회는 매년 1회 이상 정기적으로 소집되는 통상총회(제69조)와 필요할 때

---

64) 대판 2010.12.23. 선고 2010도13584(법인인 재건축조합의 대표자의 직무대행자가 선임된 상태에서 피대행자의 후임자가 적법하게 소집된 총회의 결의에 따라 새로 선출되었다 해도 그 직무대행자의 권한은 위 총회의 결의에 의하여 당연히 소멸하는 것은 아니므로 사정변경 등을 이유로 가처분결정이 취소되지 않는 한 직무대행자만이 적법하게 위 법인 등을 대표할 수 있고, 총회에서 선임된 후임자는 그 선임결의의 적법 여부에 관계없이 대표권을 가지지 못한다).

임시로 소집되는 임시총회(제70조 제1항)가 있다.

임시총회는 이사 또는 감사가 필요하다고 인정하는 때(제70조 제1항, 67조 제4호) 또는 총 사원 1/5 이상 또는 정관에서 정한 수의 총사원이 회의의 목적사항을 제시하여 청구하는 때(제70조 제2항)에 소집할 수 있다. 소수사원의 임시총회 소집에 이사가 응하지 않는 경우에는 법원의 허가를 얻어 소집할 수 있고(제70조 제3항), 이런 소수사원의 임시총회 소집권은 사원권의 본질적인 것이므로 정관이나 총회 의결로 박탈할 수 없다.

다. 소집절차

(1) 소집권자

총회는 이사나 소수사원 등의 적법한 소집권자가 소집하여야 하고, 소집일로부터 1주간 전에 그 회의의 목적사항을 기재한 통지나 기타 정관에서 정한 방법에 따라 하여야 한다(제71조).

따라서 소집권한이 없는 자에 의해 개최된 총회에서 한 결의는 무효이다. 다만 판례는 '총회의 소집권자인 공동대표 중의 1인이 나머지 공동대표자와 공동하지 않은 채 단독으로 총회를 소집하였다 하더라도 특단의 사정이 없는 한 소집권자에 의한 소집이 아니라는 점을 들어 그 총회의 결의가 부존재라거나 무효라고 할 정도의 중대한 하자라고 볼 수는 없으므로 단독 소집된 총회에서의 결의가 무효라고 단정할 수 없다'고 하고,[65] '소집권한 없는 자에 의한 총회소집이라고 하더라도 소집권자가 소집에 동의하여 그로 하여금 소집하게 한 것이라면 그와 같은 총회소집을 권한 없는 자의 소집이라고 볼 수 없으나, 소집권한 없는 자에 의한 총회에 소집권자가 참석하여 총회소집이나 대표자선임에 관하여 이의를 하지 아니하였다고 하여 이것만 가지고 총회가 소집권자의 동의에 의하여 소집된 것이라거나 그 총회의 소집절차상의 하자가 치유되어 적법하게 된다고는 할 수 없다'고 한다.[66]

(2) 소집공고

소집일로부터 1주간 전에 회의의 목적사항을 기재한 통지를 발하거나 정관에서

---

65) 대판 1999.6.25. 선고 99다10363.

66) 대판 1994.1.11. 선고 92다40402.

정한 방법에 따라 발하여야 한다.

판례는 '총회개최에 일정의 유예기간을 두고 소집통지를 하도록 규정한 취지는 그 구성원의 토의권과 의결권의 행사를 보장하기 위한 것이므로 회원에 대한 소집통지가 단순히 법정기한을 1일이나 2일 지연하였을 뿐이고 회원들이 사전에 회의의 목적사항을 알고 있는 등의 사정이 있었다면 회원의 토의권 및 결의권의 적정한 행사는 방해되지 아니한 것이므로 이러한 경우에는 그 총회결의는 유효하다'고 하고,[67] 또 종중결의와 관련하여 회의의 목적사항을 기재하도록 하는 취지에 대하여 '종중원이 결의를 할 사항이 사전에 무엇인가를 알아 회의에의 참석여부나 결의사항에 대한 찬반의사를 미리 준비하게 하는 데 있으므로 회의의 목적사항은 종중원이 의안이 무엇인가를 알기에 족한 정도로 구체적으로 기재하면 족하고, 법원의 소집허가에 의하여 개최된 종중임시총회에서는 법원의 소집허가 결정 및 소집통지서에 기재된 회의목적사항과 이에 관련된 사항에 관하여 결의할 수 있으며, 정관 규정에 따른 소수의 대의원이 법원의 허가를 받아 임시총회를 소집한 경우 종중의 기관으로서 소집하는 것으로 보아야 할 것이고 종중의 대표자라도 위 소수의 대의원이 법원의 허가를 받아 소집한 임시총회의 기일과 같은 기일에 다른 임시총회를 소집할 권한은 없게 된다고 보아야 한다'고 한다.[68]

(3) 권한

정관으로 이사 또는 기타 임원에게 위임한 사항을 제외한 나머지 사항은 모두 사원총회의 결의에 의하여 결정된다(제68조). 정관의 변경(제42조)과 임의해산(제77조 제2항)은 반드시 사원총회의 결의로 결정해야 하므로 이사나 기타 임원에게 위임할 수 없다.

---

67) 앞의 99다10363 판결.

68) 대판 1993.10.12. 선고 92다50799(종중임시총회의 소집목적이 종중 소유의 종산을 매도한 대금의 부정지출에 관련된 관련자들에 대한 책임추궁 및 변상조치사항이고 이에 기한 소집통지서의 부의안건도 위 사항 및 기타 총회에서 발의되는 사항이었는데 위 임시총회에서 종산 매도대금 부정지출 안건을 논의하다가 일부 대의원의 발의에 의하여 종중원 집행부 임원 전원이 종산 매도대금 부정지출에 책임이 있다고 보아 집행부 임원 전원을 불신임하여 해임하고 그 후임자를 선임하는 내용의 이 사건 결의를 하였다면, 이 사건 결의 중 위 해임결의는 회의목적인 종산 매도대금 부정지출의 관련자에 대한 책임추궁의 일환으로 이루어진 것이므로 회의의 목적사항이 아닌 사항에 관하여 결의하였다고 볼 수 없고, 또 위 종중의 집행부 임원을 해임하는 결의를 하였다면 그 후임자를 선임하는 결의는 집행부의 공백을 피하기 위하여 불가피한 것이어서 회의의 목적사항과 관련이 있다고 볼 것이다), 이 판결은 비법인사단인 종중에 관한 것이나, 법인에 대해서도 동일한 법리가 적용될 수 있을 것이다.

정관으로 이사나 기타 임원에게 위임한 사항이라고 하더라도 최고 의사결정기관인 사원총회는 정관을 사원총회가 결정할 수 있도록 변경한 후 그 사항에 관하여 결정할 수 있다고 할 것이다.[69] 그러나 사원총회의 결의내용이 강행법규에 위반되거나 반사회적 내용(제103조)인 경우에는 무효라고 보아야 하므로, 소수사원권이나 사원의 결의권과 같은 사원의 고유권을 사원총회의 결의로 박탈하는 결의를 하더라도 그 결의는 강행법규에 위반되거나 반사회적인 것이므로 그 효력이 없다.[70]

(4) 결의방법

사원총회의 결의는 본법 또는 정관에 다른 규정이 없으면 사원 과반수의 출석과 출석사원의 결의권의 과반수로써 정하고, 그 결의권은 서면으로 행사하거나 대리인에 의하여 행사할 수도 있다(제73조). 그러나 정관변경에 관하여는 정관에 다른 규정이 없으면 총 사원의 2/3 이상(제42조 제1항), 임의해산에 관하여는 총 사원의 3/4 이상(제78조)의 동의가 있어야 한다.

각 사원은 원칙적으로 평등한 결의권을 가지지만, 정관으로 달리 정할 수 있다(제73조 제1항, 제3항). 그러나 앞서 본 것처럼 결의권 자체를 박탈할 수는 없다.

사단법인과 어느 사원과의 관계에 관한 사항을 의결하는 경우 그 사원에게는 결의권이 없다(제74조). 판례는, 여기서 '결의권이 없다'는 의미와 관련하여, 그 의미는 "'해당 사원은 사원총회에서 의결권을 행사할 수는 없다'는 의미로 결의 성

---

69) 대판 2014.8.26. 선고 2012두6063(「노동조합 및 노동관계조정법」(이하 '노동조합법'이라 한다) 제16조 제1항, 제2항, 제17조 제1항에 따라 노동조합이 규약에서 총회와는 별도로 총회에 갈음할 대의원회를 두고 총회의 의결사항과 대의원회의 의결사항을 명확히 구분하여 정하고 있는 경우, 특별한 사정이 없는 이상 총회가 대의원회의 의결사항으로 정해진 사항을 곧바로 의결하는 것은 규약에 반한다. 다만 규약의 제정은 총회의 의결사항으로서(「노동조합법」 제16조 제1항 제1호) 규약의 제·개정권한은 조합원 전원으로 구성되는 총회의 근원적·본질적 권한이라는 점, 대의원회는 규약에 의하여 비로소 설립되는 것으로서(「노동조합법」 제17조 제1항) 대의원회의 존재와 권한은 총회의 규약에 관한 결의로부터 유래된다는 점 등에 비추어 볼 때, 총회가 규약의 제·개정결의를 통하여 총회에 갈음할 대의원회를 두고 '규약의 개정에 관한 사항'을 대의원회의 의결사항으로 정한 경우라도 이로써 총회의 규약개정권한이 소멸된다고 볼 수 없고, 총회는 여전히 「노동조합법」 제16조 제2항 단서에 정해진 재적조합원 과반수의 출석과 출석조합원 3분의 2 이상의 찬성으로 '규약의 개정에 관한 사항'을 의결할 수 있다).

70) 대판 2006.10.26. 선고 2004다47024(비법인사단인 종중의 구성원인 종원에 대하여 10년 내지 20년간 종원의 자격(각종 회의에의 참석권·발언권·의결권·피선거권·선거권)을 정지시킨다는 내용의 처분을 한 것은 종원이 가지는 고유하고 기본적인 권리의 본질적인 내용을 침해하므로 그 효력을 인정할 수 없다).

립에 필요한 '의결정족수 산정의 기초가 되는 사원의 수'에 산입되지 않는다는 것이지 '의사정족수 산정의 기초가 되는 사원의 수'에는 포함된다고 보아야 하므로 의결권이 없는 해당 사원이 그 결의를 한 회의에 참가하였다는 사정만으로 그 결의가 위법하여 무효라고 할 것은 아니고, 또한 의결권이 제한되는 사원이라 하여 다른 사원들의 의결권을 위임받아 행사하는 것까지 제한된다고 볼 근거는 없다"고 한다.[71)]

5. 사원권

사원권이란 사단법인의 사원이라는 지위에 기하여 사단법인에 대하여 가지는 권리와 의무를 의미한다.

사원권은 공익권(共益權)과 자익권(自益權)으로 나누는데, 전자는 사단법인의 관리 운영에 참가할 수 있는 권리(결의권, 소수사원권, 업무집행권 등)를 말하고, 후자는 사원 자신의 이익을 누리는 것을 내용으로 하는 권리(비영리법인에서는 시설이용권, 영리법인에서는 이익배당청구권 등)를 말한다.

영리적 성격이 강한 영리법인의 사원권은 양도나 상속이 가능하다. 그러나 비영리법인의 사원권은 원칙적으로 양도 또는 상속의 대상이 되지 않는다(제56조). 다만 비영리법인에서도 정관으로 양도 또는 상속을 인정하는 것은 가능하다.[72)]

V. 정관변경

1. 의의

정관변경이란 법인이 동일성을 유지하면서 그 조직을 변경하는 것을 말한다. 정관변경이 가능한 범위는 사단법인과 재단법인에서 차이가 있다. 사단법인은 구성원인 사원들이 협의하여 자율적으로 변경할 수 있지만, 재단법인에서는 구성원이 없고 최초 설립자의 의사만이 있으므로 정관의 변경이 자유롭지 못하다.

---

71) 대판 2012.8.30. 선고 2012다38216. 이 판결은 비법인사단인 종중과 종원 사이의 관계에 관하여 판시한 것이나, 그 판시내용은 법인에게도 타당할 것이다.

72) 대판 1992.4.14. 선고 91다26850(제56조가 강행법규가 아니라는 이유를 들고 있다).

2. 사단법인의 정관변경

가. 변경의 요건

사단법인의 정관변경은 총 사원의 2/3 이상의 사원총회의 동의 외에 주무관청의 허가가 있어야 한다(제42조). 정관변경사항이 등기사항이면 그 변경사항을 등기하지 않으면 제3자에 대하여 대항할 수 없다(제54조).

나. 변경의 한계

정관에서 정관의 일부 내용에 관하여 '그 내용을 변경하지 못한다'고 규정하고 있는 경우, 총 사원의 동의를 얻으면 이런 정관내용도 변경할 수 있다고 하는 것이 통설이다. 그러나 총 사원의 동의라기보다는 정관변경에 필요한 '총 사원의 2/3 이상'의 동의를 얻어(정관에서 정관변경에 필요한 수를 정하여 두었으면 그에 따라야 할 것이다) '정관의 내용을 변경하지 못한다'는 내용의 정관 조항을 변경하고, 그 내용과 다른 내용으로 정관을 변경하는 결의를 하면 그 정관을 변경할 수 있다고 보아야 할 것으로 생각한다.

정관의 목적도 변경할 수 있지만 비영리법인을 영리법인으로 변경하는 것은 법인의 동일성을 해치는 것이어서 정관변경으로는 할 수 없고, 비영리법인을 해산한 후 영리법인을 다시 설립하는 방법을 취하여야 할 것이다.

사단의 본질에 반하거나 강행법규에 위반되거나 또는 반사회적 내용(제103조)으로 정관을 변경하는 것은 허용될 수 없다.

3. 재단법인의 정관변경

가. 원칙

재단법인에서는 재산을 출연하는 설립자의 의사를 존중하여야 하므로 그 설립목적이 기재된 정관을 변경할 수 없는 것이 원칙이다. 그러나 설립자가 설립목적을 기재한 정관 자체에서 정관의 변경방법을 정하고 있는 경우(제45조 제1항) 등 아래와 같은 예외적인 경우에는 정관을 변경할 수 있다.

나. 예외

(1) 정관에서 그 변경방법을 정하고 있는 경우

정관에서 정관의 변경방법을 정하고 있는 경우에는 그에 따라 변경할 수 있는 것은 당연하다.

(2) 재단법인의 명칭이나 소재지 변경의 경우

정관에서 정관의 변경방법을 정하고 있지 않더라도 재단법인의 목적달성 또는 그 재산의 보전을 위하여 적당한 때에는 재단법인의 명칭이나 사무소의 소재지를 변경할 수 있다(제45조 제2항). 이는 사소한 부분의 변경으로 설립자의 설립목적에 어긋나지 않고, 또 제44조에서 '재단법인의 설립자가 그 명칭, 사무소 소재지 또는 이사임면의 방법을 정하지 아니하고 사망한 때에는 이해관계인 또는 검사의 청구에 의하여 법원이 이를 정한다'고 정한 취지를 살리기 위한 것이다. 이때에도 주무관청의 허가와 등기는 필요하다.

(3) 재단법인의 목적을 달성할 수 없는 경우

재단법인의 목적을 달성할 수 없는 때에는 설립자나 이사는 주무관청의 허가를 얻어 설립의 취지를 참작하여 그 목적 기타 정관의 규정을 변경할 수 있다(제46조).

재단법인의 목적을 달성할 수 없게 된 경우 그 목적을 변경할 수 없다고 하면 재단법인을 해산하여야 하는데, 해산하는 것이 설립자의 의도나 목적에 맞지 않는다면 그 목적을 변경하여 존속하는 것이 오히려 설립자의 의도나 목적을 살리는 것이고 사회경제적인 관점에서도 바람직스럽다. 이때 '설립의 취지를 참작'하라는 의미는 설립자가 법인설립당시의 목적이 이미 실현되었거나 또는 목적실현이 불가능하게 되었더라면 어떤 다른 목적을 실현하기 위해 출연하였을 것인가라는 점을 고려하라는 의미라고 할 수 있다. 이 규정은 재단법인이 그 정관에 정관의 변경방법에 관한 규정을 두었는지 여부와 관계없이 변경할 수 있다.[73)]

나아가 판례는 민법 제45조와 제46조에서 말하는 재단법인의 정관변경 '허가'와 관련하여, '법률상의 표현이 허가로 되어 있기는 하나, 그 성질에 있어 법률행

73) 대판 1978.3.28. 선고 75다1299.

위의 효력을 보충해 주는 것이지 일반적 금지를 해제하는 것이 아니므로, 그 법적 성격은 인가라고 보아야 한다'고 판시한다.[74] 비영리법인을 설립할 때는 주무관청의 '허가'가 필요하지만(제32조), 제45조 제1항의 경우에는 이미 허가를 받은 재단법인의 정관에 따라서 정관을 변경하는 것이므로 엄격한 허가를 요할 필요는 없을 것이고, 제45조 제2항의 정관변경은 사소한 것이며, 제46조에 의한 정관변경은 재단설립시에 이미 주무관청의 허가를 받은 상태인 점을 감안하여 이미 설립된 재단법인의 정관변경에 있어서는 새로운 비영리법인을 설립하는 것만큼 엄격히 제한하지는 않는다는 것을 의미한다고 할 것이다.

(4) 기본재산의 처분 및 증감

재단법인의 '자산에 관한 사항'은 재단법인의 정관 기재사항이므로(제43조, 제40조 제4호) 정관에 기재된 기본재산의 변경은 정관의 변경을 초래하여 주무관청의 허가를 얻어야 한다. 따라서 기존의 기본재산을 처분하는 행위는 물론 새로이 기본재산으로 편입하는 행위도 주무장관의 허가가 있어야 유효하다.[75]

판례는 재단법인의 기본재산을 주무관청의 허가 없이 처분한 경우는 물권계약으로서 무효일 뿐 아니라 채권계약으로서도 무효로 보고 있다.[76] 또 재단법인의 기본재산에 대한 강제경매의 실시의 경우 주무관청의 허가는 경락인의 소유권취득에 관한 요건이므로 매각허가결정시까지 제출하여야 하지만, 민법상 재단법인의 기본재산에 관한 저당권 설정행위는 특별한 사정이 없는 한 정관의 기재사항을 변경하여야 하는 경우에 해당하지 않으므로, 그에 관하여는 주무관청의 허가를 얻을 필요가 없다고 한다.[77]

---

74) 대판(전합체) 1996.5.16. 선고 95누4810.

75) 대판 1982.9.28. 선고 82다카499.

76) 대판 1974.6.11. 선고 73다1975는 허가 없이 재단법인의 기본재산인 부동산을 처분하는 (교환) 계약은 채권계약으로서도 무효이므로 이행불능을 이유로 손해배상을 청구할 수는 없다고 한다.

77) 대판 2018.7.20. 선고 2017마1565.

Ⅵ. 법인의 소멸

1. 의의

법인의 소멸이란 법인이 권리능력을 상실하는 것을 말한다. 법인은 자연인과 같이 한순간에 권리능력을 잃는 것은 아니고 법인의 해산사유의 발생에 따라 해산하고, 그 해산 후의 재산관계를 정리하는 청산절차를 거쳐 청산종결의 등기를 마침으로써 비로소 법인격이 소멸한다. 즉 법인은 해산에서부터 청산절차를 거치는 과정에서 그 권리능력의 범위가 서서히 축소되는 과정을 거치고 이런 모든 절차를 마치면 권리능력이 소멸하는 것이다.

그러나 청산종결의 등기가 경료되었다고 하더라도 청산사무가 종결되지 않는 한 그 범위 내에서는 청산법인으로서 권리능력이 존속한다.[78)]

2. 법인의 해산

가. 해산의 개념

법인이 본래의 목적달성을 위한 활동을 그치고 청산단계로 들어가는 것을 말한다.

나. 해산사유

(1) 사단법인과 재단법인에 공통되는 사유(제77조 제1항)

(가) 존립기간의 만료

(나) 법인의 목적의 달성 또는 달성의 불능

위 경우에 해당되는 경우이더라도 예외적으로 사단법인의 경우 정관상의 목적을 정관변경절차를 거쳐 변경하면 해산하지 않을 수 있다(제42조). 재단법인의 경우 그 목적을 달성할 수 없는 때는 설립자나 이사가 주무관청의 허가를 얻어 목적을 변경하면(제46조) 해산하지 않을 수 있다.

---

78) 대판 1997.4.22. 선고 97다3408.

(다) 그 외 기타 정관에 정한 해산사유의 발생

(라) 파산

법인이 채무를 완제하지 못하게 된 때, 즉 파산상태에 빠진 때는 이사는 지체 없이 파산신청을 하여야 한다(제79조). 채권자도 파산신청을 할 수 있다(「채무자 회생 및 파산에 관한 법률」 제294조).

(마) 설립허가의 취소

법인이 목적 이외의 사업을 하거나 설립허가의 조건에 위반하거나 기타 공익을 해하는 행위를 한 때에는 주무관청은 그 허가를 취소할 수 있다(제38조).

(2) 사단법인에 특유한 해산사유(제77조 제2항)

(가) 사원이 없게 된 때

사원이 1인도 없게 된 경우를 말한다. 사원이 1인이라도 있으면 새로운 사원을 가입시켜 보충할 수 있기 때문에 사원이 1인으로 된 경우는 해산사유가 아니다.

(나) 총회의 결의

사원총회의 결의에 의하여 해산하는 경우를 임의해산이라고 한다. 결의에는 정관에 다른 규정이 없으면 총 사원 3/4 이상의 동의가 필요하다(제78조).

3. 법인의 청산

가. 의의

법인의 청산이란 해산한 법인의 잔무를 처리하여 재산관계를 정리함으로써 권리능력을 완전히 소멸시키는 절차를 말한다. 이 경우 민법 소정의 청산절차를 따르지만, 파산으로 해산한 경우에는 「채무자 회생 및 파산에 관한 법률」에 따라 이루어진다.

청산에 관한 규정은 법인의 채권자와 채무자에게 큰 영향을 미치므로 강행규정이다.[79)]

나. 청산법인의 능력

청산법인은 해산 전의 법인과 동일성을 가지고, 그 권리능력의 범위는 '정관상

---

79) 대판 1980.4.8. 선고 79다2036.

의 목적범위 내'가 아니고 '청산의 목적 범위 내'로 축소된다(제81조). '청산의 목적 범위 내'의 해석에 있어서도 제34조의 '정관상의 목적범위 내'의 해석과 동일하게 보아야 할 것이다(제87조 제2항).

다. 청산법인의 기관

법인이 해산하면 청산인이 대내적으로 청산법인의 사무를 집행하고 대외적으로 청산법인을 대표한다. 즉 청산인이 법인 해산 전의 이사와 같은 지위에 서는 것이므로 이사에 관한 규정은 청산인에 준용된다(제96조).

청산인은 원칙적으로 해산한 때의 이사가 되지만, 정관 또는 총회의 의결로 달리 정할 수 있고 파산의 경우에는 파산관재인이 대표하게 된다(제82조). 이사가 없거나 사원이 없는 등으로 청산인이 될 자가 없거나 청산인의 결원으로 인하여 손해가 생길 염려가 있는 때에는 법원은 직권 또는 이해관계인이나 검사의 청구에 의하여 청산인을 선임할 수 있다(제83조).

청산인에 대해 중요한 사유가 있는 때에는 법원은 직권 또는 이해관계인이나 검사의 청구에 의하여 해임할 수 있다(제84조).

라. 청산사무

청산인이 하여야 할 청산사무에 관하여는 제87조 제1항의 사무와 그에 필요한 모든 행위를 할 수 있다.

중요한 청산사무로서는 해산의 등기와 신고(제85조, 제86조), 현존사무의 종결, 채권의 추심과 채무의 변제, 잔여재산의 인도, 청산종결의 등기와 신고(제94조) 등이 있다.

Ⅶ. 그 밖의 규정

그 외 규정으로는 법인의 주소와 관련한 규정(제36조, 제49조 제1항, 제54조 제1항), 법인의 등기와 관련한 규정(제49조, 제50조 내지 제54조), 법인의 감독과 처벌과 관련한 규정이 있다.

중요한 것은 법인의 등기는 대항요건으로서 등기사항에 대하여 등기하지 않으면, 설사 등기사항에 관하여 알고 있는 상대방이나 제3자에 대하여도 법인은 그 사실을 주장할 수 없다는 것이다.

Ⅷ. 외국법인

내국법인이 아닌 법인을 외국법인이라고 하는데, 이를 구별하는 기준에 관하여는 준거법을 기준으로 하여야 한다는 견해와 준거법 및 주된 사무실을 기준으로 하여야 한다는 견해가 있다.

외국법인의 능력은 내외국법인 평등주의에 의하되, 법률 또는 조약으로 제한을 가할 수 있다. 제한이 없는 경우 원칙적으로 법인이라는 것에서 오는 제한만을 제외하고는 외국인의 권리능력에 관한 내용이 그대로 적용될 것이다.

Ⅸ. 비법인사단(권리능력 없는 사단)과 재단(권리능력 없는 재단)

1. 의의

법인은 사단이나 재단의 실체를 갖추고 있는 상태에서 주무관청의 허가를 받아 법인등기를 하면 법인으로 성립한다(제33조). 그런데 실질적으로 사단이나 재단으로서의 실체를 갖추고 있으나 여러 사유로 주무관청의 허가를 받지 못하였거나 허가신청을 하지 않는 경우가 생긴다. 이런 사단이나 재단을 비법인사단(非法人社團) 또는 비법인재단(非法人財團)이라고 한다.

2. 비법인사단

가. 의의

비법인사단은 법인이 아니므로 원칙적으로 권리능력이 없다고 보아야 한다. 그러나 단체로서의 실체를 가지고 있고 또 현실적으로 단체로서 행동을 하고 있으므로 단체의 구성원의 재산과 단체의 재산을 구별하여 단체 및 그 구성원과 단체의 채권자를 보호하여 주어야 할 필요성은 법인과 동일하다. 따라서 일정한 경우 그 실체를 중시하여 법률상으로 단체로서 취급하고 있다.

비법인사단으로는 자연부락이나 행정단위로서의 동(洞) 또는 리(理), 종중, 교회 등이 있고, 그 외 어촌계,[80] 공동주택의 입주자대표회의,[81] 아파트 부녀회[82] 등이 있다.

나. 성립요건

단체의 구성원으로부터 독립될 정도의 단체로서의 실체를 가져야 한다. 즉 법인에서의 '정관'에 상응하는, 단체를 규율하기 위한 규약이나 규칙이 있어야 하고, 단체의 의사를 결정하고 집행하는 영속적인 일정한 조직과 그 임무를 담당하는 자들이 있으며 구성원의 변경에도 불구하고 단체 그 자체가 존속할 수 있어야 한다.

따라서 어느 단체가 그 구성원을 초월한 집단으로서의 사단인지 아니면 그런 단계에 이르지 않은 집단인 조합인지를 구분하는 기준은, 앞의 사단과 조합의 구별에서 본 것처럼 명칭이 중요한 것이 아니고 단체로서의 실체를 갖추고 있느냐 여부에 있다. 따라서 조합이라는 명칭을 갖고 있더라도 그 집단이 단체로서의 실체를 가지고 있다면 비법인사단으로 취급하여야 한다.

다. 법률관계

비법인사단은 실질적으로 단체로서 활동하므로 그 법률관계를 규율하려면 단체에 관한 규율인 사단법인의 법리를 유추하여 적용할 수밖에 없다. 적용함에 있어서는 법인과 비법인사단의 차이가 없는 부분은 사단법인의 법리를 적용할 수 있지만 차이가 있는 부분은 그 법리를 적용할 수 없을 것이다.

예를 들면 비법인사단의 대표자의 권한에 대해서는 사단법인의 대표자에 관한 규정을 그대로 적용해도 될 것이므로, 비법인사단의 대표자는 정관이나 규약의

---

80) 대판 2003.6.27. 선고 2002다68034.

81) 대판 2015.1.29. 선고 2014다62657.

82) 대판 2006.12.21. 선고 2006다52723은 아파트에 거주하는 부녀를 회원으로 하여 입주자의 복지증진 및 지역사회 발전 등을 목적으로 설립된 아파트 부녀회가 회칙과 임원을 두고서 주요 업무를 월례회나 임시회를 개최하여 의사결정을 하여 온 경우에 한하여 비법인사단으로 인정하고 있다. 즉 단체로서의 영속성과 조직의 실체를 보유하고 있어야 한다는 것이다.

내용에 따라 대외적으로는 비법인사단을 대표하고, 대내적으로 업무를 집행할 수 있다고 보아야 할 것이고, 이에 관하여는 법인의 이사와 같은 지위와 권리 의무를 부담한다고 보아야 할 것이다.

그러나 등기와 관련한 사항은 비법인사단이 법인등기를 할 수 없는 점에 비추어 유추적용될 수 없을 것이다.

(1) 법인등기와 관련한 사항

먼저 비법인사단은 법인으로서 등기를 하지 않았기 때문에 법인등기와 관련한 사항, 즉 대표권의 제한 등을 등기하여 상대방이나 제3자에게 대항할 수 있는 방법은 없다.[83)]

비법인사단의 재산은, 정관이나 총회결의에 다른 규정이 없으면 구성원의 총유에 속하므로 대표자가 관리나 처분을 할 수 없다(제275조, 제276조). 따라서 대표자가 관리행위나 처분행위에 해당하지 않는 행위(단순한 채무부담행위 등)를 함에 있어 정관에서 총회결의가 필요하다고 규정한 경우에는 대표권의 제한에 해당하는 것으로서 상대방이 이런 사실을 알거나 알 수 있었던 때에 한하여 무효라고 하여야 한다.[84)]

(2) 비법인사단 명의의 재산취득 및 처분

비법인사단은 그 자신의 명의로 부동산을 취득하여 등기할 수 있고(부동산등기법 제26조), 동산이나 채권도 취득할 수 있다. 이런 점에서는 법인과 크게 다르지 않다.

---

83) 대판 2003.7.22. 선고 2002다64780(비법인사단의 경우에는 대표자의 대표권 제한에 관하여 등기할 방법이 없어 민법 제60조의 규정을 준용할 수 없고, 비법인사단의 대표자가 정관에서 사원총회의 결의를 거쳐야 하도록 규정한 대외적 거래행위에 관하여 이를 거치지 아니한 경우라도, 이와 같은 사원총회 결의사항은 비법인사단의 내부적 의사결정에 불과하다 할 것이므로, 그 거래 상대방이 그와 같은 대표권 제한 사실을 알았거나 알 수 있었을 경우가 아니라면 그 거래행위는 유효하다고 봄이 상당하다). 이 판결은 비법인사단인 재건축조합의 대표자가 재건축사업의 시행을 위하여 총유물의 관리행위나 처분행위가 아닌 설계용역계약을 체결한 사안에 관한 것이었다.

84) 대판(전합체) 2007.4.19. 선고 2004다60072, 60089는 비법인사단이 타인간의 채무를 보증하는 행위는 총유물 자체의 관리나 처분이 따르지 아니하는 단순한 채무부담행위에 불과하여 총유물의 관리, 처분행위라고 볼 수 없고 따라서 비법인사단의 대표자가 사원총회의 결의 없이 보증계약을 체결하였다고 하여 무효라고 할 수 없으며, 이런 규정(해당 비법인사단의 대표자가 위 보증계약을 체결할 권한이 없다는 규정)은 대표권의 제한규정이므로 비법인사단측에서 보증행위의 상대방이 대표권 제한 및 그 위반사실을 알았거나 알지 못한 데에 과실이 있음을 주장, 증명하여야 무효로 된다고 판시한다.

그러나 그 부동산이나 동산의 소유 형태는 총유로서(제275조) 총유물의 관리와 처분은 사원총회의 결의에 의하여야 하고(제276조 제1항), 각 사원은 정관 기타의 규약에 따라 총유물인 물건을 사용, 수익할 수 있다(제276조 제2항)는 점은 법인과 다르다. 따라서 비법인사단의 대표자가 사원총회의 결의 없이 매매 등 처분을 하는 경우, 대표자에게는 총유물을 처분할 수 있는 권한이 없어 권한 없는 대표행위로 된다. 위 규정은 물건의 소유권 귀속에 관한 강행규정이므로 상대방에게 그 대표권에 관하여 선의이고 과실이 없었다고[85] 하더라도 비법인사단측은 무효를 주장할 수 있을 뿐 아니라 표현대리규정을 준용하여 유효하게 할 수도 없다.[86]

(3) 소송상의 당사자능력

비법인사단은 소송상의 당사자 능력을 가지므로(민사소송법 제52조), 대표자가 있는 경우[87] 소송에서 비법인사단이 원고나 피고가 될 수 있다. 그러나 대표자가 비법인사단을 대표하여 비법인사단의 명의로 총유 재산에 관한 소송을 제기함에 있어서는 정관에 다른 규정이 없는 한 사원총회의 결의를 거쳐야 한다.[88]

(4) 구성원의 유한책임

비법인사단의 채권자는 비법인사단 소유의 재산에 대해서만 책임을 추궁할 수 있을 뿐이고 그 구성원의 개인 재산에 관하여는 책임을 추궁할 수 없다. 역으로 구성원 개인의 채권자도 비법인사단 소유의 재산에 대해서 책임을 추궁할 수 없다.

이점에서는 법인과 별다른 차이가 없다.

---

85) 강행규정의 내용을 몰랐다는 것에 대하여 과실이 없다고 할 수는 없다. 원칙적으로 법규의 내용을 몰랐다는 법률의 부지는 변명이 되지 못한다.

86) 대판 2009.2.12. 선고 2006다23312.

87) 대판 2018.8.1. 선고 2018다227865(권리능력이 있는 자연인과 법인은 원칙적으로 민사소송의 주체가 될 수 있는 당사자능력이 있으나, 법인이 아닌 사단과 재단은 대표자 또는 관리인이 있는 경우에 한하여 당사자능력이 인정된다).

88) 대판(전합체) 2005.9.15. 선고 2004다44971. 이 판결에 의하면 비법인사단의 구성원에게는 비법인사단의 소유물에 대한 지분이라는 개념이 인정되지 않으므로 그 소유물에 관한 보존행위에 해당하는 경우에도 구성원 개인 명의로 소를 제기할 수 없다고 한다. 민법 제265조의 공유의 경우와 비교요.

(5) 그 외

우리 민법은 비법인사단의 법률관계에 관하여 재산의 소유형태 및 관리 등을 규정하는 제275조 내지 제277조를 두고 있을 뿐이다. 따라서 사단의 실체·성립, 사원자격의 득실, 대표의 방법, 총회의 운영, 해산사유와 청산[89] 같은 그 밖의 법률관계에 관하여는 민법의 법인에 관한 규정 중 법인격을 전제로 하는 조항을 제외한 나머지 조항이 원칙적으로 유추적용된다고 보아야 할 것이다.[90]

라. 종류

(1) 종중(宗中)

(가) 의의

종중은 공동선조의 분묘수호와 제사 및 종원 상호간의 친목을 목적으로 하여 공동선조의 후손을 남녀 불문하고 종원으로 하여 구성되는 종족의 자연적 집단으로, 공동선조의 사망과 동시에 그 자손에 의하여 성립되는 비법인사단이다. 따라서 종중은 다른 사단과 달리 특별한 조직행위가 필요 없고, 특별한 명칭이나 정관에 해당하는 종중규약이 없어도 또 종중의 대표자가 선임되어 있는 등의 조직을 갖추지 않아도 되며, 종원은 자신의 의사와 관계없이 당연히 종중의 구성원이 된다.[91] 이런 점을 보면 종중은 보통의 사단과는 상당히 다른 특성을 가지고 있음을 알 수 있다.

종중에는 선조들 중 누구를 공동선조로 정하느냐에 따라 대종중과 소종중 또는 지파종중 등이 있다. 이외에도 종원에 제한을 두지 않는 '고유의 의미의 종중' 외에, 공동선조의 종중 중 어느 지역의 거주자만을 종원으로 하는 등으로 종원의

---

89) 대판 2003.11.14. 선고 2001다32687(비법인사단에 대하여는 사단법인에 관한 민법규정 중 법인격을 전제로 하는 것을 제외한 규정들을 유추적용하여야 할 것이므로 비법인사단인 교회의 교인이 존재하지 않게 된 경우 그 교회는 해산하여 청산절차에 들어가서 청산의 목적범위 내에서 권리·의무의 주체가 되며, 이 경우 해산 당시 그 비법인사단의 총회에서 향후 업무를 수행할 자를 선정하였다면 민법 제82조 제1항을 유추하여 그 선임된 자가 청산인으로서 청산 중의 비법인사단을 대표하여 청산업무를 수행하게 된다).

90) 대판 1992.10.9. 선고 92다23087.

91) 대판(전합체) 2005.7.21. 선고 2002다1178.

범위를 제한하는 '종중 유사단체'가 있다.[92] 이런 종중 유사단체의 경우에는 고유의 의미의 종중과 달리, 정관을 작성하고 대표자를 선임하는 등 조직을 결성하는 행위가 필요할 것이다.[93]

(나) 종중의 소집절차

종중의 대표자는 종중 규약이나 관례가 있으면 그에 따라 선임하고 그것이 없다면 종장 또는 문장이 그 종원 중 성년 이상의 사람을 소집하여 출석자의 과반수 결의로 선출한다. 평소 종중에 종장이나 문장이 선임되어 있지 아니하고 선임에 관한 규약이나 일반 관례가 없으면 현존하는 연고항존자가 종장이나 문장이 되어 국내에 거주하고 소재가 분명한 종원에게 통지하여 종중총회를 소집하고 그 회의에서 종중 대표자를 선임하는 것이 일반 관습이다.[94]

소집통지를 할 때 소집권자가 족보에 의하여 소집통지 대상이 되는 종중원의 범위를 확정한 후 소재가 분명한 모든 종원에게 개별적으로 소집통지를 하여야 한다.[95]

(다) 종중의 재산관계

종중의 재산관계는 총유로서 그 내용은 앞서 본 비법인사단의 그것과 동일하다.

종중과 관련하여 실제 문제가 되는 것은 종중 소유의 토지에 대한 수용보상금의 종원에 대한 분배방법과 관련한 분쟁이다.

---

92) 대판 1989.6.27. 선고 87다카1915, 1916(공동선조의 후손 중 일정한 범위 즉 공동선조의 후배(후실)의 분묘를 수호하고 친목을 도모하기 위한 종족집단이 사회조직체로서 성립하여 고유의 재산을 소유, 관리하면서 독자적인 활동을 하고 있다면 이와 같은 소종중은 고유의 의미의 종중이라고 보기는 어려우나 단체로서의 실체를 부인할 수는 없고 권리능력 없는 사단으로서 당사자능력이 인정된다).

93) 대판 2011.2.24. 선고 2009다17783(종중 유사단체는 비록 그 목적이나 기능이 고유한 의미의 종중과 별다른 차이가 없다 하더라도 공동선조의 후손 중 일부에 의하여 인위적인 조직행위를 거쳐 성립된 경우에는 사적 임의단체라는 점에서 자연발생적인 종족집단인 고유한 의미의 종중과 그 성질을 달리하므로, 그러한 경우에는 사적 자치의 원칙 내지 결사의 자유에 따라 그 구성원의 자격이나 가입조건을 자유롭게 정할 수 있음이 원칙이다. 따라서 그러한 종중 유사단체의 회칙이나 규약에서 공동선조의 후손 중 남성만으로 그 구성원을 한정하고 있다 하더라도 특별한 사정이 없는 한 이는 사적 자치의 원칙 내지 결사의 자유의 보장범위에 포함되고, 위 사정만으로 그 회칙이나 규약이 양성평등 원칙을 정한 헌법 제11조 및 민법 제103조를 위반하여 무효라고 볼 수는 없다).

94) 대판 1997.11.14. 선고 96다25715.

95) 대판 1997.2.28. 선고 95다44986.

판례는 '수용보상금은 종원의 총유에 속하고, 그 수용보상금의 분배는 총유물의 처분에 해당하므로 정관 기타 규약에 달리 정함이 없는 한 종중총회의 분배결의가 없으면 종원이 종중에 대하여 직접 분배청구를 할 수 없으나, 종중 토지에 대한 수용보상금을 종원에게 분배하기로 결의하였다면, 그 분배대상자라고 주장하는 종원은 종중에 대하여 직접 분배금의 청구를 할 수 있다'고 한다.[96] 또 '종중재산의 분배에 관한 종중총회의 결의 내용이 현저하게 불공정하거나 선량한 풍속 기타 사회질서에 반하는 경우 또는 종원의 고유하고 기본적인 권리의 본질적인 내용을 침해하는 경우 그 결의는 무효라고 할 것이고, 여기서 종중재산의 분배에 관한 종중총회의 결의 내용이 현저하게 불공정한 것인지 여부는 종중재산의 조성 경위, 종중재산의 유지·관리에 대한 기여도, 종중행사 참여도를 포함한 종중에 대한 기여도, 종중재산의 분배 경위, 전체 종원의 수와 구성, 분배 비율과 그 차등의 정도, 과거의 재산분배 선례 등 제반사정을 고려하여 판단하여야 한다. 그런데 공동선조와 성과 본을 같이하는 후손은 남녀의 구별 없이 성년이 되면 당연히 그 구성원(종원)이 되는 것이므로, 종중재산을 분배함에 있어 단순히 남녀 성별의 구분에 따라 그 분배 비율, 방법, 내용에 차이를 두는 것은 정당성과 합리성이 없어 무효'라고 한다.[97]

(2) 교회

(가) 의의

교회는 기독교 교리를 신봉하는 다수인이 공동의 종교활동을 목적으로 형성된 집합체를 말한다. 이런 교회가 나아가 규약 기타 규범을 제정하여 의사결정기관과 대표자 등 집행기관을 구성하고 예배를 드리는 등 신앙단체로서 활동함과 함께 교회 재산의 관리 등 독립된 단체로서 사회경제적 기능을 수행함으로써 법인 아닌 사단의 일반적인 요건을 갖추었다고 인정되는 경우, 그 교회는 비법인사단으로서 성립·존속하게 된다. 만일 이런 상태에서 주무관청의 허가를 받아 법인으로 등기하면 민법상 비영리법인으로 성립하여 일반적인 법인이론의 적용을 받게 되고 별다른 문제가 없다(이하에서는 교회가 비법인사단인 경우를 전제로 설명한다).

교회에는 교단에 소속된 것과 어떤 교단에도 소속되지 않은 독립교회가 있는

96) 대판 1994.4.26. 선고 93다32446.

97) 대판 2010.9.30. 선고 2007다74775.

데, 특정교단에 소속된 교회의 교인들이 파가 나뉘는 때에는 교회분열이 문제가 된다. 특히 그 교회가 교단에 소속된 경우에는 교단의 탈퇴 내지는 변경의 문제까지 겹치게 되어 분쟁의 양상이 더 복잡해진다.

비법인사단인 교회에 대해서는 앞에서 본 비법인사단의 법리가 적용되는데, 이하에서는 판례에서 문제된 사안을 중심으로 보도록 한다.

(나) 대표자

교회의 대표자는 각 교회의 헌법 등의 자치규범에 따라 정해진다. 일반적으로는 담임목사가 예배 및 종교활동을 주재하는 종교상의 지위와 아울러 비법인사단의 대표자 지위를 겸유하면서 교회 재산의 관리처분과 관련한 대표권을 갖는다.[98)]

(다) 교단과 소속교회(지교회)와의 관계

1) 교단 내부 문제의 사법적 심사 자제

헌법에 종교의 자유와 집회결사의 자유가 규정되어 있으므로 하나의 독립교회가 어떤 교단에 소속하기로 집단적 의사를 결정하였다면 그에 소속될 수 있고 또 그 교단에서 탈퇴할 수도 있다. 그리고 단체 내부의 분쟁에 관하여는 특히 종교활동은 다른 자유보다 더 폭넓게 인정되어야 하므로 그것이 일반 국민으로서의 권리의무나 법률관계와 관련된 분쟁이 아니라면 가급적 사법적 심사는 자제하여야 한다.[99)]

---

98) 대판 2007.11.16. 선고 2006다41297.

99) 대판 2014.12.11. 선고 2013다78990(갑 교단 소속의 을 교회가 병을 위임목사로 청빙하는 것을 승인해 달라는 요청을 하여 갑 교단의 하급 치리회인 노회에서 청빙승인결의를 하였는데, 갑 교단의 최고 치리회인 총회에서 위임목사 청빙승인결의 무효확인 및 병에 대한 목사안수결의 무효확인 총회판결을 하자 을 교회가 총회판결의 무효확인과 병의 대표자 지위 확인을 구하는 소를 제기한 사안에서, 을 교회는 목사나 위임목사로서의 지위가 부인된 직접적인 당사자가 아니므로 목사나 위임목사로서의 지위가 부인됨으로써 병의 권리의무나 법률관계가 영향을 받는다는 점은 을 교회가 총회판결의 무효확인을 구할 법률상 이익의 근거가 될 수 없고, 총회판결에 의하여 침해된 을 교회의 이익은 설교와 예배 인도 등을 담당할 위임목사를 자율적으로 청빙할 수 있는 이익인데 그것 자체는 을 교회의 종교적 자율권과 관계된 사항일 뿐, 일반 국민으로서의 권리의무나 법률관계와 관련이 있는 사항이라고 보기 어려우므로, 총회판결로 인하여 위임목사 청빙과 관련한 을 교회의 종교적 자율권이 제한받게 되었다고 하더라도 갑 교단의 종교적 자율권 보장을 위하여 위 총회판결은 사법심사의 대상이 되지 않는다고 한 사례).

2) 소속교회의 자율성 보장

교단과 소속교회의 관계는 각 교단의 헌법에 따라 다르지만, 판례는 기본적으로 소속교회가 교단에 소속되어 있다고 하더라도 독립된 비법인사단이므로 그 구성원들에 의한 자율적인 의사결정을 통한 소속교회의 자율성을 보장하려고 하고 있다.

즉 판례는 '법인 아닌 사단으로서의 실체를 갖춘 개신교 교회가 특정 교단 소속 지교회로 편입되어 교단의 헌법에 따라 의사결정기구를 구성하고 교단이 파송하는 목사를 지교회의 대표자로 받아들이는 경우 교단의 정체에 따라 차이는 존재하지만 원칙적으로 지교회는 소속 교단과 독립된 법인 아닌 사단이고 교단은 종교적 내부관계에 있어서 지교회의 상급단체에 지나지 않는다. 다만, 지교회가 자체적으로 규약을 갖추지 아니한 경우나 규약을 갖춘 경우에도 교단이 정한 헌법을 교회 자신의 규약에 준하는 자치규범으로 받아들일 수 있지만, 지교회의 독립성이나 종교적 자유의 본질을 침해하지 않는 범위 내에서 교단 헌법에 구속된다. 이는 앞으로도 교회를 둘러싼 법률관계를 해석하는 기본 원리로서 유지되어야 할 것이다'고 한다.[100]

또 어떠한 교회를 독립된 비법인사단으로서의 당사자 능력을 갖춘 단체로 인정하는 이상 그 교회와 그 소속 노회와의 관계에 있어서는 교회의 당회장 취임에 노회의 승인을 요하는 것이어서 교회에서 교인들의 총의에 의하여 선임한 당회장도 그 승인이 없는 한 노회에 대하여는 당회장으로서의 권리 의무를 주장할 수는 없다 할지라도, 비법인사단의 성질상 교회가 소속 교인들의 총의에 의하여 그를 대표할 당회장으로 선임한 자는 노회 이외의 제3자에 대한 관계에 있어서는 그 교회를 대표할 자격이 있다.[101]

3) 재산관계

판례는 소속교회의 자율적인 활동을 보장하는 측면에서 소속교회의 재산에 대해서도 일정 정도 보장해 주려는 태도를 보이고 있다.

판례에 의하면 '독립교회 A가 어떤 교단에 소속하기 위하여, 가입요건으로 되어 있는 교회재산의 소유권이전이란 요건을 맞추기 위해 교단 B에 예배당으로

---

100) 대판(전합체) 2006.4.20. 선고 2004다37775.

101) 대판 1967.12.18. 선고 67다2202.

사용하는 건물과 토지를 이전한 경우에 관하여, A교회가 그 부동산을 사용·수익함에 대하여는 아무런 제한을 가하지 아니하여 A교회가 종전대로 그 부동산을 사용하여 온 것이고, B교단의 가입요건으로서 B교단에게 교회재산을 등기하도록 하고 있는 B교단의 규약자체가 등기명의의 변경만을 요구하고 있을 뿐 그 소유권자체의 양도까지 규정하고 있지는 아니하고 있는 것이 사실이라면, … A교회가 교회의 예배당건물과 그 부지인 이 사건 부동산을 B교단 명의로 등기하는 것은 그 소유권을 종국적으로 취득하게 하겠다는 데에 있었다고 보기보다는 가입교회의 B교단에 대한 소속감을 강화하고 B교단의 결집성을 확보하기 위한 상징적 의미로서, 또는 B교단의 가입회원으로서의 권리와 의무를 성실히 이행하고 B교단의 설립목적에 어긋나는 행위를 하지 아니하겠다고 다짐하는 취지의 신표로서 한 것으로서 일종의 명의신탁에 해당한다'고 한다.[102)]

4) 탈퇴

소속교회는 비법인사단으로서 그 구성원인 교인들의 집단적 의사로써 탈퇴를 할 수 있고, 이런 교단의 탈퇴나 변경의 결의에는 소속교회의 종교적 자유와 함께 소속교회의 존립목적 유지라는 양 측면에서의 내재적 한계가 존재한다. 따라서 소속 교단의 헌법에서 교단 탈퇴의 허부 및 요건에 관하여 위와 달리 정한 경우에도(민법 제42조 제1항 단서 참조) 그 규정이 지교회의 독립성과 종교적 자유의 본질을 해하는 경우에는 지교회에 대한 구속력을 인정할 수 없다.[103)]

그리고 판례에 따르면, '특정 교단에 가입한 소속교회가 교단이 정한 헌법을 소속교회 자신의 자치규범으로 받아들였다고 인정되는 경우에는 소속 교단의 변경은 실질적으로 지교회 자신의 규약에 해당하는 자치규범을 변경하는 결과를 초래하고, 만약 지교회 자신의 규약을 갖춘 경우에는 교단변경으로 인하여 지교회의 명칭이나 목적 등 지교회의 규약에 포함된 사항의 변경까지 수반하기 때문에, 소속 교단에서의 탈퇴 내지 소속 교단의 변경은 사단법인 정관변경에 준하여 의결

---

102) 대판 1991.5.28. 선고 90다8558(이 판결은 법인인 교회에 관한 사안이나 비법인사단인 교회에도 마찬가지일 것이다), 대판 1973.8.21. 선고 73다442, 443(교회신도들이 교회를 건립하기 위하여 기부금을 모집하여 교회용의 대지를 매수하여, 그 위에 교회를 건립하였다면 특별한 사정이 없는 한 신도들은 그 소속 노회의 헌법규정이 어떻게 되었든 간에 그 토지와 교회건물은 그 소속 신도가 교회원으로서 그 총의에 의하여 교회로 영구히 사용할 권리를 보유할 의사였다고 할 것이다).

103) 앞의 2004다37775 판결.

권을 가진 교인 2/3 이상의 찬성에 의한 결의를 필요로 한다. 만약, 교단 탈퇴 및 변경에 관한 결의(아래에서는 '교단변경 결의'라 한다)를 하였으나 이에 찬성한 교인이 의결권을 가진 교인의 2/3에 이르지 못한다면 종전 교회의 동일성은 여전히 종전 교단에 소속되어 있는 상태로서 유지된다. 따라서 교단변경 결의에 찬성하고 나아가 종전 교회를 집단적으로 탈퇴하거나 다른 교단에 가입한 교인들은 교인으로서의 지위와 더불어 종전 교회 재산에 대한 권리를 상실하였다고 볼 수밖에 없다. 위의 교단변경 결의요건을 갖추어 소속 교단에서 탈퇴하거나 다른 교단으로 변경한 경우에 종전 교회의 실체는 이와 같이 교단을 탈퇴한 교회로서 존속하고 종전 교회 재산은 위 탈퇴한 교회 소속 교인들의 총유로 귀속된다'고 한다.[104)]

(라) 독립교회의 경우

처음부터 어떤 교단에도 소속되지 않은 독립교회의 경우에는 기존의 교단에서의 탈퇴와 같은 문제는 일어나지 않는다. 그런데 독립교회의 교인들의 일부가 종전의 독립교회 상태를 벗어나 특정 교단에 가입하기로 결의한 경우에는 이로 인하여 그 교회의 명칭이나 목적 등 교회 규약으로 정하여졌거나 정하여져야 할 사항의 변경을 초래하게 되므로 사단법인 정관변경에 준하여 의결권을 가진 교인 2/3 이상이 찬성한 결의에 의하여 종전 교회의 실체는 특정 교단에 가입하여 소속된 소속교회로서 존속하고 종전 교회 재산은 위 교단 소속 교회 교인들의 총유로 귀속될 것이나, 찬성자가 의결권을 가진 교인의 2/3에 이르지 못한다면 종전 교회는 여전히 독립교회로서 유지되므로, 교단 가입 결의에 찬성하고 나아가 종전 교회를 집단적으로 탈퇴한 교인들은 교인으로서의 지위와 더불어 종전 교회 재산에 대한 권리를 상실하였다고 볼 수밖에 없다.[105)]

3. 비법인재단

가. 의의

비법인재단은 재단의 실체를 가지고 있으나 주무관청의 허가를 받지 못하여 법인등록을 하지 못한 것을 말한다. 법인등록을 하지 않은 육영회나 종교재단 등이

104) 앞의 2004다37775 판결.
105) 대판 2006.6.9. 선고 2003마1321.

이에 해당하지만 이런 것이 비법인재단으로 되기 위해서는 재단으로서의 실체, 즉 이사들 개인과 구별되는 재산과 그 재산의 관리를 위한 준칙으로서의 정관과 관리조직(제43조, 제49조)이 있어야 한다.

다수설은 한정승인을 한 상속재산, 상속인이 없는 상속재산, 파산재단 등도 이에 속한다고 하지만, 이들 재산들은 상속인의 재산을 피상속인의 재산과 구별하기 위한 것이거나 파산채무자의 재산에 관한 관리처분권을 제한하여 총 채권자에게 배당하기 위한 것에 불과하고 제32조에 규정하는 비영리를 목적으로 하는 것이 아니고, 또 이들 재산에 대해서는 재산 자체에 당사자능력이나 등기능력을 인정할 필요가 없으므로 비법인재단으로 볼 이유가 없다.

비법인재단에 관하여 당사자능력(민사소송법 제52조)과 등기능력(부동산등기법 제26조)이 있는 것은 비법인사단과 같다. 그 외 사항은 비법인사단에서 본 법리를 참고하면 될 것이다.

나. 소유형태

민법이 비법인사단의 소유형태에 관하여는 총유(제275조 제1항)라고 규정하지만, 비법인재단의 소유형태에 관하여는 아무런 규정이 없다. 그런데 앞서 본 것처럼 비법인재단에 대하여 등기능력을 인정하므로 비법인재단의 명의로 등기된 부동산의 소유형태를 어떻게 볼 것인가는 문제이다.

규정이 없는 이상 비법인재단의 단독소유라고 볼 수밖에 없을 것이다.[106] 이에 대해서는 비법인재단의 단독소유라고 본다면 법인인 재단과 차이가 없고, 비법인사단의 소유형태를 법인과 달리 총유라고 보는 것과의 형평에서도 문제가 있다는

---

106) 대판 1991.6.14. 선고 91다9336은 '「전통사찰보존법」에 따라 문화공보부에 전통사찰로 등록되어 있고 독립한 사찰로서의 실체도 갖추어 권리능력 없는 재단으로 인정되는 사찰의 경우, 그 사찰 명의로 등기된 재산은 독립한 권리주체인 사찰의 소유인 것이지 그 사찰의 창건 또는 재산관리에 있어서 신도들이 기여한 바가 크다 하더라도 그것이 신도들의 총유물로서 사찰에 명의신탁된 것이라는 법리는 성립할 수 없다'라고 판시하고, 또 대판 1999.9.7. 선고 97누17261은 '교회를 법인격 없는 사단으로 인정하는 이상, 그 교회의 재산은 교인들의 총유에 속하고 교인들은 각 교회 활동의 목적범위 내에서 총유권의 대상인 교회재산을 사용·수익할 수 있다 할 것인데, 이러한 교회가 법인격 없는 재단으로서의 성격을 함께 갖고 있다고 본다면, 교회재산인 부동산이 교인의 총유이면서 동시에 법인격 없는 재단의 단독소유가 된다는 결과가 되어 그 자체가 모순될 뿐만 아니라 그 소유관계를 혼란스럽게 할 우려가 있으므로, 교회가 법인격 없는 사단이면서 동시에 법인격 없는 재단이라고 볼 수는 없다'라고 하고 있는데, 이는 비법인재단의 소유형태는 비법인재단의 단독소유임을 전제로 한 것이라고 할 수 있다.

비판도 있다.

나아가 동산이나 채권과 같이 등기능력이 없는 다른 재산의 소유형태에 대하여, 위와 같이 비법인재단의 단독 소유로 보는 견해와 신탁으로 해결해야 한다는 견해가 있다.

생각건대 등기능력이 있는 부동산과 채권이나 동산과 같이 등기능력이 없는 다른 재산의 소유형태를 달리 보아야할 이유는 없을 것이므로 전자의 견해가 타당할 것이다.

다. 사찰(寺刹)

(1) 의의

사찰이란 불교교의를 선포하고 불교의식을 행하기 위한 시설을 갖춘 승려·신도의 조직을 말한다. 독립한 사찰로서의 실체를 가지고 있다고 하기 위해서는 물적 요소인 불당 등의 사찰재산이 있고, 인적 요소인 주지를 비롯한 승려와 상당수의 신도가 존재하여야 하며, 단체로서의 규약을 통하여 사찰이 그 자체 생명력을 가지고 사회적 활동을 하는 것이 필요하다.[107]

(2) 법적 성격

교회는 예배당이라는 물적 시설이 필수적이 아닌데 반하여, 사찰은 신도도 있어야 하지만 불상을 모시고 법식을 행하는 불전이나 법당, 그리고 승려들이 거주하는 요사채가 필수적이므로 재단적인 성격이 강하다. 이런 측면 때문에 사찰의 법적 성격에 대하여 판례는 법인 아닌 재단이라고 한 것이 대부분이고,[108] 간혹 법인 아닌 사단이라고 한 것이 있다.[109] 요즘에는 법인 아닌 사단 내지 재단이라고 한 것도 있다.[110][111] 사찰에는 재단으로서의 성격과 사단으로서의 성격이 혼

---

107) 대판 2001.1.30. 선고 99다42179.

108) 앞의 91다9336 판결.

109) 대판 1997.12.9. 선고 94다41249는 '기존의 사찰에서 이탈한 신도들과 승려가 조계종에 소속될 새로운 사찰의 건립이라는 공동 목적으로 사찰의 대표, 신도회장 등 체계적인 조직을 만들고 그들의 출재와 노력에 의하여 토지를 매수하여 그 지상에 불당을 완공한 경우, 불당의 완공 당시 위 단체는 그 명칭이나 특정 종단의 귀속 여부에 불구하고 독립된 사찰로서의 실체를 갖추게 된 것으로 그 실질은 권리능력 없는 사단인 사찰로 봄이 상당하다'고 한다.

110) 대판 1989.10.10 선고 89다카2902, 대판 1988.3.22. 선고 85다카1489.

재되어 있고 창립과정에서 신도들의 주도 여부나 참가정도, 신도회의 조직과 활동범위, 주지임명권의 소재 등 구체적인 사실에 따라 사찰의 법적 성격이 달라질 수 있다고 보기 때문으로 보인다.

(3) 종류

위와 같은 사찰은 일반사찰이라고 하여 개인사찰과 구분한다.

개인사찰은 단순히 불교목적을 위한 물적 시설에 불과하여 사찰로서의 실체를 갖추지 못한 사찰을 말한다.[112)]

비법인재단인 일반사찰의 경우에는 비법인재단으로서 독립된 실체를 가지고 존재하기 때문에, 사찰의 실체를 형성하는 대웅전 등 사찰건물은 비록 사인(私人)의 출연금으로 축조되었다 하더라도 그것이 당초부터 동 사찰의 창건을 목적으로 하여 축조된 것이라면 동 건물은 그 사찰이 창건됨과 동시에 동 사찰에 원시취득된다.[113)]

---

111) 대판 1991.10.22. 선고 91다26072는 '사찰의 불교신도가 하는 보시는 특별한 사정이 없는 한 당해 사찰에 대하여 하는 것이고 이 돈으로 취득하거나 건축한 토지나 그 지상의 종교시설은 당해 사찰의 소유로 귀속되는 것이 원칙이나, 신도회가 사찰과 별개로 독립하여 활동해오던 단체로서 비법인사단이고 그 신도들이 사찰 아닌 위 신도회에 한 시주금에 의하여 대지를 매수하고 그 지상에 건물을 신축하였다는 등 특별한 사정이 인정된다면 위 부동산은 사찰의 소유라고 할 수 없다'고 판시한다. 특이한 사안이라고 할 수 있다.

112) 대판 2005.6.24. 선고 2003다54971(불교신도나 승려 등 개인이 토지를 매수하여 그 지상에 사찰건물을 건립한 다음 주지를 두고 그 곳에서 불교의식을 행하는 경우 위 사찰의 창건주가 특정 종단에 가입하여 그 소속 사찰로 등록을 하고 사찰의 부지와 건물에 관하여 그 사찰 명의로 등기를 마침으로써 사찰재산을 창건주 개인이 아닌 사찰 자체에 귀속시키는 등의 절차를 거쳤다면 이로써 그 사찰은 법인 아닌 재단 또는 사단으로서 독립된 권리주체가 되었다고 할 것이나, 이에 이르지 못한 경우에는 창건주의 개인사찰로서 불교목적시설에 불과하다고 할 것이고, 일시적으로 사찰재산의 일부에 관하여 사찰을 명의인으로 한 등기가 마쳐졌다는 사정만으로 위 사찰이 법인 아닌 재단으로서 단체성을 취득하는 것은 아니다. 개인사찰에 있어서 창건주에 의하여 건립되었던 사찰건물이 그와 무관하게 멸실된 후 동일 용도의 사찰건물을 새로 건립하거나 산신각 등 추가적인 사찰건물이 필요하게 되어 이를 건립한 경우 창건주가 직접 그 건물들을 건립하지 아니하고 창건주에 의하여 임명된 주지가 주도하여 신도들의 시주를 주된 재원으로 하여 이를 건립하였다고 할지라도 특정 신도가 대부분의 자금을 출연하고 건물의 소유권을 보유하되 사찰의 건물로만 제공한다는 등의 특별한 사정이 존재하지 않는 이상 신도들의 시주와 건물 건립은 모두 그 사찰을 위하여 이루어진 것으로서 위 추가로 건립된 사찰건물들 역시 창건주의 소유로 귀속된다).

113) 대판 1986.12.9. 선고 86다카138.

(4) 종단과 개별사찰의 관계

개인사찰도 소유자인 창건주에 의하여 특정 종단 소속의 구「불교재산관리법」(1987.11.28. 법률 제3974호「전통사찰보존법」 부칙 제2조로 폐지) 소정의 불교단체로 등록되고, 그 소유자의 증여에 의하여 사찰재산이 등록된 사찰 자체의 명의로 귀속되게 되었다면, 그 사찰은 그 때부터 사찰로서의 실체를 갖추어 독립한 권리·의무의 귀속주체가 된다.[114]

이렇게 사찰이 특정 종단과 법률관계를 맺고 나면 그 때부터는 소속 종단의 사찰이 되어 당해 소속 종단의 종헌이나 종법을 그 사찰에 대한 자치법규로 삼아 이에 따라야 하고, 사찰의 주지임면권[115] 또한 당해 종단에 귀속되는 등 사찰 자체의 지위나 권한에 중대한 변화를 가져오게 되므로 어느 사찰이 특정 종단에 가입하거나 소속 종단을 변경하기 위하여는 적어도 그 사찰 자체의 자율적인 의사결정이 전제가 되지 않으면 안 된다.[116]

특정 종단에 소속된 비법인재단인 사찰이, 그 소속 종단의 종헌에 따르지 아니하고 그 신도와 승려가 결합하여 그 소속 종단을 탈종하여 다른 종단으로 개종하기로 결의한 경우 이는 그 신도와 승려가 다른 종파의 신도가 되는 데에 그치고 권리능력 없는 재단인 그 사찰의 소속 종단이 변경되는 것은 아니다.[117] 따라서 예전 소속 종단에서 선임한 주지와 바뀐 소속 종단에서 선임한 주지가 있는 경우 위 사찰의 적법한 대표자는 예전 소속 종단에서 선임한 주지이다.[118]

(5) 처분권

비법인재단인 사찰 재산의 관리처분권은 그 사찰을 대표하는 주지에게 일임되어 있다. 따라서 사찰의 주지가 소속 종단의 결의나 승인 등 내부적인 절차를 거

---

114) 대판 1999.6.11. 선고 98다60903.

115) 앞의 89다카2902(사찰이 특정종단과 법률관계를 맺어 그에 소속하게 되면 그 사단의 구성분자로 되는 것이고 이러한 구성분자에 대한 사단의 자치법규인 당해 종단의 종헌, 종법 등이 소속사찰에 적용되게 됨에 따라 소속사찰의 주지 자율임면권은 상실되고 주지임면권은 당해 종단에 귀속된다).

116) 대판 1997.6.13. 선고 96다31468.

117) 대판 1994.12.13. 선고 93다43545.

118) 대판 1995.9.26. 선고 94다41508.

치지 않았다고 하더라도 그 처분행위는 유효하다. 사찰의 목적 수행 및 존립 자체를 위하여 필요불가결한 재산의 처분은 관할관청의 허가 여부와 관계없이 무효이나 이를 일반인에게 처분한 것이 아니고 소속 종단을 달리 하는 종파에게 그 점유를 인정하는 것에 그침으로써 그 재산이 계속 사찰 목적의 수행에 제공되는 경우에는 사찰 기본재산의 처분에 해당하지 아니하여 관할관청의 허가 여부와 관계없이 유효하다.[119]

---

119) 대판 1992.2.11. 선고 91다11049.

제4장 물 건

Ⅰ. 서

지금까지 권리의 주체(자연인, 법인)에 관하여 보았는데, 이러한 권리의 주체를 규정한다면 그에 대응하는 권리의 객체를 상정해 볼 수 있다. 권리의 객체란 권리의 주체가 향유하는 권리의 대상이 되는 것을 말한다.

이런 권리의 대상이 되는 것으로는, 물권인 소유권의 객체로서의 물건, 권리질권의 객체로서의 권리(제345조 이하), 채권인 청구권의 객체로서의 급부행위, 무체재산권의 객체로서의 정보 등 다양한 것들이 있을 수 있는데, 우리 민법 제98조는 '본 법에서 물건이라 함은 유체물 및 전기 기타 관리할 수 있는 자연력을 말한다'고 규정하여 물건에 대해서만 규정하고 있다.[1)]

Ⅱ. 물건의 요건

1. 유체물 또는 관리할 수 있는 자연력

가. 민법상의 의미

일반적으로 사용되는 용법으로서의 물건은 고체·액체·기체와 같이 공간의 일부를 차지하고 사람의 오감에 의해 그 존재를 알 수 있는 유체물과 형태가 없는 무

---

1) 물건에 대한 규정은 물권법에 두는 것이 오히려 적당하다고 할 수도 있다. 그러나 우리 민법은 총칙에서 권리의 주체를 규정하고 있으므로 그에 대응하여 권리의 객체에 관한 규정을 두는 것이 체계상 균형을 취한 것이라고 판단한 듯하다. 그러나 권리의 객체가 너무나 다양하고 많아서 이에 관한 일반적 규정을 두는 것은 불가능하여 물건에 대해서만 규정하고 있다. 물건은 물권의 가장 중요한 객체이기도 하지만 채권이나 기타 다른 권리와도 관련을 맺는 경우가 많다.

체물(전기·열·빛·음향·전파에너지와 같이 상상 속에서만 존재하는 것)로 나뉜다.

그러나 우리 민법에서 의미하는 제98조상의 '물건'은 앞에서 본 것처럼 '유체물'과 '무체물 중 전기 기타 관리할 수 있는 자연력'을 물건으로 보고 있다. 따라서 과학기술이 발전하여 무체물 중 관리할 수 있는 범위가 넓어지면 물건의 범위도 확대될 것이다.

나. 유체물 중 관리할 수 없는 것은 물건이 아닌가.

'관리할 수 있는'이라는 수식어는 자연력에만 걸리는 것으로 보이나 유체물에도 관리가능성은 필요하다고 해야 한다. 물건을 대상으로 하는 소유권이나 그 외 물권은 그 객체인 물건에 대하여 타인의 이용을 배제하는 것이 가능한 지배권을 중핵으로 하는데, 관리가능하지 않으면 타인이 권리를 침해하였는지 판단하기가 어렵고, 또 타인의 침해에 대한 배제를 청구할 수도 없어 그런 것을 물건으로 인정할 의미가 없다. 따라서 유체물인 해, 달, 화성 등은 관리가능하지 않기 때문에 민법상의 물건이 아니다.

2. 독립한 물건

타인의 이용 등의 침해를 배제하기 위한 대상이 되려면 침해여부를 판단할 수 있는 독립된 물건이어야 하고 원칙적으로 다른 물건의 일부나 구성부분 또는 물건의 집단이어서는 아니 된다. 독립된 하나의 물건인지의 여부는 사회관념에 의하여 결정할 수밖에 없다. 즉 타이어는 그 자체 하나의 독립된 물건이지만, 자동차에 부착되어 있는 타이어는 자동차의 구성부분에 불과하고 독립된 하나의 물건으로 볼 수 없다.

이런 독립된 하나의 물건에는 하나의 권리만이 존재한다는 원칙을 일물일권주의(一物一權主義)라고 한다. 물권법상의 기본원칙이다.

3. 사람의 신체

사람인 자연인은 권리의 주체이지만, 아울러 권리의 객체라는 측면도 있다. 즉 장기, 혈액, 정자, 난자, 유체(遺體), 유골(遺骨) 등은 권리의 객체가 될 수 있다.

이런 장기나 혈액, 정자, 난자 등은 인체에 있을 때는 권리주체의 일부로서 물건으로 취급해서는 아니 된다. 그러나 사회질서에 반하지 않는 한 인체의 일부를 분리하는 계약(절단수술의 경우나 장기이식을 위한 수술의 경우) 또는 분리된 신체를 처분하는 계약(대학병원에 연구목적으로 기증하는 경우)은 유효하다.

판례는 유체나 유골은 상속인들이 공동으로 상속받는 것이 아니라 제1008조의3을 준용하여 제사용 재산인 분묘와 함께 제사주재자에게 승계된다고 보면서 제사주재자는 공동상속인들의 협의에 의해 정해지지만 협의가 이루어지지 않으면 특별한 사정이 없는 한 망인의 장남(장남이 이미 사망한 경우에는 장남의 아들, 즉 장손자)이 제사주재자가 되고, 공동상속인들 중 아들이 없는 경우에는 망인의 장녀가 제사주재자가 된다고 하며, 여기서의 '특별한 사정'이란 '중대한 질병, 심한 낭비와 방탕한 생활, 장기간의 외국 거주, 생계가 곤란할 정도의 심각한 경제적 궁핍, 평소 부모를 학대하거나 심한 모욕 또는 위해를 가하는 행위, 선조의 분묘에 대한 수호관리를 하지 않거나 제사를 거부하는 행위, 합리적인 이유 없이 부모의 유지(遺志) 내지 유훈(遺訓)에 현저히 반하는 행위 등으로 인하여 정상적으로 제사를 주재할 의사나 능력이 없다고 인정되는 경우'라고 한다.[2)]

4. 인터넷 상의 가상자산

요즘 인터넷상에서 거래되는 비트코인이나 NFT(non-fungible token) 등의 가상자산을 물건으로 볼 수 있는지가 문제로 될 수 있다. 이 문제는 물건으로 보느냐 아니냐에 따라 물권적 청구권을 행사하는 등의 물권에 관한 법리를 적용시킬 수 있느냐 하는 문제와도 밀접하게 관련된다.

위와 같은 가상자산은 유체물도 아니고 관리가능한 자연력도 아닌 전자적 신호에 불과하다고 할 것이므로 물건으로 볼 수 없다고 할 것이다.

대판 2021.11.11. 선고 2021도9855는 '비트코인은 경제적인 가치를 디지털로 표상하여 전자적으로 이전, 저장과 거래가 가능하도록 한 가상자산의 일종으로 사기죄의 객체인 재산상의 이익에 해당한다'고 하여 재물(財物), 즉 물건으로 보지

---

2) 대판(전합체) 2008.11.20. 선고 2007다27670. 나아가 이 판결은 망인이 자신의 유체나 유골에 관하여 처분방법이나 매장장소를 지정하는 경우, 이는 법정 유언사항에 해당하지 아니하여 이러한 망인의 의사를 존중해야 하는 의무는 도의적인 것에 그치고 제사주재자를 구속하지는 않는다고 판시한다.

않는 입장이다. 이에 비추어 보면 우리 판례는 비트코인 등의 각종 코인이나 NFT 등은 민법상의 물건으로 보지 않는 태도라고 할 수 있다.

Ⅲ. 물건의 종류

1. 단일물, 합성물, 집합물

가. 단일물

단일물이란 형체상 단일한 일체를 이루고 각 구성부분이 개성을 잃고 있는 물건을 말한다. 즉 고무, 휠 등이 합하여 단일물인 하나의 타이어가 된다. 단일물은 하나의 물건이다.

나. 합성물

합성물이란 여러 개의 물건이 각각 개성을 잃지 않고 결합하여 단일한 형태의 물건을 이루는 것을 말한다. 예를 들면 자동차는 타이어, 엔진, 의자 등의 각각의 물건이 결합되어 만들어진 하나의 물건이라고 할 것이므로 합성물이다. 이것도 하나의 물건으로 취급한다.

합성물의 구성부분 중의 하나가 소유자를 달리하는 경우에는 제256조 이하의 첨부에 관한 규정이 적용되어, 분리할 수 없거나 분리하는데 과다한 비용이 요할 때에는 그 합성물의 소유권을 한 사람에게 부여하든지 혹은 공유로 하고 있다.

다. 집합물

집합물이란 다수의 각기 독립된 물건(단일물 또는 합성물)을 한 묶음으로 하여 경제적으로나 거래상 하나로 다루는 것을 말한다.

이런 집합물에 관하여는 특별법에 의하여 하나의 물건으로 취급하는 경우가 있다. 예컨대 「공장 및 광업재단저당법」에 의하면 공장 소유자는 토지 뿐 아니라 토지에 부합된 물건과 그 토지에 설치된 기계, 기구, 그 밖의 공장의 공용물에 관하여도 목록에 기재하여 공장토지 저당권을 설정할 수 있고(동법 제3조, 제6조), 또

하나 또는 둘 이상의 공장으로 공장재단을 설정하여 저당권의 목적으로 할 수도 있다(동법 제13조).

문제는 이런 특별법의 적용을 받지 않는 물건에 대하여도 집합물을 하나의 물건으로 취급할 수 있는지 이다.

판례는 '일반적으로 일단(一團)의 증감 변동하는 동산을 하나의 물건으로 보아 이를 채권담보의 목적으로 삼으려는 이른바 집합물에 대한 양도담보설정계약체결도 가능하며 이 경우 그 목적 동산이 담보설정자의 다른 물건과 구별될 수 있도록 그 종류, 장소 또는 수량지정 등의 방법에 의하여 특정되어 있으면 그 전부를 하나의 재산권으로 보아 이에 유효한 담보권의 설정이 된 것으로 볼 수 있다'라고 판시하여[3] 구성물인 동산의 수가 변동이 없는 고정집합물 뿐 아니라 증감변동하는 유동집합물에 대하여도 하나의 물건으로 취급할 수 있다고 보고 있다.

2. 융통물(融通物), 불융통물(不融通物)

융통물은 사법상의 거래의 객체가 될 수 있는 물건을 말하고, 불융통물은 그렇지 않은 물건을 말한다. 불융통물에는 국가나 지방자치단체의 소유로서 공적 목적에 사용되는 공용물(청와대나 시청 건물 등), 공중의 일반적인 사용에 제공되는 공공용물(공원 등), 마약 등과 같이 법으로 거래를 금지한 금제물(禁制物)이 있다. 공용물이나 공공용물은 공용폐지가 된 후에야 융통물이 된다. 이는 거래의 가능 여부와 관련된 분류법이다.

3. 가분물(可分物), 불가분물(不可分物)

물건의 성질 또는 가치를 현저하게 손상시키지 않고도 분할할 수 있는지 여부에 따른 분류법으로 위와 같이 분할할 수 있는 것이 가분물이고, 그렇지 않은 것이 불가분물이다. 가분물인지 불가분물인지는 물건의 객관적 성질에 따라 결정되지만, 당사자의 의사에 기하여 가분물을 불가분물로 할 수도 있다.[4]

예를 들면 따로 떨어져 건립된 건물 2동을 각기 독립된 건물로 등기하여 2개의

---

3) 대판 1990.12.26. 선고 88다카20224.

4) 의사표시에 의한 불가분물의 예로 제409조의 불가분채권을 드는데, 채권은 물건이 아님에도 물건의 분류 중의 불가분물의 예로 불가분채권을 드는 것은 부적절하다.

다른 물건으로 할 수도 있지만, 소유자의 의사에 따라 한 건물을 주된 건물로 하고 한 건물은 주된 건물의 창고나 화장실 등의 부속건물로 하여 두 건물을 불가분물로 취급하게 할 수도 있다.

4. 대체물(代替物), 부대체물(不代替物)

거래상 물건의 개성이 중요하지 않고 동종, 동질, 동량의 물건으로 바꾸더라도 영향이 없는 물건이 대체물이고(금전, 술, 기름, 신차 등), 물건의 개성이 중요하여 대체성이 없는 물건이 부대체물이다(건물, 그림, 한정판 중고자동차 등).

대체성 여부는 물건의 개성이라는 객관적 기준에 의하여 구분되고, 소비대차(제598조), 소비임치(제702조)의 대상이 된다.

5. 특정물, 불특정물

예 4-1

A가 B에게 갑회사 제품의 신제품 노트북 N의 보관을 의뢰하였다. 그런데 B가 보관하던 중 노트북이 훼손되었다.

특정물은 당사자가 물건의 개성을 중시하여 동종의 다른 물건으로 바꾸지 못하게 지정한 물건을 말하고, 불특정물은 당사자가 물건의 종류, 수량, 품질만을 정하고 '이 물건'이라고 지정하지 않아 동일한 종류, 수량, 품질로 바꿀 수 있는 경우의 물건을 말한다. 이런 분류는 당사자의 의사에 기한 주관적인 구분으로, 채권의 목적물의 보관의무(제374조), 특정물의 현상인도(제462조), 채무변제의 장소(제467조), 매도인의 담보책임(제570조 이하) 등에서 실익을 가진다. 대체물이 불특정물이고, 특정물이 부대체물인 경우가 일반적이나 항상 그런 것은 아니다.

위 예에서 보면 노트북은 대체물이지만 B가 반환하여야 할 노트북은 'A가 맡긴 노트북 N'이고 '갑회사의 N과 동일한 모델·사양과 색상의 노트북'이 아니다(통상의 경우 물건을 보관시킨 경우에는 보관시킨 그 물건 자체를 반환해야 할 것이지 그와 동일한 다른 물건을 반환해도 좋다는 의미는 아닐 것이다). 이런 의미에서 노트북 N은 특정물이다.

그런데 제462조가 '특정물의 인도가 채권의 목적인 때에는 채무자는 이행기의 현상대로 그 물건을 인도하여야 한다'고 규정하고 있으므로, 노트북 N의 매매계약에 있어서 매매계약의 목적물이 '노트북 N'으로 지정되어 특정물로 된 경우, 이행기에 고장이 나 있으면 고장난 채로 인도하는 것만으로 매매계약에서의 특정물의 인도의무를 이행한 것이냐에 관하여 논란이 있다.

이는 채권총론에서 다루어야 할 것으로서 특정물도그마와도 관련되는 논의이다. 생각건대 제462조는 현재 지지를 받지 못하는 이론인 특정물도그마에 기초한 것으로 위 규정은 가급적 적용하지 않는 것이 적절하다. 따라서 위 규정보다는 '당사자들의 약정내용'에 관한 해석을 통하여 적절하게 규율해야 할 것이다. 즉 위 매매의 예에서 계약의 해석을 통하여 고장나지 않은 완전한 노트북을 인도하는 것이 채무의 내용으로 확정된다면, 고장난 노트북을 인도하는 것은 채무의 내용에 좇은 이행이 아니라고 해야 할 것이다(제390조). 이런 경우에는 추완청구권과 특정 후의 변경권의 문제와도 관련이 되는데 자세한 것은 채권총론에서 논한다.[5)]

Ⅳ. 동산과 부동산

1. 구분의 의미

동산과 부동산의 구분은 물건의 분류 가운데 가장 중요한 분류다.

이 구분이 중요한 이유는 동산이냐 부동산이냐에 따라 권리관계(소유권 등 물권)를 공시하는 방법을 달리하고 있기 때문이다. 즉 부동산은 등기로서 권리관계를 공시하지만, 동산은 점유로서 권리관계를 공시한다. 이처럼 공시방법을 달리하는 이유는, 부동산은 이동이 불가능하므로 소재지에 직접 가서 그 물질적 상태를 확인할 수 있지만, 동산은 너무나 다양하고 수도 많으며 이동이 용이하여 그 소재지를 파악하기도 어렵고 따라서 그 물질적 상태를 확인하기도 어렵기 때문이다.

그러나 이와 같은 원칙에 대해서 예외도 있다. 즉 동산 중에도 자동차, 중기, 선박 등에 대해서는 그 권리관계를 등기나 등록으로 공시하고 있다.

---

5) 채권자가 수리를 요구하는 경우 그 수리비가 과다한 때에도 채무자는 응해야 하는지, 이런 때에는 다른 노트북으로 대체하여 이행해도 되는지 등도 검토되어야 한다.

2. 부동산

부동산은 토지와 그 정착물을 말한다(제99조 제1항).

가. 토지

(1) 토지는 인위적으로 구획된 일정 범위의 지면에 사회관념상 정당한 이익이 있는 범위 내에서의 상하를 포함하는 육지이다.[6] 토지의 개수는 지적공부[7]상의 분계선에 의하여 결정되고, 어떤 토지가 지적공부상 1필의 토지로 등록되면 그 지적공부상의 경계가 현실의 경계와 다르다 하더라도 다른 특별한 사정이 없는 한 그 소유권의 범위는 지적공부상의 등록, 즉 지적도상의 경계에 의하여 특정되며 토지의 경계는 공적으로 설정·인증된다. 토지는 이와 같이 그 자체로는 물리적으로 경계가 없는 무정형의 물건이어서 소유자의 의사에 의한 구획이 천차만별일 수 있으므로, 거래의 객체가 되는 단위를 공권적으로 구획하는 것이 필수적이다.[8]

판례는, 지적도상의 경계표시가 분할측량의 잘못 등으로 사실상의 경계와 다르게 표시되었다 하여도 그 매매당사자가 지적공부에 의하여 소유권의 범위가 확정된 토지를 매매할 의사가 아니고 사실상의 경계대로의 토지를 매매할 의사를 가지고 매매한 사실이 인정되는 등 특별한 사정이 없는 한 사실상의 경계에 관계없이 지적공부에 기재된 지번, 지목, 지적 및 경계에 의하여 소유권의 범위가 확정된 토지를 매매한 것으로 보아야 할 것이고, 그 매매 당사자가 그 토지의 실제의 경계가 지적공부상의 경계와 상이한 것을 모르는 상태에서 당시 실제의 경계를 대지의 경계로 알고 매매하였다고 해서 매매당사자들이 지적공부상의 경계를 떠나 현실의 경계에 따라 매매목적물을 특정하여 매매한 것이라고 볼 수는 없다고 한다.[9]

---

6) 제212조는 '토지의 소유권은 정당한 이익있는 범위 내에서 토지의 상하에 미친다'고 규정한다.

7) 「공간정보의 구축 및 관리 등에 관한 법률」 제2조 제16호는 '지적공부란 토지대장, 임야대장, 공유지연명부, 대지권등록부, 지적도, 임야도 및 경계점좌표등록부 등 지적측량 등을 통하여 조사된 토지의 표시와 해당 토지의 소유자 등을 기록한 대장 및 도면(정보처리시스템을 통하여 기록·저장된 것을 포함한다)을 말한다'고 규정한다.

8) 대판(전합체) 2013.01.17. 선고 2010다71578.

9) 대판 1993.5.11. 선고 92다48918(본소), 48925(반소).

(2) 암석, 토사, 지하수 등은 토지의 구성부분으로서 독립된 물건이 아니다. 토지에 부존되어 있는 미채굴의 광물에 대해서는 토지소유자라도 함부로 채굴할 수 없고 국가에 의하여 채굴할 권리를 부여받아야만 채굴할 수 있다(광업법 제2조). 여기서 '미채굴 광물'의 법적 성격에 관하여, 국유에 속하는 독립한 부동산이라는 견해와 토지소유자의 소유권이 미치는 토지구성부분이지만 국가의 배타적인 채굴취득허가권의 객체라는 견해로 나뉘는데, 후자의 견해가 타당하다고 생각한다.

나. 토지의 정착물

(1) 의의

민법은 토지 외에 그 토지의 정착물도 부동산으로 보고 있다. 토지의 정착물이란 토지에 고정되어 용이하게 이동할 수 없는 상태대로 사용하는 것이 그 물건의 거래상의 속성으로 인정되는 것을 말한다.

토지의 정착물 중에는 토지의 소유권에 흡수되지 않는 것과 흡수되는 것이 있다. 위와 같은 정착물을 토지 소유자가 아닌 자가 설치한 경우, 그 정착물이 토지의 소유권에 흡수되는지 여부는 본조가 아니라 부합에 관한 규정에 의하여 판단해야 할 것이다.[10]

(가) 토지의 소유권에 흡수되지 않는 것

건물이 대표적이다. 그 외 명인방법을 갖춘 입목(立木), 지름 11m, 높이 약 50m의 원형 싸이로 30기와 내부에 곡물 등의 이송·배출·훈증·집진 등을 위한 기계설비 등이 갖추어진 싸이로시설,[11] 임야내의 자연석을 조각하여 제작한 석불[12] 등이 이에 속한다.

---

10) 대결 1990.1.23. 자 89다카21095(토지의 사용대차권에 기하여 그 토지상에 식재된 수목은 이를 식재한 자에게 그 소유권이 있고 그 토지에 부합되지 않는다 할 것이므로 비록 그 수목이 식재된 후에 경매에 의하여 그 토지를 경락받았다고 하더라도 경락인은 그 경매에 의하여 그 수목까지 경락취득하는 것은 아니라고 할 것이다). 이 판결은 명인방법을 취하지 않은 수목에 관하여 제256조 단서에 의하여 토지의 소유권에 흡수되지 않고 식재한 자의 소유에 속한다고 한 것이다.

11) 대판 2009.8.20. 선고 2008두8727.

12) 대판 1970.9.2. 선고 70다1494(임야에 있는 자연석을 조각하여 제작한 석불이라도 그 임야의 일부분을 구성하는 것이라고는 할 수 없고 임야와 독립된 소유권의 대상이 된다). 이 판결이 석불을 부동산으로 본 것인지, 동산으로 본 것인지는 알 수 없다.

이런 것들은 토지 소유권에 흡수되지 않는 독립된 물건이므로 토지 소유자가 아닌 다른 사람이 소유할 수 있다.

(나) 토지 소유권에 흡수되는 것

여기에는 논둑, 교량, 도랑, 돌담, 대지에 정착된 레일이나 아스팔트 포장, 터널 등과 같이 그 정착물이 토지의 구성부분으로 되는 것과, 독립하여 거래의 객체가 될 수 있지만 명인방법을 취하지 아니한 때의 입목이 있다.

전자는 토지 소유자 외의 자가 자신의 비용으로 설치하더라도 그의 소유로 될 수 없는데 반하여, 후자는 명인방법이라는 공시방법을 취하면 토지소유자 외의 자의 소유로 될 수 있는 점에서 차이가 있다.

(다) 토지의 정착물로 보기 어려운 것

가건물, 가식(假植) 중인 수목, 컨테이너 등은 이동이 용이하므로 토지의 정착물이라고 보기 힘들다. 따라서 이런 것들은 동산으로 보아야 한다.

(2) 건물

(가) 의의

건물은 일정한 면적과 공간의 이용을 위하여 지상, 지하에 건설된 구조물을 말한다. 건물은 동산인 목재, 모래, 시멘트 등을 이용하여 조작함으로써 단계적으로 완성되어 가는데 어느 단계에 이르렀을 때 동산의 집합체인 구조물이 독립된 부동산으로서의 건물이 되는지는 건물 소유권의 양도방법과 관련하여 대단히 중요하다.[13]

건물에는 단독주택과 같이 1동의 건물이 하나의 부동산이 되는 단독건물과 아파트와 같이 1 동의 건물의 각 부분을 독립된 하나의 부동산으로서의 건물로 취급하는 구분건물(또는 집합건물)[14]이 있는데, 판례는 건물의 성립시기와 건물의 개수에 관하여 위와 같은 건물의 종류에 따라 조금씩 다른 판단을 보여주고 있다.

---

13) 동산의 집합체라고 보면 점유의 이전으로 소유권이 이전되지만, 부동산이라고 보면 건물등기부가 만들어져 그 등기부에 소유권 이전등기가 되어야 소유권이 이전되고 점유의 이전 여부는 소유권의 변동과 무관하다.

14) 민법 제215조 제1항은 건물의 구분소유라고 하여, '수인이 한 채의 건물을 구분하여 각각 그 일부분을 소유한 때'라고 표현하고 있다.

(나) 건물의 성립시기

1) 판례는 일반적인 기준으로 '독립된 부동산으로서의 건물이라고 하기 위해서는 건물로서의 용도를 갖춘 때라고 할 수 있는 최소한의 기둥과 지붕 그리고 주벽(사방을 두른 벽)이 이루어진 때'라 한다.[15] 따라서 단독주택의 경우에는 위와 같은 일반적인 기준에 따라 판단하면 된다.

2) 그러나 집합건물의 경우에는 독립된 각 구분건물이 위와 같은 일반적인 기준에 충족된 때에 각 구분건물이 부동산으로 되는 것인지, 아니면 전체로서의 한 동의 건물 전체는 물론이고 각 구분건물도 위와 같은 기준을 충족하여 각 구분건물의 구분이 확실하게 된 때에 부동산이 되는지가 문제로 된다.

이와 관련하여 판례는 일관되지 않은 태도를 보여준다. 즉 판례 중에는 집합건물 중 일부의 구분건물이 완성되면 그 부분에 한하여 부동산이 될 수 있다고 본 판례[16]가 있는가 하면 구조와 형태가 원래의 설계 및 건축허가의 내용과 동일하다고 인정되는 정도로 건물을 축조한 경우에 건물 전체를 하나의 소유권의 객체로 보아 그 소유권을 원시취득한다고 보아야 하고, 건축허가를 받은 구조와 형태대로 축조된 전체 건물 중에서 건축공사가 중단될 당시까지 기둥과 지붕 그리고 둘레 벽이 완성되어 있던 층만을 분리해 내어 이 부분만의 소유권을 독립된 부동산으로 보아서는 아니 된다고 한 것도 있다.[17]

생각건대 집합건물로 하려는 의사(구분의사)로 건물을 축조하였다면 적어도 각 구분건물별로 부동산이 되었는지 여부를 따져야 할 것이므로 전자의 판결의 태도가 타당하다고 할 것이다.

(다) 건물의 개수

1) 건물의 개수는 토지와 달리 공부상의 등록에 의하여 결정되는 것이 아니라 사회통념 또는 거래관념에 따라 물리적 구조, 거래 또는 이용의 목적물로서 관찰한 건물의 상태 등 객관적 사정과 건축한 자 또는 소유자의 의사 등 주관적 사정

15) 대판 2003.5.30. 선고 2002다21592, 21608.

16) 대판 2001.1.16. 선고 2000다51872는 지하 1,2층 및 지상 7층의 주상복합건물로 설계되었으나 지하 1,2층과 지상 1층까지의 콘크리트 골조 및 기둥, 천장공사가 완료되어 있고, 지상 1층의 전면에서 보아 좌측 벽과 뒷면 벽 그리고 내부 엘리베이트 벽체가 완성되어 있는 상태라면 지상 1층만으로 구분건물로서 독립된 부동산이라고 할 수 있다고 한다.

17) 대판 2006.11.9. 선고 2004다67691.

을 참작하여 결정된다.[18]

2) 단독건물의 경우에는 건물이 독립되어 있으므로 1개의 건물이 1개의 부동산으로 되는 것이 원칙이다. 그러나 소유자의 의사에 따라 수개의 건물을 1개의 부동산으로 할 수도 있다. 예컨대 본채와 떨어져서 따로 독립된 건물이 있더라도 그 건물을 창고나 변소, 목욕탕 등으로 본채의 부속된 용도의 건물로 하여 1개의 부동산으로 등기하는 경우에는 1개의 부동산이 된다.

3) 한편 구분건물의 경우, 1동의 건물을 단독건물처럼 하나의 부동산으로 할 것인지, 아니면 수개의 구분건물로 나누어 복수의 부동산으로 할 것인지는 소유자의 의사에 달린 것이므로 구분건물로 하겠다는 소유자의 의사(구분의사)가 명확하게 드러나야 하고, 아울러 그 구분건물로 된 건물의 일부분이 구조상, 이용상의 독립성이 있어야만 한다.[19] 따라서 설사 구분건물로 등기되어 있다고 하더라도 구조상, 이용상의 독립성이 없다면 구분건물이 될 수 없고 그 등기는 무효의 등기다. 그리고 구분건물에서의 경계는 사회통념상 독립한 건물로 인정되는 건물 사이의 현실의 경계에 의하여 특정되는 것이므로, 이러한 의미에서 건물의 경계는 (토지와 달리) 공적으로 설정 인증된 것이 아니고 단순히 사적관계에 있어서의 소유권의 한계선에 불과하다.[20]

4) 이처럼 건물 또는 구분건물의 개수는 토지와 달리 공부상의 등록에 의하여 결정되는 것이 아니라 사회통념 또는 거래관념에 따라 물리적 구조, 거래 또는 이용의 목적물로서 관찰한 건물의 상태 등 객관적 사정과 건축한 자 또는 소유자의 의사 등 주관적 사정을 참작하여 결정되고, 건축물대장의 등록은 이와 같이 결정된 건물의 개수를 사후적으로 반영하는 기능을 할 뿐이다.[21]

---

18) 대판 1997.7.8. 선고 96다36517.

19) 대판 1999.7.27. 선고 98다35020(1동의 건물 중 구분된 각 부분이 구조상, 이용상 독립성을 가지고 있는 경우에 그 각 부분을 1개의 구분건물로 하는 것도 가능하고, 그 1동 전체를 1개의 건물로 하는 것도 가능하기 때문에, 이를 구분건물로 할 것인지 여부는 특별한 사정이 없는 한 소유자의 의사에 의하여 결정된다고 할 것이므로, 구분건물이 되기 위하여는 객관적, 물리적인 측면에서 구분건물이 구조상, 이용상의 독립성을 갖추어야 하고, 그 건물을 구분소유권의 객체로 하려는 의사표시 즉 구분행위가 있어야 하는 것으로서, 소유자가 기존 건물에 증축을 한 경우에도 증축 부분이 구조상, 이용상의 독립성을 갖추었다는 사유만으로 당연히 구분소유권이 성립된다고 할 수는 없고, 소유자의 구분행위가 있어야 비로소 구분소유권이 성립된다고 할 것이다).

20) 위 96다36517 판결.

21) 앞의 2010다71578 판결.

(3) 수목의 집단

토지에서 자라는 수목은 토지의 구성부분으로서 토지 소유권에 속하는 것이 원칙이다.[22] 그러나 특별법이나 판례에 의하여 일정한 경우 토지와 분리하여 독립된 거래의 객체로 다루는 경우가 있다.

(가) 「입목(立木)에 관한 법률」에 의한 입목

「입목에 관한 법률」에 따르면, 토지에 부착된 수목의 소유자는 토지와 분리하여 양도하거나 저당권을 설정할 목적으로 1필의 토지의 전부나 일부에 부착된 수목에 관하여 그 수종(樹種), 수량(數量) 및 수령(樹齡)과 도면 등을 첨부하여 그 수목에 관하여 소유권보존등기 또는 저당권설정등기를 할 수 있다(제2조, 제3조, 제15조, 제18조, 제21조). 이렇게 입목에 관하여 소유권보존등기나 저당권설정등기가 되면 토지를 처분하거나 지상권을 설정하는 등의 처분을 하더라도 입목의 소유권에는 미치지 않고(제3조 제3항), 독립된 부동산으로 취급한다(제3조 제1항).

(나) 「입목에 관한 법률」의 적용을 받지 않는 수목

예 4-2

(1) A가 B에게 자신의 임야를 임대하였고, B가 그 임야에 수목을 식재하였다. 그 후 A가 C에게 임야의 소유권을 양도하고 소유권 이전등기를 해 주었다. C가 위 임야상의 수목을 잘라서 목재로 사용하였다. 그러자 B는 C를 상대로 그 수목은 자신의 소유라고 하면서 손해배상을 구하였다. 이에 대해 C는 위 수목에 관하여 아무런 명인방법이 취해져 있지 않았으므로 그 수목은 토지에 부합되었고, 따라서 C가 임야와 함께 그 수목의 소유권을 취득하였다고 주장하였다.

(2) A는 자신의 임야에 수목을 식재하여 키우던 중 B에게 임야상의 수목만을 매도하였다. B는 위 수목에 관하여 아무런 명인방법을 갖추지 않았다. 그 후 A가

---

22) 대판 1989.7.11. 선고 88다카9067(민법 제256조 단서 소정의 "권원"이라 함은 지상권, 전세권, 임차권 등과 같이 타인의 부동산에 자기의 동산을 부속시켜서 그 부동산을 이용할 수 있는 권리를 뜻하므로 그와 같은 권원이 없는 자가 토지소유자의 승낙을 받음이 없이 그 임차인의 승낙만을 받아 그 부동산 위에 나무를 심었다면 특별한 사정이 없는 한 토지소유자에 대하여 그 나무의 소유권을 주장할 수 없다), 대판 1998.4.24. 선고 97도3425(타인의 토지상에 권원 없이 식재한 수목의 소유권은 토지소유자에게 귀속하고 권원에 의하여 식재한 경우에는 그 소유권이 식재한 자에게 있으므로, 권원 없이 감나무를 식재한 자가 그 감나무에서 감을 수확한 것은 절도죄에 해당한다).

위 임야를 C에게 매도하여 소유권 이전등기까지 경료하였다. C가 위 임야상의 수목을 벌채하려 하자 B가 위 수목은 자신의 소유라고 하면서 벌채하지 못하게 방해하였다.

1) 수목 소유권의 공시방법

판례는, 「입목에 관한 법률」에 따라 수목에 관하여 소유권보존등기나 저당권설정등기를 하지 않더라도 '명인방법(明認方法)'이라는 공시방법을 갖추면 토지와 분리하여 독립된 거래의 객체로서 취급하는 것을 인정하고 있다.[23)]

'명인방법'이란 관습법에 의해 인정되는 공시방법으로서 나무껍질을 깎아 거기에 소유자의 이름을 써두거나 또는 수목 주변에 새끼줄을 치고 소유자의 이름을 기재한 표찰을 붙여놓아 사람들에게 알리는 방법을 말한다.[24)] 그러나 단순히 토지 주위에 울타리를 치고 그 안에 수목을 정원수로 심어 가꾸는 것만으로는 명인방법을 갖춘 것으로 볼 수 없다.[25)]

2) 위 예 (1)의 경우

원래 명인방법을 취하지 않은 위 임야상의 수목은 임야에 부합되어 제256조 본문에 의하여 임야의 소유자 A에게 귀속하여야 하지만, B가 임야 소유자인 A로부터 임야 사용권을 취득하여 수목을 식재한 것이므로 제256조 단서에 따라 수목은 토지 소유자의 소유권에 속하지 않고 B가 수목의 소유권을 가진다.[26)] 따라서 A는 자신의 소유가 아닌, '수목을 제외한 임야'만을 C에게 매도하였다고 보아야 하거나 또는 설사 A가 수목을 포함한 임야를 매도하였다고 하더라도 C로서는 A소유가 아닌 수목의 소유권을 취득할 수는 없다.[27)]

---

23) 대결 1976.11.24.자 76마275.

24) 대판 1989.10.13. 선고 89다카9064(명인방법의 실시는 법률행위가 아니며 목적물인 입목이 특정인의 소유라는 사실을 공시하는 팻말의 설치로 다른 사람이 그것을 식별할 수 있으면 명인방법으로서는 충분한 것이니, 갑이 제3자를 상대로 입목소유권확인판결을 받아 확정된 후 법원으로부터 집행문을 부여받아 집달관에게 의뢰하여 그 집행으로 집달관이 임야의 입구부근에 그 지상입목들이 갑의 소유에 속한다는 공시문을 붙인 팻말을 세웠다면, 비록 확인판결이 강제집행의 대상이 될 수 없어서 위 확인판결에 대한 집행문의 부여나 집달관의 집행행위가 적법시 될 수 없더라도 집달관의 위 조치만으로써 명인방법이 실시되었다고 할 것이니 그 이후 임야의 소유권을 취득한 자는 갑의 임목소유권을 다툴 수 없다).

25) 대판 1991.4.12. 선고 90다20220.

26) 이 경우 수목에 대한 소유권의 취득은 제256조 단서에 의한 것으로서 원시취득이고, 제187조에 의하여 공시방법(명인방법)을 취하지 않더라도 소유권을 취득한다.

만일 A가 수목을 포함한 임야를 매도하였고 당시 수목에 관하여 명인방법이 취하여져 있지 않았기 때문에 C가 수목의 소유권이 A에게 있는 것으로 알았고(선의) 이런 선의에 관하여 과실이 없었다고 하면 제249조에 의해 C가 수목의 소유권을 선의취득할 수 있는지가 문제로 될 수 있을 것이나, 수목은 토지의 정착물로 시 부동산으로 보아야 할 것이므로 동산에만 적용되는 선의취득규정은 적용될 수 없고 따라서 C는 위 수목을 선의취득할 수 없어 B가 위 수목의 소유자라고 할 것이다. 결국 C는 B에게 벌채한 수목에 관하여 손해배상을 해 주어야 할 것이다.

3) 위 예 (2)의 경우

원칙적으로 임야상의 수목은 임야 소유권에 귀속하는 것이다. 그러나 임야상의 수목에 관하여 명인방법을 취하면 임야와 독립하여 거래의 대상이 될 수 있는데, A로부터 수목을 매수한 B가 그 수목에 관하여 명인방법을 취하지 않았고(A소유인 수목을 B가 법률행위인 매매로 소유권을 취득하기 위해서는 제186조에 따라 명인방법이라는 공시방법을 취하여야 한다), 그런 상태에서 C가 임야와 함께 수목을 매수하였고 그 소유권 이전등기까지 경료하고 있다. 임야상의 수목은 토지의 정착물로서 부동산으로 보아야 하므로 이는 결국 부동산의 이중양도와 같은 이론으로 해결할 수밖에 없을 것이다.[28] 즉 A로부터 부동산으로 취급받는 수목을 양수한 B와 C 중 누가 먼저 공시방법을 취하였느냐로 결정해야 할 것이다. 따라서 B가 수목에 관한 명인방법을 먼저 취했는지, 아니면 C가 임야에 관한 소유권 이전등기를 B의 명인방법보다 먼저 하였는지[29]에 따라 결정된다고 할 것이다.

위 예 (2)에서 B에 의해 수목에 관한 공시방법인 명인방법이 취해지기 전에 C가 임야에 관하여 소유권 이전등기를 함으로써 임야상의 수목에 관한 소유권의 취득을 공시하였으므로 C가 수목의 소유권을 취득한다고 보아야 할 것이다.

(4) 미분리(未分離)의 과실(果實)

과일(배, 사과, 감 등)과 같이 아직 분리되지 않은 과실은 수목의 일부에 지나지

---

27) 앞의 89다카21095 판결 참조.

28) 제186조는 '부동산에 관한 법률행위로 인한 물권의 득실변경은 등기하여야 효력이 생긴다'고 규정하고 있으므로, B가 A와의 법률행위인 매매로 인하여 임야를 제외한 수목만의 소유권을 취득하기 위해서는 수목의 공시방법인 명인방법으로 소유권의 변동을 공시해야 할 것이다.

29) 공시방법인 명인방법을 취하지 않은 수목은 임야 소유권에 귀속되므로 토지등기부에 임야의 소유자로 등기되면 임야상의 수목에 대하여도 공시방법을 취하였다고 보아야 할 것이다.

않는다. 그런데 판례는 이것도 명인방법을 갖추면 독립한 물건으로서 거래의 객체가 될 수 있다고 한다.

이 경우 미분리의 과실이 동산인지 부동산인지가 다투어진다. 만일 미분리의 과실을 동산으로 보면 앞의 예 4-2에서 보듯이 선의취득을 인정할 여지가 있음에 반하여, 부동산으로 보면 선의취득을 인정할 여지가 없다. 과실을 동산으로 보게 되면 과실이 달린 과목(果木)은 부동산으로 보아 선의취득을 인정하지 않으면서 그 과목에 달린 과실은 동산으로 본다는 것이 되어 이상한 결과가 된다. 생각건대 미분리의 과실은 부동산물권변동의 법리에 따라서 해결해야 할 것이다.[30]

민사집행법 제189조 제2항은 '토지에서 분리하기 전의 과실로서 1월 이내에 수확할 수 있는 것에 해당하면 유체동산으로 보아 압류할 수 있다'고 규정하는데, 과실은 제때 수확하지 않으면 썩어서 가치가 없어지므로 기간이 오래 걸리는 토지에 대한 부동산집행과 분리하여 과실만에 대한 강제집행을 신속하게 하기 위한 절차상의 편의를 위한 것이라고 보아야 할 것이고 이 규정이 있다고 하여 우리 법이 과실을 동산으로 보고 있다고 할 수는 없을 것이다.

(5) 농작물

토지에서 경작되는 각종 농작물은 토지의 정착물로서 토지의 소유권에 귀속되는 것이 원칙이다. 따라서 토지의 소유자가 아닌 자가 소유자로부터 사용권한을 부여받지 않고 그 토지에 농작물을 경작하면 그 농작물은 토지소유자에게 귀속하는 것이 원칙이고 다만 그 경작자에게 농작물을 경작할 수 있는 권원이 있으면 그 농작물은 경작자의 소유로 된다(제256조)고 보아야 할 것이다.

그런데 판례는 타인의 토지에 경작할 권원 없이 농작물을 재배하였더라도 그 농작물은 경작자의 소유에 속한다고 하고 있다.[31] 이는 민법 제256조에 명백히 반하는 해석으로서 받아들이기 힘들고, 수목에서 본 바와 같이 경작할 권한이 없는 자가 타인의 토지에 재배한 농작물의 소유권은 토지 소유자에게 있다고 보아

---

30) 자동차도 동산이지만 부동산물권변동의 법리를 따르고 있는 것처럼 미분리의 과실 자체가 동산인지 부동산인지의 성질 결정은 중요하지 않을 것이다.

31) 대판 1970.11.30. 선고 68다1995. 이 판결은 제256조에도 불구하고 수목 등의 경우와 달리 이렇게 해석하는 이유에 대하여 농작물 재배의 경우에는 파종시부터 수확까지 불과 수개월 밖에 안 걸리고 경작자의 부단한 관리가 필요하여 그 점유의 귀속이 비교적 명백하다는 점을 들고 있다.

야 하며 경작자의 손해는 제261조에 의하여 해결해야 할 것이다.

판례와 같은 입장을 취하는 경우 농작물은 종자를 뿌려 발아하여 성장, 성숙하는 과정을 거치는데 어느 정도까지 성장하여야 독립된 거래의 목적물로 볼 수 있느냐가 문제로 될 수 있다.

판례는 4.5㎝의 모자리도 독립된 객체가 된다고 보았다.[32] 판례를 긍정하는 경우 종자가 파종된 상태에서는 토지의 구성부분이라고 보아야 하지만 어느 정도 독립된 개체로서 확인할 수 있는 정도에 이르면 독립된 물건으로 보아야 할 것이다.

농작물이 독립된 거래의 객체로 되기 위해서는 명인방법이라는 공시방법을 갖추어야 하느냐에 관해서 견해가 나뉘고 있지만, 판례는 공시방법에 관하여 언급을 하지 않고 있어 필요하지 않다는 입장에 있는 것으로 보인다.

3. 동산

가. 원칙

부동산이 아닌 물건은 모두 동산이다. 따라서 토지에 부착되어 있는 물건이라도 정착물이 아니면 동산이고,[33] 전기 기타 관리할 수 있는 자연력도 동산이다.

자동차, 중기, 선박 등은 동산이지만 등기나 등록 등의 공시방법을 마련하고 있어 법률상 권리의 이전방법 등에 있어서는 부동산과 같이 취급하여 선의취득의 대상이 되지 않는다.

지명채권증서와 같은 채권의 증거에 지나지 않는 물건(종이)은 동산이라고 하더라도 채권을 떠난 독립한 물건으로 볼 수 없고, 따라서 채권과 독립하여 증서만의 선의취득을 인정함으로써 채권자 외의 다른 사람의 소유에 속하는 것은 인정할 수 없다.

나. 금전

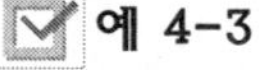

예 4-3

A가 B의 현금 5만원권 10장을 훔쳐간 경우 5만원권 10장의 소유자는 누구인가.

32) 대판 1969.2.18. 선고 68도906.

33) 앞의 70다1494 판결 참조.

금전은 원칙적으로 물건(특히 지폐의 경우에는 종이)으로서의 사용가치나 개성은 전혀 없고 오로지 추상적 가치만을 나타내는 특수한 성격을 가진 물건이다. 따라서 금전은 불법적으로 소지하게 되더라도 그 금전을 소지하고 있는 자에게 금전의 소유권이 귀속한다.

위 예에서 B는 A에 대하여 50만원의 지급을 구할 수 있다. 그런데 만일 A가 B의 금전이 아닌 일반적인 동산, 예컨대 민법책을 훔쳐갔다면 B는 절취당한 민법책의 소유권을 잃지 않으므로 소유권에 기하여 A에게 절취당한 민법책의 반환을 구할 수 있으나(이때의 반환청구권은 소멸시효에 걸리지 않는다), 동일한 내용의 다른 책의 반환을 구할 수는 없고, 만일 그 민법책이 불에 타버렸다거나 하면 그 책의 가액에 상당하는 금액의 지급을 구할 수 있을 뿐이고(제750조에 따라 불법행위로 인한 손해배상) 동일한 다른 민법책의 반환을 구할 수는 없다.

그러나 위 예에서는 절취당한 물건이 금전이므로 A가 금전을 훔쳐서 소지하는 순간 그 50만원은 A의 소유가 되어(따라서 금전에 대해서는 선의취득을 논할 실익이 없다) B는 소유권에 기하여 50만원의 반환을 구할 수는 없고, 단지 그 50만원에 상당하는 가액만큼의 금전의 지급을 청구할 수 있을 뿐이다(부당이득 내지 불법행위로 인한 손해배상청구권으로 이것은 10년의 소멸시효에 걸린다). 그리고 A가 50만원을 반환할 때에도 B가 절취당한 바로 그 5만원권 10장을 반환해야만 하는 것은 아니고, A가 만원권 50장이나 천원권으로 500장으로 주더라도 적법한 이행이 된다.

다만 이런 법리는 금전이 가치의 상징으로서 거래되는 때에 적용되는 것이고, 기념 주화나 기념 지폐 등과 같이 그 물건의 개성을 중시하여 거래되는 때에는 일반 물건과 같은 법리가 적용되는 것은 당연할 것이다.

Ⅴ. 주물(主物)과 종물(從物)

1. 의의

독립한 물건이지만 경제적 측면이나 객관적 측면에서 다른 물건(주물)에 종속되어 그 물건의 효용을 높이는데 이바지하는 물건을 종물이라고 한다. 이런 종물은 주물의 법률적 운명에 따르게 하는 것이 주물이나 종물의 입장에서도 바람직하므로 종물은 주물의 처분에 따르도록 하고 있다(제100조 제2항).

종물은 동산이든, 부동산이든 상관없다.

2. 종물의 요건

가. 독립성

주물과 종물은 각각 독립된 물건이어야 한다. 만일 종물이 주물의 구성부분으로 되어 버리면 주물의 소유권의 범위에 포섭되어 독립된 물건이라고 할 수 없고, 따라서 종물이론에 따라 주물의 처분에 따르도록 할 필요도 없이 주물의 양도에 따르게 된다.

나. 이용상 관계

종물은 주물의 상용(常用)에 이바지해야 한다. 즉 사회관념상 계속적으로 수늘의 경제적 효용에 도움을 주는 관계에 있는 것이 필요하다.

판례에 의하면, 본채에서 떨어져 있는 '가재도구의 보관장소로 이용되는 방과 연탄장소 및 공동변소가 있는 독립건물'이 본채의 종물이라고 하였고,[34] 횟집으로 사용되는 점포건물에 거의 붙여서 건축된 '횟감용 생선보관을 위한 수족관 건물'도 점포건물의 종물이라고 보았으며,[35] 백화점 건물 지하 2층 기계실에 설치된 전화교환설비도 백화점 건물의 종물로 보았다.[36]

그러나 호텔의 각 방실에 시설된 텔레비전·전화기, 호텔 세탁실에 시설된 탈수기·드라이크리닝기, 호텔주방에 시설된 냉장고 제빙기, 호텔방송실에 시설된 VTR·엠프 등은 호텔의 경영자나 이용자의 상용에 공여됨은 별론으로 하고 주물인 호텔건물이나 토지 등의 부동산 자체의 경제적 효용에 직접 이바지 하지 아니함은 경험칙상 명백하므로 위 부동산에 대한 종물이라고는 할 수 없다고 한다.[37]

다. 장소적 근접성

주물의 경제적 목적에 도움을 주기 위할 정도의 적당한 장소적 관계에 있어야

34) 대판 1991.5.14. 선고 91다2779.
35) 대판 1993.2.12. 선고 92도3234.
36) 대판 1993.8.13. 선고 92다43142.
37) 대판 1985.3.26. 선고 84다카269.

한다. 다만 주물과 밀착되어 붙어있을 필요는 없지만 어느 정도 거리가 있어도 객관적으로 보아 주물의 경제적 목적에 도움을 주고 있으면 된다.

라. 소유자의 동일

판례는 주물과 종물은 동일한 소유자에게 속하고 있어야 한다고 한다.[38] 이에 반하여 학설은 소유자가 다르더라도 종물 소유자의 권리를 해하지 않는 범위 내에서 주물과 종물의 관계를 인정해도 좋다고 한다.

생각건대, 주물과 종물의 관계에 있으나 각기 그 소유자가 다른 때에 주물의 소유자가 주물을 매도하면서 매매 대상을 확실히 하지 않고 매도하는 경우, 종물도 매매의 대상에 포함되었느냐 하는 것은 매매계약의 해석에 의하여 결정되어야 할 것이고,[39] 만일 매매계약의 대상으로 종물도 포함되었다고 해석된다면 주물 소유자는 타인 소유의 물건(종물)을 매도한 것으로 보아 제569조에 따라 종물에 관한 매매계약도 유효하고 따라서 주물 소유자는 종물의 소유권을 취득하여 매수인에게 이전하여야 할 의무가 있다고 보아야 할 것이다. 그리고 이때 종물이 동산이고 A가 그 당시 점유하고 있었다면, 매수인이 종물의 소유권이 매도인에 있지 않다는 사실에 관하여 선의이고 과실이 없다면 제249조에 의해 선의취득을 할 수도 있을 것이다.

위 판례 역시 위와 같은 해석을 반대하는 취지는 아닐 것이다.

3. 주물 처분이 종물에 미치는 효과

종물은 주물의 처분에 따른다(제100조 제2항). 즉 주물이 양도나 임대가 되면 종

38) 대판 2008.5.8. 선고 2007다36933,36940(저당권의 실행으로 부동산이 경매된 경우에 그 부동산에 부합된 물건은 그것이 부합될 당시에 누구의 소유이었는지를 가릴 것 없이 그 부동산을 낙찰받은 사람이 소유권을 취득하지만, 그 부동산의 상용에 공하여진 물건일지라도 그 물건이 부동산의 소유자가 아닌 다른 사람의 소유인 때에는 이를 종물이라고 할 수 없으므로 부동산에 대한 저당권의 효력이 미칠 수 없어 부동산의 낙찰자가 당연히 그 소유권을 취득하는 것은 아니며, 나아가 부동산의 낙찰자가 그 물건을 선의취득하였다고 할 수 있으려면 그 물건이 경매의 목적물로 되었고 낙찰자가 선의이며 과실 없이 그 물건을 점유하는 등으로 선의취득의 요건을 구비하여야 한다).

39) 주물과 종물의 관계에 있는 경우 주물을 매도하면 통상 종물까지도 매매의 대상으로 하였다고 해석하는 것이 합리적이고 경험칙에 맞는 해석일 것이다.

물도 양도되거나 임대가 되고, 주물에 저당권이 설정되면 종물에도 그 저당권 설정의 효력이 미친다. 특히 저당권 설정의 경우에는 제358조에서 저당권 설정 후에 부가된 종물에도 저당권의 효력이 미치는 것으로 규정하고 있다. 제100조 제2항에 의하면 주물의 처분 시에 종물이어야 함을 전제로 하고 있어 제358조에 의하여 저당권이 미치는 범위가 제100조 제2항의 그것보다는 넓다는 점에 주의를 요한다.

여기서의 '처분'은 주물 소유자의 법률행위에 의한 경우(매매 등)이든 법률의 규정에 의한 변동의 경우(강제경매 등)이든 상관없다.

종물은 주물과는 독립된 물건으로서 주물의 효용을 높이고 있지만, 주물과 종물의 소유자가 주물만을 매매의 대상으로 할 것인지 또는 종물만을 매매의 대상으로 할 것인지는 소유자의 자유이다. 즉 제100조 제2항은 임의규정에 불과하다.

4. 종된 권리

타인 소유의 대지에 대지이용권과 함께 건물 소유권을 가지는 자가 건물을 양도하는 경우에는 대지의 이용권까지 같이 양도된다고 보는 것이 합리적이다. 이 때 대지이용권은 물건은 아니지만 건물 소유권에 종된 권리라고 보아 제100조 제2항의 법리를 준용하는 것이다.

우리 판례도 같은 입장이다.[40]

Ⅵ. 원물(元物)과 과실(果實)

1. 의의

물건의 용법에 의하여 물건의 본체를 해함이 없이 산출되는 경제적 수익을 과실이라고 하고, 과실을 산출하는 물건을 원물이라고 한다.

---

40) 대판 1993.4.13. 선고 92다24950(건물의 소유를 목적으로 하여 토지를 임차한 사람이 그 토지 위에 소유하는 건물에 저당권을 설정한 때에는 민법 제358조 본문에 따라서 저당권의 효력이 건물뿐만 아니라 건물의 소유를 목적으로 한 토지의 임차권에도 미친다고 보아야 할 것이므로, 건물에 대한 저당권이 실행되어 경락인이 건물의 소유권을 취득한 때에는 특별한 다른 사정이 없는 한 건물의 소유를 목적으로 한 토지의 임차권도 건물의 소유권과 함께 경락인에게 이전된다).

과실은 수취권자에게 귀속하지만, 과실의 의미나 범위, 수익권자의 변동이 있는 경우에는 그 과실의 분배와 관련하여 다툼이 생길 가능성이 있으므로 민법은 이에 대하여 규정을 두고 있다.

2. 천연과실

가. 의의

천연과실이란 물건의 용법에 의하여 수취되는 산출물을 말한다(제101조 제1항). 구체적으로는 동물의 새끼, 소의 우유, 양모(羊毛), 과수(果樹)의 과일 등과 같은 자연적·유기적 산출물 외에, 지하에서 채굴한 광물, 석재, 모래, 흙 등과 같이 인공적·무기적 산출물도 있다.

용법이라는 것은 원물의 경제적 용도에 따라 사용하던 중 수취된다는 것을 의미한다. 따라서 태풍에 의해 쓰러진 수목은 과실이 아니다.

나. 귀속

예 4-4

A가 임야에 사과나무를 심어서 재배하던 중 사과를 수취하기 전에 B에게 위 임야의 소유권을 양도하였다.

(1) 위 예에서 천연과실인 사과의 수취권자는 누구인가.

이에 대해서는 생산주의의 입장과 원물주의의 입장이 있다. 생산주의 입장에서는 사과나무를 재배하는 등의 노동력을 제공한 A에게 있다고 보는데 반하여, 원물주의 입장에서는 천연과실인 사과가 분리된 때의 원물 소유자[41]에게 있다고 보아 사과를 수확할 때의 임야(사과나무) 소유자 B에게 있다고 본다.

제102조 제1항은 '천연과실은 그 원물로부터 분리하는 때에 이를 수취할 권리자에게 속한다'고 규정하여 생산주의 입장을 취하지 않고 있음을 명확히 하고 있

41) 사과나무에 대하여 아무런 명인방법을 취하지 않았으므로 사과나무는 임야의 부합물로서 임야 소유자가 사과나무를 소유한다.

다. 분리 시의 수취권자는 그 당시의 소유자 또는 원물 소유자로부터 수취권을 부여받은 자이므로 결국 제102조 제1항은 원물주의의 입장에 있다고 할 것이다.

다만 판례는 농작물인 경우에는 예외적으로 생산주의 입장에서 경작자에게 그 소유권이 있다고 본다는 것은 앞에서 보았다.

(2) 과실의 수취권자

과실을 수취할 수 있는 권리가 있는 자는 원칙적으로 소유자이고 소유자로부터 그 수취권을 부여받은 사람도 그 권리가 있음은 당연하다.

그 외에도 선의의 점유자(제201조), 지상권자(제279조), 전세권자(제303조), 유치권자(제323조),[42] 질권자(제343조, 제323조), 목적물을 인도하지 않은 매도인(제587조),[43] 사용차주(제609조), 임차인(제618조), 친권자(제923조), 수유자(제1079조) 등도 수취권을 가진다.

3. 법정과실

가. 의의

법정과실이란 물건의 사용의 대가로서 받는 금전 기타 물건을 말한다(제101조 제2항). 건물이나 토지를 사용한 대가로 지급하는 차임이 그 예이다.

이들은 물건에서 생기는 수익이라는 점에서 천연과실과 공통되므로 법정과실이라고 부른다. 금전 사용의 대가인 이자에 관하여 통설은 이를 법정과실로 보는데 반하여, 소수설은 이자는 '물건'의 수익이 아니라 '원본채권'의 수익이므로 엄밀히

---

42) 유치권자나 질권자는 수취한 과실을 자기의 소유로 하여 마음대로 처분할 수 있는 것이 아니라 타인 소유임을 전제로 하여 자신의 채권의 변제에만 충당할 수 있을 뿐이라는 점에서 다른 수취권자와 다르다. 이런 점을 감안하면 과실수취권자로 볼 수 없다는 견해도 있다. 이는 결국 과실수취권을 단순히 과실을 원물로부터 적법하게 분리할 수 있는 권능이라고 볼 것인가, 아니면 거기에서 더 나아가 분리된 과실을 소유자처럼 임의로 처분할 수 있는 권능까지도 포함하는 것으로 볼 것인가 하는 개념상의 정의 문제라고 할 것이다.

43) 대판 1993.11.9. 선고 93다28928은 '특별한 사정이 없는 한 매매계약이 있은 후에도 인도하지 아니한 목적물로부터 생긴 과실은 매도인에게 속하나, 매매목적물의 인도 전이라도 매수인이 매매대금을 완납한 때에는 그 이후의 과실수취권은 매수인에게 귀속된다'고 판시한다. 이는 매도인이 매매대금을 전부 수령한 때에는 그 매매대금의 이자와 매매목적물로부터 생긴 과실을 모두 취득하는 것은 공평하지 않다고 보기 때문이다.

는 법정과실이 아니지만 법정과실과 같이 취급하여 제102조 제2항의 유추적용을 인정한다. 통설이든 소수설이든 결과에 있어서는 큰 차이가 없다.

그리고 물건 자체를 이용함으로써 얻는 이익인 사용이익은 물건의 '사용대가'가 아니므로 과실은 아니지만 그 실질은 과실과 다름이 없으므로 과실과 같이 취급한다.[44] 그리하여 타인 소유의 토지를 사용하여 이익을 얻은 사람은 그 사용이익을 수취권자인 토지 소유자에게 반환해야 한다. 다만 선의로 점유한 자는 제201조 제1항에 의하여 그 사용이익을 반환할 의무가 없다.[45]

나. 귀속

예 4-5

A가 2010.1.1. B에게 아파트를 3년간 임대해주면서 매월 말일에 차임으로 300만원을 지급하기로 하여 B는 당일 입주하였다. 2011.6.11. A가 위 아파트를 C에게 양도하여 소유권 이전등기를 해 주었다. C는 B에 대하여 2011.6월분의 차임 전부를 달라고 청구할 수 있는가.

제102조 제2항은 '법정과실은 수취할 권리의 존속기간 일수의 비율로 취득한다'고 규정한다. 한편 법정과실의 수취권자가 누구인지에 관해서는, 계약이 있으면 그에 의하여 결정하면 되지만, 계약이 없거나 계약에서 명확하게 정하고 있지 않으면 제102조 제2항에 따라 과실을 분배하게 된다.

위 예에서 법정과실인 차임의 수취권이 누구에게 있느냐를 결정하기 위해서는 A와 B 사이의 임대차계약의 효력이 C에게도 유효한지 여부를 먼저 검토해야 한다.

(1) 임차인 B에게 대항력이 있는 경우

먼저 임차인 B가 「주택임대차보호법」상의 제3조 제1항에 의하여 대항력을 갖

44) 타인에게 물건을 임대한 경우에는 그 차임을 법정과실로 보아 수취권자에게 반환해야 하는데 반하여, 스스로 물건을 이용한 경우에는 차임에 상당하는 사용이익을 수취권자에게 반환하지 않아도 된다는 것은 형평에 반한다.

45) 대판 1987.9.22. 선고 86다카1996, 1997은 '민법 제201조 제1항에 의하면, 선의의 점유자는 점유물의 과실을 취득한다고 규정하고 있고, 한편 토지를 사용함으로써 얻는 이득은 그 토지로 인한 과실과 동시할 것이므로 선의의 점유자는 비록 법률상 원인 없이 타인의 토지를 점유사용하고 이로 말미암아 그에게 손해를 입혔다고 하더라도 그 점유사용으로 인한 이득을 그 타인에게 반환할 의무는 없다고 할 것이다'고 판시하고 있다.

추게 되면 C는 동법 제3조 제4항에 따라 A가 갖는 임대인으로서의 지위를 승계하게 되고 A는 임대인의 지위에서 탈퇴하게 되므로[46] C만이 임대차계약에 따른 차임청구권을 취득하게 된다. 따라서 C만이 2011.6.30. B에 대해 6월분의 차임 300만원을 청구할 수 있다. C가 300만원을 받게 되면 그 후 제102조 제2항에 의하여[47] A에게 그에게 귀속되어야 할 몫인 10일간(6.1.부터 같은 달 10일까지)의 임료 100만원(300만원×10일/30일)을 배분하여야 할 것이다.[48]

이때 A와 C가 B에 대하여 각기 자기 몫에 대하여 차임청구를 할 수 있는지가 문제로 될 수 있을 것인데, B로서는 매달 말일 차임을 지급하기로 약속하였으므로 2011.6.30. 당시의 임대인인 C에 대해서만 차임을 지급할 의무가 있다고 할 것이다. 따라서 C만이 청구할 수 있고 A는 청구할 수 없다고 보아야 할 것이다. 게다가 A, C가 각각 청구할 수 있다고 한다면 임차인 B를 자신과 무관한 A와 C 사이의 법률관계에 휘말리게 하는 결과가 되어 바람직스럽지 않다.

(2) 임차인 B에게 대항력이 없는 경우

B가 「주택임대차보호법」상의 대항력을 갖추지 못한 상태라면 B는 C에 대하여 임차인의 지위를 주장하지 못하여 불법점유자로 된다. 이때 소유자인 C가 B를 상대로 퇴거 및 차임 상당의 부당이득을 구하는 경우, 판례에 의하면[49] 이 경우 A

---

46) 대판 1993.7.16. 선고 93다17324(주택의 임차인이 제3자에 대한 대항력을 구비한 후 임차 주택의 소유권이 양도된 경우에는, 그 양수인이 임대인의 지위를 승계하게 되고, 임차보증금 반환채무도 주택의 소유권과 결합하여 일체로서 이전하며, 이에 따라 양도인의 위 채무는 소멸한다).

47) 제102조 제2항을 적용함에 있어서는 C가 받게 될 6월분의 차임에 관하여 A와 C 사이에 약정이 있다면, 그 약정에 따라야 할 것이고 이런 약정이 없을 때에 제102조 제2항이 적용되는 것임은 물론이다.

48) 만일 위 예와 달리 B가 매달 차임을 월초에 지급하는 것으로 약정하였고, B가 6월분의 차임을 2011.6.1. A에게 지급하였다면, B는 다시 C에게 6월분의 차임을 지급할 필요가 없고, A가 자기가 받은 6월분 차임 중 20일분에 해당하는 차임을 C에게 배분하여야 할 것이다.

49) 대판 1978.9.12. 선고 78다1103(임대차계약이 성립된 후 그 존속기간 중에 임대인이 임대목적물에 대한 소유권을 상실한 경우에도 그 사실만으로 임대차계약이 종료하지 아니하나 임차인이 진실한 소유자로부터 목적물의 반환청구나 차임 내지 그 해당액의 지급요구를 받는 등의 이유로 임대인이 임차인으로 하여금 사용·수익시킬 수가 없게 되면 임대인의 사용·수익시킬 채무는 이행불능으로 된다 할 것이므로 임차인은 그때 이후의 임대인의 차임지급청구를 거절할 수 있다). 판례가 이렇게 보는 이유는 임차인의 해지의 의사표시가 송달된 때에 임대차계약이 종료된다고 하면 소유권이 이전된 후부터 의사표시의 송달시까지는 임차인이 계약에 기하여 차임지급의무를 부담하게 되어 불합리하다고 보기 때문인 것으로 보인다(이렇

와 B와의 임대차는 당연히 종료되게 되어 B는 A의 2011.6.11. 이후의 차임청구는 거절할 수 있게 된다. 그리고 A와 C 사이에 법정과실의 배분에 관하여 아무런 계약이 없으므로 제102조 제2항의 과실수취권은 소유자에게 있다고 보아야 한다. 따라서 C는 B에 대하여 과실수취권자인 소유자로서 자신이 소유자로 된 2011.6.11. 이후의 차임에 상당하는 이득에 관해서만 부당이득반환청구를 할 수 있게 된다.[50)]

게 보지 않으면 위 기간 동안은 B는 A와 C에게 이중으로 차임을 지급해야 된다).

50) 만일 위 예와 달리 B가 매달 차임을 월초에 지급하는 것으로 약정하였고, B가 6월분의 차임을 2011.6.1. A에게 지급한 경우, C가 B를 상대로 2011.6.11. 이후의 차임상당액의 부당이득의 반환을 구하게 되면, B는 2011.6.11.부터 같은 달 30.까지의 차임은 이미 A에게 지급하였으므로 이 부분에 해당하는 차임 상당액은 이득이 없어 반환의무를 면하게 된다. 이 부분에 해당하는 차임상당액은 A에게 과실수취권이 없음에도 수령한 셈이 되므로 A가 이 부분을 정당한 과실수취권자인 C에게 지급해야 할 것이다.

제 5 장 법률행위

제 1 절 법률관계의 변동과 그 원인

Ⅰ. 법률관계의 변동

법률관계가 변동된다는 것은 어떤 사람이 권리를 취득하고, 상대방은 그에 대한 의무를 부담하게 되는 것을 의미한다.

예 5-1

(1) A가 B에게 A 소유의 책을 매매하는 계약을 체결하는 경우
(2) B가 A소유의 토지를 20년간 소유의 의사로 평온 공연하게 점유한 경우
(3) B가 강에서 물고기를 낚은 경우
(4) B가 A 소유의 물건을 잘못하여 파손한 경우
(5) 위 (1)의 경우 매매계약을 체결한 때로부터 10년이 경과하기까지 A가 B에 대해 매매대금을 청구하지 않고 있는 경우

Ⅱ. 법률행위를 원인으로 한 경우

1. 권리와 의무의 발생근거로서의 법률행위

위 예 (1)의 경우 A는 B에 대해 매매대금을 청구할 수 있는 권리가 발생하고, B는 A에 대해 매매대금을 지급해야할 의무가 발생한다. A가 B로부터 대금을 지급받고 책을 인도하게 되면 B는 그 책의 소유권을 취득하게 된다.

이처럼 A와 B는 의도적으로 매매계약을 체결함으로써 그 전에는 존재하지 않았던 매매대금청구권이라는 권리(채권적 권리)와 매매대금지급채무라는 의무를 부

담하게 되고, 위 매매계약이 이행됨으로써 A는 매매 목적물의 소유권이라는 권리(물권적 권리)를 상실하고, 그에 반해 B는 그 목적물의 소유권을 취득하게 된다.

이런 경우를 법률행위에 의한 법률관계의 변동이라고 하는데, 이는 법률관계의 변동의 대부분을 차지하며 근대민법의 계약자유의 원칙이 작동되는 가장 중요한 부분이라 할 수 있다.

2. 법률행위의 구성요소

우리 민법은 위와 같은 권리와 의무를 발생시키는 매매라는 계약에 관하여 제563조에서 '당사자의 일방이 재산권을 상대방에게 이전할 것을 약정하고 상대방이 그 대금을 지급할 것을 약정함으로써 그 효력이 있다'고 규정하고 있다. 위의 예를 이에 대입시키면 A의 'B로부터 일정한 금액을 지급받고 책을 B에게 이전할 것에 대한 의사'(이를 A의 효과의사라고 한다)와 B의 'A에게 일정한 대금을 지급하고 책의 소유권을 이전받을 의사'(이를 B의 효과의사라고 한다)의 합치로 매매라는 계약이 성립되고 효력이 발생하게 된다는 것이다. 이를 다시 말하면 매매라는 법률행위는 A와 B의 효과의사의 내용적 합치로 효력이 발생하게 되고, 이런 법률행위의 요소를 이루는 A의 효과의사와 B의 효과의사는 각기 법률사실이라고 한다. 따라서 매매라는 법률행위가 성립하기 위해서는 A의 효과의사라는 법률사실과 B의 효과의사라는 법률사실이 존재하여야 하고, 나아가 매매가 성립하기 위한 법률사실 전체, 즉 A와 B의 각 효과의사의 존재와 합치를 법률요건이라고 한다. 법률행위가 성립하여 효력이 발생하려면 법률이 요구하는 각각의 법률사실이 완비되어 법률요건을 충족시켜야 한다.

3. 의무 이행의 효과

이렇게 성립된 매매계약이 이행되면 A는 매매 목적물에 대한 소유권을 잃게 되고 B는 그 소유권을 취득하게 된다. 이때 A의 소유권은 B에게 이전됨으로써 소멸되는 것이므로 이를 상대적(또는 주관적) 소멸이라고 하고, 그 물건 자체가 파괴되는 등으로 존재하지 않게 되어 소유권이 소멸되는 경우에는 이를 절대적(또는 객관적) 소멸이라고 하여 상대적 소멸과 구별하고 있다.

또 B가 취득하게 되는 소유권은 A가 가지고 있던 소유권을 그대로 이어받는 것이므로 이를 승계취득이라고 하고, 위 예 (3)과 같이 전자의 소유권을 이어받는 것이 아닌 경우의 취득을 원시취득이라고 하여 이 둘을 구별하고 있다. 승계취득의 경우는 앞 사람이 가지고 있던 권리 이상의 권리를 취득할 수 없는 것이 기본적인 원칙이다. 즉 A가 매매 목적물(책)의 소유자가 아닌 경우 B가 A에게 그 대금을 지급하고 매매 목적물(책)을 인도받았더라도 소유권을 취득할 수 없다. 매매란 B가 A의 권리를 그대로 이어받는 승계취득이기 때문이다. 다만 우리 민법은 예외적으로 매매 목적물이 동산인 경우에는 거래의 안전을 위하여 선의취득(제249조)이라는 제도를 두어 승계취득임에도 불구하고 B가 소유권을 취득할 수 있는 수단을 마련하고 있다.

Ⅲ. 법률행위 외의 권리와 의무의 발생근거

1. 예 (2)의 경우

제245조가 '20년간 소유의 의사로 평온, 공연하게 부동산을 점유하는 자는 등기함으로써 그 소유권을 취득한다'라고 규정하고 있으므로, B에게는 A에 대해 A의 토지에 관하여 소유권 이전등기를 해달라고 청구할 수 있는 권리(소유권 이전등기청구권)가 발생하게 된다. 이는 A나 B의 효과의사와는 무관하게 권리와 의무가 발생하는 경우이다(이 경우 법률사실은 20년간의 점유, 소유의 의사로 한 점유, 평온하고 공연한 점유일 것 등이고, 이 모든 법률사실이 총체적으로 법률요건을 이룬다).

2. 예 (3)의 경우

제252조 제1항(무주의 동산을 소유의 의사로 점유한 자는 그 소유권을 취득한다)에 따라 B는 물고기에 대한 소유권을 취득하게 되고, 이런 취득은 앞서 본 바와 같이 원시취득이라고 한다.

3. 예 (4)의 경우

제750조에 의하여 A는 B에 대하여 손해배상청구권이라는 권리를 취득하고, B

는 A에 대하여 손해배상을 하여야 할 의무를 부담하게 되어 법률관계의 변동이 생긴다. 그런데 이런 법률관계의 변동은 A와 B의 의사와는 무관하게 제750조라는 법률규정에 의하여 발생하는 것이므로 위 예 (1)의 그것과 구별하기 위하여 위 예 (1)을 약정채권관계하고 하고, 위 예 (4)를 법정채권관계라고 부른다.

4. 예 (5)의 경우

제162조 제1항(채권은 10년간 행사하지 아니하면 소멸시효가 완성한다)에 의해 A의 B에 대한 매매대금청구권은 10년이라는 기간의 경과로 소멸하게 되어 법률관계의 변동이 생긴다.[1)]

제 2 절 법률행위(의사표시)의 의미와 종류

Ⅰ. 법률행위의 의미와 종류

법률행위란 앞에서 본 것처럼, 일정한 법률효과의 발생을 목적으로 하는 하나 또는 그 이상의 의사표시(효과의사)를 필요로 하는 법률요건이라고 할 수 있다. 즉 당사자는 자신의 목적을 실현할 수 있는 법률효과를 가져오게 하기 위하여 가장 효과적인 수단으로서 법률행위를 자유롭게 선택할 수 있다. 따라서 법률행위에서 가장 중요한 요소는 효과의사, 즉 의사표시라고 할 수 있다.[2)]

---

1) 법률요건의 개별적 구성요소라고 할 수 있는 법률사실을 체계적으로 분류하는 것이 일반적인 견해이다. 이런 견해에 따르면 법률사실을 용태와 사건으로 나누고, 용태를 다시 작위, 부작위 나아가서 작위를 적법행위, 위법행위 등등으로 나눈다. 그러나 어떤 법률사실이 어떤 범주에 속하는지에 대한 고찰은 실생활에서 벌어지는 구체적인 분쟁해결이나 학문적인 발전에 그다지 도움이 되는 것 같지 않다. 이런 분류법보다는 오히려 법률행위에 의한 변동(약정채권관계)과 그 외의 변동(법정채권관계)으로 나누어 고찰하는 분류법이 더 중요하다고 생각된다. 왜냐하면 법률행위에 의한 변동의 경우에는 당사자의 의도 및 목적 등을 고려하여 그 효과의사, 나아가서는 법률행위의 내용을 확정한다는 법률행위의 해석이 중요함에 반하여 그 외의 변동의 경우에는 당사자의 효과의사에 대한 해석보다는 해당 법조문의 해석이 중요하기 때문이다. 이처럼 그 중요한 목표나 핵심과제가 다르므로 위 두 가지로 분류 하는 것이 법률사실 전체에 대한 체계적 분류보다는 훨씬 중요하다고 생각한다.

법률행위 중에는 예컨대 매매처럼 목적물을 일정한 금액으로 팔겠다는 의사(청약)와 그 목적물을 그 가격에 사겠다는 의사(승낙)이라는 두 개의 효과의사로 이루어지는 것도 있지만, 해제나 취소와 같이 하나의 효과의사만으로 그 효력이 발생하는 것도 있고(해제나 취소는 해제권자나 취소권자의 해제 또는 취소의 의사표시만으로 효력이 발생한다), 또 사단법인이나 재단법인을 설립하는 행위처럼 2인 이상의 효과의사로 이뤄지는 경우도 있다.

통설은 법률행위가 하나의 효과의사로 성립되는 경우를 단독행위라고 하고, 2개의 효과의사가 교차되고 서로 대립되어 하나의 법률행위를 성립시키는 경우를 계약이라고 하며, 복수의 효과의사가 (법인설립이라는 동일한 목적을 달성하기 위하여) 동일한 방향으로 향해지는 경우를 합동행위라고 하여 법률행위를 3가지로 분류하고 있다.[3)]

1. 단독행위

하나의 의사표시에 의하여 성립하는 법률행위이다.

가. 상대방이 있는 단독행위

(1) 상대방이 특정인인 경우

동의, 추인, 취소, 상계(제493조), 채무면제(제506조), 해제(제543조) 등

(2) 상대방이 특정인이 아닌 경우

현상광고(제675조)의 법적성질과 관련하여 계약설과 단독행위설이 있는데, 단독행위설을 취하는 경우 현상광고가 이에 해당한다.[4)]

---

2) 우리 민법은 법률행위와 의사표시를 명확하게 구별하지 않고 사용하는 경향도 있다. 예를 들면 민법총칙편의 '제5장 법률행위'에 있는 '제2절 의사표시'에서의 의사표시는 법률행위를 의미한다고 보아야 할 것이다.

3) 제703조에 따라 2인 이상이 조합을 결성하는 조합계약의 법적 성질이 계약인지, 합동행위인지가 다투어지고 있다. 조합계약은 다른 계약과 달리 계약통칙에 규정되어 있는 동시이행의 항변이나 위험부담, 해제 등의 규정이 적용되지 않는 특수성이 있다는 것이 판례(대판 1994. 5.13. 선고 94다5157)와 다수설의 태도이다.

4) 계약설에서는 현상광고라는 청약에 응하여 지정된 행위(승낙에 해당)를 하여야 보수청구권이

나. 상대방이 없는 단독행위

재단법인에 대한 출연행위,[5] 소유권의 포기,[6] 상속의 승인·포기(제1019조), 유언(제1060조 이하), 유언의 철회(제1108조) 등이 있다.

2. 계약

어떤 법률적 효력 발생을 목적으로 2인 이상의 서로 대립되는 의사표시의 합치로써 성립하는 법률행위를 말한다.

일반적으로는 '계약'이라는 용어는 채권의 발생을 목적으로 하는 합의로서의 채권계약만을 의미하는 것이 보통이나, 여기서는 위와 같은 채권계약만이 아니라, 물권의 변동을 목적으로 하는 합의(물권계약),[7] 물권 이외의 권리의 변동을 목적으로 하는 합의(준물권계약),[8] 가족법상의 법률관계의 변동을 목적으로 하는 합의(혼인, 입양, 이혼, 상속재산분할협의) 등도 포함하는 넓은 의미이다.[9]

계약의 종류를 나누는 기준은 다양하다. 자기재산을 감소시키고 타인의 재산을 증가시키는 행위를 출연행위(出捐行爲), 그렇지 않은 행위를 비출연행위(非出捐行爲)라고 분류하는 것도 있다. 출연행위는 다시 자기의 출연에 관해 상대방으로부터 그에 대응하는 출연을 받는지 여부를 기준으로 하여, 상대방으로부터 출연을 받

발생한다고 보므로 현상광고 사실을 모른 채 지정된 행위를 하면 보수청구권이 없다고 보는 데 반하여, 단독행위설에서는 이런 경우에도 보수청구권이 있다고 보는 점에서 차이가 있다. 우리 민법은 현상광고를 '제3편 채권' 중 '제2장 계약'에서 전형계약의 하나로 규정하고 있어 계약설의 입장을 취한 것으로 보아야 할 것이나, 제677조가 광고를 모르고 지정행위를 한 자에 대해서도 보수청구권을 인정하도록 규정하고 있어 단독행위로 볼 여지도 있다.

5) 재단법인에서 본 98다9045 판결.

6) 제한물권(용익물권과 담보물권)의 포기가 상대방 있는 단독행위인지, 상대방 없는 단독행위인지 여부에 대해서는 의견이 나뉘나, 제한물권 설정자(예컨대 소유권자)에게 표시되어야 하는 상대방 있는 단독행위로 보아야 할 것으로 생각한다.

7) 물권행위는 채권행위와 달리 직접 물권을 변동시키고 이행의 문제를 남기지 않는다고 설명하는 것이 일반적이다(그런 의미에서 처분행위에 포함시키는 견해도 있다).

8) 이에 해당하는 것으로는 채권양도가 대표적이다. 채권양도는 채권양도인과 양수인 사이의 합의만으로 채권의 귀속자가 바뀐다.

9) 채권적 계약과 그 외의 계약을 구별하기 위하여 채권적 계약만을 계약이라고 부르고, 그 외의 계약은 물권적 합의, 준물권 합의, 혼인합의라는 식으로 '합의'라는 표현을 사용하여 구별하는 경우도 있다.

는 것을 유상행위(有償行爲), 받지 않은 것을 무상행위(無償行爲)로 나누고, 나아가 출연을 정당화시키는 원인이 출연의 조건이나 내용으로 되어 있는지 여부에 따라 조건이나 내용으로 되어 있으면 유인행위(有因行爲), 되어 있지 않으면 무인행위(無因行爲)로 나눈다.

그리고 의사표시가 일정한 방식에 따라야 하는지 여부에 따라, 방식에 따라야 하는 행위인 요식행위,[10] 그렇지 않는 행위인 불요식행위로 나눈다.

그 외 중요한 분류로는 당사자의 합의만으로 성립하는 낙성계약(諾成契約)과, 당사자의 합의 외에 일정한 급부를 성립요건으로 하는 요물계약(要物契約)의 분류가 있다. 낙성계약이 원칙적이고 요물계약은 예외이다. 요물계약에 해당하는 것으로는 계약금 계약[11], 예금계약[12], 현상광고[13] 등을 들 수 있다.

3. 합동행위

평행적 동방향(同方向)으로의 복수의 의사표시의 합치로 성립하는 법률행위를 의미한다. 복수의 의사표시라는 점에서는 계약과 동일하지만, 그 의사표시의 방향이 평행적이고 동방향이라는 점에서 계약과 차이가 난다. 합동행위를 인정하는 실익은 계약과 달리 제108조(허위표시), 제124조(자기계약, 쌍방대리), 제536조(동시이행의 항변권) 등이 적용되지 않는다는 점에 있다.

그러나 합동행위라는 개념의 인정에 대해서는 부정하는 견해도 있다. 이 견해에 의하면 우리 민법은 합동행위적 성격을 지닌 조합을 전형계약의 하나로 보고 있고(제703조), 판례나 학설은 조합을 계약으로 보면서도 조합의 특질상 제108조, 제124조, 제536조를 적용하지 않는다고 보고 있으므로 계약 이외에 굳이 합동행위라는 개념을 인정할 필요가 없다고 한다.

---

10) 요식행위에 해당하는 것으로 법인설립행위, 보증, 유언, 어음행위 등이 있다. 이런 방식을 요구하는 것은 당사자의 신중한 의사결정과 법률관계의 명확화를 기하기 위한 것이다. 계약자유의 원칙상 본래 불요식행위가 원칙이다.

11) 대판 2008.3.13. 선고 2007다73611에 의하면, 계약금 계약은 당사자 간의 합의 외에 금전 기타 유가물의 교부를 요한다고 한다.

12) 대판 1996.1.26. 선고 95다2691에 의하면, 당사자의 예금의사의 합치 외에 금융기관에 대한 돈의 제공과 금융기관의 이에 대한 확인을 요한다고 한다.

13) 현상광고를 계약이라고 보면, 의사표시의 합치 외에 현상광고에서 광고한 지정행위의 완료가 필요하다고 하게 된다.

합동행위라는 개념을 인정하든 인정하지 아니하든 그 결과에 있어서는 동일하므로 논의의 실익은 없다고 생각한다.

4. 준법률행위

법률행위와 유사한 것으로서 준법률행위라는 개념이 있는데, 준법률행위란 그 행위 중에 의사적·정신적 요소가 포함되어 있지만(이런 점에서 법률행위와 유사하다), 그 의사에 따라 법률효과가 인정되는 것이 아니고(이런 점에서 법률행위와 차이난다), 법이 독자적인 관점에서 일정한 법률효과를 인정하는 것이다.

이에 해당하는 것으로는 의사의 통지, 관념의 통지, 감정의 표시가 있다.

가. 의사의 통지

예 5-2

A가 B에게 A 소유의 물건을 매매하는 계약을 체결하면서 2000.2.1.까지 대금을 모두 지급받기로 하였는데, B가 그날 지급하지 아니하였다. 그러자 A가 B에게 '지급기일인 2000.2.1.에 대금을 지급하지 않았으니 조속히 지급해주길 바라며, 만일 2000.2.15.까지 지급하지 않으면 법적 조치를 취하겠다'라고 통지하였다.

위 경우 행해진 것은 A가 B에게 '2000.2.15.까지 대금을 지급해 달라'는 의사의 통지로서 법률행위는 아니다. 만일 법률행위라면 그 의사대로의 효과('2000.2.15.까지 대금을 받는다'라는 효과)가 발생하여야 하는데 그렇지 않기 때문이다.

그렇다고 하여 이와 같은 의사의 통지(최고라고 한다)가 아무런 효과를 가지지 않는 것은 아니다. 제174조에 의해 시효중단의 효과가 생기고, 또 제544조에 의하면 이행지체를 이유로 해제할 수 있게 된다. 이런 효과는 의사를 통지한 A가 시효중단을 의도하였는지, 해제할 의도가 있었는지 여부를 묻지 않고 법에 의하여 인정되는 것이다(이런 점에서 법률행위와 차이가 있고, 만일 이를 법률행위라고 보는 경우 시효중단의 의사가 없거나 해제의 요건으로서의 최고를 할 의사가 없었다고 한다면 시효중단의 효과나 '해제의 요건 중의 최고'의 효력을 인정해서는 아니 된다는 결과가 된다).

이에 해당하는 것으로는 그 외에도 각종 최고(제15조, 제88조, 제381조, 제387조 제2항) 등이 있다.

나. 관념의 통지

예 5-3

앞의 예 5-2에서 A가 B에 대하여 가지는 매매대금채권을 C에게 양도하고, 제450조에 따라 채권을 양도하였다는 사실을 A가 B에게 통지하여 B에게 도달되었다.

이 경우의 통지는 어떠한 의사의 통지라기보다는 어떠한 사실(채권양도사실)을 알리기 위하여 통지하는 것이고, 이런 통지에 의하여 법률에서 정한 효과가 발생하게 된다. 즉 민법 제450조, 제451조에 의하여 채권양도인 A가 채무자 B에 대해 채권양도통지를 하면, C는 B에 대하여 양수한 채권을 행사할 수 있게 되고, B는 양도통지 시까지 발생한 A에 대한 사유로 C의 채권행사에 대항할 수 있게 된다. 이와 같은 효과는 A의 의사와는 무관하게 법에 의해 발생하는 법률효과인 것이다.

이에 해당하는 것으로는 사원총회소집통지(제71조), 대리권수여사실의 통지(제125조), 채무의 승인(168조) 등이 있다.

다. 감정의 표시

증여자에 대한 수증자의 일정한 망은행위(忘恩行爲)로 발생하는 증여자의 해제권은, 증여자가 용서의 의사를 표시하면 소멸한다(제556조 제2항). 이 경우 증여자가 망은행위를 용서해 줄 뿐이고 해제권의 소멸까지는 원하지 않는다고 하더라도 증여자의 의사와 무관하게 해제권은 소멸한다.

그 외 '배우자의 부정으로 인한 이혼청구권'이 소멸하는 용서(제841조)도 이에 해당한다.

라. 준법률행위를 인정하는 실익

준법률행위를 인정하는 실익은, '법률행위 내지 의사표시에 관한 규정' 중 어떤 규정이 준법률행위에 적용 내지 유추적용되는가 하는 것을 판단함에 있다. 그러나 이에 대한 일반적인 기준을 제시하고 있는 견해 중 현재까지 타당하다고 널리 인정받고 있는 것은 보이지 않는다. 따라서 각 규정의 성질과 해당 준법률행위의 성격을 검토하여 개별적으로 결정해야 할 것이다.

일부 유력한 견해에 의하면, 의사의 통지와 관념의 통지에 대해서는 의사흠결, 의사표시의 하자, 의사표시의 효력발생시기에 관한 규정이 유추적용되어도 무방하다고 한다.

Ⅱ. 의사표시의 구조 및 효력

1. 의사표시의 의미

의사표시는 어떠한 사법상의 법률효과를 발생시키려는 의사를 표시하는 행위라고 할 수 있고, 법률행위의 가장 중요하고 본질적인 구성요소이다. 법률행위가 어떠한 법률효과를 발생하게 되는 것은 행위자가 해당 법률효과를 의욕하여 그런 내심적 의사를 표시했기 때문이다. 이렇게 법률효과를 당사자의 의사에 좇아 인정하기 때문에 사적인 법률관계를 자유롭게 형성할 수 있고 따라서 계약자유의 원칙이 원활하게 작동할 수 있게 된다.

2. 의사표시의 구조

가. 의사표시의 구성요소

예 5-4

B가 여자 친구에게 선물을 줄 생각으로 물건 소유자 A에게 물건 M을 80만원에 매수하겠다고 하자, A가 이에 응하였다.

위 예 5-4에서 A와 B 사이에는 A의 물건 M에 관하여 '80만원에 사겠다'는 의사와 '팔겠다'는 의사가 합치되었고, 이로 인하여 낙성계약인 매매라는 채권계약이 성립되었다.

B가 A의 물건을 사겠다는 의사표시(청약에 해당한다)를 하게 된 과정을 보면, 여자 친구에게 선물로 줄 생각으로(동기에 해당한다), A소유의 물건을 80만원에 사겠다는 내심(內心)의 의사(효과의사에 해당한다)를 품고, A에게 그 의사를 표시하였다(표시행위에 해당한다)고 할 것이고, A 역시 80만원에 팔겠다(승낙에 해당한다)는 내

심의 의사(효과의사에 해당한다)를 품고, B에게 그 의사를 표시하였다(표시행위에 해당한다)고 할 것이다.

따라서 그 과정을 분석하면 B가 의사표시를 함에 있어서 필요한 것은 효과의사와 표시행위라는 것을 알 수 있다. 그 외에도 효과의사라는 내심의 의사를 표시행위로 표현하기 위해서 내심의 의사를 표시행위로 표현해야겠다는 표시의사(행위의사라고도 한다)도 필요하다.

나. 동기가 구성요소인가

동기가 의사표시에 필요한 요소인가와 관련하여, 전통적인 의사표시이론에서는 동기는 효과의사를 형성하게 되는 원인에 불과한 것으로 의사표시에는 포함되지 않는다고 본다(이처럼 동기를 의사표시의 구성요소로 보지 않기 때문에 동기에 어떠한 하자가 발생해도 의사표시에는 아무런 영향을 미치지 않는다. 따라서 만일 위 예 5-4에서 B가 여자친구와 헤어져서 선물을 줄 필요가 없게 되었다고 하더라도 B의 A소유 물건을 매수하겠다는 청약의 의사표시에는 아무런 영향을 주지 않으므로 A와 B 사이에 체결된 낙성계약인 매매계약의 효력은 계속 유효하다고 보게 된다).[14)]

그렇다면 의사표시의 구성요소는 효과의사, 표시의사, 표시행위(통상 표시라고만 한다)라는 3개의 요소로 구성되는데, 전통적인 의사표시이론에서는 이 3개의 요소 중 표시가 있으면 당연히 표시의사가 존재하였다고 보므로 표시의사는 의사표시의 구성요소에서 제외시키고 있다. 결국 의사표시는 효과의사와 표시로 구성된다고 하는 것이 전통적인 의사표시이론이다.

3. 의사표시의 효력근거에 관한 학설

효과의사와 표시가 일치하지 않는 경우, 예컨대 위 예 5-4에서 B가 70만원에 사겠다는 내심의 의사를 가지고 있었는데 어떠한 이유로 표시를 잘못하여 80만원으로 표시한 경우, 그 행위의 효력을 어떻게 볼 것인가와 관련하여 효과의사를 중시해야 하는지(의사주의적 입장), 표시를 중시해야 하는지(표시주의적 입장)에 따라

14) 동기를 의사표시의 구성요소로 보지 않는 이유는, 이를 의사표시의 구성요소로 보게 되면 동기는 상대방에게 표시되지 않아 상대방이 알 수 없음에도 동기에 문제가 있었다고 하여 법률행위를 무효로 돌릴 수 있고, 이렇게 되면 상대방의 (계약이 유효하게 체결되었다는 점에 대한) 신뢰를 해지게 되기 때문이라고 한다.

그 의사표시의 효력이 달라진다.

가. 의사주의

의사주의에서는 효과의사가 의사표시의 결정적 요소라고 본다. 따라서 표시에 대응하는 효과의사가 없는 의사표시는 그 구성요건인 효과의사가 결여되어 있으므로 그 의사표시는 성립하지 않게 된다. 따라서 위 예의 경우 청약의 의사표시에는 표시된 '80만원'에 해당하는 효과의사가 부존재하여 청약의 의사표시가 성립하지 않으므로 청약의 의사표시가 부존재한 상태에서 승낙의 의사표시만이 존재하므로 매매라는 채권계약은 불성립한 것으로 보게 된다.

이 입장은 모든 사람은 자신의 의사에 기하여서만 권리를 취득하고 의무를 부담한다는 원리(의사원리)와, 의사표시를 할 것인지 여부나 어떤 내용으로 할 것인지는 자신의 의사로 결정해야 한다는 원리(자기결정의 원리)를 기반으로 하고 있다.

이 입장을 취하는 경우 표의자는 보호받게 되지만 외부에 표시되지 않은 내심(內心)의 효과의사를 알지 못한 상대방에게는 불리하게 되고 나아가 위 거래를 기초로 하여 성립된 제3자와의 거래도 불완전하게 되어 거래의 안전을 해칠 우려가 있다.

나. 표시주의

표시주의에서는 외부로 표현된 표시가 의사표시의 결정적 요소라고 본다. 따라서 표시가 있으면 그 표시에 대응하는 내심의 효과의사는 당연히 존재하였을 것이라고 본다. 위 예에서 설사 B가 '70만원'의 효과의사를 가지고 '80만원'으로 표시를 하였다고 하더라도, 일단 '80만원'의 표시가 있었던 이상 '80만원의 표시에 대응하는 내심의 효과의사'는 존재하였다고 본다(이런 효과의사를 판례[15]에서는 '표시에서 추단되는 내심의 효과의사', 즉 '표시상의 효과의사'라고 표현한다). 따라서 청약의 의사표시는 유효하게 성립하므로 청약과 승낙의 의사표시의 합치로 '80만원'으로 한 매매는 유효하게 성립하였다고 보게 된다. 다만 진정한 내심적 효과의사

---

15) 대판 2002.6.28. 선고 2002다23482는 '…의사표시의 해석에 있어서 당사자의 진정한 의사를 알 수 없다면 의사표시의 요소가 되는 것은 표시행위로부터 추단되는 효과의사, 즉 표시상의 효과의사이고, 표의자가 가지고 있던 내심적 효과의사가 아니므로, 당사자의 내심의 의사보다는 외부로 표시된 행위에 의하여 추단된 의사를 가지고 해석함이 상당하다'고 판시하고 있다.

('70만원')가 표시('80만원')와 다른 것을 표의자가 증명하면 그때에는 착오이론을 적용하여 문제를 해결하면 된다고 한다.

이 입장은 표시를 믿은 상대방의 신뢰는 보호되어야 하고(신뢰의 원리), 표시가 있으면 그 표시는 거래사회의 규칙에 따라 이해되어야 하며(거래의 안전보호 원리), 표의자가 스스로 잘못 표시한 이상은 그 잘못에 대한 책임을 져야한다(귀책원리)는 원리에 기반하고 있다.

이 입장을 취할 경우 상대방의 신뢰와 거래의 안전은 보호되지만 표의자 자신의 보호에는 취약하게 된다.

다. 우리 민법의 입장

앞의 두 가지 입장은 각기 어느 일면에서는 타당한 면이 있어 일방적으로 어느 입장이 옳다고 보기 어렵다. 따라서 여러 나라에서 위 두 가지의 입장을 자신들의 역사적, 사회적 환경에 따른 가치판단에 따라 적절히 절충한 방식을 채택하고 있고 그런 사정은 우리도 마찬가지다.

예컨대, 우리 민법 중 비진의 의사표시가 예외적으로 무효로 된다고 한 규정(제107조 제1항 단서), 허위표시를 무효로 한 규정(제108조 제1항), 중요부분에 착오가 있으면 취소할 수 있도록 한 규정(제109조 제1항) 등은 의사주의입장에 가깝지만, 비진의 의사표시를 원칙적으로 유효하다고 한 규정(제107조 제1항), 중요부분의 착오가 아닌 경우와 착오자에게 중대한 과실이 있는 경우에는 취소할 수 없도록 한 규정(제109조 제1항) 등은 표시주의에 가깝다.

결국 우리 민법은 절충적인 입장에서 표의자 본인의 보호와, 상대방의 신뢰보호 및 거래의 안전의 보호 중 어느 쪽을 우선시킬 것인가를 구체적 상황에서 비교형량하여 어떤 경우에는 의사주의를, 어떤 경우에는 표시주의를 취하는 등으로 입법적 결단을 내린 것이라 할 수 있다.

우리나라 통설 및 판례[16]는 기본적으로 표시주의의 입장에서 개별적인 의사표시의 규정을 해석하고 있다.

---

16) 앞의 2002다23482 판결 참조.

제 3 절 법률행위의 요건

법률행위가 완전한 효력을 갖기 위해서는 일정한 요건을 갖추어야 한다. 이런 요건을 검토함에 있어 논리적 순서로서 법률행위가 일단 성립한 후에 그 효력을 검토해야 하므로 성립요건과 효력요건으로 나누어 고찰한다.

Ⅰ. 성립요건

법률행위라고 부를 수 있는 최소한의 외형적 요소를 법률행위의 성립요건이라 하고, 그 일반적 성립요건으로서 당사자, 법률행위의 내용으로서의 목적, 의사표시를 들고 있다.

그 외 특별한 성립요건도 있는데, 요식행위에 있어서의 일정한 방식(유언에서의 방식, 혼인신고에서의 방식, 수표행위에서의 방식), 법인 설립에서의 주무관청의 허가(제32조) 등이 이에 해당한다.

Ⅱ. 효력요건

성립요건은 각각에 대해 효력요건이 구비되어야 비로소 유효한 효력을 발생한다. 따라서 첫째로 일반적 효력요건으로서의 당사자와 관련하여서는 당사자에게 각종의 능력(권리능력, 의사능력, 행위능력)이 있어야 한다.

두 번째로 법률행위의 내용과 관련하여 그 목적이 확정가능하고, 실현가능하며, 적법하여야 하고, 사회적 타당성을 가져야 한다.

세 번째로 의사표시와 관련하여서는 의사와 표시가 일치하고,[17] 의사형성과정

17) 의사주의에 의하면 의사와 표시가 불일치하면 불성립한 것으로 보므로 성립요건에 해당할 것이다. 그러나 판례, 통설인 표시주의에 따르면 의사와 표시가 불일치하더라도 표시된 대로 효력을 인정하고, 후에 착오이론으로 그 효력의 유무여부를 따지게 되므로 성립요건이라기보

에 하자가 없어야 한다.

그 외에도 특별한 요건이 있는데, 대리행위에 있어서의 대리권의 존재, 행위능력이 흠결된 자에 대한 법정대리인의 동의, '토지거래허가구역안에서의 토지에 관한 계약'에 있어서의 관할관청의 장에 의한 허가(「부동산거래신고 등에 관한 법률」 제11조 제1항, 제6항) 등이 이에 해당한다.

Ⅲ. 구별의 의의

성립요건과 효력요건을 구별하는 실익으로, 논리적인 측면에서 법률행위가 성립요건을 구비하지 않으면 효력요건은 문제로 될 여지가 없다는 점, 증명책임의 측면에서 성립요건은 법률행위의 존재를 주장하는 측이, 효력요건은 법률행위의 효력을 다투는 측이 증명책임을 부담한다는 점, 추인과 관련한 측면에서 불성립의 경우는 추인할 수 없지만 무효의 경우에는 추인할 수 있다는 점에서 차이가 있다는 것을 든다.

그러나 일반적으로 법률행위는 성립과 동시에 효력이 발생하는 것이 원칙이므로 성립요건과 효력요건을 구별하는 것에는 어려움이 많고, 따라서 위 양자의 구별의 실익은 적다고 할 것이다. 다만 해당 법률행위의 성립과 효력을 뚜렷이 구분할 수 있는 예외적인 경우에는 구별의 실익이 있을 것이다. 예를 들면 정지조건부 매매의 경우에는 계약은 합의만으로 성립하고, 그 효력은 조건의 성취 시에 발생하므로 성립과 효력을 뚜렷이 나누어 생각할 수 있다. 이때에는 효력발생 전이라도 합의에 의해 계약이 성립한 이상 그 계약에 구속력이 생기므로, 정지조건의 성취 전에 효력이 발생하지 않았다고 하여 그 합의의 내용을 다시 문제 삼을 수 없다(이는 제152조의 시기부(始期附) 법률행위의 경우에도 마찬가지일 것이다).

다는 효력요건이라고 보게 될 것이다.

제 4 절 법률행위의 내용에 관한 유효요건

Ⅰ. 서 론

법률행위가 앞에서 본 성립요건을 일응 모두 갖추고 있는 경우라도, 그 의사표시에 의해 달성하려고 하는 법률행위의 내용과 관련하여 일정한 요건을 갖추지 못하면 그 법률행위는 효력을 갖지 못한다. 이런 요건으로서 통설은 내용의 확정성, 가능성, 적법성, 사회적 타당성을 들고 있다.

그러나 뒤에서 보듯 확정성과 가능성이란 현재의 의사표시 상태로는 그 내용대로 실현할 수가 없는 것을 의미하고, 적법성과 사회적 타당성이란 그 법률행위의 내용대로 실현시킬 수는 있지만 이를 실현시키게 되면 우리 사회의 법질서유지나 선량한 풍속을 해치는 것으로 될 경우를 말한다. 따라서 통설과 같이 4가지로 나누는 것보다는 확정성과 가능성을 하나의 범주(집행가능성)로, 적법성과 사회적 타당성을 또 다른 범주(넓은 의미에서의 사회적 타당성)로 하여 2가지로 나누는 것이 논리적이라고 할 것이다.

Ⅱ. 확정성

당사자가 합의한 내용을 일방 당사자가 따르지 않을 경우에는 타방 당사자는 이를 법원에 소구(訴求)하여 강제집행을 할 수 있어야 한다. 그러기 위해서는 법률행위가 효력을 발휘할 당시에 그 내용이 확정되어 있거나 확정될 수 있는 기준을 명확히 갖추고 있어야 한다.

예를 들면, A가 B에게 서울 강남(江南)에 있는 아파트를 매입해 주기로 서로 합의한 경우 이 합의가 효력이 있는지에 관하여 검토하면, 위 합의만으로는 그 아파트가 서울의 강남구, 서초구, 송파구, 양천구의 어느 구에 있는 아파트인지가 불명확하고, 나아가 만일 A와 B 사이에 '강남구'라고 정확히 표현을 하지는 않았지만 A와 B 사이의 의사표시 당시의 구체적 정황상 '강남구 소재 아파트'라고 해석할 수 있다고 하더라도 강남구의 어느 번지인지, 어느 번지의 어느 아파트인지, 또 몇 평방미터의 아파트인지를 위 합의내용만으로는 특정할 수가 없으므로 위와 같은 합의는 효력이 발생하지 않는다고 할 것이다.

대판 1990.12.26. 선고 88다카20224에서 '집합물에 관한 양도담보계약 시 그 목적 동산이 그 종류, 장소 또는 수량지정 등의 방법으로 특정되어 있어야 유효한 담보권이 설정된 것으로 볼 수 있다'고 판시한 것도 이와 같은 의미라고 할 것이다.

Ⅲ. 가능성

예 5-5

서울에 사는 A가 2010.8.1. B에게 제주도 해변가에 있는 가옥 H를 매도하는 계약을 체결하고, 8.15. 매매대금을 받기로 하였다.

(1) 2010.7.31. 제주도 인근 바다에서 발생한 해일로 위 H가 멸실된 경우

(2) 2010.8.2. 해일로 위 H가 멸실된 경우

(3) 계약체결당시 H가 A의 소유가 아닌 C의 소유이고, C는 처음부터 가옥을 매도할 의사가 전혀 없었고 장래에도 기대할 수 없는 경우

1. 통설(원시적 불능론)

가. 통설의 내용

계약이 효력을 발생하려면 당사자가 합의한 내용대로 실현이 가능하여야 한다. 왜냐하면 실현이 불가능한 것은 상대방에게 이행을 강제하더라도 상대방이 실현시킬 수 없기 때문이다.

따라서 불능사유의 발생시점이 계약체결 시냐 아니냐를 기준으로 원시적 불능과 후발적 불능으로 나누어, 매매계약체결 당시 그 계약의 내용을 실현할 수 있는 가능성이 없었던 원시적 불능의 경우에는 그 유효성이 결여되어 매매계약이 무효로 된다. 이에 반하여 매매계약 당시는 그 계약의 내용을 실현할 수 있었으나 그 후의 사정으로 실현할 수 없게 되는 후발적 불능의 경우에는 그 계약은 유

효하지만 그 계약에 따른 채무의 이행이 불가능하여 그 채무가 소멸하게 되고 이때 그 이행불능이 매도인 A의 잘못(귀책사유)에 기인한 경우에는 계약상의 채무불이행으로 인한 손해배상(제390조)과 계약해제(제546조)의 법리에 의해 처리하고, 매도인 A의 잘못에 기인하지 않은 경우에는 매매와 같은 쌍무계약인 때에는 위험부담의 법리(제537조, 제538조)에 의해 처리한다.

나. 통설에 따른 해결

이러한 통설에 따르면, 위 예 (1)의 경우, 계약을 체결한 시점인 2010.8.1. 당시 매매계약에 따른 이행이 불가능하였으므로 이는 원시적 불능에 해당하여 매매계약은 무효로 된다. 따라서 A가 위 매매계약에 따른 채무를 이행하지 않는다고 하여 아무런 계약상의 책임을 지지 않는다.[18] 다만 제535조에 따라 A가 그 불능을 알았거나 알 수 있었을 경우에는, B가 그 불능에 대해 선의이고 과실이 없었으면 A는 B에 대하여 신뢰이익에 관하여 손해배상을 하여야 한다.

위 예 (2)의 경우는 후발적 불능에 해당하므로 매매계약은 유효하나 본래 채무의 이행이 불가능하여 그 채무는 소멸한다. 이때 그 이행불능에 대하여 A에게 귀책사유가 있으면 B는 A에 대해 채무불이행책임을 물을 수 있지만, 귀책사유가 없으면 B는 A에 대해 채무불이행책임을 물을 수 없게 된다. 이렇게 B가 A에 대해 채무불이행책임을 물을 수 없게 되면 위험부담의 법리(제537조)에 따라 A는 B에 대하여 매매대금을 청구할 수 없게 된다.

위 예 (3)의 경우는 A가 매매계약의 이행을 계약체결할 때부터 기대할 수 없어 원시적 불능으로서 무효라고 볼 수도 있지만, 우리 민법은 타인권리의 매매로서 제569조에 의해 유효한 것으로 보고 있다. 따라서 A는 위 유효한 매매계약에 따라 이행해야 할 책임을 지고, 이를 이행하지 않는 경우에는 채무불이행책임과 아울러 제570조 내지 제572조에 따라 담보책임을 부담하게 된다.[19]

---

18) 대판 2017.8.29. 선고 2016다212524는 '계약당시에 이미 채무의 이행이 불가능했다면 특별한 사정이 없는 한 채권자가 이행을 구하는 것은 허용되지 않고, 민법 제535조에서 정한 계약체결상의 과실책임을 추궁하는 등으로 권리를 구제받을 수밖에 없다. 채무의 이행이 불가능하다는 것은 절대적, 물리적으로 불가능한 경우만이 아니라 사회생활상 경험칙이나 거래상의 관념에 비추어 볼 때 채권자가 채무자의 이행의 실현을 기대할 수 없는 경우도 포함한다. 이는 채무를 이행하는 행위가 법률로 금지되어 그 행위의 실현이 법률상 불가능한 경우에도 마찬가지이다'고 판시한다.

19) 우리 판례는 무과실 책임인 위와 같은 담보책임 외에 매매계약상의 채무불이행책임도 부담

다. 통설에 대한 비판

위 예 (1)과 예 (2)에 대한 이런 통설의 태도에는 많은 문제점을 가지고 있어 비판이 많다.

(1) 원시적 불능론에 대한 비판

위 예 (1)에서 제주도에 해일이 일어나 H가 멸실되었을 가능성을 고려하여 A와 B가 시가보다도 낮은 가격으로 매매대금을 결정하였다면, 이런 경우에도 위 계약을 원시적 불능이라고 하여 무효로 할 필요가 있는가. 또 A는 자신의 재산상태에 관하여 정확한 정보를 파악하여 B에게 고지해야 할 의무가 있다고 할 것인데, 이를 제대로 하지 아니하여 B가 매매계약을 체결하였음에도 A는 아무런 계약상의 책임을 지지 않아도 되는가.

통설은 원시적 불능의 경우에는 무조건 이를 무효로 하여 계약체결상의 과실 외의 어떠한 계약상의 책임도 물을 수 없다고 하는데 이것은 납득하기 힘들다.[20]

이런 여러 문제로 인하여 원시적 불능론은 이 이론의 모국(母國)인 독일에서조차 최근의 민법개정으로 폐기하였고, 일본도 최근의 민법 개정을 통하여 위 이론을 폐기하였다. 특히 원시적 불능 시에 무효라고 규정한 민법 규정이 없는 우리나라에서는 원시적 불능이라는 이유로 당사자의 합의를 무조건 무효라고 할 것은 아니고, 합의 당시의 사정과 당사자가 계약으로 달성하려고 한 목적과 경위 등을 고려하여 유·무효를 따져야 할 것이다. 나아가 유효라고 판단될 때에는 그 계약에 기하여 이행은 불가능하여 이행을 청구할 수는 없다고 해도 이행청구권에 갈음하는 전보배상청구권이 성립할 수 있다고 보아야 할 것이다. 이렇게 보면 위 예에서는 B는 A에 대해 H의 이전불능으로 인한 손해배상청구권(전보배상)을 가지고, 반대로 그 매매대금지급의무를 부담하므로 서로 상계하는 형태가 될 것이다.

이런 견해에 대해서는 위 경우 서로 상계하면 A와 B 사이에 서로 지급할 것이 없게 되는 경우가 대부분일 것이므로 매매계약을 무효로 한 결과와 동일하여 굳

한다고 한다(대판 1967.5.18. 선고 66다2618).

20) 물론 이에 대해서는 계약체결상의 과실책임규정으로 손해배상을 청구할 수도 있지만, 그 배상범위는 이행이익(계약이 이행되었을 경우 받았을 이익의 배상을 말한다)이 아닌 신뢰이익이고, 또 그 신뢰이익도 이행이익을 넘지 못하도록 하고 있어, 배상액이 적어질 우려가 있다.

이 매매계약을 유효라고 할 필요가 있는가 하는 의문이 있을 수 있다.[21] 그러나 만일 위 예와 달리 A와 B가 위 H와 B의 강원도에 있는 별장을 교환하기로 계약한 상태에서 H가 멸실한 경우, B는 서울에서의 거리나 관리비의 부담 또는 재산세의 중과 등의 이유로 위 별장을 계속 소유하기를 원하지 않는 때를 상정하면 통설은 원시적 무효로서 위 교환계약이 무조건 무효로 되어 B는 자신의 의사와 무관하게 계속 강원도 별장을 소유하게 되지만, 위 계약을 유효로 보게 되는 경우에는 B는 H의 이전불능으로 인한 손해배상청구권을 행사하여 금전적 배상을 받고, 자신의 별장을 이전해주게 되어 타당한 결과를 얻을 수 있게 되는 이점이 있다고 할 것이다.

(2) 특정물도그마에 대한 비판

나아가 H가 전부 멸실되지 않고 일부만 멸실된 경우[22]의 처리와 관련하여, 통설은 특정물도그마를 기초로 제580조의 하자담보책임이 적용된다고 한다. 이는 채권각론에서 자세히 논할 문제이지만 민법총칙의 의사표시이론과도 일부 관련이 있으므로 간략히 설명한다.

(가) 위 예 (1)의 경우

특정물도그마[23]를 따르는 학설(하자담보책임에 관한 법정책임설)에 의하면, 계약당시 매매목적물인 특정물 H가 일부 멸실이라는 하자 있는 상태로 특정되었으므로 이를 일부 멸실된 상태 그대로 이행하는 것은 매매계약의 적법한 이행이므로(제462조[24]) B는 이를 수령거절할 수 없다고 한다. 이때 B로서는 제580조에 따른 책

---

21) 이행청구권과 전보배상청구권과의 관계에 대해서는 채권총론에 자세히 배우게 될 것인데, 간략히 보면 통설은 이행청구권이 전보배상청구권으로 전환한다고 보아 이행청구권이 처음부터 존재하지 않으면 전보배상청구권이 발생할 수 없고 이행청구권과 전보배상청구권이 동시에 양립하는 경우를 인정하지 않지만, 위 교환의 예에서 보듯 이행청구권과 전보배상청구권은 양립가능하고(특히 이행거절의 경우, 채권자는 이행청구권과 전보배상청구권을 선택하여 행사할 수 있다고 할 것이다), 이행청구권이 처음부터 발생하지 않았던 경우라도 전보배상청구권이 발생할 수 있다고 해석해야 할 것이다.

22) 이 경우를 일부 불능이라고 하고, 전부 멸실된 경우를 전부 불능이라고 한다.

23) 특정물도그마에 의하면 특정물의 경우 그 물건이 특정되면 그 성질이나 상태는 물건이 특정될 때 그 당시의 상태 그대로 확정되므로 당사자들이 임의로 정할 수 있는 것이 아니라고 본다. 따라서 특정물의 성질이나 상태에 관한 당사자의 합의는 의사표시의 내용으로 되지 않는다고 본다.

임추궁만을 할 수 있을 뿐이고 채무불이행책임을 추궁할 수는 없다고 한다.

이에 반하여 특정물도그마를 따르지 않는 학설(하자담보책임에 관한 채무불이행책임설)에 의하면 물건의 성질이나 상태에 관한 당사자 사이의 합의도 의사표시의 내용에 포함된다고 보므로 당사자가 하자 없는 완전한 H를 이전하는 것을 채무의 내용으로 합의하였던 것으로 계약해석상 인정된다면 일부 멸실된 H를 제공하는 것은 적법한 이행이 아니므로 B로서는 이행을 거절할 수 있고, 따라서 B는 A에 대하여 제580조에 따른 책임추궁 외에 채무불이행책임도 추궁할 수 있다고 보고 있다.[25)]

(나) 위 예 (2)의 경우

특정물도그마를 따르는 견해에 의하면 특정물인 H에 원시적 하자가 존재하였던 경우가 아니므로 제580조가 적용될 수는 없고, 특정물의 이행에 관한 제462조를 적용하여 A가 이행기의 현재 상태인 일부 멸실된 H를 그대로 제공하는 것은 적법한 이행이고 따라서 B로서는 이를 수령할 수밖에 없다. 이때 H의 일부 멸실이 A의 보관상의 주의의무위반에 기인한 것이면 B는 A에 대해 제374조에 따라 손해배상을 받을 수 있을 뿐이고, 그 일부 멸실이 A에게 보관상의 주의의무위반에 기인한 것이 아니라면 제537조의 위험부담의 법리에 따라 매매대금의 일부 감액을 주장할 수 있을 뿐이다.

이에 반하여 특정물도그마에 따르지 않는 견해에 의하면 완전한 H를 제공하는 것이 계약상의 채무로 해석된다면 일부 멸실된 H의 이행제공은 적법한 이행이 아니므로 B는 A의 이행을 거절하고 일반적인 채무불이행책임을 추궁할 수 있다고 본다.

Ⅳ. 적법성

1. 서론

당사자가 사법상의 법률행위를 하고 그 법률행위에 의도한 바의 효력을 달성하

---

24) 제462조는 특정물도그마에 따라 입법화된 것이지만, 우리 판례는 제462조를 적용한 판례가 거의 없는 것에 비추어 특정물도그마에 소극적인 입장에 있는 것으로 보인다.

25) 판례는 이 입장에 있다(대판 2004.7.22. 선고 2002다51586 참조).

기 위한 법적인 보호를 받으려면 국가가 정한 법률을 위반해서는 안된다. 그런데 법률에 위반되는 사법상의 법률행위의 경우 그 효력과 관련하여 다양한 효과를 인정하고 있다.

즉 법률에서 금지하는 행위를 한 경우 그 법률 위반에 관한 제재는 단순한 행정처벌(과태료 또는 영업정지나 영업허가취소 등)로 그치는 때도 있을 수 있지만, 행정처벌 외에 형사처벌을 하기도 하고 나아가서 그 금지행위의 사법상의 효력까지 부정하기도 한다. 해당 법률규정에서 금지하는 행위에 해당하는 법률행위의 사법적 효력에 대해 무효라고 규정하고 있으면 문제는 없지만,[26] 사법적 효력을 정하지 않은 경우에 문제가 된다.

이런 법률행위의 내용에 관한 통제에 대해서는 제103조와 제105조가 있는데, 통설의 경우는 제103조를 사회적 타당성으로, 제105조를 적법성으로 구분하고 있다. 이에 대하여 이 둘을 구분할 필요가 없다는 견해도 있다.

2. 강행규정

가. 개념

통설은 제105조에 따라 '법령 중 선량한 풍속 기타 사회질서에 관계없는 규정'을 임의규정으로, '법령 중 선량한 풍속 기타 사회질서에 관계있는 규정'을 강행규정으로 분류하고, 임의규정에 위반된 법률행위는 유효하지만, 강행규정에 위반한 법률행위는 무효로 된다고 본다.

나. 판단기준

강행규정으로는 일반적으로 법질서의 기본구조에 관한 규정(권리능력이나 행위능력에 관한 조항, 법인제도와 관련한 조항), 제3자나 사회 일반의 이해관계에 직접 영

---

26) 「부동산실권리자명의의 등기에 관한 법률」 제4조 제1항(명의신탁약정은 무효로 한다), 「이자제한법」 제2조 제3항(최고이율을 초과하는 부분은 무효로 한다) 등 참조. 특히 「주택임대차보호법」 제10조 및 「상가건물임대차보호법」 제15조(이 법에 위반된 약정으로서 임차인에게 불리한 것은 그 효력이 없다). 「근로기준법」 제15조 제1항(이 법에서 정하는 기준에 미치지 못하는 근로조건을 정한 계약은 그 부분에 한하여 무효로 한다) 등의 조항은 일방 당사자에게 불리한 특약만을 무효로 하는 것으로 편면적 강행규정이라고 부른다.

향을 주는 규정(제3자를 보호하는 규정, 물권법상의 규정), 거래의 안전을 보호하는 규정(유가증권제도), 가족관계의 질서에 관한 규정(가족법 규정) 등을 든다.

다. 단속규정과의 관계

통설은 강행규정이라는 개념 외에 행정상의 목적을 위하여 일정한 행위를 금지하거나 제한하는 규정으로서 단속규정이라는 개념을 인정하여, 강행규정과 단속규정의 관계에 관하여 논하고 있다. 즉 강행법규에는 단속규정과 효력규정이 있고, 효력규정은 그에 위반하는 행위의 사법상의 효력이 부정되는 것이고, 단속규정은 그에 위반되어도 사법상의 효력에는 영향이 없다고 하는 견해, 강행법규와 단속법규를 대등한 위치에 두어 구분하면서 단속법규에는 다시 위반 시 무효로 하는 효력규정과 위반해도 무효로 되지 않는 좁은 의미의 단속규정으로 나누는 견해, 강행규정과 단속규정은 용어법의 차이에 지나지 않는다는 견해 등이 제시되고 있다.

라. 위반 시의 효과

(1) 강행규정에 위반한 합의는 무효이고, 그 무효는 선의의 제3자에게도 대항할 수 있다. 이렇게 무효로 된 합의는 추인에 의해 유효로 될 수 없으며, 표현대리의 규정이 적용되지도 않는다.

앞서 본 것처럼 해당 법률규정이 강행규정에 해당되는지를 판단할 때 이미 선의의 제3자의 이익까지도 고려한 후 거래의 안전보다는 해당 법률규정의 관철이 중요하다고 판단하여 강행규정에 해당한다고 판단하므로, 강행규정에 해당하여 무효인 경우에는 다시 선의의 제3자의 이익을 고려하여 제3자에 대한 대항 여부를 판단할 필요는 없을 것이다. 표현대리제도 역시 상대방의 신뢰 보호를 통하여 거래의 안전을 도모하는 것에 목적이 있으므로 위와 동일한 이유로 강행법규에 위반되는 합의를 표현대리규정에 의해 유효하게 할 수도 없을 것이다. 그리고 행위자가 추인하여 유효로 할 수 있다고 하면 강행규정을 둘 이유가 상실되므로 추인을 인정할 수도 없을 것이다.

(2) 문제는 법률행위 시에는 강행법규에 의해 무효였으나 이행 시에는 강행법규가 폐지되어 유효하게 된 경우 해당 법률행위가 유효로 될 수 있는가 하는 것

이다. 한번 법률행위가 강행법규위반으로 무효로 된 이상 후에 법률이 폐지된다고 하더라도 유효로 되지 않는다고 할 것이고, 이를 유효로 하려면 해당 법률이 폐지된 후에 다시 동일한 법률행위를 하여야 할 것이다.[27)]

(3) 법률행위 중 일부가 무효인 경우에는 어떻게 되는가.

해당 강행법규에서 사법적 효력에 대하여 규정하고 있으면 문제는 없다. 즉 「이자제한법」에서는 초과이자에 대해 최고이자율을 초과하는 부분만을 무효로 하고(제2조 제3항), 이미 임의로 지급한 경우에는 초과 지급된 이자 상당액은 원본에 충당하고, 원본이 소멸하면 반환을 청구할 수 있다(제2조 제3항)고 규정하고 있으므로 그에 따르면 된다. 또 「약관의 규제에 관한 법률」에서 규정하는 약관 중의 불공정한 조항은 해당 조항만을 무효로 하고 나머지 조항은 유효로 하고 있다.

문제는 그런 규정이 없는 경우인데, 그 경우에는 이론적으로는 일반원칙 규정인 제137조에 따라 원칙적으로 전부가 무효로 되고, 예외적으로 무효부분이 없었더라도 법률행위를 하였을 것이라고 인정될 때에는 나머지 부분은 유효로 보는 견해가 있을 수 있다. 그러나 강행규정에 위반된 이상 그 강행규정의 입법취지를 고려하여 전부를 무효로 할 것인지, 아니면 일부만을 무효로 하고 나머지를 유효로 할 것인지를 판단해야 할 것이다. 판례도 이런 입장에 있는 것으로 보인다.[28)]

이와 구별해야 할 것으로 수개의 법률행위가 서로 관련을 가지고 이루어졌으나 그 중 일부의 법률행위가 강행규정에 위반되어 무효인 경우를 들 수 있다. 예를 들면 대판 1996.8.23. 선고 94다38199에서처럼 고객과 증권회사 사이에 주식매매거래계좌설정약정, 투자수익보장약정 및 일임매매약정[29)] 중 투자수익보장약정만이 강행규정위반으로 무효인 경우인데, 이 경우 원칙적으로는, 개별적인 고찰을

---

27) 대판 1991.7.26. 선고 90다15488은 최고이자율이 이전보다 고율로 변경되었다고 하여 무효였던 종전의 최고이자율을 초과하는 부분이 유효로 되지는 않는다고 판시하고 있다.

28) 대판 2004.6.11. 선고 2003다1601은 '민법 제137조는 임의규정으로서 의사자치의 원칙이 지배하는 영역에서 적용된다고 할 것이므로, 법률행위의 일부가 강행법규인 효력규정에 위반되어 무효가 되는 경우 그 부분의 무효가 나머지 부분의 유효·무효에 영향을 미치는가의 여부를 판단함에 있어서는 개별 법령이 일부무효의 효력에 관한 규정을 두고 있는 경우에는 그에 따라야 하고, 그러한 규정이 없다면 원칙적으로 민법 제137조가 적용될 것이나 당해 효력규정 및 그 효력규정을 둔 법의 입법 취지를 고려하여 볼 때 나머지 부분을 무효로 한다면 당해 효력규정 및 그 법의 취지에 명백히 반하는 결과가 초래되는 경우에는 나머지 부분까지 무효가 된다고 할 수는 없다'고 판시한다.

29) 위 판결은 일임매매약정도 증권거래법에 위반되었으나 해당 규정을 강행규정으로 보지 않아 사법상의 효력은 유효하다고 보았다.

통하여 각기 독립적으로 유효와 무효를 판단하여야 할 것이고, 예외적으로 각 법률관계가 긴밀히 연결되었다고 판단된다면 제137조의 원칙을 유추하여 원칙적으로 무효이고, 무효부분을 제외하더라도 즉 투자수익보장 약정이 없었더라도 계속거래를 하였을 것이라고 판단되면 나머지 부분은 유효하다고 판단해야 할 것이다.

마. 판례의 입장

(1) 판례는 어떤 금지법규가 강행규정인지 아닌지를 판단하여 강행규정이면 무효, 임의규정이면 유효라는 식의 단순한 판단을 하는 것은 아니고, 개별 사례마다 문제로 되는 행위가 법규에 위반하고 그 위반정도가 반사회성을 가지는지 여부를 검토한 후 판단하고 있다.

(2) 먼저 강행규정위반의 경우에 관하여 본다.

대판 2010.12.23. 선고 2008다75119에서 「공인중개사법」에 위반하여 무자격 공인중개사와 중개수수료약정을 한 경우 그 약정을 무효라고 판단하면서 강행규정인지의 판단기준으로서 '당해 금지규정의 배경이 되는 사회경제적·윤리적 상황과 그 추이, 금지규정으로 보호되는 당사자 또는 이익, 그리고 반대로 그 규정에 의하여 활동이 제약되는 당사자 또는 이익이 전형적으로 어떠한 성질을 가지는지 또 그 이익 등이 일반적으로 어떠한 법적 평가를 받는지, 금지되는 행위 또는 그에 기한 재화나 경제적 이익의 변동 등이 어느 만큼 반사회적인지, 금지행위에 기하여 또는 그와 관련하여 일어나는 재화 또는 경제적 이익의 변동 등이 당사자 또는 제3자에게 가지는 의미 또는 그들에게 미치는 영향, 당해 금지행위와 유사하거나 밀접한 관련이 있는 행위에 대한 법의 태도 기타 관계 법상황 등을 종합적으로 고려하여야 한다'고 하고, 나아가 대판 2018.10.12. 선고 2015다256794에서는 '금지 규정의 입법 배경과 취지, 보호법익, 위반의 중대성, 당사자에게 법규정을 위반하려는 의도가 있었는지 여부, 규정 위반이 법률행위의 당사자나 제3자에게 미치는 영향, 위반 행위에 대한 사회적·경제적·윤리적 가치평가, 이와 유사하거나 밀접한 관련이 있는 행위에 대한 법의 태도 등 여러 사정을 종합적으로 고려해서 그 효력을 판단하여야 한다'고 판시하고 있다.

판례는 강행규정에 위반되면 사법상의 효력도 부정하여 무효로 보고 있다.

(3) 다음으로 단속규정에 위반된 경우를 본다.

판례는 단속규정에 위반된 경우 대부분은 사법상의 효력을 인정하여 무효로 보지는 않으나, 예외적으로 그 위반태양이 반사회성을 가지는 때에는 사법상의 효력을 부정하여 무효로 본다.

공동주택의 분양 시 공개모집하여 추첨하여야 한다는 당시의 구「주택건설촉진법」 규정을 위반한 분양계약에 관한 대판 1993.7.27. 선고 93다2926은, '위 규정은 단속규정으로 보아야 하지만, 당사자가 통정하여 위 규정을 위반하는 법률행위를 한 경우에는 선량한 풍속 기타 사회질서에 위반한 사항을 내용으로 하는 법률행위로 보아야 할 것인바, 위 임의분양약정은 당사자가 통정하여 위와 같은 규정들을 위반하기로 한 반사회질서의 법률행위로서 결국 무효로 보아야 한다'고 판시하여 문제된 행위가 단순한 단속규정에 위반하였음에도 불구하고 그 행위의 반사회성을 고려하여 사법상의 효력을 무효로 하고 있다.

위와 같은 판례의 태도는 단속규정인지 강행규정인지의 여부보다는 해당 법률행위의 내용 뿐 아니라 그러한 법률행위에 이르게 된 경위까지도 고려한 평가가 반사회성을 가지는지도 중요시하는 태도라고 할 것이고,[30] 이렇게 반사회성을 따지는 것은 제103조의 반사회성 여부를 평가하는 것과 동질의 것이다. 이런 점에서 판례는 적법성과 사회적 타당성을 엄격히 구별하여 판단하고 있다고 보기는 힘들다고 할 것이다.

(4) 법률의 내용은 국가가 마련한 여러 제도(선거제도, 사법제도, 공인중개사제도, 회계사제도)와 관련한 행정법규에서부터 일반 민사와 관련한 법규에 이르기까지 광범위한 범위를 가지므로 금지규정에 위반한 행위에 대한 사법적 효력의 판단기준에 관한 일반적 이론을 세운다는 것은 어려운 작업이다.

그러나 기존의 판례들을 분석하여 보면 통설과 같이 상대방 내지 제3자 및 사

30) 우리와 비슷한 법제도와 내용을 가지는 일본에서도 식품위생법상의 허가를 받지 않고 요식업을 할 수 없도록 하고 이를 위반하는 경우 처벌하는 규정을 가지고 있는데, 우리와 마찬가지로 무허가 요식업자가 음식품재료를 구입하거나 소비자에게 판매하는 계약에 대해서는 위 규정들을 강행규정이 아니라고 보아 사법상의 효력을 무효로 하지 않는다. 그러나 과자제조업자가 유독성재료임을 알면서도 이를 이용하여 제조한 과자를 판매업자에게 매도한 계약의 효력에 관하여 일본 최고재판소 1964(昭和39).1.23. 昭36(オ)30号에서 '유독성물질이 함유된 것을 판매함으로써 식품위생법에 위반되는 것만으로는 판매계약이 제90조(우리의 제103조)에 위반되어 무효로 되는 것은 아니지만, 제조자가 이런 금지규정을 알면서도 감히 유독성물질을 이용하여 제조하여 계속하여 판매한 계약은 무효이다'고 판시하였다. 이것도 법률행위의 내용뿐 아니라 그에 이르게 된 경위도 고려하여 반사회성을 판단하고 있다. 이처럼 반사회성을 판단함에 있어 법률행위의 내용뿐 아니라 그런 행위에 이르게 된 경위까지도 고려하는 것은, 아래에서 볼 제104조의 불공정한 불법행위에서도 마찬가지다.

회 일반의 이해관계에 영향을 미치는 것, 거래의 안전을 위한 것, 경제적 약자를 위한 것 등에 관한 법규는 이에 위반하면 무효로 보는 경우가 많다는 것을 알 수 있다. 그 외 기존의 판례들을 분석하면 다음과 같이 정리할 수 있을 것이다.

(가) 먼저 변호사, 공인중개사, 세무사,[31] 회계사,[32] 의사, 한의사,[33] 약사 등 국가나 사회의 근간을 이루는 제도와 밀접하게 관련을 가지기 때문에 인정한 자격을 취득한 자만이 해당 업무를 하도록 제도화하고 이에 위반하면 처벌하는 규정이 있는 경우, 유자격자가 무자격자와 동업하는 합의 또는 자격을 빌려주는 합의 등은 위와 같은 제도설립의 취지에 반하는 것으로서 무효로 본다.

이는 국가가 특별한 목적을 달성하기 위하여 관련제도를 마련한 것이므로 그 제도의 안전한 정착과 원활한 운영을 위한 것이라고 보아야 할 것이고, 따라서 이에 위반되면 제103조의 사회질서에 위반한 사항이라고 볼 여지가 다분하다. 이런 면에서 증권시장의 공정한 거래질서유지에 관한 책임을 부담하는 증권회사나 그 임직원들의 원금보장약정(대판 2002.12.26. 선고 2000다56952)이나 투자수익보장약정(앞서 본 94다38199)은 무효이지만, 개인 사이의 투자수익보장약정(대판 2010.7.22. 선고 2009다40547)은 유효라는 판결을 이해할 수 있을 것이다.

(나) 문제는 무자격자가 상대방과 '자격자가 해야 할 업무를 하는 합의'를 한 경우 그 합의의 효력도 무효라고 할 것인가이다. 예를 들면 무자격 변호사가 수임료를 받기로 하고 변호사 업무를 하거나 무자격 의사나 약사가 치료비를 받고 의료활동을 한 경우에 상대방은 수임료나 치료비를 지급해야 하는지 또는 이미 지급한 수임료나 치료비를 반환받을 수 있는지가 문제로 될 수 있다. 이것도 결국 당해 제도와 관련하여 앞에서 본 2008다75119 판결 및 2015다256794 판결의 내용에 따라 판단할 수밖에 없을 것이다.

그렇다고 보면 무자격 변호사의 경우는 사법제도와 밀접한 관련이 있어 무자격 변호사와 의뢰인과의 계약은 무효로 보아야 하고, 또 이미 지급한 금전도 반환을 받도록 하여야 할 정도에 이르기까지 그 제도를 관철시켜야 할 것이다.[34]

---

31) 대판 2015.4.9. 선고 2013다35788(세무사와 비세무사 사이의 세무대리의 동업약정 및 이익분배약정은 무효다).

32) 대판 2015.9.10. 선고 2014다72692(공인회계사법에 위반하여 공인회계사가 무자격자에게 등록증 대여하기로 한 합의는 무효다).

33) 대판 2011.1.13. 선고 2010다67890(한의사와 비한의사 사이의 한의사업 동업약정은 무효다).

34) 대판 2014.7.24. 선고 2013다28728(비변호사의 변호사업무의 금지 규정인「변호사법」제109조 제1호 위반한 수임계약은 무효다). 나아가 공인중개사에 대해서도 대법원은 엄격한 태도

그러나 의사나 약사의 의료활동이 국민 건강과 관련하여 중요한 역할을 하고 있는 것은 맞지만 일률적으로 치료비계약이나 약품판매계약을 무효로 볼 것은 아닐 것이다. 즉 원칙적으로는 무효이지만 그 의료활동이 국민의 건강에 치명적이지 않은 사소한 질환, 예컨대 감기에 관한 진료나 감기약 판매계약 등에 관해서까지 이를 무효로 볼 것은 아니라고 생각한다.

(다) 다음으로 거래상대방의 신뢰나 거래의 안전을 보호해야 할 중요성이 해당 행위의 위법성보다 높거나, 해당 행위를 유효하다고 인정하더라도 그 이후의 위반행위의 금지에 그다지 영향을 주지 않는 경우에는 무효로 되지 않는다고 할 것이다.

예를 들면 공인중개사는 매도를 의뢰한 중개의뢰인으로부터 그 의뢰 대상물건을 중개사 자신이 직접 매수하지 못하도록 규정한「공인중개사법」제33조 제6호를 위반한 사안에 대하여 대판 2017.2.3. 선고 2016다259677은 '위와 같은 거래행위 자체가 그 사법상의 효력까지도 부인하지 않으면 안 될 정도로 현저히 반사회성, 반도덕성을 지닌 것이라고 할 수 없을 뿐만 아니라 그 행위의 사법상의 효력을 부인하여야만 비로소 입법 목적을 달성할 수 있다고 볼 수 없다'고 하여 무효가 아니라고 보았는데, 위와 같은 취지라고 보아야 할 것이다.

그 외 위 93다2926 판결에서도 보았듯이, 소위 단속규정으로서 그 규정을 위반한 것이 사법상의 효력에 영향을 미치지 않는다고 하더라도 당사자가 통정하여 한 경우와 같이 행위과정에서의 위법성이 상당히 크다고 평가되는 때에는 무효로 될 가능성도 배제하지 못한다고 할 것이다.

바. 사견

(1) 적법성과 사회적 타당성의 구분 필요성

국가는 사회질서나 선량한 풍속과 관련되는 사항 중에서 일부를 강행법규로 제정하여 위반행위를 무효로 하여야겠다고 판단하면 그에 관한 강행법규로서의 효력을 가지는 법령을 제정하는 것이다.[35] 따라서 제103조의 사회적 타당성이나 제

를 유지하여 대판 2010.12.23. 선고 2008다75119에서 '「공인중개사법」에 위반하여 무자격 공인중개사와 중개수수료 약정을 한 경우 그 약정은 무효이다'라고 판시하고, 나아가 대판 2002.9.4. 선고 2000다54406, 54413은 의뢰인이 자격 있는 중개사와 한 약정이라도「공인중개사법」에서 정한 중개수수료의 한도를 초과하여 지급하기로 한 약정은 무효라고 판시한다.

105조의 적법성은 결국 하나의 근원인 제103조에서 나온 것이나 단지 그것이 명문규정인 강행법규로 표현되어 있는 것인지 여부의 차이에 불과한 것으로 보아야 할 것이다.

결국 법령의 강행규정성을 규정하는 것은 사회적 타당성이라고 보아야 할 것이므로 적법성과 사회적 타당성은 구분할 필요는 없을 것이다.

(2) 단속규정개념의 도입 필요성

행정법규가 단속규정인지 효력규정인지, 그리고 그 두 개념과 강행규정과의 개념상의 차이 여부는 사법상의 효력여부를 판정함에 있어 아무런 역할을 하지 못한다. 그러므로 민법에서는 강행규정인지 임의규정인지만을 판정하면 되는 것이고, 단속규정이나 효력규정이라는 개념을 도입할 필요성이나 실익은 없다고 할 것이다.

(3) 불법원인급여(不法原因給與) 규정(제746조)과의 관계

예 5-6

변호사가 아닌 A가 변호사법 제109조를 위반하여 B로부터 형사사건을 의뢰받아 수임료 100만원을 받기로 약속하였다.

(1) A가 B를 상대로 약속한 수임료 100만원의 지급을 청구하는 경우

(2) B가 약속한 대로 A에게 100만원을 지급한 후 수임계약이 변호사법에 위반하여 무효라고 주장하여 A를 상대로 지급한 100만원의 반환을 구하는 경우

(가) 위 예 (1)의 경우

위 예 (1)의 경우는 수임약정이 강행규정인 「변호사법」 제109조에 위반되어 무효이므로 B는 계약상의 의무를 부담하지 않아 지급을 거절할 수 있다.

---

35) 앞서 본 어떠한 제도와 관련된 규정들(변호사제도, 공인중개사제도, 회계사제도 등)은 사회질서와 관련된 강행규정이라 볼 수 있다. 「성매매알선 등 행위의 처벌에 관한 법률」 제10조 제1항은 '성매매알선 등의 행위를 한 사람이나 알선한 사람 또는 인신매매를 한 사람 등이 그 행위와 관련하여 성을 파는 행위를 하였거나 할 사람에 대하여 가지는 채권은 그 계약의 형식이나 명목에 관계없이 무효로 한다'고 규정하고 있는데, 이는 선량한 풍속과 관련된 것을 강행규정으로 법규화한 것이라고 보아야 할 것이다.

(나) 위 예 (2)의 경우

강행법규의 위반의 경우에는 해당 법률행위는 절대적 무효라는 것이 통설, 판례이다. 따라서 A는 무효인 수임약정에 기하여 100만원을 수령하였으므로 이 100만원은 부당이득에 해당하여 제741조에 의하여 B에게 반환하여야 할 의무가 있다. 이때 A가 'B의 100만원의 지급은 불법한 원인으로 지급한 것이므로 제746조에 의해 반환할 의무가 없다'고 주장하면 어떻게 되는가.

제746조의 '불법'의 의미와 관련되는 문제로서, 여기서의 '불법'에는 선량한 풍속 기타 사회질서에 위반하는 것을 의미하고 강행법규위반은 포함되지 않는다는 견해, 강행법규도 포함된다는 견해, 선량한 풍속만을 의미하고 인격적으로 비난을 받아야 할 악을 의미한다는 견해 등이 있다.

자세한 것은 채권각론에서 논하여야 할 것이지만, 간략히 저자의 견해를 밝히면 다음과 같다.

기존의 학설처럼 강행법규 전체를 문제로 삼아 제746조의 '불법'에 포함되는지 여부를 논하는 것은 무의미할 뿐만 아니라 구체적인 문제해결에 전혀 도움이 되지 않는다. 강행법규위반 행위는 위반된 해당 강행법규의 입법취지 및 관철시키고자 하는 입법자의 의지의 강도와 급부자 및 급부수령자의 행위에 대한 윤리적 평가 등을 모두 고려하여 개별적, 구체적으로 제746조의 적용여부를 결정할 수밖에 없다. 다시 말하면 강행법규 위반행위에 대하여 제746조를 적용함에 있어서는, 무효로 되어야 할 법률행위가 제746조의 적용으로 유효하게 한 것과 같은 결과가 됨으로써 강행법규가 무력화하게 되는 것을 용인할 것인지, 아니면 제746조의 적용을 배제시켜야 할 정도로 입법자가 해당 강행법규의 내용을 사회에 통용시키려고 하는 의지가 강력한지, 급부를 한 사람이 해당 급부를 반환받지 못하게 되는 불이익을 입어도 어쩔 수 없을 정도로 그 행위의 반사회성 내지 윤리적 비난 정도가 높은 것인지, 반대로 강행법규 위반행위에 가담한 급부수령자에게 해당 급부를 계속 보유하게 하는 이익을 주는 부당함을 용인하여도 무방한지 등을 고려하여야 할 것이다.

위 예에서의 변호사법 제109조는 변호사 자격이 없는 자로 하여금 법률사무를 대리할 수 없게 하는 것은 변호사제도, 나아가서는 사법제도 전반과 관련되는 국가의 근간이 되는 제도를 보호하기 위한 것이므로 반드시 관철시켜야만 하는 규정이다. 따라서 위 예에서 불법원인급여규정을 적용하여 A가 B로부터 약속한 수임료 상당의 금액을 그대로 보유하게 하는 것은 변호사법 제109조를 무력화하는 것으로서 변호사제도의 근간을 흔들 우려가 있으므로 이에 위반하여 얻게 된 어떠한 이득도 무자격자에게 남겨두지 않는 등으로 하여 위 제도를 철저히 관철시키겠다는 것이 변호사법 제109조를 규정한 입법자의 의도일 것이다. 그렇다면 위 예 (2)에서 A의 불법원인급여 주장은 받아들일 수 없어 B는 A에 대하여 반환을 구할 수 있다고 할 것이다.[36)]

한편 명의신탁약정은 「부동산실권리자명의의 등기에 관한 법률」 제4조 제1항에 의하여, 토지거래허가구역 안에서 허가를 잠탈한 토지매매계약은 「부동산거래신고 등에 관한 법률」 제11조 제6항에 의하여 각 무효이지만 급부자가 위 약정이나 매매계약에 기하여 지급한 급부에 대하여 반환을 청구할 수 있는데, 이는 위 각 강행규정은 급부자로 하여금 이행된 급부의 반환하지 못하게 하는 불이익을 줄 정도로 금압(禁壓)할만한 불법성은 없다고 보기 때문일 것이다.

(다) 부당이득반환청구의 경우

나아가 위 예 (1)에서 A가 위 100만원을 받고 수임계약에 따른 일정한 용역(준비서면의 작성 및 제출 등)을 제공하여 B가 그로 인한 이득을 취한 경우에 A가 무효인 수임계약이 아니라 위와 같은 용역의 결과를 B가 취한 것은 부당이득이라고 하여 부당이득반환을 청구원인으로 구성하여 청구하면 어떻게 되는가.

이를 인정하면 A가 변호사 유사활동을 통하여 금전적 이익을 보유하게 하는 것을 정당화하는 것과 같은 결과가 되고, 이는 명백히 변호사법 제109조를 규정한 입법취지에 반하게 된다. 이와 같은 입법취지를 관철시키기 위해서는 B가 위와 같은 이득을 취득하게 하고 나아가 A가 그로 인해 불이익을 받더라도 이런 결과를 용인해서는 아니 될 것이다. 이런 점을 고려하면 위와 같은 A의 주장도 받아들여져서는 아니 될 것이다.

---

36) 대판 2018.8.1. 선고 2016다242716, 242723은 「변호사법」 제109조를 위반한 수임료계약에 기하여 의뢰인이 비변호사에게 수임료를 지급한 후, 부당이득으로 지급한 수임료의 반환을 구한 사건에 관한 것이다. 원심은 사건에서 문제된 업무가 변호사업무에 포함되지 않는다고 보아 「변호사법」 위반에 해당되지 않으므로 수임료계약이 유효하다고 판단하여 반환을 인정하지 않았는데 대법원은 문제된 업무가 변호사업무에 포함된다고 하여 부당이득으로서 반환을 해야 한다는 취지로 파기환송하였다. 이 사건은 불법원인급여가 직접적으로 문제로 되지는 않았으나, 만일 대법원이 불법원인급여에 해당되고 따라서 원칙적으로 반환할 필요가 없다고 판단하였다면, 원심의 결론은 결과적으로 정당하므로 대법원이 굳이 파기하지는 않았을 것이다. 그럼에도 불구하고 대법원이 파기한 것은 반환해야 한다는 것을 간접적으로 인정한 것이라고 보아도 될 것이다.

3. 탈법행위

강행규정에 위반되는 행위에는 그 규정에 직접적으로 위반되는 경우도 있지만, 법률행위가 취한 형식적 외형으로는 강행규정에 위반하지는 않으나 그 실질적인 내용은 강행법규가 금지하고 있는 것을 달성하고 있는 경우가 있는데, 이를 탈법행위라고 한다.

예를 들면 「공무원연금법」 제39조 제1항은 퇴직급여 등의 급여를 받을 권리는 양도, 압류하거나 담보로 제공할 수 없도록 규정하고 있는데, 이를 회피할 목적으로 수급권자가 자신의 채권자에게 지신을 대리하여 급여를 수령할 수 있는 권한을 위임하고, 그에 따라 그 채권자가 급여를 대신 수령하여 채권의 변제에 충당하는 경우 등을 들 수 있다.

탈법행위의 효력은 앞서 본 강행법규위반의 행위의 효력과 같이 판단하면 된다.

Ⅴ. 사회적 타당성

1. 서론

가. 일반조항

입법자는 사회적 타당성이 결여된 관계 중 법으로 규정하여야겠다고 판단한 것을 강행규정으로 입법화하지만, 사회적 타당성이 결여된 모든 관계를 입법화하는 것은 불가능하다. 어떤 경우에는 구체적인 내용으로 법규화해 두면 사회변화에 탄력적으로 대응할 수 없어 바람직하지 않을 수도 있다. 이런 경우에는 구체적인 내용으로 입법하기보다는 불확정적이고 추상적인 개념으로 입법화하고 그 구체적인 내용은 부단히 변화하는 사회환경과 도덕관념에 맞추어 해석에 의해 탄력적으로 해결하는 것이 바람직하다.

제103조는 정확히 이런 것을 규정한 일반조항으로서, 그 내용으로 되는 '선량한 풍속 기타 사회질서'의 구체화는 개별적인 사건에서의 법원의 판단에 의할 수밖에 없다. 그런 의미에서 본조는 법원에 의해 그 내용이 채워져야 할 공백(空白)

규정이라고 할 수 있다.

나. 민법에서의 위치와 현대에서의 재평가

개인의 경제활동의 자유를 최대한 보장하는 것을 목적으로 한 초기 자본주의 시대의 야경국가(夜警國家)이념의 시절에서는 본조를 계약자유의 원칙에 대한 예외로서 그 한계를 지우는 역할을 한다고 보았다. 따라서 그 적용에 있어서 소극적이어서 본조는 행정경찰이나 사법에 관계된 사안, 성풍속에 관계되는 사안 등으로 그 적용범위가 한정되는 경향이 강했다.

그러나 자본주의의 발달로 인하여 극심한 빈부격차가 발생하여 경제적 불평등이 심화되었고 경제적 권력이 정치권력 못지않은 권력으로 등장하게 되었다. 이에 따라 경제적 권력남용에서 기인하는 '건강을 해칠 정도의 근로조건에서도 근무하겠다'는 합의나 '퇴직 후에도 동종업종의 회사에서 근무하지 않겠다'는 전직금지(轉職禁止)합의 또는 경업금지(競業禁止)합의 등이 사회문제로 대두되게 되었다. 이런 새로운 현대적 문제를 해결하기 위한 해결책으로서 법원이 본조를 이용하기 시작하게 되었고 이에 따라 그 적용영역이 확대되었다. 그리하여 현대에 와서는 본조가 사회질서유지와 공공복리를 실천하는 민법의 최고원리로서 법률전체를 지배하는 지위를 차지하게 되었고, 이에 따라 계약의 자유도 본조의 원칙에 따라야 한다고 하기에 이르렀다.

나아가 위와 같은 경제적 권력에 의한 문제 외에도 단체 내에서 다수자들에 의한 소수자들의 헌법상의 기본권 박탈이라는 헌법상의 자유나 평등권의 침해 등의 문제도 나타나게 됨에 따라 개인의 권리와 자유를 보호할 필요성이 증대하였다. 이런 문제에 대응하는 과정에서, 형벌권을 가진 국가권력에 대한 국민의 기본권 보호수단이었던 헌법의 역할에 대한 시각도 변화하게 되었다. 즉 모든 법의 최상위법인 헌법에 규정된 국민의 기본권보호조항은 국가권력뿐 아니라 경제적·사회적 권력에 의한 침해에도 적용되어야 한다는 생각에서, 헌법 자체의 문언에서는 직접적으로 시민사회에 대한 효력을 인정하고 있지 않더라도 국민의 기본권보호 사상은 국가권력 뿐 아니라 시민사회 속에서도 관철되어야 한다는 생각으로 변화하게 되었다.

그리하여 우리나라 대법원도 헌법에서의 기본권 보호사상은 본조의 해석기준이 되어 간접적으로 사법관계에 효력을 미치게 된다고 보고 있다.[37]

2. 요건

가. 선량한 풍속 기타 사회질서에 위반할 것

(1) 의의

'선량한 풍속'은 '사회의 일반적 도덕관념으로서 모든 국민이 지켜야 할 최소한의 도덕률'을, '사회질서'는 '국가사회의 공공질서 내지 일반적 이익'을 의미한다. 이를 구별하는 견해도 있으나 양자의 내용은 법률행위의 내용통제를 위하여 그 효력을 부정하는 매개개념에 불과하므로 이를 구별할 실익은 없다.

그 실질적 내용은 국가별로 또 시대의 변천에 따라 변화하는 불확정적이고 추상적 개념으로 개개 사건에서 법원의 판단에 의해 구체화된다.

(2) 인식의 요부

선량한 풍속 기타 사회질서에 반하는 것을 행위자가 인식하고 있는 것을 요하는가.

인식을 요한다는 견해, 요하지 않는다는 견해, 적어도 사회질서에 반하게 만드는 사정을 인식하고 있어야 한다는 견해 등이 있다. 인식을 요한다는 견해에서는 인식의 존재시기와 관련하여 법률행위 시에 존재하여야 하는지 아니면 이행 시에 존재하여야 하는지가 다투어진다.

본조는 선량한 풍속과 사회질서를 유지하기 위한 것이고 개인의 이익을 위한 것이 아닌 점에 비추어 행위자의 인식은 요하지 않는다고 보아야 한다. 그리고 이런 반사회성을 판단하는 시기는 법률행위 시를 기준으로 하여야 할 것이다.

---

37) 대판(전합체) 2010.4.22. 선고 2008다38288은 '헌법상의 기본권은 제1차적으로 개인의 자유로운 영역을 공권력의 침해로부터 보호하기 위한 방어적 권리이지만 다른 한편으로 헌법의 기본적인 결단인 객관적인 가치질서를 구체화한 것으로서, 사법(私法)을 포함한 모든 법영역에 그 영향을 미치는 것이므로 사인간의 사적인 법률관계도 헌법상의 기본권 규정에 적합하게 규율되어야 한다. 다만 기본권규정은 그 성질상 사법관계에 직접 적용될 수 있는 예외적인 것을 제외하고는 사법상의 일반원칙을 규정한 민법 제2조, 제103조, 제750조, 제751조 등의 내용을 형성하고 그 해석기준이 되어 간접적으로 사법관계에 효력을 미치게 된다. 종교의 자유라는 기본권의 침해와 관련한 불법행위의 성립 여부도 위와 같은 일반규정을 통하여 사법상으로 보호되는 종교에 관한 인격적 법익침해 등의 형태로 구체화되어 논하여져야 한다'고 판시하고 있다.

문제는 동기의 불법이다.

(3) 동기의 불법

예 5-7

B가 마약을 제조할 생각으로 A로부터 마약 제조에 사용되는 화학약품을 구입하는 계약을 체결한 경우

(가) 문제점

살인을 하기로 하는 청부살인계약은 법률행위의 내용 자체가 불법이므로 무효이다. 그러나 법률행위 내용 자체는 불법이 아니지만 동기까지 고려하면 불법인 경우 본조에 위반되어 무효라고 할 수 있는가. 즉 위 예처럼 B가 A로부터 화학약품을 구입하는 것은, 그 원료가 마약제조 이외의 적법한 용도로도 사용될 수도 있으므로 그 매매계약의 내용 자체는 적법하지만, 마약제조에 사용하려는 목적이라는 그 동기까지를 고려한다면 불법적인 것이라고 할 수 있다. 이런 계약을 제103조 위반으로 볼 수 있는가. 이것이 동기의 불법에서의 문제이다.

전통적인 의사표시이론에서는 동기는 의사표시의 내용에 포함되지 않으므로[38] 동기가 아무리 불법적인 것이라고 하더라도 본조의 적용대상이 되지 않는다. 따라서 불법적인 동기를 가진 계약은 제103조 위반이 아닌 것으로 볼 것이다.

과연 이런 해석이 타당한가에 대해서는 다음과 같은 논란이 있다.

(나) 학설

학설은 ① 불법적인 동기가 표시된 때에 한하여 무효라는 견해, ② '동기의 착오'와 같이 불법적인 동기가 표시되거나 상대방이 그 불법적인 동기의 실현에 가담한 때에 무효라는 견해, ③ 동기가 표시된 때는 물론이고 표시되지 않았더라도 상대방이 알았거나 알 수 있었을 때 무효라는 견해, ④ 동기는 원칙적으로 고려되지 않지만 법률행위의 해석을 통하여 동기가 법률행위의 내용으로 되면 무효라는 견해, ⑤ 양 당사자에 존재하는 동기의 불법성의 정도, 양 당사자 사이의 이익

---

38) 위 예의 경우 매매라는 의사표시는 원료를 얼마에 구입하겠다는 의사와 원료를 얼마에 팔겠다는 의사이지, 마약을 제조할 생각이라는 매매의 동기는 의사표시의 내용이 아니다(제563조 참조). 동기가 매매라는 법률행위의 내용으로 되려면 그 계약내용에 '원료가 마약제조에 부적합한 것이면 매매대금을 주지 않는다'라는 식으로 조건을 부가하여야 한다.

형량 및 거래의 안전 등을 고려하여 종합적으로 판단하여야 한다는 견해 등 다양한 견해들이 있다.

(다) 사견

학설 중 ①②③④의 견해는 상대방의 신뢰보호를 통하여 거래의 안전을 도모하려는 입장에 선 것인데, 만일 거래의 안전보다 불법성을 더 중시한다면 불법적인 동기가 있으면 상대방의 인식가능성을 불문하고 제103조에 위반되어 무효라는 견해에 서게 될 것이다.

제103조가 선의의 제3자를 보호한다는 단서 규정을 두고 있지 않은 점에서도 알 수 있듯이 제103조는 거래의 안전보다는 불법적인 행위의 방지를 통한 사회전체의 질서보호에 더 치중하고 있다는 것을 알 수 있다. 따라서 위 견해를 취하는 것은 제103조를 둔 입법자의 의도를 무시하는 것이 될 것이다.

불법성에도 강약이 있으므로 제103조에 위반하는 경우에 그 위반한 내용, 위반정도, 당사자들의 의도, 유효로 하는 경우와 무효로 하는 경우 상대방이 얻는 이익과 입게 되는 피해의 정도, 그로 인한 사회적 파급효과 등을 종합적으로 판단하여 할 것이다. 결론적으로 ⑤설에 찬동한다.

따라서 위 예에서는 마약제조의 동기라면 불법성이 매우 높으므로 상대방이 알았든 몰랐든 매매계약은 무효라고 보아야 할 것이다.

나. 판례에서 나타난 유형

판례는 본조에 해당하는 경우로서 일반적으로는 '법률행위의 목적인 권리의무의 내용이 선량한 풍속 기타 사회질서에 위반되는 경우뿐만 아니라, 그 내용 자체는 반사회질서적인 것이 아니라고 하여도 법적으로 이를 강제하거나 법률행위에 사회질서의 근간에 반하는 조건 또는 금전적인 대가가 결부됨으로써 그 법률행위가 반사회질서적 성질을 띠게 되는 경우 및 표시되거나 상대방에게 알려진 법률행위의 동기가 반사회질서적인 경우를 포함한다'고 하고 있다.[39)]

그러나 판례가 거론하는 일반적인 기준은 애매하여 구체성을 결하고 있으므로 판례의 사안을 면밀히 분석하는 것이 필요하다. 결국 반사회성은 구체적 상황에 따라서 당시의 사회일반인의 관념에서 판단할 수밖에 없다.[40)]

---

39) 대판 2009.9.10. 선고 2009다37251 등.

이하 판례가 어떤 구체적 행위를 반사회적인 것으로 보았는지를 보도록 한다.[41)]

(1) 법률행위의 내용이 반사회성을 가지는 것

(가) 혼인 또는 가족질서에 반하는 것

1) 일부일처(一夫一妻)제도에 반하는 부첩(夫妾)계약이 대표적이다. 이런 부첩계약은 당사자들이 자유롭게 처분할 수 있는 권리나 이익이 아니므로 설사 일방의 배우자의 사전 승인 하에 부첩관계를 맺었다고 하더라도 그 부첩계약은 무효이다.[42)]

2) 부첩관계의 청산 시에 일정한 금전을 주기로 약정하는 경우 그 약정의 효력에 대해서는 문제가 있다.

판례는 부첩관계의 청산의 대가로서 일정한 금전을 주기로 약정하는 것은 무효이지만,[43)] 그동안의 노력이나 비용 등 희생을 배상 내지 위자하고 또 둘 사이에 태어난 자녀 양육비 등의 장래 생활대책을 마련해 준다는 의미라면 무효가 아니라고 한다.[44)] 그러나 현실적으로 이 둘을 구분하는 것은 거의 불가능에 가깝다. 부첩관계를 청산할 때 행하는 금전지급약정은 특별한 사정이 없으면 위자료나 장래의 생활대책의 마련을 위해 준 것으로 추정하여 그 지급약정은 부첩관계를 유발할 우려가 없으므로 유효라고 보고, 무효를 주장하는 자가 무효로 되는 특별한 사정을 주장하고 증명해야 한다고 보아야 할 것으로 생각한다.

3) 또 판례는 남편이 부정행위를 용서받는 대가로 손해를 배상함과 아울러 부동산을 양도하고 부부관계가 유지되는 동안에는 처가 임의로 처분하지 않겠다고 한 행위에 대해 본조 위반이 아니라고 했다.[45)]

---

40) 혼인빙자간음과 관련하여 헌법재판소는 2002.10.31. 선고 99헌바40, 2002헌바50(병합)에서는 형법으로 처벌하는 것이 헌법에 합치한다고 했으나, 2009.11.26. 선고 2008헌바58, 2009헌바191(병합)에서는 형법으로 처벌하는 것은 헌법에 위반된다고 판시했다. 이는 결국 판단할 당시의 사회일반인의 관념에 따라서 판단이 달라질 수 있다는 것을 의미한다고 할 것이다.

41) 아래에서의 분류는 자의적인 것이고, 그 내용 중에는 분류가 서로 겹치는 것도 있어 정확히 나누기는 힘들다.

42) 대판 1967.10.6. 선고 67다1134.

43) 이를 무효로 보는 이유는 아래에서 보듯이, 위법행위를 하지 않는 것은 당연한 것임에도 이를 대가와 결부시키면, 오히려 대가를 받을 목적으로 위법행위를 하겠다고 위협하는 등 위법행위를 유발할 수 있기 때문이다. 그러나 정당한 행위를 한 것에 표창을 주는 것이 본조 위반으로 볼 수 없는 것처럼 그 판단에 있어서는 주의를 요한다. 결국 대가의 지급이 위법행위를 유발할 수 있는 것인지 여부의 판단에 의해 무효 여부가 결정된다고 할 수 있을 것이다.

44) 내판 1980.6.24. 선고 80나458.

원칙적으로 대가를 정당한 행위에 결부시킴으로써 위법행위를 유발하는 것인 경우에는 대가의 합의는 무효라고 보아야 하지만, 위 경우는 위법행위를 유발하는 것이 아니라 혼인서약과 같이 차후의 결혼생활을 성실하게 하겠다는 약속과 아울러 일종의 손해배상액의 예정(제398조)을 약속한 것으로 보아야 할 것이다. 따라서 이를 본조 위반으로 무효라고 볼 것은 아니라고 할 것이다.

(나) 개인의 정신적 · 신체적 자유를 극도로 제한하는 것

1) 인신매매 또는 신체의 일부를 양도하거나 포기하는 등의 계약은 본조 위반으로 무효이다. 이는 자신이 임의로 처분할 수 있는 것이 아니므로 설사 자신이 승낙했다고 하더라도 무효라고 할 것이다.

그러나 장기를 기증하기로 하는 경우, 그 수술비용이나 입원기간 동안의 일실수입이나 고통에 대한 위자의 뜻으로 주는 금액은 그것이 상당성이 있다고 판단되는 범위 내이고, '그 금액 때문에 장기를 기증한다'는 실질적으로 장기매매에 해당하는 경우가 아니라고 판단되는 때에는 해당 금액의 지급 약정을 무효라고 보아서는 아니 될 것이다.

2) 성매매와 관련하여서는 강행규정인 「성매매알선 등 행위의 처벌에 관한 법률」에서 규율하고 있어 본조가 적용될 여지는 적다. 예컨대 위 법률 제10조 제1항에 위반된 행위(예컨대 성매매를 알선하는 티켓다방의 운영자가 종업원에게 성매매에 종사할 것을 조건으로 한 대여계약)인 경우는 무효라고 보았다.[46]

3) '어떤 일이 있어도 이혼하지 않겠다'는 합의는 당사자의 의사결정의 자유를 완전히 박탈하는 것으로서 무효이다.[47]

(다) 범죄행위를 내용으로 하는 것

살인이나 절도 등의 범죄행위를 하는 것 또는 수사기관에서의 허위진술[48]이나 법원에서의 허위증언을 하는 것을 내용으로 하는 합의는 그 내용 자체가 선량한

---

45) 대판 1992.10.27. 선고 92므204, 211.

46) 대판 2013.6.14. 선고 2011다65174는 티켓다방 운영자가 종업원에게 무효인 대여계약에 기하여 지급한 대여금의 반환에 대하여 제746조 본문을 적용하여 불법원인급여에 해당하여 종업원이 반환하지 않아도 된다고 하였다.

47) 대판 1969.8.19. 선고 69므18.

48) 대판 2001.4.24. 선고 2000다71999는 수사기관에서 허위진술을 한 대가로 금품을 받는 행위는 본조 위반이라고 한다.

풍속 기타 반사회적인 것이므로 무효이다.

(라) 지나치게 사행적인 것

1) 지나치게 사행적인 것으로는 도박이 대표적이다. 이는 건전한 근로의욕을 상실시키게 하기 때문이다. 따라서 모든 도박행위가 무효인 것은 아니고, 일시오락 정도의 도박은 유효하다.[49)]

2) 판례에 의하면 도박자금에 제공할 목적으로 금전의 대차(貸借)를 한 때 그 대차계약은 무효라고 한다.[50)] 대여행위를 무효로 보는 것은 그 대여행위가 도박행위를 조장하는 것이 되기 때문이다. 따라서 도박행위와 관련이 없는 제3자가 도박채무를 지고 있는 채무자에게 돈을 대여하여 도박채무를 변제하게 한 경우 이를 일률적으로 무효라고 보아서는 아니 되고 그 대여행위가 도박행위를 용이하게 하는지를 기준으로 하여 판단해야 할 것이다. 따라서 대여자가 도박채무를 변제하는데 사용한다는 용도를 알고 있었다고 하더라도 그 도박채무를 변제하여 정상적인 생활로 복귀할 수 있도록 하기 위한 것이라면 무효로 볼 수 없을 것이다.

3) 나아가 판례는 도박채무를 변제하기 위하여 도박채무의 채권자에게 자신의 부동산 L에 관한 처분권을 위임함과 아울러 처분에 관한 대리권을 수여하고, 이에 따라 그 채권자가 대리권을 행사하여 제3자에게 L을 매도하여 그 대금으로 도박채무의 변제에 충당한 경우, 본조 위반으로 인한 무효는 변제약정의 이행행위에 해당하는 부분인 'L을 제3자에게 처분한 대금으로 도박채무의 변제에 충당한 부분'에 한정되고, 위 변제약정의 이행행위에 직접 해당하지 아니하는 부분인 '부동산 처분에 관한 대리권을 도박 채권자에게 수여한 행위' 부분까지 무효라고 볼 수는 없다고 하였다.[51)]

4) 판례는 '보험계약자가 다수의 보험계약을 통하여 보험금을 부정취득할 목적으로 보험계약을 체결한 경우, 이러한 목적으로 체결된 보험계약에 의하여 보험

49) 형법 제246조 제1항 단서도 일시오락 정도에 불과한 경우에는 도박죄로 처벌하지 않는다고 규정하고 있다.

50) 대판 1973.5.22. 선고 72다2249. 이 판결은 나아가 도박채권을 그 채권자가 제3자에게 양도하더라도 도박채권의 채무자는 양수인에 대해 무효임을 주장할 수 있다고 했다. 제451조 제2항에 의하여 당연하다고 할 것이다. 또 본조는 사회방위적인 면이 있고 본조 위반의 경우 당사자가 임의로 처분할 수 있는 권한이 있는 것이 아니므로, 만일 도박채권의 채무자가 위 채권양도에 대해 이의 없는 승낙을 하였다고 하더라도 무효를 주장할 수 있다고 할 것이다.

51) 대판 1995.7.4. 선고 94다40147. 그 결과 L을 매수한 제3자는 유효하게 소유권을 취득하게 된다.

금을 지급하게 하는 것은 보험계약을 악용하여 부정한 이득을 얻고자 하는 사행심을 조장함으로써 사회적 상당성을 일탈하게 될 뿐만 아니라, 또한 합리적인 위험의 분산이라는 보험제도의 목적을 해치고 위험발생의 우발성을 파괴하며 다수의 선량한 보험가입자들의 희생을 초래하여 보험제도의 근간을 해치게 되므로, 이와 같은 보험계약은 민법 제103조 소정의 선량한 풍속 기타 사회질서에 반하여 무효'라고 보고 있다.[52]

(마) 불공한 법률행위(폭리행위)

이에 관하여 항을 달리하여 아래에서 따로 보기로 한다.

(2) 강제하거나 조건 또는 금전적 대가의 결부로 반사회성을 가지는 것

(가) '혼인하면 위약금을 지불한다'는 내용은, 이를 강제하면 자신의 의사결정의 자유를 박탈하게 되는 결과가 되므로 무효이다.

(나) '범죄행위를 하면 금전을 지급한다'는 약정은 범죄행위라는 불법조건이 부가됨으로써 전부가 무효로 된다(제151조 참조). 이는 불법조건의 부가로 법률행위 전체가 법의 보호를 받을 수 있는 가치가 없게 된다고 보기 때문이다.

(다) 공무원이 정당한 행위를 하는 것에 대해 금전을 지급한다는 약정은, 공무(公務)의 불가매수성(不可買受性)에 비추어 금전의 다과(多寡)를 불문하고 금전과 결부됨으로써 반사회성을 가지게 된다. 또 판례는 법원에서 증언을 하는 것의 대가로 통상적인 수준 이상의 금전을 지급받기로 하는 약정도 사법작용의 불가매수성을 이유로 무효라고 한다.[53]

공무원의 경우에는 공무수행이 금전과 결부됨으로써 반사회성을 가지나 법원의 증인의 경우에는 통상적인 수준 이상의 금전지급약속을 본조 위반으로 보고 있다. 이런 차이는 공무원의 경우는 국가로부터 공무를 담당하는 것에 대하여 일정한 보수를 지급받으므로 일반 국민으로부터는 어떠한 금전도 받아서는 아니 되지만, 증인의 경우에는 법원에서 지급하는 증인여비가 실질적으로 증인으로 소환되는 것에 대한 보상이 되지 않는다는 점을 고려한 것으로 보인다. 여기서 통상수

52) 대판 2005.7.28. 선고 2005다23858.

53) 대판 2010.7.29. 선고 2009다56283은 증인이 증언을 조건으로 소송의 일방 당사자로부터 통상적으로 용인될 수 있는 수준을 넘어서는 대가를 제공받기로 하는 약정은, 증언거부권 유무와 상관없이 반사회적 법률행위로서 무효라고 한다.

준 이상인지 여부는 증인의 수입정도, 법원으로 오고 가는 교통비, 증언시간, 지급하기로 한 금액이 증인으로 하여금 지급자에게 유리하게 증언할 수 있는 유인(誘因)이 되는지 등을 감안하여 판단되어야 할 것이다.

(라) '불법행위를 하지 않으면 대가를 준다'는 약정도 무효이다. 이는 불법행위를 하지 않는다는 당연한 것이 대가와 결부됨으로써, 불법행위를 기도한 것 때문에 이익을 얻는 결과를 승인하는 것으로 되어 불법행위를 유발할 위험성이 있기 때문이다. 그러나 그 대가가 불법행위를 유발하는 정도가 아니라면 불법으로 볼 것은 아니라는 것은 앞에서 본 바와 같다.

(마) 또 판례는 형사사건에 있어서의 변호사의 성공사례약정이 본조 위반으로서 무효라고 보고 있으나,[54] 형사사건외의 민사사건이나 행정사건에서의 변호사의 성공사례약정은 무효가 아니다.[55] 형사사건에서의 성공사례금약정을 무조건 본조 위반으로 보는 것은 변호사의 역할을 너무 경시하는 것이 아닌가 하는 의문이 있어 찬동하기 어렵고, 다른 성공사례약정과 같은 법리로 해결해도 아무런 지장이 없을 것이다.

(3) 그 외

앞에서 보았듯이 본조의 의의는 현대에 들어와서 경제적 권력관계와 단체 내에서의 소수자 보호 등 헌법상의 기본권의 보호방법으로서의 수단이라는 관점이 새롭게 부각되고 있는바, 이에 대해서 보도록 한다.

(가) 일방이 우월한 경제적 지위를 이용하여 타방에게 지나친 경제적 불이익을 강요한 경우

1) 현대에 들어와서 노동조건이 악화됨으로써 근로자들을 보호하기 위하여「근로기준법」이 제정되게 되었고, 이에 노사관계에서의 불평등한 관계는 대부분「근로기준법」에 의해 규율을 받게 되어 민법이 적용될 여지는 적어졌다. 그럼에도 불구하고「근로기준법」에 미처 규정되지 못한 것들이 문제로 되는 경우에는 어쩔 수 없이 일반법인 민법에 의할 수밖에 없고, 그 중에서도 일반조항인 본조나 제2

---

54) 대판(전합체) 2015.7.23. 선고 2015다200111.

55) 대판 2016.2.18. 선고 2015다35560은 약정보수액 전부를 청구할 수 있음이 원칙이나, 신의성실의 원칙이나 형평의 원칙에 비추어 위임업무처리의 경과와 난이도, 투입한 노력 등을 고려할 때 부당하게 과다한 때는 상당한 범위의 보수만을 청구할 수 있다고 한다.

조(신의성실의 원칙)에 의할 수밖에 없다.

판례에 의하면 퇴직하는 근로자와 합의한 경업금지(競業禁止)약정에 대해, '헌법상 보장된 근로자의 직업선택의 자유와 근로권 등을 과도하게 제한하거나 자유로운 경쟁을 지나치게 제한하는 경우'에는 본조 위반으로 무효로 된다고 한다. 다만 어느 정도가 되어야 과도하거나 또 지나치게 제한하는 것인지는 '사용자의 이익, 근로자의 퇴직 전 지위, 경업 제한의 기간·지역 및 대상 직종, 근로자에 대한 대가의 제공 유무, 근로자의 퇴직 경위, 공공의 이익 및 기타 사정 등을 종합적으로 고려하여야 한다'고 한다.[56)]

이런 법리는 전직금지(轉職禁止)약정에도 마찬가지로 적용되어야 할 것이다. 따라서 경업금지약정이나 전직금지약정은 경업이나 전직을 금지시켜야 할 정도로 퇴직하는 근로자가 어떤 기능이나 지식을 가지고 있어야 하고, 그런 기능이나 지식을 가지고 있더라도 해당 근로자의 생활보장이나 직업선택의 자유를 침해하지 않도록 그 금지의 기간이 지나치게 길지 말아야 할 것이다.

2) 경제적으로 우월한 지위를 이용하여 타방 당사자에게 경제적으로 불리한 조건으로 계약을 강요하는 경우와 관련하여, 판례는 자신의 귀책사유(고의나 과실)에 의하여 발생한 사고에 대하여 그 손해배상책임을 면책시키는 내용으로 합의한 때 그 합의는 무효라고 하고,[57)] 과도하게 무거운 위약벌 약정은 일부 또는 전부가 무효라고 한다.[58)]

---

56) 대판 2010.3.11. 선고 2009다82244.

57) 대판 2002.6.28. 선고 2000다62254(도급인과 감리인이 공사의 감리계약 체결시 '안전진단 작업 중 감리인의 소속 직원에게 발생한 사고는 감리인의 책임으로 한다.'고 약정한 경우, 위 약정을 감리인의 소속 직원에게 발생한 사고가 도급인의 불법행위로 인한 경우라고 하더라도 도급인은 그로 인해 생겨난 손해에 대하여 아무런 책임을 지지 않는다는 취지로 해석하는 한 이는 도급인의 귀책사유로 발생한 손해를 감리인에게 부당하게 전가하는 셈이 되어 사회질서에 반하는 것이거나 신의칙에 반하는 것으로서 무효라고 할 것이므로, 위 약정은 공사의 안전진단 작업 중 감리인의 소속 직원에게 발생한 사고에 대하여 도급인에게 아무런 고의나 과실이 없는 경우에 도급인의 책임이 면책된다는 것으로 제한해서 해석해야 한다).

58) 대판 2015.12.10. 선고 2014다14511(위약벌의 약정은 채무의 이행을 확보하기 위하여 정해지는 것으로서 손해배상의 예정과는 그 내용이 다르므로 손해배상의 예정에 관한 민법 제398조 제2항을 유추적용하여 그 액을 감액할 수 없으나, 그 의무의 강제에 의하여 얻어지는 채권자의 이익에 비하여 약정된 벌이 과도하게 무거울 때에는 그 일부 또는 전부가 공서양속에 반하여 무효로 된다). 이에 반하여 위약벌이 아닌 손해배상예정액(위약금)에 관한 합의의 내용이 과도할 때는 제398조 제2항에 의해 감액할 수 있으므로 굳이 본조 위반으로 무효라고 할 필요는 없을 것이다. 위약벌과 손해배상의 예정과의 차이에 대해서는 채권총론에서 배운다.

(나) 사인(私人) 간의 사법(私法)관계에서 헌법상의 기본권을 침해하는 경우

헌법상의 기본권은 사법을 포함한 모든 법 영역에도 그 영향을 미치므로 사인 간의 사법관계도 헌법상의 기본권 규정에 적합하게 규율되어야 한다는 것은 앞에서 본 바와 같다.

그리하여 판례는 사적(私的) 단체가 남성회원에게는 별다른 심사 없이 총회의결권 등을 가지는 총회원 자격을 부여하면서도 여성회원의 경우에는 총회원자격을 주지 않거나,[59] 종중 구성원의 자격을 성년남자만으로 제한하고 여성에게 종원의 자격을 부여하지 않는 경우,[60] 나아가 종중재산을 분배함에 있어 단순히 남녀성별의 구분에 따라 그 분배비율, 방법, 내용에 차이를 두는 종중결의[61]는 여성의 평등권을 위반한 것으로 무효라고 한다.

또 종원의 일부만이 참석한 종중회합에서 종중원의 일부를 종원으로 취급하지도 않고 또 일부 종원에 대하여 영원히 종원자격을 박탈하는 것도 무효라고 하고,[62] 중종의 재산의 보존에 기여를 한 사람에게 실비를 변상하거나 합리적인 범위 내에 보수를 지급하는 외에 이를 벗어나 종중재산의 상당부분을 분배해 주기로 하는 결의는 현저하게 불공정하거나 선량한 풍속 기타 사회질서에 반하여 무효라고 한다.[63]

(다) 이중양도

예 5-8

A가 B에게 A 소유의 토지 L을 매도하는 계약을 체결하고, 매매대금을 모두 지급받았으나 아직 등기를 이전해 주지 않고 있었다. A가 등기가 자신의 명의로 되

59) 대판 2011.1.27. 선고 2009다19864. 이 판결은 '사적 단체는 사적 자치의 원칙 내지 결사의 자유에 따라 그 단체의 형성과 조직, 운영을 자유롭게 할 수 있으므로, 사적 단체가 그 성격이나 목적에 비추어 그 구성원을 성별에 따라 달리 취급하는 것이 일반적으로 금지된다고 할 수는 없다. 그러나 사적 단체의 구성원에 대한 성별에 따른 차별처우가 사회공동체의 건전한 상식과 법감정에 비추어 볼 때 도저히 용인될 수 있는 한계를 벗어난 경우에는 사회질서에 위반되는 행위로서 위법한 것으로 평가할 수 있고, 위와 같은 한계를 벗어났는지 여부는 사적 단체의 성격이나 목적, 차별처우의 필요성, 차별처우에 의한 법익 침해의 양상 및 정도 등을 종합적으로 고려하여 판단하여야 한다'고 판시한다.

60) 앞의 종중에서 본 2002다1178 판결.

61) 대판 2010.9.30. 선고 2007다74775.

62) 대판 1978.9.26. 선고 78다1435.

63) 대판 2017.10.26. 선고 2017나231249.

어 있는 것을 이용하여 위 L을 C에게 매도하고 C명의로 소유권 이전등기까지 경료해 주었다. 이 경우 B는 L의 소유권을 취득할 수 없는가.

1) 문제의 제기

가) 원칙

매매와 같은 법률행위를 통하여 부동산인 토지의 소유권을 취득하기 위해서는 공시방법인 소유권 이전등기를 마쳐야 한다(제186조). 이에 의하면 위 예에서 B가 매매대금을 다 지급하였고 설사 자신이 L의 점유까지 이전받았다고 하더라도 L에 관하여 B 자신의 이름으로 소유권 이전등기를 마치지 않은 이상 여전히 A의 소유이다. 따라서 A가 B로부터 매매계약상의 매매대금을 모두 지급받았더라도 L의 등기명의를 B에게 이전해주지 않은 이상 L은 여전히 A의 소유이고 따라서 A가 이를 C에게 매도하는 계약을 체결하여도 적법하다. 이처럼 L에 관하여 A와 매매계약을 체결한 사람이 중복되어 있는 경우 L의 소유권을 취득하는 자는 원칙적으로 제186조에 의해 먼저 소유권 이전등기를 경료한 사람이다.

위 예에서는 C가 먼저 소유권 이전등기를 하였으므로 C가 L의 소유권을 취득하게 되고, B는 A에 대하여 매매계약의 이행불능을 이유로 한 손해배상을 청구할 수밖에 없을 것이다.

나) 원칙에 대한 예외

그런데 위와 같은 원칙과 관련하여, 만일 C가 A와 B 사이에 매매계약이 체결되어 있는 것을 알면서도 B가 L의 소유권을 취득하는 것을 방해하기 위하여 A를 설득하여 그로부터 매매계약을 체결하고 소유권 이전등기를 경료한 것이라면 C가 적법하게 L의 소유권을 취득하였다고 보는 것은 정의관념에 어긋나는 것이 아닌가 하는 의문이 든다. 즉 B의 A에 대한 매매계약상의 권리인 소유권 이전등기청구권은 채권으로서 재산권에 포함되는 것이므로 C의 위와 같은 행위는 B의 재산권인 소유권 이전등기청구권을 침해하는 것(실질적으로 B가 소유권을 취득하는 것을 막은 것)으로서 불법행위에 해당한다고 볼 수 있지 않는가 하는 것이다.[64)]

만일 불법행위가 성립한다고 보면 제750조에 의해 B는 C에 대해 불법행위를

64) 채권은 계약으로서 양 당사자 사이에서만 효력이 있는 것이므로, 논리적으로 채권에 대한 침해는 채무자에 의해서만 발생하는 것이 아닌가 하는 의문이 옛날부터 있었지만, 판례(대판 1975.5.13. 선고 73다1244)나 통설은 채무자가 아닌 제3자에 의해서도 채권은 침해를 받을 수 있고, 이런 경우 불법행위가 성립할 수 있다고 보고 있다.

원인으로 하는 금전상의 손해배상을 청구할 수 있다. 그러나 B의 최종목적은 금전에 의한 손해배상이 아니라 L 토지의 소유권 취득이므로 금전적 손해배상이 아니라 토지 L자체를 취득시키게 할 수 있는 상태로 만들어 주는 것이 더 나은 해결책이 될 수 있을 것이다. 이런 해결책의 수단으로 등장하는 것이 본조이다.

즉 불법성을 가지는 법률행위가 성립하여 있는 때 불법행위자에 대하여 불법행위를 이유로 금전적 손해배상을 청구할 수도 있지만 경우에 따라서는 그 법률행위 자체의 효력을 무효화하는 것이 피해자의 구제에 효과적이라면 그 법률행위 자체를 무효로 할 수 있도록 마련해 둔 규정이 본조라고 할 수 있다. 이런 태도는 민법의 다른 규정에서도 볼 수 있는데, 즉 제110조의 '사기나 강박에 의한 의사표시'를 취소함으로써 그 행위를 무효화시킬 수 있도록 하고 있는 것이 그것이다. 사기나 강박에 의한 의사표시의 경우 이는 형법 제347조의 사기죄나 제350조의 공갈죄에 해당하는 불법행위이므로 제750조에 의하여 금전적 손해배상청구를 할 수 있음에도 이런 금전적 손해배상 대신 '사기 내지 강박으로 인한 법률행위 자체'를 취소할 수 있도록 함으로써 그 효력을 무효로 돌려 그 법률행위가 없었던 원래 상태로 되돌리는 해결책을 마련해 두고 있는 것이다.

그렇다면 위와 같은 이중양도의 예에서도 A와 C의 매매계약이 'B의 채권을 침해하는 불법행위'에 해당하면 제103조에 의하여 그 법률행위의 효력을 상실하게 함으로써 'A와 C의 매매계약이 없었던 상태', 즉 L을 A의 소유로 되돌려 B가 A를 상대로 소유권 이전등기를 청구할 수 있는 상태로 만들어 주는 것이 본조의 역할인 것이다.

2) 무효로 되는 이중양도의 예

부동산에 관한 이중양도의 경우 원칙적으로 먼저 등기한 사람이 부동산의 소유권을 취득하고, 예외적으로 나중에 체결된 매매(위 예에서 A와 C의 매매)가 먼저 체결된 매매(위 예에서 A와 B 사이의 매매)에 기한 채권을 침해하는 불법행위에 해당하여 제103조 위반으로 판단되는 경우에 한하여 먼저 등기를 하였더라도 그 등기의 원인이 된 매매계약이 무효이므로 그 등기명의자는 소유권을 취득할 수 없다.[65)]

65) 이 원칙은 부동산 뿐 아니고 동산의 경우에도 적용되는가. 즉 위 5-8의 예에서 매매목적물이 동산이라면 그 공시방법은 인도이므로, B와 C 중 먼저 인도를 받는 사람이 소유자가 되나, 예외적으로 A와 C의 매매계약이 제103조 위반인 때는 C가 인도를 받았더라도 소유자가 될 수 없는지이다. 대판(전합체) 2011.1.20. 선고 2008도10479는 동산의 이중양도가 형법상 배임죄에 해당하지 않는다고 하여 종전의 판례를 변경하였다. 이런 면에서 보면 동산의 이중양

그러면 어떠한 경우에 나중에 체결된 매매가 제103조 위반에 해당된다고 할 것인가.

가) 중도금 지급

먼저 B는 A와의 매매계약에 기하여 매매대금 중 계약금 이외에 중도금까지 지급한 상태여야 하고 반드시 매매대금 전액을 지급한 상태여야 하는 것은 아니다. 왜냐하면 매매계약상의 계약금만을 지급한 상태에서는 제565조에 의하여 A는 B에게 언제든지 계약금의 배액을 지급하고 매매계약의 효력을 상실시킬 수 있기 때문이다. 따라서 B는 최소한 계약금을 넘어선 중도금의 일부라도 지급하여 이행에 착수함으로써 A의 제565조에 의한 해제권의 행사를 막을 수 있는 상태에 있어야 한다.[66)]

나) 위법성

다음으로 C가 한 매매계약이 반사회적인 행위라고 평가받아야 한다.

자유경제의 원칙과 부동산물권변동의 원칙(먼저 등기한 사람이 물권을 취득한다)을 감안하면 C가 앞 선 매매계약이 존재한다는 사실을 인식한 것만으로는 부족하고 이를 넘어서 B의 재산권을 침해하여 손해를 주어야겠다고 하는 적극적인 의사까지 필요하다고 할 것이다.

판례에 의하면, 부동산의 이중양도가 반사회적 법률행위로서 무효가 되기 위해서는 매도인의 배임행위와 매수인이 매도인의 배임행위에 적극 가담한 행위로 이루어진 것이어야 하고, 그 적극 가담하는 행위는 매수인이 다른 사람에게 매매목적물이 매도된 것을 안다는 것(소위 악의)만으로는 부족하고 적어도 그 매도사실을 알고도 적극적으로 매도를 요구하여 매매계약에 이르는 정도가 되어야 한다고 한다.[67)]

도는 배임죄가 성립되지 않으므로 반사회성이 없다고 볼 여지가 있고 따라서 이중양도를 하여도 무효가 아니라고 할 수도 있다. 그러나 이에 대해서는 여전히 반사회적 행위로서 무효라는 견해도 있을 수 있다. 후자의 견해는 '사기와 강박에 의한 의사표시'에서 보듯이 동일한 행위에 대한 평가가 형법상의 그것과 민법상의 그것은 다를 수 있다는 점('사기와 강박에 의한 의사표시'가 범죄행위로서 제103조 위반이면 '무효'라고 해야 할 것인데, 민법은 '취소할 수 있는 행위'로 본다)을 들 수 있을 것이다. 개인적으로는 후자의 견해를 지지하고 싶다. 차후 대법원이 어떤 판단을 내릴지 주목된다.

66) 대판(전합체) 2018.5.17. 선고 2017도4027. 또 이 판결은 부동산의 이중매매는 배임죄를 구성한다고 한다.

67) 대판 1994.3.11. 선고 93다55289.

다만 특수한 예로서, 매도인이 배임행위를 하지 않은 사안에서도 본조 위반이라고 하여 무효로 본 것이 있다. 즉 위 예를 이용하여 설명하면 A의 피상속인이 L을 B에게 매도하고 대금을 받았으나 아직 소유권 이전등기를 하지 않고 있는 상태에서 상속이 이루어지고 상속인 A가 이전에 이루어진 B와의 매매계약을 모르고 있는 것을 이용하여, 선행매매계약을 알고 있는 C가 접근하여 L에 관하여 아무런 선행 매매계약이 없다고 속이고 매매계약을 체결하고 소유권 이전등기를 한 사안에 대하여 A와 C 사이의 매매는 반사적 법률행위로서 무효라고 보았다.[68)]

결국 평가기준은 'B의 A에 대한 채권'에 관한 침해를 불법행위라고 평가할 수 있는지에 있다고 할 것이다. 이는 '채권침해에 관한 불법행위의 성립'이라는 일반적인 문제와도 관련되므로 채권총론에서 자세히 논의되어야 할 문제이나 간략히 보면 다음과 같다.

제750조에 의하면 불법행위의 성립요건으로서 '고의 또는 과실로 인한 위법행위로 타인에게 손해를 가할 것'을 필요로 한다. 그런데 모든 사람들에게 그 권리를 주장할 수 있는 절대권인 물권과 달리, 특정한 상대방에 대해서만 그 권리를 주장할 수 있는 상대권인 채권에 관해서는 그 불법행위의 성립요건에 있어서는 상대권이라는 채권의 성격에 비추어 특수성을 인정하여야 한다. 즉 절대권인 물권, 예컨대 소유권인 경우 그 소유권의 대상인 물건을 제3자가 '과실'로 부수는 등의 손해를 가하면 손해배상을 해주어야 하는 것은 당연하다. 그러나 상대권인 채권, 위 예처럼 B가 A에 대한 채권이 있음을 C가 '과실'로 모르고 L을 매수하여 소유권 이전등기를 한 경우에는 C가 'B의 A에 대한 채권'을 침해한 불법행위를 하였다고 볼 수는 없다.[69)] 더구나 채권이란 항상 불이행될 가능성이 있고 그 이행여부는 본래 채무자의 선의에 달려 있는 점과 자유경쟁의 원칙에 따라 매도인은 자신의 물건인 이상 자기에게 보다 유리한 조건을 제시하는 사람에게 팔아도 위법하지 않은 점 등을 고려하면 단순히 C가 'A와 B 사이의 선행 매매사실이 있다'는 것을 알았다는 점(고의)만으로 반사회적 행위를 하였다고 보기는 어렵고 그 고의를 넘어 '채권자 B에게 손해를 가한다'는 인식까지 있어야 채권에 대하여 불법행위가 성립한다고 보아야 할 것이다. 이를 일반적인 용어로 한다면 채권침해

---

68) 이 사안에서 A는 피상속인에 의한 선행매매사실을 모르고 있어 B에게 소유권 이전등기를 해 주어야 할 의무가 있음을 알지 못하고 있는 상태이므로 배임죄로 A를 처벌할 수는 없다.

69) 이는 앞서 본 이중양도에 있어서 먼저 등기한 사람이 소유권을 취득한다는 물권법상의 기본원칙을 규정한 제186조에 어긋나기 때문이다.

의 경우 '어떠한 사실(A와 B 사이의 매매사실)을 알고 있다'라는 고의를 넘어선 '타인(기존의 채권자 B)에게 손해를 가한다'고 하는 해의(害意)까지 있어야 불법행위가 된다고 할 것이다.

현실사회에서 고의와 해의의 구별은 쉽지 않고 결국 구체적인 상황에 비추어 판단할 수밖에 없을 것이다. 판례는 그 판단요소로서 "공서양속에 반한다고 하려면, 다른 특별한 사정이 없는 한 상대방에게도 그러한 무효의 제재, 보다 실질적으로 말하면 나아가 그가 의도한 권리취득 자체의 좌절을 정당화할 만한 책임귀속사유가 있어야 한다. 제2의 양도채권자에게 그와 같은 사유가 있는지를 판단함에 있어서는, 그가 당해 계약의 성립과 내용에 어떠한 방식으로 관여하였는지(당원의 많은 재판례가 이 문제와 관련하여 제시한 '소유자의 배임행위에 적극 가담하였는지' 여부라는 기준은 대체로 이를 의미한다)를 일차적으로 고려할 것이고, 나아가 계약에 이른 경위, 약정된 대가 등 계약내용의 상당성 또는 특수성, 그와 소유자의 인적 관계 또는 종전의 거래상태, 부동산의 종류 및 용도, 제1양도채권자의 점유 여부 및 그 기간의 장단과 같은 이용현황, 관련 법규정의 취지·내용 등과 같이 법률행위가 공서양속에 반하는지 여부의 판단에서 일반적으로 참작되는 제반 사정을 여기서도 종합적으로 살펴보아야 할 것이다"고 하고 있다.[70)]

또 판례는 외화를 밀반출한 A가 B로부터 그 사실을 수사기관에 고소하겠다는 말에 겁이 나서 자신의 부동산 L을 증여하는 계약을 체결하였으나 소유권 이전등기를 해주지 않고 있던 중, 변호사로부터 위 증여계약은 강박에 의한 것으로 취소할 수 있다는 자문을 받고 이런 사정을 알고 있던 변호사의 사무장 C에게 이중으로 양도하고 소유권 이전등기를 해 준 경우, C는 A가 강박에 의한 의사표시로서 취소할 것을 전제로 하여 매수한 것이므로 [A의 C에 대한 매매는] 본조 위반이 아니어서 유효하다고 보았다.[71)]

3) B의 구제방안

판례에 의하면 위 예에서 A와 C의 매매가 반사회적 행위로서 무효인 경우 B는 A에 대한 소유권 이전등기청구권을 피보전권리로 하여, A를 대위하여 AC간의 매매계약이 무효임을 이유로 C명의의 소유권 이전등기의 말소를 구하고, C명의의 소유권 이전등기가 말소되어 A명의로 등기가 복귀되는 것을 전제로 A를 상대로

---

70) 대판 2009.9.10. 선고 2009다23283.

71) 대판 2002.12.27. 선고 2000다47361.

매매를 원인으로 한 소유권 이전등기를 구하게 된다. 이와 관련한 자세한 사항은 다음에서 볼 효력항에서 보도록 한다.

3. 효력

가. 통설과 판례의 입장

(1) 본조 위반의 법률행위는 반사회성을 가지는 것이므로 절대적 무효로서 그 누구도 유효를 주장할 수 없다. 따라서 추인할 수도 없고,[72] 무효임을 알고 추인하더라도 여전히 본조 위반이므로 제139조가 적용되지 않아 새로운 법률행위로 되지 않으며, 선의의 제3자가 있더라도 그 제3자는 무효인 법률행위의 유효함을 주장할 수도 없다.[73]

(2) 법률행위의 일부만이 본조 위반인 경우에는 제137조에 따라 원칙적으로 전부 무효이고, 무효부분이 없더라도 법률행위를 하였을 것이라고 인정되는 때에는 나머지 부분만 유효하다.

(3) 위 예에서 A와 C의 매매계약이 본조 위반으로 무효인 경우, 아직 서로 이행을 하지 않고 있는 상태라면 서로 이행청구를 할 수 없다(즉 A는 C에 대해 매매대금청구를, C는 A에 대해 소유권 이전등기청구를 할 수 없다).

(4) 불법원인급여와의 관계는 서로 이행이 된 상태에서는 앞 강행법규위반에서 본 것처럼 불법원인급여규정인 제746조와의 관계에서 문제가 되고 학설은 대립되어 있다.

(가) 학설은 본조와 제746조는 표리관계에 있는 것으로서 이미 이행된 것의 반환을 구하는 것은 제746조에 의해 반환받을 수 없다는 견해, 본조의 불법은 제746조의 불법보다 넓은 의미로서 본조에 위반되더라도 반환이 인정되는 경우가 있다는 견해, 본조의 불법 중 제746조에 의해 반환이 인정되지 않는 경우는 '인격적으로 비난받아야 할 악'을 가리킨다거나 '선량한 풍속위반'의 경우에 한정된다는 견해, 제746조의 불법의 경우는 적용이 배제되는 예외가 많고 그 예외 중 하나가 이중양도라는 견해 등이 있다.

(나) 판례는 불륜의 대가로 증여하여 소유권 이전등기를 해준 부동산에 관하여

72) 판례는 추인을 인정하는 경우와 인정하지 않은 경우가 있는데, 이에 대해서는 아래에서 본다.
73) 대판 1996.10.25. 선고 96다29151.

본조 위반으로 무효임을 이유로 반환청구를 한 경우 불법원인급여에 해당하여 반환청구를 할 수 없다고 한다.[74] 이런 판례의 태도는 제103조 위반과 불법원인급여와의 관계에 대한 원칙적인 입장이라고 할 수 있다.

그런데 판례는 이중양도의 경우에는 위와 같은 원칙적인 입장과 다른 견해를 밝힌다. 즉 위 예에서 A와 C의 매매가 본조 위반인 경우, A가 C를 상대로 반환을 청구하는 때에는 제746조가 적용되지 않아 반환을 구할 수 있다고 한다.[75]

판례는 이중양도의 경우 원칙적인 입장과 다른 견해를 취하는 이유에 대해서는 별다른 설명 없이 결과만을 제시하고 있다. 그리하여 판례의 태도를 설명하기 위하여 앞서 본 바와 같은 많은 학설들이 등장하고 있다.

나. 통설에 대한 의문

(1) 절대적 무효에 대한 비판

(가) 추인과 관련하여

통설이 본조 위반 시 예외 없이 절대적 무효로 보아 추인을 부정하고 있는 것

---

74) 대판(전합체) 1979.11.13. 선고 79다483은 '민법 제746조는 불법의 원인으로 인하여 재산을 급여한 때에는, 그 이익의 반환을 청구하지 못한다고 규정하고 있는 바, 일반의 법리에 따른다면, 불법의 원인에 의한 급여는, 법률상의 원인이 없는 것이 되므로, 부당이득이 되어 그 이익의 반환을 청구할 수 있게 되는 것이나, 이러한 청구를 인정하는 것은, 법의 이념에 어긋나는 행위를 한 사람의 주장을 시인하고 이를 보호하는 것이 되어, 공평의 이념에 입각하고 있는 부당이득제도의 근본취지에 어긋날 뿐만 아니라, 법률 전체의 이념에도 어긋나게 되기 때문에, 이 규정은 선량한 풍속, 기타 사회질서에 위반한 사항을 내용으로 하는 법률행위를 무효로 하는 민법 제103조와 표리를 이루어, 사회적 타당성이 없는 행위를 한 사람을 보호할 수 없다는 법의 이념을 실현하려고 하는 것이다. 이리하여 민법 제746조는 민법 제103조와 함께 사법의 기저를 이루는 하나의 큰 이상의 표현으로서 이것이 비록 민법 채권편 부당이득의 장에 규정되어 있기는 하나, 이는 일반적으로 사회적 타당성이 없는 행위의 복구가 부당이득의 반환청구라는 형식으로 주장되는 일이 많기 때문이고, 그 근본에 있어서는 단지 부당이득제도만을 제한하는 이론으로 그치는 것이 아니라, 보다 큰 사법의 기본이념으로 군림하여, 결국 사회적 타당성이 없는 행위를 한 사람은 그 스스로 불법한 행위를 주장하여, 복구를 그 형식 여하에 불구하고 소구할 수 없다는 이상을 표현하고 있는 것이다. 따라서 급여를 한 사람은 그 원인행위가 법률상 무효라 하여 상대방에게 부당이득을 원인으로 한 반환청구를 할 수 없음은 물론, 그 원인행위가 무효이기 때문에 급여한 물건의 소유권은 여전히 자기에게 있다고 하여, 소유권에 기한 반환청구도 할 수 없는 것이고, 그리하여 그 반사적 효과로서 급여한 물건의 소유권은 급여를 받은 상대방에게 귀속하게 되는 것이라고 해석함이 타당하다고 할 것이다'고 판시한다.

75) 대판 1980.5.27. 선고 80다565.

은 앞에서 본 바와 같다. 그러나 일반적인 경우에는 절대적 무효로 보아야 하지만, 본조 위반이 되는 위법한 법률행위가 '피해자가 임의로 처분할 수 있는 권리'(예컨대 재산권)를 침해하는 내용의 것인 경우는 절대적 무효라고 할 것은 아니라고 생각한다. 본조 위반 시 침해되는 이익이 피해자가 임의로 처분할 수 있는 권리라면 굳이 절대적 무효라고 하여 추인을 인정하지 않을 이유는 없고 피해자로 하여금 본조 위반의 효과로서 무효를 선택하거나 혹은 추인하여 유효를 선택하게 하는 자유를 주는 것이 사적자치의 원칙에 더 충실한 해석일 것이다.

개인이 임의로 처분할 수 있는 권리의 전형적인 예는 재산권이라고 할 것이다. 예컨대 피해자의 재산을 보관하거나 처분을 할 수 있는 사무를 취급하는 자가 배임행위로 그 재산을 매도하고 매수인이 그 배임행위에 적극 가담한 경우가 대표적이라고 할 것이다. 이런 행위는 제103조에 위반되는 매매계약으로 무효라고 할 것이나, 이때 피해자로서는 위와 같은 행위의 무효를 주장하여 이행을 거절해도 되고 나아가 그 행위를 추인하여 유효로 할 수도 있다고 보아야 할 것이다.

(나) 추인을 긍정한 판례

우리 판례도 예외적으로 위와 같은 법리를 전개한 것이 있다.

도박계약에 관한 앞의 72다2249 판결은 본조 위반의 경우 추인을 인정할 수 없다고 방론으로 판시를 하고 있지만, 대판 2013.11.28. 선고 2010다91831은 '법인의 대표자가 한 매매계약이 법인에 대한 배임행위에 해당하고 그 매매계약 상대방이 배임행위를 유인·교사하거나 배임행위의 전 과정에 관여하는 등 배임행위에 적극 가담한 경우에는 그 매매계약이 반사회적 법률행위에 해당하여 무효로 될 수 있지만, 이때 매매계약을 무효로 한 이유는 본인인 법인의 이익을 보호하기 위한 데에 있는 것이어서, 무효의 원인이 소멸된 후 본인인 법인의 진정한 의사로 무효임을 알고 추인한 때에는 새로운 법률행위로 그 효력이 생길 수 있다. 그리고 추인은 묵시적인 방법으로도 할 수 있으므로, 본인이 그 행위로 처하게 된 법적 지위를 충분히 이해하고 그럼에도 진의에 기하여 그 행위의 결과가 자기에게 귀속된다는 것을 승인한 것으로 볼 만한 사정이 있는 경우에는 묵시적으로 추인한 것으로 볼 수 있다'라고 판시하여 정면으로 추인을 인정하고 있다.

이는 도박계약은 개인의 재산권뿐만 아니라 사회일반의 근로의욕 저하라는 사회질서와 관련된 것으로 이때 추인을 인정하는 것은 사회질서와도 관련되는 부분이 존재하므로 추인을 인정할 수 없지만, 법인 대표자의 배임행위로 인한 매매계약은 그 법인의 재산적·경제적 이익에만 관련된 것으로 임의로 처분이 가능한 권리이므로 법인의 선택에 따라 무효 또는 추인을 통한 유효를 선택할 수 있다고 본 것이라고 할 것이다. 이렇게 해석하는 것이 본인으로부터 아무런 권한을 받지 않은 무권대리인이 행한 본인 재산의 처분에 대하여 본인의 추인권을 인정한 제130조를 둔 입법자의 가치평가와도 일치하는 것일 것이다. 왜냐하면 본인으로부터 아무런 권한을 부여받지 못한 무권대리인의 처분행위에 대해서도 본인의 추인권을 인정하는데, 적어도 일정 범위에서는 본인을 대리 내지 대표할 권한이 있는 대표자 또는 이중양도에서처럼 매매목적물에 대하여 소유권이라는 일정한 권리를 가지는 소유자 자신이 행한 배임행위에 대해서는 선행매매상의 채권자의 추인을 전혀 인정하지 않는 것은 가치평가상의 모순이라고 할 수 있기 때문이다.

그러나 우리 판례가 이런 법리를 제대로 의식하고 있는지에 관하여 의문이 드는 이유는 다음에서 볼 이중양도에 관하여 전개하는 대법원의 법리가 위 2010다91831 판결의 법리를 관철시키지 않고 있다고 생각되기 때문이다. 다음 항에서 자세히 보도록 한다.

(다) 이중양도에 관한 효력과 관련한 판례의 법리에 대한 비판[76)]

예 5-9

위 예 5-8에서 A와 C의 매매가 제103조 위반인 경우, 선행계약의 매수인 B는 L의 소유권을 취득할 수 있는가.

---

1) 판례 법리

A와 C의 매매계약이 제103조 위반으로 평가되는 경우 그 매매는 무효이므로 L에 관하여 C 앞으로 소유권 이전등기가 되어 있어도 여전히 A가 소유자이다. 따라서 B는 A에 대한 선행 매매계약상의 소유권 이전등기청구권을 피보전권리로 하여 제404조의 채권자대위권을 행사하여 A를 대위하여 C를 상대로 소유권 이전등기의 말소를 구할 수 있고,[77)] 아울러 B는 A를 상대로 A 명의의 등기가 회복되는 것을 전제로 선행 매매계약을 원인으로 한 소유권 이전등기를 청구할 수 있

76) 졸고, "반사회적 부동산 이중양도의 효력", 중앙법학, 제18집 제4호(2016.12), 7면 이하 참조. 이 논문에서의 견해를 조금 더 발전시켰다.

77) 앞의 80다565 판결은 B에게 A를 대위하여 C 명의의 등기의 말소를 구할 권리가 있음을 인정하고 있다. 한편 대판 1983.4.26. 선고 83다카57은 B가 C를 상대로, A를 대위하지 않고 직접 자신에게로 소유권 이전등기를 청구할 수는 없다고 판시한다.

다. 그리고 C가 선의자 D에게 L을 양도하여 D명의의 소유권 이전등기가 경료된 경우 본조 위반의 효과는 절대적 무효로서 선의의 제3자에게도 대항할 수 있으므로 B는 A를 대위하여 C 및 D 명의의 각 소유권 이전등기의 말소를 구할 수 있다.[78] 다만 B는 채권자대위권을 행사하여 A의 권리를 대신 행사하는 것이므로 A에서 C로의 소유권 이전등기가 A와 C 사이의 확정판결로 이루어진 경우에는 그 확정판결의 기판력에 의하여 B는 A를 대위하여 C를 상대로 C 명의의 소유권 이전등기의 말소를 구할 수 없다.[79]

2) 판례의 문제점

위와 같은 판례에 대해서는 다음과 같은 문제점이 있다.

첫째, A와 C 사이의 매매가 본조 위반으로 무효라면, A의 C에 대한 소유권 이전등기는 불법원인급여에 해당되어 원칙적으로 제746조에 의해 A는 C에 대하여 말소를 구할 수 없으므로 B 역시 A를 대위하여 청구할 수 없는 것이 아닌가, 만일 청구할 수 있다면 그 근거는 무엇인가.[80]

둘째, C 명의의 소유권 이전등기가 A와 C 사이의 확정판결로 이뤄진 경우[81] 판례에 따르면 A의 권리를 대위행사하는 B는 A와 C 사이의 위 확정판결의 기판력 때문에 C명의의 소유권 이전등기의 말소를 구할 수 없게 된다고 보고 있는데, 이는 반사회적 행위를 한 C를 보호하는 셈이 되어 정의에 반하는 것이 아닌가.[82]

---

78) 대판 1996.10.25. 선고 96다29151, 대판 2005.11.10. 선고 2005다34667, 34674.

79) 대판 1988.2.3. 선고 87다카777.

80) 이것은 제103조와 제746조와의 관계에 관한 학설 중 제103조의 불법은 제746조의 불법과 동일하다고 보는 견해를 전제로 한 것임은 물론이다. 우리 판례는 이중양도의 경우 A가 C에게 한 소유권 이전등기는 불법원인급여에 해당되지 않는다고 보아 소유권 이전등기의 말소를 청구할 수 있다고 보는 것은 위 80다565에서 본 바와 같으나 그 근거에 대해서는 언급이 없다.

81) A와 C가 서로 짜고 A가 C의 청구를 인낙(認諾)하거나 A가 법원에 출석하지 아니하여 의제자백으로 C가 승소확정판결을 받는 경우도 있고(민사소송법 제148조, 제220조), 기판력이 있는 제소전 화해조서(민사소송법 제285조, 제220조)를 통하여 A에서 C명의로 소유권 이전등기가 이뤄지는 경우도 있다.

82) 우리 판례에 의하면, 이와 같이 A나 B가 판결의 기판력 때문에 C명의의 소유권 이전등기를 말소시킬 수 없어 등기명의상 C명의로 되어 있더라도 C는 소유자가 아니므로 만일 이중양도의 목적물을 B가 점유하고 있는 경우 C가 B를 상대로 소유권에 기하여 목적물의 인도를 구할 수 없다고 한다(대판 2002.4.26. 선고 2001다8097, 8103). 이런 논리라면 등기명의자인 C가 제3자인 D에게 매도하여 소유권 이전등기를 하면, 소유자인 A는 D를 상대로 진정명의회복을 원인으로 하여 자신에게로 소유권 이전등기를 구할 수 있게 된다. 이에 의하면 A 또는 A를 대위하는 B로서는 등기명의가 C로 계속 남아있는 한 A의 등기명의를 회복할 길은 없지만,

셋째, 제103조 위반의 효과를 절대적 무효로 보아 선의의 제3자에게도 대항할 수 있게 하고 있으므로 선의의 제3자 D가 C로부터 양도받아 소유권 이전등기를 경료하더라도 D가 보호받지 못하는 것은 지나치게 거래의 안전을 해치는 것이 아닌가 하는 점이다.

3) 학설

이런 문제에 대하여 학설은 분분하다.

가) 제746조(불법원인급여)와 관련하여

제103조와 제746조의 관계에 대한 학설은 앞에서 본 바와 같은데, 위 둘의 불법이 같다고 보는 견해에서는 판례가 일관되지 않다고 할 수밖에 없을 것이나 이중양도에 관한 판례의 결론은 지지되어야 할 것이므로 이 견해는 채택하기 힘들다고 생각한다.

그 외에 불법이 다르다고 하는 학설들에 대해서보면 제103조의 위법과 제746조의 불법이 어떻게 다른지에 대한 구체적인 처리지침을 알려주지 못하고 있다고 생각한다. 그리고 이들 학설은 판례의 둘째, 셋째 문제에 대한 문제점을 그대로 안고 있다.

그 외 A와 C의 매매행위가 제103조 위반으로 되는 이유는 B의 권리를 보호하기 위한 것이므로 A와 C의 매매행위의 무효는 B만이 주장할 수 있다는 견해(무효주장자 제한설)[83]가 있는데, 이에 의하면 A와 C의 매매행위의 무효는 B만이 주장할 수 있는 것이므로 B가 A를 대위하여 권리를 행사하더라도 불법원인급여규정이 적용될 여지가 없다고 한다.

나) 기판력과 관련하여

판례의 불합리를 피하기 위한 학설로는, A와 C의 매매행위는 B의 채권을 침해하는 사해행위에 해당하므로 제406조의 채권자취소권을 행사하여 위 매매의 취소와 함께 C명의의 소유권 이전등기의 말소를 구해야 한다는 견해(사해행위설),[84] A

C에서 제3자에게로 소유권 이전등기가 되면 언제든지 A의 등기명의를 회복할 수 있게 된다는 것인데, 이는 등기부의 공시제도나 거래의 안전을 위해서도 바람직한 것이 아니다.

83) 이용훈, "반사회적 이중양도와 불법원인급여", 『민사법의 제문제 : 온산방순원선생 고희기념』, 박영사(1984), 33면 이하.

84) 홍춘의(洪春義), "부동산의 이중매매와 제1매수인의 보호", 『석암 김기수교수 화갑기념 부동산법학의 제문제』(1992), 223면 이하.

와 C의 매매행위는 B의 소유권 이전등기청구권이라는 채권의 침해로서 불법행위가 되므로 불법행위에 기한 원상회복으로서 B는 C를 상대로 직접 L에 관한 B명의로의 소유권 이전등기와 인도를 구할 수 있다는 견해(불법행위설)[85] 등이 있다.

사해행위설에 의하면, A와 C 사이에 확정판결이 있더라도 채권자취소권은 A의 채권자 B가 자신의 채권이 침해되었음을 이유로 A의 권리를 대위행사함이 없이 직접 C를 상대로 하는 것이므로 기판력의 적용을 받지 않는다고 한다. 그러나 이 경우는 채권자취소권의 행사권자에 관한 판례와 그 효력에 관한 제407조의 명문에 위반된다는 난점이 있어 취하기 어렵다.[86]

불법행위설은 B가 자신의 채권(소유권 이전등기청구권)이 C의 불법행위로 인하여 침해되었음을 이유로 자신의 권리로서 청구하는 것이지 A의 권리를 대위행사하는 것이 아니므로 기판력의 적용을 받지 않는다고 한다. 그러나 이 경우 불법행위로 인한 손해배상은 제763조와 제394조에 의하여 금전으로 배상해야 함에도 손해배상으로서 L에 관하여 소유권 이전등기를 청구할 수 있다는 점(이 설은 불법행위의 경우에도 일정한 경우 금전적 손해배상이 아닌 원상회복청구가 가능하다고 주장한다)에서 난점이 있을 뿐만 아니라 B가 A와 C 사이의 매매계약의 무효를 주장하여 L의 등기명의를 A에게 복귀시킨 후 자신에게로 이전받을 수 있는 방법이 있는 이상 B에게 L을 이전받을 수 없는 손해가 확정적으로 발생하였다고 보기 어려우므로 손해배상청구를 할 수 없다는 점에서 문제가 있다.

다) 선의의 제3자 보호와 관련하여

사해행위설에서는 제406조 제1항 단서에 의해 A와 C의 매매가 B에 대한 사해행위가 성립하더라도 C로부터 선의로 매수한 D에 대해서는 B가 사해행위로서 취소를 주장하지 못하여 선의자 D는 보호된다고 한다.

---

85) 윤진수, “부동산의 이중양도와 원상회복”, 『민사법학』(제6호, 1986), 176면 이하.

86) 본래 채권자취소권은 채무자 A의 사해행위로 인하여 피해를 본 A의 금전채권자들이 행사할 수 있는 권리로서 A의 재산 L을 A명의로 복귀시킨 다음 L을 경매하여 금전으로 환가한 후 A의 채권자들이 자신들의 채권액의 비율대로 안분배당받는 것을 목적으로 한 것이다. 그런데 이중양도의 경우에는 B는 금전채권자가 아닌 L에 대한 소유권 이전등기청구권을 가지는 특정물채권자로서 판례에 의하면 채권자취소권을 행사할 수 없고(대판 1999.4.27. 선고 98다56690), 또 제407조에 의하면 채권자취소권의 행사에 의하여 A에게로 복귀된 L은 B가 자신만의 채권에 만족시키는 방법인 A로부터 B에게로 소유권 이전등기를 할 수도 없다. 또 사해행위설에 의하면 소제기의 제척기간에 관한 제406조 제2항이 적용된다고 해야 할 것인데 그렇게 되면 B의 권리가 지나치게 제한되며, 사해행위에 해당되면 그 효력은 취소인데, 제103조 위반의 효력은 무효로 규정하고 있는 점에서도 문제가 있다.

불법행위설에서는 제3자 D가 불법행위자 C로부터 매수하였더라도 D가 선의라면 B의 채권을 침해한다는 해의가 없어 불법행위자가 되지 아니므로 B는 D에 대해 불법행위를 이유로 하는 원상회복청구를 할 수 없어 선의자 D는 보호된다고 한다.

양설이 선의자를 보호하여 거래의 안전을 도모하는 데에는 긍정적이나 두 번째 문제에 대해서는 양설 모두 문제점이 있는 것은 위 나)항에서 보았다.

4) 사견

가) 이 문제에 관하여 개인적으로 다음과 같이 보고 싶다.

개인이 '전적으로 임의로 처분할 수 없는 권리나 법익을 내용으로 하는 법률행위'가 본조 위반이 되는 경우에는 통설과 같이 절대적 무효로 보아야 하지만, 개인이 '전적으로 임의로 처분할 수 있는 권리나 법익을 내용으로 하는 법률행위'가 본조 위반이 되는 경우에는 통설과 같이 보아서는 아니 된다. 이 경우 본조 위반이라고 하여 그 법률행위를 무효로 하는 이유는 사회방위라는 면은 없고 오로지 침해된 피해자의 권리나 법익을 구제하기 위한 것이므로 아무런 이해관계가 없는 자에게까지 무효 주장을 인정해야 할 것은 아니고, 따라서 무효 주장은 피해자 자신만이 주장할 수 있다고 해야 하며,[87] 나아가 제130조를 유추하여 무효를 주장할 것인지 아니면 추인을 인정할 것인지를 선택할 수 있게 하여야 할 것이다.

이런 해석은 사적자치의 원칙에도 적합하고, 또 형법 제24조에서 '처분할 수 있는 자의 승낙에 의하여 그 법익을 훼손한 행위는 법률에 특별한 규정이 없는 한 벌하지 않는다'고 규정하여, '임의처분이 가능한 권리의 경우 처분권자의 승낙은 위법성이 조각된다'는 가치평가와도 부합하는 것이라고 할 것이다.

이런 법리를 위 예에서 적용하면, B가 가지는 권리(L에 관한 소유권 이전등기청구권)는 자신이 임의로 처분할 수 있는 재산적인 권리이므로 반드시 A가 행한 배임행위를 무효로 하는 주장만을 할 수 있다고 볼 것이 아니라 그 배임행위를 유효로 하는 방법을 선택할 수 있다고 보아야 한다. 따라서 B는 A와 C의 매매계약의 무효를 주장하여 C를 상대로 L에 관한 소유권 이전등기의 말소와 아울러 A를 상대로 A 명의로 등기명의가 복귀됨을 전제로 B 자신에게로 L에 관한 소유권 이전

87) 앞에서 본 것처럼 의사능력의 결여로 무효인 경우, 그 무효는 의사능력이 결여된 자의 이익을 위한 것이므로 의사무능력자만이 무효를 주장할 수 있다고 한다는 것과 같은 논리라고 해야 할 것이다.

등기를 청구할 수도 있고 또 L에 관한 소유권 이전등기청구권의 행사를 포기하고(이는 B가 A와 C의 매매계약을 추인, 즉 유효함을 인정하는 결과가 될 것이다) A 또는 C, 혹은 A와 C 모두를 상대로 불법행위[88]를 이유로 한 금전적 손해배상청구를 할 수도 있다[89]고 보아 소유권이전등기 청구나 손해배상 청구 중에서 어느 한 가지를 선택할 수 있다고 보아야 할 것이다.

나아가 무효의 효과에 대해서는 원칙적으로 제103조에서 선의의 제3자를 보호한다는 문구를 두고 있지 않은 입법자의 의사를 존중하여 선의의 제3자는 보호되지 않는다고 할 것이다.

그러나 다음에서 보는 것처럼 B가 가지는 '전적으로 임의로 처분할 수 있는' 권리나 법익이 물권과 같은 절대권이 아니라 채권과 같은 상대권인 경우에는 사견에 의하면 마치 선의의 제3자 보호되는 것과 같은 결과가 생기나, 이는 본조의 효력문제가 아니라 채권이라는 권리의 성질 때문인바, 이에 대해서는 이중양도의 예를 들어 다음 항에서 본다.

나) 이중양도의 경우(법익이 채권인 경우)와 거래의 안전

A와 C의 매매가 제103조 위반으로 무효인 때 C로부터 L에 관하여 선의로 양도받아 소유권 이전등기까지 한 D는, B의 말소청구에 응하여야 하는가.

통설과 판례에 따르면, 본조에 '선의의 제3자에게 대항할 수 없다'는 단서 조항이 없으므로 선의의 제3자에 대해서도 무효를 주장할 수 있고 따라서 D는 B의 말소청구에 응해야 한다. 사해행위설이나 불법행위설은 D가 선의이면 B의 청구에 응하지 않아도 된다고 한다. 그러나 위 각 견해는 모두 문제가 있다는 것은 앞서 본 바와 같다.

사견에 의하면, 앞서 본 것처럼 본조의 효과는 본조 위반의 행위를 무효로 함으로써 그 행위가 없었던 상태로 회복시키는 것을 목적으로 하는 것이다. 따라서 위 예에서는 A와 C의 행위가 본조 위반의 행위로서 무효인 때는 그 행위가 없었

88) 물론 A에 대해서는 매매계약상의 채무의 이행불능을 이유로 손해배상청구도 할 수 있다.

89) B가 A나 C를 상대로 손해배상소송을 제기하는 경우에는, 대판 2001.11.9. 선고 2001다44291의 법리를 유추적용할 수 있을 것이다. 위 판결은 무권대리인의 처분에 관하여 본인이 무권대리인을 상대로 부당이득으로서 처분대가의 반환을 청구한 것은 묵시적 추인에 해당할 수 있다고 판시했다. 즉 B가 불법행위로 인한 손해가 확정적으로 발생하게 되는 것은 B가 A와 C의 매매를 유효한 것으로 인정하여 L에 관한 소유권 이전등기청구권의 행사를 포기하여 L 자체의 반환을 난념함으로써 L에 관하여 C가 소유권을 확정적으로 취득한 때라고 하고 있다.

던 상태 즉 A에게로 등기명의를 회복시켜 B가 A를 상대로 소유권 이전등기청구를 가능하게 할 수 있는 상태로 만들어 주는 데에 있는 것이지, B에게 소유권 이전등기까지 경료된 상태로 만들어 주는 것을 목적으로 하는 것이 아니다.

만일 B가 채권자대위권만을 행사하여, C를 상대로 본조 위반을 이유로 C명의 소유권 이전등기의 말소를 구하는 소송에서 승소하여 A명의 등기가 회복되었다고 하는 경우(위 청구 시에 B가 A를 상대로, A명의의 등기가 복구되는 것을 전제로 B명의로 소유권 이전등기를 하여 달라는 청구를 하지 않고 있는 때를 상정한다. 또는 A가 C를 상대로 절대적 무효임을 이유로 C명의의 등기말소를 구하여 승소한 경우[90]), 이때 B가 A를 상대로 자신의 명의로 소유권 이전등기를 해 달라는 청구를 게을리 하고 있는 사이에 다시 A가 자신의 명의로 등기가 복구된 것을 이용하여 선의자 E에게 L을 매도하고 소유권 이전등기를 하면 B는 E를 상대로 본조 위반을 이유로 무효임을 주장하여 E명의의 소유권 이전등기를 말소시킬 수 있을까. 이때는 E가 B의 채권을 해한다고 하는 해의가 없으면, 즉 A의 배임행위에 적극 가담함으로써 본조 위반이 되지 않으면 E명의 소유권 이전등기를 말소시킬 수 없다. 즉 A와 E의 매매가 본조 위반행위가 아니라면 일반원칙으로 돌아가 A로부터 소유권 이전등기청구권이라는 채권을 가지는 B와 E 중 먼저 등기한 사람이 L의 소유자가 되는 것이므로 먼저 등기한 E는 L의 소유권을 취득하고 B는 오로지 A에 대해 이행불능을 이유로 한 손해배상청구권을 행사할 수밖에 없어, 선의자 E는 보호된다. 이런 결과는 본조 위반이라고 하여 구제하는 B의 권리는 A에게만 주장할 수 있는 채권적 권리에 불과하기 때문에 발생하는 것이다.[91]

---

90) 통설과 판례의 절대적 무효설에서는 A가 스스로 무효임을 주장하여 C를 상대로 C명의의 등기말소를 청구할 수 있다고 보고 있는데 이것이 가능하기 때문에 이런 일이 벌어질 수 있지만, 무효주장자가 B만이라고 하면 A는 B의 이익을 고려하지 않고 독자적으로 C명의 등기의 말소를 구할 수는 없을 것이다. 이런 경우 스스로 이중양도하여 소유권 이전등기해준 A가 C등기의 말소를 구하는 것은 금반언의 원칙상 허용되지 않는다는 주장이 있을 수 있지만, 통설과 판례에 의하면 반사회성을 이유로 무효로 하는 본조의 입법취지상 금반언의 원칙은 적용되지 않는다고 해석하게 될 것이다.

91) 만일 A가 B의 재산관리를 의뢰받아 관리하던 중 배임행위를 하여 매도하고, C가 그 배임행위에 적극 가담하였고 그 후 D가 C로부터 선의로 양도받았다고 하는 경우에는, 본조 위반으로 침해된 법익은 B의 소유권이므로 본조 위반행위가 없었던 상태, 즉 B가 소유자였던 상태로 되돌리는 것이고, 본조에는 선의의 제3자를 보호한다는 규정이 없으므로 D는 선의자라도 B의 말소청구에 응해야 하는 것이다. 이런 차이는 본조에 의해 보호되는 법익이 절대권인가(B의 소유권), 상대권인가(B의 소유권 이전등기청구권) 하는 차이에서 비롯된 것이지, 본조의 효력에서 나온 것이 아니다. 통설, 판례 및 기존의 학설들은 이점을 간과한 것으로서 옳지

이렇게 본다면 위 예 5-9에서 C로부터 매수한 D가 등장하는 경우, D는 A의 의사에 기하여 또는 A로부터 L의 처분에 관한 권한을 받은 자인 C로부터 L을 취득한 자라고 보아도 무방하다. A는 이중양도할 당시 적법한 소유자였으므로 그 소유권에 기하여 임의로 C에게 처분한 것은 설사 C가 본조 위반으로 L의 소유권을 취득하지는 못한다고 하더라도 적어도 A가 C에게 L에 대한 처분권을 준 것과 동일시해야 할 것이다. 이를 고려하면 앞의 예들에서 D의 지위나 E의 지위는 하등 차이가 없다. 그렇다면 선의자들인 D나 E와 B 사이의 관계에서의 우열은 이중양도의 일반원칙에 따라 먼저 물권을 취득한 사람, 즉 먼저 등기한 사람이 L의 소유권을 취득한다고 보아야 할 것이다.

이런 결론은 본조가 선의의 제3자를 구제하는 규정이 있고 없음에 따라 달라지는 것이 아니라 본조에 의해 구제받는 법익이 절대권인가 상대권인가에 의하여 차이가 나는 것이다. 즉 B와 C가 제103조에 해당하는 법률행위로 침해한 것이 절대권인 A의 소유권이라면 제103조의 무효로 복귀되어야 하는 것은 A의 소유권이고, 따라서 위 예의 D나 E가 선의자라 하더라도 A의 권리를 취득할 수는 없다.[92] 그러나 그 침해대상이 채권과 같은 상대권인 경우에는 B의 A에 대한 채권을 행사할 수 있는 원래의 상태로 복귀시켜주는 것으로 충분하고, 나아가 채권의 이행으로 인한 결과인 물권의 취득의 우열, 즉 본조 해당행위의 상대방인 C로부터 전득한 선의자 D나 E와 B 사이의 물권취득의 우열은 성립요건을 먼저 갖춘 것에 의해 결정되어야 할 것이다. 따라서 위의 예에서는 채권만을 가진 B보다 먼저 등기를 갖춘 선의의 D나 E가 우선한다고 해야 할 것이다. 사견과 같은 결론으로 판례가 변경되기를 기대한다.

다) 기판력 문제

통설과 판례에 따르면, A와 C사이의 확정판결로 A로부터 C에게로 L에 관하여 소유권 이전등기가 된 경우, 위 확정판결의 기판력 때문에 A의 권리를 대위행사하는 B로서는 C명의의 소유권 이전등기의 효력을 다툴 수 없다.

이런 통설과 판례의 결론은 A와 C의 위법행위로 B가 피해를 입었음에도 불구하고 B가 전혀 관여하지도 않은 확정판결이라는 방법을 취하였다고 하여 B에게 구제할 수단을 부여하지 않는다는 점에서 바람직하지 못하다. 이런 문제점을 해

않다고 생각한다.

92) 동산이라면 D나 E가 선의취득할 가능성을 고려해야 하겠지만, 이는 제103조와는 무관하다.

결하기 위하여 주장된 사해행위설이나 불법행위설의 단점은 앞에서 보았다.

사견에 의하면 무효의 주장자는 B만으로 한정하여야 한다고 보아야 할 것이고, 이와 같이 본다면 위와 같은 불합리는 피할 수 있다. 즉 기판력의 표준시는 사실심 변론종결 시로서(민사소송법 218조), 그 이전에 존재하였으나 제출하지 않은 공격방어방법은 후소(後訴)에서 제출할 수 없지만, 변론종결 후의 사유는 그렇지 않다.[93] 이런 기판력에 의한 실권효(失權效)는 절차보장을 위해 당사자가 사실심 변론종결 시까지 제출 내지 주장할 수 있었던 것에 한한다. 그런데 사견에 의하면 A와 C 사이의 확정판결의 경우 A는 위 소송에서 '본조 위반으로 무효라는 주장'을 할 수 있는 법적 지위에 있지 않고 위 주장은 B만이 할 수 있으므로 B가 A를 대위하여 C를 상대로 C명의 등기의 말소를 구하는 소송에서는, 'A와 C 사이의 판결'에 기한 기판력에 의한 실권효가 미치지 않는다고 보아야 할 것이다.

(2) 일부 무효에 대한 의문

(가) 통설

통설은 법률행위의 일부에 본조 위반의 무효사유가 있는 경우 제137조의 준용을 인정하여 일정한 경우 일부를 유효한 것으로 취급할 수 있다고 하고 있다.

그러나 제151조 제1항은 '조건이 선량한 풍속 기타 사회질서에 위반한 것인 때에는 그 법률행위는 무효로 한다'고 규정하여 우리 민법은 법률행위의 일부에라도 본조에 해당하는 조건이 있으면 전부가 법률적으로 보호할 가치가 없다는 가치판단에 서 있다는 것을 알 수 있다. 그렇다면 제137조는 제103조 위반으로 인한 무효인 경우에는 적용이 없다고 보는 것이 입법자의 가치판단에 맞는 해석이 아닌가 하는 의문이 있고 통설을 지지하기 어렵다고 생각한다.

(나) 판례

1) 판례는 본조 위반의 법률행위 중 일부가 본조 위반의 경우 제137조를 적용하여 해결할 것인지 아니면 제137조를 적용하지 않고 전부 무효라고 할 것인지라는 식으로 양자택일적으로 단순하게 해결하지 않고, 해당 법률행위를 하게 된 당사자의 의사가 가급적 많이 반영될 수 있는 쪽으로 유효하게 해석하는 해결을 도모하고 있는 것으로 보인다.

---

93) 대판 1980.5.13. 선고 80다473 등.

2) 예컨대, 대판(전합체) 2007.7.12. 선고 2004다50426은 이자제한법[94]이 폐지되고 다시 제정되기 전의 사건으로(따라서 적용할 수 있는 이자제한법이 존재하지 않았다), 대여계약을 함에 있어 사회통념상 허용되는 한도를 초과한 이자율을 약정하였던 사안에 관하여 그 대여계약 전부가 아닌 그 중 이자율을 약정한 부분만을 본조에 해당하는 반사회적 행위로서 무효라고 하였다. 이 판결은 '사회통념상 인정되는 적정이율을 초과된 이자의 약정부분만이 본조 위반으로 무효로서, 그 적정이율을 초과하여 지급한 이자는 제746조의 불법원인급여이나 동조 단서의 수익자인 대주(貸主)에게 불법성이 있거나 차주(借主)의 그것에 비하여 현저히 크므로 차주가 반환을 청구할 수 있고, 위 대여금의 적정이율에 의한 이자와 상계할 수 있으며 나아가 그 나머지가 있으면 원본과 상계할 수 있다'고 판시한다.

3) 그런데 이 경우 통설과 같이 제137조를 적용하면, 이자율을 정한 부분이 무효이므로 원칙적으로 대여계약 전체가 무효이고, 다만 당사자가 고율의 이자율을 정하지 않았더라도 대여계약을 체결하였으리라고 인정될 때에 한하여 대여계약이 유효하다고 해야 할 것이다. 그런데 이 사건 계약의 내용에 비추어 보면 최소한 대주의 입장에서는 고율로 이자를 정하지 않았다면 대여계약을 체결하지 않았을 것이라고 인정하는 것이 타당할 것이다. 그렇다면 이론적으로는 대여계약은 전체가 무효라고 해야 할 것이다. 하지만 이렇게 대여계약 전체를 무효라고 하면 대주는 차주에 대해, 대여계약상의 변제기가 정해져 있더라도 대여계약이 무효이므로 변제기 전이라도 언제든지 대여한 금액을 부당이득으로 반환을 청구할 수 있게 된다.[95] 그러나 이는 차주가 가지는 변제기까지의 대여금에 대한 사용이익을 박탈하는 것이 되어 오히려 차주를 불리한 지위에 처하게 만든다. 따라서 이런 해석은 본조를 적용함으로써 경제적으로 불리한 지위에 있는 차주를 보호하는 것이 아니라 오히려 불리하게 만드는 것으로서 채용할 바가 못 될 것이다. 따라서 이자약정부분만을 무효로 보아야 할 것이다.

---

94) 이자제한법은 1962.1.15. 시행되었다가 외환위기극복을 위한 고금리정책의 일환으로 1998.1.13. 폐지되었고, 그 후 2007.6.30.부터 다시 시행되었다. 현행 이자제한법에서는 최고이자율을 초과한 이자는 초과하는 부분은 무효로 하고, 초과지급된 이자는 원본에 충당된다(제2조)고 규정하여 다음에서 보는 논란의 여지는 없게 되었다.

95) 물론 이때 제746조의 불법원인급여로서 반환을 구할 수 없다는 견해가 있을 수는 있지만 다음 항에서 보는 것처럼 이자율약정이 불법성을 가진다고 하더라도 그 불법성의 정도에 비추어 이자부분이 아니라 원본까지도 반환받지 못하게 하는 것은, 대주의 재산권에 대한 과도한 제한이라고 할 것으로 이때에는 제746조가 적용되지 않는다고 보아야 할 것이다.

4) 나아가 이자약정부분만을 무효로 본다면 이자약정이 없는 것으로 보아야 할 것인가 아니면 당사자가 이자를 약정한 합의를 중요시하여 민법상 법정이율 5% (또는 상법상 법정이율 6%)를 적용할 것인지. 그도 아니면 그 당시 (이자제한법이 존재함을 전제로) 적법한 최고이율에 의할 것인지가 문제로 될 수 있다.

이에 대해 우리 판례는 앞서 본 바와 같은 결론을 내렸는데, 그 결론은 차주의 이익과 당사자들의 이자약정에 관한 합의, 즉 '대여금의 사용료인 이자를 지급하기로 하였다는 합의'를 가급적 살리는 방향으로 해석하였다고 할 것이고, 이런 견해가 타당하다고 생각한다. 이처럼 우리 판례는 기계적으로 전부 무효, 일부 무효라는 식으로 판단하지는 않고, 불법성의 정도, 금지규범에 위반된 행위에 대한 가치판단 및 그 행위의 금압(禁壓)의 정도, 전부나 일부 무효라고 한 경우에 당사자들에게 미치는 영향 등도 종합적으로 고려하여 판단하고 있다고 생각해야 할 것이다. 이렇게 해석해야 앞에서 본 '자신의 귀책사유에 의한 손해배상책임을 면제하는 합의'나 '지나친 위약금 합의', '적정 기간을 초과한 전직 또는 경업금지 합의' 등에 관하여 본조 위반으로 보면서도 그 전체 계약을 무효로 보지 않고 그 해당 조항 또는 적정한 금액 내지 적정 기간을 초과한 부분에 관한 조항만을 무효로 보고 있는 판례의 태도를 이해할 수 있다고 할 것이다.

5) 또 아래에서의 무효행위의 전환에 관한 대판 2010.7.15. 선고 2009다50308에서 보듯이 판례는 본조 위반에 해당하는 부분을 제외한 나머지 법률행위가 다른 법률행위에 해당하고 그런 효과를 당사자들이 원하는 경우에는 무효행위의 전환이론에 의하여 그 효과를 인정하고 있다. 이것도 이런 태도의 연장이라고 할 것이다.

(3) 불법원인급여와의 관계에 관하여

(가) 이는 상당히 어려운 문제이고, 채권각론에서 상세히 다루어야 할 문제이나 앞의 강행규정위반에서 밝힌 사견도 참조하면서 이 경우의 사견을 간단히 밝히면 다음과 같다.

(나) 제103조와 제746조는 한 쌍을 이루고 있지만 그 적용에 있어서 고려해야 할 요소는 다르다. 즉 미이행의 경우 이행청구를 하지 못하게 하기 위하여 무효로 하는 것은 법의 보호목적과 일치한다. 그러나 이미 이행된 경우 제746조를 적용하여 반환을 거부하면 오히려 법이 금지한 결과를 추인하는 셈이 되거나 나아

가서 쌍무계약에서는 먼저 이행을 받은 사람(급부수령자)에게 부당한 이득을 주게 될 지도 모른다. 따라서 제746조를 적용할 경우에는 금지하는 규범의 목적과 그 규범의 금지의 정도, 즉 급부자의 반환청구를 거절함으로써 그 자의 재산권에 침해를 가하는 수단을 동원하면서까지 그런 행위를 금지시켜야 할 필요가 있는지, 나아가 급부자에 대한 억지효과의 실효성, 급부수령자의 이득보유의 부당성 등을 고려하여 구체적 사안마다의 개별 사안의 특수성에 따라 결정해야 할 것이다.[96)]

(다) 일반 교과서에서는 불륜의 대가로 증여한 경우의 앞에서 본 79다483 전원합의체 판결에서, 증여한 물건에 관하여 급부자가 부당이득반환청구도 할 수 없고, 소유권에 기한 반환청구도 할 수 없어 결과적으로 급여한 물건의 소유권은 반사적으로 급부수령자에게 이전한다고 판시한 것을 근거로, 불법원인급여의 경우 채권적인 부당이득반환청구가 거부되면 항상 소유권이 반사적으로 급부수령자에게 이전되므로 급부자의 소유권에 기한 물권적 반환청구권도 거부되는 것처럼 설명하고 있는 것으로 보인다.

그러나 불법적인 약정에 의하여 행해진 급부에 관하여 급부자의 채권적인 부당이득반환청구가 불법원인급여 제746조의 본문 규정에 의하여 거부되는 경우 항상 소유권에 기한 물권적 반환청구권도 거부된다고 볼 것은 아니다. 이 문제에 관해서는 먼저 급부되는 것이 무엇인지를 파악하여, 그 급부된 것이 물권인 소유권의 이전인 경우에는 소유권에 기한 물권적 반환청구권까지도 거부해야 하지만, 소유권의 이전이 아닌 경우(예컨대 임대차와 같은 물권의 이용권의 부여)에는 원칙적으로 행해진 급부에 관하여 채권적인 부당이득반환청구만이 거부되고 소유권에 기한 물권적 청구권은 거부되지 않는다고 보아야 한다. 다만 예외적으로 소유권에 기한 물권적 반환청구권까지도 거부하여야 할 만큼 그 금지규범을 통용시켜야한다는 규범적 가치판단이 내려지고 아울러 물권적 반환청구권의 거부가 금지행위를 억지하는데 도움이 되는 경우에 한하여 소유권에 기한 물권적 반환청구권까지 거부된다고 보아야 할 것이라고 생각한다.

(라) 예를 들면 A가 마약제조를 목적으로 하는 B와 마약판매에서 나온 수익을 나누기로 하여 A 소유의 가옥 H를 마약제조에 사용하도록 빌려주는 임대차계약을 하고 H를 인도한 경우를 보면, 그 임대차계약은 반사회적 행위를 목적으로 한 것으로서 무효라고 보아야 한다. 따라서 A가 B를 상대로 임대차계약이 무효이므

96) 同旨, 藤原正則, '不當利得法', 信山社(2002), 89면 이하 참조.

로 부당이득반환으로 H의 반환을 구한다고 한다면, 이는 제746조의 본문에 의해 거부될 것이고, 불법성이 어느 쪽이 더 크다고 단정할 수도 없으므로 제746조의 단서가 적용되기도 어려울 것이다. 그러면 이 경우 A가 H의 소유권을 주장하여 물권적 청구권으로서 B를 상대로 H의 반환을 청구하면 이때 물권적 반환청구권에도 제746조가 적용되는 것을 이유로 반환을 거부해야 하는가.

전자의 임대차계약에 기하여 A가 급부한 것은, '일정기간 동안의 H의 사용이익'이지 'H의 소유권'이 아니다. 따라서 A가 임대차계약의 무효를 이유로 부당이득으로서 구하는 대상(급부가 행해진 대상)은 약정기간 동안의 H의 사용이익이고, 이는 A가 불법한 목적을 성취하기 위하여 체결한 임대차계약에 기하여 행해진 급부이므로 불법원인급여에 해당되고 기계적으로 제746조 본문을 적용한다면 A는 H의 반환을 구할 수 없다고 볼 수 있을 것이다(만일 A가 H의 소유자가 아니고 H의 전세권자나 임차권자로서 B에게 위와 같은 불법적인 목적으로 임대하거나 전대한 경우에는 A에게는 소유권에 기한 반환청구권이 없어 다음에서 논하는 바와 같은 물권적 반환청구권을 논할 실익은 없을 것이다).97)

그러나 이 경우 A가 H의 소유권을 주장하여 물권적 반환청구권을 행사하는 때에는 어떻게 될 것인가.

A가 급부한 것은 H의 소유권이 아니고 H의 사용이익이고 물권인 소유권은 A에게 있으므로 원칙적으로 A는 소유권에 기한 물권적 청구권으로서 반환청구권이 인정된다고 하여야 할 것이다. 다만 이렇게 반환청구권을 인정하는 것이 마약제조행위를 금지시켜야 한다는 규범에 어떤 영향을 줄 것인지, 즉 반환을 거부하여 A로부터 그의 소유권이라는 재산권을 박탈시키는 것이 마약제조행위의 금지에 도움이 되는지, 도움이 된다고 해도 이를 이유로 A로부터 재산권을 박탈하는 것이 재산권보장이라는 헌법상 기본권에 대한 과도한 제한은 아닌지, 향후 마약제조를 예방함에 있어서는 어떤 결론이 도움이 되는지 등을 고려하여 물권적 청구권까지도 금지시킬 것인지를 판단해야 할 것이고, 단순히 채권법상의 부당이득반환청구

97) 위 예에서 A가 B를 상대로 채권적 청구권으로서 부당이득반환청구권을 행사하는 경우, 불법원인급여에 해당한다고 하여 기계적으로 제746조 본문을 적용하여 A의 반환청구권을 거부하는 것은 문제가 있다고 생각한다. 이 경우 A의 반환청구권을 거부하게 되면 B는 계속 불법적인 마약제조를 할 수 있게 되어 마약제조를 금지하게 한다는 규범에 위반되는 결과가 되므로 이때에는 A가 부당이득반환청구권을 행사하더라도 불법원인급여에 해당하지 않는다고 보아 반환을 인정하여야 한다고 생각한다. 이렇게 보아야 마약제조금지라는 사회적 규범에 맞는 결과를 가져오기 때문이다. 그러나 본문은 위와 다른 견해에 서서 반환을 구할 수 없는 입장을 취하는 경우에 관하여 논하는 것이다.

권이 거부되었다고 하여 소유권에 기한 물권적 청구권까지도 거부해야 하는 것은 아니라고 할 것이다. 이런 점을 감안한다면 위 마약제조행위를 위한 임대차계약 같은 경우에는 소유권에 기한 물권적 반환청구권까지도 거부하는 것은 오히려 B가 계속 마약제조행위를 하도록 조장하는 결과가 될 수 있으므로 A에게 소유권에 기한 물권적 반환청구권을 인정하여 반환하도록 하는 것이 옳을 것이다.

(마) 한편 앞에서 본 성매매와 관련한 대출금에 대한 판례(2011다65174 판결)에서는 급부한 것이 H의 임대차처럼 '금전의 일정기간 동안의 사용이익'이다. 그러나 금전소비대차의 경우 금전소유권은 금전의 소지자에게 인정되고 또 성매매의 금지라는 규범의 엄격성을 고려하여 이와 관련하여서는 금전소유권까지도 박탈시켜 그 급부자에게 경제적 손실을 보게 하여야만 이런 행위가 사회에 발을 들이지 않을 것이라는 가치판단이 내재되어 있었기 때문에 「성매매알선 등 행위의 처벌에 관한 법률」 제10조 제1항을 제정하여 급부의 대상인 '금전의 일정기간 동안의 사용이익'을 넘어선 금전 자체까지도 반환청구를 못하도록 한 것이라고 보아야 할 것이다.

4. 불공정한 법률행위(폭리행위)

가. 의의

불공정한 법률행위에 대해서는 제104조를 두어 제103조와 따로 규정하고 있다. 제103조와 제104조의 관계에 대하여 제104조는 제103조 위반행위의 한 종류로서 예시에 불과하다는 다수설과 둘은 별개라는 소수설로 나뉜다.

제103조와 제104조의 요건을 보면 제103조는 오로지 법률행위의 내용만을 기준으로 판단하도록 규정하고 있으나, 제104조는 법률행위의 내용뿐 아니라 행위자의 '궁박, 경솔 또는 무경험'이라는 행위당시의 상황까지도 고려하도록 규정하고 있어 법조문상으로는 요건에 있어 차이가 크다.[98] 그러나 앞에서 본 93다2926 판

98) 대판 1988.9.13. 선고 86다카563은 '민법 제104조에 규정된 불공정한 법률행위는 객관적으로 급부와 반대급부 사이에 현저한 불균형이 존재하고 주관적으로 위와 같은 균형을 잃은 거래가 피해당사자의 궁박, 경솔 또는 무경험을 이용하여 이루어진 경우에 한하여 성립하는 것으로서 약자적 지위에 있는 자의 궁박, 경솔 또는 무경험을 이용한 폭리행위를 규제하려는 데에 그 목적이 있으므로, 피해 당사자가 궁박, 경솔 또는 무경험의 상태에 있었다고 하더라도 그 상대방 당사자에게 위와 같은 피해당사자 측의 사정을 알면서 이를 이용하려는 의사 즉 폭리행위의 악의가 없었다면 불공정한 법률행위는 성립하지 않는다.'라고 판시하고 있다.

결이 단속법규위반행위에 대한 반사회성을 판단함에 있어 법률행위의 내용뿐만 아니라 '서로 통정한 사정'이라는 행위태양까지도 고려하고 있는 것에서 보듯이 사회적 타당성을 판단할 때 행위당시의 사정을 전혀 무시할 수는 없다고 할 것이므로 다수설이 타당한 것으로 생각한다. 그러나 실제문제의 해결에 있어서는 그다지 실익이 있는 논의라고 할 수는 없을 것이다.

나. 요건

(1) 급부와 반대급부 사이의 현저한 불균형

(가) 급부와 반대급부 사이의 차이가 어느 정도가 되어야 현저한 불균형이 있다고 볼 것인지는 단순한 산술적 비율만으로 결정할 수는 없고 다음에서 볼 요건인 '궁박, 경솔 또는 무경험'의 정도와도 관련지어 구체적인 상황에 따라 판단하여야 할 것이다. 즉 급부와 반대급부의 차이가 크면 클수록 '궁박, 경솔 또는 무경험'으로 인한 것이라고 추정하기 쉽고, '궁박, 경솔 또는 무경험'의 사실이 심하고 상대방이 이를 적극적으로 이용한 경우에는 급부와 반대급부와의 차이가 그다지 크지 않더라도 불공정행위로 볼 여지가 많을 것이다.

판례는 시가의 30%로 계약한 경우,[99] 시가의 1/8로 매각한 경우,[100] 시가의 1/3로 매각한 경우,[101] 고소의 위협을 받고 1,300만원의 채권 중 일부 금액만을 변제받고 1천만원을 포기한 경우[102]는 현저한 불균형이 있다고 하고, 시가 1천만원의 부동산을 500만원에 매매한 것은 불공정행위에 해당되지 않는다고 한다.[103]

(나) 현저한 불균형이 있는지의 판단시기는 이행기 시가 아니고 법률행위 시라고 보아야 한다.

판례도 '어떠한 법률행위가 불공정한 법률행위에 해당하는지는 법률행위 시를 기준으로 판단하여야 한다. 따라서 계약체결 당시를 기준으로 전체적인 계약 내용을 종합적으로 고려한 결과 불공정한 것이 아니라면 사후에 외부적 환경의 급격한 변화로 인하여 계약당사자 일방에게 큰 손실이 발생하고 상대방에게 그에

99) 대판 1992.2.25. 선고 91다40351.

100) 대판 1977.12.13. 선고 76다2179.

101) 대판 1973.5.22. 선고 73다231.

102) 대판 1992.4.14. 선고 91다23660.

103) 대판 1991.11.12. 선고 91다10732.

상응하는 큰 이익이 발생하는 구조라고 하여 그것만으로 그 계약이 불공정한 계약에 해당한다고 말할 수 없다'고 한다.[104)]

(다) 증여와 같은 대가적 의미의 출연이 없는 무상행위에도 본조가 적용되는지가 문제로 된다. 학설은 나뉘어 있으나 판례는 '민법 제104조가 규정하는 현저히 공정을 잃은 법률행위라 함은 자기의 급부에 비하여 현저하게 균형을 잃은 반대급부를 하게 하여 부당한 재산적 이익을 얻는 행위를 의미하는 것이므로 기부행위와 같이 아무런 대가관계 없이 당사자 일방이 상대방에게 일방적인 급부를 하는 법률행위는 그 공정성 여부를 운위할 수 있는 성질의 법률행위가 아니다'고 하여 무상행위에는 적용되지 않는다고 한다.[105)]

또 경매에 있어서는 참가자가 자신의 위험부담 하에 참가하는 것이고 경매절차의 안정성을 고려하여 강제집행법에서 정한 사유이외에는 경매절차의 하자를 다툴 수 없다고 보아야 할 것이므로 경매에서는 본조가 적용되지 않는다고 보아야 한다.[106)]

(2) 피해자의 궁박, 경솔 또는 무경험의 이용

(가) '궁박'의 사전적 의미는 몹시 가난하여 구차하다는 뜻이나, 경제적 원인에 의한 것만을 의미하는 것은 아니고 정신적 또는 신체적 원인에 의한 때에도 포함한다. 따라서 앞서 본 것처럼 고소의 위협을 받은 때에도 이에 해당한다고 보아야 한다. '경솔'은 주의를 제대로 기울이지 않은 것을 의미하며, '무경험'은 말 그대로 경험이 없는 것을 의미한다.

피해자가 이런 상태에 있었는지 여부는 그의 나이와 직업, 교육 및 사회경험의 정도, 재산상태 및 그가 처한 상황의 절박성의 정도 등 제반 사정을 종합하여 구체적으로 판단하여야 하고,[107)] 본조에 해당되기 위해서는 위 3가지 모두를 충족해야 하는 것은 아니고 어느 한 가지만 충족되어도 충분하다. 이에 대한 증명책임은 불공정한 행위라고 주장하는 자에게 있다.

(나) 대리인에 의하여 법률행위가 행해진 때에는 제116조 제1항에 따르면 대리

---

104) 대판(전합체) 2013.9.26. 선고 2012다13637.

105) 대판 1993.3.23. 선고 92다52238.

106) 대결 1980.3.21. 자 80마77.

107) 대판 2002.10.22. 선고 2002나38927.

인을 표준으로 하여야 하므로 궁박, 경솔 또는 무경험은 모두 대리인을 기준으로 하여야 할 것처럼 보이나, 판례는 경솔과 무경험은 대리인을 기준으로, 궁박은 본인의 입장에서 판단하여야 한다고 한다.[108]

(다) 폭리행위자가 피해자의 이런 상태를 알고 이용하여 법률행위를 하여야 한다. 앞서 본 것처럼 본조는 제104조와 같이 단순히 법률행위의 내용, 즉 불공정한 행위라는 것만을 이유로 무효로 하는 것이 아니라 피해자의 이런 상태를 이용하는 것을 막는 데 목적이 있는 것이므로, 피해자가 궁박, 경솔 또는 무경험에 의해 불공정한 행위를 하였다고 하더라도 상대방이 이를 몰랐다면 무효라고 할 수 없다. 본래 목적물의 대가는 자신의 위험부담 하에 협상에 의해 정해지는 것으로 일방이 궁박, 경솔 또는 무경험의 상태에서 불공정한 행위가 있었다고 하더라도 상대방이 이를 몰랐고 이용하지도 않았다면 이를 무효로 볼 것은 아니기 때문이다.

다만「소비자기본법」제19조 제3항에서 사업자는 소비자에게 물품 등에 대한 정보를 성실하고 정확하게 제공하여야 하도록 규정하고 있어,「소비자기본법」이 적용되는 영역에서는 본조를 적용할 여지는 적을 것이다.

다. 효과

(1) 효과에 관해서는 기본적으로 제103조에 관한 것이 그대로 적용될 것이다.

사견에 의하면 불공정행위는 개인이 임의로 처분할 수 있는 권리에 관한 것이므로 추인도 가능할 것이다. 그러나 그 추인은 궁박, 경솔 또는 무경험의 상태에서 벗어난 후에 자유로운 의사로 하여야 할 것은 물론이다.

(2) 일부 무효의 법리와 관련해서도 제137조를 적용하는 것을 원칙으로 하되 기계적으로 적용하여 전체를 무효로 할 것은 아니고 가급적 당사자의 의사를 살릴 수 있는 방법이 있으면 그 의사를 존중하여 유효로 할 수 있으면 유효로 해야 할 것이다. 그리고 아래 2009다50308에서 보는 것처럼 무효행위의 전환이 당사자의 가정적 의사에 부합된다면 이를 인정해도 무방할 것이다. 이 판결은 “매매계약이 약정된 매매대금의 과다로 말미암아 민법 제104조에서 정하는 ‘불공정한 법률행위’에 해당하여 무효인 경우에도 무효행위의 전환에 관한 민법 제138조가 적용될 수 있다. 따라서 당사자 쌍방이 위와 같은 무효를 알았더라면 대금을 다른 액으로 정하여 매매계약에 합의하였을 것이라고 예외적으로 인정되는 경우에는,

108) 위 2002다38927.

그 대금액을 내용으로 하는 매매계약이 유효하게 성립한다. 이때 당사자의 의사는 매매계약이 무효임을 계약 당시에 알았다면 의욕하였을 가정적(假定的) 효과의 사로서, 당사자 본인이 계약체결 시와 같은 구체적 사정 아래 있다고 상정하는 경우에 거래관행을 고려하여 신의성실의 원칙에 비추어 결단하였을 바를 의미한다"라고 판시하였다.[109] 이런 무효행위의 전환을 인정하려면 양 당사자가 무효를 원하지 않고 계약의 유효를 원하고 있어야 할 것이다. 하지만 이는 극히 예외적인 상황에서만 인정되어야 하고, 함부로 법원이 사적 계약에 개입하여 그 내용을 정해서는 아니 될 것이다.

(3) 제746조의 적용과 관련하여서는 제103조에서 본 바와 같은 견해의 대립이 있다. 상대방의 궁박, 경솔 또는 무경험을 이용한 급부자에게 불법성이 높다고 할 수 있지만 그렇다고 하여 급부된 것 자체의 반환까지도 거부하는 것은 급부자의 재산권에 관한 지나친 제한이라고 할 것이다. 따라서 사회통념상 허용되지 않는 고율의 대여금에 관한 위 2004다50426 판결을 참조하여 어떤 조건이 현저하게 부당한지를 밝혀 그 부분만을 무효로 하는 유연한 해석이 필요할 것이다.

제 5 절 법률행위의 해석

Ⅰ. 의의

법학에서의 해석은 법률의 해석, 법률행위(계약 및 단독행위)의 해석으로 나눌 수 있다.

---

109) 이 판결은 2억3천만원 상당의 토지를 재건축사업을 위하여 어쩔 수 없이 9억원에 매수한 계약이 폭리행위로서 무효인 경우에도 여러 사정을 종합하여 가정적 의사에 기하여 매매대금을 6억4천여만원으로 하는 매매계약으로 전환하는 것을 인정했다. 대상 토지상에 이미 견고한 아파트가 세워진 후이므로 폭리행위로서 무효로 하면 토지를 원 소유자에게 반환해야 하는데 반환할 수 없는 상황이었고, 매수인과 원 소유자인 매도인 둘 다 토지의 반환을 원하는 것이 아니었던 상황이었다. 이런 경우 사건의 해결방안으로서는 위 매매계약을 무효로 돌려 토지의 반환과 매매대금의 반환을 하도록 할 수는 없고, 가격의 조정이라는 방법밖에는 해결할 방법이 없을 것이지만, 판사에게 임의로 그 매매계약의 금액을 정할 수 있는 권한이 있는지는 의문이고 이를 무효행위의 전환이라고 할 수 있는지도 의문이다.

법률의 해석에 있어서는, 법률이 원칙적으로 불특정 다수인을 상대로 한 보편타당한 규범이라는 특성을 가지고 있는 점을 중시하여야 하므로 그 해석에 있어서는 법의 표준적 의미를 밝혀 객관적 타당성이 있도록 하여야 하고 가급적 모든 사람이 수긍할 수 있는 일관성을 유지하여 법적 안정성이 손상되지 않도록 하여야 하는 것이 중요하며, 구체적 타당성을 추구할 때에도 법적 안정성을 해치지 않는 범위 내에서 이루어져야 한다.[110)]

이에 반하여 법률행위의 해석에 있어서는, 불특정 다수인이 아니라 관계된 개인들이 행한 표시의 의미를 확정하는 것이므로 그 개인이 생활하는 한정된 지역이나 사회에서 특유하게 사용하는 표현 등의 특수성을 감안하여야 하는 점에서 당사자들이 그 용어나 표시를 어떤 의미로 사용했는가 하는 사실인정의 면과 구체적 타당성의 면을 중시해야 한다. 이점에서 법률의 해석과는 그 방법을 달리한다고 할 수 있다.

그리고 법률행위로서의 종류, 즉 계약 혹은 상대방 있는 단독행위의 해석과 상대방 없는 단독행위의 해석에 있어서도 그 중점이 달라져야 할 것이다. 예컨대 계약이나 상대방 있는 단독행위의 경우는 양 당사자들이 합의한 내용의 해석을 할 때 표시행위의 상대방이 그 표시를 어떻게 받아들였느냐 하는 상대방의 신뢰라는 면이 중시되지만, 상대방 없는 단독행위(예를 들면 유언)에서는 상대방의 신뢰보다는 행위자 자신의 진정한 의사가 무엇인지가 더 중요시되어야 하는 것이다.

나아가 계약의 경우에는, 계약이라는 법률행위의 구성요소인 청약의 해석과 승낙의 해석이라는 각 구성요소로서의 '의사표시의 해석'이라는 면이 있을 수 있으나, 이는 청약의 내용과 승낙의 내용이 합치되었는가, 즉 계약이 성립하였는지 여부를 판단하는 단계에서 문제로 되는 것으로, 이미 성립된 '계약의 해석'과는 구별되어야 한다. 즉 청약과 승낙이라는 각각의 의사표시의 의미를 확정하는 해석을 한 후 그 청약과 승낙이 그 내용상으로 합치하는지를 해석을 통하여 확정지은 후, 일치하지 않는다면 계약은 성립되지 않은 것이 되므로 '계약의 해석'으로 나아갈 필요가 없다. 그러나 청약과 승낙이 합치되었다고 하면 이제는 '계약의 해석'으로 나아가게 되는 것이다.

이하 법률행위의 해석에 관하여 보도록 한다.

---

110) 대판 2009.4.23. 선고 2006다81305.

Ⅱ. 해석의 필요성과 그 목표

1. 법률행위의 해석이 필요한 이유

이것이 문제로 되는 이유는 법률행위를 하는 일반인들이 법률용어에 미숙하여 그들의 의사를 명확하게 나타낼 수 있는 용어를 제대로 사용하지 못한 채 법률행위를 하거나 또는 법률행위 시 그로 인하여 벌어질 수 있는 많은 경우의 수를 모두 고려하여 그 경우에 어떻게 할 것인지에 대한 내용을 일일이 다 규정해 두지 못하고 큰 대강의 내용만을 규정해 두기 때문이다. 따라서 법률행위의 해석에서는 당사자들의 의사를 명확히 하는 작업과 당사자들 사이의 권리 및 의무에 관한 규범을 설정한다는 작업이 있다. 전자는 사실인정에 가깝고, 후자는 법률적 판단에 가깝다.

2. 해석의 목표

법률행위의 목표와 관련하여 의사주의적 입장에서는 그 목표를 당사자의 진의 즉 내심의 효과의사를 명확하게 밝히는 것이라고 보는데 반하여, 표시주의적 입장에서는 당사자의 숨은 진의 내지 내심적 효과의사를 탐구하는 것이 아니라 표시행위가 가지는 사회적 의미(표시행위에서 추단되는 것으로서의 표시상의 효과의사)를 밝히는 것이라고 보고 있다.

우리 민법이 의사주의나 표시주의 중 어느 일방을 취하지 않고 둘을 절충한 절충적인 입장에 있는 것을 감안하면 어느 한 견해를 취해야 할 것은 아니다. 의사주의를 원칙으로 하여 양 당사자의 내심의 효과의사가 합치하면 그 내용대로 인정하고, 일치하지 않으면 표시주의에 따라 표시상의 효과의사에 따르되 표시상의 효과의사가 일치하더라도 양 당사자의 내심의 효과의사 중 하나라도 표시상의 효과의사와 일치하지 않으면 계약이 성립하지 않는 경우도 있고 성립하였다고 하더라도 일정한 경우 취소할 수 있다고 보아야 할 것이다.[111]

---

111) 대판 2002.6.28. 선고 2002다23482는 '의사표시 해석에 있어서 당사자의 진정한 의사를 알 수 없다면, 의사표시의 요소가 되는 것은 표시행위로부터 추단되는 효과의사 즉, 표시상의

Ⅲ. 해석의 방법과 해석의 기능

1. 해석의 방법

일반적인 교과서에서는 해석의 방법으로서 먼저 행위자의 진의가 무엇인지를 해석하고(자연적 해석), 그 후 행위자가 사용한 용어나 기호가 상대방이나 제3자에 의해 어떻게 이해되어야 하는가 하는 객관적 의미를 탐구한 후(규범적 해석), 그 내용이 누락된 부분이 있으면 그를 보충하여야 하는(보충적 해석) 방법이 있다고 하면서 그 각 해석에 해당하는 예를 설명하고 있다.

그러나 이런 해석방법의 의미에 관한 논의는, 해석방법이 의사표시의 경우나 계약의 경우에 어떻게 기능하는지에 대한 분석과는 유리된 채 추상적으로 행해지는 것이기 때문에, 의사표시와 계약의 경우에 있어서의 해석의 역할에 대하여 제대로 알려주지 못하고 오히려 혼란을 가져온다고 생각한다. 따라서 해석이라는 작업이 법률행위의 해석에 있어서 어떤 기능을 하는지를 살펴보는 것이 해석이 가지는 역할과 의미에 대한 이해를 높일 수 있다고 생각한다.

2. 해석의 역할

가. 의미의 확정

해석이란 작업은 행위자가 표시한 '언어'나 '기호'로서 표시하고자 했던 것이 어떤 의미를 가지는지 하는, 즉 그 법률행위의 의미를 확정하는 기능을 하는 '좁은 의미의 해석'이 있을 수 있다. 이런 협의의 해석을 할 때에 위의 해석방법인 자연적 해석, 규범적 해석을 동원하여야 한다.

나. 보충

해석의 기능 중에는 법률행위 중 당사자들이 정하지 않은 부분이 있다면 그 부

효과의사이고 표의자가 가지고 있던 내심적 효과의사가 아니므로 당사자의 내심의 의사보다 외부로 표시된 행위에 의하여 추단된 의사를 가지고 해석함이 상당하다'고 한다.

분을 해석을 통하여 보충하는 역할이 있다. 그러나 이것이 법률해석의 기능인지 임의법규의 적용인지에 관해서는 다툼이 있다.

다. 수정

당사자가 한 법률행위에 대하여, 당사자가 부여한 의미를 수정하는 기능을 하는 경우도 있다.

3. 해석 기능의 작동방법

이런 각각의 기능이 어떻게 작동하는지 계약과 유언의 경우의 예를 들어 다음 항에서 본다.

Ⅳ. 계약의 해석

1. 계약의 성립 단계에서의 의사표시의 해석

예 5-10

(1) A가 B에게 B 소유의 부동산 L1을 1백만원에 매수하겠다고 표시하였으나, 부동산 L3를 매수할 생각이었는데 이를 잘못 표시한 것이었다. B는 A가 L1을 살 생각이 있는 것으로 알고 L1을 1백만원에 팔겠다고 하였다.

(2) A가 B에게 B 소유의 L1을 1백만원에 매수하겠다고 하였으나, L3를 매수할 생각이었는데 이를 잘못 표시한 것이었다. B 역시 A의 청약의 의사표시를 L3를 살 생각이 있는 것으로 잘못 이해하여 L3를 팔 생각으로 A에게 L1을 1백만원에 팔겠다고 잘못 표시하였다.

(3) A가 B에게 B 소유의 L1을 1백만원에 매수하겠다고 하였으나, L3를 매수할 생각이었는데 이를 잘못 표시한 것이었다. B는 A에게 L2를 살 생각이 있는 것으로 위 표시를 잘못 이해하고 L2를 1백만원에 팔겠다는 생각으로 표시한다는 것을, 잘못하여 L1을 1백만원에 팔겠다고 표시하여 A에게 그 의사표시가 도달하였다.

가. 청약과 승낙의 의사표시는 합치되었는가

(1) 의사주의의 입장

(가) 예 (1)의 경우

의사주의에서의 효과의사는 내심적 효과의사라고 보므로 A 청약의 내심의 효과의사는 'L3의 매수'인데 표시는 'L1의 매수'이므로 청약의 의사표시가 유효하게 성립되지 않았다. 이처럼 유효하게 성립된 청약의 의사표시가 없으므로 설사 이에 대한 B의 유효한 승낙의 의사표시가 있었더라도 A의 청약이 없는 상태에서 B의 승낙만이 존재하므로, '유효한 청약과 승낙의 의사표시의 존재' 및 '그 내용상의 합치'를 필요로 하는 매매계약은 불성립한 것으로 보게 된다.

(나) 예 (2)의 경우

A의 내심적 효과의사는 'L3의 매수'이고 표시는 'L1의 매수'로서 청약의 의사표시가 유효하게 성립되지 않았고, B의 승낙의 의사표시 역시 유효하게 성립되지 않았다. 그러나 A와 B의 내심적 효과의사는 'L3의 매수'와 '매도'이고, 이런 내심적 효과의사에 있어서는 청약과 승낙의 의사표시의 내용이 일치하고 있다. 이런 경우에는 청약의 내심적 효과의사와 승낙의 내심적 효과의사가 합치하므로 L3에 대한 매매계약이 성립되었다고 할 것이다. 이런 결과는 어느 쪽에도 불이익이 없고, 오히려 그들의 진정한 의사에 합치하는 결과이다.

(다) 예 (3)의 경우

A의 청약의 의사표시는 앞에서 본 것처럼 유효하게 성립되었다고 보기 힘들다. 그리고 B의 내심적 효과의사도 'L2의 매도'로서 자신의 의사와 표시도 불일치할 뿐만 아니라 A의 청약의 내심적 효과의사와도 상이하다. 따라서 이 경우 매매계약은 청약과 승낙의 의사표시가 모두 부존재하여 불성립한 것으로 보게 된다.

(2) 표시주의의 입장

(가) 예 (1)의 경우

표시주의에서의 효과의사는 표시행위에서 추단되는 효과의사, 즉 표시상의 효과의사라고 보므로 A의 표시상의 효과의사는 'L1의 매수'이고(표시주의 입장에서는 'L1의 매수'의 표시행위가 있으면 'L1의 매수'라는 내심의 효과의사가 있었다고 추단하기 때문에, 의사와 표시의 불일치로 인한 의사표시의 부존재라는 문제는 일어나지 않는다), B의 그것도 'L1의 매수'이다. 따라서 이 경우 청약과 승낙이 합치하여 L1에 대한 계약은 성립하게 된다. 그 후 A가 L3를 살 의사로 L1으로 표시한 것에 대한 구제는 착오이론으로 해결한다.[112]

(나) 예 (2)의 경우

A의 표시상의 효과의사는 'L1의 매수'이고, B의 그것도 'L1의 매도'이다. 따라서 이 경우 청약과 승낙이 합치하여 L1에 대한 계약은 성립한 것으로 보게 된다. 그 후 A나 B의 구제 문제는 A, B 모두 착오이론으로 해결한다.

(다) 예 (3)의 경우

A의 표시상의 효과의사는 'L1의 매수'이고, B의 그것도 'L1의 매도'이다. 따라서 이 경우 청약과 승낙이 합치하여 L1에 대한 계약은 성립한 것으로 보게 된다. 그 후의 문제는 착오이론으로 해결한다.

(3) 검토

(가) 위 예 (1)에 대하여

의사주의에서 위 예 (1)의 경우의 결론은 A의 이익은 보호될지 모르지만, 상대방의 신뢰는 완전히 무시된다. 표시를 잘못한 것은 A임에도 그로 인한 피해는, 그 표시를 제대로 이해한 상대방인 B가 부담하게 된다. 그리고 착오이론은 성립된 계약에 관하여 적용되는 것이지 성립되지 않은 계약에는 적용되지 않는다. 따라서 의사주의에 따르면 착오이론이 적용될 수 있는 영역은 거의 없게 된다. 이는 타당하다고 할 수 없다. 그런 의미에서 A에 대해 잘못 표시한 것에 대한 책임(귀책원리)을 물어야 한다는 점과 A의 표시를 신뢰한 상대방 B의 정당한 신뢰를

---

112) 착오이론을 적용하는 경우, 제109조 제1항에 의해 중요부분에 관한 착오라고 판단되면 취소가 가능하나 이때에도 표의자에게 중대한 과실이 있으면 취소하지 못하게 된다. 매매목적물에 대한 착오는 매매계약에서 중요한 부분이므로 A가 잘못 표시하였다는 것을 증명하면 착오를 이유로 취소한다는 주장을 할 수 있을 것이다. 이때 B는 그 착오가 A의 중대한 과실에 기한 것임을 증명하면 A의 취소주장은 받아들여지지 않을 것이다.

보호하여야 한다는 점(신뢰의 원리)에서 표시주의의 결론이 타당하다.

(나) 위 예 (2)에 대하여

표시가 잘못되어 있기는 하지만 양 당사자 모두 L3를 매도할 생각이었다. 이런 경우 계약의 성립을 인정하더라도 A의 표시를 그대로 믿지 않았던 B의 신뢰가 배반되었다고 보기 어렵다. 그러므로 계약의 성립을 인정해도 A나 B에게 아무런 피해가 없다. 우리 판례도 이런 결과를 인정한다.[113)]

(다) 위 예 (3)에 대하여

표시상의 의사표시는 합치되어 있다고 하더라도 A와 B 모두 L1에 대한 매매를 원하지 않았다. 그럼에도 우연히 표시가 일치되었다는 이유만으로 계약의 성립을 인정하는 것은 누구에게도 도움이 되지 않는다. 따라서 표시주의입장의 결론은 지나치게 형식적인 것으로 당사자의 실제적인 이익이나 구체적 타당성의 면에서 받아들이기 힘들다고 할 것이다. 결국 이때에는 계약의 성립을 인정하지 않아야 할 것이다(의사주의의 예외적인 채용).

2. 계약 내용의 해석

가. 의미의 확정

앞에서 본 것처럼 법률행위인 계약이 유효하게 성립된 후, 당사자들의 일치된 의사의 의미를 확정하려고 하는 경우 자연적 해석을 통하여 그 표시에 당사자들이 부여한 의미를 탐구하거나 규범적 해석을 통하여 표시의 객관적 의미를 명확하게 함으로써 그 의미를 확정할 수 있으면 문제는 없다. 그러나 이런 노력을 통하여도 그 의미가 명확하지 않은 경우가 많고, 또 실제 문제로서 등장하는 것도 대부분 이런 경우이다.

이때에는 결국 그 사용된 언어의 일반적 의미를 따라야 하지만, 당사자가 속하

---

113) 소위 '잘못된 표시는 해가 되지 않는다'는 오표시무해(誤表示無害)의 원칙이다. 대판 1996. 8.20. 선고 96다19581, 19598(당사자 쌍방이 갑토지를 계약의 목적물로 삼았으나 지번에 착오를 일으켜 목적물을 을토지로 계약서에 표시한 경우, 갑토지에 대한 매매계약으로 유효하게 성립하였다고 판시함), 대판 2018.7.26. 선고 2016다24233(양 당사자가 합의한 연대보증인과 근질권자를, 계약서에 기재하면서 서로 바꿔 기재한 경우, 원래 합의한 대로의 효력을 인정함).

는 한정된 지역이나 집단에서 특별히 관습적으로 사용되는 의미가 있다면 그 관습에 따라야 하고(제106조), 계약을 체결한 동기나 목적, 계약을 체결한 경위, 당사자들의 의도, 전체 계약의 내용과 체계 및 해당 조항이 그 체계에서 차지하는 위치 등을 고려하여 그 의미를 확정할 수밖에 없을 것이다.[114]

판례도 임차인은 임대인의 동의 없이 '임차권의 양도 또는 담보제공'을 하지 못한다고 합의한 경우 임차인이 '임대보증금을 양도'하려는 때에도 이 금지규정에 해당하여 양도할 수 없는지,[115] 아파트분양업자와 수분양자 사이에 '분양업자가 지정한 입주지정일 이후에 발생하는 제세공과금'은 수분양자가 부담하기로 합의한 경우 분양업자가 정한 '입주기간 40일기간의 중간'에 재산세가 부과된 때 아직 입주하지 않은 수분양자는 위 합의에 따라 재산세를 부담해야 하는지[116] 등과 관련하여 앞의 고려요소를 참조하여 해석하고 있다.

나. 보충

(1) 서

계약 중 당사자들이 특히 정하지 아니한 부분에 대해서는 어떻게 보충해야 하는지의 문제이다. 이를 보충하는 해석기준으로는 관습, 임의법규, 조리를 들 수 있고, 보충을 함에 있어 관습이 없으면 임의법규로, 임의법규도 없으면 조리 순으로 보충하게 된다.

---

114) 대판 2002.5.24. 선고 2000다72572는 '계약당사자 사이에 어떠한 계약 내용을 처분문서인 서면으로 작성한 경우에 문언의 객관적인 의미가 명확하다면, 특별한 사정이 없는 한 문언대로의 의사표시의 존재와 내용을 인정하여야 하지만, 그 문언의 객관적인 의미가 명확하게 드러나지 않는 경우에는 그 문언의 내용과 계약이 이루어지게 된 동기 및 경위, 당사자가 계약에 의하여 달성하려고 하는 목적과 진정한 의사, 거래의 관행 등을 종합적으로 고찰하여 사회정의와 형평의 이념에 맞도록 논리와 경험의 법칙, 그리고 사회 일반의 상식과 거래의 통념에 따라 계약 내용을 합리적으로 해석하여야 하고, 특히 당사자 일방이 주장하는 계약의 내용이 상대방에게 중대한 책임을 부과하게 되는 경우에는 그 문언의 내용을 더욱 엄격하게 해석하여야 한다'고 판시한다.

115) 대판 2013.2.28. 선고 2012다104366, 104373은 임대보증금의 양도는 위 규정의 규율범위에 포함되지 않아 양도할 수 있다고 보았다.

116) 대판 2011.5.13. 선고 2010다7133은 재산세 부담자는 분양업자라고 보았다.

(2) 관습에 의한 보충

당사자들이 특히 합의하지 않은 사항에 관하여 특별한 관습이 있는 경우 당사자들의 반대의 의사가 없는 한 임의법규에 우선하여 보충된다(제106조).

(3) 법에 의한 보충

당사자들이 특히 합의하지 않은 사항이 있는 때, 그 사항에 대해 법률에서 규정하고 있는 경우 그 법률규정에 따라 당사자들의 합의내용을 보충한다. 그리고 그런 법규를 임의법규라고 한다.117)

예를 들면 위 예 5-10에서 A가 B에게 지급할 매매대금의 지급장소와 관련하여 A의 주소지인지 아니면 B의 주소지인지 어디서 지급할지에 대해 합의하지 않은 경우 제586조는 '매매의 목적물의 인도와 동시에 대금을 지급할 경우 그 인도장소에서 이를 지급하여야 한다'고 규정하고 있다. 따라서 A는 B의 L1을 인도하는 장소에서 대금을 지급하면 된다.

이렇게 본다면 이것은 당사자의 의사를 추측하여 매매계약을 해석하여 보충한다고 하기 보다는 제586조라는 법률의 적용이라고 보아야 할 것이다.

(4) 조리

조리는 자연의 이치 또는 법의 일반원칙을 의미하고 경험칙이나 사회통념, 신의칙 등으로도 표현된다. 앞의 관습과 임의법규도 없는 경우 최후의 수단으로서 동원되는 해석기준이다.

(5) 관습과 법의 우열

제1조는 관습법이 법률보다 후순위로 적용된다고 하고 있는데 반하여, 제106조는 관습이 임의법규보다 우선적으로 적용하도록 되어 있어 둘의 관계가 문제로 되고 학설도 나뉘어 있다.

관습과 관습법으로 나누는 것을 긍정하는 견해와 부정하는 견해, 전자 중에는 관습법을 강행법규적 성질을 지닌 것과 임의법규적 성질을 가진 것으로 나누어

117) 제118조는 본인이 수권행위로 대리인의 권한범위를 정해두지 않은 경우를 대비하여 둔 규정으로 임의법규의 한 예이다.

전자를 관습법, 후자를 관습으로 보는 견해 등이 있으나, 그다지 실익 있는 논의라고 생각되지 않는다.

다. 수정

위와 같이 계약의 내용에 관하여 그 의미가 확정된 후, 그 확정된 내용이 부적당하거나 부적절하다고 판단되는 경우에는 해석에 의하여 수정을 하는 경우가 있다. 그 경우에 적절한 내용으로 적용하기 위하여, 해당 규정 문언의 의미에 의해 적용되는 경우를 축소함으로써 그 규정의 적용범위를 제한하기도 하고 나아가서는 당사자가 사용한 의미를 부정하고 전혀 다른 의미로 해석하기도 한다.

전자의 예로서 판례는 예문(例文)해석이라는 해석기법을 사용하는데, 당사자 일방이 자신에게 유리하고 타방에게는 지나치게 불리한 내용의 조항이 있는 경우 그 내용의 적용범위를 제한하고 해당 조항은 단순한 예시에 불과하다고 보는 것이 그것이다. 예를 들면 근저당권설정 시 근저당권계약서에 근저당권의 피담보채무를 '기존의 채무나 장래 부담하게 될 다른 원인에 의한 모든 채무'라고 기재한 경우(소위 포괄근저당), 그 조항은 예문에 불과한 것으로 보고, 문자대로의 모든 채무가 아니고 당사자들의 계약당시의 '거래관계에 의하여 발생한 채무'만을 담보하는 것으로 축소해석하는 것을 들 수 있다.[118)]

후자의 예로는 당사자들이 계약에서 사용한 문언과 어긋나는데도 불구하고 문언과 다른 해석을 하거나 또 계약당시 당사자들이 예상하지도 않았을 것으로 보이는데도 예상하지 못한 사태를 규율하기 위해 예상을 뛰어넘는 해석을 하는 경우가 있다. 예를 들면 양만장의 수조에서 사육하는 뱀장어를 양도담보로 제공함에 있어 계약서에 '백만마리'라고 명확하게 기재하였음에도 판례는 '백만마리'의 수에 중점을 두지 않고 양만장의 수조 안의 '뱀장어 전부'를 양도담보하였다고 해석하여야 한다고 한 것,[119)] 양도담보권자가 담보목적물을 양도담보설정자에게 '임대'하고 양도담보설정자가 양도담보권자에게 '임대보증금과 임료'를 지급하기로 약정한 것에 대하여 양도담보권이 설정된 양도담보물의 소유자는 양도담보설정자이므로 소유자가 자신에게 임대한다는 것은 있을 수 없어 그가 '임료'라고 담보권자에게 지급하였더라도 그 금액은 '대여금에 대한 이자'라고 해석한 것,[120)]

118) 대판 1997.5.28. 선고 96다9508.

119) 대판 1990.12.26. 선고 88다카20224.

미등기건물의 매매계약이 이루어질 당시는 법정지상권이 성립하기 전으로 그 후에 법정지상권의 성립여부가 문제될 수 있는지를 당사자들은 전혀 예상도 하지 않은 상태였는데 그 후 법정지상권이 성립되어 문제가 되자, 위 매매계약 시에 법정지상권의 양도합의까지 있었다고 해석한 것[121] 등을 들 수 있다.

이와 같은 수정을, 계약 당사자가 아닌 법원이 무슨 권한으로 할 수 있는지에 대해서는 사적자치의 원칙과 관련하여 문제가 있을 수 있으나 양 당사자의 이해관계를 적절하게 조절할 수 있는 예외적인 경우에 한하여 신의칙상 인정될 수 있다고 보아야 할 것이다.

3. 상대방이 있는 단독행위

상대방이 있는 단독행위(해제, 취소 등)에 있어서도 표의자의 의사표시에 대한 상대방의 신뢰를 보호해야 한다는 점을 고려하면 위의 계약의 경우와 동일하게 해석해야 할 것이다.

Ⅴ. 유언의 해석

상대방이 없는 단독행위인 유언의 경우에는 상대방의 신뢰를 고려할 필요가 크지 않으므로 가능한 한 행위자의 내심적 효과의사, 즉 진의를 탐구하여 해결하여야 할 것이다. 그러나 유언이 문제될 당시에는 유언자가 이미 사망한 후이어서 그 진의를 확인할 수 없는 경우가 많을 것이므로 결국은 유언을 하게 된 경위와 목적 등으로 고려하여 판단해야 할 것이다.

---

120) 대판 1977.5.24. 선고 77다430. 이 판결은 물권법까지 배워야 이해할 수 있는 것이다.

121) 대판(전합체) 1985.4.9. 선고 84다카1131, 1132. 이 판결도 물권법을 배워야 알 수 있는 내용이다.

제 6 절 흠 있는 의사표시

Ⅰ. 서

법률행위가 유효하기 위해서는 의사표시에서의 의사와 표시가 일치하여야 하고, 의사의 형성과정에 문제가 없어야 한다. 그런데 현실사회에서는 어떤 이유로 의사와 표시가 일치하지 않거나 의사의 형성과정에 문제가 생기는 경우가 있고, 이런 경우 어떻게 규율하는 것이 타당한지에 관하여 민법은 제107조 내지 제110조를 두어 규율하고 있다.

이처럼 의사표시 상에 하자가 있는 경우를 보면, 의사와 표시가 불일치하는 경우와 의사와 표시는 일치하지만 의사의 형성과정에 문제가 생긴 경우(제110조)로 나눌 수 있고, 전자는 다시 의사와 표시가 불일치하는 경우에도 그 불일치를 행위자가 아는 경우와 모르는 경우(제109조)가 있다. 그 불일치를 아는 경우에도 자신만이 아는 경우(제107조)와 양 당사자가 아는 경우(제108조)로 나누어 볼 수 있다. 위 경우 중 의사와 표시가 불일치하는 경우 의사주의 입장에서는 그 효력을 불성립 내지 무효로 보는 것이 이론적으로 타당할 것이나 우리 민법은 꼭 그렇게 보지는 않는다.

Ⅱ. 비진의(非眞意) 의사표시

1. 의의

진의(眞意) 아닌 의사표시는 표의자가 표시에 대응하는 내심적 효과의사가 없는 것을 알면서도 이를 상대방에게 알리지 않고서 행한 의사표시를 말한다.

표의자 자신이 스스로 내심적 효과의사가 없다는 사실을 알고 있다는 점에서 착오와 구별된다.

2. 요건

표시행위가 일단 존재하여야 하고, 그 표시행위와 그에 대응하는 내심의 효과의사가 없어야 하며, 행위자가 의사와 표시의 불일치를 알고 있어야 한다. 예로서 회사가 재입사시킬 것을 전제로 편의상 사직원을 제출받아 퇴직처리한 때의 퇴직의 의사표시를 들 수 있다.[122] 그러나 회사가 경영상의 어려움 때문에 희망퇴직을 권유하자 근로자가 당시 상황으로는 최선이라고 판단하여 희망퇴직원을 제출한 경우 근로자의 퇴직의 의사표시는 비진의 의사표시가 아니다.[123]

3. 효과

가. 원칙적 유효

의사주의에서 비진의 의사표시는 내심의 효과의사와 표시가 일치하지 않으므로 무효로 보아야 하지만, 표시주의의 입장에서는 표시가 있으면 그에 대응하는 표시상의 효과의사는 내심에 존재한다고 추단하므로 유효하다고 하게 된다(제107조 제1항 본문).

우리 민법은 비진의 의사표시를 유효라고 하는데 이는 표시주의 입장을 취한 것이라 할 수 있다. 이는 그릇된 표시를 한 표의자에 대하여 책임을 묻는 것과 함께 표시에 대한 상대방의 신뢰를 보호하는 취지라고 할 것이다.

나. 예외적 무효

상대방이 표의자의 진의 아님을 알았거나 알 수 있었을 때에는 무효로 한다(제107조 제1항 단서). 표의자에게 귀책사유가 있지만 상대방이 이를 알았거나 알 수 있었을 때에는 보호할 상대방의 신뢰가 없기 때문이다.

따라서 앞의 87다카2578 판결은 '회사에 대한 퇴직의 의사표시가 비진의 의사표시라도 회사가 알고 있었던 경우에는 퇴직의 의사표시가 무효이므로 회사가 근

122) 대판 1988.5.10. 선고 87다카2578.

123) 대판 2004.6.25. 선고 2002다68058.

로자의 퇴직의사에 대하여 승낙하는 형식으로 합의에 의한 퇴직처리를 하였더라도 퇴직의 효력은 발생하지 않고, 이런 퇴직처리는 회사의 일방적 의사표시에 의해 근로계약을 종료시킨 해고에 해당한다. 이 경우 해고에 의한 근로관계의 종료가 적법하기 위해서는 정당한 사유가 있어야 하고,[124] 그런 사유가 없다면 퇴직은 무효로서 여전히 근로관계가 존속한다고 보아야 한다'고 하였다.

상대방이 표의자의 진의 아님을 알았거나 알 수 있었음을 판단하는 시기와 관련하여, 상대방이 의사표시를 요지(了知)한 때라는 견해와 의사표시가 상대방에게 도달한 때라는 견해로 나뉘나, 상대방이 의사표시를 요지한 때 비로소 표의자의 진의여부가 문제될 것이므로 전자가 옳다.

'상대방이 표의자의 진의 아님을 알았거나 알 수 있었다는 것'을 증명할 책임은, 비진의 의사표시의 무효를 주장하는 자에게 있다. 왜냐하면 표의자가 스스로 표시를 한 이상, 상대방은 이를 진의라고 믿고 또 그것에 과실이 없었다고 추정해야 할 것이기 때문이다.

다. 제3자에 대한 효과

예외적으로 무효인 효과는 선의의 제3자에게 대항하지 못한다(제107조 제2항). 이에 대한 자세한 설명은 허위표시에서 본다.

라. 대표(대리)권 남용과 관련

비진의 의사표시의 이론이 적용되는 경우로서 대표권(내지 대리권) 남용의 경우가 있다. 법인에서 보았듯, 대표자(대리인)가 자신의 권한 범위 내에서 행위를 하지만 그 행위가 법인이나 본인의 이익이 아니라 자신이나 제3자의 이익을 위하여 행동하는 경우를 말한다.

이 경우 우리 판례의 태도는 본조를 적용하여 해결하고 있다는 것은 앞에서 보았다. 이때 대표자(대리인)는 권한범위 내에서 유효한 의사표시를 하고 있지만, 효과가 귀속되는 법인(내지 본인) 쪽에서 보면 그런 의사표시에 대응하는 의사(진의)가 없고, 표시행위를 담당하는 표의자에 해당하는 대표자(대리인)는 그 의사표시가 본인의 의사(진의)와 다르다는 것을 알고 있기 때문에 비진의 의사표시의 상황과

124) 대판 2005.11.25. 선고 2005다38270.

유사하다고 보는 것이다. 그러나 이 경우 본인과 대표자(대리인) 사이에서의 불일치는 '의사표시상의 진의' 측면(대표자나 대리인이 행하는 법률행위의 의사와 표시 측면에서는 아무런 불일치가 없고 게다가 그들은 자신의 권한 범위 내에서 행위를 하고 있다)에 있는 것이 아니고 '경제적 이익의 귀속'에 있어서의 불일치를 의미하는 것으로 보아야 할 것이므로 판례의 이론구성에 문제가 없는 것은 아니다.

마. 상대방의 불법행위에 기한 손해배상청구권의 성립여부

표의자의 진의 아닌 의사표시에 대하여, 상대방이 표의자의 의사표시를 믿고서 나아가 어떤 행동을 하였다가 '표의자의 진의를 알 수 있었음'을 이유로 그 의사표시가 무효로 됨으로써 입은 상대방의 손해와 관련하여, 상대방이 표의자를 상대로 불법행위를 이유로 손해배상을 청구할 수 있는지가 문제로 된다.[125)]

이에 대하여 견해가 나뉘나, 위와 같은 경우 비진의 의사표시가 무효로 되는 것은 제107조에 기한 것으로서 법 규정에 따른 것이므로 위법성이 있다고 할 수 없다. 따라서 이런 경우 손해배상을 구할 수 있다는 특별한 규정이 없는 이상은 부정해야 할 것이다. 판례도 착오취소의 경우 손해배상을 인정하지 않는 태도에 비추어 부정하는 입장이라고 할 수 있다.[126)]

바. 적용범위

본 조항은 계약이나 상대방 있는 단독행위에 적용된다. 문제는 상대방 없는 단독행위의 경우인데 이에 대해서는 부정하는 견해와 상대방이 구체적인 권리나 의무를 취득하는 경우에는 유추적용할 수 있다는 견해가 있다. 본조 규정이 상대방의 신뢰를 보호한다는 것을 목적으로 하므로 상대방이 없는 경우에는 본조의 적용은 없다고 보아야 할 것이다.

가족법상의 행위(유언)는 행위자 본인의 의사가 존중되어야 하므로 본조 규정은 적용이 없어 항상 무효라고 보아야 하고, 또 본조는 사인간의 법률관계에 관한 것이므로 공법상의 의사표시에는 적용되지 않는다.[127)]

---

125) A의 자신의 물건을 매도한다는 비진의 의사표시를 믿고서 B가 매매계약을 체결하였으나 그 매매계약이 B가 비진의 의사표시를 알 수 있었다는 이유로 무효가 됨으로써 B가 다른 곳에서 위 매매계약에서의 가격보다 비싼 가격으로 동일한 물건을 구입한 경우

126) 대판 1997.8.22. 선고 97다13023(착오취소에 관한 판례이다).

Ⅲ. 통정한 허위의 의사표시

1. 의의

가. 의미

상대방과 짜고서 자기의 진의와 다른 표시를 하는 것을 말하고 통정허위표시 또는 허위표시라고도 한다. 이 경우 우리 민법은 그 효력을 원칙적으로 무효라고 하고 있는데(제108조), 이는 의사주의에 근거한 것이라고 할 수 있다.

한편 그 무효는 선의의 제3자에게 대항하지 못하도록 하고 있는데, 이처럼 표의자에게 무효인 의사표시가 상대방이나 제3자에 대하여 유효한 것으로 취급하는 것은 표현법리(表見法理)에 기초한 것이다. 표현법리란 '권리가 있는 것과 같은 외관을 만들어 낸 것에 대하여 진정한 권리자에게 귀책이 있는 경우에는 그 외관을 신뢰한 자는 보호되어야 한다'는 것을 말하고,[128] 신뢰보호 내지는 거래의 안전을 도모하기 위한 것이다.

주의할 점은 명의신탁과의 구별이다. 명의신탁은 A(신탁자)가 재산상의 권리를 보유하면서 그 권리관계를 공시하는 공부상의 명의만을 B(수탁자)명의로 해두는 것을 말한다. 통상 부동산에 대하여 이뤄지는데, 이렇게 행해진 명의신탁은 허위표시에 해당되지 않는다는 것이 판례의 태도이다.[129]

최근에는 「부동산 실권리자명의 등기에 관한 법률」이 제정되어 부동산 명의신탁에 대하여 규율하고 있는데, 이에 대해서는 물권법에서 배운다.

나. 허위표시는 불법원인급여에 해당하는가?

---

127) 대판 2001.8.24. 선고 99두9971.

128) 표현법리를 외관법리와 구분하는 견해도 있다. 이런 견해에 의하면 외관법리는 타인에 대한 외관형성에 진정한 권리자에게 귀책이 없더라도 진정한 권리자는 책임을 부담한다는 법리라고 한다.

129) 대판 1982.5.25. 선고 80나1403.

예 5-11

A가 B에게 A 소유의 부동산 H의 소유권을 이전하는 계약을 체결하고 이전등기까지 경료하였다. 그러나 A가 이렇게 부동산을 양도한 이유는 자신의 채권자 A1이 H에 대해 강제집행을 할 것을 두려워했기 때문이었다. 사실 A와 B 사이에는 B는 언제든지 A가 요구하면 H의 소유권을 A에게로 되돌려 놓기로 몰래 약속을 해 두었다.

통상 허위표시는 채권자로부터 강제집행을 당할 우려가 있는 때처럼 자신 소유의 부동산임이 밝혀지는 것을 꺼려할 때 행해지는 경우가 많다. 이런 경우의 허위표시는 불법원인급여에 해당하는 것은 아닌가 하는 의문이 있다.

위의 예에서 보면, A는 자신의 채권자로부터 강제집행을 당하는 것을 피하기 위하여 허위표시로서 자신의 부동산을 B에게 양도하여 이전등기해 둔 것으로 이는 형법 제327조[130]의 강제집행면탈죄에 해당할 수 있는 행위이다. 이처럼 형법상의 범죄에 해당하는 위와 같은 허위표시는 제746조의 불법원인급여에 해당되어 A가 B를 상대로 허위표시의 무효임을 이유로 L의 반환을 구할 때, B는 L의 양도는 불법원인급여에 해당한다고 하여 제746조 본문을 원용하여 반환을 거부할 수 있는지가 문제로 된다.

위 예의 허위표시와 유사한 제406조의 사해행위에 대한 사법적인 효력을 평가함에 있어, 사해행위가 형법상의 강제집행면탈죄가 성립할 수 있음에도 반사회적 행위(제103조 위반)로서 무효라고 하지 않고 유효함을 전제로 취소할 수 있는 법률행위로 보아 채권자취소권의 대상으로 하고 있다. 이처럼 우리 민법은 단순히 채권자를 해하는 행위를 하였다고 하여 제103조에 위반되는 무효의 행위로 보지 않고 있는 점[131]을 감안하면, 허위표시가 곧 제103조를 위반하는 반사회적 행위라고 볼 수 없다. 따라서 허위표시에 기하여 이루어진 급부를 불법원인급여로 볼 수는 없을 것이다. 만일 이를 불법원인급여에 해당한다고 하여 반환을 부정하면, 보호되어야 할 A의 채권자들이 피해를 받고 그 재산과 관련하여 별다른 이해관계도 없는 B가 그로 인한 이득을 취하게 되는 셈이 되어 정의에 현저하게 반한다고 할 것이다.

---

130) '강제집행을 면할 목적으로 재산을 은닉, 손괴, 허위양도 또는 허위의 채무를 부담하여 채권자를 해한 자는 3년 이하의 징역 또는 1천만원 이하의 벌금에 처한다'고 규정한다.

131) 사기, 강박에 의한 의사표시가 형법상 사기죄나 공갈죄에 해당됨에도 무효로 보지 않고 취소할 수 있는 법률행위로 보고 있다는 점은 앞에서 본 바와 같다.

그렇다고 하면 위의 예에서 A가 B를 상대로 허위표시가 무효임을 이유로 H의 인도와 그에 관한 B 명의의 이전등기의 말소를 구하는 경우 B는 이를 불법원인 급여라고 하여 거부할 수 없을 것이다. 판례도 허위표시는 제103조 위반도 아니고[132] 나아가 불법원인급여에도 해당하지 않는다는 입장이다.[133]

2. 요건

표의자가 스스로 진의와 다른 의사표시를 하고, 상대방도 이를 알면서 표의자와 서로 짜고 위와 같은 의사표시를 하는데 가담하였어야 한다.

허위표시를 하게 된 동기가 무엇인지는 묻지 않는다.

3. 효력

가. 당사자 사이에서의 효력

(1) 무효

당사자 사이에서는 무효이므로 그 내용에 따른 법률효과는 발생하지 않는다. 그러나 이는 허위표시에 따른 법률효과가 발생하지 않는다는 것이지, 그 허위표시가 숨기려고 하는 진정한 법률행위(이를 은닉행위라고 한다)는 유효하다.

예 5-12

A가 B에게 건물 H의 신축공사를 의뢰하려고 하였는데, 그 공사는 관련법상 종합건설업자로 등록된 자만이 할 수 있는 공사였고 B는 종합건설업자로 등록되어 있지 않았다. 그리하여 A와 B는 서로 합의하여 종합건설업자로 등록된 C로부터 명의를 빌리기로 하고, C의 허락을 받아 C로부터 그 명의를 빌려 A와 C를 당사자로 한 건설공사계약서를 작성하였다. 그 후 B가 공사를 완료하였다(대판 2009. 7.23. 선고 2006다45855와 유사사례).

위 예에서 C가 A를 상대로 공사계약에 따른 공사비 청구를 하는 경우, A와 C 사이의 공사계약은 허위표시로서 무효이므로 C는 공사비를 청구할 수 없다.

132) 대판 2004.5.28. 선고 2003다70041(사안은 아래 제3자의 범위에서 본다).

133) 대판 1994.4.15. 선고 93다61307.

그러나 A와 B 사이의 공사계약은 A와 C의 공사계약으로 숨겨진 것으로, A와 B의 공사계약은 유효하다.[134] 따라서 B는 A를 상대로 공사계약에 따른 공사비청구를 할 수 있다. 이때 A가 B의 청구에 대하여, 위 공사가 불법원인급여에 해당한다고 하여 공사비의 지급을 거절할 수 없다는 것은 앞에서 본 바와 같다.

(2) 허위표시의 취소여부

(가) 허위표시에 대해 취소가 가능한가

1) 허위표시가 취소사유(B가 관련법규상 건물을 지을 수 없는 용도의 A 소유 토지에 건물신축이 가능하다고 기망하고 A가 이에 속아 B와 공사계약을 체결한 경우)도 겸비하고 있는 경우 취소를 주장할 수 있는지가 문제로 될 수 있다. 이는 무효와 취소의 이중효와 관련되는 문제로서 뒤에서 무효와 취소의 항에서 보아야 할 문제이나 간략히 본다.

2) 이론적으로 보면 무효는 처음부터 효력이 없는 행위인데 반하여, 취소는 일응 유효한 행위를 취소의 의사표시에 의하여 무효로 만드는 것이므로 무효인 행위에 대해서는 취소를 인정하기 어렵다고 할 것이다.

그러나 위 예 5-11에서 A가 미성년자로서 B와 허위표시를 하였고, B가 H를 선의의 C에게 양도한 경우를 상정하면, 아래에서 보는 것처럼 허위표시의 무효는 선의의 제3자에게 대항할 수 없어 A는 허위표시의 무효를 주장하여 C를 상대로 H의 반환을 구할 수 없다. 그러나 A가 허위표시인 위 양도행위에 관하여 미성년자의 행위로서 취소를 주장한다면, 미성년자의 행위임을 이유로 취소하는 때에는 선의의 제3자에게도 대항할 수 있으므로 C를 상대로 H의 반환을 구할 수 있다. 이런 실질적 이득을 생각하면 허위표시의 경우에도 취소를 주장할 실익이 있으면 부정할 이유는 없을 것이다.

3) 이와 관련하여 대판 1991.8.27. 선고 91다11308은 다음과 같이 판결하였다.

A가 B에게 물건을 매도하는 계약을 체결하고 계약금만 지급받았는데, 위 계약은 B의 착오로 인하여 체결된 것이었다. B가 매매계약에 따른 중도금을 지급하지

---

134) 이처럼 허위표시에 의해 숨겨진 법률행위를 은닉행위라고 하고, 그 은닉행위는 당사자의 합의에 기한 것으로 유효하다. 대판 2004.9.24. 선고 2004다27440, 28504는 계약서의 형식상으로는 연대보증인들로 되어 있지만 이는 허위표시에 의한 것이고, 실질적으로는 연대보증인 중 1인이 주채무자인 경우, 연대보증인이 일부 변제 후 주채무자격인 연대보증인에 대해 구상을 할 수 있다고 판시하고 있는데, 이것도 같은 취지일 것이다.

아니하자 A는 이를 이유로 적법하게 계약을 해제하였다. 그 후 B는 착오를 이유로 계약을 취소한다고 하면서 지급한 계약금의 반환을 구하였다.

이 판결에서 문제가 된 것은 A가 계약을 해제함으로써 매매계약은 소급하여 효력을 상실한 상태인데(제548조 참조), 이렇게 아무런 효력도 가지지 않는 상태에 있는 계약에 대해 B가 착오를 이유로 계약을 취소할 수 있는지 여부였다.

위 판결은 'B가 위 매매계약을 취소하기 전에 A가 B의 중도금지급채무불이행을 이유로 매매계약을 적법하게 해제하였다 하더라도, 이 사건의 경우 B로서는 계약해제의 효과로서의 손해배상책임을 지거나 계약금의 반환을 받을 수 없는 불이익을 면하기 위해서 취소권을 행사할 수 있다'고 판시하였다. 이런 내용에 비추어 판례도 실익이 있는 경우에는 허위표시에 대해서도 취소를 인정하는 입장을 취할 것으로 보인다.

(나) 허위표시를 대상으로 사해행위취소권의 행사가 가능한가

예 5-13

위 예 5-11에서 A의 채권자 A1이 B를 상대로 A가 B에게 H를 양도한 행위는 A1의 채권을 해하는 행위로서 제406조에 의해 취소되어야 하고, H의 등기명의는 A에게로 복귀되어야 한다고 하는 채권자취소소송을 제기했다. 그러자 B는 채권자취소권은 계약이 유효함을 전제로 그 계약을 취소하여 원상으로 회복시키는 제도인데, A와 B의 양도계약은 무효이므로 채권자취소권의 대상이 될 수 없다고 주장했다.

판례[135]와 통설은 허위표시가 무효로서 효력이 없다고 하더라도 사해행위취소권(제406조)의 대상이 될 수 있음을 인정한다. 이에 대해 사해행위취소의 경우 '수익자(B)나 전득자(B로부터 다시 양도받은 C)에게 해의가 없으면 채권자가 취소할 수 없다'는 효력(제406조 제1항 단서)은, 허위표시와 같이 '선의의 제3자에게 대항할 수 없다'는 그것과 비슷하므로 사해행위취소를 긍정할 실익이 없다고 볼 수도 있어 위 (가)항과는 달리 사해행위취소권의 대상이 될 수 없다는 견해도 있을 수 있다.

그러나 앞에서 본 것처럼 무효인 행위에 대해서도 취소를 주장할 수 있는 경우가 있고, 또 사해행위인지 아닌지의 판단은 판결이 있기 전까지는 명확하지 않으므로 사해행위취소판결을 받을 실익이 있다. 또 A1의 입장에서는 허위표시로서

135) 대판 1984.7.24. 선고 84다카68.

무효를 주장할 것인지 또는 사해행위로서 취소를 주장할 것인지를 선택할 수 있다고 할 것이고 나아가 이런 사해행위취소소송에서 수익자 B가 법이 유효라고 인정하지 않는 허위표시임을 주장하여 A1의 청구를 피하여 자신의 이익을 지킬 수 있다는 것은 신의칙상 인정하기 어렵다고 할 것이므로 판례와 통설의 입장은 타당하다고 할 것이다.

나. 제3자에 대한 효력

제108조 제2항은 '허위표시의 무효는 선의의 제3자에게는 대항하지 못한다'고 규정하고 있다. 일반적으로는 이 규정은 '거래의 안전'을 도모하기 위한 것이라고 설명한다. 그러나 허위표시가 있기 전의 기존의 채권자 중 압류채권자도 제3자에 해당한다고 하는 판례(아래에서 본다)에서 보듯이, 압류채권자는 허위표시가 이루어지기 전에 이미 채권을 가지고 있던 자로서 허위표시가 행해지고 난 후에 거래관계를 맺은 자가 아니라는 점에서 이런 설명은 문제가 있고 오히려 '허위표시에 대한 법적 이해관계를 가지게 된 자의 허위표시의 유효성에 대한 신뢰'를 보호하기 위한 것이라고 할 수 있다.

(1) '선의'와 관련하여

(가) 의미

'선의'란 허위표시가 무효임을 알지 못한 것을 의미하고, 그 시기는 허위표시를 기초로 새로운 법률상의 이해관계(새로운 거래상의 이해관계가 아님에 유의)를 가지게 된 때를 기준으로 판단한다.

(나) 무과실까지 요하는지

'선의'에 '무과실'까지도 요구하는가에 대하여는 판례[136)]와 통설은 무과실까지는 요구하지 않는다고 보는 데 반하여, 중과실이 있는 경우에는 선의에서 제외하여야 한다는 소수설이 있다. 그러나 아래에서 보는 것처럼 판례와 통설의 입장이 타당하다고 생각한다.

---

136) 대판 2006.3.10. 선고 2002다1321.

(다) 증명책임

'선의'의 증명책임에 대하여 통설과 판례[137]는 제3자의 선의는 추정되므로 무효를 주장하는 측이 '제3자의 악의'를 주장하고 증명하여야 한다고 하는 데 반하여, 선의를 주장하는 자가 증명하여야 한다는 소수설이 있다.

우리 민법은 증명책임의 분배를 고려하여 규정들의 문구를 배치하고 있으므로 증명책임의 분배의 결정에 있어서는 해당 조문의 규정형식에 주의를 기울여야 하지만,[138] 증명책임의 분배가 꼭 해당 조문의 규정형식만으로 정하여 지는 것은 아니고 증거수집 및 증명의 용이함, 당사자의 귀책 등도 고려하여야 한다. 본조의 경우 규정 형식에서 보면 허위표시로서의 무효는 허위표시를 주장하는 자가, 제3자의 선의는 그 행위의 유효를 주장하는 자가 증명해야 하는 것으로 되어 있다. 그러나 허위표시는 표의자가 스스로 만들어낸 것으로 그런 표시를 만들어낸 자가 그 행위를 신뢰한 제3자에 대해 '그의 선의'임을 증명하라는 것은 신의칙상 도저히 받아들이기 힘들다. 판례나 통설이 제3자의 선의를 추정하는 이유도 실질적으로는 여기에 있다고 보아야 할 것이다(제3자에게 무과실까지도 요구하지 않는 것도 이런 이유에 있을 것이다).[139] 따라서 판례와 통설의 입장이 타당하다.

(2) 제3자[140]

(가) 의미

일반적으로 제3자란 '당사자 및 그의 포괄승계인 이외의 자'를 말하지만, 본조 제2항에서는 '허위표시에 의하여 외형상 형성된 법률관계를 토대로 별도의 법률

137) 앞의 2002다1321.

138) 일반적으로 법조문을 규정할 때, 법조문의 본문은 그 요건과 효력을 규정하고, 단서는 본문 효력을 제한하는 형식으로 되어있다. 따라서 본문의 효력을 주장하는 자는 본문상의 요건을 주장하고 증명하여야 할 책임이 있고, 그 본문상의 효력을 다투는 자는 단서의 요건을 주장하고 증명하여야 할 책임이 있는 것이 원칙이다.

139) 비진의 의사표시에 있어서의 '제3자 선의'의 증명책임에 대해서도 동일한 것은 앞서 본 바와 같다. '착오에 의한 의사표시'나 '사기 또는 강박에 의한 의사표시'의 경우에도 이와 같이 해석할 수 있는지 여부가 문제인데, 위와 같은 의사표시는 일단 표의자가 스스로 그런 표시를 하였으므로 제3자로서는 그런 표시가 표의자의 진정한 의사에 기하여 이루어진 것이라고 신뢰하는 것이 당연하다고 할 것이라는 점에서 동일하게 해석해도 무방할 것으로 생각한다.

140) 졸고, "판례로 본 민법 제108조 제2항의 제3자 범위", 중앙법학 제16집 제3호(2014.9), 219면 이하 참조.

원인에 의하여 새로운 법률적 이해관계를 가지게 된 자'를 의미한다는 것이 통설과 판례[141]의 입장이다.

그런데 거래의 안전을 도모한다는 본조 제2항의 규정취지에 비추어 보면 '제3자'를 "허위표시를 기초로 하여 새롭게 '거래관계'를 통하여 이해관계를 가진 자" 라는 의미로 해석하기 쉽고, 이런 식으로 정의하는 견해도 있다. 그러나 아래에서 자세히 보듯이 판례와 통설은 기존의 채권자 중 허위표시로 양도받은 재산을 '허위표시가 있기 전에 성립된 기존의 채권'으로 압류한 자도 제3자에 해당한다고 보고 있다. 이런 압류채권자는 허위표시가 있은 후 그 허위표시를 기초로 거래상의 새로운 이해관계를 가짐으로써 등장하는 자가 아니다. 이런 의미에서 판례가 '새로운 법률적 이해관계'라는 표현을 사용하고 있는 것이다. 그렇다고 하면 본조 제2항은 거래의 안전도모를 직접 목적으로 하는 것이 아니라, 오히려 권리가 있는 듯한 외관을 형성하는데 책임이 있는 진정한 권리자로 하여금 그 외관을 신뢰한 제3자에 대하여 책임을 부담하게 하는 표현법리에 따른 조항으로, 이런 표현법리의 적용으로 말미암아 부차적으로 거래의 안전이 도모되는 것에 불과하다고 보는 것이 정확할 것이다.

제3자의 범위를 '새로운 법률적 이해관계를 갖는 자'로 한정하는 이유는 표의자에게 의사 없이 책임을 부담시키기 위해서는 제3자 쪽에도 그것을 정당화하기에 족한 정도의 독립된 이익이 있는 것을 요구하기 때문이다.

(나) 등기까지 요하는지

예 5-14

A가 B에게 A 소유의 아파트 H를 허위표시로 양도하고 이전등기도 경료하였다. B는 선의인 C에게 H를 자신의 아파트라고 하여 매도하는 매매계약을 체결했다.

선의인 C가 A와 B 사이의 허위표시를 유효하다고 주장하여 자신의 권리를 지키기 위해서는 H에 대한 매매계약으로는 부족하고 자신의 명의로 소유권 이전등

141) 판례가 정확히 이런 정의를 내리는 것은 아니고, 사안마다 조금씩 다른 정의를 내리고 있으나 판례의 전체적 의미를 보았을 때 이렇다는 의미다. 대판 1982.5.25. 선고 80다1403은 '허위표시에 의하여 외형상 형성된 법률관계를 토대로 새로운 법률원인으로써 이해관계를 갖게 된 자'라고, 대판 1983.1.18. 선고 82다594는 '허위표시행위를 기초로 하여 새로운 이해관계를 맺은 자'라고, 대판 1996.4.26. 선고 94다12074는 '허위표시에 의하여 외형상 형성된 법률관계를 토대로 실질적으로 새로운 법률상 이해관계를 맺은 선의의 제3자'라고 표현하고 있다.

기까지 경료해야 하는가.

외관에 대하여 신뢰한 제3자를 보호한다는 표현법리를, '등기'에 대한 신뢰만으로 한정하는 것은 타당하지 않다고 할 것이므로 C가 자기 앞으로 등기명의를 경료하지 않았더라도 제3자에 해당한다고 보아야 할 것이다. 게다가 앞 5-12에서 보았듯이 공사도급계약을 허위로 한 자라든지 계약상의 채권을 허위로 양수한 자에 대해서도 본조 제2항의 제3자에 해당한다고 보는 것이 판례의 태도인데, 만일 부동산에 대해서는 위와 달리 채권계약인 계약을 넘어서 등기까지 요한다고 보는 것은 일관성이 없을 뿐 아니라 형평을 결한 태도라고 해야 할 것이다.

(다) 제3자의 범위

1) 먼저 일반적인 예에서 제3자가 될 수 있는 자를 보도록 한다.

예 5-15

A가 B에게 A 소유의 아파트 H를 1억원에 매도하는 허위표시인 매매계약을 체결하였다. 이런 경우 A측과 B측의 채권자들을 상정하면 아래 표와 같이 정리할 수 있을 것이다.

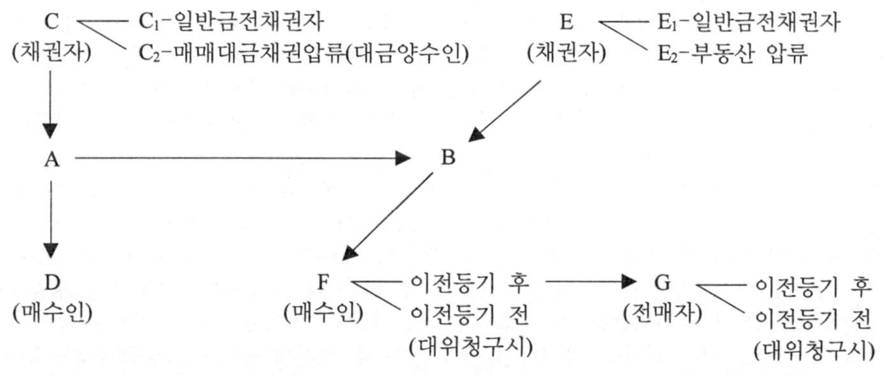

가) 매도인 A 측의 이해관계자

① 일반금전채권자(C1)

일반금전채권자는 A가 가지는 모든 일반재산(H 외에 가구 등의 동산이나 예금 등의 채권 등 모든 재산)에 관하여는 이해관계를 가지고 있다고 할 수 있지만, A의 H 아파트에 대해서 다른 일반재산과 구별되는 어떤 특별한 이해관계를 가지고 있지 않다. 따라서 C1은 금전채권자인 지위에 그대로 있는 상태에서는 제3자에 해당하

지 않는다.[142)]

② 압류 또는 가압류한 일반 금전채권자(C2)

변제를 받지 못한 A의 금전채권자는 강제집행을 하기 위하여, A가 H와 관련하여 B에 대하여 가지는 매매계약상의 1억원의 매매대금채권을 압류하거나 가압류할 수 있다(압류나 가압류에 대한 이론은 동일하므로 이하에서는 압류에 대해서만 논의한다).[143)] 이 경우 C2는 A의 일반재산 중 H의 매매대금이라는 특정한 재산에 관하여 강제집행에 나아감으로써 다른 일반재산에 대한 이해관계와는 구별되는 특별한 이해관계를 가지게 되었다고 보아야 하므로 제3자에 해당한다.[144)]

판례는 아래에서 보는 것처럼 B의 금전채권자 중 허위표시에 기하여 B 명의로 이전등기된 H를 압류한 자(E2)를 본조 제2항의 제3자로 보고 있는바,[145)] C2도 E2와 동일한 지위에 있으므로 위와 같이 보아야 할 것이다. 이런 견해에 대해서는 찬반논란이 있는 바, E2를 볼 때 살펴보기로 한다.

③ 허위표시인 매매계약에서 A가 취득한 매매대금채권을 양수한 자(C2)

㉮ 허위표시인 매매계약에서 발생한 H의 매매대금채권을 양수한 자(C2)가 본조

---

142) 이런 채권자 C1은 만일 H에 관하여 B 명의로 이전등기가 되어 있다면, 위 허위표시인 매매행위가 제406조의 사해행위라고 주장하여 채권자취소권을 행사하거나, 제404조에 의해 A를 대위하여 B를 상대로 허위표시가 무효임을 이유로 B 명의의 이전등기의 말소와 H의 반환을 구하여야 할 것이다. 아래에서 보는 것처럼 채권자대위권을 행사한 일반금전채권자는 본조 제2항의 제3자에 해당한다는 견해가 일본에서 일부 주장되고 있으나 받아들이기 힘들다.

143) 채무자가 금전채권자에게 돈을 지급하지 않는 경우, 채권자는 채무자의 재산을 강제로 팔아서 금전으로 환가한 후 그 금전으로 자신의 채권의 변제에 충당할 수 있는데 이것을 강제집행이라고 한다. 강제집행은 채무자 소유의 물건(동산이나 부동산)에 대해서도 할 수 있고, 채무자의 금전채권에 대해서도 할 수 있다. 물건의 경우에는 압류 후 경매로 매각하여 금전으로 환가한 다음 채권자의 채권에 충당한다. 집행대상이 금전채권인 경우에는 채권자(C)가 채권을 압류한 후 추심명령을 받아 채무자(A)가 제3채무자(B)에 대하여 가지는 추심권능(이행을 청구할 수 있는 권리)을 행사하여 돈을 받은 후 변제에 충당하는 방법(추심명령)과, 채무자(A)의 제3채무자(B)에 대한 채권을 채권자(C)에게 이전시켜 C의 A에 대한 채권에 충당하는 방법(전부명령)이 있다. 가압류는 차후 행할 강제집행을 위하여 채무자의 처분을 금지하는 법원의 결정을 말한다.

144) 채무자의 일반 재산 중 채권자가 강제집행한 재산만이 앞에서 본 바와 같이 환가되고, 그 환가된 돈이 강제집행한 채권자에게 배당되며, 강제집행의 대상이 되지 아니한 채무자의 재산은 환가되지 않는다. 그리고 채권자가 강제집행에 착수하였다가 강제집행의 대상이 된 재산(여기서는 매매대금채권)이 채무자의 것이 아닌 제3자의 재산임이 밝혀지면 그 동안에 행하였던 강제집행은 모두 무효가 되어 채권자가 그동안 들였던 시간, 노력, 비용이 다 소용없게 되어 버린다.

145) 앞의 2003다70041.

제2항의 제3자에 해당하는가.

매매대금채권을 양수한 C2는 매매계약이 유효함을 전제로 그 계약상의 채권을 양수받은 자이므로 본조 제2항의 제3자에 해당된다. 이때 채권양도의 경우 제451조 제2항은 '양도인(A)이 양도통지만을 한 때에는 채무자(B)는 그 통지를 받은 때까지 양도인(A)에 대하여 생긴 사유로써 양수인(C2)에게 대항할 수 있다'라고 규정하고 있는데,[146] C2가 B를 상대로 양수금 청구를 하는 경우 B는 위 규정을 들어 허위표시로서 무효인 매매계약에 기한 대금채권이므로 대금채권이 존재하지 않는다는 항변을 할 수 있는지가 문제이다.

이는 본조 제2항과 제451조 제2항 중 어느 조항이 우선하는가의 문제라고도 할 수 있다. 생각건대 본조 제2항과 같은 '제3자 보호규정'을 해석함에는 허위표시자의 귀책성과 제3자의 이익을 비교형량하여 결정해야 할 것인데, 허위표시의 경우에는 허위표시의 외관을 형성하거나 가담한 A와 B의 귀책성이 크고, 채무자 B도 허위표시인 계약에서 비롯되는 위험을 스스로 만들어낸 자로서 그에 대한 책임을 부담하게 될 수 있는 위험을 자초한 자이므로 제451조 제2항보다는 본조 제2항을 우선 적용해야 할 것이다.

이와 관련한 직접적 판례는 없으나 위 예 5-12에서 본 2006다45855 판결은 참고가 될 수 있을 것이다. 이 판결은 C는 A와의 공사계약서에 수급인으로 명의가 기재되어 있지만 그는 계약서의 명의를 빌려주기만 하고 공사를 하지도 않았는데, C의 채권자 C1은 그런 사실을 모르고 C의 A에 대한 공사대금채권을 가압류를 하고 그에 기하여 추심명령까지 받아 A를 상대로 공사대금청구를 하였고, 이에 A는 C가 실제로 공사를 한 적이 없어 지급할 공사대금이 없다고 다툰 사안에 관한 것이었다. 그 사안에서 A와 C사이의 도급계약은 허위표시로서 무효라고 하면서도 C1은 선의의 제3자에 해당한다고 하여 A의 주장을 배척하였다. 이런 판시에 비추어보면 판례도 위와 같은 입장에 있는 것으로 보인다.[147]

---

146) 채권양도의 경우, 양도인(A)이 양수인(C2)에게 채권양도를 한 경우에는 양도인(A)이 채무자(B)에게 양도통지를 하여야만 양수인(C2)이 채무자(B)에 대하여 자신이 채권자임을 주장할 수 있다(제450조 제1항). 채권양도가 채무자가 모르는 사이에 이루어지는 경우 채무자로서는 누가 채권자인지 모르게 되고 또 양수인으로서도 채무자에게 권리를 행사하기 위해 양도인으로 하여금 양수인이 채권자임을 알리도록 하기 위하여 통지를 하게 한 것이다. 또 위와 같이 채권양도통지만을 한 경우 채무자는 양도채권을 행사하는 양수인에게 통지 당시까지 양도인에 대하여 생긴 사유(예컨대 동시이행 항변권 등)로써 양수인에게 대항할 수 있도록 규정하고 있는데(제451조 제2항), 이는 채무자가 자신과 무관하게 일어나는 채권양도로 그 전보다 불리한 지위에 처하게 되면 안된다는 이유에서 규정된 것이다.

㈏ 이와 관련하여 B가 허위표시로 이전받은 H를 A에게 반환하여야 함에도 이에 위반하여 제3자에게 양도함으로써 A가 B에 대하여 가지게 된 손해배상채권을 양수한 자는 본조 제2항의 제3자에 해당되는지에 관하여 검토한다.

이에 대해서는 허위표시의 당사자로부터 독립한 이익을 갖는 법률관계에 들어간 자가 아니라는 이유로 제3자가 아니라는 견해와, 가장채권의 양수인(C2)과 구별할 이유가 없으므로 제3자에 해당된다는 견해가 있다.

생각건대, 본조 제2항은 외관을 신뢰한 사람을 보호하는 규정으로서, 여기서의 제3자는 허위표시가 유효함을 전제로 하여 이를 믿고서 법률적 이해관계를 맺은 자를 의미한다고 보아야 하는 것이지, 허위표시가 무효임을 전제로 하여 법률적 이해관계를 맺은 자는 제3자에 해당하지 않는다고 보아야 한다.[148] 즉 통설과 판례에서 말하는 '허위표시에 의하여 외형상 형성된 법률관계를 토대로'라는 의미는 바로 이것을 의미하고, 허위표시가 무효임을 전제로 이해관계를 맺는 자는 '외형상 형성된 법률관계를 토대'로 이해관계를 맺은 것이 아니라, '외형상 형성된 법률관계'가 무효로서 외형상 형성되지 않은 권리관계를 토대로 이해관계를 맺은 자이고, 이런 자에게는 보호되어야 할 '외관에 대한 신뢰'(허위표시인 매매계약이 유효한 것에 대한 신뢰)가 없다.

그런데 위 손해배상청구권은 '허위표시에 의하여 외형상 형성된 법률관계의 유효함'을 토대로 한 것이 아니라 그것이 무효인 것을 전제로 A가 B로부터 H를 반환받아야할 권리가 침해된 것을 원인으로 하여 발생한 것이다. 따라서 위 손해배상청구권을 양수한 자는 본조 제2항의 제3자에 해당할 수 없는 것이다. 허위표시가 유효함을 전제로 그 허위표시에서 발생한 채권을 양수한 자(C2)와는 전혀 그 법적 지위가 다른 것이다.

④ A로부터 H를 매수한 양수인(D)

A가 D에게, 'H의 등기명의는 B에게 있지만, 이는 허위표시로서 무효인 매매에 기한 것이고 실제 소유자는 자신'이라고 말하여 D에게 H를 매도하는 경우이다.

---

147) 한편 이 사안은 공사주체 뿐 아니라 공사금액과 관련하여서도 주목할 만한 판시를 하고 있다. A와 B 사이에 실제 공사대금은 2억 5,600만원인데 A와 C사이의 허위표시인 공사계약서상에는 1억 6,000만원으로 기재되어 있었고, 가압류한 금액은 4억원이었으며, 가압류 당시의 공사잔대금은 2억 3,100만원인 상태였다. 판결은 A의 책임의 한도를 실제 잔존 공사대금(2억 3,100만원)과 허위표시된 금액(1억 6,000만원) 중 적은 액이라고 판시하였다.

148) 이런 사람은 오로지 허위표시의 무효만을 주장할 수 있지, 자신이 선의라고 하여(선의로 될 수도 없겠지만) 허위표시가 유효함을 주장할 수가 없다.

이런 D는 앞에서 본 것처럼, 허위표시가 유효함을 전제로 이해관계를 맺은 자가 아니라 허위표시가 무효임을 전제로 이해관계를 맺은 자이다. 따라서 D는 외관에 대한 신뢰보호라고 하는 본조 제2항의 입법취지에 부합하지 않는 자이므로 제3자에 해당하지 않는다.

나) 매수인 B측의 이해관계자

① B의 일반 금전채권자(E1)

B에 대하여 금전채권을 가지는 자로서 허위표시인 매매계약의 목적물에 관하여 압류 등의 조치를 취하지 않은 경우는 허위표시의 목적물인 H에 대해 특별한 이해관계를 가진다고 할 수는 없으므로 본조 제2항의 제3자에 해당하지 않는다.

② B의 일반 금전채권자 중 H를 (가)압류한 자(E2)

㉮ B의 일반 금전채권자 중 H를 B의 소유인 것으로 알고 (가)압류한 자(E2)는 본조 제2항의 제3자에 해당한다. 판례도 동일한 견해이다.[149)]

이에 대하여는 본조 제2항이 거래의 안전을 도모하는 규정인데, 압류채권자는 기존의 채권자로서 자기 채권의 만족을 위해 강제집행을 한 것에 불과하고 허위표시를 기초로 거래행위에 나아간 것이 아니므로 제3자에 해당하지 않는다는 견해도 있다. 그러나 앞서 본바와 같이 본조 제2항은 거래의 안전보다는 표현법리의 표현으로 보아야 하고, 실체적인 거래관계도 중요하지만 외관을 작출한 자에 대한 제재로서 강제집행과 관련한 절차적 이해관계도 보호되어야 한다는 점에서 판례의 태도가 정당하다고 생각한다. 따라서 여기서의 압류채권자는 허위표시 이전부터 금전채권을 가지고 있던 자가 압류한 경우이든 허위표시 이후에 비로소 금전채권을 가지고 있던 자가 압류한 경우이든 불문한다고 보아야 한다.

㉯ 이와 관련하여 파산관재인이 제3자에 해당하는지가 문제로 된다. 판례는 제3자에 해당하는 것으로 보고 있으나,[150)] 반대하는 유력한 견해도 있다.[151)]

판례가 긍정하는 이유는 파산선고가 되면 파산채무자의 모든 재산에 대해 압류된 것과 같은 효력이 생기고 파산관재인은 압류채권자와 동일한 지위에서 파산채권자 전체의 공동의 이익을 위하여 직무를 행하게 되는데, 앞서 보았듯 압류채권자를 제3자로 보는 이상 파산관재인도 제3자로 보아야 한다는 점을 든다.

---

149) 위 2003다70041 판결 및 위 2006다45855 판결은 가압류한 경우이다.

150) 대판 2003.6.24. 선고 2002다48214.

151) 윤진수, "借名貸出을 둘러싼 法律問題(下)", 『법조』 통권604호(2007.1), 227면 이하.

반대하는 견해는 제3자에 해당하기 위해서는 외형상 형성된 법률관계를 토대로 새로운 법률원인으로써 이해관계를 갖게 되어야 하는데, 파산관재인은 허위표시를 신뢰한 것이 아니라 법원의 결정에 의하여 선임된 것이므로 보호되어야 할 신뢰투자가 없다는 점을 들어 반대한다.

앞에서 본 것처럼 본조 제2항의 제3자에는 강제집행과 관련한 절차적 이해관계를 가지게 된 압류채권자도 포함된다고 보는 이상 파산관재인도 제3자로 보아야 할 것으로 생각한다.

나아가 판례는 파산관재인은 파산 채권자 전체의 공동이익을 위하여 직무를 행하는 지위에 있음을 이유로 파산채권자 전원을 기준으로 선의·악의를 판단해야 한다고 하면서 파산관재인 자신은 악의이더라도 파산채권자 전체가 악의가 되지 않는 한 파산관재인은 선의의 제3자라고 하고 있다.[152)]

③ B로부터 매수한 매수인(F)

F는 본조 제2항의 제3자에 해당하는 전형적인 예이고 B와 H에 관한 매매계약을 체결하는 것으로 충분하고 등기까지는 요하지 않는다는 것은 앞에서 보았다.[153)] 그 외 B와 매매계약을 체결하고 가등기를 해둔 자나 B로부터 근저당권을 설정 받은 자 등도 이에 속한다.

문제는 B가 H와 관련하여 아직 자신 명의로 소유권 이전등기를 하지 않은 상태에서 F에게 매도하는 매매계약을 체결한 경우, F가 소유권 이전등기를 받으려면 B를 대위하여 A를 상대로 B 앞으로 소유권 이전등기를 청구하고, B 명의로 소유권 이전등기가 되는 것을 전제로 B를 상대로 자신명의로의 소유권 이전등기를 청구해야 하는데, F가 B를 대위하여 A를 상대로 B 명의의 소유권 이전등기를 청구하는 때에 A가 허위표시임을 이유로 B에게 소유권 이전등기해 줄 의무가 없다고 다투면 어떻게 되는가이다.

채권자대위권은 채권자(F)가 채무자(B)의 권리를 대신하여 행사하는 권리를 말하므로(채권총론에서 배운다), F는 B가 행사할 수 있는 권리만을 행사할 수 있는 것이 원칙이다. 그런데 위의 경우 A와 B의 매매계약은 허위표시로서 무효이므로 B는 A를 상대로 매매계약상의 권리인 H의 소유권 이전등기청구권을 행사할 수 없다고 보아야 하고 그렇다면 B의 권리를 대위행사하는 F도 소유권 이전등기를

152) 대판 2007.10.26. 선고 2005다42545.

153) 대판 1970.6.30. 선고 70다415, 416(F에게 이전등기까지 된 사안), 위 94다12074 판결(B로부터 가등기를 설정받은 사안).

청구할 수 없다고 보아야 하는 것이 아닌가 하는 것이다.

이런 경우 만일 채권자대위권의 일반원칙에 따라 F가 B의 권리를 행사하지 못한다고 하면 본조 제2항은 그 존재 의의를 잃게 될 것이다. 따라서 이런 경우 B는 매매계약이 허위표시로서 무효이므로 A에 대하여 청구하지 못하지만, 선의의 제3자인 F와의 관계에서는 위 허위표시인 매매계약은 유효한 것으로 취급해야 하므로 F가 선의이면 B를 대위하여 A를 상대로 B 명의로의 소유권 이전등기를 청구할 수 있다고 보아야 할 것이다.[154] 이는 선의의 제3자를 보호한다는 규정이 있는 다른 조문의 해석에서도 마찬가지로 보아야 할 것이다.

〈채권자대위권과 허위표시〉

채권총론에서 자세히 배우지만, 채권자대위권은 채권자가 자신의 채권을 보전하기 위하여 그의 채무자에게 속하는 권리를 대신 행사하는 것을 말한다. 원래 채권자대위권은 금전 채권자에게만 인정하다가 특정물 채권자에게까지 널리 인정하게 되었고, 본래형(本來型, 모든 채권자를 위하여 행사하는 경우로서 행사한 결과 복귀된 재산은 모든 채권자의 배당재원으로 사용된다)과 전용형(轉用型, 모든 채권자를 위한 것이 아니라 행사자 자신만을 위하여 행사하는 경우로서 행사한 결과 복귀된 재산은 자신만의 채권이행에 충당된다)으로 나누어 설명하기도 한다. 위 예 5-15에서 일반금전 채권자 E1이 A를 상대로 B의 권리(A에 대한 허위표시인 매매계약에 기한 이전등기청구권)를 행사하는 경우가 본래형에 해당하고, H라는 특정물에 대하여 이전등기청구권이라는 채권을 가지는 F가 A를 상대로 B의 권리(A에 대한 H에 관한 이전등기청구권)를 행사하는 경우가 전용형[155]이다.

본래형의 경우 E1의 권리행사에 대해 A는 허위표시라는 항변이 가능하다(E1은 본조 제2항의 제3자가 아니다). 그러나 전용형의 경우 F의 권리행사에 대해 F가 선의라면 A는 허위표시라는 항변이 성립하지 않는다(F는 본조 제2항의 제3자이다).

154) 일본의 판례도 마찬가지로 보고 있다. 大審院 昭和 18年(オ) 第621號 同年 12月 22日 第4民事部判決은 '… (채권자대위권)의 행사를 받는 상대방은 채무자 스스로 이를 행사하는 경우에 비하여 불이익을 감수해서는 안 되고, 따라서 상대방은 채무자에게 대항할 수 있는 사유로써 채권자에게도 대항할 수 있으므로 대위 목적된 채무자의 권리가 허위표시에 기초한 것으로 성립하지 않았다는 주장과 같이, 그 채무자에게 대항할 수 있는 것인 이상은, 원칙적으로 채권자에게도 대항할 수 있는 것은 물론이다. 다만 채권자가 보존하려는 채권 자체의 존부가 채무자와 상대방과의 허위표시의 효력여하에 의하여 영향을 받는 것과 같은 경우에는 채권자는 이 점에 있어 민법 제94조 제2항(우리의 본조 제2항)에서 말하는 제3자에 해당하여 이로써 그 채권자가 선의인 때에 한하여 상대방은 대항할 수 없는 것이다'고 판시하고 있다.

155) 전용형에는 특정물채권자가 채권자대위권을 행사하는 경우 뿐 아니라 금전채권자라도 채권자의 피보전채권과 피대위채권의 관계가 밀접한 때에 채권자대위권을 행사하는 경우도 포함된다.

본래형의 채권자대위권을 행사하는 채권자도 허위표시의 제3자에 해당한다고 보아야 한다는 견해도 있는데, 이 견해는 채권자대위권은 강제집행의 준비단계로서 대위권행사 후 증가된 책임재산에 대하여 압류채권자로서 등장할 것이기 때문에 압류채권자를 본조 제2항의 제3자로 보는 이상, 채권자대위권을 행사하는 채권자도 압류채권자와 동일한 지위에 있는 것으로 보아야 한다는 점을 근거로 든다. 그러나 찬동하기 어렵다.

④ 전득자(G)

F로부터 다시 매수한 G는 본조 제2항의 제3자인가.

일반적으로 제3자라고 하면 문제되는 법률행위(허위표시)의 상대방과 법률적 이해관계를 맺게 된 자(F)를 의미하고, 그 자로부터 다시 법률적 이해관계를 맺게 된 자(G)는 전득자라고 하여 포함시키지 않는다.[156] 이렇게 보게 되면 다음과 같은 문제가 생긴다.

F는 악의이지만 G는 선의인 경우 G는 H의 소유권을 취득할 수 있는지가 그것이다. 이론적으로는 F가 악의이면 허위표시에 대한 신뢰가 없으므로 A는 허위표시의 무효로 대항할 수 있어 F는 H의 소유권을 취득하지 못하고, 이런 무권리자인 F로부터 매수한 G는 H에 관한 어떠한 권리도 취득할 수 없으므로 G 역시 H의 소유권을 취득하지 못하게 된다고 하여야 한다. 그러나 이런 결과는 A가 작출해 낸 허위표시로 인하여 선의자인 G가 보호받지 못하게 되는 결과가 되어 부당하고, 이런 사태의 원인을 제공한 A에게 그 원인으로 인한 손해를 부담시킨다고 하더라도 결코 부당한 결과라고 할 수 없다. 따라서 G가 선의라면 F가 악의라도 A는 선의자 G에게 허위표시가 무효라고 주장할 수 없다고 보아야 할 것이다. 판

156) 대판 2005.11.10. 선고 2005다34667, 34674는 "부동산 실권리자명의 등기에 관한 법률(이하 '부동산실명법'이라 한다) 제4조 제3항에서 '제3자'라고 함은 명의신탁 약정의 당사자 및 포괄승계인 이외의 자로서 명의수탁자가 물권자임을 기초로 그와의 사이에 직접 새로운 이해관계를 맺은 사람을 말한다고 할 것이므로, 명의수탁자로부터 명의신탁된 부동산의 소유명의를 이어받은 사람이 위 규정에 정한 제3자에 해당하지 아니한다면 그러한 자로서는 부동산실명법 제4조 제3항의 규정을 들어 무효인 명의신탁등기에 터 잡아 마쳐진 자신의 등기의 유효를 주장할 수 없고, 따라서 그 명의의 등기는 실체관계에 부합하여 유효라고 하는 등의 특별한 사정이 없는 한 무효라고 할 것이고, 등기부상 명의수탁자로부터 소유권이전등기를 이어받은 자의 등기가 무효인 이상, 부동산등기에 관하여 공신력이 인정되지 아니하는 우리 법제 아래서는 그 무효인 등기에 기초하여 새로운 법률원인으로 이해관계를 맺은 자가 다시 등기를 이어받았다면 그 명의의 등기 역시 특별한 사정이 없는 한 무효임을 면할 수 없다고 할 것이므로, …"라고 판시한다.

례도 같은 입장이다.[157)]

이는 마치 전득자 G를 본조 제2항의 제3자로 취급하는 것과 같은 결과가 되어 법리에는 어긋난다. 따라서 위 판례를 확대해석하여 제3자 보호규정이 있는 경우에 일반적으로 제3자에는 전득자도 포함되는 것으로 보는 것이 판례의 태도라고 해석해서는 아니 되고, 표의자의 귀책성과 표의자 및 전득자의 유무효에 따른 이해득실 등의 비교형량을 통하여 표의자에게 손해를 부담시켜도 될 정도의 귀책성이나 정당성이 있는 경우에 한하여 위와 같은 결과를 도출해야 할 것이다.[158)]

나아가 F는 선의이나 G가 악의인 경우 A는 G가 악의임을 이유로 허위표시가 무효라고 주장하여 H를 반환받아 올 수 있느냐가 문제된다.

본조 제2항의 제3자에 전득자도 포함된다는 견해를 취한다면 A는 H를 반환받아올 수 있게 된다고 해석할 여지도 있을 것이다. 그러면 이렇게 H의 소유권을 상실하게 된 G는 F에 대하여 매매계약의 이행불능을 이유로 손해배상을 청구할 수 있느냐 하는 문제가 연이어 제기되고, 만일 할 수 없다고 하면 G에게는 어떤 구제수단이 있는지 등이 또 문제로 될 수 있다.[159)]

그러나 G를 본조 제2항의 제3자로 볼 수 없다면, 앞의 실종선고에서 본 것처럼 G가 설사 악의였다고 하더라도 G는 적법한 소유자인 F로부터 매수한 것이어서 F의 적법한 권리를 그대로 승계한 것이라고 보아야 하므로 G는 H의 적법한 소유자로 된다고 할 것이다. 이렇게 되면 결국 A는 B를 상대로 '무효인 매매계약에

---

157) 대판 2013.2.15. 선고 2012다49292.

158) 이런 의미에서 비진의 의사표시의 경우의 전득자에 대해서는, 표의자가 고의로 그런 표시를 하였다는 점에서 허위표시와 같이 해석해도 될 것으로 보인다. 나아가 착오나 사기 또는 강박에 의한 의사표시의 경우에 있어서의 전득자에 대해서도 이와 같이 해석해야 할 것이냐는 문제이다. 착오나 사기, 강박에 의한 의사표시의 경우에는 표의자에게 허위표시에서와 같은 정도로 높은 귀책성이 있다고 볼 수 없어 전득자를 제3자에 해당하는 것과 같이 해석하는 결과를 도출하는 것은 곤란할 것으로 생각한다.

159) G가 반환해야 한다는 입장을 취할 경우 해결방법은 다음과 같을 것이다. F는 G에게 매매할 당시 적법한 소유자로서 정당하게 H를 양도할 권한이 있는 자이고, G가 A에게 H를 뺏긴 것은 G 자신의 악의라고 하는, 전적으로 G의 귀책사유에 의한 것이므로 G는 F에 대하여 매도인의 담보책임을 물을 수 없다(F가 G에게 매도할 당시는 타인 소유의 물건을 매도한 것이 아니라 자신의 소유 물건을 적법하게 매도한 것이므로 담보책임을 논할 여지가 없다. '실종선고 취소의 효과' 부분 참조). 또 F에게는 매매계약의 불이행에 따른 귀책사유가 없는 점을 감안하면, G는 F에 대하여 매매계약의 이행불능을 이유로 손해배상을 구할 수도 없다. 따라서 G로서는 허위표시의 상대방 B를 상대로, 허위표시로 인한 B의 A에 대한 H의 반환의무를, G가 대신 함으로써 H의 반환의무를 면하는 이득을 취하였음을 이유로 부당이득반환청구를 할 수 있을 것이다.

의한 H의 반환의무'를 불이행한 것에 대하여 제747조 제1항, 제748조에 의하여 부당이득으로서의 가액반환 내지는 불법행위를 원인으로 한 손해배상을 구할 수 밖에 없을 것이다.

2) 학설 및 판례에서 문제되는 제3자

가) 학설

① '제3자를 위한 계약'(제539조)에서의 '제3자(수익자)'

'제3자를 위한 계약'이란 계약 당사자 이외의 제3자로 하여금 직접 계약당사자의 일방에 대하여 채권을 취득하게 하는 것을 목적으로 하는 계약을 말한다.[160)]

학설은 대체로 제3자란 허위표시를 기초로 새로운 법률적 이해관계를 맺은 자를 의미한다고 하면서, 허위표시인 '제3자를 위한 계약'에서의 '제3자(수익자)'는 본조 제2항의 제3자에 해당되지 않는다고 한다. 제3자를 위한 계약이란 계약 당시부터 계약당사자가 제3자를 예정하여 그에게 이행을 받을 권리를 부여하는 것을 목적으로 하고 있는 것이므로, 제3자를 위한 계약이 허위표시라고 하더라도 거기서의 제3자는 허위표시라는 외관을 신뢰하여 별도의 법률원인에 의하여 새로운 법률적 이해관계를 맺은 자가 아니기 때문이라는 이유를 든다. 그러나 판례는 아래에서 보는 것처럼 제3자의 구체적 지위를 따져 판단하는 것으로 보인다.

② 대리계약에서의 본인

허위표시가 대리인에 의해 행해진 경우에 있어서의 본인도 위와 같은 이유로 본조 제2항의 제3자가 아니다.

③ 채권의 허위양수인로부터 추심을 위해 채권양도받은 자

채권에 관하여 허위표시로 채권양도하고, 그 양수인으로부터 추심을 위하여 채권을 양수받은 자도 제3자에 해당하지 않는다. 이는 오로지 추심만을 목적으로 하는 것이므로 독립된 이해관계를 갖는 자라고 보기 어렵기 때문이다.

---

160) '제3자를 위한 계약'이라는 것은 일반적인 매매나 임대차 등과 같은 일반적인 전형계약과는 다르다. 즉 '제3자를 위한 계약'은 매매와 같은 일반적인 전형계약 내용 중 '제3자(수익자)에게 급부하게 하는 조항'(예컨대 매매대금을 제3자에게 지급하기로 한다는 조항)을 따로 떼어 내어 이 부분을 일컫는 명칭이다. 이렇게 보면 '제3자를 위한 계약'은 매매계약에서도 임대차계약(보증금을 제3자에게 지급하기로 하다는 조항이 들어가 있는 경우)에서도 있을 수 있는 것이므로 '제3자를 위한 계약'은 계약이라기보다는 오히려 '제3자를 위한 조항' 내지는 '제3자에게 급부하기로 한 약관'이라고 부르는 것이 타당한 경우도 있다. 위 계약에 관한 자세한 사항은 채권각론에서 본다. 아래 사기, 강박에 의한 의사표시에서의 예 5-22도 참조할 것.

나) 판례

① 채권양도에 있어서의 채무자

대판 1983.1.18. 선고 82다59의 사안은 다음과 같다. A가 B회사에 대해 금전 채권이 있었는데, A가 허위표시로 C에게 위 채권을 양도하고 B에게 양도 통지하였다. 그 후 A의 채권자 A1이 이미 양도가 된 A의 B회사에 대한 채권을 압류하고 전부명령을 받고, B회사를 상대로 A로부터 C로의 채권양도는 허위표시로서 무효이므로 여전히 A가 B의 채권자이고 이를 전제로 한 압류 및 전부명령이 유효하다고 주장하여 금전채권의 이행을 구하였다. 그러자 B는 설사 채권양도가 허위표시로서 무효라고 하더라도 자신은 선의의 제3자에 해당하여 위 채권양도가 유효하므로 위 채권은 C만이 행사할 수 있다고 주장하였다.

위 판결은 B는 채권양도가 있은 후에 새로운 법률관계에 돌입한 자에 해당하지 않으므로 본조 제2항의 제3자에 해당하지 않는다고 판시하고 A1의 채권행사를 긍정했다.

생각건대, 위 사안에서 A1은 허위표시가 무효임을 전제로 권리를 취득한 자이므로 허위표시에서의 제3자에 해당하지 않을 것이다.

문제는 B인데, B는 허위표시인 채권양도로 A의 채무자였다가 C의 채무자로 변한 것뿐으로 그로 인하여 어떤 이익이나 불이익을 받은 것은 없고, 나아가 허위표시인 채권양도 후에 채권을 변제하는 등의 조치를 취하지 않고 있는 이상 허위표시인 채권양도와 관련하여 아무런 이해관계를 갖지 않는다고 해야 할 것이다. 즉 B로서는 A가 채권자인지 C가 채권자인지에 관해서만 이해관계를 갖고 있을 뿐이고 채무를 부담하고 있는 것 자체에는 아무런 영향이 없다고 보아야 할 것이다. 따라서 B는 허위표시의 제3자에는 해당하지 않는다고 보아야 할 것이다. 판결에 찬동한다.

나아가 채무자 B가 채권양도가 유효한 것으로 신뢰하여 C에게 변제를 한 경우 B는 본조 제3자에 해당하는지가 문제로 될 수 있다. 해당한다는 견해와 해당하지 않는다는 견해로 나뉘어 있는데, 채무자 B가 변제하면 채무의 소멸이라는 법률효과가 허위표시를 기초로 발생하므로 법률상 이해관계를 가진다고 보아야 할 것이므로 제3자에 해당한다고 하는 견해가 타당하다고 생각한다.[161)]

---

161) 졸고에서는 B가 변제함으로써 다른 제3자에 대해 구상권을 갖는 것과 같은 관계, 즉 B가 연대보증채무자 중의 1인이어서 변제로 제448조 제1항에 따라 다른 연대보증인에 대해 구상

② 허위표시인 주채무를 보증한 자

대판 2000.7.6. 선고 99다51258의 사안은 다음과 같다.

B가 건설회사 A와 공사도급계약을 체결하고 선급금으로 6억원을 A에게 지급하였고, C는 A와, A가 선급금을 B에게 반환하여야 하는 사태가 발생하는 경우 A를 대신하여 B에게 선급금을 반환하기로 하는 보증보험계약을 체결했다. 그리고 D는 C와, C가 위와 같이 B에게 선급금에 대한 보증보험채무를 이행하는 경우 A가 C에 대해 부담하는 구상채무에 관하여 D가 A를 대신하여 C에게 지급하기로 하는 보증계약을 체결했다. 그런데 A에 대해 파산절차가 개시되어 공사를 못하게 되자 C는 B에게 선급금 6억원의 보증보험채무를 이행하여 A에 대한 구상권이 발생하였다. 이에 C는 A의 구상채무에 대한 보증인인 D를 상대로 6억원의 반환을 구하는 소송을 제기하였다. 소송 중에 A와 B의 공사도급계약이 허위표시이고 선급금도 지급되지 않았음에도 A에게 선급금반환채무가 있는 것처럼 허위로 계약서가 작성되었음이 밝혀지자 D는, C의 보증보험계약은 공사도급계약이 무효임에 따라 동일하게 무효로 되고 이렇게 무효인 보증보험계약에 따라 선급금 6억원을 지급하였더라도 구상권이 발생하지 않으므로 지급에 응할 수 없다고 주장하였다. 이에 대해 C는 공사도급계약이 허위표시로서 무효이더라도 자신은 본조 제2항의 선의의 제3자에 해당하므로 D가 공사도급계약의 무효를 주장할 수 없다고 반박하였다.

대법원은 C는 선급금반환채무 부담행위라는 허위표시에 기초하여 구상권 취득에 관한 법률상 이해관계를 가지게 되었다고 하여 본조 제2항의 제3자에 해당한다고 판시하였다. 이 판결에 대해서는 논란이 많다.

C가 선의의 제3자라고 하여 허위표시인 A의 B에 대한 선급금반환채무를 유효하다고 하는 것은, C에게 불리할 수 있다. 왜냐하면 선급금반환채무가 허위표시로서 무효라고 한다면 C는 보증보험채무를 부담하지 않을 것인데, 이를 유효라고 주장함으로써 선급금반환채무가 유효하게 되어 보증보험채무를 부담하게 되기 때문이다. 그러나 한편으로 C가 보증보험금을 지급한 이후에는 D에 대한 구상금채권의 발생여부와 관련하여 C의 허위표시에 대한 유효주장이 꼭 불리하지만은 않다. 왜냐하면 선급금반환채무가 유효하다고 하면 그에 기하여 지급한 C의 B에 대한

권을 가지는 관계와 같이 구상권을 갖는 관계에 있는 것이 아니면 해당하지 않는다는 견해를 취하였으나 이와 같이 변경한다.

보증보험금의 지급도 유효하고 따라서 D의 구상채무도 유효하게 되기 때문이다.

이런 복잡한 사정에서 대법원은 본조 제2항의 제3자의 범위는 형식적으로만 파악해야 할 것은 아니고, 허위표시행위를 기초로 하여 새로운 법률상 이해관계를 맺었는지 여부에 따라 실질적으로 판단해야 한다고 하면서 구상권 취득에 관하여는 법률상 이해관계를 가지게 되었다고 판단한 것이다.

관점을 달리하면 이 판결의 사안에서의 C와 D는 다 같이 본조 제2항의 제3자라고 할 수 있고 C는 허위표시의 유효를, D는 허위표시의 무효를 주장한 사안에 관한 것이라고 볼 수 있다. 이렇게 본다면 선의의 제3자는 허위표시에 관하여 유효만을 주장할 수 있는지 아니면 유효나 무효를 선택적으로 주장할 수 있는지, 나아가 제3자들의 주장이 하나는 유효, 하나는 무효로 주장하는 경우 허위표시의 효력을 어떻게 판단해야 하는지에 대해서도 판시한 것으로 볼 수 있다. 그렇다면 이 판결은 선의의 제3자는 허위표시에 관하여 무효나 유효를 선택적으로 주장할 수 있고, 또 선의의 제3자가 복수인 경우 그들 간에 유효주장과 무효주장으로 서로 엇갈릴 경우에는 유효주장이 우선한다고 판시한 것이라고도 볼 수 있다.

생각건대 본조 제2항이 선의자의 허위표시라는 외관에 관한 신뢰를 보호하는 것인 점에 비추어 선의자는 자신의 이익을 포기할 자유도 있으므로 유효나 무효를 선택하여 주장할 수 있다고 할 것이고, 또 제3자들 간에 유효주장과 무효주장이 엇갈릴 경우에는 선의자의 신뢰보호를 우선시한다는 본조의 취지상 유효주장을 우선시켜야 한다고 생각한다. 판결의 결론에 찬성한다.

③ 허위표시인 근저당권설정계약에 따른 근저당권자의 근저당권부 채권을 압류한 자

위 2003다70041 판결의 사안은 다음과 같다.

A와 B는 A의 채권자로부터의 강제집행을 모면할 목적으로 A소유의 부동산 H에 채권최고액은 1억원, 근저당권자는 B로 하기로 하는 근저당권설정계약을 체결한 후 H 등기부에 B명의의 채권최고액 1억원의 근저당권 등기를 경료하였다. 그러나 그 근저당권의 피담보채권을 성립시키는 대출계약은 전혀 체결하지 않았다. 그 후 B의 채권자 C가 B의 A에 대한 근저당권부 채권을 대상으로 가압류신청을 하여 가압류결정이 내려져 가압류등기가 경료였다. 그러자 A는 C를 상대로 근저당권설정계약이 허위표시로서 무효이므로 무효인 근저당권부 채권에 대한 가압류결정은 부적법하다고 이의를 제기하였다. 이에 C는 근저당권설정계약이 허위표시

로서 무효라고 하더라도 자신은 선의의 제3자이므로 그 무효로 대항할 수 없다고 주장하였다.

대법원은 C는 본조 제2항의 선의의 제3자에 해당한다고 하였다.[162)]

④ 임차권을 전세권으로 등기한 후 그 전세권에 저당권을 설정한 자

우리 판례는 실제는 임차권이면서도 전세권으로 등기를 한 경우, 그 전세권을 허위표시로 보고 그 전세권에 저당권을 설정한 자[163)]나 전세권부 채권을 가압류한 자[164)]는 선의의 제3자에 해당한다고 보고 있다.

임차권을 전세권으로 등기한 경우 이에 관한 문제를 허위표시이론으로 해결하는 것에 대하여는 의문의 여지가 있다. 이에 대해서는 물권법에 넘기기로 한다.

⑤ 허위표시인 가등기에 기하여 임의로 경료된 본등기를 토대로 이전등기를 마친 자

대판 2020.1.30. 선고 2019다280375는, A가 B에게 A의 부동산 L에 관하여 관리를 하게 할 목적으로 허위표시로 매매예약을 원인으로 한 소유권이전등기청구권 보전을 위한 가등기를 해 두었다가 A가 B에 대한 위 허위표시를 철회하였는데, B가 이와 같이 철회되었음에도 불구하고 아직 위 가등기가 말소되지 않은 것을 이용하여 위 가등기에 기한 본등기를 하고 제3자 C에게 이전등기를 해 준 사안에서, 위 본등기에 기하여 이전등기를 한 C가 본조의 '선의의 제3자'에 해당하는지가 문제되었다.

대법원은 가등기의 설정행위와 본등기의 설정행위는 엄연히 구분되는 것으로서 위 본등기를 기초로 이전등기를 경료한 C의 신뢰의 대상인 외관은 B의 '본등기'로서 A가 부여한 외관인 '가등기'와 다르므로 C는 허위표시인 가등기 자체를 기초로 하여 새로운 법률상 이해관계를 맺은 제3자의 지위에 있지 않다는 이유로 C는 본조 제2항의 제3자에 해당하지 않는다고 판시했다.

---

162) 이 판결에서 결론은 A가 승소하였는데, 그 이유는 담보물권의 부종성 때문이었다. 물권법에서 배우겠지만, 근저당권이 등기가 되어 있다고 하더라도 근저당권이 담보하는 피담보채무가 없으면 그 등기는 무효의 등기이다. 따라서 근저당권설정등기만 되어 있고 그 피담보채권을 성립시키는 법률행위인 대출계약 등이 없다면 피담보채권이 부존재하는 것이 되어 그 근저당권설정등기는 무효로 된다. 이렇게 본다면 피담보채권이 없이 설정된 허위표시인 근저당권인 담보물권은 선의의 제3자로 인정되더라도 부종성의 원칙상 무효로 되므로 허위표시를 유효로 인정받더라도 선의의 제3자에게 별다른 실익은 없다.

163) 대판 2008.3.13. 선고 2006다58912.

164) 대판 2010.3.25. 선고 2009다35743.

⑥ '제3자를 위한 계약'(제539조)에 있어서의 '제3자(수익자)'

㉮ 학설이 수익자는 본조의 제3자에 해당하지 않는다고 보는 것은 앞에서 보았다. 그런데 '제3자를 위한 계약'에서의 '제3자'가 제548조 제1항 단서에 의하여 '해제로 인한 소급효'에서 보호되는 제3자에 해당하느냐와 관련하여, 대판 2005.7.22. 선고 2005다7566, 7573은 제548조 제1항 단서의 제3자에 해당하지 않는다고 보았으나, 그 후 나온 대판 2021.8.19. 선고 2018다244978은 제548조 제1항 단서의 제3자에 해당한다고 보았다.

㉯ 앞의 2005다7566 판결은 B(낙약자)가 A(요약자)로부터 동산을 매수하면서 그 대금의 지급방법으로, A의 C에 대한 금전채무의 변제에 충당하기 위하여 C(수익자)에게 지급하기로 합의였는데 A가 위 매매목적물을 제3자 D에게 이중으로 매도하여 인도하여 줌으로써 D가 소유권을 취득하게 되자 B는 A와의 매매계약이 이행불능되었음을 이유로 해제를 하였는데도, C가 B를 상대로 '자신은 제548조 제1항의 제3자에 해당하므로 B가 위 매매계약을 해제하였다고 하더라도 자신이 취득한 매매대금채권을 해할 수 없다'고 주장하여 매매대금을 청구한 사안에 관한 것이었다.165)

㉰ 뒤의 2018다244978 판결의 사안은 다음과 같다. B(국가)가 A로부터 함포를 구입하여 선박제조업자 C에게 공급하여 함선을 제조하게 하여 인수하였는데, B가 C로부터 인수한 그 함선이 침수되어 함포도 침수피해를 입게 되었다. 그러자 C는 B와 함포의 피해에 대한 배상에 관하여, A로부터 직접 구매하여 B에게 현물로 변상하기로 합의(현물변상계약)하였다. 이에 따라 C(요약자)는 A(낙약자)로부터 직접 함포를 구매하는 계약을 체결하고 위 계약에 따라 A로부터 납품받은 함포를 침수된 함선에 다시 부착하기 위하여 C의 작업장(제작 중인 함선에 함포를 부착하는 작업장)에서 인도받았다. 그런데 C가 A에게 함포대금을 지급하지 아니하자 이를 이유로 A가 C와의 함포구매계약을 해제하고 함포의 소유권이 자신에게 복귀되었다는 이유로 B(수익자)를 상대로 함포의 반환을 청구하였다. 대법원은 A와 C 사이의 함포구매계약을 '수익자를 B'로 한 제3자를 위한 계약으로 보고 A가 제작한 함포를 C의 작업장에 인도한 것을, B가 C와의 점유매개관계를 통하여 인도받은

165) C가 B를 상대로 한 위 소송은 반소였다. 본소는 B가 C를 상대로, 매매대금 중 C에게 해제 전에 일부 지급한 대금에 관하여, 해제를 이유로 원상회복 내지는 부당이득을 청구원인으로 하여 반환을 구한 것이었는데, B의 위 본소 청구는 기각되었다. 이 본소에 대해서는 아래 '사기, 강박에 의한 의사표시' 중 '제3자의 사기, 강박'항에서 본다.

것으로 판단하였으며 나아가 B와 C가 체결한 현물변상계약은 A와 C 사이의 함포구매계약에 기초하고 있고, B가 해제 전에 A로부터 함포를 인도받아 소유권을 취득하였으므로 B는 제548조 제1항 단서에서 말하는 계약해제의 소급효가 제한되는 제3자에 해당한다고 판시하였다.

㉣ 일응 위 두 판결은 모순되는 것처럼 보인다. 그러나 사안을 분석하여 보면, 2005다7596 판결에서의 수익자 C는 A와 B의 거래의 대상물인 매매목적물 자체에 관하여는 아무런 법적 이해관계를 가지지 않는 자로서 앞의 예 5-15 표의 일반금전채권자 C1에 해당하는 자라고 할 수 있다. 그에 반하여 2018다244978 판결의 수익자 B는 A와 C의 거래 대상물 자체를 인도받아 소유권을 취득한 자로서 앞의 예 5-15 표의 '이전등기를 한 매수인 F'에 해당하는 자이므로[166] 거래 대상물 자체에 대하여 법적 이해관계를 가지는 '제3자'에 해당한다고 보아야 할 것이다.

이렇게 본다면, 위 두 판결은 모순되는 것이 아니라고 보아야 한다. 이런 판례의 태도에 따르면 '제3자를 위한 계약'에서 '제3자(수익자)'가 항상 본조 제2항의 제3자에 해당하지 않는다고 볼 수는 없고 허위표시인 낙약자와 요약자 사이의 법률관계를 기초하여 수익자가 요약자와 원인관계(대가관계)를 맺음으로써 허위표시와 관련하여 새로운 이해관계를 갖게 되었다면 본조의 제3자에 해당할 수 있다고 할 것이다.

결국 본조의 제3자에 해당되는지 여부는 '수익자와 요약자 사이의 대가관계'를 파악한 후 그 해당여부를 판단하여야 하는 것이지, '제3자를 위한 계약'에서의 '제3자'는 일반적으로 본조의 제3자에 해당하지 않는다고 할 수는 없을 것이다.

(라) 제3자가 무효를 주장할 수 있는지와 제3자들 사이의 효력

선의의 제3자는 유효나 무효를 선택하여 주장할 수 있다는 것과 복수의 제3자 중 어느 한 제3자는 허위표시의 무효를 주장하고, 다른 제3자는 유효를 주장할 경우에는 유효주장을 우선시켜야 한다는 것은 위의 99다51258 판결에서 본 바와 같다.

---

166) 위 사안은 C가 A로부터 함포를 구매하여 인도받은 후 B에게 인도하여야 하여야 하는 것을, C가 A로 하여금 B에게 직접 인도하게 함으로써 중간에 '자신이 받아서 인도하는 과정'을 생략한 것이라고 할 수 있다. 일종의 '급부의 단축'이라 할 것이다.

4. 허위표시의 철회

철회의 본래 의미는 유효한 법률행위의 효력을 장래로 향하여 그 효력을 상실시키는 것이므로, 무효인 허위표시에 대하여 철회를 인정하는 것은 논리적으로 모순이라고 할 수 있다. 이런 의미에서 여기서 논의되는 철회는 본래 의미의 철회가 아니고 허위표시에 의하여 생성된 외관을 제거하기로 하는 합의라는 의미라고 보아야 할 것이다.167)

본조가 외관을 신뢰한 제3자의 보호라는 표현법리의 표현이므로 당사자들이 허위표시를 철회하기로 합의하였다고 하더라도 그 법률행위의 외형이 제거되기 전(허위 등기의 말소나 계약서의 회수 내지 파기 등)까지는 여전히 선의의 제3자에게 대항할 수 없다고 해야 할 것이다.

5. 적용범위

가. 법률행위

(1) 본조는 상대방의 존재가 전제로 되어야 하므로 계약이나 상대방 있는 단독행위에 적용된다.

문제는 상대방 없는 단독행위에도 적용이 되느냐는 것이다. 다수설은 부정하나, 소수설은 긍정하면서, 본조의 적용을 부정하면 그 의사표시에 의하여 다른 특정인이 직접 수익하는 경우 그 수익을 원상으로 복구시킬 수 없다는 점을 든다. 공유지분권의 포기는 상대방 없는 단독행위라도 이에 의하여 이익을 얻는 자(포기자 이외의 다른 공유지분권자, 제267조 참조)와의 공모 하에 이루어지는 포기는 통모와 유사하므로 이런 예외적인 경우에는 본조를 유추 적용하여도 무방할 것이므로 소수설을 지지하고 싶다.

(2) 합동행위에 대해서도 본조의 적용이 되지 않는다는 견해와 인적회사(人的會社)설립과 같은 경우라면 적용된다는 견해도 있다. 합동행위라는 개념의 인정여부와도 관련되는 것인데, 앞에서 본 것처럼 우리 민법은 조합을 계약으로 보아 규

167) 철회의 의미와 맞지 않는 것이므로 이 단어를 사용하지 않는 것이 혼동의 예방을 위해 좋을 것이나, 적절한 단어를 떠올리기가 쉽지 않아 그대로 사용하기로 한다.

율하는 입장에 서 있고 계약의 법리로 합동행위에서 문제되는 것을 해결할 수 있으므로 굳이 합동행위라는 개념을 인정할 실익은 없다고 생각한다. 따라서 본조의 적용을 긍정해도 무방할 것이라고 생각한다.

나. 가족법상의 행위

가족법상의 행위는 본인의 진정한 의사가 절대적으로 존중되어야 하는 영역이므로, 허위표시는 언제나 무효이고[168] 선의의 제3자에게도 대항가능하다고 할 것이다. 그러나 앞의 공유지분포기와 같은 성격을 가지는 상속재산의 포기나 상속재산분할협의와 같이 재산관계와 밀접한 경우에는 본조의 적용을 긍정해도 좋을 것이다.

다. 소송행위 및 공법행위

소송행위는 소송절차의 안정성이 당사자의 의사로 인하여 방해를 받으면 안되기 때문에 본조가 적용되지 않는다.[169] 공법행위에 대해서도 비진의 의사표시와 같이 사법상의 본조가 적용되지 않는다고 보아야 할 것이다.

6. 본조의 적용범위의 확대논의

본조가 외관을 신뢰한 자를 보호한다는 목적을 가지는 조항이라는 것을 이용하여, 우리와 같이 등기에 관하여 공신력을 인정하지 않는 일본의 판례는 허위표시의 법리를 확대적용하여 거래의 안전을 꾀하고 있다. 즉 일본에서 판례는 당사자들 사이에 사전에 미리 통모한 사실이 없었지만 타인이 함부로 외형을 작출하여 둔 것을 권리자 본인이 알았음에도 그대로 방치하여 둔 경우와 같이 외관의 형성에 관여하지 않았으나 이를 방치하는 등의 부주의가 있다는 것을 이유로 선의의

168) 허위표시로 하는 혼인은 제815조 제1호, 입양은 제883조 제1호에 의해 무효로 되므로 본조에 의해 무효로 되는 것이 아니다.

169) 대판 2007.6.15. 선고 2007다2848, 2855(민법상의 법률행위에 관한 규정은 특별한 사정이 없는 한 민사소송법의 소송행위에는 적용이 없으므로 상고를 취하하는 소송행위가 정당한 당사자에 의하여 이루어진 이상 기망을 이유로 취소할 수 없다). 대판 1984.5.29. 선고 82다카963(기망에 의하여 착오로 처분금지가처분신청을 취소하고 집행해제원을 제출하였다 하여도 소송행위에는 민법 제109조, 제110조의 규정이 적용될 여지가 없다).

제3자에 대하여 본인이 책임을 부담한다고 한 것들이 있다.

이런 법리가 우리나라에도 도입되어야 한다는 견해가 있지만, 우리 판례는 인정하지 않는다.

Ⅳ. 착오

착오에 관하여는 착오에 관한 일반이론을 살핀 후 제109조에 관하여 살피기로 한다.[170)]

1. 착오에 관한 일반이론(착오론)

착오의 종류에 관하여 먼저 살펴본 후 착오의 의의나 요건, 효력 등을 살펴보도록 한다.

가. 착오의 종류

(1) 서

예 5-16

(1) B는 A로부터 A 소유의 토지 L을 매수하는 계약을 체결하였다. 당시 B는 L에 주택의 건축이 가능한 것으로 알고 매수한 것이다. 그런데 알고 보니 L은 상수원 보호지역 내에 위치하고 있어서 주택 건축이 불가능한 곳이었다.
(2) B는 A로부터 A 소유의 김홍도가 그린 그림 P를 매수하는 계약을 체결하였다. 당시 B는 P가 진품으로 알았다. 그런데 알고 보니 P는 진품이 아니었다.
(3) A는 '애완용 개로서 일반 푸들(poodle)새끼' D를 판다고 광고를 냈다. 이 광고를 본 B는 '일반 푸들'을 '토이 푸들(toy poodle)'로 알고 A와 D를 매수하는 계약을 체결하였다. 그러나 일반 푸들과 토이 푸들은 성견이 되면 몸집에서 차

170) 우리는 착오의 경우 그 효력으로 취소를 인정하는데, 이런 입법태도에 대해서는 비판적인 견해도 있다. 즉 착오는 표의자가 스스로 어떤 사실에 관하여 그릇된 관념을 가지게 된 것이므로 그 위험은 표의자가 책임을 져야 함이 원칙이다. 그럼에도 착오취소를 인정하는 것은 착오에 관하여 아무런 잘못이 없는 상대방에게 그 위험을 떠넘기는 것이 되어 옳지 않으므로, 그런 착오를 상대방이 야기하거나 유발하는 등 상대방의 신뢰가 보호할만한 것이 아닌 경우를 제외하고는 착오의 경우에는 취소를 인정해서는 아니 된다는 비판도 경청해야 할 것이다.

이가 크게 나 B로서는 토이푸들이 아니라 일반 푸들이었으면 매수할 생각이 없었다.

(4) B는 A로부터 A 소유의 토지 L1을 매수하는 계약을 체결하였다. 당시 B는 A소유의 L2 토지를 매수할 생각이었는데 잘못 표시한 것이었다.

의사표시의 과정을 살펴보면 먼저 동기에서 출발하여 효과의사를 생성하고 이를 표시하려는 표시의사에 매개되어 외부적 표시행위로서 표시하게 된다. 따라서 착오는 동기나 효과의사 또는 표시행위 각각의 단계에서 발생할 수 있고 그 각 단계에서 발생한 착오가 그 법률행위에 미치는 영향은 다를 수 있다.

(2) 동기의 착오(의사존재형 착오)

위 예 (1)과 (2)는 동기의 착오이다.

(가) 위 예 (1)에서 B의 'L을 매수한다'고 하는 효과의사와 표시 사이에는 아무런 불일치가 없다. 다시 말하면 표시와 표시상의 효과의사(표시에서 추단되는 효과의사)는 완전히 일치하고 있다. 다만 매수하게 된 동기에서만 착오가 있을 뿐이다.

(나) 위 예 (2)의 경우에도 'P를 산다'고 하는 표시와 효과의사 사이에 아무런 불일치가 없고, 단지 그 그림이 진품인지 아닌지에 관한, 즉 그림의 성질이나 상태에 관하여 착오가 있을 뿐이다. 이 경우 특정물도그마에 따르면 특정물의 성질이나 상태는, 매매목적물이 P라는 그림으로 정해지는 순간 그때의 성질이나 상태 그대로 정해지는 것이고 당사자들의 의사(효과의사)로 그 성질이나 상태를 정할 수 없는 것으로 보므로 계약(또는 의사표시)의 내용으로 될 수 없다고 한다.[171] 따

171) 특정물 도그마에 따르면, 특정물의 성질이나 상태는 특정물이 계약의 대상으로 지정되는 순간 그때의 성질이나 상태가 확정되는 것이지, 지정될 당시의 그 성질이나 상태를 당사자의 의사로 변화시킬 수는 없다고 보게 된다. 예를 들면 특정물인 레오나르도 다빈치가 그린 모나리자라는 그림의 매매에 있어서 그 그림의 실제 크기는 53㎝×77㎝로서 이미 정해져 있으므로, 당사자들이 1M×1M의 모나리자 그림을 매매의 목적물로 한다고 합의하여 계약서에 기재하였더라도, 당사자들이 매매의 목적물로 모나리자로 합의하는 순간 그때의 그림의 성질이나 상태 그대로가 그 매매목적물이 되는 것이지 당사자의 합의에 의해 변하는 것이 아니다. 따라서 매매의 대상이 된 목적물의 크기는 당사자의 의사에도 불구하고 53㎝×77㎝의 모나리자이다. 결국 특정물에 있어서는 그 목적물이 매매대상으로 합의하는 순간 그 당시의 특정물의 성질이나 상태 그대로가 매매대상이 되므로, 그 성질이나 상태를 당사자의 의사에 의해 변화시킬 수 있는 것이 아니다. 이는 매매대상물의 성질이나 상태에 관한 당사자들의 합의는 전혀 의미가 없는 것으로서, 그 성질이나 상태에 관하여 당사자들의 합의로 계약의 내용으로 하였다고 하더라도 전혀 구속력을 가지지 않는다는 것을 의미한다. 이런 특정물 도그마는 문

라서 그림 P가 진품이든 아니든 매매대상이 그의 의사대로 P라고 정해졌으므로 이 경우에는 착오가 없다고 보게 된다.

(다) 이처럼 동기의 착오는 표시에 대응하는 의사가 존재하는 것이므로 의사존재형 착오라고 한다. 그런데 전통적인 의사표시이론에 따르면 동기는 의사표시에 어떠한 영향을 미치는 요소가 아니므로 의사표시의 효력에 영향을 줄 수 없다고 보고 있고, 또 의사와 표시도 일치하므로 의사표시에 어떠한 흠이 없다고 보아야 한다. 그러나 동기에 착오가 있더라도 의사표시의 효력에 아무런 영향을 미치지 않는다고 보는 것은, 착오자의 이익을 전혀 고려하지 않는 태도로서 타당하지 않은 것은 아닌가 하는 생각도 든다.

그리하여 이런 동기의 착오를 어떻게 해결하는 것이 타당한 것인지와 관련하여 많은 견해들이 등장하고 있다. 자세한 것은 아래에서 본다.

(3) 의사부존재형 착오

의사부존재형 착오, 즉 효과의사와 표시가 일치하지 않는 착오에 있어서는 전통적인 의사표시이론에서도 이를 인정하지 않을 수 없다. 이런 착오는 '표시행위의 의미에 관한 착오'와 '표시행위의 착오'로 나눌 수 있다.[172)]

(가) 표시행위의 의미의 착오

위 예 (3)에서 B의 표시행위는 '일반 푸들인 D'로 되어 있어 표시에서 추단되

제가 많다는 것은 앞의 '물건'에서 보았다. 그러나 만일 특정물 도그마를 따르지 않고, 특정물의 성상도 계약의 내용으로 될 수 있다는 입장을 취한다면, 계약의 해석에 의하여 해당 매매가 그 목적물이 진품인 것을 전제로 한 것인지, 아닌지를 결정하여 진품을 전제로 한 것이라면 효과의사(진품 P 매매)와 표시행위(모조품 P 매매)가 일치하지 않는 표시상의 착오에 해당된다고 보아 착오이론을 적용할 수도 있을 것이다. 그리고 모나리자의 예에서는 계약의 목적이나 당사자의 의도 등을 고려하여 계약을 해석함에 있어 모나리자의 크기가 중시되었다고 판단되면 현 상태 크기의 모나리자의 급부는 계약의 내용에 좇은 적법한 이행이 아니므로(제390조) 채무불이행이 되고, 모나리자의 크기보다는 모나리자 그 자체의 급부가 중시되는 것이라고 판단된다면 당사자가 합의한 크기의 모나리자가 아니고 현 상태 크기의 모나리자의 급부는 계약의 내용에 좇은 적법한 이행으로 보게 될 것이다.

172) 2015년 개정 전의 일본민법은 착오의 효력을 무효라고 하여 취소로 본 우리와 달랐으나 위 개정 시 취소할 수 있는 것으로 변경하였다. 이에 비추어 개정 전 일본 민법의 태도는 동기의 착오는 의사가 존재하므로 착오가 아니라고 보고, 의사부존재형의 착오만 착오로 취급하면서 그 효력은 의사가 부존재하므로 의사표시에 관한 이론에 따라 그 효력을 무효로 본 것이라고 할 수 있을 것이다.

는 효과의사는 '일반 푸들 D'라고 할 수 있으나[173] 그의 진정한 내심의 효과의사[174]는 '토이 푸들'이다. 여기서는 진정한 내심의 효과의사와 표시행위가 다르므로 하자(흠) 있는 법률행위로서 착오에 해당하고, 착오이론으로 해결해야 한다.

(나) 표시행위의 착오

위 예 (4)에서 매매계약의 표시와 그에 의해 추단되는 효과의사는 'L1의 매수'이나 B의 진정한 내심의 효과의사는 'L2의 매수'였다. 따라서 진정한 내심의 효과의사와 표시행위가 다르므로 흠 있는 법률행위로서 착오에 해당한다.

위 예 (3)과 (4)를 제109조의 착오로 해결하면, 매매 목적물이 무엇인지는 매매계약에 있어서 중요부분이라고 할 수 있으므로, 중요부분의 착오를 이유로 취소할 수 있다.

나. 동기의 착오에 대한 취급

(1) 학설

동기의 착오는 의사표시에 관한 전통적 이론에 철저한 입장에서는 이를 전혀 고려하지 않아야 한다는 견해도 있을 수 있지만, 이런 견해는 아래에서 보는 것처럼 취하기 어렵다고 할 것이다. 동기의 착오를 고려하는 입장에서도 다음과 같이 견해를 나눌 수 있다.

가) 먼저, 착오를 동기의 착오(의사존재형 착오)와 의사부존재형 착오로 나누어 의사부존재형의 착오는 제109조의 착오에 해당하지만 동기의 착오는 다른 요건이 부가되어야 제109조의 착오에 해당한다는 견해가 있는데, 이 견해 중에는 동기가 표시되어 상대방이 알거나 알 수 있었을 경우에 한하여 동기의 착오를 통상의 착오로

---

173) A가 표시한 '애완용 개로서 일반 푸들새끼'라는 표시가 '일반 푸들새끼'를 의미하는지, '토이 푸들새끼'를 의미하는지는, 언어의 사전적 의미 및 행위가 행하여진 곳의 관습이나 당시의 정황 등을 참작한 규범적 해석을 통하여 둘 중 어느 것인지를 확정해야 할 것이다. 위의 예에서는 '일반 푸들새끼'를 의미하는 것이었음을 전제로 살펴보기로 한다.

174) 의사주의에 의하면, 그 효과의사는 '토이 푸들'이라고 할 것이므로 의사와 표시가 불일치하여 B의 의사표시는 무효이고 따라서 계약은 불성립이라고 보게 된다. 표시주의에 의하면 그 효과의사는 표시행위에서 추단되는 것이므로 표시상의 효과의사는 '일반 푸들'로서 의사표시는 성립하지만, 진정한 내심의 효과의사는 '토이 푸들'이므로 진정한 내심의 효과의사와 표시가 일치하지 않아 착오의 문제로 될 수 있다.

인정해야 한다는 설과 동기가 표시되어 명확하게 법률행위의 내용이 되었거나 또는 해석상 되었다고 인정되는 때에 비로소 동기에 머물지 않고 법률행위의 내용이 되었다고 보아 동기의 착오를 통상의 착오와 같이 취급해야 한다는 설[175)]이 있다.

나) 또 다른 견해는 위 가)의 견해들이 동기의 착오를 의사부존재형 착오와 구별하여, 동기의 착오의 경우에는 의사부존재형 착오에서는 요구하지 않는 '동기의 표시'를 요구하는 것을 비판하고, 동기의 착오와 의사부존재형의 착오를 구별하지 않고 모든 유형의 착오를 하나의 기준에 따른 착오이론으로 해결하려는 것이다. 그 중에는 착오 시에 취소를 할 수 있는 요건(기준)으로서 상대방의 정당한 신뢰보호를 중시하여 '상대방에게 표의자의 착오를 인식할 수 있는 가능성이 있었는지', 즉 '상대방의 인식가능성이 있었을 때'에 한하여 취소할 수 있다는 요건을 통일적 기준으로 하여 판단하려는 설(신뢰주의라고 한다)과, 당사자들이 행한 합의를 존중한다는 면에서 합의에 관한 착오만이 제109조의 착오에 해당된다고 보고 제109조의 착오의 내용이 '법률행위의 내용의 중요부분'에 해당하는지를 기준으로 하여 판단하려는 설(합의주의라고 한다)이 있다.

(2) 판례

판례를 보면, 동기의 착오에 관하여 '동기가 상대방에게 표시되고 그것이 의사표시내용의 중요부분의 착오로 인정될 경우'(대결 1990.5.22.자 90다카7026), '당사자 사이에 그 동기를 의사표시의 내용으로 삼았을 때에 한하여'(대판 1996.3.26. 선고 93다55487, 대판 1991.11.12. 선고 91다10732) 취소할 수 있다고 하거나, '동기가 상대방에게 표시되어 의사표시 내용의 중요부분의 착오로 인정된 경우에 해당되어야 원고가 이를 취소할 수 있다 할 것이고, 이와 같은 중요부분의 착오는 표의자가 그 동기를 당해 의사표시의 내용으로 삼을 것을 상대방에게 표시하고 의사표시의

---

175) 이 설에 따르면, 위 예 (1)에서 B가 구제받기 위해서는 매매계약 속에 '만일 L이 주택건축이 불가능한 곳이라면 매매계약은 무효로 한다'라는 조항을 넣어 그와 같은 동기를 계약내용화하여야 하고, 이렇게 계약내용화하지 않는 이상은 매매계약을 무효화하거나 취소할 수 없다. 위 예 (2)에서도 B가 구제받기 위해서는 매매계약의 내용에 'P가 진품이어야 한다'라는 내용을 기재해 두는 등으로 이를 계약내용화해 두어야 한다. 다만 위 예 (2)에 있어서는 위와 같은 명시적인 내용이 없더라도 계약의 해석을 통하여 B를 구제할 수 있는 가능성은 있다. 즉 만일 P의 진품과 모조품의 가격 차이가 크고 진품일 경우의 가격으로 매매계약이 이루어졌다면, 설사 매매계약에서 '진품이어야 한다'라고 명문으로 규정하지 않았더라도 진품인 것을 전제로 하여, 즉 묵시적으로 '진품이어야 한다'라는 내용으로 계약이 이루어진 것이라고 해석할 수 있고 이렇게 해석한다면 계약내용화하였다고 볼 여지도 있다.

해석상 법률행위의 내용으로 되어 있다고 인정되면 충분하고 당사자들 사이에 별도로 그 동기를 의사표시의 내용으로 삼기로 하는 합의까지 이루어질 필요는 없다'(대판 1995.11.21. 선고 95다5516, 대판 1989.12.26. 선고 88다카31507, 대판 2000.5.12. 선고 2000다12259)고 판시하고 있다.

판례의 태도가 학설 중 어느 설을 채택하였는지를 판단하기는 어려우나, 대체로 동기의 착오와 의사부존재형의 착오를 준별한 후, 의사부존재형의 착오에 대해서는 곧바로 제109조를 적용하지만 동기의 착오에 대해서는 동기가 표시되고 의사표시의 내용으로 되었거나 해석상으로 내용으로 되었다고 볼 수 있다고 하는 경우에만 제109조의 착오의 대상으로 삼으면서, 나아가 그 내용이 법률행위의 중요부분에 해당되어야 착오를 이유로 취소가 가능하다는 입장에 있는 것으로 보인다.

(3) 평가 및 사견

(가) 동기의 착오가 본조의 착오에 포함되어야 하는지

다음과 같은 이유로 포함되어야 한다고 생각한다.

첫째, 동기의 착오는 의사표시의 구성요건에 해당하지 않으므로 동기가 조건이나 보증 등으로 계약의 내용으로 편입되지 않으면 동기의 착오는 법률행위의 효력에 영향을 주지 않는다는 견해는, 의사표시에 관한 전통적 이론과의 정합성이나 논리적 일관성이라는 면에서는 타당하다고 할 수 있다. 그러나 현실에서 일어나는 착오의 대부분은 동기의 착오인데, 이런 착오를 본조의 착오의 대상에서 제외시키는 것은 현실세계의 분쟁을 공평과 정의에 따라 해결하여야 하는 사법의 역할에는 맞지 않다.

둘째, 동기의 착오를 배제하는 견해는, 동기를 제109조 착오의 대상으로 고려하게 되면 상대방에게 전혀 표시되지 않은 동기를 이유로 해당 법률행위의 취소를 인정하게 되어 상대방의 신뢰를 해하고 나아가 거래의 안전을 해치게 되기 때문이라는 이유를 들어 배제한다. 그러나 의사부존재형의 착오인, '표시행위의 의미의 착오'나 '표시행위의 착오' 역시 그 착오의 내용이 상대방에 표시되지 않아 상대방의 신뢰와 거래의 안전을 해치는 것은, 의사존재형 착오인 동기의 착오와 동일하다. 그럼에도 불구하고 동기의 착오만을 달리 취급하는 것은 형평의 원칙상 맞지 않다.

셋째, 동기의 착오와 의사부존재형의 착오는 현실적인 면에서 보면 그 차이는 크지 않다. 즉 위 예 (2)에서처럼 B의 의사를 '특정물인 바로 이 그림 P'를 의미한다고 해석할 것인지, 아니면 '진품 그림 P'를 산다는 의미라고 해석할 것인지는 애매하고, 만일 후자로 해석한다면 이는 매매목적물에 관한 착오, 즉 '진품 P를 산다'는 효과의사와 '위조품 P를 산다'는 표시와는 차이가 있어 표시행위의 차이라고 볼 수도 있는 것이다. 특히 특정물 도그마가 그 정당성을 잃어 가면서 특정물의 성상에 관해서도 당사자의 의사에 의하여 계약의 내용으로 할 수 있다는 견해가 힘을 얻고 있는 상황에서는 더욱 동기의 착오를 본조 착오의 대상에서 배제해야 할 이유를 찾기 어렵게 될 것이다.

넷째, 의사가 없다고 하여 그 행위의 효력이 무효이거나 효력이 없는 것은 아니다. 비진의 의사표시에서 의사가 없음에도 그 효력을 인정하고 있고, 본조에서도 표의자에게 중과실이 있으면 그 행위의 효력을 인정하고 있는 것에서 보아도 알 수 있다. 이처럼 표시에 대응한 의사가 없더라도 상대방의 신뢰를 보호해야 할 경우에는 법률행위의 효력을 인정하여도 무방하다.

(나) 이처럼 동기의 착오를 의사부존재형 착오와 달리 취급할 현실적 이유는 없다고 할 것이므로 동기의 착오도 상대방에게 표시되었느냐를 따질 것이 없이 의사부존재형과 같이 제109조의 착오이론으로 해결해야 한다고 생각한다.

문제는 착오이론을 적용할 때 어떤 경우에 취소할 수 있는가 하는 기준의 설정이다. 본래 착오에 의한 의사표시의 불이익을 표의자가 부담해야 하는 것은 자기책임의 원칙상 당연할 것이다. 그런데 우리 민법은 본인의 착오가 법률행위의 중요부분에 관한 것이기만 하면 상대방 측의 사정은 전혀 고려함이 없이 취소를 인정하고 있고, 단지 본인 측에 중대한 과실이 있는 때에 한하여 취소를 할 수 없다고 규정한다. 이런 민법의 태도는 지나치게 본인의 이익만을 보호하는 것으로 상대방의 신뢰나 나아가 거래의 안전의 보호를 도외시하는 것이라는 비판은 충분히 타당성이 있다고 할 것이다.[176]

이런 면을 중시한 견해 중에는 신뢰주의에 바탕을 두고 착오를 이유로 취소할 수 있는 요건을 설정함에 있어 상대방이 '본인의 착오를 인식가능하였는지'(인식

176) 이러한 민법의 태도를 비판하면서 입법론으로 표의자가 취소할 수 있는 요건으로 상대방이 표의자의 착오사실을 알았거나 알 수 있었을 때라는 상대방의 인식가능성이라는 요건을 추가하여야 한다는 견해도 유력하다(윤진수, '민법상 착오규정의 입법론적 고찰: 민법개정위원회에서의 소수의견', 이십일세기 한국민사법학의 과제와 전망: 심당 송상현교수화갑기념논문집(2002.1), 36면 이하 참조).

가능성) 여부라는 요건을 추가하여 인식이 가능하였던 경우에 한하여 취소를 인정하자는 견해(신뢰주의)도 있다. 그러나 현실적으로 본조를 해석하여 적용하여야 하는 입장에서는 인식가능성이라는 요건을 본조에 추가하는 것은 객관적 문언에 어긋나기 때문에 받아들이기 힘들 것이다.

게다가 동기의 착오의 경우, 위 신뢰주의에 의하면 위 예 (1)에서의 L 또는 (2)에서의 P에 관한 매수의 의사표시가 착오에 의한 것임을 상대방 A가 알았거나 알 수 있었다고 한다면 B는 착오를 이유로 취소할 수 있다고 할 것이다. 그런데 A가 B의 착오사실을 알고 있었다면, 의사표시의 해석에 의하여 매매는 위 예 (1)에서는 '주택건립이 가능한 L', 위 예 (2)에서는 '진품인 P'에 관하여 이루어졌다고 보아야 할 것이고, 따라서 착오에 해당하지 않는다고 해야 할 것이다(위 계약에 따른 이행의 문제만이 남게 되고, 사안에서는 이행불능으로 될 것이다). 나아가 원래 L상에 주택의 건립이 가능한지 또는 P의 작품이 진품인지는 A가 속인 것이 아닌 이상 B의 위험부담 하에 매매가 이루어져야 하는 것이다. 그런데 A가 'B가 착오에 빠져있다'는 것을 알 수 있었다는 사정만으로 그 계약상의 위험을 A가 부담해야 할 이유는 없을 것이다. 특히 L이나 P의 가격이 B가 예상한 '주택 건립이 가능한 경우'나 '진품인 경우'의 통상의 가격보다 저렴하게 계약이 된 경우에도 A가 알 수 있었다는 이유만으로 그에게 그 위험부담을 전가시키는 것은 문제라고 하지 않을 수 없을 것이다. 따라서 신뢰주의는 취하기 어렵다.

(다) 사견으로는 합의주의에 따라 그 동기가 표시되어 명시적 또는 해석상 법률행위의 내용으로 되거나 그 법률행위의 기초로 되어 있고, 그것이 법률행위의 중요부분에 해당하는 경우에는 착오취소를 인정해도 좋을 것으로 생각한다.

위와 같이 합의주의를 취하더라도 상대방의 신뢰보호 역시 고려해야 할 중요요소이므로 표의자에게 중대한 과실이 있더라도 상대방의 신뢰가 보호할 가치가 없는 경우에는 착오취소가 인정되어야 할 것이다. 그런 예로서는 판례도 인정하는 바와 같이 착오가 상대방에 의해 야기되었거나 유발된 경우[177] 또는 본인이 착오

177) 대판 1970.2.24. 선고 69누83(국가가 착오로 귀속재산을 이중으로 매도하였는데 그 착오는 국가의 관계직원이 매수인과 짜고 속인 것에서 연유한 것임을 이유로 취소를 인정함), 대판 1997.8.26. 선고 97다6063(실제는 경계선을 침범하지 않았는데, 상대방이 경계선을 침범했다고 강력히 주장하는 바람에 착오로 경계침범한 것으로 알고 그에 대한 보상금을 지급한 사안에서, 보상금지급에 관한 의사표시의 취소를 인정했다). 앞의 87다카1271(신용보증기금이 보증제한기업에 해당되지 않는다는 상대방의 통보를 믿고서 보증제한기업의 상대방에 대한 채무

에 빠져있다는 것을 상대방이 알고서 이를 이용한 경우[178]를 들 수 있을 것이다.

그리고 표의자와 상대방이 공통으로 착오를 하고 있고, 그것이 의사부존재형 착오로서 내심의 의사가 일치하면 오표시무해(誤表示無害)의 원칙에 따라 표의자와 상대방의 진정한 의사에 의하여 일치된 목적물에 관하여 계약이 체결된 것으로 보거나 불성립된 것으로 보면 되므로 문제가 없으나(앞의 예 5-10 (2)나 (3)의 경우), 동기에 관하여 공통으로 착오하고 있는 때는 상대방의 신뢰는 인정되지 않고 또 상대방도 착오를 하고 있어 법률행위의 효력을 유지할 실익이 없으므로 표의자가 중과실이 있더라도 취소를 인정해도 무방할 것이다.

다. 착오의 의의

(1) 학설

착오의 의의와 관련하여, 착오를 내심의 효과의사와 표시행위(표시상의 효과의사)의 불일치를 말한다는 견해(①), 진의(眞意)와 표시의 불일치를 말하며 이때의 진의는 착오가 없었더라면 가졌을 것으로 생각되는 의사라는 견해(②), 표시로부터 추단되는 의사(표시상의 효과의사)와 내심적 효과의사가 일치하지 않는 의사표시로서 그 불일치를 표의자 자신이 알지 못하고 한 것을 말한다는 견해(③), 표의자가 의사표시에 이르는 과정 또는 의사표시 자체에 있어서 스스로 모르고 사실과 일치되지 않는 인식 또는 판단을 하고 이에 의거하여 의사표시를 한 경우(④), 착오를 광의의 착오와 협의의 착오로 나누어 전자는 표의자의 관념과 실제의 무의식적 불일치이고 후자는 의사와 표시의 무의식적 불일치라는 견해(⑤)가 있다.

(2) 평가

이렇게 학설이 나뉘는 이유는 '동기의 착오'를 착오론에 포섭시킬 것인지, 아니면 착오론의 밖에 위치시켜 해결할 것인지에 대한 입장의 차이에 있다. 즉 의사표시이론에 의하면 의사주의든 표시주의든 동기를 의사표시의 요건으로 보지 않

를 보증한 경우에 착오취소를 인정함).

178) 대판 2014.11.27. 선고 2013다49794(A증권회사 직원이 파생상품거래에서 0.8원으로 기재한다는 것을 착오로 80원으로 매수주문을 입력하였고, 그 당시의 가격 변동이 그만큼 크지 않아 B증권회사 직원인 거래 상대방이 위 착오를 알 수 있었던 상황이었음에도 매도주문을 내어 거래를 성사시킨 경우 취소를 인정함)

으므로 동기에 관한 착오가 있어도 의사표시, 즉 법률행위에 어떠한 영향도 주지 않는다고 보기 때문에 동기의 착오는 본조의 적용대상으로서의 착오로 보지 않는다. 그러나 앞서 보았듯이 동기의 착오를 제109조의 착오로 보지 않는 착오론은 문제가 많다고 할 것이므로 동기의 착오도 제109조의 착오에 포함시키는 것이 타당하다고 할 것이다.

이런 관점에서 보면 의사주의를 전제로 한 ①설과 표시주의를 전제로 한 ③설은 취하기 어렵다고 할 것이고, ⑤설은 둘로 나누는 의의와 그 실익이 없다는 점에서 각기 취하기 어렵다고 생각한다. 그러면 동기의 착오도 본조의 착오에 포함시키는 ②설이나 ④설 중 어느 하나를 택하여야 할 것인데, 위 두 설은 내용상으로 거의 같은 것으로 보이나 그 중에서 ④설이 가장 쉽게 설명하고 있으므로 ④설이 가장 무난하다고 생각한다.

이런 입장을 취한다면 착오는 사기나 강박에 의한 의사표시에 거의 근접하게 되고, 그 차이는 착오는 스스로 잘못된 인식을 가지게 된 것임에 반하여, 사기나 강박에 의한 경우에는 상대방이나 제3자에 의하여 잘못된 인식을 가지거나 의사표시를 강요당한 점에 있다. 이런 유사점에 비추어 의사부존재형 착오가 의사표시이론에 의하면 무효가 되어야 함에도[179] 사기나 강박에 의한 의사표시와 같이 그 효력을 취소로 규정하고 있다고 할 것이다.

2. 제109조의 요건

가. 중요부분에 관한 착오

(1) 의미

(가) 착오는 의사표시에 있어서 중요부분에 관한 것이어야 하고, 중요부분에 관한 것이 아닌 경우에는 그에 관한 착오가 있더라도 본조의 착오에 해당하지 아니한다.

중요부분의 판단에 있어서 표의자의 입장에서만 판단한다면 지나치게 표의자의 입장을 옹호하게 되어 상대방의 이익이 무시되게 되므로 객관적인 표준도 있어야

179) 실제로 일본은 최근의 민법 개정 전에는 착오의 효과는 무효라고 규정하고 있었다는 점은 앞에서 보았다.

한다. 따라서 중요부분이란 주관적으로 표의자가 그런 착오가 없었더라면 의사표시를 하지 않았으리라고 생각할 정도여야 하고, 객관적으로 보아 일반인이 표의자의 입장에 섰더라면 그런 의사표시를 하지 않았을 것이라는 점이 거래의 통념에 비추어 정당하다고 인정될 정도의 중요성을 가져야 한다.

(나) 착오는 법률행위를 할 당시 실제로 없는 사실을 있는 사실로 잘못 알았거나 아니면 실제로 있는 사실을 없는 것으로 잘못 생각하는 것처럼 표의자의 인식과 그 대조사실이 어긋나는 경우이어야 한다.

그러나 표의자가 행위를 할 당시 장래에 있을 어떤 사항의 발생이 미필적임을 알고서 그 발생을 예기한 데 지나지 않는 경우에는 표의자의 심리상태에 인식과 대조사실의 불일치가 있다고 할 수 없어 착오에 해당하지 않는다. 이런 경우에는 표의자가 미래의 사태를 예측하여 자기의 위험부담 하에 현재 어떤 선택을 한 것이므로 미래의 사태가 자신의 예측대로 되지 않았다고 하여 그 위험부담을 상대방에게 전가시킬 수는 없기 때문이다.

그리하여 판례에 의하면 항소심에서 패소한 자가 상고심에서도 패소할 것으로 알고서 매매계약을 체결했으나 상고심에서 승소한 경우,[180] 반환소송을 당하면 아무런 보상 없이 부동산을 반환해야 할 것으로 알고 매매계약을 체결한 경우[181] 또는 장차 결정 고시될 도시관리계획에서 공장설립이 가능할 것으로 믿고서 매매계약을 체결하였으나 도시관리계획이 기대대로 되지 않은 경우[182] 등에서는 착오를 이유로 위 각 매매계약을 취소할 수 없고, 로또복권 운영기관이 복권운영 용역기관과의 사이에서 로또사업의 운영 시 올릴 수 있는 매출액을 예상하여 그 매출액의 일정비율을 수수료로 지급하기로 계약을 체결하였는데 실제 매출액이 예상매출액을 현저하게 초과하여 그 수수료가 최초 예상했던 금액보다 현저하게 상회하게 된 경우 그 수수료 약정을 착오에 기한 것이라는 이유로 취소할 수 없다고[183] 한다.

(2) 구체적 내용

어떤 합의 내용이 중요부분에 해당되는지는 사적자치의 원칙상 계약에서 당사

180) 대판 1972.3.28. 선고 71다2193.

181) 대판 1991.11.12. 선고 91다10732.

182) 대판 2010.5.27. 선고 2009다94841.

183) 대판 2011.6.24. 선고 2008다44368.

자들이 정할 수 있는 것은 당연하다. 이를 당사자들이 명시적으로 정하지 않은 경우에는 당사자들이 계약을 체결한 목적이나 경위, 계약의 내용 등에 비추어 중요부분에 해당하는지를 판단하여야 할 것이다.

(가) 거래의 주체에 관한 착오

여기에는 거래주체의 동일성에 관한 착오와 거래주체의 속성(성격, 직업, 신분, 경력, 재산상태 등)에 관한 착오가 있다.

1) 동일성에 관한 착오

인적 신뢰관계가 중요한 법률행위, 예를 들면 임대차, 위임, 증여, 신용거래 등에서는 중요부분이라고 할 것이다. 또 보증에서는 보증인과 채무자 사이의 신뢰관계가 중요하므로 채무자의 동일성은 중요부분이 된다.[184] 그러나 매매에 있어서는 매도인에 관한 착오, 즉 매도인이 소유자인 것으로 알고 매수하였으나 소유자가 아닌 경우 누가 목적물의 소유자인지와 같은 것은 통상의 경우 중요부분이라고 할 수 없다. 매도인이 진정한 소유자로부터 매수하여 매수인에게 양도해 줄 수도 있고 그것이 되지 않으면 채무불이행책임을 부담하는 것으로 충분하기 때문이다. 이는 타인소유 물건의 매매 시 매도인의 담보책임을 규정한 제569조, 제570조를 보더라도 그와 같은 경우 우리 민법은 그 매매를 적법하고 유효한 것으로 보아 하자담보책임을 부담시키고 있는 것에서도 알 수 있다.

매수인의 동일성에 관한 착오, 즉 매수인이 누구인지 여부에 관하여 그 부분도 중요부분이라고 할 수 없을 것이다. 일반적으로 매수인의 자력은 그다지 문제로 되지 않으며, 매도인으로서는 매수인이 누구이든지 매매대금을 받으면 되기 때문이다.

2) 속성에 관한 착오

가) 원칙

---

184) 대판 1995.12.22. 선고 95다37087(부동산에 근저당권을 설정할 때 주채무자에 대한 착오는 중요부분에 해당한다고 판시함), 대판 2008.1.17. 선고 2007다74188(형을 동생으로 알고서, 동생을 주채무자로 하여 보증한 사안에서 주채무자의 동일성에 관한 착오는 중요부분의 착오에 해당하지만, 보증인이 주채무자가 형으로 알았더라도 제반사정에 비추어 보증을 하였을 것으로 보인다고 판단하여 착오취소를 인정하지 않음). 참고로 대판 2006.12.7. 선고 2006다41457은 보증인이 주채무자의 차용금반환채무(3,750만원)를 보증할 의사로, 기존의 구상금채무(3,750만원)를 보증한 것은 착오에 해당하지만 그 보증으로 어떠한 경제적 불이익을 입었거나 장차 불이익을 당할 염려가 없다면 중요부분의 착오라고 할 수 없다고 판시한다.

주체의 속성은 동기의 착오에 해당하는 것으로서 그것이 중요한 의미를 가지는 법률행위에서는, 표시되어 법률행위의 내용이 된 경우에 한하여 착오의 대상이 되어 중요부분이 될 수 있다.

나) 일반적 보증

문제는 일반적인 보증에서 주채무자의 신용상태에 대한 착오가 있는 경우이다. 즉 보증인이, 재산이 없는 주채무자에게 자력이 있다고 착오한 경우 중요부분의 착오라고 보아 취소할 수 있는가.

주채무자의 자력은 보증인이 채권자에게 주채무를 변제한 후에 주채무자로부터 자신의 손해를 구상받을 수 있느냐는 것과 직결되는 것으로 보증인의 경제적 이해관계와 밀접하게 관계되는 것이기는 하다. 그러나 보증이라는 제도자체가 보증인의 보증을 통하여 채권자의 주채무자의 무자력에 대한 위험을 경감시킴과 아울러 그 위험을 보증인으로 하여금 인수하게 하는 것인데, 만일 보증인에게 주채무자의 신용상태에 대한 착오를 이유로 취소를 인정한다면 채권자는 큰 위험에 빠지게 되어 보증제도의 기초가 흔들리게 된다. 이런 점에서 보증계약에서 주채무자의 자력에 관한 부분은 중요부분에 해당하지 않는다고 보아야 할 것이다.

다) 기관보증

그런데 우리 대법원은 보증을 업을 하는 기술보증기금이나 신용보증기금과 같은 기관이 보증한 사안(이를 '기관보증'이라고 한다)에서 보증을 받으려는 회사의 재무상태는 중요부분이 될 수 있다고 하여 재무상태에 관한 착오 시 취소를 인정하고 있는데(「기술보증기금법」, 「신용보증기금법」 등에서 그 보증대상을 규정하고 있다),[185] 이를 위의 일반적인 보증에 관한 이론에 비추어 어떻게 볼 것인가.

위와 같은 기관보증은 자력이 부족한 기업의 신용을 보완하여 그 기업이 대출을 쉽게 받을 수 있게 하기 위한 것이고, 또 보증료를 징수하는 등 대가를 지급받고 보증하는 것을 업으로 하는 점에서 무상성을 전제로 하는 일반적인 보증과 다르다.[186] 그리고 위와 같은 기금의 보증에 관한 업무방침은, 위 기금의 보증을 기초로 대출해 주는 금융기관이 주지하고 있으며 공공기관적 성격을 가지는 기금의 재원의 고갈방지라는 정책적인 측면도 고려하여야 할 것이다. 이런 특성을 고

185) 대판 2005.5.12. 선고 2005다6228, 대판 1993.10.22. 선고 93다14912 등이 있다.

186) 일반보증과 기관보증의 차이점에 관하여는 김상철, '인적담보에 있어서의 새로운 과제: 보증을 중심으로', 민사판례연구 26권, 박영사(2004.2), 616면 이하 참조.

려하여 우리 대법원은 기관보증에서는 특별히 위와 같은 주채무자인 피보증기업의 재력상태에 관한 착오를 중요부분의 착오로 보고 있다.

라) 매수인의 자력에 대한 착오

매도인이 매수인에게 매매대금을 지급할만한 자력이 없음에도 있는 것으로 착오를 한 경우 매도인은 착오를 이유로 매매계약을 취소할 수 있는지도 문제이다.

대판 1996.3.26. 선고 93다55487은 매도인이 매수인에 대해 '매매목적물을 은행에 담보로 제공하여 매매대금상당의 금액을 대출받을 수 있도록 협조해 주겠다'고 약속하여, 매수인이 매수하였는데 그 후 은행의 사정으로 매수인이 대출을 받지 못하여 매수자금을 조달하지 못하게 되자 이를 이유로 매수인이 착오취소를 할 수 있는지가 문제된 사안에서, '위 사실만으로는 매수인이 계획하였던 대출이 제대로 이루어질 수 없는 경우에는 매수하지 아니하였을 것이라는 사정이 매도인에게 표시되고 매도인이 이를 알고 있었다고 보기 어렵다'는 이유로 착오취소를 부정하였다. 매매대금의 조달은 전적으로 매수인이 책임져야 하는 것이고 매매대금을 완불받지 않으면 매도인은 매매계약을 해제하는 것으로 충분히 보호되므로, 위 판결은 특별히 '매도인이 매수인의 자금조달에 적극적으로 금융기관으로부터 대출을 받도록 하는 것에 책임을 지며 대출을 받지 못하게 되면 계약을 취소해도 용인하겠다'는 내용의 합의가 있거나 있는 것으로 해석되는 경우에 한하여 중요부분으로 되는 것이지, 단순히 협조하겠다는 내용의 표시를 하고 그것이 법률행위의 내용으로 되어 있다고 하더라도 위와 같은 '협조하겠다'는 내용이 '대출이 되지 않으면 취소해도 용인하겠다'는 내용의 특별한 합의로까지 되지 않는 이상은 중요부분에 해당하지 않는다는 것으로 해석하고 있다.

(나) 거래의 객체에 관한 착오

1) 객체의 동일성에 관한 착오

거래의 객체가 어느 것이냐에 관한 것은 법률행위의 중요부분임은 말할 것도 없다.[187)]

2) 목적물의 성상에 관한 착오

목적물의 성질이나 상태에 관한 착오는 특정물 도그마에 의하면 중요부분이라

187) 대판 1997.11.28. 선고 97다32772, 32789.

고 할 수 없을 것이나 특정물 도그마의 부당성은 앞에서 보았다. 따라서 목적물의 성상에 관한 것도 법률행위의 내용으로 될 수 있다고 보아야 하므로, 위의 '거래 상대방의 속성'에서 말한 것과 같이 특히 이 부분이 중요한 의미를 가지는 법률행위에서는 표시되어 법률행위의 내용이 된 경우 중요부분이 될 수 있을 것이다.

판례에 의하면 부동산의 경계에 관한 착오는 중요한 부분이라고 보고 있다.[188] 참고로 이것은 경계 자체에 관한 착오이지 경계의 착오로 매매 부동산의 평수가 달라져 금액이 달라지는 경우에는 이는 다음에서 볼 목적물의 가격에 관한 착오로 보아야 할 것이다.

3) 목적물의 수량, 가격에 관한 착오

수량이나 가격에 관한 착오는 그 차이가 거래상으로 중요한 것으로 평가할 수 있을 정도가 되어야만 하고 그 정도가 적으면 착오로 취소할 수 없다고 할 것이다.[189] 특히 가격의 경우는 서로의 정보력이나 협상력에 의하여 증감이 있을 수 있으므로 시가보다 싸거나 높다고 하여 이것이 중요부분이 된다고 할 수 없을 것이지만, 그 정도가 거래관념상 현저하게 높게 되면 중요부분이 될 수 있다.[190]

---

188) 대판 1974.4.23. 선고 74다54(부동산의 현황 및 경계에 관한 착오는 중요부분의 착오이다. 매매 목적물의 공부상 현황은 전이나 실제는 하천부지, 자갈밭과 무너진 뚝이었는데, 소개인이 목적물의 옆에 있는 논을 지적하여 알려주어 잘못 알고 매수한 사안이었다), 대판 1989. 7.25. 선고 88다카9364(주위토지통행권자가 인접대지 위의 담장이 그 대지의 경계선과 일치하는 것으로 잘못 알고 그 담장을 기준으로 통로폭을 정하여 주위토지소유자와 한 합의를 착오를 이유로 취소한 것을 인정함), 대판 1993.9.28. 선고 93다31634, 93다31641(반소)(경계에 담이 잘못 설치되어 자기 소유의 토지를 타인 소유인 것으로 알고 교환계약을 체결한 경우, 중요부분의 착오로 취소할 수 있다고 함).

189) 대판 2000.5.12. 선고 2000다122529(부동산 중 20 내지 30평이 도로에 편입될 것이라는 중개인의 말을 듣고 매수했으나 매수면적의 30%에 해당하는 197평이 편입된 것으로 드러난 경우, 착오를 이유로 취소할 수 있다고 함).

190) 대판 1991.2.12. 선고 90다17927(2억 2,000만원의 부동산을 1억 1,000만원에 매매한 경우 착오를 이유로 한 취소를 부정했다), 대판 1992.10.23. 선고 92다29337(6,400만원의 부동산을 1,400만원에 매매한 경우 시가의 착오는 동기의 착오에 불과할 뿐 중요부분의 착오가 아니고, 폭리행위도 아니라고 판시하였다. 대법원은 사실관계에서 4, 5년 전부터 위 목적물을 매물로 내놨지만 팔리지 않아 매도인 스스로 1,400만원 정도로 팔아달라고 그전에 이웃사람에게 의뢰한 정황도 있었던 점을 많이 고려하여 중요부분이 아니라고 판단한 것으로 추측되지만, 시가와 차이가 현격하고 매도인이 71세의 노인인 점, 1,400만원에 매도를 의뢰한 상대방이 지인인 이웃사람인 점을 감안하면 중요부분의 착오라고 보았어야 할 것으로 생각한다), 대판 1998.2.10. 선고 97다44737(2억 1,000만원의 부동산을 3억 8,000만원으로 매수한 경우, 통상의 경우 시가는 중요부분이 아니지만, 이 경우는 정당한 가격보다 85%나 과다 평가되었으므로 중요부분의 착오로 보았다)

중요부분이 되어 취소할 수 있다고 하는 경우 전부를 취소할 수 있는지 아니면 모자라는 부분에 대해서만 취소할 수 있는지가 문제로 될 수 있다. 이 경우는 일부무효에 관한 법리인 제137조를 유추적용하여 원칙적으로 전부를 취소할 수 있지만 나머지 부분만으로도 계약을 지속할 의사였다면 부족 부분만 취소할 수 있다고 해야 할 것이다. 위 97다44737 판결은 목적물의 시가보다 85%나 과다평가된 경우에는 중요부분에 해당한다고 하여 착오를 이유로 취소를 인정하면서, '하나의 법률행위의 일부분에만 취소사유가 있다고 하더라도 그 법률행위가 가분적이거나 그 목적물의 일부가 특정될 수 있다면, 나머지 부분이라도 이를 유지하려는 당사자의 가정적 의사가 인정되는 경우 그 일부만의 취소도 가능하다고 할 것이고, 그 일부의 취소는 법률행위의 일부에 관하여 효력이 생긴다'고 판시하고 있는데, 위와 같은 취지이다.

(다) 법률 또는 법률상태에 관한 착오

이는 거래 목적물의 성상에 관한 착오와 유사하다고 할 것이다. 따라서 그것이 법률행위의 중요부분에 관한 것인 때는 착오를 이유로 취소가 가능하다.

예를 들면 세법에 관한 착오로, 양도소득세가 부과되는 거래임에도 양도소득세가 부과되지 않는 거래인 것으로 잘못 알고 주식회사에 출자하는 형식으로 매매를 한 경우 그 매매를 착오로 취소하는 경우를 들 수 있다.[191)]

나. 표의자에게 중과실이 없을 것

(1) 원래 표의자에게 효과의사가 없으면 표시행위는 무효이지만, 우리는 착오의 경우에는 취소할 수 있도록 하고 있다. 그러나 착오에 표의자의 중과실이 있으면 취소를 부정하여 책임을 지우고 있는데, 이는 귀책원리에 따른 것이라고 할 수 있다. '중과실'에 대한 증명책임은 착오취소를 할 수 없다고 다투는 측에 있다.

(2) 중과실 여부는 표의자의 지식이나 능력, 행위의 종류나 목적 등에 비추어 보통 베풀어야 할 주의를 현저하게 결여한 것을 의미한다. 그 기준은 원칙적으로

191) 대판 1981.11.10. 선고 80다2475(세법상 매도인에 대한 양도소득세의 부과를 회피할 수 있다는 매수인의 말을 믿고서 매수인이 제안하는 방식에 따라, 매도인이 자신의 부동산을, 매수인이 설립한 주택건설을 목적으로 하는 주식회사에 출자하는 형식으로 매도하였음에도 예상과 달리 매도인에게 양도소득세가 부과된 경우, 매도인은 착오를 이유로 취소를 할 수 있다고 한 사안).

는 일반인을 기준으로 하여야 하지만, 예외적으로 표의자가 일반인의 기준보다 높은 지식이나 능력을 갖고 있다면 표의자의 그것을 기준으로 해야 할 것이다. 따라서 표의자의 지식이나 능력이 높으면 높을수록 보통사람의 경과실에 대하여도 중과실을 인정하기 쉽고, 또 행위의 목적에 필요한 사항은 신중하게 조사하여 대처할 것이 요청되므로 이런 사항에 관하여 조사를 게을리 하면 중과실로 인정되기 쉽다.

판례에 의하면 미국에서 공부한 건축학 교수라고 자칭하면서 건축연구소라는 상호로 사업자등록을 한 사람에게, 일반인이 건축설계용역을 주면서 그 사람이 자격자인지 여부를 확인하지 않은 것은 중과실에 해당하지 않는다고 보았다.[192] 그러나 농산물 저장창고 용도로 사용하려는 매수인이 중개사를 통하지 않고 직접 토지를 매수하면서 토지대장, 임야도 등으로 자기가 매수하려는 토지인지를 확인하지 않고 다른 토지를 매수한 경우[193] 또는 기존의 공장을 운영하다가 공장을 이전하려는 자가 매매목적물인 토지에 관하여 관할관청에 공장의 건축가능 여부를 알아보지 않고 매수한 경우에는 중대한 과실이 있다[194]고 보았다.

(3) 표의자에게 중과실이 있더라도 앞에서 본 것처럼 상대방의 신뢰에 보호할 정도의 가치가 없는 경우, 즉 상대방이 착오를 유발 내지 야기하거나(69누83판결, 97다6063 판결 등), 표의자의 착오를 알거나 알 수 있었음에도 이를 이용한 경우(2013다49794 판결)에는 예외적으로 착오취소가 인정되는 것은 앞에서 본 바와 같다. 이런 사유는 중과실이 있더라도 착오취소를 할 수 있다고 주장하는 측이 주장 증명해야 해야 할 것이다.

다. 상대방의 인식가능성의 요부

앞서 본바와 같이 상대방의 인식가능성이 본조의 요건으로서 추가되어야 한다는 견해가 신뢰주의의 입장에서 주장되고 있지만, 앞서 본 바와 같이 명문의 규정이 없는 상태에서는 신뢰주의에 선 입장을 전면적으로 채용하기는 어렵다.

---

192) 대판 2003.4.11. 선고 2002다70884.

193) 대판 2009.9.24. 선고 2009다40356, 40363은 이처럼 중개사를 통하지 않고 개인적으로 토지거래를 할 경우 목적물의 특정은 토지대장, 임야도 등의 공적인 자료 기타 공신력 있는 객관적 자료에 의해 그 토지가 과연 그가 원하는 토지인지를 확인하여야 할 최소한의 주의의무가 있다고 판시한다.

194) 대판 1993.6.29. 선고 92다38881.

3. 효과

가. 취소권의 발생

(1) 본조의 착오, 즉 중요한 부분에 착오가 있는 때에는 해당 법률행위를 취소할 수 있는 권리가 발생하고, 이 취소권을 행사할 것인지 여부는 취소권자의 선택에 따른다. 취소권을 행사하기 전까지는 해당 법률행위는 유효하고, 또 취소권이 어떠한 사유로 소멸하게 되면(제143조에 의해 추인하거나 제145조에 의해 법정추인이 되거나 제146조에 의해 취소권이 소멸하는 등) 해당 법률행위는 유효한 것으로 확정된다.

취소권을 행사하게 되면 해당 법률행위는 소급적으로 효력을 상실하여 처음부터 그 법률행위는 효력을 잃게 된다. 그런데 조합계약이나 고용계약 등과 같은 계속적 계약에서는 상당한 기간이 경과한 후 취소권을 행사하여 소급적으로 그 계약을 무효로 돌리게 되면 청산이 어려워지는 경우가 생기는데, 이런 때에는 취소의 효력이 소급하지 않는다는 견해가 있다.

우리 판례도 사법상의 근로계약에서 그 의사표시에 무효 또는 취소 사유가 있어 근로계약이 취소되는 때에는 소급효가 인정되지 않고 취소한 때부터 그 계약의 효력이 상실한다고 하고,[195] 조합계약의 경우에는 해당 조합이 사업을 개시하여 제3자와 거래관계를 행하고 난 다음에 조합계약체결 당시의 의사표시의 하자를 이유로 취소하는 때에는 그 취소로 조합성립 전으로 환원시킬 수 없다고 하여 동일하게 해석한다.[196]

(2) 취소권자가 누구인지는 제140조가 규정하고 있으므로 그 곳에서 본다. 문제는 매수인이 여러 명인 때처럼 당사자의 일방이 복수로서 그 복수인이 착오로 의사표시를 한 때, 취소권의 행사는 그들 전부가 같이 하여야 하는지 아니면 개별적으로 취소권을 행사할 수 있는지 이다.

개별적으로 취소권을 행사할 수 있다는 견해와 개별적으로 행사할 수 없고 전부가 행사해야 한다는 견해로 나뉠 수 있다.

전자의 견해는 해제의 경우 해제권은 전원이 전원을 상대로 하여야 한다는 제

---

195) 대판 2017.12.22. 선고 2013다25194, 252000. 아래 무효와 취소 항에서 자세히 본다.

196) 대판 1972.4.25. 선고 71다1833. 아래 무효와 취소 항에서 자세히 본다.

547조 규정이 있으나, 취소권에 관하여는 이런 규정이 없으므로 원칙으로 돌아가 각자가 개별적으로 취소할 수 있다고 보아야 한다는 것이고, 후자는 해제에서 위와 같은 규정을 둔 취지는 개별적인 해제를 인정하게 되면 일부에 대해서는 유효하고 일부에 대해서는 소멸하게 되는 등 법률관계가 복잡하게 되는 것을 피하려는 점 때문이므로 이런 취지는 취소권에도 유지되어야 한다는 점을 들고 있다. 후자의 견해가 타당한 것으로 생각한다.

(3) 법률행위의 일부분에 대하여 취소권이 발생하여 취소하는 경우, 그 효력은 해당 법률행위 전부가 취소되는지, 일부만 취소되는지에 대해서는 앞의 '(나) 3) 목적물의 수량, 가격에 관한 착오'에서 보았다.

나. 선의의 제3자에게 대항하지 못한다.

(1) 당사자 사이의 취소의 효과는 선의의 제3자에게 대항하지 못한다.

가) 여기서의 제3자의 의의와 범위에 관하여는 허위표시의 경우를 참조하면 된다. 다만 취소할 수 있는 법률행위로 인하여 발생한 금전채권을 양수받은 채권양수인에 대하여 취소권자가 취소를 하여 대항할 수 있느냐는 문제가 있다.

예컨대 위 예 5-15에서 보는 것처럼, A가 B와 A의 부동산 L을 매도하는 계약을 체결한 후 B에 대해 가지는 매매대금채권을 C에게 양도하고 양도통지를 B에게 하였는데, 위 매매계약이 B의 착오에 기한 것임을 이유로 B가 적법하게 취소한 경우 B는 C에 대하여 매매대금의 지급을 거절할 수 있는지가 문제이다.[197]

C를 제109조 제2항의 제3자에 해당한다고 본다면 C가 선의인 경우 B는 취소하더라도 C에게 대항할 수 없어 매매대금을 지급해야 한다고 할 수 있다. 그러나 한편 취소할 수 있는 사유가 매매계약 당시부터 존재하였고 이런 하자를 이유로 취소하였으므로 이런 취소를 제451조 제2항의 '통지를 받은 때까지 양도인에 대하여 생긴 사유'에 해당한다고 보면 B는 C에 대하여 취소로서 대항하여 대금지급을 거절할 수 있다고 할 수도 있다.

결국 이 문제는 의사표시의 하자로 인한 취소의 경우 제109조 제2항과 제451조 제2항 중 어느 조항을 우선하여 적용시켜야 할 것인지에 관한 것이라고 할 수 있

---

197) 이 경우 A가 자신의 착오를 이유로 취소하는 경우에도 A로부터 매매대금채권을 양수한 C가 B에 대해 매매대금을 청구할 수 있는지가 문제로 될 수 있다. 그러나 A가 C에게 매매대금채권을 양도한 것은 제145조 제5호에 해당되어 법정추인을 한 것으로 보아야 하므로 위 예에서 A는 취소권을 행사할 수 없다고 할 것이다.

다. 채권양도는 채무자의 관여 없이 행해지는 것이고 지명채권의 경우에는 제451조 제2항에서 보는 것처럼 채권양도 시 양수인이 항변의 대항을 받을 수 있다는 위험을 부담하는 것이 원칙으로서 유통성의 보장(거래의 안전)보다는 채무자를 보호한다는 입장을 취하고 있으므로 취소로서 대항할 수 있다고 보아야 할 것이다. 따라서 B는 매매계약을 취소하고 이를 이유로 C에게 대항하여 매매대금의 지급을 거절할 수 있다고 해야 할 것이다.

나) 선의의 증명책임과 관련하여서는 견해가 나뉘나 허위표시에서도 보았듯이 표의자의 의사에 기하여 표시행위가 행해진 이상 제3자는 표의자가 아무런 하자없이 행위를 하였다고 믿고 이해관계를 맺은 것이라고 보는 것이 경험칙상 타당하므로 선의는 추정해야 할 것이고 따라서 의사표시의 취소를 주장하는 자가 '제3자의 악의'를 증명해야 할 것이다.[198)]

(2) 제3자의 범위와 관련하여 문제가 되는 것은 취소권자가 취소를 한 후에 취소된 법률관계를 기초로 이해관계를 가지게 된 제3자도 포함되는지 여부이다.

예 5-17

A가 B에게 A 소유의 부동산 L을 매도하여 B 명의로 L에 관하여 이전등기를 경료하였다. 그 후 A가 위 매매는 착오에 의하여 이루어졌다는 이유로 적법하게 취소하였다. 그러나 아직 B명의의 이전등기는 말소하지 않고 있었는데, B가 자기 명의로 아직 남아있음을 이용하여 C에게 L을 매도하였다.

여기서의 선의의 제3자는 '취소의 의사표시 전에 하자있는 법률행위인 매매를 기초로 법률적 이해관계를 가지는 자로 한정할 것인지' 아니면 '그 외 취소의 의사표시에 의하여 이루어진 등기가 말소될 때까지 위 등기를 신뢰하여 이를 기초로 법률적 이해관계를 가지게 된 선의의 제3자'도 포함된다고 할 것인지가 문제된다.

전자는 본조 제2항을, 취소의 소급효에 의하여 '취소 전'에 유효하게 권리를 취득한 제3자의 기득권을 박탈하는 것을 막기 위한 규정이라고 보는 견해에서 나온 것임에 반하여, 후자는 본조 제2항을 하자있는 의사표시를 한 표의자에 의해 행해진 표시행위인 법률행위 외에 '그 법률행위로 말미암아 만들어진 권리가 있는

198) 대판 1970.11.24. 선고 70다2155는 사기에 의한 의사표시에서의 제3자는 특별한 사정이 없는 한 선의로 추정할 것이므로 의사표시의 취소를 주장하는 자가 제3자의 악의를 증명해야 한다고 하는데, 이것도 이런 취지라고 보아야 할 것이다.

듯한 외관을 신뢰한 제3자'를 보호하는 규정이라고 보는 견해에서 나온 것이다.

등기의 공신력과의 관계에서 문제가 없는 것은 아니나 표의자의 보호와 제3자의 거래안전보호라는 이익균형의 판단은 '취소 전'의 제3자인지 '취소 후'의 제3인지와 무관하다고 할 것이므로 후자의 견해가 타당하다고 생각한다. 판례도 같은 입장이다.[199] 이렇게 본다면, 선의의 의미는 취소의 의사표시 전에는 '취소 가능성을 몰랐던 것'이고, 취소의 의사표시가 행하여 진 후에는 '취소 가능성 외에 취소의 의사표시가 행해졌던 사실을 몰랐던 것'이 될 것이다.

위 예의 경우, C가 B와 매매계약을 체결할 당시, 'A에 의한 취소가능성 및 A가 취소하였던 사실을 몰랐던 자'로 인정되면 선의의 제3자에 해당한다고 할 것이다.

(3) 선의의 제3자가 무과실이어야 하는가.

비진의 의사표시나 허위표시의 경우에는 고의로 그러한 의사표시를 한 사람이므로 표의자에게 책임을 부담시키는 것은 타당하지만, 착오의 경우 표의자는 고의로 그러한 의사표시를 한 것이 아니므로 표의자에게 책임을 묻기 위해서는 제3자에게 과실이 없어야 하는 것이 타당하다는 입장에서는 선의 외에도 무과실을 요구한다.

이런 입장을 취하여 착오취소의 경우 제3자에게 선의 외에 무과실을 요구하는 입법례도 있지만,[200] 우리 규정은 '선의'만을 규정하고 있는데, 동일한 내용으로 규정되어 있는 허위표시의 경우 무과실을 요구하지 않으면서 착오의 경우 무과실을 요구하게 된다면 같은 문구를 달리 해석하는 것이 되어 일관성이 없게 되므로 무과실을 요구하지 않는다고 보는 것이 해석론으로서 타당하다고 생각한다.

입법의 타당성과 관련하여 어느 입장을 취할 것인가는 입법자의 결단에 관한 문제이지만 외관을 믿고서 거래를 한 제3자에 대하여 표의자에게 책임을 부담시키기 위해서는 제3자도 거래상 필요한 주의의무를 다하여야 하고 따라서 선의이고 무과실을 요하여야 한다는 입장도 충분히 근거가 있는 주장이라고 생각한다. 차후 상세하고 깊은 검토가 필요할 것으로 생각한다.

(4) 제3자 측에서 취소의 효과로서 소급적 무효를 주장하는 것은 무방하다. 이

199) 대판 1975.12.23. 선고 75다533(사기에 의한 의사표시의 취소에 관한 것이나, 착오취소에도 마찬가지로 적용될 것이다).

200) 일본 민법은 개정 전에는 선의만 규정하고 있었으나, 최근 개정 후에는 선의 외에 무과실을 요구하고 있다

조항은 선의의 제3자를 보호하기 위한 것이므로 제3자가 스스로 자신의 보호를 포기하고 취소의 소급효를 주장하는 것은 가능하다고 보아야 할 것이다. 그러나 이는 표의자가 취소의 의사표시를 하였을 때의 문제이고, 만일 표의자가 취소의 의사표시를 하기 전이라면 착오로 인한 의사표시는 유효하므로 제3자도 착오로 인한 의사표시의 취소를 주장할 수 없다(제3자가 채권자로서 채권자대위권을 행사하여 표의자의 취소권을 대위행사하는 것은 가능하다). 이는 취소권자의 범위와도 관련되는 문제로서 제3자는 착오로 인한 의사표시의 취소권을 행사할 수 있는 자가 아니기 때문이다(제140조 참조).

(5) 신뢰이익 배상문제

표의자의 과실에 기인한 착오로 상대방과 법률행위를 하였다가 표의자가 착오를 이유로 취소한 때, 위 계약을 유효한 것으로 믿은 상대방이 위 법률행위로 어떤 손해를 입은 경우 그 손해에 대하여 상대방은 표의자를 상대로 불법행위로 인한 손해배상을 청구할 수 있는지가 문제로 된다.

대판 1997.8.22. 선고 97다13023은 '불법행위로 인한 손해배상책임이 성립하기 위해서는 가해자의 고의 또는 과실 이외에 행위의 위법성이 요구되는데, 표의자에게 과실이 있더라도 제109조에 의해 중과실이 없는 착오자의 착오를 이유로 한 의사표시의 취소를 허용하는 이상, 위법하다고 할 수 없다'는 취지로 판시하였다.

이런 판례의 태도에 대하여는 독일과 같이 신뢰이익(계약이 유효한 것으로 믿은 것으로 인하여 입은 손해의 배상을 의미한다. 제535조 참조)의 배상을 인정해야 한다는 학설도 있지만, 독일의 경우에는 위와 같은 경우에 신뢰이익의 배상을 명하는 규정이 있기 때문이고 이런 규정이 없는 우리 민법의 해석으로서는 무리라고 할 것이다.

4. 특수한 착오

가. 공통하는 동기의 착오

표의자나 상대방의 효과의사가 일치된 상태에서 이루어진 의사부존재형 공통착오(예 5-10의 (2)처럼 오표시무해의 원칙이 적용되는 경우)에서는 내심의 의사표시가 합치한 대로 계약성립을 인정해도 된다는 것은 앞에서 보았다.

문제는 동기의 착오가 공통하는 경우이다.

예 5-18

A가 B에게 A 소유의 토지와 건물을 매도하는 계약을 체결하였다. 체결당시 A와 B는 위 양도로 A에게 양도소득세가 5억원이 나올 것으로 예상하고 그 양도소득세 5억원을 B가 부담하는 조건하에 매도하였다. 위와 같은 조건을 붙이게 된 것은 A가 양도소득세의 부과 때문에 매도를 주저하고 있었기 때문에 위 토지와 건물이 필요하였던 B는 부과될 양도소득세가 얼마나 되는지를 세무서를 통하여 문의한 뒤 5억원이 나오는 것을 확인하고 이 금액으로 하였던 것이다. 그런데 양도 후 부과된 세금은 예상과 달리 5억원 외에 3억원이 더 나와 이 금액을 A가 부담하게 되었다. 그러자 A가 B를 상대로 위 매매계약을 취소하고 이전등기의 말소를 구했다(대판 1994.6.10. 선고 93다24810 참조).

A와 B가 위와 같이 매매계약을 하게 된 것은 양도소득세가 5억원이 나올 것으로 예상하였기 때문이므로 동기에 있어 동일한 착오를 하고 있다. 이런 경우에 A가 착오취소를 구할 수 있는가.

공통착오의 경우에는 본조를 적용하여야 한다는 견해, 당사자 쌍방이 동일한 기초 위에서 계약을 체결하였으나 그 후 동일한 기초가 소실된 경우에는 계약을 수정할 수 있다는 주관적 행위기초이론을 주장하는 견해, 법률행위의 보충적 해석에 의하여 해결하여야 한다는 견해가 주장되고 있다.

당사자 쌍방이 공통으로 착오하고 있는 경우에는 동기는 표시되어 의사표시의 내용으로 되어 있다고 보아야 하고 그 부분은 매매계약에서 중요부분이라고 할 수 있어 착오취소가 가능하다고 보아야 할 것이다. 그런데 이 경우 만일 착오자 A에게 중과실이 있었다고 한다면 본조를 적용하면 착오취소가 불가능하다고 볼 여지가 있다. 그러나 B도 착오를 하고 있어 B에게는 A의 표시에 의해 보호되어야 할 신뢰는 없으므로 이런 경우에도 본조의 취지상 착오취소를 인정해야 할 것이다. 결국 위와 같은 공통의 착오의 경우에는 표의자인 A에게 중과실이 있는 경우에도 착오취소를 인정해야 할 것이다.

판례(93다24810 판결) 중 공통착오의 경우 취소를 인정한 것이 있다.[201] 문제는 표의자도 상대방도 착오취소를 원하지 않고 금전적인 정산을 원하는 경우 또는 일방만이 착오취소를 하여 계약을 원상으로 회복하기를 원하지만 원상으로 회복

201) 대판 1991.8.27. 선고 91다11308도 공통착오에서 착오취소를 인정함. 앞에서 본 경계에 관한 착오에 관한 판례인 88다카9364 판결 등은 경계의 착오를 법률행위의 중요한 부분으로 인정하여 착오취소를 인정했다.

하는 것이 불가능하거나 가능하지만 부당한 결과를 초래한다고 판단되는 경우(목적물인 건물을 증축하여 구분건물로 되어 원상대로 회복하기 곤란한 경우 등)에는 어떻게 해결해야 하는가이다.

이런 경우 판례는 법률행위의 보충적 해석에 의하여 당사자의 의도, 목적 등을 고려하여 적절하게 법률행위를 해석하여 해결하는 방식을 채택하고 있다고 생각한다. 즉 보충적 해석으로 해결한 것으로 대판 2005.5.27. 선고 2004다60065와 대판 2006.11.23. 선고 2005다13288이 있는데, 전자는 착오로 부가가치세를 예상보다 많이 부담하게 된 매수인인 금융기관이 건물과 토지의 매도인으로서 파산한 금융기관의 파산관재인을 상대로 한 소송으로 매수인이 그 건물과 토지에서 금융업무를 계속하고 있어 원상회복(토지와 건물의 소유권을 원 소유자에게로 복귀시키는 것)보다 과다부담하게 된 금액(예상보다 많이 부과된 부가가치세에 상당하는 금액)의 반환을 원하였고, 상대방인 파산관재인 역시 파산자의 재산을 조속히 환가해야 할 필요가 있어 원상회복을 원하지 않았던 사안이고, 후자는 국가에 토지와 건물을 기부체납한 것에 대한 부가가치세의 부과여부와 관련하여 담당공무원과 기부체납자가 서로 착오에 빠졌고, 기부체납자가 국가를 상대로 부과된 부가가치세 상당의 금액의 반환을 구한 소송으로, 여기서도 양 당사자는 기부체납한 재산 자체의 반환을 구한 것은 아니었다.

따라서 공통착오에 대한 판례의 입장을 전적으로 보충적 해석으로 해결하고 있다고 파악하는 견해에는 찬성하기 어렵다. 판례가 보충적 해석으로 해결하는 경우는 양 당사자가 원상회복을 구하지 않거나 일방 당사자가 원상회복을 구하더라도 원상회복을 할 수 없는 때에 한정되고, 취소권자가 원상회복이 가능하여 착오취소를 이유로 원상회복을 구하는 경우에는 착오취소를 인정하고 있고 보충적 해석으로 해결하고 있지 않기 때문이다.

나. 서명날인의 착오

이는 어떤 사람이 자신의 의사와 다른 법률효과를 발생시키는 내용의 서면에, 그것을 읽지 않거나 올바르게 이해하지 못한 채 서명날인 내지 기명날인을 하는 것을 의미하고 표시상의 착오(의사부존재형 착오에 해당한다)에 해당한다. 따라서 이런 경우에는 중요부분에 착오가 있다고 보아야 할 것이므로 원칙적으로 취소할 수 있다고 보아야 할 것이다. 그러나 경우에 따라서는 이것이 대리와 결부되면 이렇게 간단히 해결하는 것이 타당한지 의문이 드는 때도 있다.

예 5-19

B는 A를 상대로 A소유의 L토지의 토지거래허가신청에 필요한 서류라고 속이고 이에 속은 A로부터 L에 관한 저당권설정계약서에 서명날인을 받은 후 이 서류들을 C에게 제공하여 자신이 마치 A의 적법한 대리인인 것처럼 행동하여 L에 관하여 C를 저당권자로, 채무자를 B로 하는 저당권을 설정하여 주고 C로부터 1억원을 차용하였다. 이에 A가 C를 상대로 L에 경료된 C명의의 근저당권 등기의 말소를 청구하였다(대판(전합체) 2017.2.16. 선고 2016도13362 참조).

A가 C를 상대로 근저당권의 말소를 청구할 수 있는 청구원인으로서는, A의 근저당권설정의 의사표시는 B의 사기에 의한 것이므로 제110조에 의해 취소한다고 주장할 수도 있고, A의 근저당권설정의 의사표시는 서명날인의 착오에 의한 것이므로 본조에 의해 취소한다고 주장할 수도 있다.[202] B의 사기에 의한 것이라는 주장은 다음에서 보지만, 위의 경우 L의 저당권설정계약의 당사자는 A와 C이고 B는 계약당사자가 아니므로 제110조 제2항에 의해 C가 'B의 기망'에 관해 선의

202) 위의 2016도13362의 소수의견의 보충의견 중 김용덕, 김소영, 박상옥 대법관의 의견은 서명날인의 착오에 관한 대판 2005.5.27. 선고 2004다43824에 대하여 제3자의 사기행위에 의한 착오로 피해자가 다른 내용의 서류에 서명날인을 한 경우 사기에 의한 의사표시에 관한 법리를 적용해야 할 것이 아니라 착오에 의한 의사표시를 적용해야 한다고 판시한 것이라고 보고 있다. 그러나 다수의견의 보충의견 중 박병대 대법관의 의견이나 김창석, 권순일 대법관의 의견은 위 2004다43824 판결과 같이 사기에 의해 착오가 발생한 때는 사기에 의한 의사표시로 구성할 수도 있고 착오에 의한 의사표시로 구성할 수도 있다고 보고 있는 것으로 보인다. 그러나 위 2004다43824 판결은 제3자의 사기에 의하여 착오자가 제3자에게 속아 신원보증서류인 줄 알고 서명했으나 실제는 이행보증보험계약상의 채무에 관한 연대보증서류에 서명한 사안이었다. 원심은 소송 중 표의자(위 예에서 A)가 연대보증계약의 취소를 주장하면서 사기를 이유로 한 것인지, 착오를 이유로 한 것인지를 정확히 밝히지 않은 상태에서 취소를 주장하자 원심 재판부는 사기를 이유로 한 주장으로 보고 판단하면서 제3자(위 예에서 B) 사기의 경우 상대방(위 예에서 C)이 그에 대해 선의이고 무과실이었다는 이유로 취소주장을 받아들이지 않았다. 이에 대법원은 서명날인의 착오의 경우 착오를 이유로 취소할 수 있으므로 표의자의 주장이 착오를 이유로 한 것일 수도 있다고 하면서 표의자의 주장이 무엇인지를 정확히 하라는 취지로 파기한 것이다. 하나의 사실이 사기취소와 착오취소의 두 가지의 요건사실에 모두에 해당한다면 두 가지 주장이 다 가능하다고 보아야 할 것이므로(대판 1985.4.9. 선고 85도167은 사기에 의하여 동기의 착오가 있었던 경우, 동기가 표시되어 법률행위의 내용으로 되지 않았더라도 사기취소는 가능하다고 하는바, 이는 두 가지 주장이 가능하다는 것을 전제로 한 것일 것이다) 다수의견 쪽이 맞다고 할 것이다. 나아가 위 사안에서는 표현대리의 주장을 하지 않아 표현대리에 대한 판시는 없는데, 상대방(위 예에서 C)이 표현대리주장을 하였다면 대법원이 어떻게 판시하였을지 궁금하다

이고 무과실이면 A가 승소하기 힘들다.

다음으로 착오에 의한 것이라는 주장에 대하여 보면, 위 예에서 A의 내심적 효과의사는 토지거래허가신청이라는 것임에도 표시행위에서 추단되는 효과의사(표시상의 효과의사)는 저당권설정계약의 청약이라는 것이므로 표시행위의 착오에 해당하고, 그 착오는 중요한 부분에 해당하므로 A에게 중과실이 없다면 저당권설정계약을 취소할 수 있다.

참고로 위 사안에서 C로서는 B가 A의 대리인으로서 행동하고 있다고 생각할 수 있다. 즉 저당권설정계약 시 B가 A의 본인발급의 인감증명서와 A의 인감도장이 날인된 저당권설정계약서를 소지하고 있었다면 C로서는 B가 A의 대리인으로 행동한다고 믿을 수도 있었기 때문이다. 이런 경우는 C 입장에서 B를 A의 대리인으로 생각하는 것도 무리가 없고, 또 B는 A로부터 토지거래허가신청에 관한 대리권(기본대리권)을 가지고 있었으므로 제126조의 표현대리가 성립하여 근저당권등기가 효력이 있다고 볼 수도 있다(이와 유사한 사안인 대판 1992.10.13. 선고 92다31781[203])과 대판 2001.2.9. 선고 2000다54918에서는 제126조의 표현대리가 인정되었다. 이에 대하여는 아래 표현대리에서 자세히 보도록 한다).

이와 같은 경우 착오취소에 관한 조항과 표현대리에 관한 조항이 서로 중첩되므로 어느 조항을 우선시켜야 하느냐는 문제가 등장할 수 있다. 생각건대 서명날인의 착오와 표현대리가 문제되는 상황에서는, 착오가 본인의 사정만으로 취소를 인정하여 지나치게 본인의 이익을 보호함으로써 거래 상대방의 이익과 나아가 거래의 안전을 해치는 점을 고려하여, 착오이론보다는 표현대리이론을 적용하는 것이 타당하다고 생각한다.

5. 적용범위

가. 가족법상의 행위

허위표시에서도 보았듯이 가족법상의 행위는 표의자의 진의가 중요하므로 착오에 의한 의사표시는 효력이 없다. 만일 적용된다고 하면 표의자에게 중대한 과실이 있는 경우 취소가 불가능하게 되어 가족법상 부당한 결과가 생기기 때문이다(혼인이나 입양을 상정하면 이해가 쉬울 것이다).

---

203) 뒤에서 볼 대리의 예 5-24를 참고할 것.

나. 단체법상의 행위

단체협약과 같이 관련 당사자가 많은 경우 착오취소를 인정하게 되면 거래의 안전을 해하게 되므로 일정한 경우 제한을 받을 수 있다.

다. 공법상의 행위 및 소송행위

허위표시에 본 것과 같은 이유로 적용되지 않는다.

6. 다른 제도와의 관계

가. 사기로 인한 취소와의 관계

표의자의 착오가 상대방의 사기에 의한 경우, 그 착오에 기하여 의사표시를 취소할 수 있다. 이 경우 동기의 착오가 상대방의 사기에 의한 것이면 설사 그 동기가 표시되지 않아 법률행위의 내용으로 되지 않았더라도 또 그것이 중요부분에 해당하지 않는다고 하더라도 취소가 가능하다.[204] 이것이 착오취소와 사기취소의 차이점이다.

나. 하자담보책임과의 관계

앞의 예 5-16 (2)에서 그림 P가 진품이 아닌 경우, B는 A를 상대로 착오를 이유로 취소할 수도 있고 나아가 제580조의 하자담보책임도 추궁할 수 있을 것인데 이때 둘 다 주장이 가능한지 아니면 위 둘 중 어느 하나만 주장할 수 있는지에 관하여 논의가 있다.

하자담보책임규정만이 적용된다는 견해는 특정물 도그마에 따라 동기에 속하는 특정물의 성상은 의사표시의 내용이 될 수 없으므로 착오취소는 불가능하다는 점을 이유로 든다.

특정물 도그마를 따르지 않고 특정물의 속성이 법률행위의 내용으로 될 수 있다고 보는 입장에서도, 위와 같은 특정물의 하자에 대한 매도인의 하자담보책임

204) 앞의 85도167 판결.

은 제582조에 의해 그 책임의 존속기간이 6개월로 정해져 있는데 이는 목적물의 하자와 관련한 분쟁을 조기에 확정하려는 취지에서 특별히 둔 규정이므로 이런 취지를 살리기 위해서는 착오규정(착오규정을 적용하게 되면 제146조에 의해 추인할 수 있는 날인 착오에서 벗어난 때부터 3년, 법률행위를 한 날로부터 10년이 된다)보다는 하자담보책임규정만이 적용되어야 한다고 한다.

이에 반하여 조문상의 요건이 만족되면 당사자는 어느 쪽을 주장할 지를 선택할 수 있다는 견해도 있다.

판례는 착오로 인한 취소제도와 매도인의 하자담보책임제도는 그 취지가 다르고 그 요건과 효과도 구별되므로 하자담보책임이 성립하는지와 상관없이 착오를 이유로 계약을 취소할 수 있다고 한다.[205] 판례와 같이 하자담보책임과 착오가 중첩되는 경우에는 착오를 이유로 취소를 주장하는 것이 가능하다고 할 것이다. 특정물 도그마는 문제가 많은 이론으로서 받아들이기 힘들고, 착오취소는 계약의 성립에 관한 문제임에 반하여, 하자담보책임에 관한 규정은 계약의 성립에 문제가 없는 적법 유효한 계약을 전제로 그 계약에 따라 이행된 물건이 계약에 적합한 것인지 여부를 다투는 것에 관한 것이므로 둘은 차원이 다른 문제이기 때문이다.

다. 해제와의 관계

예 5-20

A가 B에게 A소유의 물건을 100만원에 매도하는 계약을 체결하면서 계약금 10만원은 당일, 잔금 90만원은 10일후에 지급하기로 하였으며, 어느 일방의 채무불이행으로 인하여 계약이 해제되면 계약금 10만원을 손해배상금으로 한다고 특약하였는데, B가 잔금을 제때 지급하지 아니하여 A는 잔금지급의 최고 후 적법하게 계약을 해제하고 계약금 10만원은 손해배상금으로 몰취하고 돌려주지 아니하였다. 그 후 B는 위 매매계약은 착오에 의한 것이었으므로 착오를 이유로 취소한다고 하면서 소급하여 무효로 된 매매계약에 기하여 지급된 계약금 10만원의 반환을 구하였다.

위 예에서 A의 해제도 적법하고 B의 착오도 중요부분의 착오로서 취소가 인정된다고 하면, A의 해제로 인하여 위 매매계약은 소급하여 효력을 상실하게 되므로 해제가 된 후에는 유효한 계약의 존재를 전제로 하는 취소를 더 이상 주장할

205) 대판 2018.9.13. 선고 2015다78703.

수 없다고 볼 수 있다. 그러나 해제는 적법 유효하게 성립된 계약을 대상으로 하는 것임에 반하여 취소는 계약의 적법한 성립 여부를 다투는 것이므로 논리적 순서상 취소가 해제보다 먼저 판단되어야 한다고 보면 해제 주장보다 취소 주장이 후에 제기되었다고 하더라도 취소 주장이 인정되면 해제 여부는 문제가 되지 않는 것이 아닌가 하는 의문도 있을 수 있다.

현실적으로 당사자들의 법률문제와 관련한 주장은 법률지식의 부족으로 법률적 주장이 논리적인 순서로 이루어지지 않고 뒤죽박죽 혼란스러울 수밖에 없고, 변호사들조차도 사건 관계의 파악이 충분하지 아니하여 법률적 주장이 논리적인 순서로 행해지지 않는다. 결국 이런 주장들의 당부는 법원에 의해 판단될 수밖에 없는데, 법원이 그 주장의 당부를 판단할 때는 논리적으로 계약의 성립에 관한 문제(계약이 정당하게 성립되었는지, 계약의 성립을 방해하는 사유는 없는지)를 먼저 검토하여 계약이 유효하게 성립되었는지를 판단하고, 그것이 인정되면 그 후 성립한 계약이 제대로 이행되었는지와 후발적 사유로 계약의 효력을 상실시키는 사유가 있는지를 검토하게 될 것이고, 계약의 성립에서 문제가 있다고 보아 계약이 성립되지 않았다고 판단된다면 계약의 효력과 관련되는 이행여부나 후발적 소멸사유의 존재여부에 관하여는 더 이상 나아가 검토할 필요가 없게 될 것이다.

이런 점을 감안하면 위의 예에서 착오취소의 주장은 계약이 유효하게 성립되었는지의 문제이고, 해제의 주장은 계약이 유효하게 성립하여 효력이 발생한 것을 전제로 그 후 계약이 후발적 사유로 소급하여 효력을 상실하게 되었는지의 문제이다. 따라서 계약의 유효한 성립에 관한 문제인 착오주장이 받아들여져 계약이 성립되지 않았다고 판단된다면 계약의 해제 주장은 검토할 필요조차 없다. 그렇다면 해제주장이 먼저 있었고 그 후에 착오주장이 있었다고 하여 논리적인 순서를 무시하고[206] 주장순서에 따라 판단하여야 한다는 것은 타당하지 않다.[207] 본

---

206) 물론 주장순서가 중요한 경우가 있다. 즉 제한능력자측의 추인 주장이 먼저 있었는지, 그 상대방의 철회나 거절 주장이 먼저 있었는지(제16조)에 따라 제한능력자의 법률행위의 효력 여부가 결정되는 것 같은 경우이다. 이는 유효요소의 일부가 부족한 법률행위에 관하여 그 부족요소를 충족시킨 것이 먼저냐, 그 부족요소를 이유로 효력을 상실시킨 것이 먼저냐 하는 것이므로 주장 순서가 중요하다고 할 것이다.

207) 이런 견해를 따를 경우, 만일 위 예의 A가 B를 상대로 위 매매계약의 해제를 주장을 하여 손해배상으로 10만원을 달라는 소송을 제기하여 승소하여 그 판결이 확정된 후 B가 A를 상대로 위 매매계약의 착오주장을 하여 10만원의 반환을 구하는 소송을 제기하게 되면 A의 승소확정판결이 무의미하게 되어 법적 안정성이 저해되는 것이 아닌가 하는 의문이 들 수 있다. 그러나 이런 일은 일어날 수 없다. 왜냐하면 A의 승소판결이 확정되면, 그 승소확정판결

래 해제나 취소로 인하여 소급적으로 계약이 없었던 상태로 돌아간다는 것은 법률적인 하나의 의제에 불과하고, 실제로는 해제나 취소될 계약에 기하여 이뤄진 현실적 상태는 그대로 남아있다. 즉 계약체결을 위해 지출된 비용이나 계약에 기하여 이행된 부분은 해제나 취소가 되었다고 하여 그 해제나 취소의 효력발생에 의하여 자동적으로 계약이 없었던 상태(이행된 급부가 이행되지 않았던 것으로 되거나 기대수익을 취득하게 되는 상태)로 돌아가지 않는다. 해제나 취소에 의해 법률관계가 소급적으로 소멸한다는 개념은, 해제나 취소에 의한 소급적 무효라는 법률적 상태와 현실적으로 벌어진 상태와의 차이에서 기인하는 현실상태를 원상태로 되돌리게 하기 위하여 상대방에게 어떤 청구를 할 수 있게 하는 법적 근거(즉 이미 이행된 급부의 반환을 청구하거나 기대수익의 지급을 청구할 수 있는 근거)를 마련하여 준다는 의미밖에 없다. 따라서 이론적으로 해제를 하여 계약을 소급적으로 실효시켰다고 하더라도 현실세계에서는 착오로 인한 계약으로 빚어진 사태는 여전히 존재하므로 착오취소주장을 하는 것에 현실적 이익이 있다면 착오취소주장을 할 수 있다고 하여야 할 것이다(다음 판례에서 보듯 해제나 취소된 계약에 기하여 급부가 실제로 이루어지지 않았다고 해도 해제 후 취소를 인정할 현실적 이익이 있는 경우도 있다). 해제로 계약을 소급적으로 실효시킨 후에는 취소해야 할 계약이 없으므로 착오취소주장을 할 수 없다는 견해는 현실세계를 무시한 공허한 이론에 치우친 것이라고 하지 않을 수 없다(착오취소가 아니라 사기취소사안이라고 한다면, 사기자가 먼저 해제를 하였다고 하여 사기를 당한 표의자가 사기를 이유로 계약을 취소하지 못한다고 하면 그 불합리는 말할 필요도 없을 것이다).

판례도 이런 결과를 인정하는데, A가 B의 채무불이행을 이유로 매매계약을 적법하게 해제한 후라도 B로서는 A가 한 계약해제의 효과로서 발생하는 손해배상책임을 지거나 매매계약에 따른 계약금의 반환을 받을 수 없는 불이익을 면하기 위하여 착오를 이유로 한 취소권을 행사하여 매매계약 전체를 무효로 돌리게 할 수 있다고 한다.[208)]

은 기판력이 생겨 그 후부터 B는 위 A의 승소확정판결의 심리절차 중에서 A의 주장을 반박할 수 있었던 모든 주장이나 증거에 관하여는 더 이상 공격방어방법으로 법원에 제출할 수 없다고 하는 차단효가 발생하기 때문이다. 이런 차단효는 A와 B 사이의 동일한 법적 분쟁에 대하여는 한 번의 소송으로 종료시키는 것이 사회경제적으로 이득이기 때문에 관련 소송에서 모든 가능한 주장과 증거를 제출하도록 하기 위하여 인정되는 것이다.

208) 대판 1996.12.6. 선고 95다24982, 24999. 허위표시에서 본 91다11308 판결.

라. 화해계약의 특수성

화해계약은 당사자가 상호 양보하여 당사자 간의 분쟁을 끝낼 것을 약정하는 것으로, 통상의 계약이 주로 경제적 이익의 획득을 그 합의의 내용이나 목적으로 하는 것과 비교하면 특수한 기능을 갖고 있는 것을 알 수 있다.

화해는 '다툼의 목적인 사항'에 관해서는 당사자가 양보하고 용인한 사항이므로 설사 그에 관한 착오가 있더라도 분쟁을 끝내는 것에 의의를 찾는다면 굳이 그 착오를 이유로 취소를 인정할 필요는 없다. 이런 특수성 때문에 제733조는 '화해당사자의 자격 또는 화해의 목적인 분쟁 이외의 사항에 착오가 있는 때'를 제외하고는 착오를 이유로 취소하지 못한다고 규정한다.[209]

Ⅴ. 사기, 강박에 의한 의사표시

1. 의의

표의자의 의사가 타인의 간섭에 의하여 의사결정의 자유가 침해된 상태에서 행해지는 경우로는 타인의 사기, 즉 속임수나 기망에 의한 경우와 강박에 의한 경우가 있다.

사기에 의한 의사표시의 경우에는 효과의사(내심적 효과의사이든 표시행위에서 추단되는 표시상의 효과의사이든)와 표시는 일치한다. 이런 점에서는 동기의 착오와 유사하나 사기는 타인에 의해 착오가 발생하였다는 점에서 차이가 있다. 동기의 착오가 타인의 사기에 의한 것일 경우에는 착오규정과 본조 규정이 모두 적용될 수 있다는 점은 앞의 서명날인의 위조에서 보았다.

강박에 의한 의사표시의 경우에도 표의자의 효과의사와 표시는 일치하지만 진의와는 일치하지 않고 그 불일치를 표의자 자신이 의식하고 있다. 이런 면에서는 비진의 의사표시와 유사하지만, 타인의 강박에 의해 어쩔 수 없이 행한다는 점에서 차이가 있다.

사기나 강박에 의한 의사표시는 형법상 사기죄나 공갈죄에 해당되지만, 우리

---

209) 이 규정의 당부와 관련하여서는 논의가 있을 수 있다.

민법은 이를 제103조 해당행위로 보아 무효로 하지 않고 일응 유효한 행위임을 전제로 하여 취소할 수 있는 행위라고 보고 있다는 점은 앞의 제103조의 설명에서 보았다.

2. 요건

가. 사기에 의한 의사표시

(1) 사기자 측의 요건

사기자의 사기행위, 즉 사기자가 표의자를 속여서 착오에 빠지게 하는 고의가 있어야 하고, 그 기망행위가 위법해야 한다.

(가) 고의

일반적으로 사기자에게 고의가 있다고 하기 위해서는 타인을 기망하여 착오에 빠뜨리게 하는 고의와 그런 착오에 기하여 일정한 의사표시를 하도록 하는 고의, 즉 2단계의 고의가 있어야 한다.

(나) 위법성

사기자의 위와 같은 행위가 사회관념상 허용되는 한도를 벗어나 위법하다고 할 정도에 이르러야 한다. 예컨대 매매의 경우 매도자의 입장에서는 매수인으로 하여금 매수할 마음을 먹게 하려고 좋은 점을 부각시켜 홍보하여야 하는 입장에 있으므로 조금의 과장이나 허위가 섞이게 마련이다. 이렇게 조금의 과장이나 허위가 섞여 있다고 하여 모든 매매계약을 사기에 의한 의사표시로서 취소할 수 있다고 하는 것은, 매수인도 매도인의 주장에 어느 정도의 과장이 있다는 점을 감안하여 매수의사를 결정한다는 점을 고려하면 너무나 지나치고 거래의 안전에도 위협이 된다. 게다가 본래 매매목적물의 품질이나 가격에 영향을 주는 사항은 매수인이 직접 조사하고 검사해야 하는 것이 원칙이므로 이를 제대로 하지 않아 타인의 말만 듣고 매수한 경우에는 그 위험은 매수인이 책임을 져야 하는 것이 타당하다는 점에서도 위와 같은 결론은 문제가 있다.[210] 결국 어느 정도의 과장이나

210) 대판 2002.9.4. 선고 2000다54406, 54413은 '일반적으로 교환계약을 체결하려는 당사자는 서로 자기가 소유하는 교환 목적물은 고가로 평가하고 상대방이 소유하는 목적물은 염가로 평

허위의 고지가 사기취소를 허용해야 할 정도로 위법한지의 문제는 사회통념에 의해 결정될 수밖에 없다.

판례는 일정액 이상의 수익을 보장한다고 광고하고 상가를 분양한 사안에서 '상품의 선전 광고에 있어서 거래의 중요한 사항에 관하여 구체적 사실을 신의성실의 의무에 비추어 비난받을 정도의 방법으로 허위로 고지한 경우에는 기망행위에 해당한다고 할 것이나, 그 선전 광고에 다소의 과장 허위가 수반되는 것은 그것이 일반 상거래의 관행과 신의칙에 비추어 시인될 수 있는 한 기망성이 결여된다고 할 것이고, 또한 용도가 특정된 특수시설을 분양받을 경우 그 운영을 어떻게 하고, 그 수익은 얼마나 될 것인지와 같은 사항은 투자자들의 책임과 판단 하에 결정될 성질의 것이므로, 상가를 분양하면서 그 곳에 첨단 오락타운을 조성하고 전문경영인에 의한 위탁경영을 통하여 일정 수익을 보장한다는 취지의 광고를 하였다고 하여 이로써 상대방을 기망하여 분양계약을 체결하게 하였다거나 상대방이 계약의 중요부분에 관하여 착오를 일으켜 분양계약을 체결하게 된 것이라 볼 수 없다'고 판시한 것이 있다.[211]

또 유명대형 백화점에서 정상가격보다 높은 가격을 제시하고서 할인율을 높인 변칙세일의 경우 현대사회에서 대형 백화점에 대한 소비자의 신뢰를 들어 기망행위에 해당한다고 한 것과,[212] 대단위 아파트의 인근에 대규모 공동묘지가 있는 것을 알리지 않고 아파트를 분양한 사안에서 공동묘지가 사회통념상 분양계약의 체결 여부 및 가격에 상당한 영향을 미치는 요인일 뿐만 아니라 대규모 공동묘지를 가까이에서 조망할 수 있는 곳에 아파트단지가 들어선다는 것은 통상 예상하

가하여 보다 유리한 조건으로 교환계약을 체결하기를 희망하는 이해상반의 지위에 있고 각자가 자신의 지식과 경험을 이용하여 최대한으로 자신의 이익을 도모할 것이 예상되기 때문에, 당사자 일방이 알고 있는 정보를 상대방에게 사실대로 고지하여야 할 신의칙상의 주의의무가 인정된다고 볼 만한 특별한 사정이 없는 한, 어느 일방이 교환 목적물의 시가나 그 가액 결정의 기초가 되는 사항에 관하여 상대방에게 설명 내지 고지를 할 주의의무를 부담한다고 할 수 없고, 일방 당사자가 자기가 소유하는 목적물의 시가를 묵비하여 상대방에게 고지하지 아니하거나 혹은 허위로 시가보다 높은 가액을 시가라고 고지하였다 하더라도 이는 상대방의 의사결정에 불법적인 간섭을 한 것이라고 볼 수 없다'고 판시한다.

211) 대판 2001.5.29. 선고 99다55601, 55618.

212) 대판 1993.8.13. 선고 92다52665(소비자들이 매매계약의 취소를 주장한 것이 아니라, 기망행위를 이유로 불법행위가 성립한다고 하여 불법행위를 원인으로 한 손해배상으로서 위자료를 청구한 사안으로 위자료를 인정하였다). 이 결과는 기망을 이유로 매매계약 전부를 취소하는 것이 아니라 매매계약의 일부취소를 인정하여 그 취소부분에 해당하는 금액을 감액한 것과 같다는 점에서 흥미 있다

기 어렵다는 점을 들어 이런 사실을 고지하지 않은 것은 위법하다고 판시한 것이 있다.[213)]

위 판결에서도 알 수 있듯이 과장이나 허위사실의 고지처럼 적극적인 행동에 의해 기망행위가 이루어질 수도 있지만, 어떤 중요한 사실에 대하여 침묵하고 알리지 않는 것도 기망행위로서 위법성을 가지는 경우가 있음에 유의하여야 한다. 특히 이런 묵비(默祕)의 위법성은, 변호사나 의사 등과 같은 전문가집단이 전문적인 지식이 없는 소비자와 계약을 체결할 경우에는 더욱 용이하게 인정될 수 있을 것이다.

(2) 표의자 측 요건

표의자는 이상과 같은 사기행위에 의하여 착오에 빠지고, 그 착오에 기하여 진의에 반하는 의사표시를 하는 것이 필요하다. 즉 착오가 없었으면 그런 의사표시를 하지 않았으리라고 하는 기망행위와 의사표시 사이에 인과관계가 있어야 한다. 따라서 사기자 측의 사기행위가 있었음에도 착오에 빠지지 않은 상태에서 계약을 하는 경우에는 취소할 수 없다.

나. 강박에 의한 의사표시

요건과 구조는 사기행위에서의 그것과 비슷하다.

(1) 강박자 측 요건

(가) 고의

사기에서 본 것처럼, 강박자에게 타인을 위협하여 공포심을 일으키게 하는 고의와 그런 공포심에 기하여 일정한 의사표시를 하도록 하는 고의, 즉 2단계의 고의가 있어야 한다.

(나) 강박행위

강박이란 고의로 해악을 가하겠다고 위협하여 공포심을 일으키게 하는 위법행위를 의미하고, 그 행위가 위법성을 가지기 위해서는 사회관념상 허용되는 한도

---

213) 대판 2007.6.1. 선고 2005다5812, 5829, 5836.

를 넘어야 할 것이다. 그러나 공포심을 일으키게 하는 정도가 지나쳐서 표의자로 하여금 의사결정을 스스로 할 수 있는 여지를 완전히 박탈한 상태에 이르게 한 경우에는 효과의사에 대응하는 내심의 의사가 없다고 할 것이어서 무효라고 해야 할 것이나 실제로는 이런 사유로 무효로 인정되는 예는 극히 드물 것이다.[214)]

위법성이 인정되기 위해서는 수단이 위법한 경우도 있고 목적이 위법한 경우도 있을 것이며 수단과 목적의 경합이 부적당한 경우도 있을 수 있다. 문제는 범죄행위를 한 자에 대한 고소나 고발은 피해자의 권리이자 의무인데, 범죄자에 대해 고소나 고발을 하겠다고 하였다가 재산적 이익을 받고 고소나 고발을 하지 않거나 행했던 고소를 취하하는 경우 이것이 위법하다고 할 수 있느냐는 것이다.

일반적으로 재산적 범죄에 있어서는 피해자가 가해자를 고소했다가 그로부터 일정 금액의 합의금을 받고 고소를 취하하는 경우가 많은데 이를 강박에 의한 것이라고 하여 취소할 수는 없을 것이다.

통설과 판례는 일반적으로 부정행위에 대한 고소, 고발은 그것이 부정한 이익을 목적으로 하는 것이 아닌 때에는 정당한 권리행사가 되어 위법하다고 할 수 없다고 보고 있다.[215)] 이론적으로는 명확하다고 할 수 있지만 현실적으로 이것을 구별하는 것은 어렵다. 결국 사회통념에 의할 수밖에 없고, 고소권자의 권리행사를 되도록 방해하지 않도록 해야 하므로 고소권자의 위와 같은 행위에 대하여는 위법성을 인정하지 않는 쪽으로 해석하는 것을 원칙으로 해야 할 것이다.

(2) 피강박자 측 요건

표의자는 이상과 같은 강박행위에 의하여 공포심을 느끼고, 그 공포심에 기하여 의사표시를 하는 것이 필요하다. 즉 강박행위와 의사표시에 인과관계, 공포심을 느끼지 않았다면 그런 의사표시를 하지 않았으리라고 하는 관계가 있어야 한다.

3. 효과

가. 취소권의 발생

---

214) 대판 2005.9.15. 선고 2005다29474에서도 1980년의 계엄령 하에서 합동수사본부에 끌려가 부당하게 구금되어 있으면서 증여의 의사표시를 한 것에 대해 강박에 의한 것으로 취소할 수 있다고 보았고 무효라고 보지 않았다.

215) 대판 1992.12.24. 선고 92다25120.

(1) 상대방에 의한 경우

사기를 당하거나 강박을 당하여 의사표시를 한 표의자는 그 법률행위를 취소할 수 있다(제110조 제1항). 전통적인 의사표시 이론에 의하면 표시행위에 대응하는 효과의사가 없으면 효과의사가 부존재하여 무효로 된다고 본다. 그러나 사기나 강박에 의한 의사표시에서는 표시행위에 대응하는 효과의사는 존재하고 단지 의사형성과정에서 하자가 있을 뿐이므로 무효라고 하기는 어렵고, 그 효력을 표의자의 선택에 쫓아 유효, 무효를 선택할 수 있도록 하는 취소를 그 효력으로 규정한 것이라고 할 수 있다.

(2) 제3자의 사기, 강박의 경우

예 5-21

A 금융회사의 감사실 과장인 B가 고객 C와 공모하여, D를 속여 D의 부동산 L을 담보로 A로부터 대출을 받아 유용하기로 하였다. B와 C는 L을 담보로 A회사로부터 주채무자를 C로 하여 5억원의 대출이 나오면 D에게 3억원을 융통하여 주겠다고 속이고, C가 D로부터 담보제공권한을 부여받아 A회사와 L에 관하여 주채무자는 C, 채권최고액은 6억원으로 하는 근저당권설정 계약을 체결하였다. 그 후 A회사로부터 대출금이 나왔으나 B는 D에게 대출이 아직 실시되지 않았다고 속여 C가 위 금액을 유용할 수 있는 기회를 주었다. 이런 사실을 알게 된 D는 A회사를 상대로 A회사의 감사실 과장인 B의 사기는 곧 A회사의 사기라고 주장하여 근저당권설정계약을 취소한다고 주장하였다. 이에 A회사는, B는 제3자로서 제3자의 사기를 A회사가 알았거나 알 수 있었을 때에 한하여 취소할 수 있는데 A회사가 알지 못하였으므로 취소할 수 없다고 반박하였다(대판 1998.1.23. 선고 96다41496의 사안).

(가) 상대방 있는 의사표시에 있어서 제3자가 사기나 강박을 행한 때에는 상대방이 그 사실을 알았거나 알 수 있었을 경우에 한하여 취소할 수 있다(제110조 제2항). 이런 규정을 둔 이유는 사기나 강박을 당한 피해자의 보호와 그 법률행위의 상대방의 보호를 조화시키기 위하여, 상대방이 제3자의 사기나 강박에 대하여 선의이고 무과실인 때에 한하여 상대방을 보호하고자 하는 것이다. 거래의 안전을 위하여 '선의의 제3자'를 보호한다는 본조 제3항의 '제3자'와는 그 의미가 다름에 유의해야 한다.

(나) 상대방의 수령을 요하지 않는 의사표시의 경우(유언 등)에는 본조의 적용이 없어 언제든지 취소할 수 있다.

(다) 제3자의 범위

1) 이와 관련하여서는 '본조 제2항의 제3자'는 계약 당사자가 아닌 자를 의미한다고 할 것이다. 그런데 기망행위를 한 제3자가 상대방과 어떠한 관계를 가지는 자인 경우 그 기망행위자를 상대방과 동일시하여 상대방이 기망사실을 알았든 몰랐든 취소할 수 있다고 해야 할 것인지 아니면 '본조 제2항의 제3자'로 보아 상대방이 기망사실을 알았거나 알 수 있었을 때에 한하여 취소할 수 있다고 볼 것인지에 대해 다툼이 있을 수 있다.

2) 먼저 대리인이나 법인의 대표자의 행위는 본인이나 법인에게 직접 효력이 발생하므로 이런 자는 여기서의 제3자에 해당하지 않고 따라서 표의자는 본인이나 법인이 대리인이나 대표자의 기망사실을 알 수 없었다고 하더라도 취소할 수 있다는 점에는 견해가 일치한다.[216)]

3) 문제는 법인의 피용자가 여기서의 제3자에 해당하는가이다. 위 예에서 위 96다41496 판결의 원심은 '기망행위를 한 자(B)와 상대방(A) 사이의 관계가 상대방이 그 기망행위에 대하여 자신의 행위와 마찬가지로 책임을 져야할 정도로 밀접한 경우에는 기망행위를 한 자(B)를 본조 제2항 소정의 제3자로 볼 수 없다'고 한 후, B가 A회사의 감사실 과장으로서 A회사의 대출업무 전반에 관한 감사권한을 가지고 있어 대출업무를 담당하는 직원에 대하여 영향력을 행사할 수 있는 지위에 있었고, 이를 이용하여 A회사의 대출담당 직원에게 위 대출이 이루어질 수 있도록 부탁을 하였던 점과 A회사가 감사인 B를 제대로 감시, 감독하지 못한 점 등을 고려하여 B의 사기는 A의 사기와 동일시할 수 있으므로 A는 B의 사기행위를 알 수 없었다고 하더라도 취소할 수 있다고 했다.

이에 대하여 대법원은 '본조 제2항의 제3자에 해당되지 아니하는 자란 그 의사표시에 관한 상대방의 대리인 등 상대방과 동일시할 수 있는 자만을 의미하고, 단순히 상대방의 피용자이거나 상대방이 사용자책임을 져야할 관계에 있는 피용자에 지나지 않는 자는 상대방과 동일시할 수는 없다'고 하면서 위 예에서 B는

216) 대판 1999.2.23. 선고 98다60828, 60835는 상대방의 대리인 등 상대방과 동일시 할 수 있는 자는 여기서의 제3자에 해당하지 않는다고 한다.

저당권설정계약과 관련하여 A의 대리인이라고 할 수 없고 단순한 A의 피용자의 지위에 있을 뿐이어서 A와 동일시 할 수 있는 자라고 보기 어려워, 제3자라고 볼 수밖에 없다고 판시하였다.217)

판례의 입장이 타당한 것으로 생각한다. 만일 D가 취소를 할 수 없게 된다면, D는 B, C를 상대로 제750조의 불법행위로 인한 손해배상을 청구할 수 있고, 나아가 A를 상대로 피용자 B의 불법행위책임으로 인한 제756조 제1항의 사용자책임을 물을 수 있을 것이다.

4) '제3자를 위한 계약'(제539조)에서의 '제3자'가 본조의 제3자인가에 대하여는 항을 나누어서 보도록 한다.

(라) 제3자를 위한 계약

1) 의의

예 5-22

(1) A보험회사는 B와, B가 사망할 경우 보험금을 자기의 처 C에게 보험금을 지급하기로 하는 생명보험계약을 체결했다.
(2) A가 B로부터 B의 물건을 매수하기로 하면서, B의 요구에 따라 매매대금 중 잔금은 C에게 지급하기로 하였다.

'제3자를 위한 계약'의 의의에 대해서는 '허위표시에서의 제3자의 범위'에서 보았다. 위 예에서의 계약 중 제3자 C에게 매매대금이나 보험금을 지급하게 하는 부분은 제3자를 위한 계약(제539조)이라고 하고, A를 낙약자, B를 요약자, C를 수익자라고 한다.

'제3자를 위한 계약'에서도 예 (1)의 보험과 같이 낙약자인 보험회사의 수익자에 대한 의무는 보험회사 자신의 고유한 채무라고 할 수 있음에 반하여, 예 (2)의 경우는 어떠한 계약에도 있을 수 있으므로 전자를 '순수 제3자를 위한 계약'이라

217) 위 96다41496 판결은 결과적으로는 D의 취소를 인정했는데, 취소를 인정한 이유로는 소규모인 A회사의 과실, 즉 B를 제대로 감시 감독하지 못한 점에서 과실이 있다는 것을 들고 있다. 이는 A가 B의 사기행위를 알 수 있었을 경우에 해당한다고 본 것과 실제적으로는 동일한 결과가 된다. 이 판결에 대해서는 피용자가 계약체결의 보조자인 경우에는 제391조의 이행보조자의 규정을 유추적용하여 제3자에 해당하지 않는다고 보아야 한다는 견해가 있다(윤진수, '계약상대방의 피용자의 사기로 인한 의사표시의 취소', 서울대법학, 39권2호(1998.8), 서울대학교 법학연구소, 342면 이하).

하고, 후자를 '제3자약관부 계약'이라고 구별하기도 한다.[218]

위 계약에 대해서는 채권각론에서 자세히 다룰 것이고, 여기서는 사기, 강박에 의한 의사표시와 관련된 부분에 한하여서만 보도록 한다.

제3자 C가 수익의 의사표시를 하기 전까지는 아직 제3자가 권리를 확정적으로 취득하기 전이므로 취소권을 행사해도 C의 권리를 해할 염려가 없어 낙약자든 요약자든 아무런 제한 없이 취소권을 행사할 수 있다는 점에서는 이론이 없다. 그러나 제3자 C가 수익의 의사표시를 한 후에는 낙약자나 요약자가 취소를 하면 제3자 C의 권리가 박탈되는데 이런 경우에도 낙약자나 요약자에게 아무런 제한 없이 취소권을 인정해도 되는지가 문제된다.

다음에서는 제3자 C가 수익의 의사표시를 한 후를 전제로 논의한다.

2) 요약자나 낙약자의 사기

가) 위 예 (1)의 경우

보험의 경우에는 상법에 의해 규율되고 민법의 본조가 적용될 여지는 적다.

① 요약자 B의 사기

요약자 B가 사기행위를 한 경우 위와 같은 생명보험인 때에는 낙약자 A는 취소할 수 있고 A는 취소로 C에게 대항할 수 있다고 할 것이다.[219] 다만 유의할 것은 보증보험의 경우이다. 예컨대 A보험회사와 B 사이에, 'B가 도급받은 공사에 하자가 발생하는 경우 B가 도급인에 대하여 부담하는 손해배상금'과 관련하여 공사하자 시에 그 손해배상금을 A가 도급인에게 지급하기로 하는 보증보험계약을 체결하고, 도급인 C가 그 보증보험계약을 믿고서 B에게 공사를 도급하였는데 그 후 B의 사기로 위 보험계약이 체결되었음이 드러나 A가 보증보험계약을 취소하

---

218) 판례는 해제의 경우 '제3자약관부 계약'에 해당하는 예인 앞의 허위표시에서 본 2005다7566, 7573 판결에서는 대가관계를 고려하여 낙약자가 해제하더라도 수익자에 대하여 이미 지급한 대금의 반환을 구하지 못한다고 했으나, '순수 제3자를 위한 계약'에 해당하는 예인 대판 2018.9.13. 선고 2016다255125에서는 '생명보험이나 상해보험계약에서 보험수익자(C)가 보험금청구권을 취득하게 되는 경우, 위 보험계약이 무효이거나 해제된 때에는 보험자(A)의 보험수익자(C)에 대한 급부는 보험자의 보험수익자에 대한 보험자 자신의 고유한 채무를 이행한 것이므로 보험자는 요약자인 보험계약자(B)가 아니라 보험수익자(C)를 상대로 이미 급부한 보험금의 반환을 구할 수 있다'고 판시하여 다르게 보고 있다.

219) 상법 제651조는 보험계약자 또는 피보험자에 관한 주요한 사항을 보험자에게 고지하도록 의무지우면서 이를 위반하면 계약을 해지할 수 있도록 규정하고 있으므로 위 예에서 요약자 B가 보험자인 낙약자 A를 속인 경우에는 상법의 위 규정을 적용하여 해지할 수도 있을 것이다.

는 경우 A가 그 취소로 C에게 대항할 수 있는지가 문제된다.[220] 이 경우 C는 A와 B의 보험계약이 유효한 것으로 믿고서 B와 계약을 체결하는 것이므로 실질적으로 C는 A와 B의 보험계약을 믿고서 법적 이해관계를 맺은 선의의 제3자라고 할 수 있는 지위에 있기 때문에 B가 A를 기망하였더라도 C가 등장한 이후에는 A가 B의 기망을 이유로 취소할 수 없다고 하여 C를 보호하고 있다. 이는 실질적으로 수익자를 본조 '제3항'에서의 제3자에 해당하는 자로 보고 있는 것이라고 할 수 있다.

② 낙약자 A의 사기

낙약자 A가 요약자를 속인 경우 낙약자가 보험회사일 경우에는 보험약관에 관하여 설명의무를 부담하므로 설명의무를 위반한 경우에는 약관내용을 보험계약의 내용으로 주장할 수 없게 되므로 이 법리에 따르면 될 것이다.[221] 나아가 이 경우 요약자는 다음의 예 (2)의 설명에서 보는 것처럼 취소할 수도 있다고 할 것이다.

나) 위 예 (2)의 경우

① 요약자 B의 사기

이 경우에는 수익자 C를 본조 '제3항'의 제3자에 해당한다고 보아 낙약자 A가 취소하더라도 선의인 수익자 C에게 대항할 수 없다거나 제541조에 의해 수익자 C가 수익의 의사표시를 하여 권리가 발생한 후에는 요약자 및 낙약자는 이를 변경 또는 소멸시키지 못하므로 요약자 및 낙약자는 사기를 이유로 취소할 수 없다는 견해와, 낙약자는 제542조에 의해 요약자에 대하여 가지는 계약에 기한 항변으로 수익자 C에게 대항할 수 있으므로 사기를 이유로 한 취소로 수익자에게 대항할 수 있다는 견해가 있다.

생각건대, 앞의 허위표시에서 본 것처럼 제3자를 위한 계약에서의 제3자인 수익자 C가 본조 '제3항'의 제3자에 해당하는 경우도 있지만 해당하지 않는 경우도 있다는 것은 앞에서 보았고, 또 제541조는 제3자의 권리가 생긴 후부터는 요약자와 낙약자의 '합의'로 그 권리를 변경 또는 소멸시킬 수 없다는 것을 의미하는 것이지 의사표시의 하자를 이유로 취소하는 것까지 금지시키는 것은 아니라고 보

220) 보험과 보증의 계약 당사자는 다르다. 즉 보험은 위의 예에서 A와 B가 당사자이지만, 보증의 경우는 채권자(C)와 보증인(A)이 계약 당사자이다. 보증보험과 유사한 기능을 하는 신용보증기금법에 의한 신용보증에 대해서는 보험이 아니라 보증으로 보는 것이 판례(대판 1994.10.28. 선고 94다17086 등)의 태도이다(신용보증기금법 제28조 참조).

221) 대판 2005.8.25. 선고 2004다18903.

아야 한다.[222] 따라서 위 견해들에 동의하기 어렵다. 이 경우에는 수익자 C는 매매목적물 자체에 어떠한 법적 이해관계를 가지는 자(앞의 허위표시 예 5-15 표의 '일반채권자 C1'에 해당한다)가 아니므로 본조 제3항의 제3자에 해당한다고 할 수 없고, 따라서 낙약자인 A는 요약자 B의 사기를 이유로 취소할 수 있고, 취소로 C의 선의, 악의를 불문하고 대항할 수 있다고 할 것이다.

나아가 낙약자 A가 그 취소의 효과로서 수익자 C에 대하여 부당이득으로서 이미 급부한 것의 반환을 구할 수 있는지는 앞의 허위표시에서의 '제3자를 위한 계약'에서 본 2018다244978 판결과 같이 대가관계를 고려하여야 할 것이다. 따라서 만일 A가 C에게 급부한 것이 B의 C에 대한 기존 채무금액의 변제를 위한 것이었다면 C에 의한 매매대금의 수령으로 B의 C에 대한 채무가 소멸하게 되므로 C에게는 이득이 없고, 따라서 A는 위 매매계약을 취소하더라도 C를 상대로 지급한 매매대금의 반환을 구할 수는 없고, B를 상대로 지급한 매매대금의 반환을 청구해야 할 것이다.[223]

그러나 만일 위 예와 달리 A가 B로부터 부동산 L을 매수하면서 B로 하여금 그 L을 D에게 소유권 이전등기를 해 주기로 하였고, B의 D에게로 소유권 이전등기를 해 준 것은 A가 이미 D에게 L을 매도하였기 때문이라고 하는 경우(이하 'D가 등장한 예'라고 한다), 이 경우 B(낙약자)가 급부한 후 A(요약자)의 기망행위를 이유로 취소하였다고 하더라도 수익자 D가 선의라면 D를 상대로 위 L에 관한 소유권이전등기의 말소와 L의 반환을 구할 수는 없다고 할 것이다. 이때의 D는 실질적으로 A와 B의 거래 대상물 자체를 인도받아 소유권을 취득한 자로서 앞의 허위표시 예 5-15 표의 '이전등기를 한 매수인 F'에 해당하는 자이기 때문이다.

② 낙약자 A의 사기

이 경우 학설로는, 수익자 C의 이익을 침해하지 않도록 요약자 B는 수익자 C

---

222) 대판 1970.2.24. 선고 69다1410, 1411은 제3자를 위한 계약에서 낙약자의 채무불이행을 이유로 요약자가 제3자의 동의 없이 계약을 해제할 수 있다고 판시하고 있는데, 이것도 같은 의미일 것이다.

223) 허위표시의 '제3자를 위한 계약'에서 본 2005다7566 판결은 본소로서 낙약자가 요약자와의 매매계약을 이행불능이라는 이유로 해제한 후 수익자를 상대로 해제 전에 수익자에게 지급한 매매대금에 관하여 해제에 기한 원상회복 또는 부당이득을 원인으로 반환을 구할 수 없다고 하였다. 그 이유에 관하여 대법원은 '낙약자와 요약자 사이의 법률관계(이른바 기본관계)를 이루는 계약이 해제된 경우 그 계약관계의 청산은 계약의 당사자인 낙약자와 요약자 사이에 이루어져야 한다'는 이유를 들고 있다.

의 동의 없이는 취소할 수 없다는 견해와, 수익자 C의 동의가 없더라도 B는 취소할 수 있다는 견해가 있다. 그러나 앞에서 본 것처럼 제3자 C의 이익은 요약자와 낙약자 사이의 계약이 유효함을 전제로 한 것이고 낙약자의 사기행위로 요약자 B의 의사결정의 자유가 침해된 점, 취소된다고 하여 전적으로 C의 이익만이 침해되는 것이 아니라 위 예 (2)에서 보는 것처럼 B에게도 지급받은 매매대금의 반환이라는 불이익이 생기는 것이어서 취소로 인해 전적으로 C만 불이익을 입는다고 볼 수 없는 점 등을 고려하면 요약자 B는 취소권을 행사할 수 있다고 보아야 할 것이다.

다만 위 'D가 등장한 예'에서는 취소권자인 요약자(위 예에서 A)가 거래 대상물 자체를 양도한 상태라고 보아야 하므로 제145조 제5호에 의하여 법정추인이 되어 요약자는 취소할 수 없다고 할 것이다.

3) 수익자 C의 사기

수익자 C의 사기행위는 낙약자 A를 상대로 한 경우와 요약자 B를 상대로 한 경우가 있다.

가) 낙약자를 상대로 한 경우

이 경우 수익자 C를 실질적인 당사자로 보아 무조건 취소를 할 수 있는지 아니면 C를 본조 제2항의 제3자에 해당하는 것으로 보아 요약자 B가 C의 사기행위를 알았거나 알 수 있었을 때에 한하여 낙약자 A는 취소할 수 있는지가 문제이다.

이에 관한 학설로는, 법률효과의 귀속자는 C이므로 C의 사기 또는 악의는 당사자의 사기 또는 악의와 동일하게 취급하여야 한다고 하여 취소를 인정하는 견해, 법률효과의 전부가 C에 대해 발생하는 것은 아니고(위 예(2)에서 보면 잔금을 제외한 매매대금에 대한 권리는 B에게 귀속하고 있다) 또 그 효과는 C가 스스로 그 행위를 한 경우와 동일한 것은 아니므로 C를 당사자와 동일시하는 것은 타당하지 않다는 견해, '제3자를 위한 계약'을 위 예 (1)의 '순수 제3자를 위한 계약'과 위 예 (2)의 '제3자약관부 계약'으로 구분하여 낙약자 A는 전자의 경우 본조 제2항이 적용되지 않아 제한 없이 취소할 수 있지만, 후자의 경우 본조 제2항을 적용하여 낙약자가 수익자의 사기행위를 알았거나 알 수 있었을 때에 한하여 취소할 수 있다는 견해 등이 있다.

생각건대 위 예 5-21의 96다41496 판결의 판시에 따르면 수익자 C는 계약당사자로 볼 수 없고 또 낙약자의 상대방인 요약자와 수익자 C를 동일시할 수 없으므로 요약자 B가 수익자 C의 사기를 알았거나 알 수 있었던 때에 한하여 낙약자는 취소할 수 있지만, 그렇지 않은 때에는 취소할 수 없다고 해야 할 것이다.

나) 요약자를 상대로 한 경우

다음으로 수익자가 요약자에 대하여 사기행위를 한 경우에는 어떤가.

위와 같이 생각하여 요약자의 상대방인 낙약자가 수익자의 사기를 알았거나 알 수 있었던 경우에 한하여 요약자는 취소할 수 있으나 그 외의 경우에는 취소할 수 없다고 해야 할 것이다.

4) 수익자 C 이외의 제3자 D가 낙약자 A(또는 요약자 B)에 대해 사기행위를 한 경우

이 경우는 본조 제2항의 문제인 것에 대하여는 이론이 없고 이에 따라 해결하면 된다. 다만 이때 낙약자 A를 D가 기망한 경우 요약자 B는 선의이지만 수익자 C가 D의 사기행위를 알았거나 알 수 있었을 때 낙약자 A가 취소할 수 있는지에 대하여 의문이 있을 수 있다.

본조 제2항의 '사기행위를 알았거나 알 수 있었을 때'는 사기 피해자의 상대방 계약 당사자인 B를 기준으로 하여야 하므로 B가 선의인 이상 수익자 C가 설사 알았거나 알 수 있었다고 하더라도 취소할 수 없다고 할 것이다.

나. 소급적 무효

취소권을 행사하여 그 법률행위를 무효로 만들 것인지 아니면 유효한 것으로 계속 둘 것인지는 사기행위나 강박행위의 피해자인 표의자의 선택에 달렸다. 취소권을 행사하면 소급적으로 그 법률행위의 효력을 상실하게 만들지만, 고용계약이나 조합계약 등에서는 소급효가 제한된다는 것도 앞의 착오취소에서 본 바와 같다.

다. 선의의 제3자와의 관계

(1) 원칙

제3자와의 관계에서, 선의의 제3자에 대해서는 대항할 수 없다는 점, 제3자의 선의는 추정되므로 취소를 주장하는 자가 '악의'를 증명해야 한다는 점도 앞의 착오취소에서 본 바와 같다.

사기나 강박으로 인하여 취소될 수 있는 법률행위에서 발생한 채권이 양도되고 양도통지까지 이루어진 후 취소된 경우 채무자가 취소함으로써 채권양수인에게 대항할 수 있느냐 하는 문제는 착오에서와 같이 발생한다. 이에 대해서는 착오에서 본 것처럼 제451조 제2항을 적용하여 취소로 대항할 수 있다고 할 것이다.

'제3자를 위한 계약'에서 본조 '제3항'의 '제3자'의 범위와 관련하여 생기는 문제에 대해서는 허위표시와 본조 '제2항'의 '제3자'와 관련하여 앞에서 보았다.

(2) 무과실을 요하는지

문제는 착오에서와 같이 제3자에게 '선의' 외에 '무과실'까지도 요구하느냐이다. 이에 대해서는 착오에서 본 것처럼 현행 규정의 문언상으로는 무과실은 요구하지 않는다고 해석해야 할 것이지만, 무과실까지도 요구해야 한다는 견해도 유력하다.[224]

(3) 등기까지도 요하는지

제3자의 요건으로서, 부동산이라고 하더라도 제3자 명의로 등기까지 되어야 하는 것은 아니며, 또 취소 전의 제3자뿐만 아니라 취소 후이더라도 등기가 말소되기 전까지 발생한 선의의 제3자도 보호된다는 점은 착오취소에서 본 것과 동일하다.

4. 적용범위

앞의 착오에서 본 것처럼 가족법상의 행위, 소송행위나 공법상 행위에는 본조가 적용되지 않는다.

5. 다른 제도와의 관계

가. 불법행위책임과의 경합

기망행위나 강박행위 자체가 위법성을 가져 사회질서에 반하더라도 제103조에

224) 일본 민법은 최근 개정으로 사기에 의한 의사표시의 경우에는 무과실을 제3자에게 요구하는 것으로 하였다(일본 민법 제96조 제3항 참조). 그러나 강박에 의한 의사표시의 경우에는 표의자에게 귀책성이 없음을 이유로 모든 제3자, 즉 제3자가 선의라고 하더라도 취소로 대항할 수 있도록 하고 있다. 일본민법의 이런 태도는 민법의 개정 전에도 마찬가지였다. 우리도 참고할 만하다고 할 것이다.

의해 무효로 되는 것은 아니고 취소를 할 수 있을 뿐이다.[225] 이런 의미에서는 제110조는 제103조의 특별규정이라고 할 것이다.

그러나 사기나 강박에 의해 행해진 법률행위가 내용, 동기, 목적 등을 고려할 때 사회질서에 반하는 것으로 인정되는 경우에는 경합이 가능하고,[226] 나아가 불법행위에 해당할 경우에는 취소 후에도 남는 손해가 있다면 제750조의 불법행위 책임을 물어서 그 손해의 배상도 청구할 수 있다고 할 것이다.

나. 그 외

착오에 의한 취소와의 경합문제나 하자담보책임과의 경합문제,[227] 해제와의 경합문제 등은 앞의 착오에서 본 법리와 동일하다.

Ⅵ. 의사표시의 효력발생

1. 의의

의사표시 중 상대방 없는 의사표시의 경우에는 원칙적으로 의사를 표명한 때

225) 대판 2002.9.10. 선고 2002다21509(보증인이 실제 채무액이 9천만원임에도 3천만원이라는 말에 속아서 보증한 경우 제103조 위반으로 무효라고 보지 않았다).

226) 대판 1974.7.23. 선고 74다157(가해자가 경찰관과 짜고 도박으로 잃은 돈의 회복을 위해 피해자를 도박장으로 유인한 후 경찰관으로 하여금 현행범으로 연행하게 하여 경찰서 보호실에 감금, 폭행, 협박하여 잃은 돈의 90배에 해당하는 부동산에 관하여 가해자 앞으로 소유권 이전등기를 한 경우, 위 행위는 제103조 위반으로 무효로 보았음), 대판 1993.4.27. 선고 92다56087(피해자가 가해자에게 속아 회사의 영업을 양도함과 아울러 회사 소유의 집기 등을 매수하였다가 기망을 이유로 영업양도 및 매수계약을 취소하고 가해자를 상대로 불법행위를 이유로 손해배상을 청구하였고, 이에 가해자는 손해배상금액의 지급과 집기의 반환이 동시이행관계에 있다고 항변한 사안에서, 어떤 법률행위가 사기에 의한 것으로 취소되는 경우 그 법률행위가 동시에 불법행위를 구성하는 때에는 취소의 효과로서 생기는 부당이득반환청구권과 불법행위로 인한 손해배상청구권은 경합하여 병존하는 것이므로 채권자는 어느 것이라도 선택하여 행사할 수 있고, 피해자가 불법행위로 인한 손해배상청구를 한 경우 집기반환의무는 위 손해배상의무와 동시이행관계에 있다고 볼 수 없다고 판시함).

227) 대판 1973.10.23. 선고 73다268(제569조가 타인권리매매를 유효한 것으로 규정하고 있더라도 매수인이 매도인의 기망에 의하여 타인의 물건을 매도인의 것으로 알고 매수한 경우, 타인의 물건인 줄 알았다면 매수하지 아니하였을 사정이 있는 때에는 매수인은 기망을 이유로 취소할 수 있다).

효력이 발생하고 별다른 문제는 없다. 그러나 상대방 있는 의사표시에 대하여도 위와 같은 원칙을 채용하면 상대방에 대한 보호가 부족하게 된다. 따라서 표의자와 상대방의 이익을 서로 조화롭게 보호하기 위하여 어떻게 하면 좋은지가 문제된다.

이 문제는 의사표시가 도달하지 않았거나 늦게 도달한 경우 표의자와 상대방 중 누가 그에 따른 위험을 부담할 것인가라는 문제와도 관계된다.

2. 상대방 있는 의사표시의 효력발생시기

가. 입법주의

상대방 있는 의사표시는 일반적으로 표의자의 의사 표명, 발신, 상대방에게 도달, 상대방의 요지(了知)라는 과정을 거치게 된다. 상대방이 면전에 있다면 위 과정은 일시에 이뤄지지만 상대방이 멀리 떨어져 있는 경우에는 위 각 단계가 뚜렷이 구별되게 된다.

의사표의 표명 시에 의사표시가 효력을 발생한다(표백주의, 表白主義)고 하면 표의자에게는 유리하지만, 상대방에게는 불리하고, 상대방이 의사표시의 내용을 알게된 때에 의사표시의 효력이 발생한다(요지주의)고 하면 반대입장이 된다. 결국 발신주의와 도달주의 중 어느 하나를 선택하여야 할 것이고, 그 선택은 입법자의 결단이라고 할 수 있다.

나. 도달주의

(1) 원칙

우리 민법은 제111조 제1항에서 '상대방 있는 의사표시는 상대방에게 도달한 때에 효력이 생긴다'고 규정하여 도달주의를 취하고 있음을 명백히 하고 있다. 쌍방의 이해관계를 조화롭게 조절하고 효력발생시기를 객관적으로 정할 수 있다는 장점 때문이다.

아울러 도달하는 시점에 의사표시가 효력을 발생한다면 효력발생시기에 표의자가 사망하거나 행위능력을 상실하는 사태가 벌어지면 의사표시의 효력은 발생하지 않는 것이어야 할 것이다. 그러나 민법은 제111조 제2항에서 '의사표시자가 그 통지를 발송한 후 사망하거나 제한능력자가 되어도 의사표시의 효력에 영향을 미치지 않는다'고 규정하고 있는데, 이는 의사표시의 발송 때에 이미 의사표시가 성립하고 있다는 생각에서 비롯한다.

여기서 도달이란, 의사표시가 상대방의 지배권 내에 들어가 사회통념상 상대방이 의사표시의 내용을 요지할 수 있는 객관적 상태에 놓이는 것을 의미하고, 그 통지를 상대방이 수령하거나 그 내용을 알았을 것까지는 필요하지 않다. 그러나 이는 도달된 후 상대방이 아는 것이 가능한 상태를 전제로 하는 것이라고 보아야 할 것이므로 표의자가 상대방의 주소에 도달된 서류를 상대방이 그 내용을 알지도 못하는 사이에 가져가버리거나 하는 경우에는 도달된 것이라고 볼 수 없을 것이고,[228] 상대방이 주소지에 당분간 돌아오지 않는다는 것을 알고 있는 표의자가 상대방의 주소지로 그 의사표시를 발송하여 도달되었다고 해도 도달되지 않은 것으로 보아야 할 것이다.

상대방이 수령을 거절하는 경우, 이를 도달하지 않은 것으로 보면 표의자는 그 의사표시를 도달하게 할 방법이 없고, 또 상대방의 수령거절은 의사표시의 도달을 방해한 것으로서 그 불이익은 수령거절한 상대방에게 있다고 보아야 할 것이므로 도달할 수 있었던 때에 도달된 것으로 보아야 할 것이다.

최근 문제가 될 수 있는 것은, E-MAIL이나 FAX로 의사표시를 발송한 경우 상대방이 컴퓨터로 접속하여 볼 수 있는 MAIL BOX에 들어가거나 상대방의 FAX에서 인쇄되어 나옴으로써 도달된 것으로 보아야 하는 지이다.[229] E-MAIL의 경우에는 스팸메일도 많고 메일 주소도 여러 개를 사용하고 있는 사정을 감안하면 MAIL BOX에 들어가 있다고 하더라도 당사자들 사이에 특정 E-MAIL 주소를 송달장소로 지정하는 합의가 없는 한 원칙적으로 송달된 것으로 보기 어렵다고 할 것이다. FAX도 만일 회사에서 공동으로 사용하는 것이라면 다른 사람이 버리거나 가져갈 수도 있으므로 특별한 사정이 없는 한 송달되었다고 보기는 어려울 것이다.

---

228) 대판 1983.8.23. 선고 82다카439(의사표시가 든 우편을 상대방의 가정부가 배달받고 우편배달부에게 수령의 뜻으로 도장을 날인해 주었는데, 가정부가 그 우편을 상대방에게 전달하기 전에 동거하던 표의자가 와서 그 우편을 가지고 가버린 경우 도달을 인정하지 않음).

229) 「전자문서 및 전자거래 기본법」 제6조는 송신과 수신의 시기에 관하여 규정하고 있는데, 이는 문자 그대로 정보처리시스템에 송신과 수신의 시기를 의미한다고 보아야 하고, 민법상의 도달에 관한 규정은 아니라고 보아야 할 것이다.

송달에 관한 규정은 임의규정이므로 당사자들이 다르게 정하는 것은 상관없다.

(2) 도달의 효과

도달되면 의사표시가 효력을 발생하게 되고, 청약의 경우에는 철회하지 못한다(제527조). 따라서 청약이 도달하기 전에는 청약의 철회가 가능하나 그 철회의 의사표시는 청약의 의사표시보다 먼저나 동시에 도달해야 한다.

도달주의 원칙에 의하면, 의사표시가 효력이 발생하였다고 주장하는 측이 도달 여부에 대해 증명책임이 있다. 따라서 의사표시가 도달하지 않았거나 늦게 도착한 것에 대한 위험은 표의자가 부담한다. 판례에 따르면 의사표시가 등기취급우편이나 내용증명우편의 방법으로 발송되었다면 반송되는 등 특별한 사정이 없는 한 상대방에게 도달된 것으로 보지만,[230] 통상우편의 방법으로 발송한 경우에는 도달한 것으로 추정할 수 없다고 한다.[231]

(3) 예외

격지자(隔地者)간의 계약에서 청약에 대한 승낙의 의사표시는 그 의사를 발송한 때 효력이 발생하며 이때 계약이 성립한다(제531조). 격지자란 거리상 멀리 떨어져 있는 사람들 사이처럼 의사표시의 발신과 도달 사이에 상당한 시간 차이가 나는 경우를 의미하므로 거리상 멀리 떨어져 있어도 전화 등으로 즉시 대화가 가능한 경우는 제531조에서 말하는 격지자라고 할 수 없다.

이런 발신주의를 취할 때의 장점은 청약에 대한 승낙의 의사를 표시한 승낙자는 승낙을 발신함과 동시에 승낙의 의사표시가 도달되어 계약이 성립된 것으로 되므로 곧바로 계약의 이행에 착수할 수 있다는 신속성에 있다. 따라서 신속성이 요구되는 상법에서는 발신주의가 채택되는 경우가 많다(상법 제53조, 제67조, 제69조, 제70조 등). 그러나 격지자에 대한 이런 입법주의에 대해서는 비판도 많다. 즉 현대에는 통신수단의 발달로 발신에서 도달까지의 시간이 상당히 단축되었으므로 도달주의를 취해도 신속성에 그다지 큰 지장을 주지 않고, 또 발신 시에 계약이 성립된 것으로 보므로 승낙자 측에서는 발신 후에 승낙을 철회하고 싶어도 할 수

---

230) 대판 1980.1.15. 선고 79다1498, 대판 1992.3.27. 선고 91누3819, 대판 2007.12.27. 선고 2007다51758.

231) 대판 2002.7.26. 선고 2000다25002.

가 없고, 청약자 측에서는 승낙의 발신사실을 몰라 다른 사람과 계약을 체결하게 되어 이중으로 계약이 체결되는 문제가 발생하는 단점이 있다.

발신주의에서는 발신 시에 계약이 성립하고 효력이 발생하므로 승낙자는 발신사실만을 증명하면 되고, 발신한 승낙의 의사표시가 도달하지 아니하여 계약이 성립하지 않았다는 점을 다투고 싶으면 그 승낙의 효력을 다투는 자가 승낙이 도달되지 않았음을 증명하여야 한다.

비교법적으로도 도달주의를 채용한 입법례가 압도적으로 다수인 바, 본조의 유지 여부를 재고할 시점이라고 생각한다.

3. 의사표시의 수령능력

의사표시의 수령능력이란 타인의 의사표시의 내용을 이해할 수 있는 능력을 말한다. 이런 수령능력이 문제로 되는 이유는 도달주의를 취하고 있기 때문이다.

능동적으로 어떤 법률행위를 하는 것은 아니고 상대방의 의사표시를 단순히 수동적으로 수령하는 것이기 때문에 행위능력보다는 그 정도가 낮아도 무방하지만, 민법은 모든 제한능력자를 수령무능력자로 규정하고 있다(제112조). 그러나 법정대리인이 의사표시의 도달사실을 안 때에는 표의자는 도달된 것을 주장할 수 있다. 그리고 무능력자가 예외적으로 행위능력을 가지는 경우에는 그 행위능력을 가지는 범위 내에서는 능력자와 동일하게 보므로 의사표시의 수령능력도 인정되는 것은 당연하다.

제112조는 제한능력자를 보호하기 위한 규정이므로 수령능력이 없는 제한능력자 측에서 의사표시의 효력을 인정하는 것은 무방하다고 할 것이다.

4. 의사표시의 공시송달

표의자가 과실 없이 상대방을 알지 못하거나 상대방의 소재를 알지 못하는 경우에는 민사소송법 공시송달의 규정에 의하여 의사표시를 송달할 수 있다(제113조).

이는 표의자의 불편을 고려한 것이다. 공시송달의 방법과 효과에 관하여는 민사소송법 제194조 내지 제196조에서 규정하고 있다.

제 7 절 대리(代理)

Ⅰ. 서

1. 의의

지금까지의 설명은 본인과 상대방이 타인을 개재시킴이 없이 직접 법률행위를 하는 경우를 상정한 것이었다. 그러나 어떤 경우에는 대리인을 개입시켜 그를 통하여 법률행위를 하는 경우가 있다. 대리인이 개입되는 경우는 대리인이라고 칭하는 자에게 대리권이 있는 때(유권대리라고 한다)와 대리권이 없는 때(무권대리라고 한다)로 나눌 수 있다.

유권대리(有權代理)의 경우에는 대리인이 가지는 대리권의 범위와 관련한 문제와 대리인이 한 대리행위와 관련한 문제가 발생할 수 있다.

무권대리(無權代理)의 경우에는 원칙적으로 본인에게 그 법률효과가 미치지 않는 것이 원칙이지만 예외적으로 무권대리인이 한 행위임에도 불구하고 본인에게 그 법률효과가 미치는 경우가 있는지, 있다고 하면 어떤 요건 하에서 인정할 것인지라는 문제가 발생할 수 있다.

2. 개념과 필요성

대리란 타인이 본인의 이름으로 의사표시를 하거나(능동대리) 의사표시를 수령함(수동대리)으로써 그 법률효과가 직접 본인에게 귀속되도록 하는 제도를 말한다. 이런 대리제도가 필요한 이유는 개인의 활동을 지원하기 위함인데 이것도 크게 두 가지 경우로 나눌 수 있다.

가. 임의대리

본인이 대리인을 직접 선임하는 경우이다. 이는 자신의 활동영역을 확장시키기 위하여 자신의 책임 하에 대리인을 선임하는 것이므로 누구를 대리인으로 선임할 것인지, 대리권의 범위를 어디까지 부여할 것인지는 본인이 결정한다. 이런 대리는 개인의 사적자치(私的自治)를 확장하는 역할을 담당하게 된다.

나. 법정대리

본인의 의사와 무관하게 대리권이 주어지는 경우이다. 예컨대 법률에 기초하여 대리인이나 대리권의 범위 및 내용이 정해지는 경우(제22조, 제25조 등), 법원의 선임에 의해 주어지는 경우(제23조) 등이다. 이런 대리가 필요한 이유는 제한능력자와 같이 행위능력이 없는 사람이나 부재자의 경우 어떠한 법률행위를 하기 위해서는 타인의 조력을 받지 않으면 아니 되므로 이들을 대신하여 행위를 해 주어야 하기 때문이다. 이런 경우 대리와 관련된 사항을 법률에서 규정하고 있다(미성년자의 법정대리인, 피성년후견인의 성년 후견인 등). 이런 대리는 제한능력자 등의 사적자치를 보충하는 역할을 한다.

다. 법인의 경우

법인의 대표에 관하여는 대리에 관한 규정을 준용하도록 하고 있다(제59조 제2항). 즉 법인은 법률적으로는 구성원과는 독립된 권리의무의 주체로서 법률행위를 할 수 있는 자격이 부여되어 있지만 실제에 있어서는 법인을 위하여 행동하는 자연인이 필요하므로 법인의 활동에는 대리제도가 불가피하다.

이처럼 법인의 대표기관의 존재는 불가피하고 그 권한도 포괄적인 대리권이 주어진다는 점에서는 법정대리와 유사한 점이 있지만, 대표기관을 구성원들이 임의로 선출할 수 있다는 점과 포괄적인 대리권의 범위와 관련하여 구성원들의 의사에 기하여 일정한 경우 제한을 가할 수 있다는 점에서는 임의대리와 유사한 점이 있다.

대리의 경우 법률행위[232]에 대해서만 인정된다는 점에 대해서는 이론이 없지만, 대표의 경우 법률행위 외 사실행위나 불법행위에 관해서도 인정되느냐에 관해서는 긍정하는 견해와 부정하는 견해가 있다. 법인 대표자의 직무에 관한 사실

---

232) 대리는 법률행위나 의사표시에만 인정되고, 준법률행위는 대리가 인정되지 않는 것이 원칙이나 예외적으로 의사의 통지와 관념의 통지에는 대리규정을 유추적용해도 좋다는 것이 통설이다. 또 혼인, 이혼, 인지, 유언 등과 같이 본인 스스로의 의사결정이 절대적으로 필요한 법률행위는 대리가 허용되지 않는다.

행위나 불법행위의 법적 효력이 법인에게 미치는 것을 대리의 법리로 해석하느냐 아니면 법률 규정에 의한 것으로 해석하느냐의 차이에서 학설이 나뉘는 것으로 보이는데, 그 효력이 미치는 점에 대해서는 일치하므로 실질적 실익은 없는 논의라고 생각한다.

3. 대리의 구조

예 5-23

A가 B에게 A 소유의 물건 M을 매도하여 줄 것을 부탁하면서 매도와 관련한 계약조건의 교섭과 계약을 체결할 수 있는 권한을 부여한다는 위임장을 교부하였다. 그 후 B는 C와 만나 위임장을 보여주고 계약조건에 관하여 교섭을 한 후 합의한 계약조건으로 B가 A를 대리하여 위 물건을 금 100만원에 팔기로 하는 계약서를 작성했다.

대리의 구조는 대리인(B)이 본인(A)과 상대방(C) 사이에서 법률행위(매매)를 하는 것이므로, 먼저 본인과 대리인과의 관계, 대리인과 상대방과의 관계, 본인과 상대방과의 관계가 문제된다.

가. 본인(A)과 대리인(B)과의 관계(내부관계)

본인과 대리인 사이에서는 본인이 대리인에게 '어떤 사무의 처리를 맡긴다'고 하는 취지의 계약이 행해지고 있다. 위 예에서는 A가 B에게 'M의 매매계약의 교섭과 체결이라는 사무를 위탁'하는 위임계약이 체결되어 있다(이런 위임계약을 제128조는 '원인된 법률관계'라고 하고 있고, 학자들은 '내부적 법률관계' 또는 '기초적 법률관계'라는 표현을 사용하고 있다).

아울러 이런 사무처리계약(위임)과 아울러 본인이 대리인에게 대리권을 수여하고 있다.[233] 위의 예에서는 A가 B에게 물건의 매도와 관련하여 A를 대신하여 계

233) 중개도 위임계약의 일종이지만 대리권을 수여받지 않는다는 점에서 차이가 있다. 즉 중개는 단지 매수인을 물색하거나 또는 계약조건의 교섭을 본인을 대신하여 해 줄 수는 있지만, 본인을 대리하여 계약을 체결할 수는 없다. 다시 말하면 이 계약 역시 어떤 사무의 처리(중개)를 해 줄 것을 위탁하고 있지만, 대리권은 수여되어 있지 않으므로 중개인이 본인을 대리하여 계약을 체결할 수 있는 권한(대리권)은 없다.

약체결을 할 수 있는 권한을 주고 있는 것이 이에 해당한다. 이를 '대리권 수여행위' 또는 '수권행위(授權行爲)'라고 한다.

이때 대리인은 대리권의 범위 내에서는 본인을 대리하여 행위를 할 수 있고, 그 범위를 넘어서면 대리인이 아니라고 보아야 하므로 그 행위의 효력은 본인에게 귀속되지 않는다. 따라서 대리인이 가지는 대리권의 범위의 문제와 그 범위 내에서 행동을 했는지 여부가 중요한 문제로 등장한다.

나. 대리인과 상대방과의 관계(외부관계)

대리인은 상대방과 실제로 법률행위를 하고 있다. 위의 예에서는 B가 C와 교섭하고 매매계약을 체결하고 있는 것이 그것이다. 이와 같이 대리인이 대리인으로서 하는 행위를 대리행위라고 한다. 위의 예에서 보듯 B는 A를 대신하여 그의 매도의사를 표시하는 것뿐만 아니라(능동대리), A를 대신하여 C의 매수의사를 수령하기도 한다(수동대리).

그런데 B의 이런 행위의 법적 효력이 B 자신에게 귀속되는 행위인지 아니면 A에게 귀속되는 행위인지를 상대방인 C로서는 알 수가 없다. 따라서 B의 위 법률행위의 귀속주체가 A임을 나타내어 C로 하여금 알 수 있도록 해야 한다. 따라서 대리행위를 할 때는 B가 A를 대리하여 행동한다는 것을 나타내기 위해 원칙적으로 대리행위라는 것을 상대방인 C에게 표시해야 하는데, 이를 현명(顯名)이라고 한다(제115조 전단). 위의 예에서 B가 C에게 A의 위임장을 보여주거나 계약서에 'A의 대리인 B'라고 기재하는 것이 이에 해당한다. 이런 현명을 요구하는 것은 상대방 C로 하여금 누구에게 법률행위의 효과가 귀속되는지를 명확히 하여 상대방 C가 예상외의 불이익을 당하지 않도록 하기 위한 것이다.

이 경우 대리인이 대리의 의사를 가지고 현명하지 않고 행위를 한 경우 어떻게 처리할 것인가 하는 문제가 등장한다.

다. 본인과 상대방과의 관계(효과귀속)

대리인이 대리권의 범위 내에서 현명하여 한 대리행위의 법률적 효력은, 대리인과 상대방 사이가 아닌 본인과 상대방 사이에서 생긴다(제114조 제1항). 위의 예에서 B와 C가 체결한 매매계약의 효력은 A와 C 사이에서 발생한다.

이 경우 대리권의 범위를 벗어난 대리인의 행위의 효력은 어떻게 되는지가 문제로 등장한다.

4. 유사제도

가. 간접대리(間接代理)

자기명의로 법률행위를 하고 그 법률적 효과는 자신에게 귀속하지만, 경제적 효과는 타인에게 귀속시키게 하는 것을 말한다. 이에 해당하는 것으로는 상법 제101조의 위탁매매가 있다. 대리와 차이점은 대리인이 법률행위의 당사자이고 법률효과도 자신에게 귀속된다는 점에 있다. 일반적으로 이런 경우를 간접대리라고 부르고 있으나, 이처럼 법률효과가 행위자 자신인 대리인에게 귀속된다면, 이것을 대리라고 할 수는 없을 것이다. 그럼에도 불구하고 이런 경우를 간접대리라고 하여 대리와 구별하려고 시도하는 것은 혼란을 야기시킬 뿐이다. 따라서 '간접대리'라는 명칭은 재고할 여지가 있다.

나. 사자(使者, messenger)

예 5-24

A가 자동차회사로부터 할부로 자동차를 구매하려 하자, 자동차회사는 할부판매대금에 대한 보증으로 A가 B 보험회사의 보증보험에 가입하여 A의 할부금 미지급시 B가 위 보증보험금을 자동차회사에 지급하도록 하고 그 보험가입의 증명으로 B 발행의 보증보험증권을 교부하도록 요구하였다. B회사는 A에게 보증보험증권을 발급하면서 B가 A의 할부판매대금 미납으로 인하여 자동차회사에 보험금을 지급할 경우, A가 B에 대해 부담하는 보험금의 구상채무에 관하여 보증인을 세울 것을 요구했다. A는 C에게 가서 자기가 B회사에 대하여 부담하게 될 위 보험금 구상채무에 관하여 보증을 서줄 것을 부탁하였다. 그리하여 C는 A의 부탁에 따라 보증보험의 보증인이 되기로 하여 채무자란이 백지로 된 보증보험서류에 인감도장을 날인하고 아울러 인감증명서와 인감도장을 A에게 교부하였다. 그런데 A는 자신의 처 D로부터 동의를 받은 후 함부로 위 보증보험서류의 채무자란에 A의 처인 'D'로 기재하여 B회사에 제출하였다. 그 후 자동차 할부대금이 미납되어 B회사가 할부대금에 상당하는 보증보험금을 대신 지급한 후 C에 대해 보험금의 구상채무에 대한 보증책임을 추궁하였다.[234]

(1) 사자란 본인에 의하여 완성된 의사표시를 단순히 전달하거나(전달기관으로서의 사자), 본인이 결정한 의사표시를 상대방에게 그대로 표시하여(표시기관으로서의 사자) 표시행위의 완성에 협력하는 자를 말한다. 본인이 이미 의사표시를 결정하였다는 점에서 대리와 차이가 있다.

(2) 문제는 사자가 본인의 의사와 다른 의사를 전달하거나 표시한 경우 어떻게 처리할 것인지, 구체적으로는 본인에게 사자의 위와 같은 행위에 대하여 표현대리규정을 적용하여 책임을 지울 수 있느냐 하는 것이다.[235] 이에 관하여는 학설이 나뉜다.

앞서 본 것처럼 사자와 대리는 개념상 다르기 때문에 표현대리규정이 유추적용될 수 없고, 항상 본인에게 효력이 없다는 견해, 사자와 대리의 구별은 상대방 측에서는 본질적인 차이를 초래하지 않으므로 사자의 경우에도 대리권이 있는 것과 같은 외관이 있고 그 외관의 발생과 관련하여 본인이 원인을 주고 있다면 표현대리가 유추적용된다는 견해, 사자가 선의인지 악의인지를 구별하여 선의라면 전달된 의사는 유효하지만 본인이 착오를 이유로 그 의사표시를 취소할 수 있으나, 사자가 악의라면 본인의 의사를 전달하는 것이 아니고 스스로 의사표시를 한 것이므로 그 의사표시는 본인에게 효력이 없다고 보아야 하지만 이때 표현대리의 규정을 유추적용할 것인가를 검토하여야 한다는 견해 등이 있다.

(3) 판례는 사자인 경우 원칙적으로 사실행위만을 하는 자로서 대리인이 아니므로 표현대리의 규정이 적용되지 않지만, 상대방 측에서 보아 의사표시를 대리할 수 있는 대리인으로서의 외관이 있고 그 외관형성의 원인이 본인에게 있으면 표현대리의 유추적용을 인정하고 있는 것으로 보인다.[236]

(4) 생각건대 다음과 같은 이유로 판례의 입장이 타당할 것이다.

표현대리를 인정하는 이유는 외관형성에 원인을 제공한 본인에게 책임을 묻는 표현법리 때문인데, 위와 같은 사태가 벌어지게 된 것에 대한 귀책은 배임적 행

---

234) 앞의 착오 중 서명날인의 착오에서 본 92다31781 판결을 참고한 사례이다.

235) 이 문제는 제126조의 권한을 넘은 표현대리에 있어서, 기본대리권의 해석에 있어 '대리권'이 아닌 '사자로서의 권한'도 포함된다고 할 것인지, 즉 사실행위의 수권도 포함되는지 라는 문제와도 연관된다.

236) 대판 1962.2.8. 선고 4294민상192는 '대리인이 아니고 사실행위를 위한 사자라 하더라도 외견상 그에게 어떠한 권한이 있는 것의 표시 내지 행동이 있어 상대방이 그를 믿었고 또 그를 믿음에 있어 정당한 이유가 있다면 표현대리의 법리에 의하여 본인에게 책임이 있다'라고 판시한다.

위를 한 사자를 선정한 본인에게 있다고 보아야 한다. 또 거래의 상대방으로서는 사자에게 어떠한 권한이 주어져 있는지를 위임장을 보고서 알 수 있을 뿐이고, 이런 상황은 대리인이나 사자나 마찬가지의 상황이다. 이런 사정을 감안하면 외관상으로 보아 최소한 사자인지 대리인인지를 구분하기 어려운 경우에는 사자와 대리인을 구분하여 법리를 달리 적용할 이유는 없을 것이다.

(5) 따라서 위 예에서는 A를 B회사에 C의 의사를 단순히 전달하는 사자에 불과하다고 본다면 원칙적으로 표현대리의 규정은 적용이 없을 것이다. 그러나 본인 C가 사자 A에게 인감증명과 인감도장을 교부한 것은 마치 A에게 대리인과 같은 외관을 부여한 것이고, 이때 A가 C의 의사와 달리 채무자를 'D'로 표시한 것은 대리인이 그 권한을 넘어 대리행위를 한 경우와 유사하며, C가 채무자란을 공란으로 둔 채 날인함으로써 남용의 기회를 부여한 것에 대해 스스로 책임을 부담하더라도 그다지 부당하지 않을 것이므로 제126조의 유추적용을 인정해도 좋다. 그렇다면 B가 거래당시 A에게 위와 같은 대리행위를 할 수 있는 권한이 있다고 믿을 만한 정당한 사유가 있다면 C는 B의 이행청구에 응하여야 할 것이다. 판례도 이런 결과를 인정했다.

Ⅱ. 대리권

1. 의의

대리권이란 대리인이 본인의 이름으로 의사표시를 하거나 수령함으로써 직접 본인에게 법률효과를 귀속시킬 수 있는 법률상의 지위를 말한다. 그 법률적 성질에 관하여는 자격설이 통설이다. 따라서 대리권은 권리[237]라기보다는 일종의 권한[238]으로 이해되고 있다.

---

237) 권리란 일정한 구체적 이익을 누릴 수 있도록 법에 의하여 권리주체에게 주어진 힘을 말한다.

238) 권한이란 다른 사람을 위하여 그에게 일정한 법률효과를 발생케 하는 행위를 할 수 있는 지위나 자격을 말하며, 그 예로 대리권, 법인 대표기관의 대표권 등이 있다.

2. 발생원인

대리권이 생기는 원인은 본인의 의사에 기하여 발생하는 경우와 본인의 의사에 기하지 않는 경우가 있다. 전자를 임의대리권이라고 하고, 후자를 법정대리권이라고 한다.

가. 법정대리권

그 발생원인은 법률에 의해 규정되어 있는데, 이를 크게 3가지로 나눌 수 있다.

첫째 본인과의 일정한 신분상의 지위에 따라 당연히 대리인이 되는 경우이다. 그 예로서 일상가사(日常家事)대리권을 가지는 부부(제827조), 친권자(제911조, 제920조) 등이 있다.

둘째 지정권자의 지정으로 대리인이 되는 경우이다. 그 예로서 지정후견인(제931조), 지정유언집행자(제1093조, 제1094조) 등이 있다.

셋째 법원의 선임에 의하여 대리인이 되는 경우이다. 그 예로서 부재자재산관리인(제23조), 선임후견인(제932조, 제936조, 제959조의4), 상속재산관리인(제1023조, 제1040조 등), 유언집행자(제1096조) 등이 있다.

나. 임의대리권

(1) 의의

임의대리권은 본인이 대리인에게 대리권을 수여하여야 비로소 발생한다. 이와 같이 본인이 대리인에게 대리권을 수여하는 행위를 '대리권 수여행위' 또는 '수권행위'라고 하고, 이런 수권행위가 기초적 법률관계와 다르다는 것은 앞의 예 5-23에서 보았다.[239)]

---

239) 대판 1962.5.24. 선고 4292민상251, 252는 '위임과 대리권수여는 별개의 독립된 행위로서 위임은 위임자와 수임자간의 내부적인 채권채무관계를 말하고 대리권은 대리인의 행위의 효과가 본인에게 미치는 대외적 자격을 말하는 것이므로 위임계약에 대리권수여가 수반되는 일은 있으나 위임계약만으로는 그 효력은 위임자와 수임자 이외에는 미치는 것이 아니므로…' 라고 판시한다.

(2) 수권행위의 법적 성질

(가) 단독행위

수권행위의 법적 성질에 관하여 이를 무명(無名)계약[240]으로 볼 것인지, 단독행위로 볼 것인지에 관하여 견해가 나뉜다.

무명계약으로 보는 경우에는 본인과 대리인 사이의 의사표시의 합치에 의하여 성립한다고 보게 되는데, 이렇게 보면 대리인 측의 의사표시에 하자가 있으면 수권행위는 영향을 받게 된다. 그런데 우리 민법은 제117조에서 대리인에게 행위능력을 요구하지 않고 있고, 제128조에서 '철회'라는 용어를 사용하고 있는 점에 비추어 이설을 채택하기는 어렵다.

따라서 수권행위는 상대방 있는 단독행위라고 보아야 할 것이고, 본인은 언제든지 그리고 아무런 이유가 없더라도 수권행위를 철회할 수 있다고 할 것이다.

문제는 여기서의 상대방은 '대리인이 될 자'만을 의미하는지 아니면 '대리행위의 상대방'도 포함되는지 이다. 이에 관해서는 견해가 나뉘고 있으나, 본래 상대방 있는 의사표시에 있어서의 상대방은 해당 의사표시 자체에 의하여 권리나 이득 또는 권한을 취득하는 자를 의미한다고 할 것이므로 수권행위의 상대방은 수권행위로서 권한을 취득하게 되는 '대리인이 될 자'만을 의미한다고 볼 것이다. 만일 본인이 '대리행위의 상대방'에 대하여 수권행위를 표시하였지만 '대리인이 될 자'에게 대리권을 부여하지 않았다면 제125조의 표현대리가 성립할 수 있을 것이다.

(나) 기초적 법률관계와 수권행위와의 관계

1) 기초적 법률관계와 수권행위가 다르다는 것은 앞에서 본 바와 같고, 기초적 법률관계에 해당하는 법률관계는 위임계약만 있는 것이 아니라 고용이나 조합계약도 있을 수 있다.[241]

---

240) 계약으로 보는 견해에 따르면, 이 계약(수권행위)은 민법상의 '제3편 채권'의 '제2장 계약'에서 규정하고 있는 계약의 종류에 속하지 아니한다는 의미에서 무명계약이라고 한다.

241) 예 5-23에서 A가 편의점 주인이고, B가 아르바이트 학생이라면, B는 편의점의 물건을 고객 C에게 A를 대리하여 매도할 수 있다. 이때 A와 B의 관계는 위임계약이 아니라 고용계약이고, 위 고용계약과는 별도로 A가 B에게 A를 대리할 수 있는 대리권을 수여하였기 때문에, B는 A를 대리하여 물건을 팔 수 있는 것이다.

2) 그런데 기초적 법률관계와 수권행위가 별개의 것이라면 기초적 법률관계가 무효나 취소 또는 해제 등으로 효력이 처음부터 또는 소급하여 상실하게 되면 수권행위도 그 영향을 받아 처음부터 또는 소급하여 효력을 상실하는지가 문제된다.

이에 대하여 기초적 법률관계와 수권행위가 별개라는 것을 강조하는 입장에서는 기초적 법률관계가 효력을 잃더라도 수권행위는 유효하다고 보아야 한다고 하는 수권행위의 무인성(無因性)을 강조한다.

이 견해를 취하는 실질적인 이유는 다음에서 보듯 기초적 법률관계가 처음부터 또는 소급하여 효력을 잃더라도 이미 행해진 대리행위는 유효하다는 것을 설명하려고 하는 점에 있다. 그러나 제128조는 '법률행위에 의하여 수여된 대리권은 … 그 원인된 법률관계의 종료에 의하여 소멸한다'고 규정하고 있는 점에 비추어 수권행위는 기초적 법률관계에 의해 영향을 받는 유인행위(有因行爲)라고 할 것이다.

3) 유인행위라고 하면 기초적 법률관계가 처음부터 혹은 소급적으로 실효하게 되면 그에 기하여 행해진 대리행위의 효력은 어떻게 되는지가 문제된다.

수권행위의 무인성을 주장하는 견해에서는 기초적 법률관계의 실효는 수권행위에 아무런 영향을 미치지 못한다고 보므로 대리행위는 유효하다고 보게 된다.

유인행위라고 주장하는 견해에서는 기초적 법률관계가 무효나 소급적으로 실효되면 논리적으로 수권행위도 처음부터 또는 소급하여 실효되므로 그에 기하여 행해진 대리행위도 소급하여 효력을 상실하게 된다고 하여야 할 것이다. 다만 유인행위라고 주장하는 견해를 취하는 학설 중에서도 거래의 안전을 위하여 수권행위의 효력이 소급하여 무효로 되지는 않는다고 하는 설, 이 경우 대리인의 상대방의 보호는 선의의 제3자 보호규정의 적용에 의하고, 그에 의해 보호되지 않으면 실효의 원인이 본인과 대리인 중 누구의 영역에 속해 있는지를 고려하여 결정해야 한다는 설 등이 있다. 또 내부적 수권과 외부적 수권으로 나누어 전자의 경우에는 수권행위도 효력을 잃지만 후자의 경우에는 상대방이 선의, 무과실인 한 제129조에 의해 효력을 잃지 않는다는 견해도 있다.

4) 생각건대 유인행위인 이상 기초적 법률관계가 처음부터 또는 소급적으로 실효되면 수권행위도 처음부터 또는 소급적으로 실효되고 따라서 이미 행해진 대리행위도 효력을 상실한다고 보아야 할 것이다. 다만 기초적 법률관계에서 보면 대리행위의 상대방은 제3자에 해당하므로 무효 또는 취소나 해제 시에 선의의 제3자가 구제되는 규정이 있는 경우에는 그 상대방이 해당 규정의 '제3자'의 범위에 해당하는지를 해당 규정의 법리에 따라 판단하면 될 것이다. 만일 '악의의 제3자'

에 해당되어 해당 규정에 의하여 구제되지 않는 경우에는 나아가 표현대리에 의하여 구제되는지를 판단하면 될 것이다.

문제는 기초적 법률관계의 실효원인이 선의의 제3자를 보호하는 규정이 없는 경우, 즉 기초적 법률관계(위임, 고용, 조합계약 등)가 본인의 제한능력자임을 이유로 취소되어 소급적으로 수권행위가 효력을 잃거나 기초적 법률관계의 법률행위가 제103조에 위반되어 그에 기한 수권행위 역시 처음부터 무효인 때에는 그 법률규정의 규범목적에 따라 그 수권행위에 기하여 행해진 대리행위 역시 효력을 잃는다고 보아야 하는지 여부이다.

앞의 제103조에서 본 94다40147 판결은, 도박채무의 변제를 위하여 도박채무자가 도박채권자에게 대리권을 부여하여 도박채권자가 도박채무자를 대리하여 제3자와 도박채무자의 재산에 관하여 처분한 행위가 유효한지 여부에 관한 사안에서, 그 처분행위를 유효한 것으로 보았는데, 이를 보면 우리 판례는 기초적 법률관계가 제103조 위반으로 무효라고 하더라도 수권행위의 효력은 유효하다고 보는 입장인 것으로 보인다.

(3) 수권행위의 방식

수권행위는 원칙적으로 불요식 행위이므로 그 방식에는 제한이 없다. 그러나 현실사회에서는 본인이 위임장을 작성하여 교부하거나 대리할 수 있는 행위의 내용이나 범위를 기재하는 경우가 많다. 위임장에 대리인의 성명 또는 대리권의 내용이나 범위를 기재하지 않고 공란으로 비워두는 백지위임장도 있는데, 이런 백지위임장을 이용하여 대리인이 본인의 의사와 다른 내용을 기재하는 경우에 많은 문제가 발생할 수 있다. 백지위임장과 관련한 문제는 제125조의 표현대리에서 보도록 한다.

(4) 수권행위 자체의 하자

기초적 법률관계가 아닌 수권행위 자체에 하자가 있는 경우에는 어떻게 되는가. 즉 기초적 법률관계는 유효하지만, 수권행위 자체에 하자가 있는 경우는 수권행위자체만을 무효로 보거나, 취소를 할 수 있느냐의 문제이다.

이는 하자 있는 법률행위에서 본 것과 같이 보면 되지만, 수권행위가 상대방 있는 단독행위이고 수권행위라는 것 자체가 상대방에게 어떤 권한만을 줄 뿐이지

이익이나 불이익을 주지 않는다는 점을 고려하여 우리 민법은 일반의 법률행위에 관한 법리와는 약간의 차이점을 두고 있다. 즉 원칙적으로 대리행위인 법률행위를 하려면 대리인이 행위능력자여야 하지만 우리 민법 제117조는 '대리인은 행위능력자임을 요하지 않는다'고 규정하고 있다. 따라서 수권행위의 상대방인 대리인이 될 자에게 위와 같은 하자가 있다고 하더라도 수권행위에는 어떤 영향도 미치지 않는다.

그러나 그 외의 사유로 수권행위 자체가 무효이거나 적법하게 취소가 되면 수권행위는 처음부터 효력이 없거나 소급적으로 효력을 상실하게 된다. 이처럼 상실하게 되기 전에 이루어진 대리행위의 효력에 대해서는 그 대리행위의 상대방을 선의의 제3자로 취급하여 선의의 제3자를 보호하는 규정이 있으면 보호되고, 없으면 보호되지 않는다고 보아야 할 것이다.

나아가 선의의 제3자를 보호하지 않는 규정(제103조 위반으로 무효인 경우)에 의하여 대리행위의 상대방이 보호받지 못하는 경우, 대리행위의 상대방은 제125조의 표현대리를 주장할 수 있는지가 문제로 될 수 있을 것이나,[242] 표현대리라는 제도는 외관의 표시를 신뢰한 사람을 보호함으로써 거래의 안전을 도모하기 위한 제도임을 고려한다면 선의의 제3자를 보호하는 규정이 없을 때에는 신뢰의 보호나 거래의 안전보다는 본인의 보호를 우선시키려는 입법자의 의도가 있었다고 보아야 하므로 표현대리의 주장을 할 수 없다고 보아야 할 것이다.

3. 대리권의 범위와 제한

가. 대리권의 범위

(1) 법정대리권의 범위

법정대리권의 범위는 법률의 규정에 의하여 정해진다. 예를 들면 친권자(제920

---

242) '선의'의 내용을 엄밀하게 따지면 수권행위 자체의 하자의 경우의 '선의'는 '수권행위 자체에 하자가 있어 무효이거나 취소될 가능성이 있는 것을 알지 못하는 것'을 의미하고, 제125조의 표현대리에서의 '선의'는 '대리인이라고 자칭하는 자에게 대리권이 없음을 알지 못하는 것'을 의미하므로 그 의미가 서로 달라 같이 볼 수 없는 것이 아닌가 하는 의문은 있을 수 있다. 그러나 외관에 대한 신뢰를 평가함에 있어서는 수권행위의 하자에 대해 '선의가 아닌 경우'나 표현대리에서의 '선의가 아닌 경우'는 가치판단에 있어서 동등하다고 평가해도 그다지 차이가 나지 않을 것이라고 생각한다.

조) 또는 후견인(제949조, 제950조)에게는 원칙적으로 제한능력자의 재산상의 법률행위 전반에 관하여 대리할 수 있는 포괄적 대리권이 부여되고, 유언집행자(제1101조)는 유증의 목적인 재산의 관리 기타 유언의 집행에 필요한 행위를 할 포괄적 권한을 가지며, 부재자의 재산관리인(제25조, 제118조)과 상속재산관리인(제1023조 제2항, 제1044조 제2항 등)은 원칙적으로 관리행위, 즉 보존·이용·개량행위를 할 권한을 가진다.

법정대리권의 범위를 당사자의 의사에 따라 확장하거나 제한하는 것은 법률의 규정에 의하지 않는 한 불가능하다.

(2) 임의대리권의 범위

(가) 원칙

임의대리권을 수여할 것인지, 수여할 경우 그 범위는 어느 범위로 할 것인지는 본인이 결정할 수 있다. 그 결정은 일반적으로 대리권을 부여할 때 내려지므로 대리권의 범위는 수권행위의 해석에 의하여 결정되는 것은 당연하다. 따라서 그 범위는 위임장에 나타난 문언의 해석에 의하여 결정되고, 그 해석은 앞에서 본 법률행위의 해석의 기준, 수권행위의 동기 및 목적과 경위, 대리인과 본인의 관계, 거래 관행 등을 기준으로 행해져야 한다.

(나) 문언의 해석으로 분명하지 않은 경우

법률행위의 해석에서 본 것처럼 수권행위의 범위가 그 문언의 해석으로도 명백하지 않은 경우 그 범위에 관한 판례의 지침은 다음과 같다.

먼저 어떠한 계약의 체결에 관한 대리권을 수여받은 경우, 그 대리인은 수권된 법률행위를 하게 되면 그것으로 대리권의 원인된 법률관계는 원칙적으로 목적을 달성하여 종료되는 것으로 보아야 한다. 제128조에 의하면 법률행위에 의하여 수여된 대리권은 그 원인된 법률관계의 종료에 의하여 소멸하는 것이므로, 위의 권한을 가진 대리인이 그 계약을 체결하면 그때부터는 대리권이 소멸한다. 따라서 대리하여 계약을 체결하였던 대리인은 대리행위로서 체결된 계약에 관하여 해제나 취소와 같은 일체의 처분권을 행사할 수 없고[243] 상대방의 (해제)의사를 수령할 권한도 없다.[244] 그러나 그 권한에 부수하여 필요한 한도에서 상대방의 의사

243) 대판 1987.4.28. 선고 85다카971.

표시를 수령하는 이른바 수령대리권은 포함되며[245] 또 특별한 사정이 없는 한 체결된 매매계약에서 약정한 바에 따라 중도금이나 잔금을 수령할 권한은 있다고 보고 있다.[246] 그리고 예금계약체결을 위임받은 자는 그 예금을 담보로 대출받거나 처분할 수 있는 권한이 있는 것은 아니라고 한다.[247]

한편 매매계약체결에 관한 대리권과 같이 한정된 권한의 대리권이 아니라 '매매계약의 체결과 이행에 관하여 포괄적으로 대리권을 수여받은 대리인은 특별한 다른 사정이 없는 한 상대방에 대하여 약정된 매매대금 지급기일을 연기하여 줄 권한도 가진다'고 한다.[248] 또 여러 세대의 아파트나 오피스텔 등 건물의 분양업무에 관한 대리권을 수여받은 경우에는 그 대리권의 범위 내에는 개별적인 분양계약의 체결 외에 기존 분양계약자들과의 분양계약을 합의해제하거나 해제권 유보에 관한 약정을 체결하고, 나아가 그에 따른 재분양 계약을 체결하는 일체의 분양거래행위도 당연히 포함된다고 한다.[249]

---

244) 대판 2015.12.23. 선고 2013다81019. 따라서 이런 대리인은 해제 시 그 해제로 인한 기지급 계약금의 수령권한도 없고(대판 2008.1.31. 선고 2007다74713), 부동산을 매수할 권한이 있는 대리인에게는 그 부동산을 처분할 권한은 없으며(대판 1991.2.12. 선고 90다7364), 금전소비대차계약과 그 담보를 위한 담보설정계약을 체결할 수 있는 권한을 가진 대리인은 위 각 계약을 체결한 후에는 그 계약들을 해제할 권한은 없다(대판 1997.9.30. 선고 97다23372).

245) 앞의 85다카971 판결의 취지와 비교하여 보면, 여기서 말하는 '권한에 부수하여 필요한 한도에서 상대방의 의사표시를 수령할 수 있는 권한'이란 매매계약체결에 관한 대리권을 가진 대리인이 매매에 관한 상대방의 승낙의 의사표시를 수령할 수 있는 권한을 말하는 것이지, 계약체결 후에 상대방이 하는 계약해제의 의사표시를 수령할 수 있는 권한을 의미한다고 보아서는 아니 된다.

246) 대판 1994.2.8. 선고 93다39379. 원칙적으로 계약체결에 관한 대리권을 가진 대리인은 계약을 체결함으로써 그 대리권은 소멸되었다고 보아야 할 것이므로 중도금이나 잔금의 수령권한은 없다고 보아야 할 것이다. 그러나 계약체결 시에 계약금의 수수가 이루어지는 것이 일반적인데 만일 대리인에게 그 계약금을 수령할 권한이 없다고 하면 계약금의 수령을 위하여 본인이 현장에 나가야 할 것이어서 대리인을 둔 의미가 없어질 것이므로 대리인에게 계약금을 수령할 권한은 있다고 해석함이 상당할 것이다. 이런 대리인에게 잔금까지도 수령할 권한이 있다고 본 것은 이런 대금의 수령은 계약체결에 부수된 권한범위 내에 있다고 보기 때문이라고 할 것이다.

247) 대판 1995.8.22. 선고 94다59042.

248) 대판 1992.4.14. 선고 91다43107.

249) 대판 1994.10.28. 선고 94다22118, 대판 2015.12.23. 선고 2013다81019. 판례는 다수의 세대의 분양의 경우 일부 분양의 취소 내지 해제와 이에 따른 보완적인 재분양 계약의 체결 등 거래행위를 순차적, 계속적으로 수행하는 것이 필요하다는 이유를 들고 있다. 아마도 이것도 분양과 관련한 포괄적인 대리권을 주었다고 보았기 때문인 듯하다.

(다) 대리권을 정하지 않은 경우

앞에서 본 수권행위의 문언의 해석으로도 분명하지 않고 또 수권행위로 대리권의 범위를 본인이 정해두지 않은 경우를 대비하여 민법은 제118조를 두고 있다. 이에 의하면 처분행위는 허용되지 않고, 관리행위만이 허용된다.

1) 보존행위

보존행위란 재산의 현상을 유지하기 위한 행위를 의미한다. 예를 들면 가옥을 수선하기 위하여 본인을 대리하여 도급계약을 체결하거나, 소멸시효를 중단시키기 위해 본인을 위해 지급독촉을 하거나, 미등기 부동산에 관하여 본인을 대리하여 등기신청을 하는 것, 본인의 부동산에 관하여 설정된 원인무효의 이전등기에 대해 말소등기의 이행을 청구하거나 인도를 청구하는 것[250] 등이 여기에 해당한다.

그 외에 변제기가 도래한 채무를 변제하거나 부패하기 쉬운 물건을 처분하여 금전으로 바꾸는 것과 같은 처분행위도 재산전체의 증감이 없어 현상유지라고 인정되므로 보존행위라고 보아야 할 것이다.

2) 이용행위

이용행위란 재산의 수익을 꾀하는 행위를 말한다. 그러나 이용행위라도 물건이나 권리의 성질을 변화시키는 행위는 허용되지 않는다. 물건이나 권리의 성질을 변화시키는 것인지 아닌지는 사회통념에 의할 수밖에 없다.

예컨대 금전을 이자부로 대여하는 것은 본조의 이용행위에 해당될 수 있지만, 그렇다고 하여 채무자의 자력을 잘 몰라 변제가능성이 의심스러움에도 금전을 대여하는 것은 허용되지 않는다고 보아야 할 것이다. 또 예금을 주식으로 바꾸거나 은행예금을 개인에게 대여하는 것과 같은 이용행위는 권리의 성질을 변화시키는 것에 해당되어 허용되지 않을 것이다.

일반적으로 물건을 임대하는 것은 허용되는 이용행위에 해당할 것이다.

3) 개량행위

개량행위란 물건이나 권리의 사용가치 또는 교환가치를 증가시키는 행위를 말한다. 그러나 개량행위라도 물건이나 권리의 성질을 변화시키는 행위는 허용되지 않는다. 예컨대 무이자의 대여금을 이자부로 대여하는 것은 개량행위이지만 밭을

---

250) 대판 1964.7.23. 선고 64다108.

택지로 바꾸는 것은 특별한 사정이 없는 한 허용되지 않는다.

4) 판단기준

본조의 각 행위에 해당되는지 여부는 행위의 성질에 의하여 객관적으로 판단해야 하고, 그 행위의 결과가 본인에게 유리하게 되었다거나 불리하게 되었다는 것으로 본조 각 행위의 해당여부를 결정해서는 안 된다. 따라서 성질상 본조의 각 행위에 해당하게 되면 그것이 사실상 본인에게 불리한 것이라도 대리권의 범위 내의 행위라고 보아야 할 것이다. 물론 이 경우 대리인이 본인과의 내부관계상 선관주의의무위반의 책임을 지는지 여부는 별도의 문제로서 주의의무위반이 인정되면 설사 상대방에 대해서는 유효한 행위라고 해도 본인에 대해서는 손해배상책임을 부담해야 할 것이다.

나. 대리권의 남용

(1) 의의

대리권의 남용이란 대리인이 외형상이나 형식상으로는 대리권의 범위 내에서 대리행위를 하였지만, 본인의 이익을 위해서가 아니라 자기 혹은 제3자의 이익을 위하여 한 경우를 말한다. 이때 그 행위의 효력을 어떻게 볼 것인지가 문제로 된다.

본래 대리인이 대리권의 범위 내에서 대리행위를 한 때에는 그 대리행위는 유효하고 따라서 본인에게 효력이 미친다고 해야 한다. 그러나 상대방이 대리인의 배임적 의사를 알고 있어 보호할만한 대리권에 관한 신뢰가 없는 경우에도 유효하다고 보아야 하는지, 만일 유효하지 않다고 한다면 어떤 경우이며 그 이론구성은 어떻게 할 것인지, 상대방에게 대리인의 배임적 의사를 몰랐으나 과실이 있는 경우에는 또 어떻게 처리할 것인지와 관련하여 견해가 나뉜다.

(2) 학설

(가) 비진의 의사표시 유추설

대리인은 대리의사, 즉 본인에게 법률효과를 귀속시키겠다고 하는 의사를 가지고 현명으로 그런 표시를 하고 있지만, 실질적으로는 자기나 타인의 이익을 도모하려는 의도를 가지고 본인을 위하는 것처럼 표시하고 있다. 이런 점에서 비진의 의사표시와 유사하므로 비진의 의사표시에 관한 제107조를 유추하여 적용하여야 한다고 한다.

이설은 '본인의 위하여 행위를 한다'는 표시행위와 '대리행위로 인한 이익은 대리인이나 본인 이외의 제3자에게 귀속시킨다'는 내심의 효과의사가 일치하지 않고 이런 점을 대리인 스스로 인식하고 있는 사정이 비진의 의사표시와 유사하다고 보는 것이다.

이에 의하면 대리권남용행위는 원칙적으로 유효하나 대리행위의 상대방이 대리인의 진의, 즉 대리인의 배임적 의사를 알았거나 알 수 있었을 경우 대리행위는 본인에게 효력이 없다고 보게 된다. 그리고 대리행위의 효력을 상실하게 하는 요건인 '대리행위의 상대방이 악의이거나 또는 선의에 과실이 있다는 것'의 주장, 증명책임은 본인 측에서 부담한다.

(나) 표현대리설

대리권이란 본인의 이익을 위하여 행위를 할 수 있는 권한으로 보아야 한다는 전제 하에 대리인은 위와 같이 본인의 이익을 위하여 대리행위를 하여야 할 의무가 있으므로 본인의 이익이 아닌 대리인이나 제3자의 이익을 위하여 한 대리행위는 원칙적으로 대리권의 범위를 일탈한 무권대리행위로 된다고 한다. 다만 상대방이 '대리행위를 행한 자에게 위와 같은 행위를 할 수 있는 대리권이 있다'고 믿을 만한 정당한 이유가 있다고 인정되는 때에는 제126조의 표현대리로서 유효하게 된다고 본다.

이에 의하면 대리권남용행위는 원칙적으로 무권대리행위로서 무효이나, 상대방이 그 대리인에게 대리권이 있다고 믿을 만한 정당한 이유가 있음을 증명하면 대리행위는 유효하게 된다.[251)]

(다) 신의칙설

원칙적으로 대리권을 남용한 때에도 대리행위는 유효하지만, 대리행위의 상대방이 대리권의 남용행위에 대해 악의인 경우에도 대리행위의 효과가 본인에게 귀속한다고 보아 상대방을 보호하는 것은 신의칙상 허용될 수 없다고 보는 견해이

251) 표현대리에서 보듯이 민법 제126조의 표현대리에서 '정당한 이유'에 관한 증명책임이 누구에게 있다고 볼 것인가에 대해서는 견해가 나뉘나, 이 설은 상대방 측에 있다는 견해를 취할 때의 결론이다.

다. 이 설 중에는 선의에 중과실이 있는 경우에도 악의와 같이 평가할 것이라는 견해와 악의에 중과실은 포함되지 않는 견해가 있다. 이에 의하면 대리권남용행위는 원칙적으로 유효하지만, 본인 측에서 상대방이 대리권의 남용행위에 대하여 악의인 사실(또는 학설에 따라서는 중과실로 몰랐다는 사실)을 증명하면 본인에게 그 효력이 귀속하지 않는다.

(라) 사견

1) 먼저 이론적인 측면에서 보면 대리에 있어서의 대리의사란 '법률효과를 본인에게 귀속시킨다고 하는 효과의사'를 말하는 것이지, 경제적 이익을 본인에게 귀속시킨다는 것을 의미하지는 않으므로 '대리행위로 인한 경제적 이득이 누구에게 귀속되느냐'는 것은 대리에 있어 '법률효과의 유효 여부'와는 무관한 것이다. 따라서 비진의 의사표시설을 취하기는 힘들다.

그리고 대리권 남용행위라고 해도 대리인의 적법한 대리권의 범위 내에서 이루어지는 것이고, 그 경제적 이득이 누구에게 귀속되느냐는 것은 대리행위의 적법 여부와는 무관하므로 설사 대리인이 본인의 이익을 꾀하지 않고서 한 행위라고 하더라도 대리권의 범위 내에서 대리의사를 가지고 대리인임을 밝히고 대리행위를 하였다면 적법한 대리행위라고 해야 할 것이다. 따라서 표현대리설도 취하기 어렵다.

이렇게 본다면 이론적 측면에서는 신의칙설이 옳다고 할 것이다.

2) 다음으로 실제적인 책임분배 면을 보더라도, 상대방은 대리인에게 대리행위를 할 수 있는 권한이 있는지에 관해서만 조사하면 되는 것이지 그 대리행위로 인한 경제적 이득이 본인에게 귀속하는지 본인 이외의 자에게 귀속하는지를 조사해야 할 의무까지 부담한다고 보기 어렵다. 또 대리권남용행위가 행해진 것에 대한 책임소재나 그런 행위의 예방 내지 방지 측면 면에서도 대리권남용행위를 한 대리인을 선임한 본인 측에 귀책사유가 있고 또 예방 내지 방지조치를 취할 의무가 있는 것이지, 대리행위의 상대방에게 귀책사유가 있다거나 그 조치를 취할 의무가 있다고 보기는 어렵다고 할 것이다. 이런 면에서도 기본적으로 신의칙설이 타당하다고 생각한다.

3) 신의칙설을 취하는 경우 중과실이 있는 상대방도 보호해야 하느냐 하는 문제가 등장하는데, 어려운 문제이긴 하지만 대리인과 거래를 하는 상대방에게는 신의성실의 원칙상 중대한 과실이 없어야 할 것이라고 생각하므로 중과실이 있는

상대방은 보호할 필요는 없다고 생각한다.

(3) 판례

판례의 주류는 비진의 의사표시 유추설을 따르고 있는데,[252] 예외적으로 신의칙설을 따른 것으로 보이는 것도 드물게 눈에 띈다.[253]

또 판례는 미성년자의 법정대리인에 의한 대리권 남용사례에 대해서도 비진의 의사표시설에 따라 해결하고 있다.[254]

(4) 전득자의 보호문제

예 5-25

A가 B에게 A의 토지 L을 매도할 것을 의뢰하고 인감도장 및 인감증명서와 위임장을 교부하였다. B는 A를 대리하여 C에게 L을 매도하는 계약을 체결하고 매매대금을 받아서 착복하였다. 그 후 C는 D에게 L을 매도하였다. 그런데 B가 위와 같은 배임행위를 할 때 C는 그런 사실을 알고 있었다.

위 예에서 A는 C를 상대로 B의 대리권 남용행위에 관하여 악의임을 이유로 매매계약의 효력이 자신에게 귀속되지 않음을 주장할 수 있다는 것에는 이론이 없다. 그런데 나아가 A가 D를 상대로 L의 반환을 청구하는 경우, B의 대리권 남용행위인 매매계약이 효력이 없어 C는 L의 소유자가 아니고, 따라서 D는 소유자가 아닌 C로부터 L을 매수하였으므로 무권리자로서 L을 A에게 반환하여야 하는지이다.

비진의 의사표시설에 따르면, 제107조 제2항이 유추적용되어 비진의 의사표시(대리행위)에 관해 제3자에 해당하는 D가 선의이고 과실이 없으면 A는 C와의 매매계약의 무효를 가지고 D에게 대항할 수 없어 D는 L을 취득할 수 있게 된다.

표현대리설에 따르면, 표현대리제도는 대리권이 없는 대리인과 거래한 상대방 C만을 구제하는 제도이므로[255] C에 대해 표현대리가 성립되지 않아 매매계약이

252) 대판 1987.7.7. 선고 86다카1004, 대판 1996.4.26. 선고 94다29850, 대판 2006.3.24. 선고 2005다48253 등.

253) 대판 1987.10.13. 선고 86다카1522, 대판 2016.8.24. 선고 2016다222453. 판례가 중과실이 있는 상대방도 보호하는지에 관하여는 명확하지 않다.

254) 대판 1997.1.24. 선고 96다43928.

효력이 없는 이상 무권리자 C로부터 양수한 D는 선의이고 무과실이더라도 보호되지 않는다고 하게 된다.

신의칙설을 따르면, 표현대리설과 같은 결론이 된다.[256)]

판례는 C가 악의이거나 과실이 있어 A와 C 간의 매매계약이 무효이더라도 그 무효는 선의이고 과실이 없는 D에 대하여 대항할 수 없다고 하여 비진의 의사표시설에 충실한 태도를 취하고 있다.[257)]

다. 대리권의 제한

(1) 자기계약 및 쌍방대리의 금지

제124조는 '대리인은 본인의 허락이 없으면 본인을 위하여 자기와 법률행위를 하거나 동일한 법률행위에 관하여 당사자 쌍방을 대리하지 못한다'고 규정하고 있는데, 이는 본인의 이익이 침해될 위험이 있기 때문이다. 그러나 본인의 이익이 침해될 위험이 없는 경우에는 자기계약이나 쌍방대리가 가능한 것은 당연할 것이다. 그런 예로서 본조는 채무이행을 규정하고 있으나, 이는 하나의 예시에 불과하고 채무의 이행처럼 당사자들끼리 이미 합의된 내용대로 이행하는 것에 불과한 것, 예를 들면 등기신청이나 합의된 계약조항에 기초하여 공정증서를 작성하는 경우 등에는 쌍방대리가 가능할 것이다.

법정대리의 경우에도 이와 같은 취지에서 이해상반되는 행위에 관하여 같은 취지의 특별한 규정을 두고 있다(제921조, 제924조, 제949조의3).

본 규정의 해당 여부는 형식적으로 판단할 것은 아니고 본인의 이익을 해치는지 등의 실질적인 내용으로 판단해야 할 것이다. 따라서 대리인이 본인에게 증여

---

255) 대판 1994.5.27. 선고 93다21521.

256) 신의칙설에 따르면 전득자가 보호되지 않는다. 그러나 개인적으로는 신의칙설에 따른다고 하여 이런 결론이 필연적이라고 생각하지 않는다. 대리권남용에서의 전득자 보호문제는, 허위표시에서 전득자를 제3자에 포함시킬 것이냐에 관하여 논의한 바와 같이, 본인의 귀책성(대리권을 남용하려는 자를 대리인으로 선임하고 나아가 그 대리인에 대하여 감독을 제대로 하지 못한 점)과 전득자 측의 귀책성 및 이를 통한 거래의 안전보호의 필요성 등의 가치평가를 통하여 정해져야 할 것이라고 생각한다. 이런 관점에서 본다면 C가 악의라고 하더라도 전득자 D가 선의이면 보호되어야 한다고 생각한다. 물론 이렇게 보면 논리적 일관성이 떨어지는 감은 있다.

257) 대판 2018.4.26. 선고 2016다3201.

하는 계약은 본인의 이익을 해할 염려가 없으므로 본조에 위반되는 것은 아니라고 할 것이다. 그러나 채권자가 채무자로부터, 자신과의 채권채무관계와 관련한 분쟁 시 채무자를 대신하여 협의할 대리인을 선임할 권한을 받기로 하는 합의에 따라, 채권자가 자신에게 유리한 내용으로 협의할 채무자의 대리인을 선임하여 화해계약을 체결한 경우는 본조에 위반된다고 할 것이다.

(2) 공동대리

대리인이 여러 명 있는 경우 대리인이 단독으로 대리행위를 할 수 있는지 또는 모두 같이 대리행위를 해야 하는지는 법률의 규정이나 수권행위의 해석에 의하여 결정되어야 할 것이다. 그러나 그런 규정이나 수권행위에서 정함이 없으면 단독대리가 가능하다(제119조). 왜냐하면 전원이 같이 하여야 한다는 제한은, 각 대리인이 일응 대리권이 있음을 전제로 하여 그 대리권의 행사방법에 대하여 제한을 가하고 있는 것이라고 보아야 할 것이기 때문이다.

대리인 전원이 공동으로 대리하여야 한다고 하는 경우, 전원이 공동으로 의사를 결정하면 되고 그 후는 대리인 각자가 그 의사에 따라 대리행위를 할 수 있는 것인지, 아니면 대리행위까지도 공동으로 해야 하는 것인지가 문제된다.

이것 역시 법률의 규정이나 수권행위의 해석문제로 될 것이나, 해석을 통하여서도 명확하지 않다면 공동으로 의사를 결정하면 되고 그 후는 단독으로 대리행위를 할 수 있다고 보아야 할 것이다.

그리고 공동대리라고 하더라도 상대방으로부터 본인에 대한 의사표시를 수령하는 수동대리의 경우에는 상대방의 보호와 거래상의 편의를 고려하여 대리인 전원이 아닌 1인의 대리인에게 도달되면 효력이 발생한다고 보아야 할 것이다.

4. 대리권의 소멸

대리권의 소멸사유에 관하여 제127조는 법정대리와 임의대리에 공통된 사유를, 제128조는 임의대리에 특유한 사유를 규정하고 있다.

법정대리에 특유한 사유는 각각 법정대리의 선임과 관련한 조문에서 규정하고 있다(제22조 제2항, 제23조, 제909조 제6항, 제924조, 제937조 등).

가. 공통 소멸원인

법정대리와 임의대리의 공통적 소멸원인으로는 본인이나 대리인의 사망, 대리인의 성년후견개시 또는 파산이 있다(제127조).

(1) 본인의 사망

본인의 사망으로 대리권은 소멸한다. 그러나 다음과 같은 예외가 있다.

(가) 임의대리의 경우 본인의 사망으로 위임은 종료하지만 급박한 사정이 있으면 위임인의 상속인 등이 위임사무를 처리할 수 있을 때까지 사무처리를 계속하여야 하므로(제691조) 그 한도에서는 임의대리권은 존속한다.

(나) 상행위의 경우에는 본인이 사망해도 대리권은 상실하지 않는다(상법 제50조). 따라서 대리인은 자동적으로 상속인의 대리인이 된다.

(다) 소송대리권도 본인의 사망으로 소멸되지 않는다(민사소송법 제95조). 따라서 본인이 사망하더라도 소송대리인이 있는 이상 소송절차는 중단되지 않는다. 다만 소송대리권은 심급대리이므로 1심에서 소송대리권을 수여한 경우 1심의 소송대리인에게 판결문이 송달되면 소송절차는 중단된다.[258)]

(라) 본인 사망 후에도 임의대리권이 존속하도록 하는 합의의 효력에 대하여 유효설과 무효설의 대립이 있다. 유효설은 본인의 의사를 존중하고 사적자치의 원칙을 중요시하는 견해이고, 무효설은 상속인의 의사결정권을 침해할 우려가 있다는 점을 중요시하는 견해라고 할 수 있다. 본인에게 유언의 자유가 있고 대리인이 상속인의 의사결정을 침해하는 행동을 한다면 선관주의의무위반으로 손해배상으로 처리하거나 상속인들이 수권행위를 철회할 수 있는 점을 감안하면 유효설이 타당한 것으로 생각한다.

---

258) 대판 2016.4.29. 선고 2014다210449(당사자가 사망하였으나 소송대리인이 있는 경우에는 소송절차가 중단되지 아니하고(민사소송법 제238조, 제233조 제1항), 소송대리인은 상속인들 전원을 위하여 소송을 수행하게 되며, 판결은 상속인들 전원에 대하여 효력이 있다. 이 경우 심급대리의 원칙상 판결정본이 소송대리인에게 송달되면 소송절차가 중단되므로 항소는 소송수계절차를 밟은 다음에 제기하는 것이 원칙이다. 다만 제1심 소송대리인이 상소제기에 관한 특별수권이 있어 상소를 제기하였다면 상소제기 시부터 소송절차가 중단되므로 항소심에서 소송수계절차를 거치면 된다).

(2) 대리인의 사망

대리인의 사망으로 대리권은 소멸한다. 법정대리인의 경우 법정대리권이 일정한 자격 내지 직무에 수반되어 부여되는 것이므로 그런 자격이 없거나 직무를 담당하지 않는 대리인의 상속인들에게 그 대리권을 상속시키는 것은 타당하지 않다. 임의대리권의 경우는 대리인과의 특별한 신임관계를 기초로 한 것이므로 특별한 신임관계가 없는 대리인의 상속인들에게 대리권을 상속시키는 것은 타당하지 않다.

여기서 문제가 되는 것은 다음 두 가지다.

(가) 기초적 법률관계인 위임이 대리인의 사망에도 불구하고 제691조에 따라 존속하는 때 위임인인 본인이 사무를 처리할 수 있을 때까지 수임인인 대리인의 상속인들이 그 사무의 처리를 계속하여야 하므로 그 한도 내에서 대리권은 존속하는 것으로 볼 것인가이다. 찬반논란이 있으나 명문 규정의 해석으로서는 긍정해야 할 것이고, 급박한 사정이 있는 때에 한하는 것이므로 대리인의 상속인들이 처리하였다고 하여 본인에게 큰 불이익은 없을 것이다.

(나) 대리인의 사망 후에도 대리권이 존속한다는 특약은 유효한가. 유효하다고 본다면 상속인들은 그들의 의사에 기하지 않았음에도 위 특약의 효력에 구속되게 된다. 그러나 기초적 법률관계와 구별되는 수권행위는 상대방에게 어떤 권한을 주는 것에 불과하고, 위 특약은 오로지 수권행위에만 관계되는 것이라면 그로 인하여 상대방인 상속인들이 어떠한 의무를 부담하는 것도 아니므로 긍정해도 좋을 것이다.[259]

(3) 대리인의 성년후견의 개시 또는 파산

피성년후견인(제117조)이나 파산자도 대리인이 될 수는 있지만, 일단 대리인으로 된 후에 성년후견이 개시되거나 파산선고를 받은 때에는 대리권은 소멸한다. 본

259) 대리인으로서 선관주의의무를 부담하게 되는 것은 기초적 법률관계, 예를 들면 위임계약상의 의무를 부담하기 때문이다. 그러나 기초적 법률관계가 대리인의 사망으로 종료된다면 대리인의 상속인들은 위임계약에 구속되지 않고 선관주의의무도 부담하지 않는다고 할 것이다. 그리고 대리권의 행사여부는 상속인들의 자유이다. 만약 상속인들이 대리행위를 하지 않거나 적절히 행사하지 않았다고 하더라도 위임계약에 구속되지 않는 이상 위임계약상의 선관주의의무위반을 이유로 채무불이행책임을 부담하지도 않을 것이다.

인이 처음부터 '대리인이 피성년후견인이거나 파산자임'을 알고서 대리인을 선임한 때에는 그 위험을 본인이 감수한 것이므로 상관없지만, 대리인으로 선임될 당시는 그런 사유가 없었다가 후발적으로 생기는 때에는 임의대리의 경우 신뢰관계나 경제적 신용이 크게 저하되기 때문이다. 법정대리의 경우에는 대부분 위와 같은 사유가 결격사유로 되어 있다(제937조 등).

친권자의 경우 친권자 중 1인에 대하여 피성년후견이 개시되면 법정대리권이 박탈되는데, 이 규정을 단순히 적용하면 자의 출산 때 이미 피성년후견인인 때는 법정대리권이 박탈되지 않게 되어 본인인 자의 보호에 문제가 생길 수 있다. 이를 대비한 법규정이 필요할 것으로 생각한다.

나. 임의대리권에 특유한 소멸원인

(1) 원인된 법률관계의 종료

대리권 수여의 원인되는 기초적 법률관계가 소멸하거나 법률관계의 종료 전에 본인이 수권행위를 철회하면 대리권도 소멸한다(제128조).

대리권 수여의 원인되는 기초적 법률관계가 해제나 해지로 소멸하는 경우, 그 때까지 행해진 대리행위의 효력은 어떻게 되는가.

앞에서 본 바와 같이 학설 상 다툼이 있지만 사견에 의하면, 해제에 대해서는 해제의 소급효를 규정한 제548조 제1항 단서에서 제3자를 보호한다는 규정의 취지를 살려 대리행위는 유효하고, 해지는 본래 소급효가 없고 장래효밖에 없으므로 이미 행해진 대리행위는 유효한 것으로 보아야 할 것이다.

(2) 수권행위의 하자

수권행위에 하자가 있으면 그 하자의 원인에 따라 무효로 되거나 취소권이 발생하게 될 것이다. 이때 취소하는 경우 그 전에 행해진 대리행위의 효력에 관하여는 앞에서 보았다.

(3) 본인의 성년후견(한정후견, 특정후견)개시

본인의 의사능력이나 행위능력의 상실사유는 대리권 소멸사유로 되어 있지 않으므로 기존에 선임된 임의대리인의 대리권은 소멸하지 않는다. 그러나 본래 임의대리인은 본인의 감독 하에 대리권을 행사하도록 하는 것을 전제로 하고 있기 때문에 본인이 위와 같은 사유로 적절한 감독을 할 수 없게 되는 때에도 대리권이 소멸하지 않는다는 것은 문제가 있을 수 있다. 물론 성년후견심판 시에 법원에 의해 선임된 후견인이 임의대리인의 대리권을 철회하면 되지만, 후견인이 선임되기 전까지는 대리인이 전횡을 할 수 있어 문제가 해결되는 것은 아니다.

나아가 임의대리인과 후견인 사이에 대리권의 우열은 어떻게 되는지도 문제로 될 수 있을 것인바, 차후 검토가 필요한 문제라고 할 것이다.

(4) 본인의 파산

대리인의 파산은 대리권 소멸의 공통원인이지만, 본인의 파산은 대리권 소멸원인으로 규정되어 있지 않다. 그러나 본인의 파산은 제690조에 의해 위임의 종료사유에 해당하므로, 대리권수여의 원인되는 기초적 법률관계가 위임이라면 본인의 파산으로 위임이 종료되어 대리권도 소멸한다고 보아야 할 것이다.

Ⅲ. 대리행위

1. 현명주의(顯名主義)

가. 의의

원래 법률효과는 행위자에게 귀속하는 것이 원칙이다. 그런데 대리의 경우에는 법률행위를 하는 대리인에게 법률효과가 귀속하는 것이 아니라 본인에게 귀속한다. 따라서 대리인의 입장에서는 상대방에게 법률행위의 효과가 누구에게 귀속되는지를 알려주어 상대방에게 불이익을 주지 않아야 한다.

그리하여 제114조는 대리인의 법률행위는 '본인'의 이름으로 하도록 규정하여 상대방에게 법률효과가 누구에게 귀속하는지를 알려주도록 하고 있다. 이를 '현명주의'라고 하는데 이것이 대리행위에서의 원칙이다.

그러나 굳이 현명을 하지 않더라도 행위자가 자신이 아닌 본인을 대리하여 법률행위를 하고 있다는 것을 상대방이 알았거나 알 수 있었던 경우에는 굳이 현명하지 않더라도 대리행위로 평가해도 될 것이다. 다만 상대방이 알 수 없었던 상태에서 현명을 하지 않았다면 원칙대로 행위자인 대리인에게 법률효과가 귀속한다고 해야 할 것이다(제115조).

한편 상법 제48조는 '상행위의 대리인이 본인을 위한 것임을 표시하지 아니하여도 그 행위는 본인에 대하여 효력이 있다. 그러나 상대방이 본인을 위한 것임을 알지 못한 때에는 대리인에 대하여도 이행의 청구를 할 수 있다'라고 규정하고 있으므로, 위 상법 규정 단서에 해당되는 때에는 상대방은 본인과 대리인 모두에 대해 이행청구가 가능하다.

나. 법적 성질

현명에 관한 법적 성질에 관하여는 대리인의 대리적 효과의사(본인에게 법률효과를 귀속시킨다는 의사)를 상대방에게 표시하는 의사표시라는 견해(의사표시설)와, 법률행위의 주체가 본인임을 알리는 의사의 통지라는 견해(의사통지설)가 있다.

다. 방식

현명은 어떠한 방식으로 하든 상관없고, 대리인이 상대방에 대하여 의사표시를 할 때에만 필요한 것이 아니고, 상대방이 대리인에게 의사표시를 할 때에도 필요하다(제114조 제2항).

라. 현명하지 않은 대리행위의 효력

(1) 대리인이 현명하지 않고 한 행위는 원칙에 따라 행위자인 대리인 자신을 위한 것으로 보나, 상대방이 대리행위임을 알았거나 알 수 있었을 때에는 본인에게 귀속하는 것으로 한다(제115조). 대리인이 현명하지 않고 대리행위를 한 경우 의사표시설에 따르면 대리인 자신에게 법률효과를 귀속시키려는 효과의사는 없었기 때문에 대리인에게 효과를 귀속시킬 수는 없다. 그러나 이렇게 해석하면 대리행위에 따른 법률효과가 본인은 물론 대리인에게도 귀속되지 않아 상대방을 해치게 된다. 이런 이유에서 본 규정을 두어 대리인에게 효과를 귀속시킨 것이다. 그런 의미에서 위 규정은 의사통지설에 따른 것이라고 할 수 있다.

이런 입법취지에 비추어 보면 대리인이 현명하지 아니하여 대리인 자신에게 법률효과가 발생하는 경우, 대리인이 '대리인으로 행동할 생각이었고 법적 효력을 자신에게 귀속시킬 의사는 없었다'는 점을 증명하여 착오취소를 주장하는 것은 허용되지 않는다고 보아야 한다.

(2) 현명이 이루어지는 가장 일반적인 방식은 본인 A의 대리인 B가 상대방 C와 계약 시 'A대리인 B'라고 기재하고 B의 인장을 날인하는 것이다. 그 외 'A회사 지점장 B'라고 쓰는 경우에는 대리인이라는 표시가 없어도 자기의 직함을 기재함으로써 A회사의 대리인의 자격으로 B가 행위를 한다는 것으로 해석해야 할 것이다. 이 경우 B가 A의 대리인으로 행동하는 것을 상대방 C가 알 수 있기 때문이다.[260)]

(3) 문제는 적법한 대리인 B가 A를 대리하면서 계약서에 'A'라고만 쓰고 A의 도장을 날인한 경우이다.

이 경우에는 상대방이 B가 A의 대리인으로서 행동하는 것을 알았거나 알 수 있었을 경우에는 상대방 C도 A에게 계약의 효력이 귀속한다는 것을 의욕하고 있었던 이상 그 계약의 효과가 A에게 귀속한다고 해도 상대방의 이익을 해치지 않으므로 상관없다.[261)]

그러나 상대방 C가, '본인 A'가 '행위를 하고 있는 B'라고 생각하고 있었던 경우 상대방 C와 계약한 당사자가 누구인가 하는 문제가 발생한다.

이는 계약 당사자 간에 계약 상대방에 대한 관념이 다를 경우[262)] 어떻게 계약 당사자를 결정하는가라는 문제와도 관련된다. 이에 대해서는 아래 표현대리에서 다시 보겠지만, 계약 당사자의 확정방법과 관련하여 대판 1995.10.13. 선고 94다55385는 '계약의 당사자가 타인의 이름을 임의로 사용하여 법률행위를 한 경우에는 행위자 또는 명의인 가운데 누구를 당사자로 할 것인지에 관하여 행위자와 상대방의 의사가 일치한 경우에는 그 일치하는 의사대로 행위자의 행위 또는 명의인의 행위로서 확정하여야 하지만, 그러한 일치하는 의사를 확정할 수 없을 경우에는 그 계약의 성질, 내용, 목적, 체결 경위 등 그 계약 체결 전후의 구체적인

260) 대판 1973.12.26. 선고 73다1436, 대판 1984.4.10. 선고 83다카316.

261) 적법한 대리인 B가 계약서에 B라고만 기재하였더라도 C가 A를 대리하는 것임을 안 경우에도 대판 1982.5.25. 선고 81다1349, 81다카1209(대리인이 본인의 위임장을 보여준 후 대리인 명의로 계약한 경우, 본인에게 계약의 효력이 귀속한다고 하였다)에 의하면 A를 대리한 것으로 인정한다.

262) 대리인 B의 의사는 A를 C와의 계약의 상대방으로 하려는 생각이고, C는 B를 A로 알고 있었으므로 실제 행위자인 B를 계약의 상대방으로 생각하고 계약을 체결하고 있으므로 계약당사자가 누구인지에 대하여 서로의 관념이 다르다.

제반 사정을 토대로 상대방이 합리적인 인간이라면 행위자와 명의자 중 누구를 계약 당사자로 이해할 것인가에 의하여 당사자를 결정한 다음, 그 당사자 사이의 계약 성립 여부와 효력을 판단하여야 한다.'고 판시하고 있다. 따라서 원칙적으로 상대방 C의 의사에 따라 계약당사자를 결정해야 할 것이다.

그리하여 C의 의사에 따라 A가 계약당사자라고 결정되면 위 계약에는 계약당사자가 아닌 B의 의사만 있을 뿐이지만 B가 A의 적법한 대리인이므로 AC사이에 계약은 성립하고 B가 계약당사자라고 결정되면 위 계약은 BC사이에 성립된 것으로 보게 될 것이다.

마. 대행(代行)

대리인이 본인의 위임에 따라 본인의 이름을 어음에 기명날인을 하는 것처럼 사실행위를 본인 이외의 자가 하는 경우가 있다. 사실행위에는 대리가 인정되지 않으므로 이를 대리와 구별하여 대행이라고 부른다. 그러나 본인의 수권에 의해 행위자가 본인을 위하여 그를 대신하여 행위를 한다는 의사를 가지고 행동하고, 그 행동의 결과가 본인에게 귀속된다는 점에서는 대리와 유사한 구조를 가지므로 대리와 동일한 법리를 적용하고 있다. 따라서 권한 없이 대행하는 무권대행의 경우에는 표현대리에 관한 규정을 유추적용할 수 있다.[263]

2. 대리행위의 하자

가. 의의

법률행위는 대리인이 하는 것이라는 대리인행위설을 전제로 하여, 제116조 제1항은 '의사표시에 있어서의 의사의 흠결이나 하자, 어떤 사실의 지(知)·부지(不知)나 과실(過失)의 존부는 대리인을 기준'으로 하도록 규정하고 있다.[264] 다만 제104조의

263) 대판 1964.6.9. 선고 63다1070(어음행위의 대리에 관하여 서명대리는 본인 자신의 행위로 본다), 대판 1969.9.30. 선고 69다964(다른 사람이 권한 없이 직접 본인 명의로 기명날인을 하여 어음행위를 한 경우에도 제3자가 그 타인에게 그와 같은 어음행위를 할 수 있는 권한이 있는 것이라고 믿을 만한 사유가 있고 본인에게 책임을 질만한 사유가 있는 경우에는 거래 안전을 위하여 표현대리에 있어서와 같이 본인에게 책임이 있다고 해석하여야 할 것이다).

264) 대판 2006.9.8. 선고 2006다22661(사해행위인지가 문제되는 법률행위가 대리인에 의하여 이루어진 때에는 '수익자의 사해의사 또는 전득자의 사해행위에 대한 악의'의 유무는 대리인을

궁박은 당사자 본인을 기준으로 한다는 것이 판례의 태도임은 앞에서 보았다.

나. 의사의 흠결

예 5-26

A가 B에게 A 소유의 토지 L을 매도하는 것을 의뢰하고 대리권을 수여하였다. B는 A를 대리하여 C와 L을 매도하는 계약을 체결하였다.

(1) 비진의 의사표시

B가 매도 청약의 비진의 의사표시를 한 것에 대하여 C가 승낙의 의사표시를 한 경우, B의 비진의 의사표시의 유효여부는 C를 기준으로 하여, C가 B의 진의 아님을 알았거나 알 수 있을 때가 아니면 유효하다고 보아야 하는 것에는 의문의 여지가 없다. 이때 A의 진의 여부는 위 매매의 청약과 승낙의 의사표시에 전혀 영향을 미치지 못한다.

이에 반하여 C가 비진의 의사표시로 매수의 청약을 하고 B가 그 매수의 청약에 승낙을 한 경우, C의 비진의 의사표시의 유효여부는 제116조 제1항에 의해 B를 기준으로 B가 C의 비진의 의사표시임을 알았는지 또는 알 수 있었는지에 따라 결정해야 하는 것이지, A를 기준으로 하여서는 아니 된다.

그러나 C의 매수청약에 대한 B의 매도의 승낙과 관련하여 A의 지시에 좇은 경우에는 제116조 제2항에 의하여 A가 C의 비진의 의사표시임을 알았거나 알 수 있었던 때에는 설사 B가 선의이고 무과실이더라도 비진의 의사표시인 C의 매수청약은 무효라고 할 것이다.

(2) 허위표시

(가) 대리인과 상대방과의 통정허위표시

B와 C가 통정하여 허위표시를 함으로써 A를 속인 경우, A와 C의 매매계약은 유효한가.

이에 대해서는 무효라는 견해와 유효라는 견해가 있다. 무효라는 견해는 본조

표준으로 결정하여야 한다).

를 그대로 적용하는 것임에 반하여, 유효라는 견해는 상대방 C가 본인 A를 속이는데 일조를 하고 있는 만큼 그에 대한 페널티로서 유효하게 하여도 상관없다는 입장에 있는 것이라고 할 수 있다.

유효설을 주장하는 견해들 사이에서도 그 논리는 조금씩 다르다. 즉, A는 B나 C와의 관계에서는 제3자와 유사한 지위에 있다고 하여 제108조 제2항에 따라 위 매매계약은 유효하다는 견해(허위표시 유추설), A와의 관계에서 B를 C의 청약의사표시의 전달기관으로 보아 A가 C의 진의를 몰랐거나 알 수 없었던 경우에는 제107조 제1항을 유추적용하여 유효하다는 견해(비진의 의사표시 유추설), 본인 A는 무효를 주장할 수 있지만 상대방 C가 무효를 주장하는 것은 신의칙상 허용되지 않는다는 견해(신의칙설) 등이 있다.

생각건대, A는 위 매매계약의 당사자이지 위 계약을 기초로 새로운 법적 이해관계를 맺은 자라고 할 수는 없으므로 제3자로 보기 어려워 허위표시 유추설을 취하기는 어렵다. 그리고 A의 대리인인 B를 C의 의사전달기관으로 보는 것은 당사자의 의사와는 너무나 동떨어진 해석이라고 할 수 있으므로 비진의 의사표시 유추설도 취하기가 어렵다. 이런 점에서 선의의 본인 A가 상대방 C에 대하여 계약의 이행을 구할 때에 C가 허위표시임을 이유로 무효를 주장하는 것은 선행행위에 위반되는 것으로 보는 신의칙설이 타당할 것으로 생각한다. 이렇게 본다면 선의의 본인 A는 유효나 무효를 선택할 수 있는 결과가 될 것이다.

(나) 본인 A와 상대방 C와의 통정허위표시

위 예와 같이 대리인 B가 C와 계약한 경우는 거의 모든 경우가 제116조 제2항에 해당된다고 보아야 할 것이므로 설사 B가 C와 통정하지 않았더라도 무효라고 보아야 할 것이다. 그리고 제116조 제2항에 해당되지 않는 희귀한 사안이라도 본인 A의 이익은 보호할 만한 가치가 있는 것이라고 할 수 없어 무효라고 보아야 할 것이다.

(3) 착오

착오가 있었는지 여부는 제116조 제1항에 따라 대리인 B를 기준으로 결정되어야 할 것이다.

(4) 사기, 강박에 의한 의사표시

(가) 상대방이 사기나 강박을 한 경우

상대방이 대리인을 상대로 사기나 강박을 한 경우 본조에 의해 취소할 수 있다. 이때 취소권은 본인에게 귀속하고 대리인에게 귀속하지 않는다. 따라서 계약을 체결하는 권한만을 가진 대리인은 특별한 사정이 없으면 취소권을 행사할 수 없다.

상대방이 본인을 상대로 사기나 강박을 한 경우에는 대리인에 대하여 사기나 강박이 없었으므로 대리인의 의사표시는 사기나 강박과의 인과관계가 존재하지 아니하여 취소할 수 있는 행위가 아닐 것이다. 다만 대리인이 본인의 지시에 따라 행동한 제116조 제2항이 적용되는 경우에는 취소권이 발생한다고 보아야 할 것이다.

(나) 대리인이 사기나 강박을 한 경우

이 경우는 대리인의 행위는 본인의 행위로 보아야 하므로 본인이 사기나 강박을 한 경우로 보아 C는 제110조를 적용하여 취소할 수 있다는 견해(본인은 제110조 제2항의 제3자에 해당되지 않으므로 본인이 대리인의 사기나 강박사실을 몰랐더라도 상대방 C는 취소가 가능하다)와, 본조를 적용하여 취소할 수 있다는 견해가 있다. 전자의 견해가 타당한 것으로 생각하지만 근거조문만 다를 뿐 결론은 동일하여 논의의 실익은 없다고 할 수 있다.

(다) 제3자 D가 상대방 C를 상대로 사기나 강박을 한 경우

본조와 제110조 제2항에 의해 대리인 B가 D의 사기나 강박을 알거나 알 수 있었던 경우에 한하여 상대방 C는 취소할 수 있다고 보아야 할 것이다.

문제는 대리인 B는 몰랐지만 본인 A는 알았거나 알 수 있었던 경우인데, 이런 경우의 본인 A에게는 보호할만한 정당한 이익이 있다고 할 수 없으므로 상대방 C는 취소할 수 있다고 보아야 할 것이다.

다. 본인의 사정

(1) 제116조 제1항은 대리인이 자신의 판단에 좇아 대리행위 하는 것을 전제로 한 것인데, 그 대리행위가 본인의 지시에 의한 경우에는 본인이 알 수 있었던 사

정에 대해 대리인의 부지를 주장하는 것은 타당하지 않다. 이런 이유로 제116조 제2항이 존재한다.

(2) 여기서 '특정한 법률행위를 위임한 경우에 대리인이 본인의 지시에 좇아 그 행위를 한 때'라는 의미는, 어떠한 대리행위가 본인의 의사에 의해 결정된 경우라고 보아야 할 것이다. 구체적으로 어떤 경우가 이에 해당되는지는 사회통념에 의해 결정되어야 할 것이다.

(3) 법정대리에도 제116조 제2항이 적용되는지에 관하여 견해가 나뉜다. 본래 법정대리는 본인으로 하여금 판단을 하지 못하게 하기 위해서 도입된 것이고, 본인의 의견은 법정대리인이 판단하는데 하나의 참고자료에 불과하다고 보아야 할 것이므로 적용이 없다고 해야 할 것이다.

3. 대리인의 능력

가. 행위능력을 요하는지

제117조에서는 행위능력자가 아니라도 대리인이 될 수 있다고 규정하고 있다. 대리인이 대리행위를 하게 되면 그 행위의 효과는 전부 본인에게 귀속되고 대리인에게는 아무런 불이익이 없고, 이런 행위능력이 없는 자를 선임하는 것에 대해서는 선임한 본인이 책임을 져야하기 때문에 이런 규정을 둔 것이다. 그러나 의사능력은 있어야 할 것이다.

본조는 대리인이 제한능력자임을 이유로 본인, 대리인, 상대방 모두 '제한능력자가 대리인으로서 한 대리행위'를 취소할 수 없다는 취지이다. 본인 측에서는 언제든지 아무런 이유가 없더라도 수권행위를 철회하여 제한능력자가 대리인으로서 적법한 대리행위를 할 수 없게 만들 수 있다.

나. 법정대리의 경우

법정대리인에 대해서는 '제한능력자가 아닌 것'이 요건으로 되어 있는 규정이 많다.

문제는 그런 규정이 없는 경우 본조가 적용되어 법정대리인이 될 수 있느냐에 관하여는 견해가 나뉜다.

법정대리인은 대부분 포괄적인 대리권을 가지고, 또 본조가 대리인의 선임에 대한 본인의 귀책성에 있다고 보는 것에 근거를 두고 있으므로 대리인 선임에 자율권이 없는 법정대리에 대해서는 본조가 적용되지 않는다고 보는 것이 타당한 것으로 생각한다.

Ⅳ. 대리행위의 효과

1. 법률효과의 귀속

법률행위의 효과는 본인에게 귀속한다(제114조). 즉 해당 법률행위에 기한 권리, 의무는 모두 직접 본인에게 귀속한다. 따라서 취소권, 해제권, 손해배상청구권 등도 모두 본인에게 귀속하고 대리인은 위 법률행위에 기한 어떠한 권리나 의무도 갖지 못한다.

이런 효과는 능동대리일 때는 물론이고 수동대리인 경우에도 마찬가지이므로 상대방이 대리권이 있는 대리인에게 한 행위의 효력도 직접 본인에게 귀속된다. 따라서 매도인 A로부터 매매계약체결의 권한을 수여받은 대리인 B가 매수인 C와 계약을 체결하고 매수인 C로부터 매매계약상의 중도금을 받고서 본인 A에게 지급하지 않고 유용하였다가 매도인인 본인 A의 이행불능으로 해제되어 원상회복을 해야 하는 경우, 본인 A는 대리인 B로부터 중도금을 교부받지 못하였다고 하더라도 매수인 C의 대리인 B에 대한 중도금 지급의 효력은 본인 A에게도 효력이 미치므로 본인 A는 매수인 C에게 중도금을 반환할 의무가 있다.[265)]

2. 불법행위나 사실행위의 경우

대리는 법률행위(의사표시)의 경우에 인정될 뿐이고 불법행위나 사실행위에는 인정되지 않는다. 따라서 불법행위나 사실행위에 대하여는 대리인이 책임을 지고, 본인은 책임을 지지 않는다. 다만 서명날인의 대행처럼 사실행위이지만 대리의 법리에 의하여 처리되는 경우는 예외다.

265) 대판 2011.8.18. 선고 2011다30871.

참고로 대리행위의 효과는 아니지만 대리인에 대한 불법행위가 본인에 대한 불법행위가 되는 경우가 있다. 즉 상대방이 대리인을 속여 계약을 체결함으로써 본인에게 손해를 준 때와 같은 경우이다. 또 대리인의 불법행위가 본인의 불법행위로 평가되는 경우도 존재할 수 있다. 그리고 본인과 대리인 사이에 사용자와 피용자의 관계가 있고 불법행위가 그 업무와 관련하여 이루어진 때에는 본인이 사용자책임을 지게 될 수 있다(제756조 제1항).

3. 본인의 능력

본인에게 권리의무가 귀속되기 위한 전제로서 권리능력은 있어야 하지만, 의사능력이나 행위능력은 없어도 상관없다. 본인이 사망하게 되면 해당 법률행위에 기한 권리, 의무는 본인의 상속인들에게 상속된다.

Ⅴ. 복대리(復代理)

1. 서

가. 의의

복대리란 복대리인에 의한 대리를 말하고, 복대리인이란 대리인이 그의 권한 범위 내에서 '대리인 자신'의 이름으로 선임한 '본인의 대리인'을 말한다. 대리인이 대리인 자신의 이름으로 선임하지만 '대리인의 대리인'이 아니라는 점에 유의해야 한다.

예 5-27

(1) A가 B에게 A 소유의 토지 L을 매도할 것을 부탁하고 대리권을 수여하면서 위임장을 주었다. B가 C에게 B 자신을 대리하여 L을 매도할 것을 부탁하고, A의 위임장과 B가 C에게 B를 대신하여 L을 매도할 수 있다는 대리권을 주고 B명의의 위임장을 주었다.

(2) A가 B에게 A 소유의 토지 L을 매도할 것을 부탁하고 대리권을 수여하면서 위임장을 주었다. 그런데 B가 갑자기 해외출장을 가게 되어 C에게 A의 대리인으로서 L을 매도하는 행위를 부탁하고 A의 대리인으로서 행동할 수 있는 대리권을 수여하였다.

대리인 B는 본인 A가 부탁한 업무를 처리함에 있어 B 자신이 직접 A의 대리인으로 나서서 그 업무를 처리할 것인지 아니면 위 예 (1)에서 보듯이 타인 C를 자신 B를 대리하게 하여 A의 대리인으로서 그 업무를 처리하게 할 것인지는 B의 자유이다. 이때 C는 B의 대리인이지 A의 대리인이 아니므로 C는 여기서 말하는 복대리인이 아니다.[266] 이런 식의 업무처리가 A와의 관계에서 선관주의의무위반으로 된다면 B가 손해배상책임을 부담하게 될 것이다.

위 예 (2)의 경우 C는 A를 대리하므로 복대리인이다. 그런데 C는 A를 대리하지만 A와는 신뢰관계가 없다. 이처럼 A와 전혀 신뢰관계가 없는 C를 A의 대리인으로 선임할 수 있는 권한이 대리인 B에게 있는가 하는 것이 문제이다.

나. 법적 성격

복대리인은 앞에서 본 것처럼 '본인 A의 대리인'이고, '대리인 B의 대리인'은 아니다(제123조 제1항). 대리인 B의 대리권은 복대리인 C를 선임하였더라도 자신의 대리권은 소멸하지 않고 복대리인의 대리권과 병존한다.[267]

다. 특수성

일반적 대리와 비교하여 복대리의 특수성은 기초적 법률관계에 있다. 즉 위 예 (2)에서 보면 복대리인 C가 본인 A를 대리한다는 점에서는 일반의 대리와 차이가 없지만, C는 대리인 B와는 위임 등의 기초적 법률관계가 있지만, 본인 A와는 위임 등의 기초적 법률관계가 없다는 점에서 차이가 있다(A는 B가 복대리인을 선임하였는지조차 모르는 경우도 있으므로 A와 C 사이에 위임 등의 기초적 법률관계가 설정되어 있다고 볼 수 없다). 따라서 C가 복대리의 사무처리로서 대리행위의 상대방으로부터 받은 물건, 예컨대 위 예 (2)에서 매매대금을 수령한 경우, C를 상대로 그 매매대금을 달라고 할 수 있는 계약관계상의 권리나 그 계약위반에 대한 손해배상청구권(예컨대 C가 위 매매대금을 착복한 경우의 손해배상청구권)은, 법리적으로 기초적 법률관계가 있는 B에게 귀속하고 A에게 귀속하지 않는다. 이렇게 되면 A는

---

266) B는 대리업무의 처리에 있어 C를 이행보조자 내지는 이행대행자로 사용할 수 있는 것이다.

267) 복임행위의 성질에 관하여 대리권의 양도가 아니라는 견해, 설정적 양도라는 견해, 병존적 설정행위라는 견해 등이 있으나, 결과에 있어 차이가 없어 큰 실익이 있는 논의라고 하기 어렵다.

기초적 법률관계(예컨대 제684조 제1항)에 기하여 B에 대해서만 대리행위의 상대방으로부터 받은 매매대금의 지급을 청구할 수 있을 뿐이지, 직접 C에 대해서는 청구할 수 없다. 이런 상황에서 B가 파산하게 되면 「채무자회생 및 파산에 관한 법률」 제424조에 의해 파산절차에 의해서만 C로부터 매매대금을 받을 수밖에 없다. 게다가 파산 후 B가 C로부터 수령하게 되는 매매대금에 관해서 A는 B의 다른 채권자들과 함께 배당을 받게 되어 매매대금의 전부를 받을 수 없게 될 것이다. 이는 A 소유 L의 대가인 매매대금을 B의 채권자와 나누는 셈이 되어 불합리하다. 이런 불합리를 피하기 위해서는 A가 B를 대위하는 등의 간접적인 방법을 취하지 않고 직접 C를 상대로 매매대금의 청구나 매매대금의 횡령에 대한 손해배상청구를 가능하게 하여야 한다. 이런 이유로 제123조 제2항은 '복대리인은 본인이나 제3자[268]에 대하여 대리인과 동일한 권리의무가 있다'고 규정하여 본인 A와 복대리인 C사이에도 기초적 법률관계가 존재하는 것으로 의제하였다.

2. 대리인의 복임권(復任權)과 책임

가. 임의대리인

(1) 복임권

임의대리인은 본인과의 신임관계에 기초하여 본인에 의해 선임된다. 이런 본인과의 신임관계를 고려하면 원칙적으로 대리인 자신이 직접 대리행위를 하여야 하고 복대리인을 선임하여 복대리인으로 대리행위를 하도록 하는 것은 본인의 신임을 배반하는 것이다. 다만 본인의 승낙이나 부득이한 사유가 있는 때에는 임의대리인은 복대리인을 선임할 수 있다(제120조).

여기서 '부득이한 사유'란 대리인이 대리행위를 하는 데 지장이 있고 또 본인의 소재 불명 등으로 본인의 승낙을 받을 수 없거나 사임할 수 없는 사정이 있는 경우를 의미한다.

문제는 '대리권의 범위'에 관한 수권행위를 해석함에 있어, 본인이 대리인에게 부여한 대리권 중에 '부득이한 사유가 없음에도 복대리인을 선임할 수 있는' 복

268) '대리행위의 상대방'을 의미한다. 유의할 것은 여기서의 제3자는 법률행위에서의 '선의의 제3자 보호규정에서의 제3자', 예를 들면 제107조 내지 제110조에서의 제3자와 같은 의미가 아니라는 점이다.

임권까지도 포함되어 있다고 해석되는 경우가 있는지 여부이다.

이에 관한 우리 판례의 입장은 '대리의 목적인 법률행위의 성질상 대리인 자신에 의한 처리가 필요하지 아니한 경우에는 본인이 복대리 금지의 의사를 명시하지 아니하는 한 복대리인의 선임에 관하여 묵시적인 승낙이 있는 것으로 보아야 한다'는 일반적인 기준을 제시하고, 구체적으로 '아파트분양업무대행'의 경우에는 대리인인 분양업자의 능력에 따라 분양자인 본인의 분양사업의 성공여부가 결정되므로 사무처리의 주체가 중요하다는 이유로 아파트분양업무를 위임받은 대리인에게는 복임권이 없다고 보고 있다.[269] 그러나 채권자를 특정하지 아니한 채 본인의 부동산을 담보로 제공하여 금원을 차용하여 줄 것을 위임받은 대리인의 경우에는 복임권이 있다고 하고,[270] 아버지가 자신의 부동산에 관하여 아들의 채무에 대한 담보제공을 허락하면서 아들에게 인감도장과 인감증명서를 교부한 행위는 채무담보를 위한 일체의 대리권을 부여한 것이고 그 대리권에는 복임권도 포함한다고 보고 있다.[271]

계약의 금액과 상대방이 특정되는 등 주요 부분의 대부분이 본인에 의해 결정되어 있고 대리인이 대리해야 할 행위는 특정부분에 한정되어 있는 때에는 복대리인이 대리행위를 하더라도 본인에게 큰 불이익이 없어 복임권을 인정하여도 좋을 것이나, 대리권범위가 포괄적인 경우에는 원칙적으로 복임권을 인정하기 어려울 것이다. 하지만 그 대리행위를 누가 하더라도 본인에게 별다른 불이익이 없거나 원래의 대리인이 아닌 다른 사람이 하였더라도 그 결과가 다르지 않는 종류의 행위인 때에는 복임권을 인정해도 무방할 것이다.

(2) 책임

(가) 원칙

대리인이 복대리인을 선임한 경우[272] 대리인은 본인에 대하여 복대리인의 선임, 감독에 관하여 책임을 진다(제121조 제1항). 따라서 복대리인의 고의 또는 과실로 본인에게 손해를 입혔을 경우, 대리인은 선임 또는 감독에 대해 과실이 있는

---

269) 대판 1996.1.26. 선고 94다30690.

270) 대판 1993.8.27. 선고 93다21156.

271) 대판 1996.2.9. 선고 95다10549.

272) 대리인이 적법하게 복대리인을 선임한 경우를 의미한다.

때에 한하여 책임이 있다.

위 예 (2)의 경우 복대리인 C가 매매계약의 상대방으로부터 매매대금을 받아서 착복하고 대리인 B에게 전달하지 않아 본인 A도 그 돈을 받지 못한 경우, 본인 A로서는 C를 상대로 제123조 제2항을 근거로 매매대금의 반환을 구할 수도 있지만, 만일 B에게 복대리인 C의 선임 또는 감독에 과실이 있는 경우 B를 상대로 본조 제1항에 의해 손해배상을 청구할 수도 있다.[273)]

(나) 예외

본인의 지명에 의하여 복대리인을 선임한 경우에는 그 부적임(不適任) 또는 불성실함을 알고 본인에게 통지나 그 해임을 태만한 때에 한하여 책임을 진다(제121조 제2항). 이 규정은 본인의 지명에 의해 복대리인을 선임한다고 해도 대리인은 이로 인해 대리권을 상실하는 것은 아닐 뿐 아니라 여전히 기초적 법률관계에 의해 본인에 대해 책임을 부담하며, 복대리인은 대리인을 대신하여 본인의 사무를 처리하는 것이므로 대리인이 전적으로 책임을 부담하지 않는다는 것은 적당하지 않다고 보아 대리인에게 경감된 감독의무를 부담시킨 것이다.

본 조항은 위임(제682조)과 임치(제701조)에서도 준용되고 있다.

(3) 위반한 경우의 효과

대리인이 복임권이 없음에도 복대리인을 선임하고 그 복대리인이 대리행위를 한 경우에는 그 대리행위는 무권대리에 해당하여 그 행위의 효력은 본인에게 귀속되지 않는다. 다만 대리인에게는 대리권이 있으므로 이를 기본대리권으로 하여 제126조의 요건에 해당되면 표현대리의 법리에 의해 본인에게 효력이 귀속될 수는 있을 것이다.[274)]

---

273) 이때 A는 B를 상대로 제684조 제1항에 따라 C가 받은 매매대금의 지급을 청구할 수 있는지가 문제로 될 수 있는데, C가 B에게 매매대금을 지급하지 않은 이상 B는 수임사무의 처리로 인하여 받은 금전이 없으므로 A는 B를 상대로 C가 받은 매매대금의 지급을 청구할 수는 없다는 견해가 있고, 동일한 취지의 일본의 판례(大判昭10(1935).8.10. 법률신문 3882.13)도 있다. 그러나 A와의 관계에서는 C는 B의 이행보조자나 이행대행자의 지위에 있다고 보아야 하므로 C가 계약 상대방으로부터 금액을 받게 되면, 이를 B에게 전달하지 않았더라도 A와의 관계에서는 B가 수령한 것으로 보아야 할 것이고, 따라서 A는 B에 대하여 제684조 제1항에 따라 그 대금의 지급을 청구할 수 있다고 보아야 할 것이다.

274) 대판 1998.3.27. 선고 97다48982.

(4) 본조에 대한 평가

대리인은 본인과의 기초적 법률관계에 의하여 본인의 업무를 대리하여 처리함에 있어 선관주의의무를 부담하는 것이 일반적이다. 이때 대리인이 복임권에 기하여 복대리인을 선임하거나 그 외 다른 사람을 이용하여 그 의무를 이행하는지 여부는 대리인의 자유이고, 설사 대리인의 이행보조자나 이행대행자에 해당하는 복대리인의 선임에 본인이 관여하여 선임하였다고 하여 위와 같은 기초적 법률관계에 어떤 변화가 생기는 것은 아니다. 따라서 복대리인의 행위에 의하여 본인에게 손해가 발생한 경우에는 기초적 법률관계의 계약의 성격에 따라 채무불이행의 일반원칙의 기준에 의해 판단하면 충분하고 본조와 같이 선임감독상의 잘못이 있는 경우에만 한정하여 책임을 부담해야 할 것은 아니다.

이런 생각에 따라 최근 일본의 민법은 본조에 해당하는 조항을 삭제하고 복대리인의 행위에 의한 대리인의 책임에 관하여는 채무불이행의 일반원칙에 따라 판단하는 것으로 개정하였다. 우리에게도 시사하는 바가 크다고 할 것이다.

나. 법정대리인

(1) 법정대리인은 복대리인을 언제든지 선임할 수 있다(제122조 전단). 법정대리의 경우는 대부분 포괄적인 사항에 대하여 대리가 인정되므로 혼자서 이 모든 일을 감당하기 어렵고 임의대리처럼 본인의 승낙을 받을 수 없는 경우(예컨대 제한능력자)도 있기 때문에 법정대리인에게 제한 없이 복대리인의 선임권한을 부여한 것이다.

(2) 원칙적으로 법정대리인이 복대리인의 행위에 관하여 책임을 지나, 부득이한 사유로 복대리인을 선임한 때에는 그 선임, 감독에 관한 책임을 부담한다(제122조 후단). 법정대리인에게 있어서는 복대리인을 선임할 수 있는 자유를 부여하는 한편, 그에 대한 책임을 중하게 해두지 않으면 법정대리인이 함부로 복대리인을 선임하여 그 채무를 면하게 되어 복임자유의 폐해가 크게 될지도 모르기 때문에 위와 같이 규정한 것이다.

여기서 '자기 책임'이라는 의미는, 복대리인이 한 일체의 행위에 관하여 복대리인에게 과실이 없는 경우에도 책임을 부담한다는 의미는 아니고, '법정대리인이 자기 스스로 대리행위를 하는 경우에 부담하게 되는 의무의 정도'에 미치지 못하는 상태로 복대리인이 행함으로써 복대리인이 책임져야 할 때에 그로 인하여 본인에게 생기는 손해에 대해 책임을 부담하게 된다는 의미로 해석해야 할 것이다.

그러나 부득이한 사정으로 복대리인을 선임한 경우에는 자기 책임을 면할 목적으로 복대리인을 선임한 것이 아님에도 불구하고 이런 경우에 책임을 경감시키지 않으면 복대리인의 선임을 주저하게 되어 본인의 이익을 해칠 우려도 있으므로 그 선임, 감독에 관한 책임만을 부담하도록 하여 책임을 경감시키고 있다.

3. 복대리인의 지위

예 5-28

앞의 예 5-27에서 B에 의해 적법하게 선임된 A의 복대리인 C가 A를 대리하여 D에게 L을 1억원에 매도하는 계약을 체결하고 1억원을 수령하였다.

가. 대리인 B에 대한 관계

C는 B에 의해 적법하게 선임된 복대리인이므로, B의 대리권의 범위를 넘어 대리할 수 없다. 만일 대리권의 범위를 넘은 경우에는 그 복대리인의 대리행위는 무권대리가 되어 본인에게 효력이 없다(경우에 따라서는 무권대리행위가 제126조의 표현대리에 해당되어 본인에게 효력이 발생할 수 있으나 이는 예외적인 경우이므로 논의에서 제외한다).

B와 C 사이에는 기초적 법률관계인 위임, 즉 B가 C에게 '자신이 해야 할 A의 대리행위와 관련된 사무'를 위탁하는 위임계약상의 권리의무가 존재한다. 따라서 B는 C를 상대로, D로부터 받은 매매대금 1억원에 대하여 제684조 제1항에 기하여 지급을 청구할 수 있다. C가 B에게 1억원을 지급하게 되면 B는 A에게 지급할 의무만 남고, C의 A에 대한 1억원의 지급의무(제123조 제2항)는 소멸하게 된다고 할 것이다.

나. 본인 A에 대한 관계

본인 A와 대리인 B 사이의 기초적 법률관계가 본인 A와 복대리인 C 사이의 내부적 법률관계로 의제되므로(제123조 제2항), A는 직접 C에 대해 제684조 제1항에 기하여 1억원의 지급을 청구할 수 있고, 위임상의 의무를 위반하였으면 채무불이행으로 인한 손해배상도 청구할 수 있다. C가 A에게 1억원을 지급하게 되면 C의 B에 대한 지급채무와 B의 A에 대한 지급채무도 소멸한다고 보아야 할 것이다.

나아가 C는 A에 대하여도, 또 B에 대하여도 매매대금을 지급할 의무가 있는데, 만일 A와 B가 동시에 지급청구를 해 온다면 누가 우선하는가에 관한 문제가 생길 수 있으나, B는 C로부터 지급받더라도 결국 A에게 지급해야 하는 관계이므로 A의 청구를 B의 청구보다 우선시켜야 할 것이다.[275)]

다. 상대방 D에 대한 관계

제123조 제2항에 의하여 D가 B나 C에게 매매대금을 지급하면 매매계약상의 채무를 변제한 효과는 본인 A에게도 발생한다. 그리고 만일 매매계약이 무효 또는 취소되거나 해제되는 경우에는 D가 C에게 변제한 효과는 유효하므로 설사 C가 A나 B에게 매매대금을 지급하지 않았더라도 A에게 지급한 것과 같은 효과가 발생한다. 따라서 D에 대하여 1억원의 반환의무를 부담하는 자는 A이고, B나 C가 아니다.[276)]

라. 복대리인의 복임권

복대리인이 다시 본인의 복대리인을 선임할 수 있는지에 대하여는, 임의대리에서와 동일한 조건하에 복임권을 가진다는 것이 통설이다.

4. 복대리권의 소멸

복대리권은 대리권의 일반적 소멸원인의 발생(제127조, 제128조), 대리인과 복대리인 사이의 기초적 법률관계의 종료나 대리인의 복대리인에 대한 수권행위의 철회, 대리인이 가지는 대리권의 소멸(대리인의 대리권을 전제로 한 것이기 때문)에 의하여 소멸한다.

---

275) 이렇게 해석하는 것의 실익은, B가 파산한 경우 C에 대한 매매대금지급청구권에 관하여 B의 채권자들보다 A가 우선적으로 변제받을 수 있다는 점에 있다.

276) 앞의 2011다30871 판결 참조.

Ⅵ. 무권대리

1. 서

무권대리란 대리권 없이 타인의 이름으로 의사표시를 행하거나 이를 수령하는 것을 말한다. 본래 원칙적으로 무권대리행위의 법률적 효과는 본인에게 귀속하지 않는다. 이때 대리인이나 상대방은 대리인에게 그 효과를 귀속시킬 의사로 행위를 하고 있지 않으므로 의사주의의 원칙상 대리행위의 법률적 효과를 대리인에게 귀속시킬 수 없다.

이렇게 되면 대리행위의 상대방은 본인에 대해서는 물론 상대방에 대해서도 대리행위의 법률적 효과를 귀속시킬 수 없어 불리한 지위에 처하게 된다. 이를 고려하여 우리 민법은 본인의 이익과 상대방의 이익을 조화시키는 방향에서의 해결책을 마련해 두고 있다. 즉 한편으로는 무권대리행위의 효력을 확정적으로 무효화시키지 않고 본인의 추인을 통하여 유효화시킬 여지를 남겨둠과 아울러 추인이 없으면 무권대리인에게 무거운 책임을 부담시킨다. 다른 한편으로는 무권대리행위 당시 대리권이 있는 듯한 외관을 형성한 것에 관하여 본인에게 귀책사유가 있다면 본인에게 효력을 발생시키게 하고 있다. 후자의 경우 '표현대리'라 칭하고, 전자의 경우를 '협의의 무권대리'라 칭하여 둘을 구별하는 것이 보통이다.

2. 표현대리(表見代理)

가. 의의

(1) 개념

표현대리란 대리인에게 대리권이 없음에도 불구하고 마치 대리권이 있는 것 같은 외관이 존재하고 또 그와 같은 외관의 형성에 본인에게 책임이 있는 경우 그 대리행위에 대하여 본인에게 책임을 지워 대리행위의 상대방과의 관계에서 그 무권대리행위가 유효한 것으로 취급하는 것을 말한다.

이런 표현대리제도로서 우리 민법이 인정하는 것으로는 대리권수여의 표시에 의한 표현대리(제125조), 권한을 넘은 표현대리(제126조), 대리권소멸후의 표현대리(제129조)가 있다.

(2) 근거 및 기본원리

예 5-29

B가 A의 대리인 자격으로 C에게 A의 토지 L을 매도하는 계약을 체결했다. 당시 B는 대리인이면 통상 소지하고 있는 서류, 즉 A의 인감도장, 인감증명서, 위임장, 토지 L에 관한 등기필증 등을 모두 가지고 있었다. 이 당시 C는 'B에게 A를 대리할 수 있는 권한이 없다는 점'에 대하여 알지 못하였고(선의), 이에 대해 과실이 없었다.

(1) B가 A의 인감도장 등 위 각 서류를 훔쳐 C와 계약을 한 경우

(2) B는 A의 가사 도우미인데, A가 세무서에 세금을 납부하고 혹시 영수증발급에 필요하면 사용하라고 인감도장을 주었는데 이를 이용하여 위 각 서류를 임의로 발급받아 위와 같이 계약한 경우

(3) B는 A로부터 L을 담보로 500만원의 담보대출에 관한 권한만을 주었는데 위와 같이 매도하는 계약을 체결한 경우

(가) 표현대리제도의 근거 내지 기본원리에 대해서는 거래안전을 보호하기 위한 것이라는 견해, 금반언(禁反言)의 법리라는 견해, 표현법리라는 견해[277] 등이 있다.

(나) 위 예의 (1), (2), (3)은 모두 외관상으로 볼 때는 A의 대리인으로서 갖추어야 할 서류를 모두 갖추고 있으므로 B를 A의 대리인으로 보아야 할 것이고, 이렇게 보는 것이 거래의 안전에도 이바지하게 될 것이다.

그러나 예 (1)과 같은 경우에까지 본인에게 책임을 지운다면 도둑이 한 행위에 대해 본인에게 책임을 지우는 셈이 되어 부당하고 본인에게 지나친 불이익을 준다는 느낌을 지울 수 없다.[278] 더구나 선의취득이 인정되는 동산에 대해서도 제250조의 도품(盜品)에 관한 특례를 두어 피해자를 보호하고 있는 점을 고려한다면 위와 같은 경우에 본인에게 책임을 지우는 것은 민법의 태도에 어긋난다고 하지 않을 수 없다.

277) 표현법리와 외관법리의 의미의 차이에 대해서는 허위표시에서 보았다.

278) 물론 A가 집단속을 잘못 하였다는 과실이 있을지는 모르나, 집단속의 잘못을 이유로 인감도장이나 각종 서류의 분실이라는 손해 외에 자기 소유의 토지의 상실이라는 손해까지 감수해야 하는가는 의문이라고 하지 않을 수 없다.

결국 이것은 본인의 보호와 대리행위 상대방의 보호 및 거래의 안전도모 중 어느 쪽의 이익을 우선시킬 것인가, 나아가 본인 아니면 대리행위의 상대방(또는 거래의 안전)을 보호해야 한다면 어떤 이유나 요건 하에 보호할 것인가라는 정책결정의 문제라고 할 것이다. 우리 민법은 대리거래의 경우 앞서 본 제125조, 제126조, 제129조에 해당하는 경우에 한하여 본인의 이익보다 대리행위의 상대방의 이익 및 거래의 안전을 도모하겠다는 정책결정을 한 것이라고 보아야 한다. 그렇다고 하면 겉으로는 아무리 대리인과 같은 외관을 완벽하게 갖추고 있더라도 제125조, 제126조, 제129조의 요건에 해당하지 않는 한 대리행위의 상대방의 이익이나 거래의 안전은 보호되지 않는 것이라고 할 것이다. 위 3개조의 공통분모는 외관이 존재하고, 그 외관의 형성에 본인이 어느 정도 관여하여 귀책성이 있으며, 상대방은 이를 신뢰하였고 그 신뢰에 과실이 없어야 한다는 점이라고 할 것이다.

이렇게 본다면 거래안전을 보호한다는 견해는 본인의 귀책사유라는 점을 경시하고 있고, 금반언의 법리(선행행위에 모순되는 행위를 해서는 안 된다는 법리)는 제125조의 표현대리의 설명에는 부합하나 그 외의 표현대리에 관한 설명으로서는 조금 부족하다고 생각된다. 따라서 표현법리라는 견해가 위 3가지의 표현대리제도에 가장 부합하는 설명이라고 할 것이다.

(다) 우리의 표현대리제도에 의하면, 위 예 (1)에서는 B의 대리행위는 무권대리행위로서 효력이 없다고 해야 할 것이고, 위 예 (2)에서의 B는 세금납부라는 사실행위를 대행하는 자일뿐 의사표시를 대신하는 대리인이라고는 할 수 없어 기본적으로 표현대리가 적용될 수 없다고 볼 것이다. 다만 일정한 경우 표현대리가 성립될 가능성은 있다.[279] 위 예 (3)에서는 일단 B에게는 담보대출이라는 대리권만을 가지고 있을 뿐이고 매도할 권한은 없으므로 이를 매도한 것은 무권대리행위이나, 제126조의 요건을 갖추면 표현대리가 성립하여 본인에게 그 효력을 주장할 수 있게 될 것이다.

(라) 법정대리의 경우에도 표현대리가 적용되는지가 문제로 되는데, 앞서 본 바와 같이 거래의 안전을 도모한다는 견해에 의하면 본인의 귀책성의 요건을 문제삼지 않으므로 법정대리에도 적용된다고 보게 될 것이다. 그러나 본인의 귀책성을 요한다고 보는 금반언설이나 표현법리설에서는 법정대리의 경우 본인 자신이

279) 사실행위를 대리한다고 하여 모든 사실행위의 대행에 관하여 표현대리가 성립되지 않는 것은 아니다. 앞의 예 5-24에서 보았듯이 대리와 구별되는 개념인 사자의 경우 사실행위를 하지만 외관상 대리인과 같은 외관을 갖추고 있는 때에는 표현대리가 성립할 수 있다.

대리인을 선택하거나 대리권을 수여하는 것도 아니고 대리권의 범위를 정할 수도 없으므로 본인에게 책임을 돌리기 어렵다. 그렇다면 법정대리에는 적용이 있다고 보기 어렵다고 보게 될 것이다.

생각건대 법정대리의 경우 표현대리를 일률적으로 부정하는 것은 적당하지 않고 법정대리의 종류에 따라서 위 각 요건에 맞는지를 검토하여 개별적, 구체적으로 판단하여야 할 것이다. 따라서 일반적으로는 본인의 귀책성을 요구하여 법정대리에는 표현대리법리를 부정해야 하지만,[280] 예외적으로 부부의 일상가사대리권(제827조)의 경우에는 표현대리의 적용가능성이 높다고 할 것이다.

(3) 법적 성격

무권대리와 표현대리와의 관계에 관하여 논의가 있는데, 광의의 무권대리에는 표현대리와 협의의 무권대리가 있다고 보아 표현대리에도 무권대리에 관한 규정이 적용되나 제135조만은 적용되지 않는다는 견해, 협의의 무권대리가 무권대리의 원칙적인 것이고 표현대리는 무권대리의 특수한 경우라고 하여 제135조를 포함한 무권대리에 관한 모든 규정이 표현대리에도 적용된다는 견해, 표현대리는 유권대리의 하나의 아종(亞種)이라는 견해가 있다.

판례는 표현대리는 무권대리라는 입장에 서 있다.[281] 자세한 것은 제135조에서 본다.

나. 제125조의 표현대리

(1) 의의

제125조 전단은 '제3자에 대하여 타인에게 대리권을 수여함을 표시한 자는 그

280) 우리 판례는 뒤에서 보듯 법정대리의 경우에도 제126조의 표현대리가 적용된다고 보고 있다(대판 1997.6.27. 선고 97다3828).

281) 대판(전합체) 1984.7.24. 선고 83다카1819(유권대리에 있어서는 본인이 대리인에게 수여한 대리권의 효력에 의하여 법률효과가 발생하는 반면 표현대리에 있어서는 대리권이 없음에도 불구하고 법률이 특히 거래상대방 보호와 거래안전유지를 위하여 본래 무효인 무권대리행위의 효과를 본인에게 미치게 한 것으로서 표현대리가 성립된다고 하여 무권대리의 성질이 유권대리로 전환되는 것은 아니므로, 양자의 구성요건 해당사실 즉 주요사실은 다르다고 볼 수 밖에 없으니 유권대리에 관한 주장 속에 무권대리에 속하는 표현대리의 주장이 포함되어 있다고 볼 수 없다).

대리권의 범위 내에서 행한 그 타인과 그 제3자간의 법률행위에 대하여 책임이 있다'라고 규정한다.[282)]

예컨대 본인 A가 대리행위의 상대방이 될 자 C에게 'B에게 대리권을 수여하였다'고 표시하였으나 실제로는 B에게 대리권을 수여하지 않았고, B가 C와 그 대리권의 범위 내에서 A를 대리하여 법률행위를 한 경우, 본인 A의 표시를 믿고서 거래한 C의 신뢰를 보호하기 위하여 그 행위의 효과를 본인에게 미치도록 하고 있는 것이다.

위 예와 같은 사태는 실제로는 잘 일어나지 않고, 현실에서는 본인(A)이 'B가 임의로 본인의 대리인이라고 칭하고 다니는 것'을 명시적 또는 묵시적으로 승인하고 있었다고 볼 수 있는 상태에서 B가 상대방 C와 법률행위를 한 경우 본조를 적용하여 해결하는 예가 대부분이다. 특히 본인(A)이 타인(B)에게 자신의 명의를 대여하고 타인(B)이 본인의 예상 영역을 넘은 거래에까지 본인(A)의 명의를 사용하여 거래하는 경우가 여기에 해당될 것이나, 이런 경우에는 통상 상법 제24조에 의하여 규율될 것이다.[283)]

(2) 요건

(가) 대리권 수여의 표시

1) 본인 A가 대리행위의 상대방이 될 자 C를 상대로, B에게 대리권을 수여하였다는 표시를 하여야 한다. 이런 표시는 관념의 통지[284)]에 해당한다고 할 것이다.

2) 표시의 방법은 제한이 없다. 서면으로 하든 구두로 하든, 특정인에 대하여 하든 광고 등으로 불특정 다수인에 대하여 하든 상관없다.

3) 백지위임장의 경우가 문제이다.

예 5-30

A가 B에게 A 소유의 토지 L을 담보로 돈을 융통해 줄 것을 부탁하고 대리권을

---

282) 표현대리조항에서 말하는 제3자는 '대리행위의 상대방'이라고 고쳐 읽으면 이해하기 쉽다. 즉 선의의 제3자 보호규정에서 말하는 제3자와는 완전히 다른 것임에 유의하여야 한다(앞의 예 5-25 참조).

283) 상법 제24조는 '타인에게 자기의 성명 또는 상호를 사용하여 영업을 할 것을 허락한 자는 자기를 영업주로 오인하여 거래한 제3자에 대하여 그 타인과 연대하여 변제할 책임이 있다'라고 규정한다.

284) 이런 통설에 대해 의사의 통지라는 견해도 있다.

수여하면서 대리인 란과 위임사항 란이 백지로 된 위임장과 인감 및 인감증명서를 교부하였다.

가) 위 예에서 B가 임의로 대리인 란에 B를, 위임사항 란에 '토지 L의 처분과 관련한 일체의 사항'이라고 보충한 후 C와 L에 관하여 매매계약을 체결한 경우를 본다.

이때의 법률적 구성으로는 두 가지를 생각할 수 있다.

첫째 제125조의 구성이다. A에 의해 교부된 백지위임 상에 '토지 L의 처분과 관련한 일체의 사항'이라고 표시되어 C에게 제시되었으므로, A가 C를 상대로 'L의 처분에 관한 대리권을 B에게 수여한 표시'를 하였다고 볼 수 있어 제125조에 따라 본인 A에게 대리행위의 효력이 발생한다.

둘째 제126조의 구성이다. B는 A로부터 적법하게 수여된 '담보대출에 관한 대리권'의 범위를 넘은 처분행위를 하고 있지만, B에게는 담보대출에 관한 대리권이라는 기본대리권이 있고, A에 의해 B에게 교부된 위임장상에 'L의 처분과 관련한 일체의 사항'이라고 기재되어 있는 점과 B가 인감과 인감증명서까지 소지하고 있는 점을 감안하면 C가 B에게 L에 관한 처분권한이 있다고 믿을 만한 정당한 이유가 있다고 할 수 있어 제126조의 표현대리가 성립할 수 있다.

나) 나아가 B가 다시 D에게 백지인 채로 위임장을 교부하고, D가 대리인 란에 D를, 위임사항 란에 '토지 L의 처분과 관련한 일체의 사항'이라고 보충한 후 C와 L에 관하여 매매계약 체결한 경우를 본다.

이 경우에도 앞에서 본 것처럼 두 가지를 생각할 수 있다.

첫째, 제125조의 구성으로 위 가)항에서 본 바와 같은 논리구성을 취할 수 있고, 본인 A에게도 대리인 란과 위임사항 란을 백지로 한 채 교부하여 남용될 기회를 부여한 점에서 귀책성이 있다.

둘째, 제126조로 구성하려 할 때에는 D에게 기본대리권이 있는지가 문제로 된다. D는 A로부터 기본대리권을 수여받은 적이 없으므로 원칙적으로 기본대리권이 없다고 보아야 하고 이때는 제126조의 표현대리가 성립할 수 없어 대리행위는 효력이 없다. 그러나 B가 D를 A의 복대리인으로 선임하는 복임권을 행사한 경우에는 'D에게 A를 대리할 기본대리권이 있는지' 여부가 문제되므로 이때에는 B에게 복임권이 있는지 여부, 복임권이 적법하게 행사되었다고 보는 경우 D에게 기본대리권이 있다고 보아야 하는지 여부 및 D를 A의 대리인으로서 L을 처분할 수 있는 권한이 있다고 C가 믿은 것에 정당한 이유가 있는지 여부가 문제가 될 것이다.

다) 앞의 각 논의는 대리권과 관련한 논의이나, 착오와 관련하여서도 문제가 될 수 있는데, 이는 서명날인의 착오 및 앞의 예 5-24에서 본 2004다43824 판결에서의 논의와 동일한 논의라고도 할 수 있다.

즉, 대리권수여의 표시의 통지가 (관념의 통지로 보든 의사의 통지로 보든) 준법률행위로서 의사표시이론이 적용된다고 보면, 표의자인 본인 A의 내심의 의사는 '담보권 설정'인데, 표시는 '매도'이므로 착오가 존재하고 이 착오는 중요부분에 해당하므로 A에게 중과실이 없는 한, 상대방 C가 선의이고 무과실이더라도 A는 C와의 매매계약을 취소할 수 있게 된다.[285] 그러나 이 경우 착오취소를 인정하게 된다면 제125조에 의해 상대방의 신뢰보호를 통한 거래의 안전을 도모하려는 노력은 무산되게 된다. 왜냐하면 제125조의 대리권수여표시의 통지는, 본인 A가 'B에게 대리권을 주지 않았다는 것'을 알지 못하고, 착오로 C에게 'B에게 대리권을 수여하였다'고 통지하여 표시한 것으로 구성하여 착오취소를 인정할 여지가 있음에도 불구하고, 우리 민법은 제125조의 경우 상대방이 선의, 무과실이면 본인이 책임을 부담하도록 규정하고 있기 때문이다.

결론적으로 제125조를 둔 입법자의 의도는 '서명날인의 착오'와 같이 '표현대리의 법리'와 '착오의 법리'가 서로 충돌하는 경우에는 '표현대리의 법리'를 우선시키도록 하는 점에 있다고 할 것이므로 '표현대리의 법리'와 '착오의 법리'가 서로 충돌하는 경우에는 '표현대리의 법리'를 우선시키는 것이 타당하다고 생각한다.

4) 판례를 보면, 본인이 사업자등록명의와 통장을 교부하였다고 하여 차용행위를 할 수 있는 포괄적 대리권을 수여한 것으로 볼 수 없다고 하고,[286] 나아가 상거래에 대한 재정보증서와 그에 필요한 인감증명서 및 납세증명서를 우송하거나,[287] 인감증명서를 교부하거나,[288] 지방세 세목별 과세증명서와 인장을 소지하거나,[289] 매도인이 공란으로 된 매매계약서를 교부한 것[290]만으로는 대리권을 수

285) 착오이론의 적용과 관련하여, 제116조 제1항에 따라 착오여부는 대리인을 기준으로 하여야 하므로 본인의 효과의사가 무엇이든 착오에 영향을 미치지 않는다는 견해가 있을 수 있지만 이는 잘못이다. 제116조 제1항은 대리인이 행하는 대리행위에 대해 적용되는 것이지, 이처럼 본인의 대리권수여행위에 대해 적용되는 것이 아니기 때문이다.

286) 대판 2009.5.28. 선고 2009다7779.

287) 대판 1984.10.10. 선고 84다카780.

288) 대판 1978.10.10. 선고 78다75.

289) 대판 2000.5.30. 선고 2000다2566.

여하였다는 표시를 하였다고 볼 수 없다고 하였다. 본래 대리인이라고 할 수 있으려면 본인의 인감도장이 날인된 위임장과 위임장 상에 날인된 인영이 인감도장에 의한 것인지를 확인할 수 있는 인감증명서는 가장 기본적으로 구비해야 할 서류임을 고려하면 위의 판례들의 판시는 정당하다고 할 것이다.

또 판례에 의하면, 건설회사의 현장소장의 통상적인 업무의 범위는 그 공사의 시공과 관련한 자재, 노무관리 외에 그에 관련된 하도급계약체결 및 공사대금지급, 공사에 투입되는 중기 등의 임대차계약체결 및 그 임대료의 지급 등에 관한 모든 행위이고, 아무리 소규모라 하더라도 그와 관련 없는 새로운 수주활동 같은 영업활동은 그의 업무범위에 속하지 않는다고 한다.[291] 그리고 제조사 A가 대리점 B를 자사제품의 전문취급점 및 A/S센터 전국총판이라는 광고를 1회 신문에 실었더라도 B에게 제조사 A의 제품을 판매할 수 있는 권한을 수여하였다는 표시를 한 것으로 볼 수 없다[292]고 한다. 그러나 총대리점이라는 명칭과 본인 명의의 입회신청서 및 영수증을 사용하도록 허락한 경우에는 대리권수여의 의사표시가 있었다고 보고 있다.[293]

(나) 표시된 대리권의 범위 내의 대리행위

대리행위는 본인에 의하여 표시된 대리권의 범위 내의 행위여야 한다. 만일 그 대리권의 범위를 넘게 되면 본조의 적용이 없다. 다만 그것이 제126조의 요건을 갖추면 제126조의 표현대리행위가 될 수는 있을 것이다.

(다) 대리행위의 상대방

대리행위의 상대방은 본인으로부터 대리권 수여표시를 받은 자여야 한다. 따라서 본인이 특정인에게 이와 같은 표시를 한 경우, 옆에서 우연히 이를 알게 된 사람이 대리행위의 상대방이 되었다고 하여도 본조는 적용되지 않는다.

---

290) 대판 2001.8.21. 선고 2001다31264.

291) 대판 1994.9.30. 선고 94다20884.

292) 대판 1999.2.5. 선고 97다26593(전문취급점이나 전국총판의 실질적인 법률관계는 대리상인 경우도 있고 특약점인 경우도 있으며 위탁매매업인 경우도 있기 때문에, 위 광고를 곧 제조회사가 제3자에 대하여 위 대리점에게 자사 제품의 판매에 관한 대리권을 수여함을 표시한 것이라고 볼 수 없다고 판시했다).

293) 대판 1998.6.12. 선고 97다53762.

(라) 대리행위 상대방의 선의, 무과실

1) 선의란 '대리행위를 하는 자에게 대리권이 없음을 알지 못하는 것'을 말하고, 무과실이란 선의임에 대하여 과실이 없을 것을 말한다.

2) 대리행위 상대방의 선의, 무과실에 대한 증명책임은 누구에게 있는가.

증명책임은 원칙적으로 법문의 구조를 기준으로 하여야 하고, 또 본인 A가 대리행위의 상대방 C에 대하여 'B에게 대리권을 수여하였다'고 통지를 한 이상, C가 B에게 대리권이 있다고 믿고 대리행위를 한 것은 선의이고 과실 없이 행한 것이라고 추정해야 할 것이므로 표현대리행위의 효력을 다투는 자가 C의 악의와 유과실을 증명하여야 할 것이다.

(마) 적용범위와 관련한 문제

1) 법정대리

본조가 법정대리에도 적용되느냐와 관련하여, 통설은 임의대리에만 적용되고 법정대리에는 적용되지 않는다고 한다. 본조의 법문이 '타인에게 대리권을 수여함을 표시한 자'라고 규정하고 있는데, 법정대리의 경우에는 본인이 대리인을 선임하는 것이 아니어서 '대리행위의 상대방이 될 자에게 대리권수여의 표시를 한다'는 것이 무의미하다는 점을 근거로 든다.

2) 복대리

적법한 복임권이 있는 대리인 B가 대리행위의 상대방이 될 C를 상대로, D에게 복대리권을 수여하였다는 표시를 한 경우에도 본조의 적용이 있는지가 문제로 될 수 있다. 대리인의 행위는 본인이 한 것과 같이 보아야 하므로 대리인의 복대리인 D의 선임에 관한 표시는 본인이 한 것으로 보아야 하고, 또 이런 행위를 한 대리인을 선임한 본인에게 귀책이 있다고 할 것이어서 본조를 적용해도 문제가 없다고 생각한다.

만일 복임권이 없는 대리인이 복대리인을 선임한다는 표시를 상대방에게 한 경우에는 본조의 적용은 없다. 다만 제125조와 제126조를 중복 적용하여 표현대리가 성립될 수 있는지가 문제된다. 대판 1967.11.21. 선고 66다2197은 부적법하게 선임된 복대리인의 대리행위에 대하여 제126조 표현대리 규정이 적용되는지 여부와 관련하여, 복임권 없는 대리인에 의하여 선임된 복대리인의 행위도 월권행위

(제126조의 표현대리)가 될 수 있다는 취지의 판시를 하고 있다.

3) 공법상 행위 및 소송행위

의사표시의 하자와 관련한 조항들이 공법상 행위나 소송행위에 적용되지 아니하듯, 표현대리규정 역시 외관에 대한 상대방의 신뢰를 통한 거래의 안전을 도모하려는 것이다. 그런데 공법상의 행위는 법치행정원칙이, 소송행위는 소송절차의 안정성이 외관에 대한 신뢰나 거래의 안전보다 우선하므로 본조 뿐 아니라 표현대리에 관한 모든 조항은 적용되지 않는다고 할 것이다.[294]

다. 제126조의 표현대리

(1) 의의

예 5-31

A가 B에게 A 소유의 토지 L을 담보로 1억원을 융통해 줄 것을 부탁하고 대리권을 수여하였다. B는 C명의로 A의 L에 근저당권을 설정하고 C로부터 3억원을 차용하는 계약을 체결하였다.

제126조는 '대리인이 그 권한 외의 법률행위를 한 경우 제3자(대리행위의 상대방)가 그 권한이 있다고 믿을 만한 정당한 이유가 있는 때 본인은 그 행위에 대하여 책임이 있다'라고 규정한다. 이를 통상 월권대리(越權代理)라고 한다.

위 예처럼 B는 1억원을 차용할 권한이 있을 뿐인데, 3억원을 차용하는 계약을 체결하였으므로 1억원을 초과하는 2억원의 차용행위에 관하여는 그 권한 외의 법률행위에 해당하고, C가 B에게 3억원을 차용할 수 있는 권한이 있다고 믿을 만한 정당한 이유가 있는 경우에 한하여 본인이 3억원 전부에 대하여 책임을 진다.[295]

294) 대판 1983.2.8. 선고 81다카621(이행지체가 있으면 즉시 강제집행을 당하여도 이의가 없다는 강제집행 수락의 의사표시는 소송행위라고 할 것이고, 이러한 소송행위에는 민법상의 표현대리규정이 적용 또는 유추적용될 수 없다).

295) 위 예의 경우 B는 1억원의 차용에 관해서만 권한이 있는데 3억원의 차용은 그 권한을 넘은 무권대리행위이므로 제126조에 의해 표현대리로서 유효하게 되지 않으면 3억원 전체의 차용행위가 효력을 상실하게 되는 것으로 보는 견해도 있을 수 있다. 그러나 위와 같은 3억원의 차용행위는 가분적(可分的) 행위이고 3억원 중 2억원에 관해서는 효력이 없다고 해도 1억원에 관해서는 B에게 차용권한이 있으므로 C로부터 3억원의 차용행위 중 B의 1억원의 차용행위는 유권대리로서 유효하다(대판 1987.9.8. 선고 86다카754 참조).

(2) 요건

(가) 대리인의 기본대리권의 존재

1) 기본대리권에는 대리권 외에 사실행위의 대행권한도 포함되는가.

가) 본조는 '대리인'이라고 하여 기본대리권의 존재, 즉 의사표시를 대신하거나 수령할 수 있는 대리권을 가진 대리인이어야 하는 것으로 규정되어 있다. 이 문언에 충실하게 되면 '사실행위'를 대행하는 권한만을 가진 자는 대리인이 아니어서 그 자에 의한 대리행위는 본조의 적용을 받을 수 없다. 그럼에도 불구하고 사실행위의 대행권한만을 가지는 자에게 본조를 적용할 것인가와 관련하여 견해가 나뉜다.

나) 학설로는 법률행위의 대리에 한정하여야 한다는 견해, 사실행위의 수권이라도 무방하다고 하거나 본조를 유추적용하자는 견해 등이 있다.

다) 판례는 앞 예 5-24에서 본 것처럼 사실행위를 하는데 불과한 사자(使者)의 경우인 4292민상192 판결은 '대리인이 아니고 사실행위를 위한 사자라 하더라도 외견상 그에게 어떠한 권한이 있는 것의 표시 내지 행동이 있어 상대방이 그를 믿었고 또 그를 믿음에 있어 정당한 이유가 있다면 표현대리의 법리에 의하여 본인에게 책임이 있다'라고 판시한 바 있었다는 것은 앞에서 본 바와 같고,[296] 대판 1992.5.26. 선고 91다32190에서는 증권회사의 직원이 아니면서 증권회사의 묵인하에 사실상 투자상담사로 근무하면서 고객을 상대로 투자상담 및 권유 등의 사실행위만을 위임받은 자가 증권회사를 대리하여 고객과 위탁매매계약을 체결하고 그 예탁금을 수령한 행위가 월권대리로서 본인인 증권회사에게 효력이 미치는지가 쟁점이 된 사안에서 사실행위의 위임을 본조의 기본대리권으로 볼 수 없다는 취지로 판시하였다.

라) 생각건대 본조의 기본대리권의 범주에 사실행위의 위임까지 포함한다고 본다면, 아래에서 보듯이 월권대리로 구제되는 대리행위가 기본대리권의 대리행위와 동질(同質) 또는 동종(同種)의 행위가 아니라도 무방하다는 것까지 감안하는 경우 본인이 감수해야 할 위험이 너무나 크게 되어 대리제도의 이용이 위축될 우려가 있다.[297] 그리고 월권대리에서의 핵심은 기본대리권의 종류가 아니라 본인이

---

296) 구체적 사실관계는 대법원 판결문상으로 알기 어렵다.

297) 정원사나 가정부가 고용주의 가옥이나 토지를 매도하는 등의 대리행위에까지 책임져야 할

권한을 넘은 행위에 대하여 대리권을 준 것과 같은 외관의 형성에 어느 정도로 기여하고 있는지에 있다고 할 수 있다. 그렇다면 원칙적으로 사실행위의 대행이나 위임은 본조의 기본대리권의 범위에 포함되지는 않지만 그 사실행위가 의사표시와 거의 근접하고 있어 외견상 사실행위의 대행자에게 어떠한 권한이 있는 것과 같이 보이고 또 이런 사정의 발생에 있어 본인에게도 귀책성이 있는 예외적인 경우 사실행위의 대행권한도 기본대리권에 포함된다고 보아야 할 것이다.

2) 공법상의 대리권

표현대리규정이 공법상의 행위에는 적용되지 않는다는 것은 앞에서 보았다. 그런데 문제는 공법상 행위에 대한 대리권이 있는 자에게도 본조가 적용되는지이다. 예를 들면 A가 B에게 사망신고를 동사무소에 신청할 수 있는 대리권을 주고서 인감도장을 주었는데 B가 이를 이용하여 A의 토지를 매도한 경우 등이다.

판례에 의하면, 부락의 지역사회개발과 관련한 서류에 사용하기로 하고 인장을 보관함으로써 사회개발과 관계된 행위의 대리권을 부여받은 자가 양곡(糧穀)교환신청서와 상환각서를 작성한 경우,[298] 하천부지점용절차의 갱신절차의 신청을 위임받으면서 인감도 같이 교부받은 대리인이 인감을 이용하여 본인의 임야를 매도한 경우,[299] 등기소에 이전등기를 신청하는 행위를 위임받은 대리인이 대물변제를 한 경우[300] 표현대리가 적용된다고 하고 있다.

지금까지 판례에서 문제된 사안 중에는 공법상 대리권이 표현대리에 적용되지 않는다고 한 것은 보이지 않지만, 앞서 본 것처럼 사망신고의 신청을 위한 대리권을 준 경우에도 그 대리권의 범위를 넘어 사법상의 거래를 한 경우 그 사법상의 거래에 대해 본조 표현대리를 적용하여 유효하다고 보는 것은 무리가 있다고 생각한다.

생각건대 원칙적으로 공법상의 행위에는 표현대리가 적용되지 않는 것처럼, 공법상 대리권 역시 월권대리에서의 사법상의 기본대리권에 포함될 수는 없다고 보아야 한다. 다만 예외적으로 이전등기절차신청의 대리권처럼 사적 거래와 밀접한 관계가 있는 공법상의 행위에 관한 대리권인 경우에는 월권대리의 규정의 적용을

지도 모른다.

298) 대판 1969.7.22. 선고 69다548.

299) 대판 1967.9.5. 선고 67다1394.

300) 대판 1978.3.28. 선고 78다282.

인정해도 좋을 것이다. 따라서 대리인이 대리권을 수여받은 공법상의 행위가 어떤 내용의 것인지를 먼저 파악한 후 그 공법상의 행위와 사적 거래와의 근접도(近接度)에 의하여 판단해야 할 것으로 생각한다. 이렇게 본다면 이전등기신청행위는 부동산의 물권변동과 밀접한 관계에 있는 공법상의 행위이므로 판례의 입장이 타당하고, 사망신고행위는 사적 거래와의 근접도가 거의 없다고 할 것이므로 그 신청 대리권은 기본대리권이 될 수 없다고 해야 할 것이다.

3) 제125조에 의하여 표현대리로 인정되는 대리권도 기본대리권이 될 수 있다. 즉 제125조와 제126조의 중첩적용을 인정하는 것이다. 위 예에서 A가 C를 상대로 'B에게 1억원을 차용할 수 있는 대리권'을 수여하였다고 통지하였지만 실제로는 B에게 대리권을 수여하지 않은 경우, B가 A를 대리하여 C와 1억원의 차용행위를 하면 제125조의 표현대리가 성립하지만, 3억원의 차용행위를 하면 1억원을 초과한 2억원 부분의 차용행위에 대해서는 제126조가 적용되어 C가 B에게 그런 권한을 가지고 있다고 믿을 만한 정당한 이유가 있으면 제126조의 표현대리가 될 수 있다.

마찬가지로 제129조에 의하여 표현대리로 인정되는 대리권도 기본대리권이 될 수 있다.[301)]

(나) 기본대리권을 넘는 대리행위

1) 기본대리권의 범위를 넘은 대리행위가 있어야 한다. 이때 기본대리권을 넘는 대리행위는 기본대리권과 동질 또는 동종의 행위여야 하는가. 즉 위의 예처럼 기본대리권이 1억원의 차용행위이면 대리행위도 차용행위여야 월권대리가 되는 것이고, 차용행위가 아닌 매도행위와 같은 처분행위는 차용행위와 동질 또는 동종의 행위가 아니어서 월권대리가 될 수 없는가 하는 문제이다.

통설과 판례[302)]는 동질이나 동종의 행위일 필요는 없다고 한다. 따라서 위의 예에서 B가 차용행위가 아니라 L을 처분하는 행위를 하더라도 제126조를 적용할 수 있다.

2) 그 외 공동대리로 대리권이 제한되어 있음에도 단독으로 대리행위를 한 경우와 같이 일정한 제한이 있음에도 그 제한에 따르지 않고 한 경우에도 본조가

---

301) 대판 1979.3.27. 선고 79다234.

302) 앞의 69다548 판결.

적용될 수 있다.

그러나 주의해야 할 점은 대리권의 제한이 강행법규에 의한 것이라면, 설사 상대방이 그런 제한을 몰랐다고 하더라도 법률에 대한 부지(不知)는 변명이 되지 않으므로(법률은 모든 사람이 알고 있어야 하고 이를 몰랐다면 그 자신의 책임이다) 정당한 이유가 있다고 할 수 없어 본조의 표현대리가 될 수 없다. 이와 관련한 문제는 법정대리에서 다시 보도록 한다.

(다) 기본대리권은 필요한가.

앞에서 본 것처럼 기본대리권이 필요하다고 하면서도, 사실행위(사자의 행위)의 경우에도, 또 공법상의 대리권의 경우뿐만 아니라 제125조 또는 제129조의 표현대리가 성립되는 경우에까지도 월권대리를 인정하고 나아가 대리행위가 기본대리권과 질적으로 다른 것인 때에도 월권대리를 인정한다면 '기본대리권의 존재'라는 요건은 사실상 형해화되어 있다고 평가해도 무방할 것이다.

그렇다면 '기본대리권의 존재'를 월권대리의 요건으로 할 필요가 있는가라는 의문이 생긴다. 이와 같은 의문에서 출발하여 본조의 적용 기준에 관하여 기본대리권의 존재를 월권대리의 요건에서 축출하여 상대방 측의 대리권 신뢰에 대한 정당한 이유의 존재 여부만으로 판단하면 되고 대리인이 기본대리권을 가지는지 여부는 고려대상이 아니라는 견해도 충분히 나올 수 있다. 이런 입장에서는 본인의 보호의 약화가능성에 대해서는 뒤에서 볼 정당한 이유에서 조정하면 된다고 한다. 경청할만한 견해라고 할 것이나 기본대리권의 존재를 월권대리의 요건에서 제거한다면 본인에 대한 보호가 지나치게 약해지지 않을까 하는 우려를 금할 수 없어 찬성하기는 어렵다고 생각한다.

(다) 정당한 이유의 존재

1) 의미에 관한 학설

대리행위의 상대방이 '대리인이라고 칭하는 자에게 대리권이 있다고 믿을 만한 정당한 이유'가 있어야 하는데, 이 정당한 이유가 무엇을 말하는지에 대하여는 견해가 나뉜다.

다수설은 거래 당시에 존재하는 여러 사정으로부터 객관적으로 관찰하여 일반인 입장에서 보아 해당 대리행위를 하는 대리인에게 그 대리행위와 관련하여 대리권이 있다고 믿는 것이 당연하다고 생각되는 것을 의미한다고 한다. 즉 거래행위 상대방의 선의(대리권이 있다고 알았다)와 그 선의에 대한 무과실(대리권이 있다고 믿는 것이 당연하다고 생각되는 이유가 있다)이 정당한 이유라고 보는 것이다.

소수설은 변론종결 당시까지 존재하는 제반자료 및 사정을 기준으로 이성적인 사람의 입장에서 보아 대리권의 존재가 명백하여 의심이 없는 경우에 정당한 이유가 있다고 한다.

2) 의미에 관한 판례

판례는 대체로 다수설의 입장에 서서 거래행위 당시의 사정을 기준으로 객관적으로 관찰하여 정당한 이유가 있었는지를 판단하고 있으며,[303] 일반인을 표준으로 하지만 상대방이 행위 당시에 알고 있었던 특수한 사정이 있었다면 그런 사정까지도 고려하고 있다.[304]

판례의 입장에 대한 해석은 학자들마다 조금씩 다르지만, 판례의 입장을 위와 같은 추상적 기준에 의해 해석하려고 하는 점은 동일하다.

생각건대, 판례의 입장을 추상적 기준에 의하여 해석하려는 시도는 구체적인 문제해결이나 판례의 입장의 분석에 전혀 도움이 되지 않는다. 오히려 판례에서 문제되고 있는 각 사안에서 판례가 정당한 이유의 존부에 대하여 판단하는 요인들을 살펴보는 것이 훨씬 유익할 것이다.[305]

3) 판례에서 나타난 정당한 이유의 판단요소

판례에서 나타난 정당한 이유를 판단하는 요인들은 다음과 같다.

가) 먼저 판례는 '상대방이 대리행위자에게 해당 법률행위에 대한 대리권이 있었다고 믿었고 그에 대한 과실이 없었다는 것'을 판단함에 있어, 대리행위를 할 당시의 정황에 비추어 상대방이 본인에 대하여 대리권의 유무나 범위에 관하여

---

303) 대판 2013.4.26. 선고 2012다99617 등.

304) 이런 사정을 감안하면 다수설이 '판례가 일률적으로 일반인을 표준으로 하여 판결하고 있다'라는 주장에는 문제가 있다고 생각한다.

305) 대판 1963.9.12. 선고 63다428은 '권한을 넘은 표현대리에 있어서 본인에게 대리인이 한 행위에 대한 책임을 지우게 하려면 제3자인 상대편이 선의였다는 점과 아울러 그가 대리인에게 대리할 권한이 있다고 믿을만한 정당한 이유가 있었다는 점만을 판정하면 되는 것이지 그 상대편인 제3자가 무과실이었다는 점은 판단할 필요가 없다 할 것이다 왜냐하면 제3자의 선의와 제3자가 대리인에게 그 권한이 있다고 믿을 만한 정당한 이유가 있다함은 한편으로 제3자에게 과실이 없었다는 것까지도 나타내는 것이기 때문이다'라고 판시한 바 있다.

문의하는 등 조사를 하여 확인했었어야 했는가, 즉 조사확인의무를 지웠어야 했는가라는 점에서 접근하고 있다. 그리하여 대리행위자에게 그의 대리인의 자격과 대리권의 존재를 추측하게 하는 서류나 본인의 인감도장 등을 완벽하게 구비하고 있으면,[306] 상대방이 대리권의 존재와 범위에 관하여 의심을 품지 않고 본인에게 연락하여 조사나 확인을 하지 않더라도 그의 선의에 과실이 있다고 할 수 없다고 하여 정당한 이유를 긍정하고 있다.

나) 그러나 대리행위자의 대리권의 존재나 범위에 관하여 의심스러운 정황이 있으면, 상대방은 본인에게 연락하여 대리권의 존재와 범위에 관하여 조사나 확인을 하여야 할 의무를 부과하고, 이를 게을리 하면 정당한 이유를 부정한다. 판례상으로 이런 부정적 요인으로 작용하는 것을 보면 다음과 같다.

① 구비서류의 미비

대리행위자가 소지하고 있는 서류에 개서(改書)를 한 흔적이 있거나 미비한 때, 예를 들면 대리인이 위임장만 가지고 있고 인감증명은 가지고 있지 않은 경우에는 정당한 이유를 부정한다.

판례는 위임장 상에 인감도장이 날인되어 있지만 기존의 인감도장 인영(印影)에 가위표(X)의 표시가 있고 그 옆에 다시 날인되어 있는 경우,[307] 상당히 많은 금액을 보증하면서 제출된 인감증명서가 본인이 발급받은 것이 아니고 대리인이 발급받은 경우[308] 등의 사안에서 정당한 이유를 부정했다.

② 인감도장 입수의 용이성

본인과 동거하고 있는 가족, 즉 부모나 배우자, 자식 등은 본인의 인감도장을 입수하여 남용하기가 용이하다. 따라서 이런 위치에 있는 대리행위자가 인감도장을 가지고 있더라도 대리행위자가 일반인인 경우보다는 좀 더 높은 주의의무를 부과하여 위 사실만으로 만연히 대리권이 있다고 믿어서는 곤란하다고 보고 있다.

---

306) 통상 대리인은 인감도장, 인감도장이 날인된 위임장, 인감증명서 등으로 자신의 대리권을 증명한다(부동산의 매각이나 저당권설정시에는 속칭 등기권리증이라고 불리는 등기필증을 지참한다). 인감증명서는 위임장에 날인된 도장이 인감인지를 판단하기 위하여 필요한 것이다.

307) 대판 1995.4.25. 선고 95다1170(보증보험청약서 및 약정서의 보험계약자란에 제3자의 인영이 날인되었다가 말소되어 있는 경우는 통상 있는 일이라고 보기 어렵다고 판시한다), 대판 1998.3.27. 선고 97다48982(보증보험약정서에 여러 명의 연대보증인의 이름 옆에 각자 날인이 되어 있었는데, 그 중 1명의 날인에 가위표가 쳐지고 제3자의 날인이 존재하였음).

308) 대판 1998.7.10. 선고 98다15835(상당한 금액을 보증함에 있어 대리인이 발급받은 인감증명서를 소지함). 인감을 훔친 자도 인감증명서를 대리발급받을 수 있다는 점을 고려한 것이다.

대판 2009.12.10. 선고 2009다66068은 남편이 처의 인장을 소지하고 대리발급받은 인감증명서로 남편 자신의 채무를 처가 연대보증하는 계약을 대리인으로서 체결한 것에 대해 표현대리를 인정하지 않았다. 이 판결은 그 이유의 하나로 남편은 처의 인감도장 입수가 용이한 관계에 있다는 점을 들고 있다(아래에서 보듯 본인과 대리인의 이해가 상반하는 점도 부정적 요인의 하나다).

③ 이해상반 행위

대리인의 대리행위로 본인은 손해를 받고 대리인이 이득을 취하는 경우에는 일반의 대리행위보다는 좀 더 높은 주의를 기울이도록 하고 있다. 따라서 본인 부동산 담보의 대출금이나 본인 부동산의 매각대금을 본인의 예금계좌에 송금하는 경우보다는 대리인의 예금계좌에 송금하는 경우에는 더 높은 주의의무가 필요하다고 할 것이다.

대판 1995.2.17. 선고 94다34425는 대리인이 본인의 인감도장과 인감증명서는 소지하고 있었지만 부동산의 등기권리증은 소지하지 않은 상태에서 대리인 자신의 채무를 담보하기 위하여 본인의 부동산을 담보로 제공하는 행위를 대리한 사안에서 '일반적으로 부동산의 소유자가 아닌 제3자로부터 근저당권을 취득하려는 자로서는 근저당권설정계약을 함에 있어서 그 소유자에게 과연 담보제공의 의사가 있는지의 여부 및 그 제3자가 소유자로부터 담보제공에 관한 위임을 받았는지 여부를 서류상 또는 기타의 방법으로 소유자에게 확인하여 보는 것이 보통이라 할 것이므로 만약 그러한 조사를 하지 아니하였다면 그 제3자에게 소유자를 대리할 권한이 있다고 믿은 데에 과실이 있다고 할 것'이라고 일반적인 서술을 한 후 상대방이 담보목적 부동산의 등기권리증을 대리인이 소지하지 않은 까닭을 알아보거나 아니면 부동산의 소유자에게 담보제공의 의사나 그 위임의 여부를 확인하여야 한다는 점을 들어 정당한 이유가 있었다고 보기 힘들다고 판시하였다.[309)]

한편 대판 1998.7.10. 선고 98다16586은 남편이 처로부터 처 소유 부동산의 처분에 관한 대리권을 수여받으면서 인감도장을 교부받자 이를 이용하여 인감증명서를 대리발급받은 후 남편이 제3자의 자동차할부판매보증보험의 연대보증계약을 자신과 함께 처도 대리하여 연대보증인으로 기재하여 계약한 경우, 처와 함께 남편 자신도 제3자의 채무를 연대보증하였다는 점을 본조의 표현대리의 긍정요인으로 들어 처의 보증책임을 긍정하였다.

---

309) 같은 취지의 대판 1994.11.8. 선고 94다29560.

위 판례들의 취지는 위와 같은 의미라고 할 것이다.

④ 본인의 불이익 정도

본인에게 불이익을 끼치는 정도가 중대하면 중대할수록, 예를 들면 상당한 금액의 부채에 관하여 제3자를 위하여 보증을 하는 등의 경우에는 과연 본인이 이렇게 중대한 불이익까지도 감수할 정도의 의사가 있었는지를 확인해야 할 필요성은 증대할 것이다.[310)]

⑤ 본인에게 연락의 용이성 등

판례는 본인에게 연락을 용이하게 할 수 있음에도 이를 하지 않은 경우에도 부정적 요인으로 본다. 즉 본인이 상대방과 면(面) 소재지는 같고 리(里) 소재지만 다른 곳에 사는 경우,[311)] 본인과 상대방이 같은 번지에 사무실을 두고 사업을 하고 있는 경우,[312)] 상대방이 본인과 같은 시내의 초등학교 교장으로 본인이 근무하고 있는 곳을 알고 있었던 경우[313)] 등에 표현대리의 성립을 부정했다.

또 평소라면 표현대리의 성립을 인정해도 무방한 것으로 보이는 사안이라도 회사의 내부업무처리지침에 어긋나게 처리한 경우에는 표현대리의 성립을 부정하고 있다.[314)]

다) 위에서 보는 판례상의 부정적 요인이 있더라도 대리권을 입증하는 서류가 완비되어 있는 경우에는 특별히 그 대리인의 대리권을 부정할만한 사정이 없다면 본조의 표현대리가 긍정되고 있다.

대판 2001.2.9. 선고 2000다54918은 '주채무자의 채무를 보증인(사안에서는 보증보험회사였음)이 변제하는 경우, 보증인이 주채무자에 대해 가지게 되는 구상권을 본인이 연대보증함에 있어, 대리인이 본인이 발급받은 인감증명서, 위임장, 인감도장을 가지고 와서 본인의 연대보증의사와는 다른 내용으로 보증한 사안'에 관

310) 대판 1992.11.27. 선고 92다31842(본인의 부동산에 제3자의 채무인 1억4,850만원을 채권최고액으로 하는 근저당권을 설정함에 있어, 본인이 백지위임장으로 제3자를 대리인으로 삼아 근저당권설정계약을 하는 것은 이례에 속한다고 보고 있다).

311) 대판 1991.2.12. 선고 90다7364.

312) 앞의 92다31842.

313) 대판 1984.11.13. 선고 84다카1024.

314) 대판 1998.7.10. 선고 98다15835(보증인으로부터 직접 서명받는 경우를 제외하고는 보증인의 보증의사가 객관적으로 표명된 인감증명서를 제출받도록 규정한 보증보험회사의 업무처리지침과 달리 단지 교부받은 인감증명서의 인영만을 서류상으로 대조하여 계약을 체결한 경우 표현대리를 부정함).

한 것이었다. 원심은 대리인이 본인을 대리하여 날인한 연대보증 계약서상에 본인의 전화번호가 기재되어 있어 연락이 용이하였다는 점 등을 들어 정당한 사유가 없다고 보았는데, 대법원은 위임에 관련된 서류가 완비되었다는 점을 들어 정당한 사유를 인정했다. 이 판결은 위와 같은 취지라고 보아야 할 것이다.

4) 증명책임

가) 정당한 이유에 대한 증명책임을 누가 부담하는가에 대하여 학설이 나뉜다.

본인이 상대방의 악의나 과실 있음을 증명해야 한다는 견해, 정당한 이유 또는 선의·무과실은 상대방이 증명하여야 한다는 견해, 선의의 증명은 상대방이 하여야 하고 과실의 증명은 본인이 해야 한다는 견해 등이 있다.

근거로서 첫 번째 견해는 본조의 표현대리는 제125조의 표현대리와 그 성질상 차이가 없으므로 증명책임의 경우에도 제125조와 구별할 필요가 없다는 점을 들고, 두 번째 견해는 본조의 표현대리는 제125조의 표현대리와 성질이 다르며 그런 취지에서 법률규정형식도 다르게 규정하고 있으므로 그 규정의 문언형식에 맞게 본조의 표현대리를 주장하는 자인 상대방이 증명하여야 한다고 하는 점을 들고 있으며, 세 번째 견해는 본조의 실질적 분석에서 근거를 찾고 있다.

나) 생각건대 본조의 표현대리가 현실적으로 문제로 되는 전개과정을 보면, 상대방 측에서 대리행위에 관하여 대리인에게 적법한 대리권이 있음을 주장, 증명하였다가 증명에 실패하면(본인 측에서 대리권이 없음의 반증이 성공하였을 경우도 있다) 무권대리행위가 되므로, 본조의 표현대리의 규정의 적용을 받기 위하여 기본대리권의 존재와 대리권을 넘는 대리행위 및 정당한 이유의 존재를 주장, 증명하는 식으로 전개된다. 본조 법문의 규정형식이나 본조를 둘러싼 분쟁의 전개과정을 보면, 상대방이 정당한 이유를 주장 증명하여야 할 것이라고 생각한다.

판례는 정당한 이유에 대한 주장, 입증책임에 관하여 명시적으로 판시한 것은 보이지 않지만[315] 상대방에게 있는 것으로 보는 것이 아닌가 생각한다.

(라) 본인의 귀책성 또는 과실문제

본조의 표현대리 성립에 본인의 '귀책성' 내지 '과실'이 있어야 하는지에 대해

---

315) 대판 1968.6.18. 68다694가 상대방에게 증명책임을 지운 것이라고 보는 견해도 있지만, 이 판결은 일반적인 변론주의 원칙을 적용하여 상대방 측에서 본조 표현대리에 관하여 그 주장이나 증명을 하지 않은 것에 대한 책임에 관하여 설시한 것이지, 정당한 이유에 대한 증명책임에 관하여 설시한 것은 아니라고 보는 것이 정당할 것이다

서는 앞에서 본 표현법리의 문제와 아울러 법정대리의 문제와도 관련되는 것으로서 기본적으로 본인에게 귀책성이 있어야 한다고 보아야 할 것이다.

그런데 일반적으로 '귀책성'이라고 할 때, 이를 고의, 과실의 문제로 접근하여, 귀책성이 곧 과실을 의미하고, 과실은 '예견가능성'과 이런 예견가능성을 전제로 한 '결과회피의무'를 의미한다고 한다.

만일 '귀책성'과 '과실'을 동일시한다면, 본조를 비롯한 표현대리에 있어서는 본인에게 '대리인이 본인의 의사에 반하여 대리행위나 월권행위를 하리라'는 예견이 가능하고 또 나아가 '그 결과를 회피할 수 있는 가능성'이 있어야만 표현대리의 책임을 본인이 부담하게 된다고 할 것이다. 그러나 판례상 표현대리가 인정되어 본인이 책임을 지는 상황은 본인에게 과실(예견가능성이나 결과회피가능성)이 있다고 보기 힘든 경우가 대부분이고, 또 상대방의 신뢰보호를 통한 거래의 안전을 도모함에 있어 본인에게 위와 같은 의미에서의 과실을 요구하는 것은 맞지 않다.

따라서 여기서의 '귀책성'이란 본인이 '대리권을 남용할 가능성이 있는 자에게 대리권을 수여하였다'라는 것 자체에 있고, '그 대리인이 본인의 의사에 반하여 대리행위를 할 가능성에 대한 예견가능성이나 결과의 회피가능성'에 있지 않다. 즉 일반적인 과실과 같은 개념으로 접근하면 안 된다는 것이다.

이처럼 일반적인 '과실'과 다른 '귀책성'은 선의취득(제249조)이나 사용자책임(제756조)과 같은 곳에서도 엿보인다. 즉 선의취득에서의 소유자의 귀책성은 '소유자의 신뢰를 배신하여 다른 사람에게 소유자로부터 보관을 의뢰받은 물건을 처분할 가능성이 있는 자에게 보관을 의뢰하였다'는 점에 있는 것이지 '보관자가 임의로 처분할 가능성에 대한 예견'이나 그 회피가능성에 있는 것이 아니다. 사용자책임 역시 '피용자의 불법행위에 대한 예견가능성'이나 그 '회피가능성'에 귀책성이 있는 것이 아니고 '그런 자를 피용자로 채용하였다'는 점에 귀책성이 있는 것이다. 이런 점에서 귀책성과 과실은 적어도 표현대리책임에서는 동일시해서는 안 된다고 할 것이다.[316]

---

316) 이처럼 귀책성이 과실보다는 더 넓은 개념인 것은, 채권법상의 채무불이행책임에서도 나타난다. 일반적으로 채무불이행에서 귀책사유가 부존재하게 되는 사유로는 불가항력에 해당할 정도여야 할 정도의 것이어야 하므로, 귀책사유 부존재 사유는 일반적인 과실의 의미보다는 훨씬 좁은 개념이다. 특히 최근에 들어 채무불이행에서의 귀책사유를 고의, 과실로 환언하는 것의 이론적 의미는 민사책임의 일반원칙인 과실책임의 원칙을 명확하게 하는 것 외에 위법성과 대치시키는 것에 불과하고 이를 일반적인 요건으로 정립할 필요가 없다는 유력한 비판뿐 아니라 과실책임원칙은 채무자의 행동의 자유를 보장하기 위하여 나온 것(불법행위영역)

결론적으로 본인에게 전통적 의미에서의 과실을 요하지는 않지만, 위와 같은 의미에서의 귀책성은 요구된다고 보아야 할 것이다.

(마) 법정대리에 적용되는지 여부

1) 의의

2011.3.7. 개정 전 민법(이하 개정 전 민법이라 한다) 하에서는 법정대리인의 경우 일반적으로 포괄적 대리권이 주어지므로 기본대리권의 범위를 넘는 대리행위라는 것은, 법정대리인의 대리행위에 친족회(위 민법 개정으로 친족회는 폐지되었다)의 동의와 같은 제3자의 동의가 필요함에도 동의 없이 행위를 한 때와 같은 사안을 제외하고는 본조의 표현대리행위와 관련한 사안을 상정하기 힘들었다.

그러나 개정 후 민법에서는 후견의 경우 포괄적 대리권을 부여하는 것을 원칙으로 하면서도 일부분의 대리권만을 줄 수 있도록 규정함으로써 본조의 적용이 있을 수 있는 사안이 많이 나타날 수 있게 되었다.[317] 따라서 개정 전 민법에 관한 판례의 태도를 분석함으로써 개정 후 민법에서 나타나게 될 사안에 대한 법원의 판단을 예측할 수 있는 단서를 제공할 수 있을 것이다.

다만 여기서의 논의는 부부간의 일상가사대리권을 제외한 법정대리에 대하여 논하기로 하고, 일상가사대리권에 대해서는 다음 항에서 보도록 한다.

2) 학설

법정대리에도 본조가 적용되는지와 관련하여 긍정설과 부정설이 있다. 긍정설은 법정대리의 경우에도 상대방의 신뢰보호와 거래의 안전이 보호되어야 한다는 견지에서 본조의 표현대리에는 본인의 과실이나 행위에 의하는 것이 필요하지 않다는 점을 근거로 든다. 부정설은 표현책임의 원칙에 비추어 본인에게 귀책성이 있어야 하는데 법정대리의 경우에는 본인의 의사와 무관하게 대리권의 범위와 대리인이 선정되므로 귀책성을 인정할 수 없고, 또 본조를 법정대리에도 적용된다

이나 계약에서는 채무자가 스스로 행동의 자유에 제약을 당할 것을 약속한 것이기 때문에 더 이상 과실책임원칙에 얽매여서는 안 된다는 주장이 설득력을 얻어가고 있는 점까지도 감안하면 위와 같이 해석해야 할 것이다.

317) 예외적으로 제938조 제2항에 의하여 성년후견인의 법정대리권의 범위를 정하는 경우, 제959조의4 제2항에 의하여 한정후견인의 대리권의 범위를 정하는 경우, 제959조의14 제1항에 따라 재산관리의 일부를 후견계약으로 대리권을 수여한 경우, 제921조의 특별대리인의 경우 등에는 제한이 있을 수 있다

고 하면 제한능력자보호라는 제한능력자보호제도의 목적에 반한다는 점을 든다.

3) 개정 전 민법에서의 판례인 대판 1997.6.27. 선고 97다3828이 흥미롭다. 그 사안은 다음과 같다.

개정 전 민법에 의하면 한정치산선고를 받은 행위무능력자 A의 후견인 B가 무능력자 본인의 부동산을 매각할 때는 친족회의 동의를 받도록 규정하고 있었는데,[318] 후견인이 1990.12.7. 법원으로부터 위 부동산 매각을 위한 친족회 소집을 위한 심판은 받았지만 실제로는 친족회를 소집하지 않았고 또 친족회에서 부동산의 매각을 동의하지도 않았음에도 매각에 동의한 내용의 1990.12.22.자 친족회 회의록을 작성하여 본인 A의 부동산 L1, L2를 매각함에 있어 L1에 관하여는 친족회 소집을 위한 심판을 받기 전인 1990.11.2. 상대방 C에게 매도하는 매매계약을 체결하였고, L2에 관하여는 1991.1.28. 상대방 D에게 매도하는 매매계약을 체결한 다음, 친족회 소집심판을 받은 후의 날짜인 1991.10.10.자 친족회 회의록을 첨부하여 각자에게 이전등기를 경료하여 주었다. 그 후 행위능력을 회복한 A가 친족회 결의의 무효를 구하는 소송에서 승소확정판결을 받은 후 무효인 친족회결의에 기하여 체결된 위 각 매매계약은 무효라는 이유로 C, D를 상대로 이전등기의 말소를 구하였다. 이에 C와 D는 위 매매계약이 친족회 결의가 없어 무효이더라도 B에게는 후견인으로서의 법정대리권이라는 기본대리권이 있고, 또 B가 자신들에게 위조된 친족회 회의록을 제시함으로써 B에게 L1, L2를 처분할 수 있는 대리권이 있었다고 믿을 만한 정당한 이유가 있었다고 하여 본조를 적용하여 본조의 표현대리가 성립한다고 주장한 사안이었다.

위 사안에서 대법원은 '본조의 표현대리규정은 거래의 안전을 도모하여 거래상대방의 이익을 보호하려는 데에 있으므로 법정대리라고 하여 임의대리와는 달리 그 적용이 없다고 할 수 없고, 따라서 한정치산자의 후견인이 친족회의 동의 없이 피후견인의 부동산을 처분하는 행위를 한 경우에도 상대방이 친족회의 동의가 있다고 믿은 데에 정당한 사유가 있는 때에는 본인인 한정치산자에게 그 효력이 미친다'고 하면서, 'C에 대해서는 정당한 이유의 존재에 관한 판단시기인 대리행위당시를 기준으로 판단하면 매매 당시인 1990.11.2.에는 법원으로부터 친족회개최에 관한 심판도 없었던 상태였으므로 정당한 이유가 있다고 할 수 없다고 하였

318) 개정 전 민법에 의하면 한정치산선고를 받은 무능력자의 행위능력은 미성년자와 같이 보았고, 무능력자 본인의 부동산 처분 시에는 친족회의 동의를 받도록 하고 있었다(개정전 민법 제950조).

고, D에 대해서는 매매 당시 친족회의 소집 심판과 친족회 의사록을 구비하고 있었던 이상 D로서는 친족회의 동의를 받았다고 믿을 만한 정당한 이유가 있었다고 할 것이다'고 판단하였다.

위 판결에 의하면 우리 판례가 긍정설을 취한 것이라고 할 수 있고, 이런 판례는 현행 법에서도 그대로 유지될 여지가 있다고 보인다. 즉 현재의 제950조 제1항은 후견인이 일정한 행위를 할 때에는 후견감독인의 동의를 받도록 규정하고 있는데, 후견감독인의 동의 없이 후견인이 위와 같은 행위를 한 때에 동일한 문제가 발생할 수 있기 때문이다.

4) 사견

생각건대, 법정대리의 경우에는 대리인의 선임이나 대리권의 범위를 정함에 있어 본인이 관여할 여지가 없거나 적어도 본인에게 귀책성이 있다고 하기 어렵고, 또 제한능력자제도에 표현책임의 원칙을 적용하여 상대방의 보호를 통한 거래의 안전을 도모하려는 것은, 제한능력자와의 거래에 관하여는 선의의 제3자를 보호하지 않고 제한능력자를 보호하겠다는 입법자의 의사에도 반하는 해석이라고 할 것이므로 본조는 적용이 없다고 해야 할 것이다.

현행 민법에 도입된 각종 후견제도(성년후견, 한정후견, 특정후견, 임의후견) 등에서 후견인을 선임할 때 피후견인의 의사를 존중하도록 규정하고 있는데(제936조 제4항, 제959조의3, 제959조의9 제2항, 제959조의14), 이런 피후견인의 의사존중을 본인의 귀책성과 연결시킬 수 있는 고리가 된다고 볼 여지가 있을 수 있지만 이런 피후견인의 의사존중은 피후견인의 자기결정권을 존중해 준다는 의미에서 후견인의 선임에 있어서의 하나의 참고사항에 불과하다고 보아야 할 것이므로 본인의 귀책성과 연결시키기에는 지나친 감이 있다. 또 현행 민법에서도 제한능력자의 보호를 거래의 안전보다 더 우선시하는 가치판단은 유지되어 있으므로 현행 민법 하에서도 부정설이 타당하다고 생각한다.

(마) 부부의 일상가사대리권(日常家事代理權)

1) 의의

부부는 생계를 같이 하므로 공동생활을 유지하는 데 필요한 행위는 서로가 서로를 대리하는 것이 편리하고, 또 상대방도 처가 구입한 식료품에 관하여 남편이 대금을 지급할 것이라고 생각하는 것이 통상이기 때문에 이를 인정해도 무방할 것이다. 이런 점을 감안하여 제827조 제1항은 부부는 일상의 가사에 관하여 서로 대리권을 가진다고 규정하고, 나아가 제832조는 일상의 가사로 인한 채무에 관하여 '부부는 연대책임'을 지도록 규정하고 있다.

2) 법적 성격

예 5-32

A와 B는 부부인데, A가 C로부터 식료품을 구입했다.

위 예에서 A와 B는 C에 대하여 식료품 구입대금채무에 관하여 연대채무를 부담하게 되는데, 행위자인 A가 대금채무를 부담하는 것은 당연하나 그와 동시에 왜 B가 C에 대하여 대금채무를 부담하는지에 대하여, 다수설은 A가 자신을 위하여 계약을 함과 동시에 B의 법정대리인으로서 B를 대리하여 구입계약을 체결하였다고 보고 일상가사대리권을 일종의 법정대리권으로 본다. 이에 따르면 A와 B 두 사람이 계약당사자로 된다.

이에 대하여 소수설은 위 계약 당시 A가 B를 대리하였다면 대리인 A에게는 아무런 법률효과가 생기지 않아야 하는데 A도 대금채무를 부담하게 된다고 보는 점과 A가 구매계약을 하면서 B를 대리한다는 현명을 하지 않았음에도 B의 대리행위라고 인정하는 점에서 보통의 대리와는 다르므로 A의 행위로 A와 B가 동일한 연대책임을 지는 것을 설명하기 위해서는 A를 혼인공동체의 대표자로서 행동하는 대표권을 가진 자라고 보는 것이 타당하다고 한다.

생각건대 소수설이 말하는 것처럼 일상가사대리권을 일반적인 대리로 보고 부부가 일상가사채무에 대해 연대채무를 부담하는 것을 설명하는 것은 대리의 일반적 관념과 배치되지만, 위 조문에서 대리권이라는 용어를 사용하고 있으므로 부부의 일상가사채무에 관하여 행위자가 아닌 자에게 채무를 부담시키는 것을 설명하기 위하여 채용한 개념이라고 밖에 설명할 수 없다. 따라서 법정대리권의 일종이라는 다수설에 찬성하고 싶다.

3) 본조의 적용여부

가) 부부의 일방 A가 타방 B에게 자신 A의 소유 부동산에 관하여 담보권 설정을 위한 대리권만을 부여하였는데 B가 그 부동산을 매도한 경우 B에게 기본대리권인 담보권설정 대리권이 있으므로 일반적인 본조의 적용문제와 같이 생각하면

될 것이다.[319)]

또 부부의 일방 A가 타방 B로부터 아무런 대리권을 수여받지 않았더라도 문제된 행위가 일상가사의 범위에 속하는 것이라면 제827조와 제832조에 의해 B를 대리한 것으로 보아 B에게도 그 효과가 미치는 것이므로 문제가 없다.

문제는 부부의 일방 A가 타방 B로부터 아무런 대리권을 수여받지 못하였음에도 B의 부동산 L을 상대방 C에게 매도한 경우(일상가사에 포함되지 않는다는 것을 전제함), A가 가지는 제827조의 일상가사대리권을 기본대리권으로 하는 본조의 표현대리를 주장하여 상대방 C가 A에게 L을 처분할 수 있는 권한이 있다고 믿을 만한 정당한 이유가 있으면 B가 그 대리행위에 대하여 책임을 부담하는지 하는 것이다.

나) 이에 관하여 일상가사대리권을 법정대리권으로 보면서 일반적인 법정대리권과 동일하게 취급하여 본조의 적용을 긍정하는 견해와 일상가사대리권은 일상가사에 한정되는 것이므로 일상가사를 초월하는 행위에 대해서는 일상가사대리권의 범위 내가 아님이 명백하므로 본조를 적용해서는 안 된다고 부정하는 견해가 있다.

긍정하는 견해에서도 여기서의 '정당한 이유'란 '일상가사의 범위 내의 행위라고 믿을 만한 정당한 이유가 있는 경우'라고 해석하여야 한다는 견해와 일상가사에 관한 추상적 의미와 구체적·개별적 의미는 다를 수 있으므로 '일상가사의 범위 내라고 믿음에 정당한 이유가 있는 경우'여야만 본조가 적용된다는 견해가 있다.

다) 생각건대, 일반적인 법정대리에서는 본인에게 귀책성이 없고 또 제한능력자에 관하여는 제한능력자의 보호를 상대방의 신뢰나 거래의 안전보다 우선시해야 하므로 본조의 적용이 없다는 점은 앞에서 보았다. 그렇지만 부부의 일상가사대리권의 경우에는 본인, 즉 타방 배우자(위의 예에서는 B)에 의한 감시나 감독이 가능하고, 또 제827조 제2항에서 대리권에 가한 제한은 선의의 제3자에게 대항하지 못한다고 하여 거래의 안전을 도모하려는 입법자의 의사가 명확히 드러나고 있으므로 일반적인 법정대리와는 차이가 있다고 보아야 할 것이다. 따라서 본조가 적용되어야 한다. 다만 본조를 적용함에 있어서는 일상가사대리권을 제외한

319) 대판 1995.12.22. 선고 94다45098. 대판 1970.3.10. 선고 69다2218(남편 부동산의 처분에 관한 아내의 대리권은 이례에 속하므로 본조 소정의 표현대리가 되려면 아내에게 가사대리권이 있다는 것만으로는 부족하고 남편이 아내에게 그 행위에 관한 대리의 권한을 주었다고 믿었음을 정당화할 만한 객관적인 사정이 있어야 할 것이다).

어떠한 대리권을 부여하였다는 수권행위가 없이 오로지 일상가사대리권만을 기본대리권으로 하는 이상, 상대방으로서도 그 대리행위가 일상가사에 속하는 것이라고 믿은 것에 정당한 이유가 있어야 할 것이다.

판례 중 교통사고를 당해 의식불명상태에 있던 처의 치료비와 관련하여, 처의 남편이 처를 대리하여, 위 교통사고의 가해자의 보험회사와 '위 교통사고가 보험회사가 부보하는 보험사고가 아니면 보험회사가 병원에 이미 지급한 치료비를 반환한다'는 조건으로 합의를 하였는데, 위 교통사고가 보험회사가 부보할 보험사고가 아님이 판명되어 보험회사가 처를 상대로 위 합의에 따라 이미 지급한 치료비의 반환을 구한 사안에서, 처를 대리하여 남편이 한 합의에 관하여는 본조의 표현대리의 성립을 부인했으나,[320] 남편이 정신병으로 장기간 입원하고 있던 중 처가 남편을 대리하여 남편의 부동산을 매도하고 그 돈으로 입원비, 생활비, 새 주거구입비 등으로 사용한 경우에는 위 매매계약에 관하여 본조의 표현대리의 성립을 인정했다.[321]

일방의 배우자가 타방 배우자로부터 대리권을 수여받지 않는 이상 그 배우자의 권리를 처분하는 행위는 부부별산제의 원칙(제830조, 제831조)에 따라 할 수 없다고 보아야 할 것인데, 위 판결은 일방 배우자가 타방 배우자의 권리를 처분하였다는 점에서는 거의 유사한 사안이었음에도 하나는 표현대리의 성립을 인정하고 하나는 인정하지 않았다는 점에서 의문의 여지가 있다.[322]

다. 제129조의 표현대리

(1) 의의

제129조는 대리인이 대리권의 소멸 후에도 대리행위를 한 경우, 그 거래행위의

320) 대판 2000.12.8. 선고 99다37856.

321) 대판 1970.10.30. 선고 70다1812.

322) 아마도 표현대리의 결과로 받은 돈의 사용처까지도 고려하여 판단한 것이 아닐까라고 생각되는데, 상대방 입장에서는 알 수 없는 대금의 사용처를 기준으로 표현대리의 성부를 결정하는 것은 문제가 있다고 생각된다. 앞의 70다1812 판결에 대해서는, 남편이 위와 같은 상황에 있었다면 처가 가족공동체를 유지하기 위하여 반드시 필요한 생활비, 입원비 등을 마련할 목적으로 처분한 경우에는 남편이 처에게 일상가사의 처리는 물론 비상시의 가사에 대해서도 그 처리를 위탁하고 또 남편의 재산의 관리처분도 위탁한 것으로 보는 것이 타당하므로, 남편의 재산의 처분은 일상가사의 범위에 속하는 것으로 보아야 한다는 견해가 있다(김주수, 김상용, 친족상속법, 제11판, 법문사(2013), 148면 이하).

상대방이 대리권의 소멸사실을 몰랐고 그 몰랐던 점에 관하여 과실이 없는 경우 그 거래행위의 효과를 본인에게 귀속시키는 조항이다.

여기서의 본인의 귀책성은 대리권이 소멸하게 되면 즉시 위임장, 인감도장 등을 반환받아 대리인의 수중에 남겨두지 않아야 하는데, 이를 남겨둔 점에 있다고 할 것이다.

(2) 요건

(가) 대리권의 소멸

대리인이 과거에는 대리권을 가지고 있었으나 문제가 되는 대리행위를 할 당시에는 대리권이 소멸하였어야 한다. 따라서 애당초 본인으로부터 대리권을 수여받은 대리인이 되었던 적이 없는 자는 상대방이 선의이고 무과실이더라도 본조에 해당하지 않는다.[323]

(나) 소멸한 대리권의 범위 내에서의 대리행위

대리행위는 소멸한 대리권의 범위 내에서 행해져야 한다. 만일 그 대리권의 범위를 넘게 되면 본조가 적용되지 않고, 제126조와 본조가 중첩 적용될 수 있는지가 문제로 될 뿐이다.[324]

(다) 상대방의 선의, 무과실

1) 선의는 무엇에 대한 것인가.

상대방은 이전에 대리행위자에게 대리권이 있었음을 알았고 대리행위 당시에도 계속 대리권이 존재하는 것이라고 믿었어야 하고, 그렇게 믿은 것에 대하여 과실이 없어야 한다.

상대방은 과거에 대리인과 거래를 행하여 그 대리인에게 대리권이 있었음을 알고 있었음을 전제로 하여 현재 문제되는 거래 시에 대리권이 소멸했다는 것을 알

323) 대판 1977.5.24. 선고 76다2934(소외 회사는 과거 피고가 이사로 있을 당시부터 이사들의 등록된 인장을 보관한 바는 있으나 그것이 필요할 때는 그 때마다 개별적으로 각 이사의 승낙을 얻어서 사용하였을 뿐 인장보관과 동시에 포괄적인 대리권을 수여받은 바가 없다면 그와 같은 포괄적인 대리권을 수여한 바 있었음을 전제로 한 본건 연대보증행위에 대해 대리권 소멸 후의 표현대리를 인정할 수 없다고 판시한다).

324) 대판 1979.3.27. 선고 79다234, 대판 2008.1.31. 선고 2007다74713.

지 못한 것이 필요한지 아니면 단순히 현재 문제되는 거래 시에 대리권이 존재하지 않는 것을 알지 못한 것으로 족한지가 문제된다.

본조의 문면에서 명확히 하고 있듯이 본조는 대리권의 '존재'에 대한 신뢰가 아니라 대리권의 '존속'에 대한 신뢰라고 할 것이므로 상대방은 과거에 대리행위자에게 대리권이 있었음을 알 것을 전제로 한다고 할 것이다. 다만 상대방이 반드시 대리인과 거래를 한 전력이 있을 것은 요하지 않는다. 대리행위자와의 거래를 한 전력의 유무는 상대방의 선의, 무과실을 판단함에 있어 하나의 요소로밖에 작용하지 않는다고 보아야 할 것이다.[325)]

2) 증명책임

상대방의 선의와 무과실의 증명책임과 관련하여, 본인이 상대방의 악의와 유과실을 증명하여야 하는지 아니면 상대방이 자신의 선의와 무과실을 증명하여야 하는지에 관하여 견해가 나뉜다.

생각건대 대리권의 소멸사실은 본인과 대리인 사이의 문제로서 그 외의 사람은 알기 힘들고 또 본인의 대리인으로서의 위임서류 등을 소지하고 있을 것이기 때문에 상대방은 일응 대리권이 존속한다고 믿고서 거래를 한 것이라고 추정하는 것이 타당하고, 법문의 구조상으로도 대리권의 소멸 사실만으로는 상대방에게 대리행위의 무효를 주장할 수 없고 상대방의 과실이 있는 때에 한하여 무효를 주장할 수 있다는 취지이므로 본인이 상대방의 악의와 유과실을 증명해야 한다고 할 것이다.

(라) 법정대리의 적용여부

다른 표현대리에서와 마찬가지로 논란이 있지만, 표현대리책임을 묻기 위해서는 본인의 귀책성을 요한다는 입장에서는 적용되지 않는다고 보아야 할 것이다. 더구나 법정대리의 경우에는 대리권의 소멸사유도 법정되어 있기 때문에 적용되지 않는다고 보아야 할 것이다. 그러나 판례는 적용된다는 입장이다.[326)]

---

325) 대판 1973.7.30. 선고 72다1631은 본조 표현대리 주장을 배척하면서 상대방이 과거 대리행위자와 거래를 한 적이 없었다는 점을 설시하고 있으나, 대판 1998.5.29. 선고 97다55317이 과거 대리행위자와 거래를 한 적이 없는 상대방이었음에도 본조의 표현대리가 성립한다고 설시하고 있는 점에 비추어 위 72다1631은 과실이 있어 본조의 표현대리가 성립하지 않는 이유의 하나로 과거의 대리행위로 거래한 사실의 유무를 거론한 것에 불과하다고 보아야 할 것이므로 그 설시를 그다지 중시할 것은 아니라고 생각한다.

라. 표현대리의 효과

예 5-33

B가 A를 대리하여 C와 A의 아파트 H를 매도하는 매매계약을 체결하였는데, 그 대리행위가 표현대리에 해당하는 경우 A, B, C의 관계는 어떻게 되는가.

(1) 효과에 관하여 제125조와 제126조는 '책임이 있다'라고, 제129조는 '제3자에게 대항하지 못한다'라고 달리 규정하고 있으나 그 효과에 있어서는 차이가 없고 어느 경우에나 대리행위자에게 적법한 대리권이 있었던 것과 같은 효과, 즉 적법한 대리인이 행위를 한 것과 같은 효과가 발생한다. 따라서 대리행위의 효력은 본인과 상대방 사이에서 유효하게 발생한다.

(2) 표현대리는 상대방을 보호하는 제도이므로 위 예에서 상대방 C는 B의 대리행위의 효과가 본인 A에게 귀속함을 주장할 수도 있고, 주장하지 않을 수도 있다고 할 것이다. C가 표현대리 주장을 선택하는 경우 C와 A는 각자 매매계약상의 권리와 의무를 부담하게 된다.

(3) A는 C가 표현대리주장을 포기하였음에도 표현대리임을 주장하여 매매계약의 유효를 주장할 수 있는가 하는 문제가 있을 수 있다. 이에 대해서는 상대방도 매매계약의 체결을 의욕하고 있었으므로 본인이 표현대리를 주장하는 것을 인정해도 무방하다는 견해가 있을 수 있지만, 표현대리는 상대방을 보호하는 제도이므로 상대방이 표현대리주장을 포기한 이상 A는 더 이상 표현대리주장을 할 수 없다고 할 것이다. 만일 A가 위 매매계약을 유효로 하고 싶다면 제132조의 추인을 하면 될 것이다.[327][328]

---

326) 대판 1975.1.28. 선고 74다1199(부의 부동산을 미성년인 자와 공동상속한 모가 부동산을 관리하다가 자가 유학으로 외국에 있던 중 성년이 된 후, 모가 위 부동산을 매도한 경우 본조를 적용하여 표현대리를 인정했다).

327) 표현대리를 유권대리라고 주장하는 견해를 채택한다면 제132조의 적용을 부인할 것이다. 그러나 판례가 표현대리를 무권대리의 일종이라고 보는 견해를 취한 것으로 보인다는 점은 앞에서 본 바와 같으므로 제132조의 적용을 긍정하여 본인의 추인권을 인정해야 할 것이다. 이렇게 본인의 추인권을 인정하더라도 상대방에게 불이익은 없다. 상대방은 본래 본인과 계약하는 것을 예상하고 있었기 때문이다.

328) 이와 관련하여 본인이 제132조의 거절권도 행사할 수 있는지도 문제가 될 수 있으나, 상대방이 표현대리를 주장하는 경우 표현대리가 성립된다면 본인이 위 거절권을 행사하여 거부

상대방 측으로서도 이런 A의 추인을 봉쇄하기 위하여 제134조의 철회권을 행사할 수 있다고 보아야 할 것이다. 상대방은 대리인에게 권한이 없음이 밝혀졌다면 그것이 표현대리가 성립되어 본인에게 효력이 발생하는지가 불명확한 상황이므로 이런 불안정한 상태에서 완전히 무효로 확정시켜 불안정한 법적 상태를 확정적인 상태로 만드는 것에 이익이 없다고 할 수 없기 때문이다(상대방 C가 매도인이었다면 확정적 무효로 조속히 법률관계를 확정시키고 다른 구매처에 매도할 수 있을 것이기 때문이다).

이처럼 표현대리행위를 무효로 확정시킴에 있어 상대방 측의 철회권의 행사를 요구하는 것은 상대방이 임의로 표현대리행위의 효력의 유무를 선택할 수 있다는 것과 모순되는 것은 아닌가 하는 의문이 있을 수 있지만, 여기서의 철회의 의미는 표현대리행위의 효력을 소멸시키는 행위라기보다는 본인의 추인권의 행사를 미연에 방지한다는 데에 있다고 보아야 할 것이다. 원래 상대방은 본인과의 매매계약체결을 의욕하고 있었으므로 더 이상 의욕하지 않는다면 철회라는 또 다른 의사로 표시하게 한다고 하여 불합리하다고는 할 수 없을 것이다.

(4) 대리인 B는 어떤 책임도 부담하지 않는가.

원래 적법한 대리인이라면 대리행위로 인하여 어떠한 불이익도 없고, 대리행위로 인한 계약에 관하여 어떠한 권리의무를 부담하지 않는 것이 원칙이다. 하지만 표현대리행위는 그 성격이 무권대리행위이므로 B가 스스로 그런 행위를 한 이상 본인과의 관계에서 책임을 면할 수는 없을 것이다.

따라서 B의 위와 같은 행위가 만일 A와의 사이에서 기초적 법률관계가 있는 상태에서 행해졌으면(제126조의 표현대리의 경우에는 이런 관계에 있을 것이다) 그 법률관계상의 선관주의의무에 위반되는 것이라고 할 수 있으므로 채무불이행으로 인한 손해배상(불법행위로 인한 손해배상이 성립될 수도 있을 것이다)을, 만일 그런 기초적 법률관계가 없다면(제125조나 제129조의 표현대리의 경우가 이에 해당되는 경우가 많을 것이다) 불법행위로 인한 손해배상책임을 B는 부담하게 될 것이다.

또 상대방 C에 대해서도 B는 제135조의 책임을 부담하게 될 것이다. 즉 상대방 C가 표현대리의 주장을 포기하는 때에는 물론이고, 포기하거나 표현대리를 본

할 수 없다고 해야 할 것이다. 이를 인정하면 표현대리규정을 둔 의미가 없을 것이기 때문이다. 그리고 설사 상대방이 표현대리주장을 아직 하지 않고 있더라도 본인이 거절권을 행사하여 차후의 상대방의 표현대리주장을 봉쇄할 수도 없다고 할 것이다. 따라서 제132조의 거절권은 본인이 행사할 수 없다고 할 것이다.

인 A에 대하여 주장하지 않고 있는 동안에도 제135조의 책임을 부담해야 할 것이다. 왜냐하면 표현대리가 인정될지 어떨지는 명확하지 않은 경우가 적지 않은데 그럼에도 불구하고 C는 항상 A를 상대로 표현대리의 주장을 하여 받아들여지지 않을 경우에만 제135조의 책임을 물을 수 있다고 한다는 것은 C에게 과중한 부담을 지우게 되기 때문이다. 따라서 C가 B를 상대로 제135조의 무권대리인의 책임을 추궁하는 경우 B로서는 표현대리가 성립한다는 것을 이유로 면책을 주장할 수는 없다고 할 것이다.

이렇게 되면 C는 A를 상대로 표현대리를 주장할 수도 있고, B를 상대로 무권대리인으로서의 책임인 제135조의 책임을 물을 수도 있을 것인데, 이 둘의 관계가 문제로 될 수 있다.

생각건대 C가 A를 상대로 표현대리를 주장하여 승소판결이 확정되면 C의 의도는 성취되었으므로 그 이후로는 B를 상대로 무권대리인으로서의 책임을 물을 수는 없다고 할 것이다. 또 C가 B를 상대로 제135조의 책임을 묻는 판결이 확정되었다고 하더라도 위의 예처럼 A의 아파트를 이전받을 수 있는 이익과 같이 여전히 A와의 계약의 유효가 C에게 이익이 있는 경우에는 A를 상대로 표현대리주장을 할 수 있다고 할 것이다. 이렇게 A를 상대로 표현대리주장이 받아들여진 판결이 확정되면 그 이후에는 B를 상대로 한 C의 위 확정판결은 의미를 잃게 되어, B는 C를 상대로 민사집행법 제44조의 청구이의의 소나 채무부존재확인소송을 제기할 수 있다고 보아야 할 것이다.

(5) 제3자(거래 상대방)의 범위

위의 예에서 C가 D에게 다시 아파트를 매도하는 매매계약을 체결하였는데, B의 대리행위가 C의 악의로 표현대리가 성립되지 않지만, D는 선의이고 무과실이어서 표현대리가 성립되는 경우, D는 보호되는가.

표현대리의 규정이 거래의 안전을 도모하는 규정이라는 점을 생각하면 대리행위의 직접 상대방인 C에 한정하지 않고 그 외의 제3자 D가 선의, 무과실인 경우에도 표현대리를 인정하는 것이 바람직한 것이라고 볼 수 있지만, 표현대리제도는 '대리권이 없음에도 불구하고 있는 것 같은 외관을 신뢰한 자'를 보호하기 위한 제도이므로 대리권이 있는 것과 같은 외관을 지닌 자와 직접 계약한 상대방 C만을 보호하는 것이지, 대리권에 관한 신뢰와는 무관한 D까지도 표현대리제도에 의하여 보호하여야 하는 것은 아니다.

따라서 C가 악의이면 C는 표현대리제도에 의하여 구제받지 못하므로 무권리자로 되고, 이런 무권리자인 C로부터 승계취득한 D는 비록 B의 표현대리행위에 관하여 선의이고 무과실이더라도 보호받지 못한다. 판례도 같은 입장이다.329)

마. 제3자가 본인의 성명을 모용(模用)한 경우

(1) 의의

제3자 B가 자신이 A라고 하면서 A의 이름으로 C와 계약을 체결한 경우, 계약당사자는 A인지, 아니면 B인지가 문제로 된다. 이 경우 계약당사자가 B라고 판단되면 B와 C사이에 계약이 성립된 것으로 취급하면 되고 별다른 문제는 없다.

그러나 계약당사자가 A라고 판단되는 경우 원칙적으로 A의 의사는 존재하지 않으므로 계약은 불성립하여 효력이 없다고 보아야 할 것이다. 그런데 만일 이때 B에게 A를 대리할 수 있는 적법한 권한이 있었으면 대리규정을 준용하여 유효화할 수 있는가라는 문제가 생긴다.

먼저 계약당사자를 어떻게 결정하는가에 대하여 본다.

(2) 각 계약유형에서 가지는 당사자의 의미와 확정방법

예 5-34

(1) B가 자신의 신분을 감추기 위하여 자기의 친구인 A라고 사칭하여 C가 경영하는 호텔에 숙박계약을 체결하였다.
(2) B는 자신이 신용불량자라서 은행으로부터 대출을 받을 수 없는 것을 알고 C 은행에 가서 자신이 자기의 친구 A라고 사칭하여 대출계약을 체결했다.
(3) B가 자신이 A라고 칭하여 C와 1억원의 대출을 받고 아울러 A 소유의 토지 L에 1억원의 저당권을 설정하는 저당권설정계약을 체결했다. 그런데 당시 B는 A로부터 L을 담보로 8천만원의 대출을 받을 수 있는 대리권을 수여받은 상태였다.

위 예 (1)과 (2)에서 계약의 당사자가 누구인가.

위 예 (1)과 같은 계약에서는 계약 당사자, 즉 행위자가 누구인지가 중요하고 명의자가 누구인지는 그다지 중요하지 않은 계약이고, C로서도 행위자인 B가 숙

329) 대판 1997.11.28. 선고 96다21751(표현대리에 관한 민법 제126조의 규정에서 제3자라 함은 당해 표현대리행위의 직접 상대방이 된 자만을 지칭한다).

박하는 것으로 알고 계약을 체결할 의사를 가진 것이지 A가 숙박하는 것으로 알고 계약을 체결한 것은 아니었으므로 위 숙박계약의 당사자는 숙박계약을 체결한 행위자인 B라고 할 것이다. 이는 마치 B가 A라는 가명으로 계약을 체결한 것과 같은 것이다.

그런데 위 예 (2)와 같은 계약에서는 당사자의 자력이나 신용상태 등과 같은 인적 성질이 중요한 의미를 지니는 것이므로, 계약 당사자가 상대방을 누구로 인식했느냐가 중요한 의미를 지닌다. 그러면 위 예 (2)와 같은 예에서 명의자 A와 행위자 B가 다른 경우 어떻게 계약 당사자를 결정할 것인가.

이에 대하여 우리 판례는 '행위자 또는 명의자 가운데 누구를 당사자로 할 것인지에 관하여 행위자와 상대방의 의사가 일치한 경우에는 그 일치하는 의사대로 결정하고, 일치하지 않는 경우에는 상대방이 합리적인 인간이라면 행위자와 명의자 중 누구를 계약 당사자로 이해할 것인가에 의하여 결정해야 한다'라고 판시했다.[330]

따라서 위 예 (2)에서의 대출계약에 있어서는 당사자의 재산이나 신용상태가 중요하므로 그 신용도 등의 조사를 위해서는 당사자가 누구인지가 중요한 계약이라고 할 것이고 행위자인 B도, 상대방인 C도 계약당사자를 A라고 하는 것에는 의사가 합치하고 있으므로 대출계약 당사자는 A와 C라고 할 것이다. 그런데 A는 대출계약을 체결할 의사가 전혀 없었으므로 대출계약의 청약의 의사표시가 없어 대출계약은 성립하지 않았다고 보아야 할 것이다.[331]

(3) 명의를 모용한 자가 피모용인의 적법한 대리인인 경우

(가) 문제점

위 예 (2)에서 보듯 계약당사자가 A와 C로 판단되어 계약이 불성립하는 경우, 이때 만일 B가 'A를 대리할 수 있는 권한'을 가지고 있는 경우에는 어떻게 할 것인가. 위 예 (3)처럼 B는 A의 대리인으로서 담보대출계약을 체결할 권한이 있었

330) 대판 1995.10.13. 선고 94다55385, 특히 대판 2009.3.19. 선고 2008다45828의 양창수 대법관의 다수의견에 대한 보충의견을 참조한다.

331) 대판 1995.9.29. 선고 94다4912(신용불량자인 B가 A의 명의를 모용하여 보험회사 C와 보증보험계약을 체결한 후, 위 보증보험계약을 담보로 D은행으로부터 대출받았으나 변제하지 않자 C가 D에게 대출금에 상당하는 보험금을 지급하였는데, 그 후 C는 B의 위와 같은 A의 명의모용을 알게 되자 D를 상대로 보증보험계약의 불성립을 이유로 지급한 보험금의 반환을 구한 사안에서, B와 A 사이에 보험계약이 성립하지 않았음을 이유로 하여 B가 승소했다).

으므로 B가 A의 대리인으로서 현명하여 C와 담보대출계약을 했다면 8천만원 부분에 대해서는 적법하였거나 또는 8천만원을 초과한 2천만원에 대해 제126조의 표현대리가 성립하여 1억원 전체의 대출계약이 유효하였을 행위를, B가 A 자신인 것처럼 담보대출계약을 체결하였다고 하여 효력이 없다고 하여야 하는가 아니면 표현대리규정을 유추적용할 수 있는가 하는 것이다.

표현대리에서 보호되는 상대방의 신뢰는 '대리행위자에게 문제되는 대리행위에 관한 대리권이 있다'라는 것으로 행위자에게 타인의 재산을 처분할 권한이 있다는 것에 대한 신뢰임에 반하여, 위 예 (3)에서의 신뢰는 '행위자 B가 처분권자 A다'라는 신뢰로서 그 신뢰의 내용이 전혀 다르고, 이런 종류의 신뢰를 보호하는 규정은 우리 민법에는 존재하지 않는다. 그럼에도 불구하고 이런 경우에 표현대리를 유추적용할 수 있는가 하는 것이 문제인 것이다.

(나) 판례의 태도

1) 대판 2002.6.28. 선고 2001다49814는 B가 본인 A의 처와 공모하여 B가 A인 것처럼 행동하여 C와 A의 부동산을 담보로 대출받은 사안에서, '제126조의 표현대리는 현명하여 대리의사를 가지고 행위를 하는 때에 성립하는 것이지 현명하지 않고 본인의 성명을 모용하여 자기가 마치 본인인 것처럼 본인명의로 직접 법률행위를 한 경우에는 특별한 사정이 없는 한 표현대리가 성립하지 않는다'고 전제한 후 여기서의 '특별한 사정'이란 '본인을 모용한 사람에게 본인을 대리할 기본대리권이 있었고, 상대방으로서는 위 모용자가 본인 자신으로서 본인의 권한을 행사하는 것으로 믿은 데 정당한 사유가 있었던 사정을 의미한다'고 설시하면서, '이 사건의 경우 B에게 기본대리권이 없었다고 하여 제126조 표현대리의 유추적용을 부정하였다.

2) 대판 1978.3.28. 선고 77다1669는 A로부터 A의 토지에 관한 가등기말소를 위임받은 B가 그 가등기를 말소한 후 가지고 있던 인감도장, 인감증명서, 등기권리증(토지에 대한 등기권리증과 위 토지 상의 건물에 대한 A명의로 보존등기를 마친 등기권리증, 가등기말소등기를 마친 등기권리증 등을 B가 모두 소지하고 있었다)을 이용하여 자신이 A라고 하여 C에게 토지에 관한 가등기를 설정해 준 사안에서 '당해 토지의 소유주이거나 또는 소유자로부터 어떤 처분권한을 위임받은 자가 아니고는 이들 권리증서와 인감증명서 및 인감도장을 모두 갖추어 소지하고 있다는 것은 좀처럼 있을 수 없는 일이고 C가 직접 위 토지에 현장 답사를 갔으나 의문점

을 발견할 수 없었다'는 사정을 들어 'C가 B를 토지의 소유자 또는 이를 담보로 하고 금원을 차용할 권한이 부여된 자임에 의심할만한 사정을 엿볼 수 없는 이건에 있어서 위 각 서류와 A의 인감도장을 소지하고 이건 금원을 차용하려는 사람을 이건 토지의 소유자라고 믿었음에 정당한 사유가 있다'고 하여 제126조의 유추적용을 인정했다.[332)]

3) 대판 1998.2.9. 선고 87다카273은 저당권자를 C로 하는 저당권을 설정할 권한이 있는 B가 본인 A(B의 동생)로부터 교부받은 위임장, 인감도장, 등기필증, 주민등록증을 이용하여 자신이 A인 것처럼 속여 D(은행)와 저당권자를 D로 하는 근저당권설정계약을 체결한 사안에서, '인감증명서, 인감도장 및 등기권리증, 본인의 주민등록증은 당해 부동산의 소유자이거나 또는 그 소유자로부터 어떤 처분권한을 위임받은 자가 아니고는 이들 권리문서와 인감증명서, 인장 및 주민등록증을 모두 갖추어 소지하고 있다는 것은 좀처럼 있을 수 없는 일이라고 할 수 있고, 여기에 기록에 나타난 이 사건 부동산에 관한 D 명의의 이 사건 근저당권설정등기를 하게 된 경위를 아울러보면, 특별히 의심할만한 사유를 찾아볼 수 없는 이 사건에 있어서 이 사건 부동산을 담보로 제공함에 있어서 위 각 서류와 인장 및 주민등록증을 소지하고 근저당권설정계약을 체결하려는 사람을 위 부동산의 소유자라고 믿었다고 해서 그렇게 믿은 것이 무리라고 할 수는 없다고 할 것이고, 개인의 동일성을 확인함에 있어서 주민등록증은 가장 확실하고 또 큰 수고 없이 용

332) 이 판결은 '대리인을 본인 자신으로 잘못 믿은 것이 일반 거래관념에 비추어 당시의 구체적인 상황에서는 무리도 아니었다고 할 수 있는 경우에 본인 자신의 행위로 믿었던 선의의 상대방을 위해서 본인 자신으로 자처한 대리인의 행위에 대하여 본인의 책임을 인정함이 상당하다'라고 일반적인 설시를 하고 있다. 이 경우 유추적용할 수 있는 표현대리조항은 제129조의 표현대리라고 할 것이다. 그러나 한편 대판 1974.4.9. 선고 74다78은 본인 A가 상속받은 부동산을 등기해 주겠다고 하여 B가 A로부터 인감도장과 인감증명서를 교부받아 상속등기를 마친 후 이를 이용하여, 자신이 A라고 하면서 C로부터 돈을 차용하고 위 부동산에 저당권을 설정해 준 사안이었다. 이 사건에서 대법원은 표현대리의 성립을 부정하면서 '(원심은) 민법 제126조의 표현대리의 규정을 적용하였으나 원래 동 법조상의 대리는 대리인이 본인을 위하여 한다는 사실을 명시 혹은 묵시적으로 표시하거나 대리의사를 가지고 권한 외의 행위를 하는 경우인 것을 요하며 본건과 같이 사술을 써서 이와 같은 대리행위의 표시를 하지 않고 자기를 위하여 단지 본인의 성명을 모용하여 자기가 마치 본인인 것처럼 기망하여 본인 명의로 직접 모든 법률행위를 한 경우에는 특별한 사정이 없는 한 위 126조 소정의 표현대리를 적용할 수 없다'고 판시하였다. 이를 보면 대법원은 본인명의를 모용한 경우 제반 사정으로 보아 표현대리가 인정되는 경우에는 표현대리를 유추적용하지만, 표현대리가 인정되지 않는다고 판단되면 간단하게 본인을 모용한 경우에는 표현대리규정이 적용되지 않는다는 식으로 처리하고 있는 것으로 보인다.

이하게 이용될 수 있는 것이라고 할 것이어서 공적으로 또는 사적으로 개인의 동일성을 확인하는데 널리 이용되고 있다 할지라도 앞서 본 바와 같이 진정한 소유자이거나 또는 그 소유자로부터 어떤 처분권한을 위임받은 자가 아니면 좀처럼 소지할 수 없는 서류와 인장 및 주민등록증을 골고루 갖추고 구비해서 소지하고 있고 당해 부동산을 담보로 제공하려는 사람을 별로 의심할만한 사정도 없는 경우에 위와 같은 상황 하에서 그를 소유자인 본인으로 믿고 위와 같은 거래를 한 D가 단지 주민등록증을 제시받아 확인하고도 당시 은행에 출두한 위 B가 그 친동생인 본인 A와 다르다는 것을 적발해 내지 못하였다고 해서 그를 경솔한 것이라고 논단하기는 어렵다'고 하여 제126조의 유추적용을 인정했다.

4) 대판 1993.2.23. 선고 92다52436은 A로부터 A의 아파트에 관한 일체의 관리권한을 위임받은 B가 A라고 하여 C와 임대차계약을 체결한 적이 있었고, 그 후 B가 또 다시 A라고 하여 C와 위 아파트를 매도하는 계약을 체결한 사안이었는데, 이 사건에서도 제126조의 유추적용을 인정했다.

(다) 사견

생각건대 대리인이 본인의 명의를 모용하여 계약을 체결한 경우, 상대방의 신뢰의 내용에 대해서는 표현대리의 경우와는 전혀 다른 것이라고 해도 표현책임의 원칙에서 보아 상대방이 본인으로 오인할 수 있는 외관이 있고, 그런 외관형성과 관련하여 본인에게 귀책성이 있다면 판례와 같이 인정함이 타당하다고 생각한다.

(라) 위 예 (3)의 해결

판례에 의하면, B가 본인의 대리인으로서가 아니라 A 본인이라고 모용하여 C와 계약을 한 경우라도 권리자이거나 또는 권리자로부터 어떤 처분권한을 위임받은 자가 아니면 좀처럼 소지할 수 없는 서류와 인장을 구비한 경우에는 제126조 표현대리의 유추적용을 인정하고 있다.

이런 판례의 태도에 따르면 문제된 행위 당시 B가 A로부터 인장과 함께 L의 권리에 관한 서류를 교부받아 관련 서류를 완비하고 있었다면 제126조의 표현대리의 유추적용을 인정할 수 있고, 따라서 비록 B 자신이 A가 아니라도, 또 적법한 대리권한인 8천만원이 아닌 1억원에 관한 근저당권을 설정하였더라도 유효하다고 보아야 할 것이다.

설사 제126조의 표현대리 규정이 유추적용되지 않는다고 하더라도 아래 판례의 태도에 비추어 1억원 중 8천만원 부분에 관한 근저당권의 설정은 실체관계에 부합하므로 유효하다고 보아야 할 것이다.

즉 대판 1989.6.27. 선고 88다카23490은 본인 A로부터 'A의 L을 담보로 대출을 받아서 4천만원은 A의 대출금변제에 사용하고 나머지는 알아서 하라'는 내용의 대리권을 수여받은 대리인 B가, L을 자신 B의 명의로 이전한 후 C에게 담보설정을 해주고 6천만원을 대출받아 4천만원은 A의 대출금변제에 사용하고, 나머지는 임의로 사용한 사안에서, C에게 한 담보설정행위는 A의 위임의 취지에 부합한다고 하여 담보권은 실체관계에 부합하여 유효하므로 말소해야 할 것은 아니라고 하였다. 이는 표현대리규정을 유추적용한 것이 아니고 A의 위임취지에 부합한다는 이유에서 유효하다고 한 것이다. 따라서 1억원 전부에 대한 담보제공부분에 관하여 표현대리가 인정되지 않는다고 하더라도 B에게는 8천만원에 대해서는 담보대출을 할 수 있는 권한이 있었으므로 8천만원 부분에 관한 담보부분은 실체관계에 부합하여 유효하다고 할 것이다.

(마) 관련문제

나아가 위의 예 (3)에서 대리인 B가 본인 A로부터 받은 서류를 이용하여 L을 B명의로 이전한 뒤 C와 담보권설정에 관한 계약을 체결하면 어떤가.

대판 1981.12.22. 선고 80다1475는 본인 부동산에 관하여 담보권설정권한이 있는 대리인이 그 부동산의 소유명의를 대리인 자신에게로 이전한 뒤 상대방과 저당권설정계약을 체결한 경우, 대판 1985.10.22. 선고 85다카1268은 담보권설정 대리권을 수여받은 대리인이 자신의 처 명의로 이전등기를 한 후 상대방에게 저당권을 설정한 경우, 대판 1991.12.27. 선고 91다3208은 담보권설정 대리권을 수여받은 대리인이 자신의 명의로 이전등기를 한 후 상대방에게 이전등기를 해 준 경우 등에서 표현대리 규정의 유추적용을 부정했다.

이런 사안에서의 상대방의 신뢰는 '목적 부동산의 소유자가 B다'라는 신뢰로서, 부동산등기부의 공신력이 인정되지 않는 상황에서는 이런 신뢰까지 보호하기 위해 표현대리규정을 유추적용하는 것은 타당하지 않다고 할 것이다.

3. 협의의 무권대리

가. 의의

무권대리는 대리행위자가 대리권 없이 타인의 이름으로 의사표시를 행하거나 이를 수령하는 것을 말하는데, 이런 무권대리 중 표현대리가 성립되지 않는 경우의 무권대리를 협의의 무권대리라고 한다. 여기서는 협의의 무권대리에 관하여 논한다(이하 무권대리라고 하면 협의의 무권대리를 의미한다).

무권대리의 효과는 계약인지 단독행위인지에 따라 다르므로 나누어 보도록 한다.

나. 계약의 무권대리

(1) 본인의 상대방에 대한 관계

원칙적으로 무권대리행위의 법률효과는 대리권이 없으므로 본인에게 귀속하지 않는다. 그러나 어떤 경우에는 대리행위가 본인 측에 유리한 경우도 있을 수 있고 상대방도 계약을 원하였으므로 위 계약을 유효하게 할 가능성을 남겨둘 필요가 있다. 그리하여 우리 민법은 본인에게 추인을 인정하여 이런 가능성을 인정한다(제132조, 제133조). 나아가 본인이 추인을 거절할 수도 있는 것은 당연하다(제132조).

무권대리행위에 하자가 있는 경우, 예를 들면 대리인이 착오에 기하여 대리행위를 한 경우, 본인이 그 대리행위를 추인하였다고 하여 착오취소를 주장할 수 없는 것은 아니라고 할 것이다. 왜냐하면 대리행위자가 제135조에 의해 상대방으로부터 책임추궁을 당하는 것을 피하게 하기 위하여 본인은 대리행위를 추인하여 유효하게 만든 후 착오주장을 할 수도 있다고 보아야 하기 때문이다.

(가) 추인권

1) 법적 성질

본인의 추인이라는 단독행위에 의하여 무권대리행위의 효력을 자신에게 귀속시키게 한다는 점에서 형성권의 일종이다.[333] 그러나 그 실질은 사후에 대리행위자

---

333) 대판 1982.1.26. 선고 81다카549는 '무권대리행위의 추인은 무권대리인에 의하여 행하여진 불확정한 행위에 관하여 그 행위의 효과를 자기에게 직접 발생케 하는 것을 목적으로 하는 의

에게 대리권을 수여한 것이라고 할 수 있다.

2) 추인의 당사자

가) 추인권자

추인권자는 본인이고, 본인이 사망한 경우 추인권은 상속인에게 상속된다. 이때 상속인이 수인인 경우 상속인들이 추인권을 행시할 때 각지의 상속지분에 한하여 개별적이고 독자적으로 행사할 수 있는지, 아니면 전원이 공동으로 행사해야 하는지에 관하여는 견해가 나뉜다.

판례는 전원이 공동으로 행사하여야 한다는 견해를 취하고 있는 것으로 보인다.[334)]

상속인들이 추인권을 공동으로 상속한 경우는 제278조에 의해 재산권인 추인권을 준공유한 것으로 보아야 하고, 추인권을 행사하면 미확정인 상태의 계약이 유효한 것으로 확정되고 또 추인권이라는 권리 자체를 소멸시키는 효과[335)]를 가져와 마치 공유물 자체를 처분하는 것과 같은 효과를 발생시킨다는 점에서 추인권의 행사는 추인권의 처분에 해당한다고 할 것이므로 제264조에 따라 공유자 전원의 동의, 즉 상속인들 전원이 공동으로 행사하여야 할 것이라고 생각한다.

나) 추인의 상대방

추인의 상대방에 대해서는 제132조에서 규정하고 있는데, 대리행위의 상대방에 대하여도 가능하고 무권대리인에 대하여도 가능하다. 다만 대리행위의 상대방이 아닌 무권대리인에게 한 경우에는 대리행위의 상대방에게 대항하지 못하지만, 상

사표시이며 무권대리인 또는 상대방의 동의나 승낙을 요하지 않는 단독행위로서 이에는 어떤 방식이 요구되는 것이 아니므로 명시적이거나 묵시적이거나를 묻지 아니한다'라고 판시한다.

334) 대판 1995.11.14. 선고 95다28090은 본인의 상속인 6인 중 2인이 추인한 사안에 관하여 '2인의 추인이 공동상속인들 중의 일부로서 추인한 것으로 볼 수 있다면 그 밖의 공동상속인들에 대하여는 무권대리행위인 매매계약의 효력이 어떻게 미칠 수 있는지에 관하여도 의문이 있다'고 판시하면서 위 2인의 추인행위에 대해서도 효력을 인정하기 어렵다고 하여 무권대리행위의 추인을 인정하지 않았다. 이런 태도에 비추어 대법원은 추인권을 상속한 경우 상속인들이 추인권을 공동으로 행사하여야 한다는 것을 전제로 한 것으로 보인다.

335) 추인권과 같은 형성권인 가등기담보권자의 예약완결권에 관한 대판(전합체) 2012.2.16. 선고 2010다82530은 예약완결권을 수인이 공동으로 가지는 경우 원칙적으로 공동으로 행사하여야 함을 전제로 하면서, 예외적으로 계약의 내용에 따라서는 단독으로 예약완결권을 행사할 수 있다고 한다. 무권대리행위에 대한 추인권은 제132조에 의해 부여되는 것이므로 2010다82530 판결의 원칙에 따라 공동으로 행사해야 한다고 보아야 할 것이다.

대방이 그 사실을 안 때에는 대항할 수 있다. 무권대리인이 추인의 상대방이 될 수 있다고 규정한 이유를 판례[336]나 학설은 추인이 실질적으로는 사후적 대리권의 수여라는 성격을 갖고 있다는 점에서 찾고 있다.

그러나 상대방 측에서는 본인이 상대방이나 무권대리인 누구에게 추인을 하였든지 상관없이 추인을 주장하는 것은 무방하다고 할 것이다(본인이 상대방이 아닌 무권대리인에게 추인거절을 한 경우에도 그 추인거절의 효과를 상대방 측이 주장하는 것도 가능하다고 할 것이다).

또 판례에 의하면 '무권대리인의 상대방'에는 '무권대리행위의 직접 상대방'뿐만이 아니라 '그 무권대리행위로 인한 권리 또는 법률관계의 승계인'[337]도 포함된다고 보고 있다. 이점에서 '취소할 수 있는 행위'에 관한 추인권(제143조)과 차이가 난다. 즉 '취소할 수 있는 행위'에 관한 추인권은 '취소권을 포기한다'는 상대방 있는 단독행위로서 '취소할 수 있는 행위의 상대방'만이 위 추인권의 상대방이 될 수 있고, '그 상대방으로부터 전득한 자'는 그 상대방이 될 수 없다.

3) 방법

가) 추인은 상대방의 동의나 승낙을 요하지 않는 단독행위로서, 이에는 어떤 방식도 요구하지 않으므로 명시적이든 묵시적이든 상관없다. 그러나 추인은 계약의 효력을 자신에게 귀속시키게 하는 행위이므로 본인이 그 계약을 체결할 능력(예컨대 행위능력)을 갖고 있지 않은 경우에는 제144조 제1항을 유추적용하여 추인도 가능하지 않다고 해야 할 것이다. 따라서 미성년자는 성년에 달할 때까지, 피성년후견인은 능력을 회복할 때까지는 추인할 수 없다고 할 것이다.

판례에 의하면 무권대리행위에 대하여 이의하지 않고 방치하였다는 것만으로는 추인을 인정하지 않았지만,[338] 본인이 무권대리인으로부터 근저당권 설정이라는 무권대리행위에 관한 손해배상조로 백미(白米)를 일부 받은 경우,[339] 처가 남편의 재산을 무권대리로 처분한 것과 관련하여 남편이 처의 제3자에 대한 채권 등을

---

336) 대판 1992.10.27. 선고 92다19033.

337) 대판 1981.4.14. 선고 80다2314(무권대리행위의 추인은 무권대리행위의 직접 상대방에 대해서뿐만 아니라, 그 상대방으로부터 그 권리를 승계한 전전매수인에 대해서도 가능하다고 한다. 즉 B가 A를 무권대리하여 C에게 A의 부동산을 매도하고, 나아가 C가 D에게 전매한 경우, A는 D에 대해 추인의 의사표시를 하는 것도 가능하다는 것이다).

338) 대판 1998.2.10. 선고 97다31113.

339) 대판 1972.5.30. 선고 72다628.

양도받고 처와 이혼하는 한편 처의 위 처분행위를 불문에 붙이기로 합의한 경우[340] 등에는 추인을 인정하였다.

한편 대판 1986.3.11. 선고 85다카2337은 '본인이 자(子)의 무권대리 처분행위를 알고 처음에는 거절하다가 상대방이 자(子)를 고소하겠다고 하므로 받은 대금을 반환하고 해제하기로 합의한 후 반환기일의 연기를 요청한 경우 이 사실만으로는 추인한 것으로 단정할 수 없다'고 하였는데, 본인이 무권대리행위임을 알고서 상대방과 무권대리행위의 해제 합의까지 한 것이라면 추인한 것으로 보아도 되지 않았을까 한다.

나) 추인은 원칙적으로 무권대리행위 전부에 대하여 하여야 한다. 무권대리행위의 일부에 대하여도 추인할 수 있는지가 문제로 되는데, 상대방은 무권대리행위 전부가 유효할 것을 기대하고 있는 점을 고려한다면 원칙적으로 일부 추인은 불가능하다고 할 것이다. 다만 상대방의 동의가 있으면 가능하다고 할 것이다.[341]

다) 무권대리행위의 추인에, 취소에서의 법정추인 규정인 제145조가 유추적용되는지가 문제로 될 수 있다. 이는 결국 의사표시의 해석문제로 귀결될 것이지만 무권대리행위는 본인에게 효과가 귀속하지 않는 것이 원칙이므로 효과를 미치게 함에는 적극적인 추인이라는 행위가 필요하다고 보아야 하고, 또 제145조는 추인의 일종이라기보다는 취소권의 배제로서 제145조상의 행위가 있으면 취소권의 발생사실을 몰랐더라도 추인으로 간주하는 것인 점을 감안하면, 제145조의 사유 중 본인의 적극적인 행위의 경우에는 묵시적 추인이 있었다고 볼 여지가 있지만, 수동적 태도를 취하여 순순히 응한 경우 예를 들면 상대방의 강제집행에 적극적으로 대응하지 않았다고 하여 추인이 있었다고 보기는 어려울 것으로 생각한다.

4) 추인권의 존속기간(행사기간)

본인은 추인권을 언제까지 행사할 수 있는가. 즉 추인권의 존속기간(행사기간)은 언제인가. 이는 소멸시효에서 보듯 '형성권의 존속기간(행사기간)'이라는 일반적인 문제와도 관련되는 논의로서 형성권 전반에 관한 자세한 사항은 소멸시효에서 보도록 하고 본조의 추인권에 관해서만 본다.[342]

---

340) 대판 1991.3.8. 선고 90다17088.

341) 앞의 91다카549 판결(추인은 의사표시의 전부에 대하여 행하여져야 하고, 그 일부에 대하여 추인을 하거나 그 내용을 변경하여 추인을 하였을 경우에는 상대방의 동의를 얻지 못하는 한 무효라고 판시함).

342) 소멸시효에서 보듯이 추인권의 존속기간 내지 행사기간은 소멸시효가 아니라 제척기간으

본조의 추인권의 존속기간(행사기간)에 관하여는 법률규정으로 정해져 있는 것은 없으므로 추인권의 행사로 발생하는 권리의 소멸시효기간, 즉 추인에 의하여 유효하게 되는 대리행위에 기하여 발생하는 권리의 소멸시효기간에 따라, 일반적인 채권이라면 제162조 제1항에 따라 10년, 제163조에 해당하는 것이면 3년, 제164조에 해당하는 것이면 1년이라고 할 것이다.

그리고 그 추인권 존속기간의 기산일은 추인권의 행사가 가능한 때라고 보아야 할 것이므로 그 기산일은 '무권대리가 있었던 때'인 '계약 시'라고 할 것이다. 본인이 무권대리행위가 행해진 것을 알지 못한 것은 사실상의 장애에 불과하고 제166조 제1항에서 말하는 법률상의 장애는 아니라고 보아야 할 것이기 때문이다.[343)]

5) 효과

가) 소급효의 원칙

본인이 추인하면 다른 의사표시가 없는 한 무권대리행위는 계약 시에 소급하여 유효하게 된다(제133조 본문). 제139조에 의하면 무효인 법률행위를 추인하면 추인한 때로부터 유효하게 된다고 규정하고 있지만, 무권대리행위의 경우에는 상대방이 계약 시부터 유효한 것으로 알고 있었을 것이므로 그 효과를 소급시켜도 아무런 불이익이 없기 때문에 소급효를 인정한 것이다.

이처럼 무권대리행위는 추인하면 완전히 유효한 행위로 확정된다. 일반적으로 본인의 추인이 있기 전의 무권대리행위의 효력을 무효라고 하고 있으나 엄밀하게는 추인으로 확정적으로 완전히 유효로 될 수 있는 가능성이 있는 유동적 무효인 상태라고 보아야 할 것이다.

나) 다른 의사표시가 있으면 소급하지 아니한다(제133조 본문).

여기서의 다른 의사표시는 추인권이 있는 본인의 의사표시를 말한다는 견해도 있을 수 있지만, 본인의 의사표시로 소급하지 않게 하려면 상대방의 동의가 필요하다고 보아야 할 것이다. 왜냐하면 상대방은 계약 시부터 효력이 있는 것으로 생각하여 계약을 체결하였음에도 불구하고 본인의 일방적 의사에 의하여 그 효력이 장래에 대해서만 효력이 생기게 하는 것은 상대방의 최초의 의사에 반하기 때문이다.

로 보아야 한다.

343) 추인권은 형성권으로 제척기간에 해당하므로 소멸시효에 관한 규정인 제166조를 적용해서는 안 된다는 견해도 있지만 적용해도 무방하다고 생각한다.

다) 소급효와 제3자

① 본인과 상대방 사이의 이러한 소급효는 제3자의 권리를 해하지 못한다(제133조 단서).

본래 계약은 상대적 효력밖에 없다. 따라서 계약 당사자가 아닌 제3자의 권리를 해치는 합의는 할 수 없고 설사 하였다고 하더라도 그 제3자의 권리에는 아무런 영향을 주지 않는다. 그러므로 본조에 의해 추인이라는 본인의 일방적인 의사로 계약의 효력을 소급시키더라도 제3자의 권리를 해치게 할 수 없다고 할 것이다. 그러나 계약의 상대효를 고려하면 제3자가 가지는 권리가 대세적 효력이 없는 채권적 권리인 경우 추인으로 무권대리행위에 소급효를 부여하더라도 이런 제3자는 어떠한 영향을 받지 않을 것이다. 따라서 이러한 소급효가 배제되는 효력은 거래 상대방의 권리와 제3자의 권리가 서로 배타적 효력을 가지는 때, 즉 대세적 효력을 가지는 때에 한한다.

예 5-35

(1) B가 A를 무권대리하여 C에게 A 소유의 토지 L을 1억원에 매도하는 매매계약을 체결하였다. 한편 그 후 A는 L을 D에게 7천만원에 매도하는 매매계약을 체결하였다. 그 후 A는 B가 자기보다 높은 가격으로 매도한 것을 알게 되자 B의 무권대리행위를 추인하였다.

(2) B가 A를 무권대리하여 C에게 A가 갑(甲)에 대하여 가지고 있는 채권을 양도하고 확정일자 있는 통지를 하였다. 그 후 A는 D에게 자신의 갑에 대한 채권을 양도하고 확정일자 있는 통지를 하였다. 이와 같은 이중양도가 있은 후 A는 B의 무권대리행위를 추인했다.

② 위 예 (1)에서 A의 추인에 소급효를 인정해도 A와 C 사이의 매매와 A와 D 사이의 매매라는 2개의 유효한 매매계약이 체결되어 있을 뿐인 상태로 된다. 즉 A와 C의 계약이 소급하여 유효로 된다고 하여 A와 D 사이의 계약에 기한 D의 권리(L에 관한 이전등기청구권 등)가 침해받지 않는다. 이 경우에는 A가 누구에게 이전등기를 해 주느냐, 즉 어느 계약을 이행하느냐에 따라 계약의 이행과 불이행이 결정될 뿐이다. 즉 A가 C와의 계약을 추인해도 A와 D의 계약에 영향을 미치지 않고 여전히 유효하고 A와 C의 매매계약과 A와 D의 매매계약이 이중으로 존재하는 상태로 있게 된다. 만일 A가 C에게 이전등기를 경료해 주어 D가 계약의 이행을 받지 못하게 되면, 이는 A의 추인으로 인한 소급효 때문이 아니라 A의

계약불이행에 따른 것이고, 이때는 D로서는 유효한 A와의 계약에 기하여 채무불이행을 이유로 손해배상청구가 가능하다. 이처럼 C의 A에 대한 권리와 D의 A에 대한 권리가 상호배타적인 것이 아니라면 본조가 적용될 여지가 없다.

③ 그러나 위 예 (2)의 경우 A가 C에게로의 채권양도행위를 추인하게 되는 경우 소급효를 인정하게 되면, 제450조 제2항에 의해 확정일자 있는 통지가 D보다 일찍 행해진 C가 위 채권을 취득하게 되고, D는 채권을 취득하지 못하게 되는 손해를 입게 된다. 그러나 본조 단서를 적용하게 되면 D는 확정일자 있는 통지가 C보다 늦더라도 위 채권을 취득하게 된다. 결국 본조 단서는 상대방과 제3자의 권리가 서로 배타적 효력을 가지는 경우에 적용된다고 보아야 한다.

6) 무권리자의 처분행위에 대한 추인권

무권리자가 자신의 이름으로 타인의 권리를 처분한 경우 권리자가 추인하여 그 효과를 권리자 자신에게 미치게 할 수 있는지에 관하여는 조문이 없다. 이런 경우 판례는 위에서 본 '무권대리행위에 관한 추인'의 경우와 마찬가지로 권리자에게 추인권을 부여하여 권리자가 추인함으로써 자신에게 그 효력이 미치게 할 수 있다는 법리를 준용하고 있다.

예 5-36

B가 A와 공동 상속하여 공유인 부동산 L에 관하여 B가 단독으로 상속받은 것처럼 관련서류를 위조하여 B 단독명의로 등기한 후 C에게 매도하고 소유권 이전등기까지 경료해 주었다. 이를 알게 된 A가 B를 상대로 자신의 지분에 상당하는 매도대금을 부당이득 했다고 하면서 그 금액의 지급을 구하는 소를 제기했다.

이 사건에서 원심은 B의 A지분에 관한 처분은 무권리자의 처분이어서 무효이고, 따라서 언제든지 A는 C를 상대로 자신의 지분을 반환받을 수 있으므로 A에게 손해가 없다고 하여 A의 청구를 기각하였다. 이에 대해 대법원은 '사적자치의 원칙상 A는 B의 처분을 추인할 수 있고, 그 추인은 B에 대하여 하여도 무방하므로 A가 B에 대한 부당이득반환청구는 B의 처분에 관하여 추인한 것으로 볼 수 있어 부당이득반환청구가 가능하다'고 하여 파기했다.[344] 이처럼 우리 판례는 무권리자의 처분행위에 대하여 권리자는 '무권대리행위의 추인법리'에 따라 추인권을 행사할 수 있다는 것을 인정하고 있다.

344) 대판 2001.11.9. 선고 2001다44291.

나아가 무권리자의 처분행위에 관하여 상대방 C에게 제131조의 최고권이나 제134조의 철회권을 인정할 수 있는지와 관련하여서는 아직 판례가 없다. 그러나 타인권리의 매매가 제569조에 의해 유효하듯 B와 C의 계약은 유효하므로 상대방 C에게는 이와 같이 유효한 계약을 임의로 철회하여 무효로 돌릴 수는 없고(제570조에 따라 해제는 가능할 것이다), 계약상대방도 아닌 A에게 최고하고 확답이 없으면 추인을 거절한 것으로 본다는 것도 타당하지 아니하므로 위 규정들은 적용이 없다고 할 것이다.

또 추인의 소급효를 규정한 제133조도 적용이 없다고 보아야 한다. 오히려 제139조에 의하여 권리자가 추인을 한 때부터 무권리자의 처분행위의 효력이 유효하게 된다고 보아야 할 것이다.[345] 따라서 만일 C앞으로 이미 소유권 이전등기가 되어 있다고 하면 그 소유권 이전등기는 A의 추인이 있기 전까지는 무효의 등기이나 A의 추인이 있으면 그때부터 실체관계에 부합하여 유효한 등기가 된다고 보아야 할 것이다.

(나) 추인거절권

본인은 추인할 것인지 아니면 추인을 거절할 것인지를 선택할 수 있다. 추인을 거절할 경우 본인이 적극적으로 상대방에게 추인거절사실을 알리는 것을 추인거절권이라고 한다.

본래 추인거절을 통지하지 않고 그대로 방치하더라도 본인에게 효력이 생기지는 않지만, 본인이 추인거절을 하면 무효로 확정되어 그 후에는 본인이더라도 추인할 수 없게 되고, 상대방도 최고권이나 철회권을 행사할 수 없게 만든다는 데 의미가 있다.

추인거절권의 상대방이나 행사방법은 앞에서 본 추인권과 동일하다.

(2) 상대방의 본인에 대한 관계

무권대리행위는 추인으로 유효로 될 수 있는 유동적 무효인 상태에 있으므로 이런 불확정적인 상태에 있는 상대방으로 하여금 그 상태에서 빨리 벗어날 수 있

---

345) 사적자치의 원칙상 관련 당사자들의 합의로 추인 시로 소급할 수는 있겠지만, 제133조 단서의 취지에 비추어 제3자의 권리를 해할 수 없다고 해야 할 것이다. 무권대리와의 차이는 무권대리의 경우는 소급하는 것이 원칙이나, 무권리자의 처분의 경우는 소급하지 않는 것이 원칙이라는 점이다.

도록 하기 위한 방법으로 민법은 상대방에게 최고권과 철회권을 부여하고 있다.

(가) 최고권

1) 제131조에 의하면 상대방은 본인에게 그 추인여부의 확답을 최고할 수 있고, 본인이 그 기간 내에 확답을 발하지 아니하면 추인을 거절한 것으로 보고 있다.

2) 확답을 할 수 있는 상당기간을 정하여 최고하여야 한다. 그 기간이 지나치게 짧은 경우에는 그 최고가 무효라고 볼 수는 없고 상당한 기간으로 인정되는 기간이 지날 때까지는 최고로서 효력을 인정하여야 한다. 이렇게 보는 것이 최고를 한 상대방의 의사에 부합하기 때문이다.

3) 본인이 기간 내에 추인이나 추인거절의 확답을 발하면 그 의사에 따르면 되고, 그 기간 내에 확답을 발하지 않으면 추인을 거절한 것으로 본다. 확답을 발하지 않으면 확답이 없는 상태에서의 효력인 무효인 상태가 계속 지속된다고 보아야 하므로 추인을 거절한 것으로 규정한 것이다.[346] 이런 효과는 의사표시에 따른 효과가 아니라 법률로 정한 효과이므로 최고권은 준법률행위에 해당한다.

(나) 철회권

1) 계약당시 무권대리에 관하여 선의인 상대방은 본인의 추인이 있을 때까지 본인이나 대리행위자에 대하여 계약에 관한 의사를 철회할 수 있다(제134조). 철회권의 행사에 의하여 계약은 완전히 무효로 확정되고 본인은 추인권을 상실하게 된다.[347]

2) 선의의 상대방에게만 철회권을 인정한 것은, 상대방이 악의인 경우에는 상대방이 스스로 이런 불안정한 상태를 각오한 자이기 때문이다. 법문 상 선의에 과실이 있더라도 철회권을 행사할 수 있다고 할 것이다. 증명책임과 관련하여서는 철회의 효과를 다투는 본인이 '상대방이 대리인에게 대리권이 없음을 알았다'는 점을 증명하여야 한다.[348]

3) 무권대리행위가 표현대리의 요건을 갖추고 있는 경우에도 상대방은 철회권을 행사할 수 있다. 상대방은 표현대리를 주장할 것인지 아닌지를 선택하여 결정

346) 같은 이유로 제15조 제1항의 경우 확답을 발하지 않은 경우에는 추인한 것으로 규정한 것이다. 즉 제한능력자의 행위는 현재 유효한 상태이므로 상대방의 최고를 받고도 아무런 행동을 하지 않으면 현재의 상태가 변화 없이 유효한 상태가 유지되도록 하기 위해 '추인한 것으로 본다'라고 규정한 것이다.

347) 대판 2017.6.29. 선고 2017다213838.

348) 앞의 2017다213838 판결.

할 수 있기 때문이다.

4) 상대방이 철회권을 행사하여 무권대리행위를 완전히 무효로 확정시킨 경우, 상대방은 무권대리인에게 지급한 것이 있으면 그 지급한 것에 관하여는 부당이득으로 반환을 청구할 수 있다.[349)]

5) 상대방이 철회권을 행사하여 무권대리행위를 완전히 무효로 확정시킨 경우, 상대방은 무권대리인을 상대로 제135조의 책임을 물을 수 있는가.

철회는 본인과의 불안정한 관계를 해소한다는 취지에 불과하다고 보아 긍정할 수도 있지만, 본인에 의한 추인이 아직 있을 수 있는 시점에서 스스로 철회한 상대방은 이제는 그 계약의 실현을 기대할 수 없으므로 무권대리인과의 관계에서도 계약이 유효하게 행해진 것과 같은 동일한 보호(이행이나 이행에 갈음한 손해배상)를 인정할 필요는 없을 것이다. 따라서 철회권을 행사하면 무권대리인을 상대로 제135조의 책임을 물을 수 없다고 보아야 할 것이다.

다만 제135조의 손해배상책임은 이행에 갈음하는 손해배상책임으로서 채무불이행에 의한 손해배상의 성질을 가진 것이므로, 무권대리행위가 불법행위에 해당하고 상대방이 그로 인하여 손해를 받은 것이 있다면 상대방은 위 철회권을 행사하였더라도, 제135조의 손해배상이 아닌 일반 불법행위를 이유로 하는 제750조의 손해배상청구는 가능하다고 해야 할 것이다.

(3) 상대방의 무권대리인에 대한 관계

(가) 의의

법리상 무권대리행위는 본인에게 효력을 미치지 않을 뿐 아니라 무권대리인은 그 효과를 자신에게 귀속시킬 의사가 없기 때문에 무권대리인에게도 귀속하지 않는다고 보아야 하는데 이렇게 되면 상대방은 예상하지 못한 손해를 입게 된다. 그리하여 이런 경우 상대방을 보호하고 대리제도의 안전한 이용을 위하여 제135조는 무권대리인에게 무거운 무과실책임[350)]을 지우고 있다.

(나) 요건

1) 대리행위에 관하여 대리행위자가 대리권을 증명하지 못할 것

---

349) 앞의 2017다213838 판결.

350) 대판 2014.2.27. 선고 2013다213038(본조 책임은 무과실책임이라고 판시하였다).

가) 대리행위자에게 해당 대리행위를 할 수 있는 대리권이 없어야 한다.

나) 실체법인 민법 규정인 본조가 '대리권을 증명하지 못하고'라는 식으로 증명책임을 명기하고 있는 점은 특이하다. 본래 '대리행위자에게 대리권이 있다'는 점에 대한 증명책임은 대리행위자와 거래한 상대방에게 있기 때문에 상대방이 본인을 상대로 계약의 효력을 주장하려면 대리행위자에게 해당 행위에 관한 대리권이 있음을 증명해야 하고 이때 대리권이 있었는지 여부가 불명확하면 그 증명책임을 지는 상대방에게 불리하게 판단하게 된다. 한편 상대방이 대리행위자를 상대로 무권대리인의 책임을 추궁하려고 하는 경우 대리행위자에게 대리권이 없었다는 점을 상대방이 주장하고 증명해야 한다면, 상대방이 본인에 대하여 효력을 주장할 때와 동일하게 대리행위자에게 대리권이 있었는지가 불명확한 때에는 대리권 부존재의 증명책임을 부담하는 상대방에게 불리하게 판단하게 된다.

이처럼 대리권의 존부가 불명확하여 증명하기 어려운 경우 상대방은 본인에게 대하여도 계약의 효력을 주장할 수 없고, 무권대리인인 대리행위자에 대하여도 그 책임을 물을 수 없게 되어 어떤 경우이든 상대방에게 불리한 판단이 내려지게 되는 결과가 된다. 이는 타당한 결과라고 볼 수 없기 때문에 상대방이 대리행위자를 상대로 본조의 책임을 묻는 경우에는 '대리행위자'에게 '대리권의 존재에 관한 증명책임'을 부담시키게 하기 위하여 이와 같이 규정한 것이다.

2) 상대방의 선의, 무과실

가) 상대방이 무권대리인에게 대리권이 없었음을 알지 못하고 또 알 수도 없었던 경우이어야 한다(제135조 제2항). 즉 상대방이 선의이고 과실이 없었어야 한다. 본조의 규정 형식에 비추어 무권대리인이 상대방의 악의, 유과실을 증명하여야 한다.

나) 여기서의 상대방의 과실은 중과실이어야 한다는 견해가 있었던 적이 있다. 이 견해는 본조 과실에 경과실이 포함되면 상대방에게 경과실이 있는 경우 상대방은 본인에 대하여 표현대리의 주장을 할 수 없을 뿐 아니라, 무권대리인인 대리행위자에 대하여 본조의 책임도 물을 수 없게 되어 부당하다는 전제에서, 상대방이 무과실인 경우에는 본인에 대하여 표현대리 주장을 가능하게 하고, 상대방이 경과실인 경우에는 무권대리인에 대하여 본조의 책임을 물을 수 있게 하며, 상대방이 중과실인 경우에는 무권대리인에게 제750조의 불법행위책임을 물을 수 있도록 하자는 것이다. 이 견해에 따르면 무권대리책임은 표현대리가 되지 않을

때에 성립하는 것이라고 보는 입장에 서 있는 것이다.

그러나 우리 판례나 통설은, 표현대리도 무권대리의 한 종류이므로 표현대리와 무권대리는 성립요건에서 차이가 없다는 관점에서 상대방에게 경과실도 없어야 한다고 보고 있다.

3) 본인의 추인을 받지 못할 것

본인의 추인거절의 의사표시가 있었던 때가 이에 해당한다. 그렇다면 본인이 명시적으로 거절한 것이 필요한지가 문제로 될 수 있다.

이에 대해서는 본인이 추인도 추인거절도 하지 않고 있는 불확정적인 상태에 있는 것이 아니라 사실상 추인의 가능성이 없거나 추인하지 않으리라는 사정이 증명되면 충분하다는 견해와 무권대리행위가 있으면 충분하다는 견해가 있다.

표현대리도 무권대리의 일종이고 본조 책임은 표현대리책임이 성립한 경우에도 물을 수 있다고 하는 본서의 입장에서는 무권대리행위가 있는 때에 본조 책임이 성립한다고 보아야 할 것이다. 이때 무권대리인이 책임을 면하려면 본인이 주인하였다는 점을 주장, 증명하여야 할 것이다.[351)]

상대방이 철회권을 행사한 때에는 무권대리인에 대하여 본조의 책임을 추궁할 수 없다는 점은 앞에서 보았다.

4) 면책사유로서의 표현대리의 성립

상대방이 무권대리인에 대하여 본조 책임을 추궁할 때, 무권대리인은 표현대리가 성립함을 이유로 본조 책임을 면할 수 있는가.

상대방 측에서 보면 표현대리가 성립하는지 여부는 불확실하고, 표현대리가 성립하지 않는 것을 본조 책임의 추궁의 요건이라거나 면책의 요건이라고 하면 상대방의 구제를 필요이상 제한하는 것으로 될 수 있다. 특히 본조가 대리행위자에게 대리행위가 본인에게 효력을 미치게 하는 대리권의 존재에 관한 증명을 부담시켜 상대방의 부담을 줄이려고 하는 본조의 취지와, 상대방은 표현대리주장을 할지 말지를 선택할 수 있다는 입장에서 보면 무권대리인에게 표현대리의 성립을

---

351) 이에 대해서는 상대방에게 주장, 증명책임이 있다는 견해도 있다. 본인의 추인거절이 무권대리인 책임의 발생원인에 해당한다는 입장에서 선 것이라고 할 수 있다. 추인은 무권대리행위가 있은 후에야 있을 수 있는 것인데 추인 여부가 유동적인 상태에서는 이 견해에 따르면 무권대리인에 대하여 책임을 물을 수 없게 된다. 이는 무권대리인에게 대리권이 있음을 증명할 것을 요구함으로써 유권대리와 유사한 상태로 되는 점에 관한 증명책임을 무권대리인에게 부담시켜 상대방의 부담을 줄이려고 한 본조의 취지에 반하는 해석이라고 생각한다.

이유로 면책을 용인하는 것은 상대방에게 표현대리주장을 강요하는 셈이 되어 상대방의 선택권을 무의미하게 만든다는 점에서 무권대리인이 표현대리가 성립함을 이유로 면책을 주장하는 것을 인정해서는 아니 될 것이다.

다만 상대방이 본인을 상대로 표현대리를 주장하여 승소확정판결을 받게 되면, 이 상황은 상대방이 대리권의 존재를 증명하여 본인에게 대리행위의 효과가 귀속하는 것과 동일하게 되므로 무권대리인의 책임은 소멸한다고 보아야 할 것이다. 만일 상대방의 무권대리인에 대한 본조 책임에 관한 판결이 확정된 후 위와 같은 승소확정판결이 있게 되면 무권대리인은 상대방을 상대로 청구이의나 채무부존재 확인 소송을 제기할 수 있다는 것은 앞에서 보았다.

5) 무권대리인이 행위능력자일 것

무권대리인이 행위능력이 없는 제한능력자인 경우에는 위 책임을 지지 않는다(제135조 제2항). 이는 제한능력자를 보호하기 위한 정책적 고려에서 나온 것이다. 다만 제한능력자가 법정대리인의 동의를 얻어 무권대리행위를 한 경우에는 능력자와 마찬가지로 책임을 진다.

6) 무권대리인의 과실 여부

무권대리인이 본조 책임을 부담하기 위해서 과실이 필요한지 여부에 관하여는 논란이 있다.

가) 과실 필요설

이행 또는 이행에 대신하는 손해배상을 내용으로 하는 본조 책임은 불법행위책임을 넘어 무권대리인 자신이 계약을 한 것과 동일한 책임을 부과하려는 것으로 이렇게 특별히 무거운 책임을 부담시키기 위해서는 이를 정당화할만한 충분한 귀책성이 있어야 한다.

나) 무과실책임설

통설의 입장으로, 무권대리인이 스스로 대리권의 존재를 주장하여 상대방으로 하여금 신뢰하게 만든 점에서 귀책이 있고, 거래의 안전과 대리제도의 신용을 유지하게 하기 위해서는 대리거래의 경우 설사 본인에게 책임을 물을 수 없는 경우가 생기더라도 무권대리인에게 무과실책임을 부담하게 해야 상대방으로 하여금 안전하게 거래에 응할 수 있게 할 수 있다는 점에서 무과실책임을 부과해도 무방하다고 한다.

판례도 무과실책임이라고 보고 있음은 앞에서 보았다.

(다) 책임의 내용

본조에 의하면 무권대리인은 상대방의 선택에 따라서 계약에 따른 이행 또는 손해배상을 해야 할 책임을 부담하게 된다.

여기서의 선택은 선택채권에서의 선택과 같은 의미로서 선택채권의 규정(제380조 내지 제386조)이 적용되지만, 원칙적으로 선택권이 채무자에게 있다는 규정(제380조)과 제3자의 선택권을 전제로 한 규정(제383조, 제384조)은 적용되지 않는다고 해야 할 것이다.

1) 이행책임

가) 상대방이 이행을 선택하는 경우, 무권대리인은 그 계약의 효력이 본인에게 발생하였더라면 본인이 상대방에게 부담하였을 것과 같은 내용의 채무를 이행할 책임이 있다. 이는 무권대리인 자신이 동일한 내용으로 계약을 한 것과 같은 책임을 부담하는 결과가 된다. 그러나 본인이 상대방에 대하여 부담하는 채무가 일신전속적 급부인 경우에는 이행청구를 선택해도 이행불능이 되어 손해배상을 선택한 것과 같은 결과가 된다. 특정물인도 급부인 경우 무권대리인이 본인으로부터 구매하여 인도할 수 있는 예외적인 경우가 아닌 한 이행청구를 선택해도 이행할 수가 없어 일신전속적 급부와 동일한 결과가 될 것이다.

나) 상대방이 이행을 선택하고 무권대리인의 이행이 가능한 경우(예를 들면 B가 A를 권한 없이 대리하여 C와 C의 토지 L을 1천만원에 매수하는 계약을 체결한 경우), 무권대리인은 무권대리로 체결한 계약에 기하여 본인이 가지는 권리를 행사할 수 있다. 즉 계약상의 동시이행항변권, 상대방의 반대급부 불이행으로 인한 손해배상청구권이나 계약해제권 등을 행사할 수 있다.

2) 손해배상책임

예 5-37

B가 A를 권한 없이 대리하여 C에게 A 소유의 토지 L을 1억원에 매도했다. C는 법무사에게 비용을 지급하고 C명의로 소유권 이전등기를 마쳤다. 그 후 C는 D에게 L을 1억2천만원에 전매하는 계약을 체결하였다. 그런데 후에 B의 대리행위가 무권대리임이 밝혀졌다.

가) 위 예에서 B의 대리행위가 무권대리행위이므로 A에게 위 매매계약의 효력이 미치지 않는다. 따라서 L에 관한 C명의의 소유권 이전등기는 권리자인 A의 의사에 기하여 이루어진 것이 아니어서 무효의 등기이므로 A가 C를 상대로 L에 관한 C명의의 소유권 이전등기의 말소를 구하면 C는 A의 위 청구에 응하여야 한다. 이런 손해를 입은 C로서는 본조에 의하여 무권대리인 B를 상대로 손해배상을 청구할 수 있다.

이때 본조에 기하여 C가 청구하는 손해배상의 성격과 관련하여 그 손해배상은 이행이익의 배상인지 신뢰이익의 배상인지가 문제로 된다.[352)]

본래 이행이익의 배상이란 계약이 유효한 것을 전제로 하여 그 계약이 이행이 되었으면 채권자가 어떠한 이익을 얻었을 것인데 이행이 되지 않아 상실하게 된 이익을 손해로 보아 배상하게 하는 것을 말하고, 신뢰이익의 배상이란 채권자가 무효인 계약을 유효한 것으로 믿었기 때문에 받은 손해를 말한다(계약이 처음부터 무효이기 때문에 채권자는 계약이 이행됨으로써 얻을 수 있는 이익, 즉 이행이익을 얻을 수 없다). 무권대리행위로 체결된 계약은 처음부터 무효이기 때문에 무권대리행위의 상대방 C는 이행이익의 배상을 청구할 수는 없고 신뢰이익의 배상만을 청구할 수 있는 것이 아닌가 하는 의문이 생기기 때문에 발생하는 문제이다.

이론적으로는 신뢰이익의 배상이라는 견해에 타당한 점이 있지만, 본조에서 상대방은 이행과 손해배상을 선택할 수 있도록 하고 있으므로 상대방이 이행을 선택하든 손해배상을 선택하든 그로 인하여 받을 상대방의 이익은 동일하여야 한다. 따라서 상대방이 손해배상을 선택한 때에는 무권대리인이 계약을 이행하였을 경우 상대방이 얻었을 이익과 동일한 내용의 이익의 배상, 즉 이행이익의 배상이어야 할 것이다.

위 예에서 C가 손해배상을 선택하는 경우(C가 이행을 선택하더라도, A가 L을 매도할 의사가 없다면 B는 이행불능으로 인한 손해배상책임을 부담하게 된다. 따라서 이런 경우에는 C가 이행을 선택하든, 손해배상을 선택하든 결과에 있어서는 동일하게 된다) B는 이행이익을 배상하여야 하므로 'C가 전매하여 이득을 올릴 것이라는 사정'을 B가 알고 있었다면[353)] C는 B에 대하여 제393조에 의해 전매이익 2천만원의 배상을

352) C가 B에게 지급한 L의 매수대금 1억원은 무효인 매매계약에 기하여 지급된 것이므로 부당이득으로서 반환을 청구할 수 있다. 여기서의 문제는 매수대금 1억원 외에 손해가 있는 경우 그 손해의 배상에 관한 것이다.

353) 이런 전매이익의 상실이라는 손해에 대하여는 판례(대판 1992.4.28. 선고 91다29972)가 제

구할 수 있다.[354)]

위 예에서 등기비용까지도 손해배상으로 구할 수 있는지가 문제로 되는데, 본조의 손해배상은 이행이익의 배상인 바, 등기비용은 이행이 되었을 때에도 어차피 지불하였어야 할 비용으로서 본조의 이행이익의 배상범위에 속하지 않는다.[355)]

나) 나아가 상대방은 무권대리인에 대하여 제750조의 불법행위를 원인으로 한 손해배상청구를 할 수 있는지가 문제로 될 수 있다. 만일 가능하다고 하면 상대방 측에 과실이 있어서 본조 책임을 물을 수 없을 때에 유용한 수단이 될 수 있다.

이에 대하여는 본조는 무권대리인의 불법행위로부터 상대방을 구제하기 위해서 특별히 둔 규정이므로 상대방은 불법행위책임을 추궁할 수 없다는 견해가 있을 수 있다.

그러나 본조는 무권대리행위가 상대방에게 실현된 것과 동일한 상태로 만들어 주는 것을 목적으로 하는 것으로 무권대리인에게 그 자신이 스스로 법률행위를 한 것과 같은 책임을 부과하는 이상 상대방의 신뢰도 정당한 것일 것, 즉 선의·무과실을 요구하는 것임에 반하여, 불법행위책임은 법률행위가 행해지지 않았던 상태로 되돌리는 것을 목적으로 하는 것으로, 현실적으로 보유하고 있던 재산을 상실한 자에 대한 최저한의 보호로서 그 상실한 재산의 회복을 인정하는 것이다.

따라서 이런 보호는 무권대리인에게 고의 또는 과실이 있는 위법한 행위가 있었던 이상 설사 상대방에게 과실이 있었더라도 불법행위가 성립한다고 보아야 할 것이고, 상대방의 과실은 손해액의 산정 시 과실상계의 요인에 불과하다고 보아야 할 것으로 생각한다.

3) 소멸시효

본조에 기한 이행청구권 또는 손해배상 청구권의 소멸시효의 기산점은 언제이

393조 제2항의 특별한 사정으로 인한 손해로 보고 있으므로 채무자가 전매한 사정을 알았거나 알 수 있었던 때에 한하여 손해배상을 청구할 수 있다.

354) 대판 2018.6.28. 선고 2018다210775는 무권대리인이 체결한 계약의 내용에 채무불이행에 대비한 손해배상액의 예정액을 정해 둔 조항이 있는 경우, 본조의 책임 시에 위 조항이 적용된다고 하고 있고, 나아가 위 예정액 조항에 의한 배상 시 예정액이 과다하다고 판단되면 제398조의 감액 규정이 적용될 수 있다고 판시하였다.

355) 이런 손해의 배상을 신뢰이익의 배상이라고 한다. 즉 신뢰이익은 계약이 유효한 것으로 믿고서 계약을 체결한 것에 의하여 상대방이 입은 손해를 말하고, 이와 같은 신뢰이익으로는 등기비용, 출장비용 등이 이에 해당한다고 한다. 신뢰이익의 의미에 관하여는 논란이 많다. 위와 같은 등기비용은 다음 항에서 보듯 무권대리인을 상대로 불법행위로 인한 손해배상을 청구하여 배상을 구할 수 있는지가 문제로 될 수 있을 것이다.

고, 그 기간은 얼마인가.

가) 소멸시효의 기간

본조에 기한 이행청구권의 소멸시효기간은 무권대리행위로 발생하는 이행청구권의 법적 성격에 의하여 결정되는 것은 당연할 것이다. 따라서 그 대리행위로 인하여 발생한 이행청구권이 일반적인 채권이라면 제162조 제1항에 따라 10년, 제163조에 해당하는 것이면 3년, 제164조에 해당하는 것이면 1년이라고 할 것이다. 손해배상 청구권의 소멸시효기간 역시 위 이행청구권과 같이 생각하면 될 것이다.

나) 소멸시효의 기산점

예 5-38

B가 1947.11.14. 그의 형 A를 무권대리하여 C에게 A 소유의 토지 L을 매도하고 매매대금까지 모두 지급받았다. 그 후 A가 사망하여 A를 상속한 상속인들이 1960.3.20. L을 D에게 매도하고 소유권 이전등기까지 해 주었다. 이에 C가 1960. 7월경 B를 상대로 본조 책임을 추궁하여 손해배상을 구하는 소를 법원에 제기하였는데, 그 소송에서 B는 C의 손해배상청구권은 1947.11.14.부터 10년의 소멸시효가 완성되었다고 주장하였다.

대판 1965.8.24. 선고 64다1156은 '[본조에 기한] 상대방이 가지는 계약이행 또는 손해배상 청구권의 소멸시효는 그 선택권을 행사할 수 있는 때부터 진행한다고 할 것이고 또 그 선택권을 행사할 수 있는 때라고 함은 대리권의 증명 또는 본인의 추인을 얻지 못한 때라고 할 것이다. … C는 본건 매매계약의 이행기일인 1947.11.14에 매매대금을 완불하고 B에게 즉시 소유권이전등기 절차를 이행할 것을 요구하였으나 B는 책임을 지겠다는 말만 되풀이 할 뿐이고 그 이행을 하거나 대리권의 증명을 하지 못하였을 뿐 아니라 A가 본건 부동산을 D에게 매도하여 1960.3.20.자로 그 소유권 이전등기 절차를 완료함으로써 본인인 A의 추인도 받지 못하게 되었다고 할 것이니 C는 1960.3.20.부터 B에 대한 민법 제135조 제1항에 규정한 손해배상청구권을 행사할 수 있게 되었다고 할 것이다'고 판시하였다.

본조의 소멸시효와 관련하여서는 이 판결이 유일한데,[356] 일반적인 교과서에서는 이 판결을 근거로 우리의 대법원의 일반적인 입장이 위와 같다고 소개하면서

356) 대판 1963.8.22. 선고 63다323 판결도 동일한 취지를 설시하고 있지만 이 판결의 환송 전 대법원 판결로서 실질적으로 동일한 사건의 판결이다.

대법원의 위 입장을 지지하고 있는 것으로 보인다. 그러나 위와 같은 대법원의 판시는 다음과 같은 이유로 일반적인 경우가 아니라 부동산 매매에서 매매목적물을 매수인이 인도받아 점유·사용 중인 경우의 매수인의 소유권 이전등기청구권과 관련된 특수한 경우에 한한 것이라고 보아야 할 것이다.

소멸시효의 기산점은 제166조 제1항에 의하여 권리를 행사할 수 있을 때부터라 할 것인데, 위 예에서 매수인 C는 무권대리행위로 이루어진 매매계약이 체결된 때부터 무권대리인 B에 대하여 제135조에 따라 이행 내지는 손해배상책임을 추궁할 수 있었으므로 이행 내지 손해배상청구권의 기산일은 매매계약이 체결된 때인 1947.11.14.부터 진행하여야 한다. 그런데 위 예에서는 C가 B로부터 매매목적물인 부동산을 인도받아 점유 사용 중이었으므로, 이런 경우에는 대판(전합체) 1976.11.6. 선고 76다148에 의해 부동산에 관한 소유권 이전등기청구권의 소멸시효는 진행하지 않고 중단되고, 이런 상태의 소유권 이전등기청구권은 그 이행이 불가능하게 되는 사태에 이르게 되면 그때부터 소유권 이전등기를 해야 할 채무의 이행불능으로 인한 손해배상청구권의 시효가 진행한다고 보아야 할 것이다. 따라서 위 판례는 무권대리로 행해진 부동산 매매계약상의 소유권 이전등기청구권이 매수인의 점유 사용으로 인하여 그 시효가 진행하지 못하고 중단된 상태에 있다가 본인으로부터 추인을 받지 못하여 손해배상을 청구한 특수한 사안에 대한 것이고, 이 판시를 시효가 중단되지 않는 일반적인 청구권 사안에까지 확장시킬 것은 아니다.

결론적으로 위 판시는 무권대리행위로 이루어진 계약에 기한 청구권이 시효가 중단된 특수한 사안에만 적용되어야 하는 것이고, 그렇지 않은 일반적인 사안에서는 제166조 제1항의 일반원칙에 따라 '권리를 행사할 수 있는 때'인 '무권대리인에 의하여 계약이 체결된 때'라고 보아야 할 것이다. 상대방이 무권대리로 행해진 것을 모르고 있었다고 하더라도 소멸시효는 진행한다고 보아야 한다. 왜냐하면 상대방이 무권대리 사실을 모르고 있는 것은 사실상의 장애에 불과하지 법률상의 장애는 아니기 때문이다.

(4) 본인의 무권대리인에 대한 관계

본인이 무권대리행위를 추인하지 않으면 본인과 무권대리인 사이에는 아무런 관계도 가지지 않는다. 그러나 본인이 무권대리행위를 추인하게 되면 무권대리인이 적법한 대리권을 가지고 행동한 것과 같이 본인에게 그 대리행위의 효과가 발생한다. 이런 면에서 무권대리인의 행위는 대리행위 당시에는 기초적 법률관계상으로는 대리행위를 하여야 할 의무를 부담하지 않았다는 점에서 사무관리(제734조 내지 제740조)로 될 수 있고, 그 둘 사이의 법률관계는 사무관리의 규정에 의해 규율하면 될 것이다. 그리고 무권대리인의 무권대리행위로 본인에게 손해를 끼친 것이 있으면 불법행위가 성립할 수 있고, 그 외 무권대리인이 무권대리행위로 이득을 취한 것이 있으면 부당이득반환의 대상이 될 수도 있을 것이다.

다. 단독행위의 무권대리

(1) 의의

단독행위를 무권대리인이 하거나 또는 무권대리인에게 하는 경우는 원칙적으로 무효(제136조)라고 하여 계약과 다르게 취급한다.

이렇게 다르게 취급하는 이유는 다음과 같다. 계약에서는 추인을 하면 본인 뿐 아니라 상대방의 의사도 만족시키는 결과가 되므로 추인을 인정해도 좋고, 추인이 없는 때에는 스스로 상대방과 그런 행위를 한 무권대리인에게 상대방에 대하여 무거운 책임을 지워도 무방하다. 그렇지만 단독행위에서 추인을 인정하게 되면 행위자의 일방적 의사에 의하여 법률관계가 변동되는 특성상 본인의 이익에 편중되어 상대방을 불안정한 지위에 두게 할 우려가 있고 또 계약에서처럼 상대방에 대하여 무권대리인에게 무거운 책임을 지우는 것 역시 타당하지 않은 경우(특히 무권대리인이 상대방의 단독행위를 단순히 수령한 경우에도 무권대리인에게 무거운 책임을 지우는 것은 부당하다)가 있기 때문이다. 다만 이런 부당한 결과를 초래하지 않는 경우에는 계약과 같은 수단을 인정해도 좋을 것이다.

(2) 상대방 없는 단독행위[357)]

상대방 없는 단독행위는 특정한 상대방이 없기 때문에 상대방의 보호를 위한 제131조의 최고권 규정이 적용될 여지가 없고, 또 무권대리행위인 위와 같은 단독행위에 대하여 본인에게 추인권을 인정하면 본인이 추인권의 행사나 불행사를 통하여 자기 마음대로 법률행위의 효과를 좌우하여 본인의 이익에 편중될 위험이 높다. 따라서 상대방 없는 단독행위는 절대적으로 무효이고, 본인의 추인권이나 무권대리인의 책임에 관한 규정은 적용되지 않는다.

---

357) 재단법인 설립행위, 소유권 포기, 유언, 상속의 포기나 승인 등.

(3) 상대방 있는 단독행위

상대방 있는 단독행위의 경우 상대방이 무권대리인에게 대리권이 있다고 믿었다면 그 신뢰를 보호할 필요가 있다. 이렇게 생각하면 무권대리로 한 계약과 동일하게 효력을 인정할 수도 있지만 제136조는 무권대리인이 상대방에 대하여 단독행위를 한 때에는 '상대방이 동의하거나 대리권을 다투지 않은 경우', 상대방이 무권대리인을 상대로 단독행위를 한 때에는 '무권대리인의 동의를 얻은 경우'와 같이 예외적인 경우에 한하여 무권대리로 한 계약과 동일한 효력을 부여하고 있다.

(가) 무권대리인이 한 단독행위

예 5-39

A가 C에게 자신의 아파트를 매도하는 계약을 체결하고 계약금만을 받은 상태이다. 그런데 A의 아들 B가 A로부터 어떠한 권한도 받지 않았음에도 C에게 중도금 지급일자에 와서 중도금의 지급을 요구하였고 이에 C가 B가 A의 대리인임을 증명하는 위임장을 보여 달라고 하자, B는 거절하면서 지금부터 일주일 후까지 중도금을 지급하지 않으면 매매계약을 해제한다고 통보하였다.

이 경우 본인 A에게 추인권을 인정하여 계약의 존속 또는 해제를 선택할 수 있게 한다면 이는 지나치게 본인의 이익만을 추구하는 것이 될 것이다. 따라서 원칙적으로 B의 계약해제의 통보행위는 단독행위의 무권대리행위로서 아무런 효력이 없다고 보아야 한다.

그러나 B의 무권대리행위 시에 C가 B의 위와 같은 행위에 동의하거나 대리권을 다투지 않았다면 상대방인 C가 B에게 대리권이 있었다고 생각하고 해제의 효력발생과 관련하여 대비할 것이므로 본인에 의한 추인을 인정해도 상대방에게 예측하지 못한 불이익이 발생한다고 할 수 없을 것이다.

위 예의 경우 C가 B의 대리권을 다투었다고 보아야 하므로 A는 추인이나 추인거절을 할 수 없다고 할 것이다.

(나) 무권대리인에게 한 단독행위

무권대리인의 상대방이 무권대리인의 동의 없이 마음대로 무권대리인에게 단독행위를 한 후, 무권대리인이 본인으로부터 추인을 받지 못하였다고 하여 무권대리인에게 제135조의 중한 책임을 부담시키는 것이 부당하다는 것은 말할 것도 없다. 따라서 이런 중한 책임을 부담시키기 위해서는 본조에 따라 무권대리인의 동의를 얻어 상대방이 단독행위를 하여야 한다.

예컨대 A가 C에게 기간을 정하지 않고 토지를 임대하던 중 임차인 C가 A의 자(子)로서 임대와 관련한 어떠한 대리권도 없는 B에게 제635조에 기한 해지통고를 한 경우, 그 해지통고는 B의 동의를 얻지 않는 한 효력이 발생하지 않는다고 할 것이다. 이때 위 해지통고 효력의 발생여부는 B에게 통지한 것이 A에게 통지한 것과 같은 효력이 있는지의 여부, 즉 해지통고의 도달여부에 의하여 결정될 수 있다고도 볼 수 있다. 결국 이런 경우에는 무권대리인에게 한 단독행위의 효력의 발생여부는 단독행위의 상대방에 대한 도달여부의 판단에 의해 결정되게 되고, 도달로 인정되지 않아 해지통고의 효력이 발생되지 않는 때에는 그 통고가 B의 동의하에 이루어진 것이라면 B는 C에 대하여 무권대리인으로서의 책임을 지게 될 것이다.

라. 무권대리와 상속의 관련문제

무권대리인이 본인을 상속하거나 본인이 무권대리인의 지위를 상속한 경우를 살펴본다. 그런데 이 문제를 논하기 전에 이해의 편의를 위해 먼저 타인의 물건을 매도한 사람이 그 후 그 목적물의 권리를 상속하거나 그 타인이 매도인을 상속한 경우와 물건을 임의로 매도한 무권대리인이 본인으로부터 매매목적물을 증여받은 경우를 살펴보기로 한다.

(1) 타인물건 매도와 상속

예 5-40

(1) 자(子) B가 부(父) A 소유의 아파트 H를, C에게 1억원에 매도한 후 A가 사망하여 B가 H를 단독으로 상속하였다. 이에 C가 B를 상대로 H에 관하여 소유권 이전등기를 청구하였다.
(2) 부(父) A가 자(子) B의 토지 L을 C에게 1억원에 매도한 후 A가 사망하여 B가 A의 위 매매로 인한 소유권 이전등기의무를 단독으로 상속하였다. 이에 C가 B를 상대로 L에 관하여 소유권 이전등기를 청구하였다.

(가) 문제의 소재

매매목적물에 관하여 아무런 권리를 가지지 않는 자가 그 목적물에 관하여 제3자에게 매도하는 계약을 체결한 후[358] 그 목적물에 관한 권리를 상속하거나 또는 매매목적물의 권리자가 위 매매계약에 따른 소유권 이전등기의무를 상속하는 경우가 있을 수 있다. 전자는 위 예 (1)의 사안이고 후자는 위 예 (2)의 사안이다.

위 사안이 무권대리로 매매를 한 사안과 근본적으로 다른 것은, 무권대리행위, 즉 B가 A를 무권대리하여 행한 매매계약은 본인 A의 추인이 없는 한 무효로서 아무런 효력이 발생하지 않지만,[359] 자신이 매매계약의 매도 당사자가 되어 타인의 물건을 매매의 목적물로 하는 타인권리매매는 매매행위자들 사이, 즉 위 예 (1)에서는 B와 C, 위 예 (2)에서는 A와 C 사이에서는 완전히 유효하여 C는 B 또는 A에 대하여 소유권 이전등기를 청구할 수 있고 이것이 이행불능이 되면 채무불이행책임을 추궁할 수 있다는 점이다.

(나) 위 예 (1)의 경우

C는 B에 대하여 유효한 매매계약에 기하여 H에 관한 소유권 이전등기를 청구할 수 있고, B가 A의 H를 상속하여 소유권 이전등기를 할 수 있게 된 이상은 이행불능이 아니므로 C의 소유권 이전등기청구에 B는 응하지 않을 수 없다.

문제는 H를 B외의 다른 상속인 D와 공동상속한 경우(상속지분은 균등한 것으로 상정한다)이다. B는 C에 대하여 B와 C 사이의 매매계약에 의하여 소유권 이전등기를 해 줄 의무를 부담하지만, D는 C와 매매계약을 체결한 바가 없으므로 소유권 이전등기를 해 줄 의무를 부담하지 않는다. 따라서 이 경우는 C는 B에 대해 B의 상속지분인 1/2지분에 한하여 소유권 이전등기를 청구할 수 있고, 나머지 D의 상속지분 1/2지분에 관하여는 D가 이행을 거절하는 경우 C에 대하여 이행불능으로 인한 손해배상만을 청구할 수 있을 뿐이다. 다만 C로서는 매매대금의 감액을 청구

---

358) 타인의 물건을 매매한 경우, 권리자가 그 매도행위를 추인할 수 있는지와 관련하여 우리 판례는 권리자가 추인할 수 있고 추인하면 그 처분행위의 효력이 권리자에게 미친다고 보고 있다(대판 1992.9.8. 선고 92다15550).

359) 무권대리인은 제135조에 기한 책임을 부담하는 수는 있다. 그러나 상대방이 악의이거나 과실이 있으면 제135조의 책임을 물을 수 없다. 이에 반하여 타인권리매매의 경우는 상대방의 악의나 과실을 불문하고 매매계약이 유효하므로 악의나 과실 있는 상대방이라도 타방에 대하여 계약의 이행을 청구할 수 있다.

할 수 있고(제572조 제1항) B의 상속지분 1/2의 지분이전등기만으로는 계약의 목적을 달성할 수 없는 경우에는 해제를 할 수 있다고 할 것이다(제572조 제2항).[360)]

(다) 위 예 (2)의 경우

A와 C의 매매계약은 유효하고, A의 사망으로 A의 C에 대한 소유권 이전등기의무가 상속된다. 이 경우 위 의무를 상속한 L의 소유자 B가 소유권 이전등기를 해 주면 별 문제가 없지만 문제는 B에게 C에 대한 소유권 이전등기의무를 거부할 수 있는 권리가 있는가 하는 것이다.

판례는 'B가 A의 사망으로 A의 의무를 상속하게 되었다고 하더라도, B는 원래 L의 소유자로서 타인의 권리에 대한 계약을 체결한 C에 대하여 그 이행에 관한 아무런 의무가 없고 이행을 거절할 수 있는 자유가 있었던 것이므로 B는 신의칙에 반하는 것으로 인정할 만한 특별한 사정이 없는 한 원칙적으로 위 계약에 따른 의무의 이행을 거절할 수 있다'고 판시한다.[361)]

---

360) 이런 권리의 하자에 대하여 대법원은 하자담보책임에 관한 위 규정 외에도 채무불이행책임을 추궁할 수 있다는 입장이므로, 이에 의하면 C는 H의 1/2지분의 이전등기채무의 이행불능을 이유로 해제를 할 수도 있다고 할 것이다(제546조).

361) 대판 2001.9.25. 선고 99다19698. 한편 이런 경우 특별한 사정으로 인하여 권리자인 B가 이행을 거부하는 것이 신의칙에 반한다고 본 판례로 대판 1994.8.26. 선고 93다20191이 있다. 이 판결은 부(父) A가 자(子) B(본래 사안에서는 B는 처 B1과 장남 B2다)의 주식을 아무런 권한 없이 B의 이름으로 은행 C에게 담보로 제공하여 대출을 받으면서 주식의 처분권까지 양도한 후 A가 사망하자 C가 A와 체결한 위 계약을 기초로 상속인 B를 상대로 주권의 인도를 청구한 사안에 관한 것이다. 이 판결에서 B가 이행을 거절할 수 있다고 하면서 그 이유에 관하여는 '타인의 권리에 관한 담보설정계약의 채무자의 의무 내지 지위를 상속하였다고 하여 상속 전에 가지고 있던 권리이전여부의 자유가 상실되고 당연히 권리이전이행의무만을 부담하게 된다고 하면, 상속이라는 우연한 사정에 의하여 타인의 권리의 취득자인 C는 기대한 것 이상의 유리한 지위에 서게 되는 반면, 권리자인 B는 현저하게 불리한 지위에 놓이게 된다'는 점을 들고 있다. 그러면서도 B의 이행거절은 다음과 같은 사유를 들어 신의칙에 반한다고 하였다. B와 A가 위 담보약정을 체결할 당시 A는 회사의 경영을 맡고 있는 제1 대주주로서 사실상 사주이고 피고 B1은 그의 처이며 피고 B2는 23세인 장남으로서 미국에 유학중이었는데 위 피고들은 위 주식 취득 이래 그 주식을 표창하는 주권을 A에게 보관시키고 그 주주권의 행사를 A에게 위임한 채 이를 행사하거나 회사의 경영에 관여한 바 없고, A가 자기 명의의 주권과 위 피고들의 주권을 함께 자택에 보관하면서 실질적으로는 위 주식 전부에 대한 주주로서의 권리를 행사하여 왔던 사실, 이에 C는 위 피고들이 자신들의 주식에 대한 처분권한도 A에게 위임한 것으로 믿고 이 사건 담보약정을 하고 위에서 본 바와 같이 거액을 소외 회사에 대출하였던바, 위 피고들은 그 이후 이 사건 소송에 응소하여 다투기 전까지 3년여 동안 A가 위 피고들 명의의 주식을 권한 없이 처분하였다고 이의한 사실이 없었다는 점을 들고 있다. 이 판결의 사안에 의하면 B는 A에게 처분권한을 위임하였다고 볼 수

무권리자가 임의로 한 처분에 대하여, 권리자가 본래 행사할 수 있었던 권리가 제한된다는 것은 있을 수 없고, 이런 권리는 상속이라는 우연한 사정에 의하여 제한될 수 없다고 생각한다. 따라서 판례의 논거나 결론은 타당하다고 생각한다.

(2) 무권대리인이 본인으로부터 목적물을 증여받은 경우

예 5-41

B가 A를 권한 없이 대리하여 C에게 A 소유의 아파트 H를 1억원에 매도했다. A는 위 무권대리행위에 대하여 추인이나 추인거절의 의사를 표시함이 없이 B에게 H를 증여하고 소유권 이전등기까지 경료해 주었다. 그 후 C는 A에 대해 추인여부를 확답을 구하자 추인을 거부하여 B를 상대로 제135조에 따라 이행청구를 하였다.

참고로 위 예와 비교하기 위해 B가 H를 증여받지 못한 경우를 먼저 보기로 한다.

(가) B가 H를 증여받지 못한 경우

위 예와 달리 B가 무권대리로 체결한 계약의 목적물인 H의 증여를 받지 못하였다면, 상대방 C가 선의이고 과실이 없는 경우에는 제135조 제1항에 의하여 이행 또는 손해배상을 청구할 수 있을 것이나, 이행을 선택하더라도 그 계약의 목적물이 특정물로서 B가 H를 취득하여 이전해 줄 수 없으면 이행불능으로 되므로 결국 C는 제135조 제1항의 손해배상만이 가능해진다.

그런데 만일 상대방 C가 악의이거나 선의이지만 과실이 있는 경우에는 제135조 제2항에 의하여 B에 대해 이행 또는 손해배상을 청구할 수 없게 된다. 이때 B의 무권대리행위가 제750조의 불법행위의 요건에 해당한다면 C는 B에 대하여 불법행위로 인한 손해배상청구는 가능할 것이다.

나아가 상대방 C는 제131조의 최고권을 가지며, 또 과실유무를 떠나 선의인 C는 제134조에 의한 철회권을 행사할 수 있다고 할 것이다.

(나) B가 H를 증여받아 소유자로 된 경우

위 예에서는 기본적으로 위 (가)항과 같으나, 다른 점은 B가 특정물 H의 소유자가 됨으로써 그 계약에 따른 이행이 가능하므로, 선의이고 과실이 없는 상대방

도 있는 사안이 아니었을까 생각한다.

C가 제135조 제1항에 따라 B에 대해 이행을 선택하여 청구할 수 있다는 점이다. 다만 상대방 C가 악의이거나 선의이더라도 과실이 있으면 제135조 제2항에 의하여 이행청구나 손해배상청구를 할 수 없게 된다. 이때 제750조 불법행위의 요건을 충족하면 불법행위로 인한 손해배상청구만이 가능하게 된다.

(3) 무권대리인과 상속

(가) 서

무권대리와 상속이 문제되는 경우는 여러 유형이 있다. 즉 무권대리인이 본인을 상속하는 경우와 본인이 무권대리인을 상속하는 경우가 있고, 또 위 각 경우 무권대리인이나 본인이 단독상속하거나 다른 상속인들과 공동으로 상속하는 경우가 있을 수 있다.

이 문제에 관한 학설은 복잡하지만 대략 아래에서 보는 것과 같은 3가지 학설로 나눌 수 있다. 먼저 학설을 살펴보고 각 학설에 의할 경우 각 유형별로 어떤 결과가 나오는지를 보기로 한다. 판례는 해당 유형에서 설명한다.

(나) 학설

1) 인격융합설(당연유효설, 다수설)

위 각 유형의 경우 무권대리행위가 당연히 유효하게 되고, 무권대리인 B는 본인의 지위에서 추인을 거절할 수 없다고 한다. 그 논거는 설령 무권대리인이 본인의 상속인으로서 추인을 거절할 수 있다고 하더라도 제135조 제1항에 의하여 이행 또는 손해배상책임을 져야 하므로 처음부터 대리권 있는 자가 행위를 한 것과 같이 보는 것이 알기 쉬운 해결책이라든지, 무권대리인이 본인을 상속하든 본인이 무권대리인을 상속하든 본인과 대리인의 자격이 동일인에게 귀속하게 되는 경우 양자의 지위는 상속에 의하여 혼동하여 융합되므로 마치 본인이 스스로 법률행위를 한 것과 마찬가지인 상태가 된다는 점을 든다.

2) 신의칙설

무권대리인이 본인을 상속하더라도 본인이 가지고 있던 추인권 또는 추인거절권은 행사할 수 있는 것이 원칙이나 이 경우 무권대리인이 추인을 거절하는 것은 자신이 스스로 한 행위의 효력을 부정하는 것으로서 금반언의 원칙이나 신의칙에 위반되어 추인거절권을 행사할 수 없다고 한다.

3) **완전병존설**362)

무권대리인이 본인을 상속하더라도 무권대리인은 본인이 행사할 수 있었던 추인권과 추인거절권을 행사할 수 있고, 무권대리인이 추인거절하였다고 하여 신의칙에 위반되지 않는다고 한다.

(다) 무권대리인이 본인을 상속하는 경우(무권대리인 상속형)

예 5-42

자(子) B가 부(父) A를 무권대리하여 A 소유의 아파트 H를 C에게 1억원에 매도한 후 A가 사망하여 B가 H를 단독으로 상속하였다. 이에 C가 B를 상대로 H에 관하여 소유권 이전등기를 청구하였다.

먼저 위 예와 같이 무권대리행위의 객체가 특정물인 경우에 관하여 살펴보고, 다음으로 특정물이 아닌 경우, 즉 불특정물이나 금전채무인 경우를 살펴보도록 한다.

1) 단독 상속 시(특정물의 경우)

가) 학설에 의한 결론

① 인격융합설

인격융합설에 의하면 B의 무권대리행위는 A 또는 적법한 대리인이 행한 것으로 보므로 무권대리인 B는 추인을 거절할 수 없다. 따라서 악의나 과실 있는 선의인 C라도 원래는 제135조 제2항에 의하여 이행청구를 할 수 없음에도 상속이라는 우연한 사태를 맞아 이행청구가 가능하게 된다.

② 신의칙설

신의칙설에 의하면 이 경우 무권대리인 B가 추인거절을 하는 것은, 스스로 한 무권대리행위의 효력발생을 거부하는 것이므로 선행행위와 모순되는 행위를 할 수 없다는 금반언의 원칙에 위배된다. 이렇게 보면 인격융합설과 같은 결과가 된다.

---

362) 우리나라에서 주장되는 병존설은 그 내용에 있어서 신의칙설과 다르지 않다. 우리나라의 병존설은 아래에서 보듯 행위기준설에 따라 신의칙위반여부를 판단하는데, 그 결과는 신의칙설과 동일하다. 그러나 본서에서 주장하는 완전병존설은 제135조기준설에 따라 신의칙위반여부를 판단한다는 점에서 차이가 있다. 이런 점에서 완전병존설이라고 칭하여 위 병존설과 구별하기로 한다.

③ 완전병존설

완전병존설에 의하면 B는 추인거절이 가능하고, 따라서 그 후는 제135조에 따르게 된다. 즉 C가 선의이고 과실이 없으면 B를 상대로 이행 또는 손해배상을 청구할 수 있으나, C가 악의자 또는 과실 있는 선의자라면 이행청구도, 손해배상청구도 할 수 없게 된다.

나) 판례

대판 1994.9.27. 선고 94다20617은 위와 같은 사안에서 B는 추인거절을 할 수 없다고 하면서 그 이유를 B가 C에 대해 무권대리인으로서 제135조 제1항에 의하여 소유권 이전등기를 이행할 의무가 있으므로, B가 이행이 가능한 시점에서 자신의 매매행위가 무권대리행위여서 무효라고 주장하는 것은 금반언의 원칙이나 신의성실의 원칙에 반한다는 것을 들고 있다.

이 판결은 신의칙에 반하는 근거를 무권대리인이 스스로 행위를 한 후 그 행위와 모순되는 행위를 한 것에서 구한 것이 아니고(이하 '행위기준설'이라고 한다), 제135조 제1항에 의하여 소유권 이전등기를 해야 할 의무가 있음에도 이를 거부하는 것에서 구하고 있는 듯이 보인다(이하 '제135조기준설'이라고 한다). 양 설의 차이점은, 행위기준설에 의하면 악의자 또는 과실 있는 선의자인 C에 대해서도 B는 추인거절권을 행사할 수 없지만, 제135조기준설에 의하면 C가 악의자 또는 과실 있는 선의자인 경우에는 제135조 제2항에 의하여 이행책임을 부담하지 않으므로 이런 C에 대해 B가 추인을 거절하더라도 금반언이나 신의성실의 원칙에 반한다고 할 수 없다는 점에 있다. 이 하나의 판례만으로는 우리 판례가 행위기준설에 서 있는지, 제135조기준설에 서 있는지는 명확하지 않다.

다) 사견

먼저 신의칙위반의 기준에 관한 견해 중 행위기준설을 취한다면, 앞서 위 5-41의 예와 같이 증여의 경우에도 무권대리인은 악의자 또는 과실 있는 선의자인 C에 대해 추인거절을 할 수 없다고 해야 하는데 이런 결론은 부당한 점, 만일 위의 경우 증여인 때는 추인거절할 수 있으나 상속인 때에는 추인거절할 수 없다고 한다면 이렇게 차이를 두는 이유를 합리적으로 설명할 수 없는 점, 상대방인 C가 악의 또는 과실 있는 선의자의 경우에는 제135조 제2항에 의하여 원래 본인에 대해서는 물론이고 무권대리인 B에 대해서도 이행청구권이 없는데, 상속이라는 우연한 사태를 맞이하여 이행청구권을 행사할 수 있게 된다는 것은 상속으로 인하여 망외의 이득을 C에게 부여하는 결과가 되어 타당하지 않은 점 등을 고려하면 행위기준설보다면 제135조기준설이 더 타당하다고 할 것이다.

다만 그렇다고 하여 다음에서 보듯 신의칙설이 타당하다고 하는 것은 아니다. 즉 신의칙설을 취하면서도 신의칙위반의 기준에 관하여 제135조기준설을 취하는 경우,[363] C가 선의이고 과실이 없으면 무권대리인 B는 추인거절권이 없어 무권대리행위는 당연히 유효하게 된다고 보아야 하는데, 이렇게 보면 C는 제134조에 의해 부여된 철회권을 상실하게 되는 결과가 된다. 이는 우리 민법이 C에게 철회권을 부여한 의의를 상실시키게 된다는 점에서 부당하다.

이런 점을 종합하면, 완전병존설이 타당하다고 생각한다. 완전병존설에 의하면 B는 추인권 및 추인거절권을 자유롭게 행사할 수 있고, 그 외 제134조와 제135조가 적용되어 선의인 C는 B가 위와 같은 추인권이나 추인거절권을 행사하기 전에 제134조에 의한 철회권을 행사하여 불안정한 지위에서 벗어날 수 있으며, 또 C가 선의이고 과실이 없는 때에는 제135조 제1항에 의하여 이행 및 손해배상책임을 물을 수 있을 것이다. C가 악의자 또는 과실 있는 선의자이면 제135조 제2항에 의해 B에 대하여 이행 또는 손해배상책임을 물을 수 없고, 이때 C는 B의 무권대리행위가 제750조의 불법행위의 요건에 해당하면 불법행위로 인한 손해배상책임만을 B에 대해 추궁할 수 있을 뿐이라고 보아야 할 것이다.

2) 공동 상속 시(특정물인 경우)

위 예 5-42에서 A의 상속인으로 B외에 D도 있는 경우에는 어떻게 되는가(상속분은 동일하다고 상정한다).

가) 학설에 의한 결론

① 인격융합설

인격융합설에 의하는 경우 견해에 따라 결론이 나뉠 수 있는데, 즉 인격이 융합됨으로써 B의 무권대리행위는 본인이 한 것으로 보아 매매계약 전체가 유효로 된다는 견해와, B의 상속지분에 관하여만 유효하다는 견해가 있을 수 있다.

그러나 전자의 견해는 공동상속인 D가 승계받은 추인권과 추인거절권을 무시하는 결과가 되어 부당하고, 후자의 견해는 무권대리행위의 효력을 좌우하는 추

363) 신의칙설을 취하면서도 행위기준설을 취하는 경우의 단점에 관해서는 행위기준설이 가지는 단점이 그대로 적용되므로 타당하지 않다.

인권이나 추인거절권은 상속분에 따라 나누어서 행사할 수 있음을 전제로 한 것인데, 우리나라의 통설이나 판례[364]에 의하면 추인권이나 추인거절권은 상속인 전원이 공동으로 행사하여야 한다고 보고 있으므로 타당하다고 보기 힘들다. 또 후자의 견해를 취하면 C와 D가 공유하게 되는 결과가 되어 단독소유 하려 하였던 C의 당초의 의사에 반하게 되는 문제가 생길 수 있다.[365] 따라서 인격융합설은 취하기 어렵다.

② 신의칙설

신의칙설 중 행위기준설에 의하면, B는 추인거절을 할 수 없게 되지만 D는 추인거절권을 행사할 수 있게 된다. D만이 추인하는 경우 B는 추인거절을 할 수 없어 무권대리행위는 유효하게 되므로 C는 이행청구가 가능하다. 그러나 D가 추인거절하면 위 통설과 판례에 의하면 전체로서의 무권대리행위는 무효로 되고, C가 선의이고 과실이 없는 경우에 한하여 제135조 제1항에 의하여 이행(B의 상속지분에 한하여) 또는 손해배상을 B에 대해 청구할 수 있고, B가 이행하게 되면 H는 C와 D가 공유하게 된다.

신의칙설 중 제135조기준설에 의하면, 대체로 위와 같지만 C가 악의자 또는 과실 있는 선의자인 경우 제135조 제2항에 의하여 D는 물론이고 B에 대해서도 이행청구나 손해배상청구를 할 수 없다(다만 앞에서 본 것처럼 B의 행위가 불법행위의 요건에 해당되면 불법행위를 이유로 손해배상청구는 가능할 것이다). 그러나 C가 과실 없는 선의자인 경우에는 B는 추인거절권을 행사할 수 없고, D의 추인여부의 의사에 의하여 무권대리행위의 유효 여부가 확정된다. 이때 D가 추인한 경우 B는 추인거절을 할 수 없게 된다. D의 추인거절로 무권대리행위가 무효로 되면 C는 B를 상대로 제135조 제1항의 이행 또는 손해배상청구를 할 수 있고, 이행이 되면 H는 C와 D가 공유하게 될 것이다.

③ 완전병존설

완전병존설에 의하면, B와 D는 자유롭게 추인권 또는 추인거절권을 행사할 수 있다. 다만 C가 선의이고 과실이 없어 제135조 제1항에 의하여 B에 대해 이행청구권을 가지는 경우, D가 추인을 하였음에도 B가 추인을 거절하는 것은 의무 있

364) 무권대리의 추인권에서 본 95다28090 판결에서 본 것처럼 우리 판례는 공동으로 추인권을 행사하여야 한다는 입장에 있는 것으로 보인다.

365) 이런 비판에 대해서는 C가 공유를 원하지 않는 경우에는 일부 무효의 법리에 따라 전체 매매계약을 무효로 보면 되므로 큰 불이익은 없다는 반론도 있을 수 있다.

는 자가 권리자를 상대로 이행을 거부하는 것에 다르지 않으므로 이때는 신의칙상 B는 추인거절을 할 수 없어 전체 무권대리행위가 유효하게 된다고 할 것이다. 그리고 D가 추인을 거절하여 전체로서의 무권대리행위가 무효로 되면, 선의이고 과실 없는 C는 제135조 제1항에 의하여 B를 상대로 이행 또는 손해배상을 청구할 수 있고, B가 이행하면 H는 C와 D가 공유하게 된다.

D가 추인거절을 하는 경우 C가 악의자 또는 과실 있는 선의자인 때에는 제135조 제2항에 의하여 무권대리인 B에 대하여 제135조 제1항의 책임을 물을 수 없고. 경우에 따라서는 제750조의 불법행위책임만을 추궁할 수 있을 뿐이다.

3) 특정물이 아닌 경우(불특정물이나 금전채무의 경우)

예 5-43

자(子) B가 부(父) A를 무권대리하여 B의 친구 D가 C에 대하여 부담하는 금전채무 500만원을 보증하는 계약을 체결하였고, 그 후 A가 사망하여 B와 E가 공동상속한 경우(상속분은 동일한 것으로 상정한다)를 본다.

가) 학설에 의한 결론

① 인격융합설

인격융합설 중 무권대리행위 전체가 유효로 된다고 보는 견해에 의하면 B와 E는 각기 250만원씩의 보증채무를 부담하게 된다. 그러나 이는 앞서 본 바와 같이 공동상속인 E의 추인권을 무시하게 되어 부당하다.

인격융합설 중 무권대리행위자의 행위만 유효로 된다고 보는 견해에 의하면 B는 250만원의 보증채무를 부담하지만, E는 그가 추인하지 않는 한 250만원의 보증채무를 부담하지 않게 될 것이다. 그러나 이 견해 역시 앞서 본 것처럼 추인권의 공동행사에 관한 통설과 판례에 배치되어 부당하다.

② 신의칙설

신의칙설에 의하면서도 추인권 및 추인거절권을 공동상속인이 단독으로 행사할 수 있다고 본다면 B가 추인을 거절하는 것은 신의칙에 위반될 것이나(물론 여기서도 신의칙위반에 관하여 행위기준설과 제135조기준설에 따라 나뉠 수는 있지만 생략한다) 다른 공동상속인 E가 추인을 거절하는 것은 신의칙에 위반되지 않으므로 E가 추인을 거절하게 되면 B만이 C에 대해 500만원 전액(제135조 제1항의 이행책임을 감안하여)에 대한 보증채무를 부담하게 된다.

신의칙설에 의하면서도 추인권을 공동상속인 전원이 하여야 한다는 견해에 따르면 E가 추인하지 않는 한 무권대리행위 전체가 무효로 되므로 B는 제135조 제1항의 책임은 별론으로 하고 보증계약에 기한 250만원의 보증채무도 부담하지 않게 될 것이다.[366)]

E에 의해 추인거절이 되는 경우 추인거절권을 단독으로 행사할 수 있는지 아니면 공동으로 행사하여야 하는지에 관한 견해 차이와 관계없이, C가 선의이고 과실 없는 때는 무권대리인 B에 대하여 제135조 제1항에 따라 이행책임 즉 500만원의 이행책임을 추궁할 수 있다고 하게 될 것이다. 그러나 신의칙설의 경우 C의 제134조의 철회권을 인정하지 않는다는 점에서 난점이 있다는 것은 앞에서 본 바와 마찬가지다.

③ 완전병존설

무권대리인을 포함한 공동상속인들은 자유롭게 추인을 거절할 수 있으나, 다만 무권대리인은 다른 공동상속인들이 추인하고, 선의이며 무과실인 상대방이어서 제135조의 이행책임을 추궁당할 수 있는 때에는 추인을 거절할 수는 없다. 따라서 E가 추인하면 선의이고 과실 없는 상대방 C는 B의 추인여부에 관계없이 B와 E에 대해 각 250만원의 보증채무의 이행을 청구할 수 있을 것이나, E가 추인을 거절하면 C는 E에 대해서는 물론이고 B가 추인을 하였더라도 보증계약 전체에 대한 추인이 없기 때문에 B에 대해서도 제135조 제2항에 따른 책임은 별론으로 하고 보증계약에 따른 이행을 청구할 수 없다.

E의 추인거절시 선의이고 과실 없는 상대방 C는 제135조 제1항에 의하여 무권대리인 B를 상대로 이행책임, 즉 500만원의 보증채무의 이행을 추궁할 수 있을

366) 일본의 最高裁 平成6(1993).1.21. 昭63(オ)1733号 판결은 위 5-43의 예와 같은 사안에 관한 것으로 C가 B를 상대로 보증채무의 이행을 청구하자 원심은 B의 상속분에 한하여 보증채무를 이행할 책임이 있다고 하여 일부 인용하였다. 그러나 상고심인 위 판결의 다수의견은 '공동상속인 전원의 추인이 있었다는 증명이 없고, 그렇다면 무권대리인의 상속분에 상당하는 부분에 있어서도 무권대리행위가 유효하게 되는 것이 아니며, 이런 법리는 무권대리행위가 금전채무의 연대보증채무인 때에도 동일하다'고 하여 파기했다. 그러나 소수의견은 무권대리인의 상속분에 한하여 인용한 원심이 정당하다고 하면서 반대의견을 제시했는데, 그 이유는 추인권을 공동상속인이 공동으로 행사하여야 한다는 것을 인정하면서도, 인격융합설의 입장에서 무권대리인에 대한 관계에서는 본인이 스스로 한 것과 같은 효과가 생겨, 상대방 C가 보증채무의 이행을 청구할 경우 추인이 없다는 점을 이유로 하여서 거부할 수는 없다는 점을 들고 있다. 일본 판례의 태도는 여기서의 문제는 추인이라는 행위자체가 가분(可分)인지 아닌지가 문제되는 것이지, 추인되는 대상인 법률행위가 가분인가 아닌지가 문제로 되는 것이 아니라는 것을 알 수 있고, 우리에게도 마찬가지일 것이다.

것이나, 악의자 또는 과실 있는 선의자인 상대방 C로서는 제135조 제1항의 책임을 추궁할 수 없고, 경우에 따라 제750조의 일반 불법행위에 의한 손해배상책임만을 추궁할 수 있을 것이다.

나) 사견

앞에서 본 바와 같이 완전병존설의 입장이 타당할 것이다.

(라) 본인이 무권대리인을 상속하는 경우(본인상속형)

예 5-44

본인인 자(子) A를 부(父) B가 무권대리하여 A 소유의 아파트 H를 C에게 매도하고, 그 후 B가 사망하여 A가 상속한 경우이다.

이 예는 특정물의 경우이지만 특정물과 그 외의 경우를 모두 보기로 한다.

1) 학설에 의한 결론

가) 인격융합설

이 설에 의하면 본인과 무권대리인이 일체로 되어 본인이 스스로 무권대리행위를 한 것으로 보게 되므로 무권대리행위는 당연히 유효하게 되고, 따라서 본인이라도 추인을 거절할 수 없게 된다.

그러나 이런 결론은 본인이 가지는 재산관리권을 근본적으로 침해하는 것으로서 본인에게 지나치게 불이익하다. 우리 판례도 아래에서 보는 대판 1991.7.9. 선고 91다261에서 이 경우 본인은 추인권 및 추인거절권을 가지는 것을 전제로 판단하고 있다.

나) 신의칙설

이 설에 의하면 본인이 추인하여 무권대리행위에 대한 이행을 하면 문제없지만, 본인은 무권대리행위를 한 자가 아니므로 추인을 거절해도 선행행위에 모순되는 것은 아니고, 따라서 본인은 추인권 및 추인거절권을 자유롭게 행사할 수 있다고 하게 된다. 그러나 본인이 추인거절권을 행사하게 되면 그 후 무권대리인으로서의 제135조 제1항의 책임을 상속하게 될 것인데, 이때 특정물에 관한 계약의 경우 이행책임까지도 부담하게 되는지 하는 문제가 있다. 이 문제는 완전병존설에서도 마찬가지인 바, 아래 라)항에서 보기로 한다.

다) 완전병존설

이설에 의하면 상속으로 무권대리인의 책임을 지는 지위와 본인으로서의 추인권 및 추인거절권을 행사할 수 있는 지위는 완전히 독립된 것으로 보므로 본인은 상속과 무관하게 추인권과 추인거절권을 행사할 수 있다고 보게 된다.

본인이 추인하는 경우에는 무권대리행위에 대한 이행을 하면 되므로 별다른 문제가 없으나, 본인이 추인을 거절하는 경우 무권대리인으로서의 제135조 제1항의 책임을 상속하게 될 것인데 이때 선의이고 과실 없는 상대방이 무권대리행위에 대한 이행책임을 추궁하는 경우 이행을 하여야 하는가라는 문제가 있는 것은 신의칙에서와 마찬가지인데 아래 라)항에서 본다.

라) 무권대리인의 책임승계

① 본인상속형의 경우, 본인이 추인을 거절하면 무권대리인이 부담하는 제135조 제1항의 손해배상책임을 상속하여 부담하는 것은 당연할 것이나, 이 경우 상대방이 이행책임을 선택한 때 그 이행책임을 부담하는지의 문제와 관련하여, 이행책임을 부담한다는 견해(긍정설)와 이행책임을 부담하지 않는다는 견해(부정설) 및 특정물의 급부책임에 관해서는 이행책임을 부담하지 않지만 그 외의 경우에는 이행책임을 부담한다는 견해(절충설)가 있다.

② 긍정설은 제135조 제1항의 책임을 상속의 대상에서 제외할 이유는 없고 거래의 안전을 위해서도 상대방이 선의이고 무과실이면 무권대리인의 지위에서 책임을 부담한다고 본다.

부정설은 본인상속형의 경우 무권대리인의 책임이 상속되는 것은 상속 당시 존재하던 책임의 내용 그대로라고 보아야 하는데, 본인이 계약이행에 협조하지 아니하는 한 상속 당시의 존재하던 책임은 목적물인 특정물 이전의 이행불능으로 인한 손해배상책임이므로 특정물의 이전을 구할 수는 없고 손해배상책임만 상속하게 된다고 한다.

절충설은 일반적으로는 무권대리인으로서의 책임의 상속성을 승인하지만 본인에게 고유하게 귀속하는 특정재산에 관해서는 추인거절의 방법으로 본인을 보호해야 하므로 추인거절을 할 수 있다고 본다. 그러나 금전채무나 불특정채무 등은 지위를 승계한 이상 부담하여야 하는데 이는 손해배상책임을 부담하는 경우 그 책임의 실질은 동일한 것이기 때문이라고 한다.

③ 생각건대, 본인은 사적자치의 원칙에 따라 자신의 특정물에 관한 처분권한

이나 관리권한을 가지고 있으므로 본인 외의 자가 본인 소유의 특정물을 권한 없이 처분할 수 있는 권리가 없으며 설사 처분하였더라도 그 처분행위에 따른 이행을 할 의무는 없다고 보아야 하는 것은 당연할 것이다. 이런 원칙은 무권한 처분자가 피상속인이고 그로 인한 책임을 본인이 상속하였다고 하더라도 지켜져야 할 것이다.

본인상속형의 경우 피상속인의 무권대리행위에 대해 추인거절을 인정하는 이유도 위와 같은 이유에서다. 그렇다고 하면 무권대리인이 제135조 제1항의 책임을 선의이고 무과실인 상대방에 대하여 부담한다고 하더라도 본인 자신이 이행을 선택하지 않는 이상은 이행책임은 부담하지 않고 오로지 손해배상책임만을 부담한다고 해야 할 것이다. 이런 사정은 이행의 대상이 불특정물이라고 하여 변경되어야 할 것은 아니라고 생각한다.

2) **판례**

대판 1991.7.9. 선고 91다261은 모(母)의 부동산을 부(父) B와 자(子) 4명(A1-A4)이 공동상속하였는데, B가 공동소유자 4명으로부터 대리권의 위임을 받지 않은 채 그들을 무권대리하여 C에게 매도하였고 그 후 B도 사망하여 A1-A4가 공동상속하였다가 상속재산분할로 위 부동산을 A1이 단독소유하게 되자 C가 A1을 상대로 소유권 이전등기를 청구한 사안에 관한 것이었다.

원심은 'A1이 B가 위 부동산을 C에게 매도한 적이 있었다는 것을 인정하고 B에 대해 원래의 매도대금인 720만원으로 되팔 것을 요구하여 A1과 B사이에, A1이 위 금액을 지급하면 위 매매계약은 없었던 것으로 하고 기일 내에 지급하지 못하면 종전 계약대로 소유권 이전등기를 해주기로 하는 약정이 이루어져 이에 따라 A1이 B에게 액면금 720만원의 약속어음을 발행하여 준 사실'을 인정하고 B가 한 위 매매계약은 공동상속인 A1-A4를 무권대리하여 이뤄진 것으로 무효이지만, 단독소유자가 된 A1이 위와 같은 행위를 함으로써 묵시적으로 추인한 것이라고 하여 원고 승소의 판결을 하였다.

그러나 대법원은 A1과 B 사이에 지급기일에 720만원을 지급하지 못하면 소유권 이전등기를 해 주겠다는 내용의 약정이 이루어졌다는 점을 인정할 증거가 없고, 위 부동산에 A1이 거주하고 있는 점과 720만원이 B가 매도한 계약의 계약금과 동일한 점에 비추어 보면 720만원을 지급하기로 한 것은 B가 한 매매계약을 없었던 것으로 하자는 취지에 불과하고 이를 가지고 무권대리행위를 추인한 것으로 볼 수 없다고 하여 원심을 파기하였다.

이 판결은 무권대리인을 본인이 상속한 경우, 본인은 추인 또는 추인거절권을 가지고 있다는 것을 전제로 한 것이라고 할 것이다.

참고로 일본의 판례도 본인상속형의 경우 본인의 추인거절을 인정한다.[367)]

(마) 본인이 추인을 거절한 후 무권대리인이 상속한 경우

예 5-45

위 예 5-42와 5-43의 예처럼 무권대리인 B가 A를 권한 없이 대리행위를 하였는데, 그 후 본인 A가 그 무권대리행위에 관하여 추인을 거절한 후 사망하여 B가 A를 상속하였다.

1) 학설

첫 번째 견해는, 이 경우 본인이 추인을 거절한 이상 무권대리행위는 무효로 확정되므로 그 후에 무권대리인이 본인을 상속해도 무권대리행위가 유효하게 되는 것은 아니라고 한다. 그리고 그 후의 문제는 오로지 제135조의 적용문제로 되어 선의이며 과실 없는 상대방은 이행 또는 손해배상책임을 무권대리인에 대해 추궁할 수 있으나, 악의자 또는 과실 있는 선의자인 상대방은 상속인인 무권대리인에 대하여 제135조의 책임을 추궁할 수 없고 오로지 무권대리인의 행위가 제750조의 요건에 맞는 경우에 한하여 불법행위로 인한 손해배상을 무권대리인을 상대로 청구할 수 있다고 한다.

두 번째 견해는, 본인이 추인을 거절해도 그에 의한 원상회복이 완료되어 있지 않는 경우(예컨대 매매대금의 반환 등)는 본인에게 효과를 귀속시키는 행위인 무권대리행위를 무권대리인이 스스로 한 것임에도 불구하고 본인으로서의 지위를 가지게 된 후 자기에게로 효과귀속을 부정하는 것은 모순행위이고, 이처럼 자기에게로 효과귀속을 부정한다는 점에서는 본인이 한 추인거절을 원용하는 것이나, 무권대리인이 본인으로부터 상속한 추인거절권을 행사하는 것이나 마찬가지이므로 신의칙상 허용되지 않는다고 보아 이행을 거절할 수 없다고 한다.

2) 사견

그러나 두 번째 견해는 악의자 또는 과실 있는 선의자인 상대방에 대해서도 이

367) 最高裁 昭和37(1962).4.20. 民集16卷4号 955頁.

행청구권을 인정한다는 점, 한번 무권대리를 한 자는 원상회복이 늦어지면 언제까지나 이행책임을 지게 되고 이렇게 되면 부당하게 장기간 이행책임을 부담하게 될 수 있다는 점에서 찬성하기 힘들다. 첫 번째 견해가 타당하다고 생각한다. 일본의 판례도 같은 태도이다.[368)]

(바) 무권대리인과 본인 쌍방을 상속하는 경우

예 5-46

남편 A의 부동산을 처 B가 무권대리로 C에게 매도하였다.

(1) 그 후 B가 사망하여 남편 A와 자 D가 상속하고 다시 A가 사망하여 D가 A를 상속하는 경우, C가 D를 상대로 위 부동산에 관한 소유권 이전등기절차의 이행을 구하면 D는 이행거절을 할 수 있는가.

(2) 그 후 본인 A가 먼저 사망하여 무권대리인 B와 D가 상속하고 다시 B도 사망하여 D가 단독상속하는 경우, C가 D를 상대로 위 부동산에 관한 소유권 이전등기절차의 이행을 구하면 D는 이행거절을 할 수 있는가

1) 학설

가) 인격융합설

이 설에 의하면 본인 및 행위자인 무권대리인이라는 2명의 지위가 1개로 융합된 이상은 어느 지위를 먼저 상속하였는지와는 무관하게 당연히 유효한 것으로 취급하여야 할 것이므로 상속인은 추인거절할 수 없을 것이다.

나) 신의칙설

① 첫 번째 견해는, 상속인 D는 무권대리행위를 행한 대리인 자신이 아니어서 그가 후에 취득한 본인의 지위에서 그 의사에 따라 추인거절권을 선택하여도 그것이 선행행위에 반한다고 할 수 없고 따라서 추인을 거절해도 특별한 사정이 없는 한 신의칙에 반한다고 할 수 없다고 한다.

② 두 번째 견해는, 상속인 D가 무권대리인의 지위를 먼저 상속하고 후에 본인의 지위를 상속한 경우(위 예 (1)의 경우)에는 상속인 D가 무권대리인 B의 지위를 승계하고 그 지위에서 본인 A의 지위를 취득하였다는 점에서 그 구조는 무권대리인이 본인을 단독상속한 유형(위 (다)항 참조)과 다르지 않으므로 추인거절을 할

368) 最判平成10(1998).7.17. 民集52巻5号1296頁.

수 없고, 본인의 지위를 먼저 상속한 후 무권대리인의 지위를 상속한 경우(위 예 (2)의 경우)는 본인이 무권대리인을 상속한 유형(위 (라)항 참조)의 연장으로 보아 본인의 지위에서 추인거절권을 행사할 수 있으며, 무권대리인과 본인의 동시사망의 경우에는 A도 B를, B도 A를 상속하지 않으므로 상속인 D는 무권대리인의 지위나 본인의 지위 어느 쪽을 주장해도 무방하다고 한다. 이 견해는 일응 신의칙설에 속하는 것으로 볼 수 있고 일본의 판례가 이 입장을 취하고 있다.[369)]

③ 두 번째 견해에 대해서는 상속의 선후관계라는 우연한 사정에 의하여 결론이 달라지는 것은 부당하다는 비판이 있다. 이런 비판에 대해 두 번째 견해는 원래 상속은 피상속인의 권리와 의무의 포괄승계이므로 상속이 우연한 사정으로 결정된다고 하여도 상속인이 포괄적으로 승계한 지위나 권리의무관계에 구속되는 것은 상속원리에 비추어 부득이하다고 반론을 하고 있다.

다) 완전병존설

이 설에 의하면, 상속인은 본인의 지위와 무권대리인의 지위에서 각기 독자적으로 추인권 및 추인거절권을 행사할 수 있으므로 추인거절이 가능하다고 한다. 다만 추인거절을 하게 되면 무권대리인의 제135조 제1항의 책임은 상속에 의해 부담하게 된다.

2) 검토

인격융합설은 앞에서 본 것처럼 타당하지 않다.

신의칙설은 본인과 무권대리인 중에서 누가 먼저 사망하는가에 따라 결론이 달라진다는 점에서 부당하고, 무권대리인의 사망으로 본인과 제3자가 상속하고 그 후 본인이 사망한 경우 신의칙설은 무권대리인 상속형으로 보지만 무권대리인 사망 시 무권대리인의 지위는 본인과 제3자가 공동으로 1/2씩 상속하고 본인의 사망으로 본인의 지위와 동시에 무권대리인의 지위를 상속하게 되므로, 무권대리인이 본인을 단독으로 상속하는 경우와는 동일시할 수 없음에도 동일하게 보고 있다. 또 이 경우 제3자가 본인을 상속하는 지위는 본인으로서 무권대리행위를 추인할 것인지에 관한 것이지 제3자가 전적으로 제3자 자신의 지위에서 또는 무권대리인의 지위에서 추인을 하는 것이 아니므로 제3자는 본인이 가졌던 추인거절권을 행사할 수 있다고 할 것이다. 게다가 제3자는 스스로 무권대리행위를 한 것

369) 大判昭和17(1032).2.25. 民集2卷164頁, 最判昭和63(1988).3.1. 判時1312号92頁 참조.

이 아니므로 추인을 거절한다고 해도 선행행위에 반한다거나 금반언의 원칙에 어긋나는 것도 아닐 것이다.

결론적으로 완전병존설이 타당하다고 생각한다.

제 8 절 무효와 취소

Ⅰ. 서

1. 의의

법률행위가 당사자의 의도 내지 효과의사에 따른 내용으로 효력이 발휘하는 경우 유효하다고 하고, 그렇지 않은 경우 효력이 없다고 하거나 무효라고 한다.

그런데 법률행위가 이렇게 유효인 경우와 무효인 경우도 자세히 살펴보면, 유효인 경우 법률행위가 확정적으로 유효하여 더 이상 무효로 될 여지가 없는 경우(이하 확정적 유효라고 한다)와 현재는 유효하지만 나중에 무효로 될 가능성이 있는 경우가 있고(이하 잠정적 유효라고 한다), 무효인 경우에도 확정적으로 효력이 없어서 유효로 될 여지가 없는 경우(이하 확정적 무효라고 한다)와 현재는 무효이지만 추인에 의하여 나중에 유효로 될 가능성이 있는 경우(이하 잠정적 무효[370]라고 한다)가 있다.

우리 민법상으로 확정적 유효는 의사표시상에 아무런 무효나 취소사유가 없는 경우의 법률행위가 여기에 해당하고, 잠정적 유효는 취소할 수 있는 법률행위가 이에 해당하는데, 여기에 해당하는 것으로는 제한능력자의 행위(제5조, 제7조, 제10조 제1항, 제13조 제4항, 제950조 제3항, 제951조 제2항, 제956조의6 등), 착오로 인한 의사표시(제109조), 사기·강박으로 인한 의사표시(제110조) 등이 있다.

확정적 무효는 의사무능력자의 행위, 내용이 불능 또는 불확정한 법률행위, 반사회적 법률행위(제103조 위반),[371] 폭리행위(제104조 위반), 비진의의사표시(제107조),

370) 유동적 무효라고 하기도 한다.

371) 반사회적 행위 중 개인이 임의로 처분할 수 있는 권리나 법익을 내용으로 하는 행위는 추

통정허위표시(제108조)가 여기에 해당하고, 잠정적 무효는 무권대리행위나 무권리자의 처분행위가 여기에 해당한다.

2. 무효와 취소의 구별

가. 차이점

무효인 법률행위는 처음부터 효력이 없는 것임에 반하여, 취소할 수 있는 법률행위는 유효인 법률행위가 취소권을 가지는 특정인의 취소라는 의사표시에 의하여 비로소 무효로 된다는 점에서 차이가 있다.

나. 구별의 이유

일반적으로 무효사유는 그 효력을 처음부터 부정하는 것이 사회질서의 유지라는 측면에서 타당하다고 판단하는 경우이고, 취소사유는 취소권자 개인의 보호라는 측면에서 그의 의사에 따라 법률행위의 유·무효를 결정하는 것이 타당하다고 판단하는 경우이다.

그러나 사회에서 행해지는 행위 중에는 폭리행위나 도박행위처럼 개인의 보호라는 측면과 사회질서의 유지라는 측면이 중첩되는 경우가 오히려 더 많고 어느 하나에 속한다고 판단하기 어려운 경우가 많으므로 결국 무효사유로 할 것인지, 취소사유로 할 것인지는 그 당시의 사회적 실태에 따른 입법정책의 문제라고 할 것이다.

다. 이중효(二重效)

어느 법률행위에 무효사유와 취소사유가 중복되어 포함되어 있는 경우 무효인 법률행위는 처음부터 효력이 없는 것이므로 취소를 주장할 수 없는 것이 아닌가 하는 것이 문제로 되는데 이를 이중효에 관한 문제라 한다.

이에 대해서는 허위표시에서 이미 보았다. 즉 허위표시에서의 예 5-11에서 본 것처럼 미성년자 A가 자신의 부동산 H를 B와 허위표시로 매도하여 소유권 이전

인으로 유효하게 만들 수 있다는 본서의 입장을 따른다면 반사회적 행위는 원칙적으로 확정적 무효이나 예외적으로 잠정적 무효에 해당하는 행위도 있다고 할 것이다.

등기를 경료하였고 이어서 B가 선의인 C에게 양도하여 C명의로 소유권 이전등기를 해 준 경우, 허위표시로서 무효만 주장하면 A는 H를 반환받을 수 없으나 미성년자의 행위로서의 취소를 주장하면 A는 H를 반환받을 수 있다. 이렇게 실질적 이득이 있는 경우라면 취소주장을 부정할 이유는 없다.

더욱이 앞에서 본 것처럼 어떤 사정을 무효사유로 할 것인지 취소사유로 할 것인지는 입법정책의 문제에 불과하고, 또 무효나 취소는 연혁적으로 다 같이 무효에서 출발한 것으로서 그 둘 사이에 본질적인 차이가 없는 것을 감안하면 무효라고 하여 취소를 주장하지 못한다는 것은 이론에만 치우친 너무나 경직적인 태도라고 할 것이다.

3. 민법총칙의 규정이 적용되는 무효와 취소

우리 민법에서 무효나 취소가 되는 경우로는 ① 의사표시의 무효(의사무능력, 허위표시), ② 의사표시의 취소(착오, 사기·강박에 의한 의사표시), ③ 법률행위의 내용과 관련한 무효사유(내용의 불확정·불능, 반사회적 행위, 불공정한 행위, 강행법규위반, 제151조의 불법 내지 기성조건의 행위), ④ 법률행위의 취소(제한능력자의 행위), ⑤ 효과불귀속(무권대리행위, 무권한자의 처분행위), ⑥ 사해행위(詐害行爲)취소(제406조) 등이 있다.

①에서 ④까지는 민법총칙의 본절(무효와 취소)의 규정이 적용되지만, ⑤나 ⑥에 대해서는 적용되지 않는다고 보아야 한다.

⑤는 제130조 조문 자체에서 '효력이 없다'라고 규정하여 의식적으로 무효라는 표현을 피하고 있고, 추인에 대해서도 본절의 규정과 다른 독자적인 규정을 두고 있어 본절의 규정을 적용할 필요가 없다.

⑥은 취소 대상인 사해행위에 그 의사표시 상으로나 내용에 어떤 하자가 있는 것이 아니고 그 실질이 채무자의 책임재산을 감소시킨다고 하는 채무자의 채권자들을 해하는 행위로서 불법행위적 요소가 있기 때문에 채무자의 책임재산을 보전하기 위하여 완전히 유효한 행위를 취소시켜 책임재산을 원상회복시키기 위해 인정한 것이다. 따라서 본절의 규정이 적용될 여지가 없다.

Ⅱ. 무효

1. 서

가. 의의

법률행위가 성립한 당시부터 그 효력을 갖지 못하는 것을 말하고, 법률행위의 부존재와는 구별되어야 한다.

효력이 발생하지 않는 법률행위는 법률행위가 아니라고 보면 법률행위가 부존재하는 것과 동일하므로 무효와 부존재를 구별할 필요가 없다고 할 수 있다. 그러나 논리적으로는 일응 법률행위가 성립하고 그 성립된 법률행위가 유효요건을 구비하였느냐에 관하여 판단하여 그 유효여부를 판단해야 할 것이다. 그런 의미에서 법률행위에 성립요건과 유효요건이 있다는 것은 앞에서 본 바와 같다.

이런 구별은 논리적으로도 필요할 뿐만 아니라 법률적으로도 일정한 의미가 있다. 즉 불성립한 법률행위에 대해서는 무효행위의 전환이나 추인을 생각할 여지가 없고, 또 무효인 허위표시를 부존재한다고 보면 사해행위취소의 문제도 일어나지 않을 것이기 때문이다.

나. 사유

민법상 무효로 보는 사유로는 의사무능력의 경우, 반사회적 행위(제103조 위반), 불공정한 행위(제104조), 진의 아닌 의사표시(제107조 제1항), 허위표시(제108조 제1항), 무권대리행위(제130조), 강행규정 위반행위가 있다.

강행규정위반행위로서는 부동산의 명의신탁약정(「부동산실권리자명의 등기에 관한 법률」 제4조 제1항), 토지거래허가지역에서의 관할관청의 허가가 없는 계약(「부동산 거래신고 등에 관한 법률」 제11조 제6항), 「이자제한법」, 「약관규제에 관한 법률」(이하 「약관규제법」이라고 한다) 제6조 내지 제13조에 위반되는 계약조항 등이 있다. 강행규정위반행위에 대하여는 그 강행규정에서 그 행위의 효력이 정해져 있으므로 각 그 개별 법률조항에 따르면 되고 본절의 규정은 적용되지 않는다고 보아야 한다.

예를 들면「약관규제법」제16조는 민법 제137조와 달리 원칙적으로 위 법에 위반되는 조항만을 무효로 하고, 유효한 부분만으로 계약의 목적 달성이 불가능하거나 그 유효한 부분이 한쪽 당사자에게 부당하게 불리한 경우에 전체 계약을 무효로 한다고 규정하고 있다.

2. 무효의 종류

가. 절대적 무효와 상대적 무효

무효의 경우 언제든지,[372] 누구든지, 누구에 대하여도 법률행위의 효력이 없음을 주장할 수 있고 추인할 수도 없는 것이 원칙이고, 이런 무효를 '절대적 무효'라고 한다. 이런 예로서는 제103조 위반이나 제104조 위반의 법률행위를 들 수 있다. 그러나 경우에 따라서는 무효를 주장할 수 있는 주장권자에 제한이 있거나, 무효를 주장할 수 있는 대상자에 제한이 있는 경우가 있는데 이를 '상대적 무효'라고 한다.

상대적 무효 중 특정인에 대하여 무효를 주장할 수 없는 경우로서는 비진의 의사표시나 허위표시에 있어서의 선의의 제3자에 대한 법률관계가 이에 해당한다.[373] 특정인에 대하여서만 무효를 주장할 수 있는 경우로서 비진의 의사표시에서의 악의나 과실 있는 상대방과의 법률관계가 이에 해당한다.

---

372) 무효주장 자체에 기간의 제한을 두고 있는 경우는 없으므로 무효를 주장함에 이익을 가지는 자는 언제든지 무효를 주장할 수 있을 것이다. 그러나 무효의 효과로서 발생하는 부당이득반환청구권 등의 권리행사는 소멸시효 등의 기한제한에 걸릴 수 있다.

373) 이런 경우는 상대적 무효라고 부르기보다는 '무효의 대항불능'이라고 해야 한다. 본래 절대적 무효에 대립되는 상대적 무효의 의미를, 무효를 주장할 수 있는 자의 범위가 제한되어 일정한 자만이 무효를 주장할 수 있는 경우를 의미한다고 본다면, 상대적 무효는 취소와 거의 동일한 기능을 한다고 할 수 있다(의사무능력자의 경우, 의사무능력자측에서만 무효를 주장할 수 있다는 본서의 입장을 취한다면 이 경우도 상대적 무효에 속한다고 할 수 있을 것이다). 따라서 이런 입장에서 보면 취소를 인정하는 법제에서는 위와 같은 의미의 상대적 무효개념을 인정할 필요가 없게 될 것이다. 그런데 우리나라에서는 상대적 무효라는 개념에 무효주장자의 범위가 제한되는 경우뿐 아니라 무효의 대항불능의 경우까지도 포함시키고 있다. 나아가 우리는 제406조의 채권자취소권의 효과를 상대적 무효라고 하면서 그 의미를 다음과 같이 보고 있다. 즉 채권자취소권이 행사되면 채무자와 수익자 사이의 사해행위의 효력은 취소채권자와 수익자(내지 전득자) 사이에만 무효이고, 그 외의 자들 사이에서는 유효하다고 본다. 이처럼 상대적 무효라는 개념이 다의적으로 사용되고 있으므로 각 문맥에 따라 그 사용되는 의미를 제대로 파악해야 한다.

나. 당연 무효와 재판상 무효

무효는 원칙적으로 별도의 행위나 절차가 필요 없다. 그러나 법률관계의 획일적 처리를 위하여 소로서만 무효를 주장할 수 있게 하는 경우가 있는데 이를 '재판상 무효'라고 한다. 재판상 무효에 해당하는 것으로는 상법상의 회사설립의 무효(상법 제184조), 회사합병무효(제236조)가 있는데 이는 본절에서의 무효와는 전혀 성질이 다른 것이다.

다. 전부 무효와 일부 무효

법률행위 중 무효가 되는 부분이 전부인지, 일부인지를 기준으로 한 분류이다. 문제는 법률행위 중 일부가 무효인 경우 법률행위 전체를 무효로 볼 것인지 여부이다.

제137조에 의하면 법률행위의 일부 부분이 무효인 때에는 그 전부를 무효로 하지만, 그 무효부분이 없더라도 법률행위를 하였을 것이라고 인정될 때에는 나머지 부분은 무효가 되지 않는다고 규정한다. 즉 원칙적으로는 전부가 무효이지만 예외적으로 무효부분을 제외한 일부가 유효로 될 수 있다는 입장이다. 그러나 위 규정의 내용이 현실적인 문제를 해결하는 데 도움이 되는 타당한 내용인지는 의문이다.

예 5-47

A가 B에게 A소유의 동산 M을 100만원에 매도하면서 'M에 어떠한 하자가 있더라도 A는 책임지지 않는다'는 특약을 체결하였다. 그 후 M에 하자가 있음이 드러났다.

---

(1) 문제의 소재

제584조에 의하면 M의 매매에 있어 '하자에 관한 담보책임을 면제하는 특약'은 매도인이 악의인 때(하자를 알고서 고지하지 아니한 때)는 무효라고 규정하고 있다. 따라서 위 예에서 M의 하자에 관한 면책약관은 'A가 악의가 아닌 때'에는 유효하다고 할 수 있지만 'A가 악의일 때'까지를 포함한다면 무효라고 할 것이다.

법률행위(위 예에서 매매)에 포함된 특정조항(위 예에서 면책특약조항)에 대해 그 일부가 무효인 경우(위 예에서 면책특약조항은 A가 악의인 경우에 한해서 무효) 당해 조항의 잔부(위의 예에서 A가 선의인 때)의 효력이 유지되는지 혹은 조항 전체(위 예에서 면책특약조항)가 무효로 되는지 하는 문제와 법률행위에 포함된 여러 조항 중 특정의 조항이 무효로 되는 경우(위 예에서 면책특약조항이 무효인 때)에 법률행위 전체(위 예에서 매매계약)가 무효로 되는지 하는 문제는 구별되어야 한다.

제137조는 문면상으로는 후자의 경우를 규정한 것이라고 할 수 있지만, 전자의 경우에도 그 법리를 유추적용할 수는 있을 것이다. 그러나 아래에서 보는 것처럼 제137조의 법리(일부 무효인 경우 원칙적으로 전부가 무효이고 예외적으로 무효를 제외한 잔부가 유효하다는 법리)가 타당한 것인지는 의문이지만 입법론이 아닌 해석론상으로는 위 법리에 따라 해석을 할 수밖에 없을 것이다.

(2) 해당 조항 전체의 무효 여부

먼저 전자의 문제를 보기로 한다.

(가) 약관규제법이 적용되지 않는 경우

위 예에서 면책조항이 A가 악의인 때까지 포함하는 것으로 해석된다고 하여 제584조에 의해 전부 무효라고 한다면, A가 선의인 때에도 A는 위 면책조항에 따른 면책을 주장할 수 없게 된다. 그러나 한편으로는 당사자가 합의한 내용을 가능한 한 존중하는 것이 사적자치의 원칙에 부합한다고 하는 견지에서는 그 합의의 내용에 대해 개입하는 것은 가능한 한 피해야 하고, 특정의 조항의 내용이 부분적으로 무효로 되는 경우에도 그 조항의 무효는 그 한도에서 인정하면 족하다고 볼 수도 있다.

우리 대법원은 앞의 제103조 위반에서 본 2000다62254 판결에서 "도급인과 감리인이 공사의 감리계약 체결시 '안전진단 작업 중 감리인의 소속 직원에게 발생한 사고는 감리인의 책임으로 한다'고 약정한 경우, 위 약정의 취지는 문언 상 공동불법행위자로서의 도급인의 배상책임을 배제하는 것이 아님이 분명하고, 이와 달리 위 약정을 감리인의 소속 직원에게 발생한 사고가 도급인의 불법행위로 인한 경우라고 하더라도 도급인은 그로 인해 생겨난 손해에 대하여 아무런 책임을 지지 않는다는 취지로 해석하는 한 이는 도급인의 귀책사유로 발생한 손해를 감리인에게 부당하게 전가하는 셈이 되어 사회질서에 반하는 것이거나 신의칙에 반하는 것으로서 무효라고 할 것이므로, 위 약정은 공사의 안전진단 작업 중 감리인의 소속 직원에게 발생한 사고에 대하여 도급인에게 아무런 고의나 과실이 없는 경우에 도급인의 책임이 면책된다는 것으로 제한해서 해석해야 한다"라고 판시하여 후자의 입장을 취하고 있는 것으로 보인다.

사적자치의 원칙상 타당하다고 생각한다.

(나) 「약관규제법」이 적용되는 경우

「약관규제법」은 사업자가 그 거래상의 지위를 남용하여 불공정한 내용의 약관[374)]을 작성하여 거래에 사용하는 것을 방지하고 불공정한 내용의 약관을 규제함으로써 건전한 거래질서를 확립하고, 이를 통하여 소비자를 보호하고 국민생활을 균형 있게 향상시키는 것을 목적으로 제정된 것이다(「약관규제법」 제1조). 이런 「약관규제법」이 도입된 이유는 현대에는 사업자가 일방적으로 계약의 내용을 작성하여 소비자에게 제시하고 소비자는 계약의 내용에 관하여 협상이나 협의를 할 수 있는 자유는 없고 오로지 그 계약내용에 따라 승낙할 것인지 여부의 자유만이 있게 되어 사적자치가 형해화되어 가고 있기 때문이다.

이처럼 사적자치가 형해화되어 가고 있는 현대사회에서 사업자가 다수의 고객과 약관을 이용하여 거래를 하는 경우, 사업자가 고객에게 불리한 조항을 포함하는 규정을 약관 속에 넣어두어도 원칙적으로 유효한 것으로 되고 고객이 그 내용에 항의를 하여 다투어야만 무효부분이 법원에 의해 정해지는 셈이 되므로 사업자 측으로서는 고객에게 불리한 내용을 일단 마련하여 제시하는 것이 유리하게 된다.

이런 점을 고려하면 부당한 약관의 제정을 예방하는 차원에서 약관을 미리 준비하는 사업자측이 고객에게 불리한 내용의 약관을 제정한 경우에는 그에 대한 제재로서 해당 조항 전체를 무효로 하여 사업측이 불리하게 되더라도 이는 자기책임의 원칙상 충분히 수긍할 수 있다고 할 것이므로 「약관규제법」의 적용을 받는 약관 조항 중 일부가 부당한 경우에는 그 조항 전체가 무효라고 할 것이다.

즉 위 예에서는 면책특약조항이 'A가 악의일 때'까지를 포함하는 경우에는 무효이므로 약관규제법에 의하여 약관 상의 면책특약조항 전체가 무효로 되고, 따라서 사업자인 A가 선의이더라도 면책특약조항을 들어 면책을 주장할 수 없게

---

374) 약관규제법은 약관이란 '그 명칭이나 형태 또는 범위에 상관없이 계약의 한쪽 당사자가 여러 명의 상대방과 계약을 체결하기 위하여 일정한 형식으로 미리 마련한 계약의 내용을 말한다'고 규정한다(「약관규제법」 제2조 제1호).

되어 하자담보책임을 부담하게 된다고 보아야 할 것이다.

대판 1996.9.10. 선고 96다19758은 '약관조항(분양신청자가 공급가액의 10%에 해당하는 금액을 미리 납부한 후 분양자로 당첨되었음에도 분양계약을 체결하지 않는 경우 그 금액을 몰취한다는 조항임)이 무효인 이상 그것이 유효함을 전제로 민법 제398조 제2항을 적용하여 적당한 한도로 손해배상예정액을 감액하거나, 과중한 손해배상 의무를 부담시키는 부분을 감액한 나머지 부분만으로 그 효력을 유지시킬 수는 없다'라고 판시하고 있다. 이는 위와 같은 취지라고 보아야 할 것이다.

(3) 법률행위 전체의 무효 여부

위 예에서 해당 조항 전체가 무효라고 판단되는 경우, 매매계약 전체를 무효로 보아야 할 것인가.

(가) 「약관규제법」이 적용되지 않는 경우

만약 위 예에서 면책특약조항 전체가 무효라고 판단되는 경우라면, 매매계약은 제137조에 의하여 원칙적으로 무효로 되고, 그 면책특약조항이 없었더라도 매매계약을 체결하였을 것이라는 점을 매매계약의 유효를 주장하는 자가 주장, 증명하면 매매계약은 유효하게 된다.

이런 해석은 제137조의 문면 상 어쩔 수 없는 것이지만, 당사자들의 계약체결의사를 가능한 한 존중하여야 한다면 무효로 되는 조항이 존재하더라도 법률행위 전체의 효력을 유지할 수 있는 방향으로 이런 무효의 조항을 해석하거나 또는 다른 규정이나 관습에 의해 보충하는 노력을 하는 것이 타당할 것이다. 그렇다면 일부 조항이 무효이더라도 원칙적으로 전체 법률행위는 유효하고, 무효조항이 법률행위의 중요부분에 해당하고 그 조항의 무효로 계약의 목적을 달성할 수 없는 예외적인 경우에 한하여 무효라고 하는 것이 사적자치의 원칙에도 부합하는 해석일 것이다. 나아가 증명책임에 있어서도 당사자가 해당조항이 유효함을 전제로 계약체결에 임하였다는 것을 고려하면 무효가 되는 예외적인 사정은 무효를 주장하는 자에게 부담시키는 것이 합리적일 것이다.

(나) 「약관규제법」이 적용되는 경우

위 예에서 매매계약이 약관을 기초로 성립된 경우에는 약관규제법이 적용된다. 「약관규제법」에 의하면 약관의 내용이 고객에게 부당하게 불리하거나 계약의 목적을 달성할 수 없을 정도로 계약에 따르는 본질적 권리를 제한하는 조항 등과 같이 신의성실의 원칙을 위반하여 공정성을 잃은 조항은 무효로 하고(「약관규제법」 제6조), 이와 같이 무효인 경우 계약은 나머지 부분만으로 유효하게 존속하나 유효한 부분만으로는 계약의 목적 달성이 불가능하거나 그 유효한 부분이 한쪽 당사자에게 부당하게 불리한 경우에는 그 계약은 무효로 한다(「약관규제법」 제16조)고 규정한다. 즉 「약관규제법」에서는 제137조와 달리 일부 무효의 경우 원칙적으로 계약이 유효하고 예외적으로 계약 전체가 무효로 된다고 규정한다.

따라서 위의 예에서 만일 면책특약조항 전체가 무효로 판단되는 경우라도 원칙적으로 매매계약 전체가 무효로 되지 않으며, 그 유효한 부분만으로 계약의 목적 달성이 불가능하거나 그 유효한 부분이 한쪽 당사자에게 부당하게 불리한 경우에 한하여 그 계약 전체를 무효라고 보아야 할 것이다.

3. 무효의 효력

가. 일반적 효력

무효인 법률행위는 그 행위 시부터 당연히 효력을 발휘하지 않으므로 이를 무효화시키기 위해 어떤 행위가 필요한 것은 아니다. 따라서 무효인 법률행위에서의 의무자는 이행 전이면 이행할 의무가 없고, 무효인 계약에 기하여 급부가 이행된 것이 있으면 그 이행한 급부의 반환을 구할 수 있다.

그런데 문제는 이행을 한 급부의 반환과 관련한 법률관계를 어떻게 규율할 것인지가 문제이고, 이와 관련하여 판례와 학설의 대립이 심하다. 학설과 판례의 이해를 위해 쌍무계약의 경우와 편무계약의 경우로 나누고,[375] 또 쌍무계약의 경우에는 그 목적물이 물권적 반환청구권의 대상이 되는 물건인지 아닌지에 따라서 나누어 살펴보도록 한다.

(1) 쌍무계약의 경우

(가) 계약의 대상이 물건인 경우

---

375) 쌍무계약이란 계약 당사자가 대가(對價)적 의미를 가지는 채무를 부담하는 경우(예컨대 매매, 임대차 등)를 말하고, 편무계약이란 그렇지 않은 경우(예컨대 증여, 무상임치 등)를 말한다.

예 5-48

A가 B에게 A소유의 동산 M을 100만원에 매도하는 계약을 체결하였는데, 그 매매가 무효임이 판명되었다.
(1) A가 B에게 M을 인도하지 않고 있었던 경우
(2) A가 B에게 M을 인도하였고, B도 A에게 100만원을 지급한 상태였던 경우

1) 이행 전

일반원칙에 따르면 위 예 (1)에서는 매매가 무효이므로 A는 B에게 M을 인도할 의무가 없어 B는 A에게 M의 인도를 청구할 수 없으며, 또 B는 A에 대하여 매매대금 100만원을 지급할 의무가 없어 A는 B에 대해 100만원의 지급을 청구할 수 없다.

2) 이행 후의 급부물 반환의 경우에 발생할 수 있는 문제

위 예 (2)에서는 A가 B에세 M을 인도한 것은 무효인 계약에 근거를 둔 것이므로 아무런 의무가 없음에도 인도한 것이 되어 A는 B를 상대로 M의 반환을 청구할 수 있고, 동일한 이유로 B 역시 A에 대하여 100만원의 반환을 청구할 수 있다. 그리고 B의 A에 대한 M의 반환의무와 A의 B에 대한 100만원의 반환의무는 동시이행관계에 선다.[376)]

그런데 만일 B의 점유 중 M이 멸실되면 B의 A에 대한 M 반환의무는 소멸하지만 A의 B에 대한 100만원의 반환의무는 계속 존재하는지(위험부담의 문제), B의 M 점유·사용으로 인한 사용이익은 A에게 반환되어야 하는지(과실의 반환문제) 등의 문제가 발생하고, 이 문제에 대하여 판례와 학설이 대립하고 있다.[377)]

---

376) 대판 1993.8.13. 선고 93다5871(동시이행의 항변권을 규정한 민법 제536조의 취지는 공평의 관념과 신의칙에 합당하기 때문이며, 동조가 민법 제549조에 의하여 계약해제의 경우 각 당사자의 원상회복의무에 준용되고 있는 점을 생각할 때, 쌍무계약이 무효로 되어 각 당사자가 서로 취득한 것을 반환하여야 하는 경우에도 동시이행관계가 있다고 보아 민법 제536조를 준용함이 옳다고 해석된다. 공평의 관념상 계약이 무효인 때의 원상회복의무이행과 계약해제 때의 그것이 다를 바 없어 이를 구별하여야 할 이유가 없으며 계약의 무효의 경우라 하여 어느 일방의 당사자에게만 먼저 그 반환의무이행이 강제된다면 공평과 신의칙에 위배되기 때문이다). 이 판결의 사안은 동기의 착오를 이유로 취소한 사안이었다.

377) 이에 대한 자세한 설명은 채권각론의 부당이득에서 논해져야 할 것이지만, 여기서는 간략하게만 본다.

가) 판례와 통설

판례나 통설(통일설이라고 부른다)은 법률행위의 무효나 취소의 경우 그 무효나 취소의 법률행위에 기하여 이행한 급부의 반환관계는 부당이득관계로 보고 부당이득에 관한 규정(제747조, 제748조)을 적용한다.[378] 그리하여 M이 멸실되는 경우 B가 선의이면 제748조 제1항에 의해 현존이익이 없어 반환의무가 소멸하게 되고, B가 악의이면 제748조 제2항 및 제747조 제1항에 의해 M의 가액 및 이자와 손해가 있으면 그 손해까지 배상하여야 한다. 한편 A는 선의, 악의를 불문하고 매매대금을 반환하여야 한다.[379] 이때 B의 반환의무와 A의 반환의무는 동시이행관계에 있다(제536조).

그리고 판례는 반환해야 할 대상이 물건이면 B의 M에 대한 사용이익의 반환의무에 대해서는 사용이익을 과실과 같이 취급하여[380] 제201조를 부당이득반환규정의 특별규정으로 보므로[381] B가 악의이면 제201조 제2항에 따라 사용이익을 반환해야

---

378) 대판 2017.3.9. 선고 2016다47478은 '계약무효의 경우 각 당사자가 상대방에 대하여 부담하는 반환의무는 성질상 부당이득반환의무로서 악의의 수익자는 그 받은 이익에 법정이자를 붙여 반환하여야 하므로(민법 제748조 제2항), 매매계약이 무효로 되는 때에는 매도인이 악의의 수익자인 경우 특별한 사정이 없는 한 매도인은 반환할 매매대금에 대하여 민법이 정한 연 5%의 법정이율에 의한 이자를 붙여 반환하여야 한다. 그리고 위와 같은 법정이자의 지급은 부당이득반환의 성질을 가지는 것이지 반환의무의 이행지체로 인한 손해배상이 아니므로, 매도인의 매매대금 반환의무와 매수인의 소유권이전등기 말소등기절차 이행의무가 동시이행의 관계에 있는지 여부와는 관계가 없다'고 판시하고 있다.

379) 판례(대판 1996.12.10. 선고 96다32881)는 '법률상 원인 없이 타인의 재산 또는 노무로 인하여 이익을 얻고 그로 인하여 타인에게 손해를 가한 경우, 그 취득한 것이 금전상의 이득인 때에는 그 금전은 이를 취득한 자가 소비하였는가의 여부를 불문하고 현존하는 것으로 추정된다'고 보고 있다.

380) 물건 자체의 사용이익은 과실은 아니지만 과실과 같이 취급한다는 점은 앞의 물건(법정과실)항에서 보았다.

381) 위 예(2)에서 A가 B를 상대로 M의 반환을 구할 수 있는 법적 근거는 두 가지가 있는데, 첫 번째는 M을 지급하게 된 근거인 계약이 무효이므로 A는 제741조의 부당이득을 원인으로 하여 반환을 구할 수 있고, 두 번째는 매매계약이 무효인 경우 판례가 취하는 유인론(有因論)에 의하면 M의 소유권은 여전히 A에게 있다고 보므로 A는 M의 소유권자로서 제213조의 소유권에 기한 반환청구권을 행사하여 반환을 구할 수 있다. 첫 번째인 부당이득반환을 청구원인으로 하여 반환을 구할 경우 B가 선의이면 제748조 제1항에 의해 현존이익을 반환해야 한다. 두 번째인 소유권에 기한 반환청구권을 청구원인으로 하는 경우에는 B가 선의이면 제201조 제1항에 의해 과실인 사용이익을 반환하지 않아도 된다. 이처럼 우리 판례는 제201조를 부당이득반환의무에 있어서의 특별규정이라고 보아 B가 선의이면 사용이익의 반환의무가 없다고 보아 제748조보다는 제201조를 우선적으로 적용하고 있다. 이와 관련하여서는 물권법

하지만, B가 선의이면 제201조 제1항에 의해 반환할 의무가 없다[382)]고 한다.[383)]

나) 비통일설(유형론)

비통일설은 무효나 취소의 경우 통일설에 따른 결론을 비판한다. 즉 위 예에서 B측의 사유로 무효로 되거나 취소가 되는 경우, 예컨대 B가 자신의 착오를 이유로 위 매매를 취소하는 경우 통일설에 의하면 B는 계약 당시 선의이므로 제201조 제1항에 의하여 M의 사용이익을 반환하지 않아도 되지만, A는 선의이더라도 제748조 제1항에 의하여 매매대금과 그에 대한 이자를 가산하여 반환해야 한다.[384)] 그러나 이런 결과는 취소의 사유가 B측에게 있음에도 불구하고 아무런 잘못이 없는 A가 손해를 입어야 할 이유가 없음에도 손해를 부담시키게 된다는 점에서 부당하다고 한다.[385)]

비통일설은, 통일설이 이런 부당한 결과를 초래하게 된 이유는 쌍무계약의 경우

교과서를 참조할 것.

382) 대판 1966.9.20. 선고 66다939는 농지매매가 농지개혁법 위반으로 무효인 경우 매수인이 선의이면 과실수취권이 있어 사용이익을 반환할 의무가 없다고 판시하고, 대판 1997.9.26. 선고 96다54997에서도 토지매매가 토지거래허가를 받지 않아 무효인 경우 사용이익의 반환여부에 관하여 같은 취지로 판시하고 있다.

383) 대판 1993.5.14. 선고 92다45025는 매매계약이 착오로 취소된 사안에서 '쌍무계약이 취소된 경우 선의의 매수인에게 민법 제201조가 적용되어 과실취득권이 인정되는 이상 선의의 매도인에게도 민법 제587조의 유추적용에 의하여 대금의 운용이익 내지 법정이자의 반환을 부정함이 형평에 맞다'고 판시하고 있다. 이 판례에서 '선의의 매수인의 대금의 운용이익 내지 법정이자의 반환'을 거부한 논리가 이색적이다. 아래에서 보는 바와 같이 이런 논리는 쌍무계약의 무효나 취소 시에는 표현적 법률관계에 의하여야 한다는 학설에 가까운 것이기 때문이다. 그런데 이 판례는 매수인이나 매도인 중 어느 한편이 악의이거나, 또는 둘 다 악의인 경우에는 제587조가 준용되지 않는다는 취지인지는 명확하지 않다. 만일 매수인은 선의이고 매도인이 악의인 경우 매수인은 사용이익을 반환하지 않아도 되지만 매도인은 대금에 법정이자를 가산하여 반환해야 한다면 쌍무계약에서의 대가성에 반하고, 또 제587조의 바탕에 깔린 생각(목적물의 사용이익과 대금의 사용이익은 서로 동등한 것으로 간주하여 서로간의 반환을 부정함으로써 정산의 어려움을 피하려는 생각)에도 반하는 것이 아닐까.

384) A가 취득한 것은 금전이라는 특수한 물건이고 금전의 사용이익으로서 과실에 해당하는 이자에 대해서는 제201조를 적용하지 아니한다. 즉 제201조는 타인의 물건을 사용함으로 인하여 발생한 사용이익을 그 물건의 소유자에게 반환하여야 할 때 적용되는 것인데, 금전은 소지자가 소유자이므로 A가 B로부터 금전을 지급받는 순간 자기 소유의 금전이 되므로 제201조가 적용될 여지가 없기 때문이다.

385) 또 다른 예로서 B의 강박에 의하여 A가 매매계약을 체결한 경우 A는 취소될 수 있다는 것을 알고 있는 악의자이므로 통일설에 따르면 제748조 제2항에 의하여 악의자로서의 책임을 부담하게 된다. 그러나 이런 결과는 강박을 당한 A에게 너무나 불리한 결과로서 타당하지 않다.

양쪽의 채무가 대가관계에 있다는 점을 무시하고 물권법질서에 타당한 제201조의 적용범위를 계약법에까지 부당하게 확대시킨 점에 있다고 비판한다. 그리하여 비통일설은 부당이득을 급부부당이득, 침해부당이득, 비용부당이득 등의 유형으로 나누어[386] 그 유형별로 규율하는 법리를 달리한다. 특히 법률행위의 무효나 취소의 경우 규율하는 법리는 급부부당이득에 관한 법리가 적용되어야 한다고 한다.

비통일설을 취하는 학자들 사이에서도 급부부당이득에 관한 법리에 관하여 또 다시 견해가 나뉘는데, ⓐ 급부의 원인이 된 법률행위가 무효나 취소 또는 소멸된 경우에는 그 법률행위에 기하여 행해진 급부의 청산관계를 규율하는 것이라고 보고 그에 관한 규율은 해제에 관한 법리를 적용하여야 한다는 견해와, ⓑ 표현적 법률관계(무효가 되거나 취소가 되는 원래의 법률관계로서 위의 예에서 매매의 법률관계)의 법리에 의해야 한다고 주장하는 견해 등이 있다.

해제에 관한 법리를 적용하여야 한다는 견해는 제548조와 제549조의 원상회복의무의 법리에 따라 해결하는 것을 원칙으로 하여 급부를 수령한 각 당사자는 그의 선의·악의에 무관하게 그 수령한 급부를 반환해야할 의무(원상회복의무)를 부담하고, 만일 그 수령한 물건이 멸실된 때에는 그 물건의 가액을 반환하여야 하며 각 당사자의 급부반환의무는 동시이행관계에 선다고 한다. 그리고 과실의 반환과 관련해서도 위 예의 A는 제548조 제2항에 따라 매매대금의 이자를 가산하여 반환하여야 하여야 하고, B는 매매대금의 이자와 같이 과실의 성격을 가지는 M의 사용이익을 제548조 제2항의 유추적용에 의하여 반환하여야 한다고 한다.

표현적 법률관계에 의하여야 한다는 견해는, 위의 예에서 A와 B 사이의 표현적 법률관계는 매매이므로 매매의 법리를 유추하여 적용하여야 하고 법률행위의 당사자 사이에서는 대가관계를 중시하여 서로가 수령한 급부는 모두 반환되어야 하며, 이는 어느 당사자 일방의 선의나 악의에 의해 영향을 받아서는 아니 된다고 한다. 따라서 B는 그가 선의이든 악의이든 A로부터 인도받은 M을 반환하여야 하고 만일 M이 멸실하게 되면 그 가액을 반환하여야 하며,[387] A도 B로부터 받은

386) 위 3가지 외에 구상부당이득을 추가하는 견해도 있다.

387) M이 멸실한 경우, 채무불이행책임과 위험부담이론을 적절히 혼용하여 M의 멸실에 A에게 귀책사유가 있는 경우, B에게 귀책사유가 있는 경우, 누구에게도 귀책사유가 없는 경우로 나누어, A에게 귀책사유가 있으면 M 가액의 반환의무가 없지만, B에게 귀책사유가 있으면 M 가액의 반환의무가 있고, 누구에게도 귀책사유가 없으면 제537조를 유추적용하여 B의 M 가액의 반환의무와 A의 대금반환의무가 모두 소멸한다는 견해도 있다. 그러나 이 견해는 양쪽이 다 귀책사유가 없으면 서로 급부받은 것을 반환할 의무가 없다고 하는데, 이는 B의 점유

매매대금 100만원을 반환하여야 한다고 한다. 이때 이 둘의 반환관계는 동시이행관계에 있다고 한다. 그리고 B의 M에 대한 사용이익의 반환의무에 대해서는 제201조를 적용하지 않고,[388] 매매의 규정인 제587조를 적용하여[389] B가 M을 인도받아 점유하고 있는 동안은 B는 A에 대해 매매대금의 이자를 청구할 수 없고, A가 매매대금을 B에게 반환하지 않고 있는 동안은 B에 대해 M의 사용이익의 반환을 청구할 수 없다고 한다.

다) 사견

판례나 통설인 통일설에 대한 비통일설의 비판은 정당한 것으로 생각한다. 따라서 비통일설에 찬성하고, 그 중에서도 쌍무계약의 무효나 취소의 경우에는 쌍무계약의 특수성, 즉 대가관계를 고려하여야 한다는 점에서 쌍무계약의 청산에 관한 규율인 해제에 관한 조항을 적용하는 것이 가장 타당하다고 생각한다. 따라서 제548조와 제549조에 따라 위 예에서 A는 선의이든 악의이든 100만원과 반환할 때까지의 법정이자를 가산하여 반환하여야 하고, B는 선의이든 악의이든 M과 M을 반환할 때까지의 그 사용이익을 반환해야 하며, 위 양 채무는 서로 동시이행관계에 있다고 보아야 할 것이다. 만일 M이 멸실하였다고 하면 B는 M의 멸실 당시의 시가 상당액과 그때까지의 사용이익 및 멸실 이후부터 반환시까지 시가상당액에 대한 법정이자를 가산하여 반환해야 할 것이다.

(나) 계약의 대상이 물건이 아닌 경우(예컨대 용역)

계약의 대상이 물건이 아닌 경우에는 사용이익과 관련하여 제201조가 적용될 여지가 없다는 점과 이행된 급부에 대한 가치평가를 하여야 한다는 점에서 위 (가)항과 차이가 있다.

하에 관리되고 있는 M의 멸실의 위험을 점유하고 있지 않은 소유자 A에게 전가하는 것이 되어 부당하다고 생각한다.

388) 비통일설에서는 제201조는 급부관계가 매개되지 않는 침해부당이득의 경우에 적용되는 조항이라고 한다. 예를 들면 A의 소유의 토지를 B가 자기 토지인 것으로 알고 경계를 침범하여 사용한 경우, A는 B를 상대로 토지의 인도와 아울러 토지의 사용이익의 반환을 구할 수 있는데, 이때 제201조가 적용되어 B가 선의이냐 악의이냐에 따라 토지의 과실에 해당하는 그 사용이익의 반환 여부가 결정된다는 것이다.

389) 제587조는 대금과 매매목적물의 가치가 대가적 균형을 이루고 있는 것을 전제로 한 것인데, 만일 무효나 취소의 사유가 대금과 매매목적물의 가치의 대가적 불균형을 이유로 한 것이면(예컨대 불공정행위로서 무효인 경우나 목적물의 가치에 관하여 기망하였다든지 하는 경우) 제587조를 적용할 수 없다고 비판하는 견해도 있다. 타당한 비판이라고 생각한다.

이런 경우에는 물건의 멸실이라는 위험부담의 문제도 없고 또 제201조의 적용 여부와 관련한 견해 차이가 나타날 여지가 없으므로 통일설이나 비통일설의 의견 대립이 심하지 않고, 양 설 모두 각 당사자들이 받은 이익을 반환해야 한다는 점에서는 의견이 일치할 것이다.

문제는 이행된 용역에 대한 가치를 어떻게 평가하여 반환시키느냐 하는 점인데, 이에 관하여는 무효나 취소된 계약에서 일응 평가한 가치를 그대로 인정할 것이냐 아니면 이를 무시하고 새롭게 평가를 할 것이냐 하는 점에서 차이가 있을 수 있을 것이다.

생각건대 무효나 취소의 사유가 용역에 대한 평가와 관련하여 이루어진 것이 아니라면 당사자들이 내린 용역가치에 대한 평가를 인정하는 것이 심리가 빨라지고 간이하게 된다는 점에서 타당한 것으로 생각한다. 그러나 만일 무효나 취소의 사유가 용역에 대한 평가와 관련하여 이루어 진 것이라면 결국 감정에 의해 그 가치를 판단할 수밖에 없을 것이다.

(2) 편무계약의 경우

편무계약이나 무상계약의 무효나 취소의 경우에도 급부물의 멸실 및 과실의 반환문제가 발생할 수 있다. 이에 대해서도 제201조를 우선 적용하여 선의자에게는 과실수취권을 부여할 것인지 아니면 부당이득의 일반적인 원칙규정인 제747조와 제748조에 따라 선의이면 현존이익을, 악의이면 받은 이익에 이자를 붙여 반환하고 손해까지도 배상해야 한다고 할 것인지가 다투어질 수 있다.

생각건대 편무계약이나 무상계약에서는 대가관계가 없으므로 부당이득의 일반원칙규정인 제747조와 제748조를 적용하여야 하는 것이 타당하지 않을까 한다.

나. 개별 법률상의 효력

무효의 일반적 효력은 앞에서 본 바와 같으나, 개별 법률에서는 이와 다르게 정하고 있는 경우가 많고 이런 무효에 대해서는 본절의 규정은 적용되지 않는 것이 원칙이다. 그중 중요한 것만 보면 다음과 같다.

(1) 약관규제법

제137조는 법률행위의 일부가 무효이면 법률행위 전부를 무효로 하는 것을 원

칙으로 하고 있으나, 앞에서 본 것처럼 「약관규제법」에서는 이 원칙이 반대로 되어 있다. 즉 일부가 무효이면 그 부분만을 무효로 하고 있다.

앞의 강행규정에서 본 2003다1601 판결과 같이 당해 효력규정의 입법취지를 고려하여 전부를 무효로 할 것인지, 일부를 무효로 할 것인지를 판단해야 할 것이다.

(2) 농지법

「농지법」에 의하면 농지는 자기의 농업경영에 이용하거나 이용할 자가 아니면 소유하지 못하도록 하면서(동법 제6조 제1항), 농지를 취득하려면 농지취득자격증명을 받도록 하고 있다(동법 제8조 제1항).

농지취득자격증명을 받지 못한 농지에 관한 매매계약의 효력에 관하여 판례는 채권적 계약으로서 유효하고 농지취득자격증명은 소유권을 취득하기 위해서 필요하다고 한다.[390] 따라서 농지에 관한 매매계약을 체결한 경우 농지취득자격증명을 받지 못하였더라도 매수인은 매도인을 상대로 소유권 이전등기청구 소송을 제기하여 승소판결을 받을 수 있지만,[391] 이 판결로 소유권 이전등기를 하기 위해서는 농지취득자격증명이 있어야 한다. 만일 농지취득자격증명 없이 매수인 앞으로 소유권이전등기가 마쳐졌다면 매수인은 소유권을 취득하지 못한다.[392]

(3) 부동산거래신고 등에 관한 법률

(가) 의의

「부동산거래신고 등에 관한 법률」(구 국토이용관리법, 이하 부동산거래신고법이라고만 한다)에 의하면 토지의 투기거래나 지가의 급등의 우려가 있는 지역에 대해 5년 이내의 기간을 정하여 토지거래계약[393]에 관한 허가구역을 지정할 수 있고(동

---

390) 대판 1998.2.27. 선고 97다49251.

391) 위 97다49251은 '농지에 대한 소유권이전등기절차이행의 소송에서, 비록 원고가 사실심 변론종결시까지 농지취득자격증명을 발급받지 못하였다고 하더라도 민사소송절차의 종료 후 얼마든지 농지취득자격증명을 발급받아 농지의 소유권을 취득할 수 있으므로, 원고가 농지취득자격증명을 발급받은 바 없다는 이유로 그 청구가 배척되지는 않는다'고 판시한다.

392) 대판 2012.11.29. 선고 2010다68060.

393) 동법의 적용을 받는 토지거래계약이란 토지에 관한 소유권·지상권(소유권·지상권의 취득을 목적으로 하는 권리를 포함한다)을 이전하거나 설정(대가를 받고 이전하거나 설정하는 경우만 해당한다)하는 계약(예약을 포함한다. 이하 "토지거래계약"이라 한다)을 말한다(동법 제11조 제1항).

법 제10조 제1항), 허가구역 내에서 허가를 받지 아니하고 체결한 토지거래계약은 그 효력이 발생하지 아니한다(동법 제11조 제6항).

이 무효의 효력에 관하여 다양한 견해가 있는바 이에 대하여 보도록 한다.

(나) 효력에 관한 학설

거래허가를 받지 못한 계약의 효력에 관하여, 위의 농지법과 같이 물권적 효력은 없지만 채권적인 효력은 유효하다는 견해, 물권적 효력 뿐 아니라 채권적 효력까지도 무효로 된다는 견해, 허가를 받기 전에는 물권적 효력은 물론 채권적 효력도 없어 무효이나 일단 허가를 받으면 계약 시로 소급하여 유효한 계약이 된다는 유동적 무효설이 있고, 유동적 무효설이 다수설이자 판례의 태도이다.

생각건대 위 견해 중에 어느 것이 옳은지의 판단기준은, 무효에 관한 이론적 설명에 부합하는 견해가 어느 것인가에 있는 것이 아니라, 부동산거래신고법의 취지에 맞게 무효의 효력을 파악하는 견해가 어느 것인지에 달려있다고 보아야 한다. 따라서 각 사안별로 무효의 효력을 어떻게 인정할 것인가를 부동산거래신고법의 취지에 맞게 해석하는 수밖에 없을 것이고, 그런 면에서 각 사안별로 판례가 내린 결론이 위 법 취지에 맞는지를 개별적으로 검토하는 수밖에 없지 않을까 한다.

(다) 효력에 관한 판례의 태도

우리 판례는 위 법에서 규정한 허가를 받지 아니하고 체결한 토지거래계약의 효력에 관하여 유동적 무효라고 하여 민법총칙의 제4절의 효력과는 다른 효력을 인정하고 있는바, 아래에서 자세히 보도록 한다.

예 5-49

A와 B는 2019.1.1. 토지거래허가구역내의 A소유 토지 L을 1억원에 매매하는 계약을 체결하였다. 그때 B는 A에게 계약금 1천만원을 당일 지급하였고, 중도금 4천만원은 같은 해 2.1. 지급하기로 하고, 잔금 5천만원은 같은 해 3.1. 소유권이전등기에 필요한 서류와 상환으로 지급하기로 합의하였다.

1) 중도금 지급청구권과 소유권 이전등기청구권

부동산거래신고법상의 허가를 받지 않고 체결한 매매계약[394]의 효력과 관련하

394) 대판 1996.4.12. 선고 96다6431은 '매매계약이 규제지역 지정고시 이전에 체결된 경우에는

여 우리 판례는 물권적 효력은 물론 채권적 효력도 발생하지 않는다고 한다. 채권적 효력까지도 인정하지 않는 이유는 채권적 효력을 인정하게 되면 당사자 사이에 채권적 권리관계의 이행청구나 그 이행확보를 위한 가등기 설정 등이 가능해져 매매계약상 매수인의 지위양도가 손쉽게 이루어지게 되어 투기적 거래를 방지하기 어렵게 되기 때문이라고 한다. 그리고 허가받지 않은 토지거래계약은 허가를 받을 때까지는 법률상 미완성의 법률행위로서 소유권 등 권리의 이전 또는 설정에 관한 거래의 효력이 전혀 발생하지 않지만, 허가를 받으면 소급하여 유효한 계약이 되고 불허가가 된 때는 무효로 확정되는 유동적 상태에 있다고 한다.[395] 그리고 허가 전 토지거래계약은 아무런 효력이 없으므로 허가 전에는 권리의 이전 또는 설정에 관한 어떠한 청구도 할 수 없고 나아가 허가를 조건으로 하여 소유권 이전등기절차를 구하는 것도 불가능하다고 한다.[396]

이런 법리에 의하면, 위 예에서 매매계약은 허가를 받지 않아 채권적으로도 무효이므로 A는 중도금이나 잔금 지급기일이 도래하더라도 B에 대해 중도금이나 잔금의 지급을 청구할 수 없고, B도 A에 대해 중도금과 잔금을 지급함과 동시에 소유권 이전등기를 청구할 수 없다.[397] 따라서 A는 B의 중도금지급 채무의 불이행을 이유로 매매계약을 해제하거나 손해배상청구를 할 수 없다.[398]

그러나 A는 B가 임의로 지급하는 중도금을 수령하는 것은 문제가 없고, 수령

설사 지정고시된 후에 소유권 이전등기가 경료된 경우라도 그 원인행위인 매매계약에 대하여 토지거래허가를 받을 필요가 없다'고 판시한다.

395) 대판(전합체) 1991.12.24. 선고 90다12243. 나아가 이 판결은 동법 상의 '허가'의 성질에 관하여, 유동적 무효상태에 있는 법률행위의 효력을 완성시켜 주는 '인가'적 성질을 가지는 것이라고 보고 있다. 위 '허가'의 성질을, 허가구역 내의 모든 국민에게 전반적으로 토지거래의 자유를 금지하고 일정한 요건을 갖춘 경우에만 금지를 해제하여 계약체결의 자유를 회복시켜주는 성질의 것(이것이 '허가'의 본래적 의미이다)이라고 보는 것은 동법의 입법취지를 넘어선 지나친 해석이라고 한다.

396) 위 90다12243 판결의 다수의견. 위 판결의 소수의견은 허가를 조건으로 소유권 이전등기절차를 구할 수 있다고 보아야 한다고 하여 이에 대해 반대한다. 학설 중에는 허가를 조건으로 하는 소송을 인정하지 않으면 허가신청절차에 협력하지 않는 상대방을 상대로 먼저 허가신청절차협력의무의 이행을 구하는 소송을 제기하여 승소하여 허가를 받은 후 다시 소유권 이전등기청구소송을 제기하여야 하게 되어 소송경제상 타당하지 않다는 점을 들어 소수의견에 찬성하는 견해도 있다. 소수의견이 타당하지 않을까.

397) 대결 2010.8.26.자 2010마818은 토지거래허가구역 내의 토지에 관한 매매계약의 경우, 소유권이전등기청구권 또는 토지거래계약에 관한 허가를 받을 것을 조건으로 한 소유권이전등기청구권을 피보전권리로 한 부동산처분금지가처분 신청도 허용되지 않는다고 한다.

398) 대판 1995.1.24. 선고 93다25875.

한 계약금이나 중도금에 관하여 B가 A를 상대로 허가를 받지 아니한 매매계약이 채권적으로도 무효라는 이유로 부당이득한 것이라고 하여 반환을 구할 수 없다.[399] 그리고 허가를 받으면 위 매매계약은 허가받은 때로부터 효력이 발생하는 것이 아니고, 소급하여 계약행위 시부터 발생한다고 한다.[400]

2) 허가신청절차에의 협력의무

판례는 앞서 본 것처럼 계약당사자는 유동적 무효 상태에 있는 토지거래계약상의 채무의 이행을 구할 수는 없지만, 그 계약을 효력 있는 것으로 완성될 수 있도록 서로 협력할 의무는 있다고 한다.[401] 따라서 허가신청절차에 협력하지 않는 당사자에 대하여 상대방은 협력의무의 이행을 소송으로 구할 수 있고, 이런 허가신청절차청구권을 피보전권리로 하여 매매목적물의 처분을 금하는 가처분을 구할 수도 있으며,[402] 이런 청구권은 채권자대위권 행사에 의해 보전될 수 있는 채권에 해당하고,[403] 위와 같은 협력의무를 이행하지 않으면 상대방은 위반자에 대하여 협력의무위반에 따른 손해배상을 청구할 수 있다.[404]

이와 같이 협력의무 불이행자에게는 손해배상의무가 있으므로 당사자들은 제398조에 따라 손해배상액을 예정할 수 있다. 그리하여 매매계약에서 '매도인의 계약위반으로 해제된 때에는 수령한 계약금의 배액을 상환하고 매수인의 계약위반으로 해제된 때에는 매수인은 지급한 계약금의 반환을 청구할 수 없다'는 약정을 한 경우, 위 약정상의 '위약'에는 일방이 협력의무를 이행하지 않거나 일방적으로 허가신청을 철회하여 확정적으로 무효로 된 경우도 포함하므로 매수인이 협력의무 불이행을 한 경우 매도인은 계약금을 몰취할 수 있다.[405]

---

399) 대판 1993.6.22. 선고 91다21435. 판례는 매매계약이 채권적으로 무효임에도 불구하고 지급된 계약금 등이 부당이득으로 되지 않는 이유에 대하여 언급하고 있지는 않다. 지급된 계약금이나 중도금은 허가가 나면 소유권 이전등기청구권이 발생한다고 하는 점에서 장래의 기대권 내지 조건부 권리에 대한 대가로 지급한 것이라고 볼 수 있으므로(제148조, 제149조 참조) 부당이득이라고 볼 수 없다고 할 것이다.

400) 앞의 90다12243 판결.

401) 대판 1995.4.28. 선고 93다26397은 '(허가를 받지 아니한 경우) 매매계약 자체로서는 유동적 무효상태에 있는 것이나 유동적 무효상태에 있는 계약을 효력이 있는 것으로 완성하여야 할 협력의무를 부담하는 한도 내에서의 당사자의 의사표시까지 무효상태에 있는 것이 아니다'라고 판시한다.

402) 대판 1998.12.22. 선고 98다44376.

403) 대판 1994.12.27. 선고 94다4806.

404) 앞의 93다26397 판결.

3) 확정적 무효로 되는 경우

확정적으로 무효로 되면 매수인은 매도인에 대하여 기왕에 지급한 계약금이나 중도금 등의 매매대금을 부당이득이라는 이유로 반환을 구할 수 있게 된다.

이하 확정적 무효로 되는 경우를 본다.

가) 합의한 경우

당사자 간에 유동적 무효상태에 있는 매매계약을 없었던 것으로 상호 합의하는 경우이다. 즉 위 예에서 A와 B가 체결한 매매계약을 그 후 합의하여 없었던 것으로 돌리는 것이 여기에 해당하는바, 이는 사적자치의 원칙상 당연히 인정된다고 할 것이다.406) 그리고 해약금에 의한 해제, 즉 매매 당사자 일방이 계약 당시 상대방에게 계약금을 교부한 경우 당사자 사이에 다른 약정이 없는 한 당사자 일방이 계약 이행에 착수할 때까지 계약금 교부자는 이를 포기하고 계약을 해제할 수 있는(제565조 제1항) 것은 계약일반의 법리이므로 매도인은 계약금의 배액을 상환하고 계약을 해제할 수 있다고 한다.407)

나) 허가를 배제 내지 잠탈한 계약

당사자 간의 토지거래계약이 처음부터 허가를 배제하거나 잠탈하는 내용의 계약일 경우에는 처음부터 확정적으로 무효이다. 그런 예로서는 실제는 매매임에도 허가를 받지 않아도 되는 원인인 증여로 소유권 이전등기를 하기로 한 경우,408) 허가요건인 거주요건을 갖추지 못한 매수인이 거주요건을 갖춘 자의 명의를 도용

---

405) 대판 1995.12.26. 선고 93다59526.

406) 대판 1996.7.26. 선고 96다7762.

407) 대판 1997.6.27. 선고 97다9369. 나아가 판례는 계약금만 주고받은 상태에서 토지거래허가를 받은 경우, 아직 이 단계에서는 이행에 착수하였다고 볼 수 없어 제565조 제1항에 의한 해제를 할 수 있다고 한다. 이행에 착수하였다고 볼 수 없는 이유에 대하여, 대판 2009.4.23. 선고 2008다62427은 계약금만 주고받은 상태에서 허가를 받은 단계에 이르게 된 것만으로 이행의 착수가 있다고 보아 제565조 제1항에 의한 해제를 부정하면 (중도금 지급 시까지는 해약금으로 인한 해제를 주장할 수 있음에도 불구하고) 당사자 쌍방 모두에게 해제권의 행사기한을 부당하게 단축시키는 결과를 가져올 수도 있다는 점을 든다. 또 위 2008다62427 판결은 협력의무를 신의칙상의 의무로 보고 있는데, 아마도 계약이 무효이므로 협력의무를 계약상 의무라고 할 수 없기 때문에 신의칙상 의무라고 본 듯하다. 협력의무의 근거와 관련하여서는 신의칙설, 부동산거래신고법의 규정에 기한 것이라는 법률규정설, 매매합의에 부수하는 당사자 간의 약정에 기한 것이라는 부수약정설 등이 있다.

408) 대판 2007.11.30. 선고 2005도9922.

하여 매매계약을 체결한 경우,[409)] 위 예에서 매수인 B가 전매차익을 얻을 생각으로 C에게 L을 다시 매도하면서 자기명의로 등기함이 없이 A로부터 직접 C에게로 소유권 이전등기(이를 중간자 B의 등기를 생략한다는 의미에서 중간생략등기라고 한다)를 하기로 A, B, C 사이에 합의가 된 경우 등을 들 수 있다.[410)] 만일 앞의 전매의 예에서 매수인 B가 제3자 C에게 전매가 아닌 매매계약상의 매수인의 지위를 이전하기로 A, B, C가 합의한 경우에도 A와 B사이의 매매계약에 관한 허가가 있어야만 매수인의 지위를 이전하는 계약이 효력을 발생하고(따라서 A와 B 사이의 매매계약에 관하여 허가가 없는 상태에서는 C에게로의 매수인 지위 이전의 효력이 발생하지 않으므로 C는 A를 상대로 직접 허가절차이행을 구할 수 없다. 다만 B를 대위하여 청구할 수는 있을 것이다),[411)] 매도인의 지위를 제3자가 인수하는 경우에는 투기적 거래가 이루어질 가능성이 없으므로 최초 매도인과 매수인 사이의 매매계약에 관하여 허가가 없어도 매도인 지위인수에 관한 합의의 효력은 발생한다고 한다.[412)]

다) 불허가처분 시

불허가 처분을 받은 경우 확정적으로 무효가 되는 것은 당연할 것이다. 그러나 이때 주의를 요하는 것은 불허가 처분이 나왔다고 하여 어떤 경우이든 모두 무효가 되는 것은 아니다. 즉 불허가 처분을 받으면 원칙적으로 확정적으로 무효가 되지만,[413)] 그 불허가의 취지가 미비한 요건의 보정을 명하는 데에 있고 그러한 흠결된 요건을 보정하는 것이 객관적으로 불가능한 것이 아니라면 확정적으로 무효로 된다고 할 수 없다.[414)] 또 토지의 이용목적이 거래계약의 내용으로 되어 있음에도 그 매매계약의 내용과 다른 이용목적이 기재된 거래허가신청서가 제출되어 불허가되거나,[415)] 매매당사자 일방이 임의로 거래허가신청에 대한 불허가처분

---

409) 대판 2010.6.10. 선고 2009다96328.

410) 대판 1996.6.28. 선고 96다3982. 이 경우는 A와 B 사이의 매매계약 및 B와 C 사이의 매매계약이 모두 확정적으로 무효이므로, C는 B를 대위할 권리가 없을 뿐만 아니라, B의 A에 대한 허가절차이행 청구권도 없어 C는 B를 대위하는 채권자대위소송을 제기할 수 없다.

411) 앞의 대판 96다7762 판결. 이 판결은 A와 B가 유동적 무효상태에 있는 매매계약을 합의로 해제하여 확정적으로 무효로 한 후 A와 C가 새로운 매매계약을 체결한 것이면 C는 A에 대하여 허가절차이행을 청구할 수 있다고 한다. 이는 A와 B가 유동적 무효상태인 매매계약을 합의로 무효로 돌릴 수 있다고 보는 이상 당연한 결론이다.

412) 대판 2013.12.26. 선고 2012다1863.

413) 대판 1995.2.28. 선고 94다51789.

414) 대판 1998.12.22. 선고 98다44376.

을 유도할 의도로 '허가신청서에 기재하여야 할 계약내용과 토지의 이용계획' 등에 관하여 사실과 다르게 또는 불성실하게 기재하여 불허가처분이 있었던 경우[416]에도 확정적으로 무효가 되지 않는다고 한다.

라) 쌍방의 이행거절의사

쌍방이 허가신청협력의무의 이행거절의사를 명백히 한 때에는 확정적으로 무효가 된다. 판례는 매도인이 계약 후 토지가격이 저렴하게 결정되었다는 이유를 들어 거래허가에 필요한 서류의 제공을 거부하자 매수인이 위 이유를 들어 매매계약의 무효를 주장하면서 계약금과 중도금의 반환을 통보하고, 이에 매도인도 계약금을 반환해 줄 수 없다고 답변한 경우 당사자 쌍방이 허가신청을 하지 않기로 한 것으로 보았다.[417]

마) 의사표시의 하자

유동적 무효상태인 매매계약에 의사표시상의 하자가 있는 경우, 그 하자를 이유로 취소하여 계약을 확정적으로 무효화시킬 수 있는가.

의사표시의 하자를 이유로 한 취소는 일단 유효하게 성립된 계약에 대하여 취소사유가 있을 때 행사할 수 있다는 견해도 있을 수 있지만, 무효와 취소의 이중효와 관련한 논의에서 본 것처럼 취소의 현실적 필요성이나 이익이 있으면 인정해야 할 것이다. 판례도 거래허가를 신청하기 전 단계에서 의사표시상의 하자를 주장하여 그 계약을 확정적으로 무효화시켜 거래허가절차에 협력할 의무를 면하고 아울러 기왕에 지급된 계약금 등의 반환을 구할 수 있도록 하기 위하여 취소할 수 있다고 한다.[418]

바) 허가구역지정의 해제

매매계약을 체결한 후 허가구역지정이 해제된 경우 더 이상 허가신청을 할 수 없어 확정적으로 무효가 되는가.

대판(전합체) 1999.6.17. 선고 98다40459의 다수의견은 '허가구역지역을 해제하는 취지는 토지거래허가제도가 달성하려고 하는 공공의 이익에 아무런 지장이 없게

---

415) 대판 1997.12.26. 선고 97다41318, 41325.

416) 대판 1997.11.11. 선고 97다36965, 36972.

417) 대판 1995.12.26. 선고 93다59526.

418) 대판 1996.11.8. 선고 96다35309(착오를 이유로 취소를 인정함), 대판 1997.11.14. 선고 97다36118(사기를 이유로 취소를 인정함).

되었고 허가의 필요성도 소멸되었으므로, 허가구역 안의 토지에 대한 거래계약에 대하여 허가를 받은 것과 마찬가지로 취급함으로써 사적자치에 대한 공법적인 규제를 해제하여 거래 당사자들이 당해 토지거래계약으로 달성하고자 한 사적자치를 실현할 수 있도록 함에 있다고 할 것이다'라고 하여 확정적으로 유효하게 된다고 보고 있다.[419)]

참고로 위 계약의 대상 토지가 그 후 다시 거래허가구역으로 재지정되어도 허가는 불필요하다고 보는 것이 법원의 실무태도이다.[420)]

4) 확정적 무효를 초래한 것에 대한 귀책사유가 있는 자가 무효를 주장하는 것은 신의칙에 위반되지 않는다. 예를 들어 허가에 필요한 거주요건을 매수인이 갖추지 못하여 불허처분을 받아 확정적으로 무효가 된 경우 불허처분의 귀책사유가 있는 매수인이 확정적 무효임을 주장해도 신의칙에 위반되지 않는다.[421)] 강행법규위반의 경우 강행법규위반으로 무효로 되는 사유에 관하여 귀책사유를 제공한 자라고 하여 그 자에 의한 무효주장을 봉쇄하게 되면 강행법규로 금지한 행위의 효력을 인정하는 셈이 되어 강행법규로 한 취지에 반하게 되기 때문이다.[422)]

(라) 판례 태도에 대한 평가

부동산거래신고법 제10조에 따른 허가를 받게 하는 목적은 투기적인 거래나 지가의 급격한 상승을 막기 위함에 있는 것이므로 이런 목적에 부합하게 무효의 효력을 해석하여야 할 것이다. 이런 입장에서 판례의 태도를 나름대로 검토해 본다.

1) 부동산거래신고법 상의 허가가 있어야 법률행위의 효력이 발생하고 허가를 받지 못하면 법률행위의 효력이 발생하지 못하는 면에서는 아래에서 볼 정지조건

---

419) 이 판결의 소수의견은 확정적으로 무효로 된다고 보고 있다. 그 이유로 법률행위의 효력은 그 행위가 행해질 당시의 법령에 의하여 결정되는 것이 원칙이므로 매매계약체결 당시의 법률에 따라야 한다는 점, 허가신청을 하지 아니한 토지거래계약이 허가기준을 충족하지 못한 투기적 거래인 경우 이미 신청하였다가 허가기준을 충족하지 못하여 허가를 받지 못한 자와의 사이의 형평에 반한다는 점 등을 들고 있다. 계약상의 소유권 이전등기청구권의 소멸시효는 10년이고, 거래허가구역지정은 원칙적으로 5년인바 매수인이 허가 없이 5년만 버티면 허가를 받을 수 없는 거래계약들이 모두 완전히 유효하게 되어 부동산거래신고법의 취지에 반한다는 점에서 소수의견에 찬동하고 싶다.

420) 등기선례 7-50(2002.11.22.).

421) 앞의 94다51789 판결.

422) 원칙적으로 강행법규위반행위에 관하여는 신의칙에 위배된다는 주장은 할 수 없다. 제8장 신의성실의 원칙 참조.

과 비슷하지만, 허가가 법률에서 정한 효력요건이고 당사자가 임의로 정할 수 없는 것이라는 점에서 차이가 난다. 이런 점에서 위 허가는 법정조건에 해당한다. 이에 따라 허가를 받지 아니한 토지거래계약에 따른 효력은 법정조건부 계약으로서 허가를 받지 아니한 이상은 성립은 하였지만 효력은 발생하지 않는다고 보아야 한다.

2) 그런데 여기서 허가를 받지 아니하면 효력을 발휘하지 않는 조건부 권리는 토지의 양도와 관련한 채권, 구체적으로는 소유권 이전등기청구권이나 그에 대응한 대금지급청구권 등이고, 허가신청의 협력을 구하는 청구권은 조건부 권리가 아니다. 즉 허가신청의 협력을 구하는 청구권은 법정조건과는 무관하게 당사자의 합의에 의해 생기는 무조건의 권리이므로 법정조건인 허가를 받지 않았더라도 당사자는 상대방에 대하여 허가신청의 협력을 구할 수 있는 권리를 행사할 수 있고, 허가에 협력하지 않는 상대방에 대하여 강제이행을 청구할 수도 있으며, 허가신청협력의무의 불이행이 있으면 이를 이유로 채무불이행으로 인한 손해배상을 청구할 수 있다고 할 것이다.[423] 우리 판례도 이런 결과를 인정하고 있는 것은 앞에서 본 바와 같다.

3) 허가를 받지 아니한 토지거래계약은 법정조건부 법률행위로서 법률행위로서는 완전하게 성립한 것이고 단지 효력이 발생하지 아니하고 있는 것에 불과하다. 따라서 법정조건부 법률행위의 성립을 부정하여 소멸하게 하는 것으로서, 취소나 해약금 해제 등의 규정을 준용할 수 있다고 한 판례는 타당하다고 할 것이다.

4) 나아가 법정조건부 법률행위에 대해 민법총칙편의 '조건과 기한' 절의 조건에 관한 규정들(제147조 내지 제151조)이 적용되느냐는 문제는 아래에서 보겠지만, 일괄적으로 유추적용이 되는지 여부를 판단할 수는 없고 각 사안별로 유추적용 여부를 결정해야 한다.

---

423) 허가신청협력의무 불이행으로 인한 손해배상의 범위를, 일반적인 계약상의 채무불이행의 범위와 동일하게 볼 수 있느냐가 문제이다. 조건에 관한 제150조를 직접 적용하여 조건이 성취된 것으로, 즉 허가가 난 것으로 보는 것은 부동산거래신고법의 입법취지에 위반되어 주장할 수는 없을 것이지만, 그 규정을 유추적용하여 허가신청에 협력하지 않는 경우에는 조건의 성취를 방해한 것으로 평가할 수 있으므로, 조건성취 시의 이익 즉 허가를 받았을 때의 이익(매매계약상의 채무의 이행, 즉 이행이익)과 동일한 가치의 손해배상을 구할 수 있다고 보아야 할 것이다. 따라서 허가신청협력의무의 불이행시 매매계약상의 채무의 불이행으로 인한 손해배상액의 예정액에 관한 조항을 적용할 수 있다고 할 것이고, 동일한 결론의 판례는 타당하다고 할 것이다.

부동산거래신고법 상의 허가에 관한 법정조건에 대해서는 조건부 권리도 기대권으로서 보호되어야 한다는 제148조와 제149조가 유추적용된다고 보아야 한다. 따라서 조건부 권리인 소유권 이전등기청구권의 대가로 계약금이나 중도금을 지급한 경우에는 기대권의 대가로 지급한 것으로 보아 부당이득이라고 하여 반환을 구할 수 없다고 할 것이고, 이런 취지에서 동일한 결론의 판례는 타당하다고 생각한다. 그러나 부동산거래신고법의 취지에 비추어 조건부 채권인 소유권 이전등기청구권이나 대금에 대해 법원을 통한 강제이행은 불가능하다고 할 것이다. 즉 계약금, 중도금, 잔금 등의 임의적 이행은 가능하고 임의이행시 이를 매도인이 수령하였다고 하여 이것을 부당이득으로 반환하여야 할 것은 아니고(급부보유력은 가진다), 단지 법원에 소를 제기하거나 법원을 통한 강제이행을 구할 수는 없다(소구력이나 집행력은 없다)고 보아야 할 것이다.

5) 일부무효의 처리

예를 들면 A 소유의 토지와 그 지상 건물을 B 소유의 여관건물과 교환하는 계약을 체결하였는데, A소유의 토지가 거래허가구역에 있어 허가를 받아야 하는데 허가를 받지 못한 경우 위 교환계약의 효력은 어떻게 되는지가 문제로 될 수 있다.

대판 1997.7.25. 선고 97다4357, 4364는 위와 같은 경우 교환계약 전체가 유동적 무효상태라고 하면서 위와 같은 경우 허가를 받지 않은 상태에서는 A도 B도 상대방에 대하여 교환계약에 따른 채무의 이행을 구할 수 없고, 설사 여관건물이 그 전에 설정된 저당권의 실행으로 다른 제3자 소유로 이전되었더라도 A는 B의 귀책사유로 인한 교환계약의 이행불능을 이유로 교환계약을 해제할 수 없으며 다만 B의 교환계약 상의 채무이행이 불능으로 되고, 또 A가 이를 이유로 계약의 해제를 주장하여 계약의 존속을 바라지 않는 때에는 당사자 쌍방이 허가신청협력의무의 이행거절 의사를 명백히 표시한 때에 해당하여 위 교환계약이 확정적으로 무효가 된다고 한다.[424)]

424) 대판 1992.10.13. 선고 92다16836은 토지와 지상건물은 법률적 운명을 같이 하는 것이 거래관행이고, 토지에 관한 거래허가가 없으면 건물만이라도 매매했을 것으로 볼 수 있는 특별한 사정이 없는 이상 주택매매계약 또한 대지매매계약과 일체로 유동적 무효상태에 있는 것이라고 한다. 따라서 토지에 대한 거래허가가 있기 전에 건물만의 소유권이전등기를 청구할 수도 없다(대판 1994.1.11. 선고 93다22043).

4. 무효행위의 전환

가. 의의

원래의 법률행위는 무효이지만 그 법률행위가 동시에 다른 법률행위로서의 요건을 갖춘 경우에는 다른 법률행위로서의 효력을 인정하자는 것이 무효행위의 전환이다(제138조).

나. 요건

이를 인정하는 근거는 무효로 된 법률행위 당사자의 가상적 의사이다. 따라서 당사자가 가상적 의사에서도 전환을 원하지 않는 때는 전환이 되지 않는다.

가상적 의사의 표준이 되는 당사자는 양쪽 당사자를 의미하지만, 한 쪽 당사자는 무효를 알고서 하고 다른 쪽 당사자는 무효를 몰랐던 경우에는 무효를 몰랐던 당사자의 의사를 기준으로 해야 할 것이다. 그리고 전환의 의사는 행위시점을 기준으로 판단해야 할 것이다.

무효인 행위와 전환될 행위가 모두 불요식(不要式) 행위인 경우에는 전환이 자유롭게 인정되지만, 전환될 행위가 요식행위인 경우에는 그 요식행위에 필요한 방식을 갖추지 않으면 전환이 될 수 없는 것은 당연할 것이다.

다. 인정되는 예

(1) 민법에서 인정된 예

무효행위의 전환을 인정한 예가 민법에서 일부 보인다.

청약에 대한 승낙이 연착된 경우 청약자는 이를 새 청약으로 볼 수 있고(제530조), 승낙자가 청약에 대하여 조건을 붙이거나 변경을 가하여 승낙한 때에는 그 청약의 거절과 동시에 새로 청약한 것으로 보며(제534조), 비밀증서에 의한 유언이 그 방식에 흠결이 있는 경우 그 증서가 자필증서로서의 방식에 적합한 때에는 자필증서에 의한 유언으로 본다(제1071조).

(2) 판례에서 인정된 예

대판 1977.7.26. 선고 77다492는 친생자가 아닌 자를 자신의 친생자로 출생신고를 한 사안에서 '당사자 사이에 양친자 관계를 창설하려는 명백한 의사가 있고 기타 입양의 성립요건이 모두 구비된 경우에는 요식성을 갖춘 입양신고 대신 친생자 출생신고가 있다 하더라도 입양의 효력이 있다'고 하여 친생자 출생신고가 입양신고로 전환되는 것을 인정하고 있다.[425)]

또 대판 1989.9.12. 선고 88누9305는 상속인 중 1인에게 상속재산 전부를 상속시킬 방편으로 상속인들이 상속포기신고를 했으나 제1019조 제1항의 상속포기신고기간을 도과하여 상속포기로서의 효력이 없는 경우 이를 상속재산분할협의로 볼 수 있다고 판시했다.

폭리행위에서 본 2009다50308 판결은 2억3천만원 상당의 토지를 재건축사업을 위하여 어쩔 수 없이 9억원에 매수한 계약이 폭리행위로서 무효인 경우에도 여러 사정을 종합하여 가정적 의사에 기하여 매매대금을 6억4천여만원으로 하는 매매계약으로 전환되는 것을 인정했다.

대판 2015.12.23. 선고 2012다71411은 위임계약의 일방 당사자가 타방 당사자의 채무불이행을 이유로 위임계약을 해지한다는 의사표시를 하였지만 실제로는 불이행된 채무가 없어 채무불이행을 이유로 한 계약해지의 요건을 갖추지 못한 경우, 위 해지를 민법 제689조 제1항에 따른 임의해지로서의 효력이 인정된다고 판시했다. 본래 해지사유 없이 하는 해지는 해지로서의 효력이 없는 것이 원칙이지만, 위임의 경우에는 제689조 제1항에 의하여 양 당사자가 아무런 이유가 없더라도 언제든지 해지를 할 수 있으므로 위 판시는 위임의 이런 특수성을 반영한 것이라고 할 것이다.

5. 무효행위의 추인

가. 비소급적 추인

무효인 법률행위는 추인해도 그 효력이 생기지 않지만 당사자가 그 무효임을

425) 2013.7.1.부터 시행된 민법은 미성년자의 입양요건으로 가정법원의 허가를 받도록 하고 있으므로(제867조) 미성년자의 입양의 경우에는 이 판결은 이제 더 이상 유효하지 않다.

알고 추인한 때에는 새로운 법률행위로 본다(제139조). 추인하면 무효인 법률행위의 성립 시로 효력이 소급한다는 의미가 아니고 추인한 때부터 법률행위의 효력이 생긴다는 의미이다.

이런 비소급적 효력, 즉 추인한 때 당사자 간에 새로운 행위를 한 것으로 보기 위해서는 추인 시에 행위의 유효요건을 갖추고 있어야 한다. 예를 들면 기존의 법률행위가 의사능력의 결여로 무효인 경우, 동조가 적용되기 위해서는 그 자의 의사능력이 구비된 상태에서 추인이 이루어져야 한다. 또 기존의 법률행위의 내용이 반사회적이어서 제103조 위반으로 무효인 경우에는 그 법률행위의 내용의 불법성이 제거되지 않는 이상 당사자가 추인하더라도 여전히 새로운 법률행위에 불법성이 존재하므로 유효한 법률행위로 될 수 없다.[426]

무효인 법률행위가 요식행위인 경우에는 추인으로 새로운 법률행위로서 효력을 발생하기 위해서는 다시 그 방식을 갖추어야 할 것이다. 예를 들면 무효인 수표발행행위에 대하여 추인으로 새로운 수표발행행위로서 유효하게 되려면, 추인 시에 수표발행에 필요한 일체의 요건(수표법 제1조)이 충족되어 있어야 한다.

추인은 명시적 혹은 묵시적으로도[427] 할 수 있다.

나. 소급적 추인

(1) 신분행위

판례 중 신분행위에 관하여 소급적 추인을 인정한 것이 있다. 즉 대판 1991.12.27. 선고 91므30은 혼인이나 입양 등의 신분행위에 관하여 제139조 본문을 적용하지 않고 소급적 효력을 인정하여야 한다고 하면서, 그 이유로 무효인 신분행위 후 그 내용에 맞는 신분관계가 실질적으로 형성되어 왔다면 이미 형성되어 있는 신분관계의 효력을 부인하는 것은 당사자의 의사에 반하고 그 이익을 해칠 뿐 아니라 그 실질적 신분관계의 외형과 호적의 기재를 믿은 제3자의 이익도 침해할 우려가 있기 때문이라고 한다.

---

426) 대판 1994.6.24. 선고 94다10900(불공정행위로서 무효인 경우 추인에 의해 유효로 될 수 없다).

427) 대판 2011.2.10. 선고 2010다83199, 83205(종중재산의 매도에 관한 종중의 결의가 하자로 인하여 무효인 상태에서, 종중의 종원들이 매매계약체결사실을 알고서 그 매매대금을 종원들에게 분배하기로 적법하게 결의하고 실제 분배까지 이루어진 경우, 무효인 매매계약을 추인한 것으로 보아야 한다고 판시함).

혼인이나 입양의 경우 제139조 본문을 그대로 적용하면 추인 전의 혼인관계나 입양관계가 무효로 되어 그 무효인 상태에서 태어난 자(子)는 친생자가 아닌 것으로 보게 되거나 양친자관계가 인정되지 아니하는 등 혼란을 야기할 우려가 높으므로 판례의 태도는 타당하다고 할 것이다.

(2) 그 외의 재산적 행위의 경우

문제는 제137조에 의해 재산적 행위 중 추인으로 새로운 법률행위로 보게 되는 행위에 관하여 당사자들이 그 효력을 소급시키는 합의를 한 경우, 소급적 효력을 인정할 수 있는지 여부이다.

통설은 당사자 사이에서만 그 효력을 당초의 행위 시로 소급시켜 유효한 것으로 취급하는 것은 계약자유의 원칙상 허용되지만, 그 소급합의로 제3자의 권리를 침해할 수는 없다고 한다.

이런 통설에 대하여는 무권대리행위도 일종의 무효에 해당하는데도 원칙적으로 추인에 의한 소급효를 인정하는 것과 균형이 맞지 않는다고 하여 제133조 이하의 규정을 무효행위의 추인에도 적용하여야 한다는 반대설도 있다.

통설은 소급적 합의는 채권적 합의에 그치는 것으로 제3자에 대하여 제한적 효력밖에 없다고 하고, 반대설은 제133조로 소급적 효력을 제한시키고 있지만, 양설 모두 그 결론에 있어 큰 차이가 있는 것으로 보이지 않는다. 그리고 앞에서 본 것처럼 판례는 부동산거래신고법상의 허가를 받지 않아 유동적 무효인 계약도 허가를 받으면 소급하여 유효를 인정하고 있다.

Ⅲ. 취소

1. 서

가. 의의

취소의 개념에는 좁은 의미에서는 제한능력이나 착오, 사기, 강박 등의 이유로 의사표시의 효력을 일방적으로 소급하여 소멸시키는 것을 의미하고, 넓은 의미에서는 재판이나 행정처분의 취소(제29조의 실종선고의 취소, 법인설립허가취소)나 유효한 법률행위의 취소(제8조 제2항의 영업허락의 취소, 제406조의 사해행위취소), 신분행위의 취소(혼인·이혼·입양·인지·친생자승인의 취소, 부담부유언의 취소 등)도 포함된다. 그러나 본절의 제140조 이하의 규정은 좁은 의미의 취소에만 적용되고, 넓은 의미의 취소에는 적용되지 않는다.

취소는 취소권을 가지는 자의 일방적 의사표시로서 소급적으로 그 법률행위의 효력을 상실시키는 것이므로 형성권의 성질을 가진다.

나. 구별개념

(1) 철회

철회는 아직 효력이 발생하고 있지 않은 의사표시에 대하여 장래 효과가 발생하지 않도록 저지하거나 일단 발생한 의사표시의 효력을 장래로 향하여 소멸시키는 표의자의 일방적 의사표시를 말한다. 형성권이라는 점에서는 취소와 동일하나 소급효가 없다는 점에서 취소와 구별된다. 민법은 철회를 취소로 표현한 경우도 있는데 제7조의 동의와 허락의 취소, 제8조 제2항의 영업허락의 취소가 이에 해당한다.

(2) 해제

해제는 계약이 유효하게 성립한 것을 전제로 계약 또는 법률의 규정에 기하여 행사하는 것으로서, 어느 한 당사자의 일방적인 해제의 의사표시에 의하여 계약의 효력을 소급적으로 상실하게 하는 제도이다.[428] 소급효가 있다는 점에서는 취소와 동일하나 계약이 의사표시상의 하자없이 유효하게 성립된 것을 전제로 한다는 점과 취소 사유는 법으로 정해져 있지만 해제 사유는 당사자 간의 약정에 의해서도 정할 수 있다는 점에서 차이가 있다.

다. 친족법상의 취소와 차이

민법 중 친족 편에서는 혼인의 취소사유와 관련하여서는 제한능력의 흠결 및 의사표시상의 흠결로 인한 사유인 제823조(사기, 강박으로 인한 혼인취소청구) 외에

---

428) 이것이 해제의 효과에 관한 판례의 태도인 직접효과설의 입장이다.

도 그 특유한 사유로서 근친혼(제816조), 연령위반혼인(제817조), 중혼(제818조), 동의 없는 혼인(제819조) 등이 있고, 입양에서는 제884조에서 입양취소사유를 규정하고 있다. 또 취소권자와의 관계에서도 중혼취소권자로 검사가 포함되어 있다(제818조).[429] 그리고 이런 취소는 취소권자의 의사표시에 의해 행사되는 것이 아니라 법원에 취소의 소를 제기하여야 하고(제816조, 제884조), 그 취소의 효과도 소급효가 없다(제824조, 제897조).

이런 점을 종합하면 본절의 규정은 친족 편에는 적용이 없다고 해야 할 것이다. 이를 보면 민법 중 총칙 편의 규정내용이 민법의 모든 규정의 공통규정이라고 하는 총칙의 성격이 철저하지는 않다는 것을 알 수 있다.

2. 취소권자

취소권자는 제한능력자, 착오로 인하거나 사기·강박에 의하여 의사표시를 한 자, 그의 대리인 또는 승계인으로 한정된다(제140조).

가. 제한능력자

본래 제한능력자의 법률행위는 법정대리인에 의하거나 법정대리인의 동의를 받아야만 유효하고, 법정대리인의 동의 없이 한 법률행위는 취소할 수 있는 것이 원칙이다. 따라서 취소권의 행사 역시 법률행위이므로 제한능력자는 단독으로 취소권을 행사할 수 없다고 보아야 한다. 그럼에도 불구하고 본조는 제한능력자 단독으로 취소권을 행사할 수 있다고 규정하고 있다.

그 이유는 취소는 원상태로 되돌리는 행위이므로 제한능력자가 하여도 그에게 불리한 것이 없고, 취소한 행위를 다시 취소할 수 있다고 하면 법률관계가 복잡해진다는 점에 있다.

제한능력자가 한 쌍무계약에 관하여 어떤 급부도 행해지기 전에 취소하는 경우에는 제한능력자를 포함한 양쪽 다 아무런 피해가 없지만, 제한능력자가 어떤 급부를 수령한 후에 취소를 하면 수령한 급부를 반환하여야 하는 점에서 제한능력자에게 불리하게 될 수도 있지 않느냐는 의문이 들 수 있으나, 제141조 단서에 의하여 취소의 경우 제한능력자는 현존이익만을 반환하면 되므로 제한능력자에게

429) 취소권자에 검사가 포함되어 있는 것은 공익적 이유에서이다.

불리하다고 할 수 없을 것이다.

나. 하자있는 의사표시를 한 자

착오에 빠져 의사표시를 한 자, 사기나 강박을 당하여 의사표시를 한 자를 의미하고, 취소권의 행사시에는 착오에서 벗어나거나 사기나 강박에서 벗어난 상태에 있어야 한다. 그런 상태에서 벗어나지 않은 상태에서 한 취소는 취소로서의 효력이 없다.

다. 대리인

대리인에는 법정대리인과 임의대리인이 있다.

(1) 법정대리인의 경우

법정대리인은 스스로 자신의 취소권을 행사하는 것이고 본인의 취소권을 대리행사는 것이 아니다. 따라서 제한능력자의 경우에는 제한능력자와 그 법정대리인이 각기 취소권을 가지게 되는데, 그 중 1인이 취소하면 그 후에는 추인할 수 없고, 그 중 1인이 제144조에 따라 적법하게 추인하면 그 후에는 취소할 수 없다.

문제는 법정대리인의 취소권이 소멸하여도 제한능력자 본인의 취소권이 남아있는 경우,[430] 제한능력자가 취소할 수 있는지 여부이다. 취소권에 기간제한을 둔 취지가 법률행위를 가능한 한 조속히 안정시키려는 데에 있으므로 어느 쪽의 취소권이 기간제한에 의하여 소멸한 경우에는 타방의 취소권도 소멸한다고 보아야 할 것이다.

미성년자의 경우 부모가 친권을 행사하므로(제909조 제2항) 취소권도 공동으로 행사하여야 하는지가 문제로 된다.[431] 이에 대해서는 앞의 행위능력에서 보았듯이 반대설도 있지만 단독으로 행사할 수 있다고 생각한다. 다만 제7조나 제8조의 취소는 철회의 성질을 가지는 것으로서 여기서의 취소와 다른 성질의 것이라는 점

430) 취소권의 기산일과 관련하여 법정대리인은 그가 추인할 수 있는 날로부터 기산하고, 제한능력자는 행위능력자가 된 때부터 기산하므로 종료일이 다를 수 있다.

431) 물론 미성년자의 행위가 착오 또는 사기나 강박에 의한 것이어서 취소권이 발생하는 경우도 있을 것이지만, 위 경우의 취소권보다는 제5조 제2항의 취소권이 그 효력면에서 강력하므로(선의의 제3자에게도 대항할 수 있다) 제5조 제2항의 취소권만을 보기로 한다.

과 제7조의 취지에 비추어 미성년자가 법률행위를 하기 전이라면 부나 모 중 1인이라도 취소권(철회권)을 행사할 수 있다고 할 것이라는 점도 앞에서 보았다.

(2) 임의대리인의 경우

원칙적으로 취소권은 본인에게 귀속하는 것이므로 임의대리인이 취소권을 행사할 수 있기 위해서는 본인으로부터 취소권 행사에 대한 대리권을 수여받아야 하고, 대리권을 수여받지 못하면 취소권을 행사할 수 없다.

일반적으로 포괄적 대리권을 수여받은 임의대리인은 취소권의 행사권한까지 대리권을 수여받은 것으로 보아야 하지만, 그렇지 않은 경우 임의대리인은 수권받은 행위를 한 후에는 대리권이 소멸하므로 임의대리인이 착오나 사기 또는 기망을 당하여 수권받은 대리행위를 종료하였다면 이로써 임의대리인의 대리권은 소멸하였다고 보아야 하고, 따라서 이 경우 취소권은 본인에게 귀속되므로 본인으로부터 취소권 행사에 관한 대리권을 다시 수여받지 못하면 그 대리인은 취소권을 행사할 수 없다(앞에서 본 대리행위의 하자 부분 참조).

라. 승계인

(1) 여기서 말하는 승계인에는 상속, 합병 등과 같은 포괄승계인이 포함되는 것에는 의문이 없다. 이런 포괄승계인은 피승계인의 모든 재산뿐만 아니라 그 지위까지도 승계하기 때문에 취소권 역시 당연히 승계한다고 보기 때문이다.

취소권이 부착된 권리 또는 의무를 승계함이 없이 취소권만의 승계는 인정되지 않는다는 것에도 의견이 일치한다.

(2) 문제는 취소권이 부착된 법률행위에서 발생한 권리 또는 의무나 그 법률행위의 대상인 목적물만을 승계한 특정승계인도 위 승계인에 포함되는지 여부이다. 이것이 문제가 되는 이유는 제145조 제5호에서 '취소할 수 있는 행위로 취득한 권리의 전부 또는 일부의 양도'를 법정추인으로 보므로 특정승계가 일어나는 경우에는 법정추인이 되어 취소권을 행사할 여지가 없게 되는 것이 아닌가 하는 것 때문이다.

이와 관련하여 학설이 나뉜다. 즉 본조의 승계인에는 취소권이 부착된 계약상의 지위를 양수한 자를 의미하고 취소권이 부착된 권리나 의무 또는 그 목적물을 양수한 특정승계인은 포함되지 않는다는 견해와, 특정승계인도 포함된다는 견해 등이 있다.

제145조 제5호와의 관련에서 보면 전자의 견해가 타당하다고 생각한다.

예 5-50

(1) A가 B에게 A소유 토지 L을 1억원에 매도하는 계약을 체결하였다. 그런데 이 매매계약은 A가 B를 기망하여 체결한 것이다. B는 L을 C에게 매도하였다.

(2) A가 B에게 기망당하여 A소유의 토지 L상에 지상권(제279조)을 설정하였다. 그 후 A가 C에게 L을 양도하여 소유권 이전등기까지 경료해 주었다.

(3) 위 예 (1)의 경우

위 예 (1)에서 기망당한 B가 L을 C에게 매도하지 않고 있는 때에는 제110조 제1항에 의하여 A와의 L에 관한 매매계약을 취소할 수 있는 것은 당연한데, 만일 이렇게 취소권을 가지는 B가 L을 C에게 매노한 경우에도 B가 취소권을 행사할 수 있는지, 나아가 C도 취소할 수 있는지가 문제이다.

먼저 B가 취소할 수 있는지에 관하여 보면, 취소할 수 있는 매매계약으로 취득한 L의 소유권을 B가 C에게 양도하는 것은 제145조 제5호 '취소할 수 있는 행위로 취득한 권리의 전부 양도'에 해당하여 법정추인한 것으로 보아야 하므로 B는 취소권을 행사할 수 없다. 이렇게 B가 법정추인을 한 것으로 보는 이상 C도 'A의 B에 대한 기망행위'를 이유로 취소할 수 없을 것이다. 그러나 위 예 (1)과 달리 C가 L을 매수한 것이 아니고, B의 취소권을 포함한 매수인으로서의 계약상의 지위를 인수하였다면 C는 취소권을 행사할 수 있다(계약상의 지위를 인수하는 계약[432]은 A, B, C 3인이 합의하여야 한다).[433]

위 예를 약간 변형하여 만일 B가 A를 기망하여 매매계약이 체결되었고, A가 그 매매계약상의 대금채권을 D에게 양도한 경우에도 동일한 문제가 발생하는데,

432) 계약에서 발생하는 하나하나의 구체적인 채권이나 채무를 당사자로부터 분리하여 그 하나의 채권이나 채무를 마치 하나의 물건과 같이 취급하여 양도(제449조 이하, 채권양도) 또는 인수(제453조 이하, 채무인수)할 수 있는 것처럼, 계약 자체를 물건과 같이 취급하여 양도하는 것도 가능하다. 이런 계약을 계약상의 당사자의 지위를 이전하는 계약(또는 계약인수)이라고 한다.

433) 계약상의 당사자의 지위를 이전하는 계약을 체결하면, B는 계약 당사자의 지위에서 완전히 이탈하므로 B는 더 이상 취소권을 행사할 수 없다.

이때에도 A가 취소할 수 있는 매매계약상의 대금채권을 D에게 양도한 것은 제145조 제5호에 해당하여 법정추인한 것으로 보아야 하므로 더 이상 A나 D는 A와 B 사이의 매매계약을 취소할 수 없다고 보아야 한다.

(4) 위 예 (2)의 경우

특정승계인이 본조의 승계인에 포함된다고 하는 견해는, 제145조 제5호에 해당되지 않으면서도 특정승계인이 본조의 승계인에 포함되는 예로서 위 예를 든다. 즉 위 예에서 A가 C에게 양도한 것은 취소할 수 있는 행위인 지상권이라는 권리의 전부나 일부의 양도가 아니므로 제145조 제5호에 해당되지 않고 따라서 C는 특정승계인이지만 취소권을 행사할 수 있다고 한다.

이에 반하여 특정승계인은 포함되지 않는다는 견해에 따르면 이 경우 A의 L양도는 법정추인으로 보아야 할 뿐 아니라 이 경우에까지 승계인 C에게 취소권을 인정하면, 지상권의 부담이 있는 상태의 L을 취득한 C가 취소권의 행사를 통하여 아무런 부담이 없는 L을 취득하게 하는 결과를 용인하는 셈이 되고 이는 C에게 지나친 이득을 주는 것이어서 부당하다는 점을 들어 C에게 취소권을 인정할 수 없다고 한다.

생각건대 우리 판례는 지상권과 동일한 용익물권적 성격을 가지는 전세권에 관하여 전세권 목적물의 소유권이 이전되면, 새로운 소유자는 전세권설정자의 지위를 인수한다고 보고 있는바,[434] 이런 관계는 지상권 목적물의 소유권이 이전된 경우에도 마찬가지라고 보아야 할 것이다. 그렇다고 하면 A로부터 지상권이 설정된 목적물 L을 취득한 C는 A의 지상권설정계약의 당사자인 지상권설정자로서의 지위를 이전받은 셈이 되어 취소권을 행사할 수 있다고 보아야 할 것이다. 위 대법원 판결을 승인하는 한 위 예 (2)의 C는 지상권설정계약의 포괄승계인으로 취급되므로 C가 특정승계인에 해당된다는 것을 전제로 하는 위 두 견해는 위 판례입장과는 다른 전제에 선 것으로 찬동할 수 없다고 할 것이다.

(5) 보증인이 주채무자의 취소권을 행사할 수 있는가

예를 들면 A가 B에게 A소유의 L을 1억원에 매도하였고 C가 B의 매매대금지급에 관하여 보증을 하였는데 위 매매계약은 A가 B를 기망하여 체결된 것이었던

434) 대판 2000.6.9. 선고 99다15122.

경우, B가 사기에 의한 의사표시임을 이유로 매매계약을 취소할 수 있는 것은 당연하지만, 보증인 C가 A와 B 사이의 매매계약이 사기에 의한 의사표시임을 이유로 취소할 수 있는지가 문제이다.

第435조는 주채무자가 채권자에 대하여 취소권 또는 해제권이나 해지권이 있는 동안은 보증인은 채권자에 대하여 채무의 이행을 거절할 수 있다고 규정하고 있고, 취소권의 행사 여부는 기망당한 계약 당사자인 B의 의사에 따라야 하는 점을 고려하면 보증인인 C는 취소권을 행사할 수 없고, 第435조에 의한 이행거절권만을 행사할 수 있다고 보아야 할 것이다.

3. 취소의 방법

가. 행사방법

(1) 취소권은 형성권으로서 상대방 있는 단독의 의사표시이므로 취소권자가 상대방에 대한 의사표시로서 하면 되고 특정한 방식을 요구하지는 않는다.[435)]

(2) 문제는 취소권의 공동행사의 경우이다.

예를 들면 A가 B에게 기망당하여 매매계약을 체결한 후, A가 사망하여 상속인 C, D가 A의 지위를 공동 상속한 경우, 취소권의 행사는 C, D가 공동으로 행사하여야 하는지 아니면 각자가 독립적으로 행사할 수 있는지(만일 독립적으로 행사할 수 있다면 C는 취소하고 D는 추인하면 매매계약은 어떻게 되는가 하는 등의 추가적인 문제도 생긴다)가 문제이다.

취소권과 효력이 유사한 해제권에 관하여는 第547조에서 공동으로 행사하여야 한다고 규정하나 취소권에는 그런 조항이 없다. 견해는 나뉘지만, 앞의 '무권대리와 상속'항에서 본 것처럼 추인권을 공동으로 행사하여야 하는 것과 같이, 취소권의 행사 역시 공동으로 행사하여야 한다고 보는 것이 타당한 것으로 생각한다.

나. 일부 취소

하나의 법률행위의 일부분에만 취소사유가 있는 경우에는 第137조의 일부무효의

---

435) 대판 1993.9.14. 선고 93다13162(취소권의 행사방법은 특정한 방식이 요구되지 않고 취소를 전제로 한 소송상의 이행청구나 이행거절도 가능하다).

법리를 준용한다. 따라서 원칙적으로 법률행위 전부를 취소할 수 있지만, 그 법률행위가 가분적이고 목적물의 일부가 특정될 수 있으며 나머지 부분만이라도 유지하려는 가정적 의사가 인정되면 일부만의 취소도 가능하다고 보아야 할 것이다.

나아가 여러 개의 계약을 체결한 경우에도 그 계약들이 전체적으로 경제적, 사실적으로 일체로서 행하여진 것으로 그 하나가 다른 하나의 조건이 되어 어느 하나의 존재 없이는 당사자가 다른 하나를 의욕하지 않았을 것으로 보이는 경우에는 하나의 계약에만 취소사유가 있더라도 위와 같은 일부취소의 법리에 따라 계약 모두에 대하여 취소할 수 있다고 보아야 한다.[436)]

4. 취소의 상대방

취소의 의사표시의 상대방은 취소하여야 할 법률행위의 상대방을 말하고, 그에게 취소의 의사표시가 송달되어야 효력이 발생한다(제111조 제1항).

제3자를 위한 계약의 경우, 즉 A가 B에게 A의 L을 매도하면서 매매대금을 B가 C에게 지급하기로 약속한 경우 A가 취소할 때의 그 상대방은 제3자인 C가 아니라 계약 당사자인 B이고,[437)] B가 취소할 때에도 그 상대방은 A이지 C가 아니다. 그리고 상대방이 수인인 경우에는 상대방 모두에게 취소의 의사표시가 송달된 때에 취소의 효력이 생긴다고 보아야 할 것이다.

5. 취소의 효과

가. 소급효

(1) 원칙

취소는 취소되기 전에는 유효하였던 법률행위를 처음부터 무효로 만드는 의사

---

436) 대판 1994.9.9. 선고 93다31191(기망을 당하여 대여금 계약과 저당권설정계약을 체결한 후 저당권설정계약만의 취소를 주장한 사안에서, 대여금계약에도 그 취소의 효력이 미친다고 보았다), 대판 2013.5.9. 선고 2012다115120(임차권양도계약과 권리금계약을 일체로 보아 권리금계약이 취소되면 임차권양도계약도 취소되는 것을 인정하였다).

437) A가 취소할 때 수익자인 C의 동의를 받아야 하느냐와 관련하여 논의가 있다는 것은 제110조의 예 5-22에서 보았다.

표시로서, 법률행위가 취소되면 처음부터 무효인 것으로 보는 것이 원칙이다(제141조 본문). 그러나 현실적으로 보면 취소한다는 의사표시를 하였다고 하여 그 의사표시만으로 취소된 법률행위에 기하여 행하여졌던 이행행위들이 모두 그 행위가 없었던 것처럼 소멸하는 것은 아니다. 따라서 취소라는 개념은 미이행 상태라면 상대방의 이행청구를 거절할 수 있게 하고, 이행이 된 상태라면 이러한 이행행위들을 취소 전의 상태대로 돌리기 위한 청구권이 발생한다는 것을 도출해내기 위한 매개 내지 도구개념에 불과하다고 할 수 있다.

취소라는 의사표시가 있기 전에 잠정적으로 유효하였던 법률행위의 효력을 처음부터 무효로 돌리면 부당한 결과가 나오는 경우에는 그 소급효를 제한할 수 있고, 소급효가 제한되는 경우로는 민법상의 규정이 있는 경우와 민법상 규정은 없으나 판례에 의하여 인정되는 경우가 있다.

(2) 소급효가 제한되는 경우

(가) 민법상의 규정이 있는 경우

혼인의 취소(제824조)나 입양의 취소(제897조)의 경우에는 소급효를 제한하여 소급하지 않는다고 규정하고 있다. 혼인취소에 소급효를 인정하게 되면 취소 전에 태어난 자(子)가 혼인외(婚姻外)의 자로 되어 아무런 잘못이 없는 자(子)가 피해를 보게 되고, 입양취소에 소급효를 인정하게 되면 취소 전 자를 부양한 것에 대해 부모가 자에 대해 부당이득반환청구를 할 수 있게 되는 등의 부당한 일이 생기므로 이를 방지하기 위한 것이다.

(나) 판례에 의해 소급효가 제한되는 경우

판례에서 소급효를 제한하는 것으로는 근로계약과 조합계약이 있다.

1) 근로계약

대판 2017.12.22. 선고 2013다25194, 25200의 사안은 다음과 같다.

A회사가 B를 경력직 백화점 매니저로 채용하여 근무하게 하던 중 B의 종전 직장에서의 근무경력이 허위임이 드러나 해고하였다. 이에 B가 해고무효소송을 제기하여 승소확정판결을 받았다. 그 후 B는 이 사건 소송으로 A를 상대로 해고를 당하여 근무하지 못한 기간 동안의 임료를 근로계약에 따라 지급해 줄 것을 청구하였다. 그러자 A는 위 근로계약은 B의 기망에 의한 것이므로 이를 취소한

다고 하면서 이와 같이 근로계약이 취소되면 근로계약은 처음부터 무효가 되므로 임금지급의무가 없다고 다투었다.

원심은 계속적 계약인 근로계약이 취소되면 장래에 관하여만 계약의 효력이 소멸하지만 이런 장래효는 근로자가 현실적으로 노무를 제공한 경우에 한하고 현실적으로 노무를 제공하지 않은 기간에는 소급적으로 효력이 소멸한다고 보아 B의 청구를 기각했다. 그러나 대법원은 '근로계약이 무효 또는 취소되는 경우 근로계약에 따라 그동안 행하여진 근로자의 노무제공의 효과를 소급하여 부정하는 것은 타당하지 않으므로 이미 제공된 근로자의 노무를 기초로 형성된 취소 이전의 법률관계까지 효력을 잃는다고 보아서는 아니 되고 취소의 의사표시 이후 장래에 관하여만 근로계약의 효력이 소멸된다'고 하면서 현실적으로 노무를 제공하지 않는 기간 동안의 근로계약이 소급하여 효력을 상실한다고 본 원심을 파기했다.

이런 대법원의 태도가 '근로계약' 외의 계속적 계약 일반에도 적용될 수 있는 것인지는 의문이다. 예컨대 임대차계약에서 임차인이 임대인에게 기망당하여 고액의 임대료를 지급하기로 하여 지급하던 중 임대차기간 중에 임차인이 임대인의 기망사실을 알고 임대차계약을 취소하는 경우, 위 판결의 논지에 따라 취소의 의사표시가 있는 때로부터 장래에 관하여만 임대차계약의 효력이 상실한다고 하면 임차인은 그전에 지급한 고액의 임대료를 반환받을 수 없게 되는 손해를 입게 되어 부당하다고 할 것이다(물론 이런 경우 임차인이 불법행위를 이유로 손해배상을 구하면 된다는 견해도 있을 수 있을 것이다). 차후 대법원의 태도가 주목된다.

참고로 대판 2017.5.11. 선고 2012다200486은 공무원으로 임용되어 수년간 근무하다가 임용결격사유가 드러나 임용행위의 하자로 취소되는 경우에는 그 임용행위는 소급적으로 무효로 된다고 보고 있다. 이 판결의 사안은 민법에서의 사법상의 행위인 의사표시의 하자로 인한 취소가 아니고, 공무원의 임용행위라는 공법상 행위(행정처분)에 대한 하자있는 행정행위의 취소라는 특수성이 있다. 이런 행정처분의 취소 시에는 일반 사법처럼 소급효를 제한하여 그 전의 하자있는 행위의 효력을 인정하는 것은 법치행정의 원칙에 위반되기 때문에 일반 사법과 같이 처리할 수는 없어 소급효를 인정하였다고 할 것이다. 사법과 공법의 차이에서 기인한다고 볼 수 있다.

2) 조합계약

대판 1972.4.25. 선고 71다1833은 '조합이 사업을 개시하여 조합원들이 약정한 공동사업의 경영을 위해 제3자와의 간에 거래관계가 이루어지고 난 다음에는 조합계약체결 당시의 의사표시의 하자를 이유로 조합계약을 취소하여 조합성립 전으로 환원시킬 수 없다'고 판시하고 있다. 이는 조합원 사이의 문제로 인하여 조합과 거래한 제3자가 피해를 입게 되어서는 아니 된다고 보아 거래의 안전을 도모한 것으로 볼 수 있고, 마치 의사표시의 하자로 취소하는 경우 선의의 제3자에 대항할 수 없다는 것과 유사한 생각이라고 볼 수 있다.

다만 판례는 조합과 거래한 제3자가 선의인지 악의인지에 대하여는 분명하게 언급하고 있지는 않은데, 조합이 성립하면 제3자에 해당하는 수많은 사람들과 거래관계에 돌입한다는 점을 고려하면 제3자의 선의, 악의는 불문한다고 보아야 할 것이다.

나. 반환범위

법률행위가 취소되어 소급하여 무효로 되는 경우, 급부한 것이 없으면 상내방의 이행청구를 거절할 수 있고, 급부한 것이 있으면 급부수령자는 급부자에게 반환해야 할 의무가 발생한다는 것은 무효에서 본 바와 같다. 따라서 무효의 효과에서 본 것과 같은 법리 및 견해 대립(통일설과 비통일설)이 있는 것은 취소의 경우에도 마찬가지이다.

다만 제한능력자의 보호를 위하여 '제한능력'을 이유로 '취소'되는 경우에는 현존이익만을 반환하도록 하고 있는데(제141조 단서), 이 규정은 '의사능력'의 결여로 '무효'로 되는 경우에도 준용된다는 것이 판례의 태도이다. 즉 의사능력의 흠결로 인하여 무효로 된 경우의 반환범위에 관하여 대판 2009.1.15. 선고 2008다58367은 제한능력자의 보호를 위해 선의, 악의를 묻지 않고 반환범위를 현존이익으로 한정시키는 제141조 단서를 의사능력이 제한되어 무효인 경우에도 유추되어야 한다고 보아 현존이익의 반환만을 인정하고 있다. 제141조 단서가 행위능력이 제한된 제한능력자의 보호를 위한 정책적인 규정임을 감안하면 그 보호의 필요성은 의사능력의 흠결 쪽이 더 강하다고 할 수 있으므로 판례의 태도는 정당하다고 할 것이다.

(1) 제한능력 외의 이유로 취소된 경우

취소의 효력은 앞의 무효의 효력에서 이미 보았다. 앞에서 보았듯이 쌍무계약인지, 편무계약인지, 그 계약의 목적물이 물건인지 아닌지에 따라 견해가 나뉠 수 있지만, 그 논의의 내용은 무효에서 본 경우와 동일하므로 여기서는 논란이 많은 물건에 관한 쌍무계약인 매매의 취소에 관하여서만 보기로 한다.

예 5-51

A가 B에게 A소유의 동산 M을 100만원에 매도하는 계약을 체결하였는데, 그 매매가 제한능력 외의 사유로 취소되고 취소 당시,
(1) A가 B에게 M을 인도하지 않고 있었던 경우
(2) A가 B에게 M을 인도하였고, B도 A에게 100만원을 지급한 상태였던 경우

(가) 위 예 (1)의 경우

위 예 (1)에서는 A와 B 사이의 매매계약은 취소로 인하여 소급하여 무효로 되므로 A와 B는 각기 상대방에 대하여 매매계약에 기한 어떠한 채무를 부담하지 않고, 그 채무를 이행하지 않았다고 하더라도 채무불이행책임을 추궁당하지 않는다.

(나) 위 예 (2)의 경우

1) 목적물과 대금의 반환

위 예 (2)에서는 우리 판례와 통설(통일설)의 입장에 따르면, 서로 급부를 받은 것을 반환하여야 할 의무는 부당이득반환의 법리에 의한다. 따라서 A는 B에 대하여 M의 반환을 구할 수 있고, B는 A에 대하여 100만원의 반환을 구할 수 있으며 위 각 반환의무는 동시이행관계에 선다.[438] 다만 B의 수중에서 M이 멸실하게 되는 경우 부당이득반환의 법리에 따르면 B가 선의인 경우 제747조, 제748조 제1항에 의하여 B의 M 반환의무는 소멸하게 되고, A의 100만원 반환의무만이 남게 된다.

이에 반하여 비통일설의 입장에서는, 해제에 의한 원상회복(또는 표현적 법률관계)의 법리에 의하여야 한다고 보므로 A는 B에 대하여 M의 반환을, B는 A에 대하여 100만원의 반환을 각기 구할 수 있고 위 각 반환의무는 동시이행관계에 선다. 만일 B의 수중에서 M이 멸실되더라도 그 가액에 상당하는 금액을 A에게 반환하여야 하며,[439] 이때 A도 B에게 100만원을 반환하여야 한다.

438) 대판 2001.7.10. 선고 2001다3764.

439) 비통일설 중에서도 B의 수중에서 M이 불가항력으로 멸실된 경우 B의 M의 반환의무가 소멸하느냐와 관련하여 견해가 나뉜다. 무효에서 본 것처럼 B의 M의 반환의무도 일반 채무불이행과 같이 보아 B에게 귀책사유가 없으면 소멸하는 것으로 보는 견해도 있지만, B의 반환의

2) 물건의 사용이익과 대금의 이자의 반환

B의 M의 사용이익의 반환 여부와 관련하여서는 복잡한 문제가 발생한다는 것은 무효의 효력에서 이미 보았으므로 간략히 보면 다음과 같다.

판례나 통설인 통일설에 의하면, A는 선의, 악의를 불문하고 100만원에 대한 법정이자를 반환해야 하는데 반하여, B는 그가 선의인 경우에는 제201조에 의하여 M의 사용이익을 반환하지 않아도 되지만, 악의인 경우에는 그 사용이익은 물론 그 손해까지 반환해야 한다.

비통일설에 의하면, A와 B는 각자의 선의, 악의를 불문하고 100만원에 대한 법정이자와 M의 사용이익을 상대방에게 반환해야 한다.[440)]

(2) 제한능력을 이유로 취소된 경우

제한능력을 이유로 취소된 경우에는 제한능력자는 현존이익만을 반환하면 되고(제141조 단서) 제한능력자의 상대방은 위 (1)항에 따라 반환할 범위를 정하면 된다.

문제는 아래와 같이 '3자간 부당이득'이 문제되는 경우이다.

예 5-52

미성년자인 A가 B 신용카드회사와 신용카드 이용계약을 체결한 후, A가 가맹점 C로부터 동산 M을 20만원에 구매하는 계약을 체결하여 신용카드로 결제하였다. B신용카드회사는 가맹점 C에게 A가 사용한 신용카드대금을 대신 지급한 후 A로부터 신용카드대금과 연회비를 지급받았다.

(가) A가 미성년자임을 이유로 C와 구매계약만을 취소한 경우[441)]

무는 A의 100만원의 반환과 대가관계에 서는 것이므로 대가성을 중시한다면 M이 불가항력으로 멸실되더라도 B의 M 반환의무는 소멸하지 않는다고 보는 것이 타당하다고 할 것이다. 왜냐하면 M 멸실의 위험은 점유하고 관리 중인 B가 부담해야 한다고 생각하기 때문이다.

440) 해제의 효과에 따라야 한다는 사견에 의한 결과이다. 만일 비통일설 중 표현적 법률관계에 따라야 한다는 견해에 의하면 제587조를 준용하여 B는 그가 M을 점유하고 있는 동안에는 A에 대해 100만원에 대한 법정이자를 청구할 수 없고, A는 100만원을 반환하기 전에는 B에 대해 사용이익을 청구할 수 없다고 보게 될 것이다.

441) 구매계약과 신용카드 이용계약과의 관계에 관하여, 제한능력의 흠결이라는 동일한 취소사유임을 중시하여 신용카드 이용계약을 취소하면 구매계약도 자동적으로 취소되는 것으로 보아야 한다는 견해가 있는데, 취소의 의사표시의 상대방이 다르므로 신용카드 이용계약을 취소하였다고 하여 모든 구매계약이 취소된 것으로 보아야 한다는 것은 무리가 있다. 미성년자의 행위능력에서 본 2003다60297, 60303, 60310, 60327 판결은 신용카드 이용계약을 취소하였

1) A가 C와 신용카드거래라는 형식을 취하지 않고 거래를 하였다가 A가 미성년자임을 이유로 C와의 M 구매계약을 취소하는 경우, A는 C에 대하여 20만원의 반환을, C는 A에 대하여 M의 반환을 구할 수 있다(20만원의 법정이자와 M의 사용이익은 여기서의 쟁점이 아니므로 논의하지 않는다). 이때 부당이득법리에 의하면 A가 악의이면 원칙적으로 A는 C에 대하여 제748조 제2항에 의하여 M 및 그로부터 받은 이익에 이자를 붙여 반환하고 이로 인하여 C가 입은 손해가 있으면 그 손해까지도 배상해야 한다. 그런데 통상의 경우 미성년자 A가 C와 거래를 할 때 자신이 미성년자임을 알고서 거래를 할 것이므로 악의인 경우가 거의 대부분일 것이고, 따라서 A는 거의 모든 경우에 제748조 제2항에 의하여 반환범위가 정해진다. 이처럼 제한능력자의 거래행위에 관하여 제한능력을 이유로 취소하는 때에 악의자의 반환의무에 관한 규정을 적용시키면 제한능력자를 보호하기 위하여 제한능력을 이유로 취소를 허용한 법률의 취지에 반하게 된다. 이런 이유로 제한능력을 이유로 취소하는 경우 제748조 제2항을 적용하지 않도록 하기 위하여 우리 민법은 제141조 단서를 두어 '이익이 현존하는 한도'(현존이익)에서 상환할 의무가 있다고 하고 있다.

따라서 A는 C로부터 받은 M을, 취소한 때의 현상인 사용된 상태 그대로를 현존이익으로서 반환할 의무가 있고,442) C는 A에게 20만원 및 그에 대한 법정이자를 가산하여 반환할 의무가 있다고 할 것이다.

2) 문제는 제3자인 신용카드회사 B가 A와 C 사이의 거래에 개입하여 대금의 지급을 중개하는 경우이다.

첫째, A가 구매계약을 취소할 때 B회사가 C에게 대금을 지급하지 아니한 단계라면 A가 C에 대해 구매계약을 취소하고 이를 B회사에게 알려 지급을 정지시키면 된다. 이때는 A의 C에 대한 현존이익의 반환, 즉 M의 반환의무만이 문제가 될 것이다.

둘째, A가 취소할 때 B회사가 이미 C에게 대금을 지급하고 A로부터 그 카드대

다고 하여 구매계약이 취소된 것으로 볼 수 없다고 판시하였다.

442) 사용이익의 반환도 해야 하는 것이 아닌가 하는 의문이 있을 수 있으나, 제141조 단서가 현존이익만을 반환하라는 것은 사용이익을 반환하지 않아도 된다는 의미를 포함하고 있다. 신품을 주고 중고품을 받게 되는 C의 손해는, 우리 민법이 제한능력자를 보호하는 입장을 취하고 있는 이상 어쩔 수 없다. 따라서 C가 이런 손해를 피하기 위해서는 거래상대방인 A가 미성년자(제한능력자)인지 아닌지를 확인한 후에 거래를 하는 수밖에 없다.

금을 변제받은 단계라면, A가 C에 대해 구매계약을 취소한 후 C에게 지급된 대금 20만원을 C로부터 반환받는 것은 문제가 없을 것이다. 그러면 나아가 A는 C가 아닌 B를 상대로 20만원의 반환을 구할 수 있을 것인가.[443)]

생각건대 반환의무가 부당이득반환의무라고 하는 통일설에 의하면, B로서는 A의 지급지시[444)]에 따라 20만원을 지급하고 그에 따라 A로부터 20만원을 변제받은 것이라고 할 것이므로 이득을 취한 것이 없으므로 B는 A에 대하여 20만원을 반환할 의무는 없다고 해야 할 것이다.[445)]

비통일설에서는 위와 같은 이유에 더하여 B는 단지 자금의 중개만을 담당하고 있었던 것으로 보아야 할 것이고, 분쟁의 해결은 구매계약의 당사자들끼리 해결하는 것이 합리적이라고 할 것이므로 A는 B회사에 대하여 청구할 수 없다고 보아야 할 것이다.

(나) 신용카드회사 B와 신용카드 이용계약을 취소한 경우

1) A가 미성년자임을 이유로 B회사와 신용카드 이용계약을 취소한 경우, 취소에는 소급효가 있으므로 B가 취소 이전에 C에게 A의 구매대금을 지급하고서 A로부터 변제받은 그 대금상당액을 A에게 반환하여야 하는지가 문제로 된다.

이 문제에 대해서는 A가 나아가 C와의 구매계약까지도 취소하였는지 여부에 따라 경우를 나누어 볼 필요가 있다.

2) 먼저 A가 C와의 구매계약은 취소하지 않은 경우를 본다.

우리 판례[446)]는 위와 같은 경우에 다음과 같이 판단하였다. 신용카드 이용계약이 취소되면 그 소급효로 인하여 B회사는 A에게 A로부터 지급받은 카드대금 20만원을 반환할 의무가 있다. 그러나 한편 B회사로서는 아무런 의무 없이 A의 C에 대한 M의 구입대금 20만원을 대신 지급함으로써 A가 그 채무를 면하여 A가 부당하게 이득을 취하고 이로 인해 B가 손해를 보았으므로 B는 A에 대하여 20만

---

443) 이런 경우는 가맹점 C가 파산하여 A가 C로부터 20만원을 돌려받을 수 없게 되는 경우에 문제가 된다.

444) B가 C로부터 A에게 M을 판매하였다는 전표를 받고서 C에게 그 대금을 지급하는 것은, A와 B 사이에 체결된 신용카드 이용계약에 기한 A의 지급지시에 따른 것이라고 보아야 할 것이다.

445) 이런 결론은 A가 B와의 신용카드 이용계약을 취소하였는지 여부와는 무관하다고 보아야 할 것이다.

446) 앞의 2003다60297, 60303, 60310, 60327 판결.

원의 부당이득반환채권을 가진다. 그리고 무효의 효과에서 본 96다32881 판결에 따라 부당이득한 것이 금전인 경우에는 현존하는 것으로 추정되므로 결국 A의 B에 대한 위 카드대금 20만원의 반환채권은 A가 B에게 반환하여야 할 구매대금 상당인 20만원의 부당이득반환채무와 상계되어 A의 B에 대한 카드대금 반환채권은 소멸하였다.[447)]

생각건대, 위 판결의 결론에는 동의하지만 그 법리의 구성에는 의문이 있다. 즉 판례가 취소의 경우 반환의무는 부당이득반환의무라는 입장을 취하고 있는데, 부당이득반환이란 부당하게 얻은 이득을 이득자가 손실자에게 반환하는 제도이므로 A가 입은 손해와 B회사가 얻는 이득을 먼저 비교하여 B회사에게 이득이 있는지 여부를 따져 B에게 이득이 없다면 A의 청구는 기각되어야 한다. 그렇다면 위 사안에서 B회사는 A로부터 받은 금액을, A와 유효하게 계약한 C에게 M의 대금으로 지급하였으므로 B에게 이득이 없다고 보아야 할 것이고, 따라서 상계에 나아갈 것도 없이 B는 A에 대하여 부당이득반환채무는 없다고 하여 A의 B에 대한 부당이득반환청구는 기각되어야 한다고 해야 하지 않았을까. 즉 위와 같은 경우는 A의 지급지시에 따라 B가 A의 채권자인 C에게 그 대금을 지급한 다음 그 대금을 A로부터 변제받았다가 그 후 A의 B에 대한 지급지시를 취소한 경우에 해당하고, 이런 때에는 B에게는 이득이 없으므로 A는 B에 대해서는 부당이득반환청구를 할 수 없고, C에 대해서만 부당이득반환청구권을 행사할 수 있다고 보아야 할 것이다. 이것이 실제적으로 구매계약을 체결한 당사자들인 A와 C의 이해관계를 잘 조정할 수 있다고 생각한다.

3) 다음으로 A가 C와의 구매계약까지 취소한 경우를 본다.

이 경우에 위 판결의 논리를 적용한다면, A가 구매계약을 취소함으로써 C에 대하여 부담하는 채무는 소급적으로 소멸하였고 B는 이처럼 소급하여 무효로 된 채무를 A를 대신하여 지급한 것이므로 A에 대하여 구상할 수 있는 채권이 없으므로 20만원을 반환해야 한다고 해야 할 것이다. 그러나 학설 중에서는 A가 B에 대하여 20만원의 반환을 구할 때에도 B는 A에 대하여 현존이익의 반환을 청구할 수 있으므로, A가 B에게 반환하여야 할 현존이익은 무엇인가와 관련하여, 잔존하고 있는 현존이익은 M이므로 M을 반환하여야 한다는 견해, 현존이익은 A의 C에

447) 이 판결에서 B가 A로부터 받은 연회비나 할부 수수료는 A의 M 구매계약 상의 채무와는 무관한 것이라고 하여 A에게 반환해야 한다고 하였다.

대한 구매계약 취소로 인한 부당이득반환채권이므로 이 채권을 양도하여야 한다는 견해, 현존이익은 B가 C에게 지급한 금전 자체라고 보아 위 금전상당액이라고 하는 견해 등이 있다.

이 문제는 상당히 어려운 문제로서 '삼각관계에서의 이중흠결의 경우의 부당이득'에 관한 문제와도 연결되는 것이다.

생각건대 이런 경우에는 A가 C와의 계약을 취소하지 않은 경우와 마찬가지로 보아야 한다고 할 것이다. 왜냐하면 A가 B에게 지급지시를 하여 그에 따라 B가 C에게 지급한 후 지급지시를 취소한 경우에는 A와 C 사이의 관계가 유효하든 유효하지 않든 그것은 A와 C 사이의 문제이지 B와는 무관한 문제이고, 또 B가 A로부터 받은 금액은 C에게 이미 지급되어 대금에 변제 충당되어 있으므로 B에게는 이득이 없다고 보아야 할 것이기 때문이다.

(다) 현존이익의 판단시기 및 증명책임

1) 현존이익이 무엇인지에 대하여 판단하기는 쉽지 않다.

위 예 5-50에서 A의 현존이익은 무엇인가. 이득이 현금일 경우에는 현존하는 것으로 보는 것이 판례의 태도이므로 B로부터 지급받은 현금 그 자체가 현존이익이라고 보아야 할 것인데, 그 현금을 그대로 자신의 채무 변제[448)]나 생활비로 사용한 경우 현존이익은 없다고 보아야 할 것인가.

자신의 채무의 변제나 생활비로 사용한 경우에는 본래 지출되어야 할 자신의 금전 대신에 위 매매대금이 지급되어 그만큼 자신의 금전의 지출이 절약되었으므로 현존이익은 여전히 존재한다고 보아야 할 것이다(이를 '지출절약이론'이라 한다). 나아가 그 현금으로 다른 물건 N을 구입하였더라도 현존이익은 존재한다고 보아야 하고 현존이익은 반환하여야 할 당시의 중고상태 물건 N의 가액이 아니라 그 물품을 구입하느라 지출이 절약된 것이므로 B로부터 받은 금액 전부가 현존하는 것으로 보아야 할 것이다.

그러나 그 돈을 그대로 도난당하였다거나 도박 등으로 '낭비'를 한 경우에는

---

448) 특히 매매계약 시 매도인 A가 매수인 B로 하여금 A의 채권자 D에게 매매대금을 지급하도록 하는 제3자를 위한 계약조항이 들어가 있어서 B가 D에게 매매대금을 직접 지급하였다면, A는 현금을 받은 적이 없으므로 위 매매계약이 취소될 경우, A에게 현존이익이 없다고 보아야 하는가. 이처럼 매매계약이 취소되는 경우 B는 매매대금의 반환을 A에게 청구해야 하는가, 아니면 D에게 청구해야 하는가 하는 문제와도 관련된다.

현존이익은 없다고 할 것이다. 다만 '낭비'의 개념은 앞에서의 지출절약이론을 고려하면 상당히 좁은 범위에서 인정되어야 할 것이다. 따라서 단순히 유흥비로 낭비하였더라도 A가 평소 사치가 심했다면 그 유흥비는 지출절약이론에 따라 현존이익은 여전히 존재한다고 보아야 한다.

만일 B가 제한능력자로서 M의 반환의무를 부담한다고 한다면, 현존이익이란 반환해야 할 의무가 발생할 당시의 상태 그대로인 M의 점유가 현존이익이라고 할 것이고, M의 당시 상태 그대로 반환하면 된다. 그러나 M이 부서지거나 불에 타서 없어진 경우에는 현존이익은 부서진 상태의 M의 점유이거나 현존이익은 존재하지 않는다고 보아야 할 것이다.

2) 현존이익의 판단시기는 취소의 효력이 발생한 시점을 기준으로 판단하여야 한다. 따라서 취소의 의사표시가 송달된 때에는 제한능력자도 그 시점에 알고 있었다고 보아야 하고 그때부터는 악의자로 보아야 할 것이다.

3) 현존이익의 증명책임과 관련하여 학설의 대립이 있다. 제한능력자의 보호라는 정책적 목적을 감안하면 현존이익의 반환을 구하는 자가 현존이익이 제한능력자에게 있음을 증명하여야 한다는 견해, 부당이득의 반환범위는 원칙적으로 받은 이익 전부이지만 예외적인 경우에 그 범위가 현존이익으로 축소되므로 예외적인 사항인 이익이 현존한다는 점은 제한능력자 측에서 증명하여야 한다는 견해가 있다.

판례[449]는 취득한 이득이 금전상의 이득인 경우에는 현존하는 것으로 추정된다고 보아 현존이익의 부존재는 이를 주장하는 제한능력자측에서 증명하여야 한다는 입장으로 보이는데, 취득한 이득이 금전이 아닌 경우에도 제한능력자측에서 현존이익의 부존재를 증명해야 한다는 입장인지는 확실하지 않다.

생각건대, 급부부당이득의 경우 반환의 목적물은 상대방에게 급부한 것(위 예 5-50의 경우 A에게 있어서는 B가 급부한 금전, B에게 있어서는 A가 급부한 물건 M)이고 그 급부한 것 자체가 반환의 대상이라고 보아야 할 것이므로 상대방이 그 급부를 수령한 것이 증명되면, 자신의 수중에 그대로 남아있다고 추정해야 할 것이다. 따라서 그 급부한 것이 손상되었다거나 멸실되어 현존이익이 본래보다 감소했거나 소멸하였다는 점은 반환의무자가 증명해야 할 것이다. 즉 제한능력자가 증명해야 한다고 하는 견해가 타당하다고 생각한다.

449) 앞의 96다32881 판결.

(라) 제141조 단서의 적용범위

예를 들면 미성년자 A가 B의 기망에 의하여 매매계약을 체결한 경우, A가 미성년자임을 이유로 취소를 주장하지 않고 기망만을 취소사유로 하여 취소를 주장한 때에도 제141조 단서가 적용되는지 하는 문제가 있다.

실체법적으로 문제가 될 수 있겠지만, 현실적으로 법원에서 반환범위가 문제가 될 때에는 변론주의의 원칙상 반환을 주장하는 자가 제141조 단서가 적용되어야 할 '제한능력을 이유로 한 취소'를 주장하지 않는다면 법원은 반환범위를 정할 때 제141조 단서의 적용을 문제삼을 여지가 없다. 따라서 현실적으로 법원에서 반환의 범위가 문제가 되어 제141조 단서의 적용을 받기 위해서는 그 적용을 받으려는 자는 변론주의의 원칙상 '제한능력을 이유로 취소한다'고 밝혀야만 할 것이다.

다. 취소효의 대항불가

본래 취소로 인한 소급효는 모든 사람들에게 주장할 수 있는 것이 원칙이다(제한능력을 이유로 하는 취소). 그러나 우리 민법은 거래의 안전을 도모하기 위하여 착오나 사기, 강박에 의한 의사표시를 이유로 하는 취소의 경우에는 선의의 제3자에게는 취소의 소급효로 대항하지 못하도록 하고 있음은 앞에서 본 바와 같다.

문제는 선의의 제3자에게 대항할 수 없는 취소의 경우, 부동산을 대상으로 한 법률행위에서 상대방 명의로 등기가 된 후 그 법률행위가 취소되었으나 상대방 명의의 등기가 잔존한 상태에서 등장한 제3자는 선의의 제3자에 포함되는지이다.

취소의 의사표시 후에도 이를 몰랐다면 선의의 제3자에 포함시키는 것이 우리 판례의 태도(앞의 75다533 판결)임은 앞의 착오취소의 예 5-17에서 보았다.

6. 추인

가. 법적 성질

취소할 수 있는 법률행위는 취소권자가 추인할 수 있고 추인한 때에는 취소하지 못한다(제143조). 추인은 실질적으로는 취소권을 포기하여 법률행위를 확정적으로 유효화시키는 의사표시로서 형성권이다.

추인권의 대상이 되는 행위는 잠정적으로 유효인 취소할 수 있는 법률행위이다. 이와 같이 잠정적으로 유효한 법률행위로는 무권대리인의 행위나 무권리자의 처분행위도 있지만 이들에 대해서는 본절의 규정이 적용되지 않고 제132조 이하의 규정이 적용되고, 무권대리인의 행위는 본인의 추인으로 소급적이고 확정적으로 유효가 된다는 것은 앞에서 보았다.

나. 요건

(1) 추인권자

추인권자는 제140조의 취소권자와 동일하다. 취소권에서 보았듯이 법정대리인과 제한능력자가 각기 독자적으로 취소권을 가지는 경우, 그 중 어느 한 사람이라도 추인하면 그 이후는 다른 사람은 취소할 수 없고, 또 취소권을 수인이 가지는 경우에는 그 전원이 공동으로 취소와 추인을 하여야 한다는 점은 앞에서 보았다.

(2) 취소원인이 종료된 후에 하여야 한다.

추인은 실질적으로 취소권의 포기라는 또 다른 의사표시라고 보아야 하므로 그 추인의 의사표시에 취소원인이 없어야 한다. 즉 취소원인이 종료된 후에 하여야 한다.

예컨대 A가 B의 기망에 의해 매매계약을 하였다면 그 후 A가 기망당한 사실을 알지 못한 상태에서 추인을 하더라도 그 추인은 기망에 의한 것이므로 그 추인의 의사표시를 취소할 수 있다고 보아야 한다. 따라서 추인함으로써 확정적으로 유효가 되어 더 이상 취소할 수 없게 되기 위해서는 취소원인인 기망에서 벗어난 상태에서 추인을 하여야 한다.[450)]

---

450) 대판 1997.12.12. 선고 95다38240은 A가 비상계엄 하에서 수사기관에 끌려가 수사를 받던 중 1979.11월 경 강압에 의하여 부동산 L을 국가에 증여하는 계약을 하였고, 구속되어 형사재판 중 1980.1.28. 1심에서 증여계약에 관하여 강압에 의한 의사표시임을 이유로 취소한다고 하였다가 사형선고를 받고 항소하여 항소심에서 재판을 받던 중 1980.1.31. 1심에서 한 증여에 관하여 '증여취소의 의사표시'를 철회하여 증여를 추인하였다. 그 후 1990.3.5. A(실제는 A의 상속인들이나 A라고 한다)가 국가를 상대로 증여의 의사표시는 강압에 의한 것으로 자신이 1심에서 한 취소가 유효하므로 소유권에 기하여 국가 명의의 소유권이전등기의 말소를 구하고, 나아가 형사 항소심에서 한 '증여취소의 의사표시를 철회한다'고 한 추인의 의사표시 역시 강압에 의한 것이거나 '취소의 원인이 종료되기 전'에 한 의사표시이므로 추인의 효력이 없다고 다툰 사안에 관한 것이었다. 대법원은 '강박에 의한 의사표시임을 이유로 일단 유

취소사유가 두 개 이상인 경우, 예컨대 미성년자 A가 B의 기망에 의해 매매계약을 체결한 경우, 기망에서 벗어난 후 추인을 하였지만 그 추인이 여전히 미성년자인 상태여서 행해진 것이라면 그 후 다시 성년자가 된 후 위 추인을 무시하고 매매계약이 미성년자와의 계약임을 이유로 취소할 수 있는가.

취소사유가 두 개 이상인 이상 확정적으로 유효한 행위로 되기 위해서는 모든 취소원인에서 벗어난 상태에서 추인하여야 한다고 할 것이므로 위 예에서는 성년자가 된 후 앞서 한 추인에 상관없이 매매계약이 미성년자와의 계약임을 이유로 취소할 수 있다고 할 것이다.

그러나 법정대리인 또는 후견인이 추인하는 경우에는, 법정대리인이나 후견인은 제한능력자도 아니고 또 의사표시의 흠결이 있었던 당사자도 아니므로 취소원인이 소멸하지 않았다고 하더라도 추인할 수 있는 것은 당연할 것이다(제144조 제2항). 그러나 법정대리인이나 후견인이 직접 본인을 대리하여 법률행위를 하였고 그것이 의사표시의 흠결에 의한 것이었다면 동조 제2항은 적용되지 않을 것이다.

(3) 취소할 수 있는 행위임을 알고서 할 것

추인은 취소권의 포기라는 또 다른 의사표시이므로, 취소할 수 있는 행위라는 점을 알고서 하여야 유효하다.

다. 방법

취소와 같으므로 앞의 취소의 방법 참조.

효하게 취소되어 당초의 증여의 의사표시가 무효로 된 후에 추인한 경우 그 추인이 효력을 가지기 위하여는 그 무효원인이 소멸한 후일 것을 요한다고 할 것인데, 그 무효원인이란 바로 위 증여의 의사표시의 취소사유라고 할 것이므로, 결국 무효 원인이 소멸한 후란 것은 당초의 증여의 의사표시의 성립 과정에 존재하였던 취소의 원인이 종료된 후, 즉 강박 상태에서 벗어난 후라고 보아야 할 것이다'라고 하면서 위 사건의 경우 무효 원인인 강박상태가 종료한 시점은 전국적으로 실시되고 있었던 비상계엄이 해제되어 헌정질서가 회복된 1981.1.21. 이후라고 보아야 할 것이므로 1980.1.31. A가 강박상태에서 벗어나 있었다고 보기 어렵다고 하여 추인이 적법하게 이루어졌다고 볼 수 없다고 판단하였다. 이 판결은 A가 취소권을 행사할 수 있는 기간이 모두 경과한 후(단기 3년, 장기 10년)인 1990.3.5.경에 소송을 제기하였는데, 대법원은 A의 1980.1.28. 취소권의 행사로 L의 소유권이 A에게로 환원되었고(물권행위의 유인론, 앞의 예 5-50 참조), 소유권에 기한 반환청구권은 시효에 걸리지 않으므로(제162조 제2항) 언제든지 행사할 수 있다는 것을 전제로 하여 A의 청구를 인정한 것이다.

라. 효과

법률행위가 유효로서 확정되어 처음부터 완전히 유효한 행위였던 경우와 동일하게 취급된다.

7. 법정추인

가. 의의

추인권자가 취소원인이 종료한 후 사회관념 상 추인한 것이라고 인정될 수 있는 행위를 한 때에는, 상대방은 추인권자가 추인한 것이라고 생각하였을 것이므로 그런 신뢰를 보호하고 법률관계를 안정화시키기 위해 확정적으로 추인의 효력을 인정하는 것이 법정추인이라는 제도이다(제145조). 이처럼 법정추인은 법으로 추인한 것으로 간주하는 것이므로 추인권자가 취소권의 발생사실을 몰랐다고 하더라도 추인으로 간주된다.

나. 요건

(1) 취소원인의 종료 후에 하여야 함

법정추인에 해당하는 행위는 추인할 수 있는 시기 이후에 있어야만 한다. 다만 이 요건의 증명책임이 법정추인의 효과를 주장하는 자에게 있는지, 아니면 법정추인의 효과를 다투는 자에게 있는지 의문이 있을 수 있지만, 이 요건은 법정추인의 성립요건으로 보아야 할 것이므로 법정추인의 효과를 주장하는 자에게 있다고 보아야 할 것이다.

(2) 이의를 보류하지 않았을 것

법정추인으로 되는지 여부는 추인권자의 의사를 외부 행태를 보고 간주하는 것이므로, 명확하게 추인을 부정하는 의사를 추인권자가 표명하였다면 그 의사에 따라야 할 것이다.

(3) 다음의 행위가 있었을 것

(가) 전부나 일부의 이행(제1호)

추인권자가 취소할 수 있는 법률행위에 기하여 적극적으로 이행행위의 전부나 일부를 하는 경우를 의미한다. 예컨대 위 예 5-51에서 A가 성년이 된 후 신용카드 이용대금의 일부를 카드회사 B에게 지급한 경우에는 법정추인에 해당되어 신용카드 이용계약을 더 이상 취소할 수 없다.

문제는 상대방으로부터 일부의 이행을 수령하는 경우이다. 예컨대 위 예 5-51에서 A가 성년이 된 후 가맹점 C로부터 M을 수령한 경우에 법정추인한 것으로 보아, A는 C와의 구매계약을 추인한 것으로 보아야 하는지이다.

A가 성년이 되어 구매계약을 취소할 수 있었음에도 M을 위 구매계약의 변제로서 수령하는 것은 법정추인에 해당한다고 보아야 할 것이다.

(나) 이행의 청구(제2호)

위 예 5-51에서 A가 성년이 된 후 가맹점 C에 대하여 구매계약에 따라 M의 인도를 청구한 경우에는 법정추인에 해당되어 그 후 취소할 수 없게 된다.

반대로 상대방으로부터 이행의 청구를 받는 것만으로 법정추인을 했다고 볼 수 없다. 예컨대 미성년자 A가 신용카드를 이용함이 없이 C와 10만원에 M을 매수하는 매매계약을 체결하였고, A가 성년이 된 후 C가 A에 대하여 10만원의 지급을 구한 경우, C가 A에 대해 매매계약에 기한 이행의 청구를 한 것만으로는 법정추인이 되지 않는다(만일 A가 C의 청구에 응하여 일부 대금을 지급한다면 제145조 제1호의 '전부나 일부의 이행'에 해당되어 법정추인으로 될 것이다). 그러나 A가 성년이 된 후 C에게 M의 인도를 청구하는 경우에는 본호에 해당되어 법정추인으로 된다.

(다) 경개(제3호)

경개(제500조)란 채무의 중요부분, 예컨대 채권자나 채무자 또는 급부내용을 변경함으로써 신 채무를 성립시키는 동시에 구 채무를 소멸시키는 계약을 말한다. 따라서 취소할 수 있는 법률행위에 의하여 성립한 채권, 채무를 소멸시키고 새로운 채권, 채무를 발생시키는 계약을 체결한 때는 법정추인에 해당한다.

추인권자가 경개를 할 때 채권자로서 하느냐, 채무자로서 하느냐는 묻지 않는다.

(라) 담보의 제공(제4호)

추인권자가 취소할 수 있는 법률행위에 기한 채무의 변제를 위해 담보를 제공하는 경우를 말하고, 제공하는 담보가 인적 담보(보증인)인지 물적 담보(질권, 저당권 등)인지는 묻지 않는다.

문제는 추인권자가 상대방이 제공한 담보를 수령하는 경우도 본호에 포함되는지이다. 담보의 수령에는 채무이행의 수령보다 추인권자의 더 적극적인 행동이 필요하므로(보증인의 경우는 채권자와 보증인 사이의 보증계약, 저당권의 경우에는 저당권설정등기 등) 채무이행의 수령을 법정추인으로 보는 이상 담보의 수령도 법정추인으로 보아야 할 것이다.

(마) 취소할 수 있는 행위로 취득한 권리의 전부나 일부의 양도(제5호)

취소권자가 위와 같은 양도행위를 할 때에 한하지만, 앞의 취소권에서 보았듯이 계약 당사자의 지위이전의 경우는 여기에 포함되지 않는다고 보아야 한다.

취소할 수 있는 행위에 의하여 취득한 권리를 전제로 다른 권리를 설정하는 것도 여기에 포함된다. 예를 들면 취소할 수 있는 행위에 의하여 소유권을 취득한 토지상에 지상권이나 전세권 또는 임차권을 설정하는 경우 법정추인한 것으로 볼 수 있다. 그러나 취소함으로써 비로소 취득할 수 있는 장래의 채권인 부당이득반환청구권과 같은 권리의 양도는, 추인이 아닌 취소를 전제로 하는 것이므로 법정추인으로 볼 수 없을 것이다.

(바) 강제집행(제6호)

취소권자가 채권자로서 집행하는 경우 법정추인으로 보는 것에는 의문이 없다. 문제는 취소권자가 채무자로서 집행을 당하는 경우에 법정추인으로 볼 수 있느냐이다.

견해가 나뉘어져 있는데, 법정추인을 부정하는 설은 이 경우까지 법정추인을 인정하는 것은 법정추인제도의 입법취지에서 너무 멀리 떨어져 있다는 것을 들어 부정하지만, 통설은 취소채권자가 집행을 당한 경우에는 집행법상의 다양한 이의제도를 이용하여 다툴 수 있었음에도 다투지 않았음을 이유로 법정추인을 인정한다.

이런 통설의 입장에 따르면 상대방이 강제집행에 착수하였다고 하여 곧바로 법정추인이 있었다고 보기는 어렵고, 강제집행이 전체로 보아 종료되어[451] 취소권자가 집행채무자로서 다툴 수 없게 되어야 법정추인이 있었다고 보아야 할 것이다.

8. 취소권의 단기소멸제도

가. 의의

취소할 수 있는 행위는 현재는 유효하지만 취소권자의 취소권의 행사에 의해 취소될 수 있는 미확정 상태에 있다. 이런 미확정 상태가 오랫동안 지속되는 것은 법률관계의 안정에 도움이 되지 않으므로 조기에 법률관계를 확정시키기 위하여 제146조는 취소권에 단기의 존속기간을 정하고 있다.

나. 존속기간

취소권은 추인할 수 있는 날로부터 3년, 법률행위를 한 날로부터 10년 내에 행사하여야 한다. 이 기간은 소멸시효가 아니라 제척기간이고, 재판 외에서 행사하여도 무방하다.

'추인할 수 있는 날'이란 '취소의 원인이 종료되어 취소권 행사에 관한 장애가 없어져서 취소권자가 취소의 대상인 법률행위를 추인할 수도 있고, 취소할 수도 있는 상태가 된 때'를 의미한다고 하는 것이 판례의 태도이다.[452)]

다. 취소권의 행사로 발생한 부당이득반환 청구권의 존속기간

취소권을 행사하면 취소의 소급효에 의하여 처음부터 무효가 되므로, 무효로 된 법률행위에 기하여 급부한 것이 있으면 급부한 사람은 상대방에 관하여 급부한 것의 반환을 구할 수 있다는 것은 앞의 취소의 효력에서 본 바와 같은데, 이런 반환청구권도 제146조 소정의 기간 내에 행사하여야 하는가.

이에 대하여는 제146조가 적용된다는 견해와 제146조는 취소권 자체에만 적용되고 취소권의 행사로 발생하는 부당이득반환청구권은 제741조에 의하여 발생하는 법정채권으로서 제162조 제1항에 의하여 취소한 때로부터 10년의 소멸시효에

---

451) 여기서 강제집행의 종료단계는 압류와 환가절차뿐 아니라 배당절차까지 종료되는 것을 의미한다고 보아야 할 것이다.

452) 대판 1998.11.27. 선고 98다7421.

걸린다는 견해로 나뉘어 있다.

전자의 견해는 취소권에 관하여 제146조의 단기소멸제도를 둔 취지는 취소권과 관련한 법률관계를 조기에 확정시켜 법률관계의 안정을 기하기 위한 것이므로 이런 취지를 관철시키기 위해서는 취소권의 행사로 인한 부당이득반환청구권에도 본조가 적용되어야 한다는 것을 근거로 함에 반하여, 후자의 견해는 본조가 적용된다고 하면 상대방의 부당이득반환청구권이 부당하게 단기로 단축되어 부당하다는 점을 근거로 한다.

생각건대 취소권에 대하여 단기의 제척기간을 둔 것은, 미확정인 법률행위의 효력을 유효로 할 것인지, 무효로 할 것인지를 확정하여 불안정한 법률관계를 확정시키라는 의미이지 그 확정된 법률관계에 따른 반환청구권까지 단기의 제척기간 내에 행사하라는 의미는 아니라고 보아야 할 것이다. 만일 단기의 제척기간에 관하여 그 기간 내에 취소권이라는 형성권의 행사로 인하여 발생하는 반환청구권이나 손해배상청구권까지 그 기간 내에 행사하여야 한다고 본다면, 같은 성질의 것인 제580조 내지 제581조의 하자담보책임의 경우에도 같이 해석해야 할 것이고, 그렇게 되면 하자담보책임에 의한 책임추궁 시 제582조에 의해 6개월 내에 해제권이나 손해배상청구권, 완전물 급부청구권을 행사하라는 것이 되어 이는 지나치게 단기로 되어 권리자에게 불리하게 될 것이다. 이는 타당하지 않다. 따라서 취소권 행사 자체만 제146조 소정의 기간 내에 행사하여야 하고, 취소권의 행사로 발생하는 반환청구권은 그 반환청구권의 성질에 따라 소멸시효에 걸린다고 보아야 할 것이다. 즉 제146조 소정의 기간 내에 취소권이 행사되면, 그 취소권의 행사로 목적물의 소유권이 취소권자에게로 복귀되는 경우에는 목적물의 반환청구권은 소유권에 기하여 언제든지 기간에 구애됨이 없이 행사할 수 있다고 할 것이다. 그러나 소유권이 복귀되지 않는다든지 혹은 그 목적물이 물건이 아닌 금전이나 용역이기 때문에 물권법이 적용되지 않는 것이라면 제741조의 채권적 청구권인 부당이득반환청구권의 소멸시효인 10년의 소멸시효에 걸린다고 보아야 할 것이다.

제 9 절 법률행위의 부관(附款)

Ⅰ. 서

법률행위는 성립과 동시에 효력이 발생하는 것이 원칙이다. 그러나 당사자들이 법률행위의 효력의 발생을 법률행위의 성립 시가 아니라 장래의 일정한 사실(확실한 사실이나 불확실한 사실)에 의존하게 하는 것도 계약자유의 원칙상 허용되는 것은 당연하다. 이처럼 법률행위의 효력의 발생이나 소멸을 제한하기 위하여 법률행위에 부가하는 약관을 법률행위의 부관이라고 한다.

법률행위의 부관으로는 조건, 기한, 부담의 세 가지 있는데, 민법은 조건과 기한에 관해서는 총칙에서 일반 규정을 두고 있으나, 부담(負擔)에 관해서는 채권각론에서 부담부 증여(제561조)와 부담부 유증(제1088조)만을 규정한다.

조건이나 기한은 법률행위의 특별한 효력요건임에 반하여, 부담부 법률행위는 그 법률행위의 효력이 부담에 종속되지 않고 법률행위의 성립과 동시에 곧바로 완성된 권리를 발생시킨다는 점에서 차이가 있다.

여기서는 조건과 기한에 관해서만 보기로 하고 부담에 관해서는 각 조문의 설명에 넘긴다.

Ⅱ. 조건과 기한의 의의 및 구별

1. 조건과 기한의 의의

법률행위 효력의 발생 또는 소멸과 관련하여, 이를 장래의 불확실한 사실의 발생 여부에 의존하게 하는 것은 조건이고, 장래 발생할 것이 확실한 사실에 의존하게 하는 것은 기한[453]이다.

---

453) 기한을 법률행위 효력의 발생 또는 소멸에만 관계시키는지 아니면 그 외 채무이행시기까지도 관계시키는지에 관하여 약간의 의견차이가 있는 듯하다. 본서는 채무이행시기까지에도

따라서 과거의 사실을 당사자가 알지 못하고 있었더라도 장래의 사실이 아니므로 조건이 아니며(제151조 제2항의 기성조건에 해당), 또 장래에 반드시 실현되는 사실은 기한이고 조건이 아니다.

예 5-53

(1) A가 B에게 B가 대학입학시험에 합격하면 자동차를 사주기로 약속하였다.
(2) A가 친구 B에게 자신이 30세가 되는 날이 되면 자동차를 사주겠다고 약속했다.

2. 조건과 기한의 구별

위 예 (1)에서 B가 대학입학시험에 합격할 것인지 여부는 확실하지 않은 것이므로 증여계약의 효력발생은 '장래 발생할 수 있는지 없는지가 불확실한 사실인 합격 여부'에 의하여 결정되므로 이것은 조건이다.

위 예 (2)에서 A가 30세가 되는 날이 온다는 사실은 확실하게 발생하는 사실이므로 이것은 기한이다.

Ⅲ. 조건과 기한의 종류

1. 조건의 종류

가. 정지조건과 해제조건

법률행위의 효력과 관련하여, 그 효력의 발생이 조건의 성부에 걸린 경우는 정지조건이고, 그 효력의 소멸이 조건의 성부에 걸린 경우는 해제조건이다.

즉 위 예 (1)의 경우, 현재 조건의 성취가 되지 않고 있는 동안은 증여계약의 효력이 발생하지 아니하여 A는 B에게 자동차를 사줄 의무가 없지만, 조건이 성취되면(대학입학시험에 합격하면) 증여계약의 효력이 발생하여 A는 B에게 자동차를 사줄 의무가 발생하고, 조건이 성취되지 않으면(대학입학시험에 합격하지 못하면) 증여계약의 효력은 발생하지 아니하여 A는 B에게 자동차를 사줄 의무가 발생하지

관계시켜서 논의하기로 한다.

않는다. 이처럼 증여계약의 효력의 발생은 대학입학시험의 합격이라는 불확실한 조건의 성취에 걸린 것이므로 '대학시험의 합격'은 정지조건이다.454)

만일 위 예 (1)에서 A가 B에게 대학입학시험에 합격하면, 용돈으로 주고 있던 월 30만원을 주지 않을 테니 아르바이트를 하여 용돈을 마련하라고 한 경우, 현재 대학입학시험 합격이라는 조건의 성취가 되지 않고 있는 동안은 A가 B에게 매월 30만원의 돈을 주어야 할 의무가 있지만, 대학입학시험의 합격이라는 조건이 성취되면 매월 30만원의 돈을 지급할 의무는 소멸하게 된다. 따라서 매월 30만원의 지급의무의 소멸이 장래 불확실한 사실인 대학입학시험의 합격에 걸린 것이므로 '대학시험의 합격'은 해제조건에 해당한다.455)

나. 수의조건(隨意條件), 비수의조건(非隨意條件)

조건이 되는 사실이 당사자의 의사와 어떤 관계에 있느냐에 의한 분류이다. 이 분류는 실무상 중요성이 높지 않다.

(1) 수의조건이란 조건의 실현여부가 당사자의 일방적 의사에 의존하는 것을 말하는데, 그 중 전적으로 당사자의 일방적 의사에 의존하는 순수수의조건(純粹隨意條件)과 당사자의 일방적 의사에 의존하지만 그밖에 다른 사실상태의 성립도 요구하는 단순수의조건(單純隨意條件)이 있다. 전자의 예로서는 '내 마음이 내키면 자동차를 사 주겠다'라고 하는 경우를 들 수 있고, 후자의 예로서는 '내가 미국으로 이민가면 자동차를 주겠다'라는 경우를 들 수 있다.

순수수의조건이 유효한지 여부에 관하여 의견이 나뉘나, 이는 조건의 유효성 여부의 문제라기보다는 조건에 걸린 법률행위의 법적 구속력(법률행위에 따른 의무

---

454) 대판 2003.8.19. 선고 2001다14061은 부부가 재산분할협의를 한 경우, 그 협의는 협의상의 이혼을 할 것을 조건으로 한 것이므로 협의상 이혼이 아닌 재판상 이혼을 하는 경우에는 위 재산분할협의는 효력을 발휘하지 않는다고 하는데, 이는 협의상의 이혼을 재산분할협의의 정지조건으로 본 것이다.

455) 대판 1996.5.14. 선고 96다5506은 약혼예물의 수수는 혼인의 불성립을 해제조건으로 하는 증여라고 보고 있다. 따라서 현재는 증여가 유효하지만 '혼인이 성립되지 않았다'라는 조건이 성취되면 증여계약의 효력이 소멸하여 예물을 준 쪽은, 상대방에 대하여 예물의 반환을 청구할 수 있게 되는 것이다. 나아가 대판 1976.12.28. 선고 76므41, 42는 약혼의 해제에 관하여 과실이 있는 유책자(有責者)는 그가 제공한 약혼예물을 적극적으로 반환청구할 권리가 없다고 한다. 이 판결에 대해서는 찬반 양론이 있고, 찬성하는 쪽에서는 제150조 제1항을 적용하여 무책자(無責者)는 유책자에 대하여 조건의 성취(혼인의 불성립)를 주장하여 반환을 청구할 수 있다는 의미로 해석해야 한다고 한다.

의 이행을 강제할 수 있느냐의 문제)을 어느 정도 인정할 것이냐의 문제로 보아야 할 것이고, 결국 이것은 단순수의조건의 문제까지 포함하여 표의자의 의사표시의 해석문제, 즉 표의자가 그 의사표시에 어느 정도로 구속될 것을 의도하였느냐에 따라 결정되어야 할 것으로 본다. 통상적으로는 강제력은 인정하기 어려울 것이다(일종의 자연채무).

(2) 비수의조건은 조건의 성부가 당사자의 일방적 의사에만 의존하지 않는 것으로, 당사자의 의사와 전혀 관계없는 우성조건(偶成條件)과 조건의 성부가 당사자 일방의 의사 외에 제3자의 의사에도 의존하는 혼성조건(混成條件)이 있다.

전자의 예로서는 천둥이 치는 것을 조건을 하는 경우를, 후자의 예로서는 제3자가 자신에게 물건을 주는 경우를 조건으로 하는 경우를 들 수 있다.

다. 가장(假裝)조건

형식적으로는 조건으로 보이지만, 실질적으로는 조건으로서의 효력을 인정하기 어려운 것을 말한다.

(1) 불법조건

조건이 선량한 풍속 기타 사회질서에 위반한 것이면 그 조건이 무효로 되는 것이 아니라 법률행위가 무효로 된다. 이는 제137조의 일부무효법리의 원칙에 따른 것이라고 할 수 있다.

(2) 기성조건

법률행위 당시에 이미 조건이 성취되어 있는 경우이다. 조건은 그 성부가 장래의 불확실한 사실에 의존하는 것이어야 한다는 점에서 진정한 의미에서의 조건이라고 할 수 없다. 이런 기성조건은 그 조건이 정지조건이면 조건 없는 법률행위가 되고, 그 조건이 해제조건이면 법률행위는 무효로 한다(제151조 제2항).

(3) 불능조건

조건이 법률행위 당시 이미 성취할 수 없는 것인 경우에는 그 조건이 해제조건이면 조건 없는 법률행위로 하고, 정지조건이면 그 법률행위는 무효로 한다(제151조 제3항).

(4) 법정조건

법정조건은 법률에서 정한 조건으로 당사자가 임의로 합의에 의하여 정한 것이 아니라는 점에서 차이가 있다. 법정조건의 예로서는 법인설립에 있어서의 주무관청의 허가(제32조), 부동산거래신고법상의 거래허가지역에서의 거래계약에 대한 관할관청의 허가 등을 들 수 있고, 이런 허가가 없으면 법인설립이나 성립된 거래계약은 효력이 발생하지 않는다는 점에서 조건과 비슷하다.

문제는 이런 법정조건도 조건과 같은 측면이 있기 때문에 총칙 상의 조건에 관한 규정이 유추적용되는지이다.

생각건대 위 허가는 공익상의 필요에 의해 요구되는 것이므로 일방 당사자의 조건성취 방해행위에 의하여 조건성취로 의제하는 것은 적당하지 않으므로 제150조는 적용되지 않는다고 보아야 할 것이지만,[456] 조건부 권리의 침해금지조항인 제148조는 적용된다고 보아야 할 것이다. 이런 점을 감안하면 법정조건에 관하여 총칙 상의 조건에 관한 조항을 일률적으로 부정하는 것은 문제이고 사안에 따라 적용 여부를 판단하여 해결해야 할 것이다.

2. 기한의 종류

가. 시기(始期)와 종기(終期)

시기란 법률행위의 효력을 발생시키거나 채무의 이행기를 도래하게 하는 기한을 말하고, 종기란 법률행위의 효력을 소멸시키는 기한을 말한다.

(1) 시기

위 예 (2)는 A가 30세가 되면 A는 B에 대해 자동차를 인도해야할 채무가 발생하는데, 이를 해석하는 방법은 두 가지 있을 수 있다.

첫째는 증여계약이라고 하는 법률행위의 효력을, 'A의 30세'라고 하는 기한으로 되는 사실(이하 '기한사실'이라고 한다)과 연결지어 해석하면, 증여계약이라는 법

456) 법정조건에 제150조의 유추적용에 관하여는 부동산거래신고법 상의 무허가 거래에서의 협력의무불이행과 관련하여 앞의 유동적 무효부분에서 보았다.

률행위는 행위 시에 성립되어 있지만 그 증여계약의 효력은 A의 30세가 되는 때에 발생한다고 보아, A가 30세가 되면 증여계약의 효력이 발생하여 A는 B에 대해 자동차의 인도채무가 발생한다고 해석하는 것이다. 이런 해석은 기한을 법률행위의 효력과 관계 짓는 것으로 조건과 같은 지위에서 논의할 수 있다. 이때의 기한은 '정지기한'이라고 부른다.

둘째는 증여계약은 법률행위 시에 성립할 뿐만 아니고 법률행위의 효력도 발생하고 있어 A의 B에 대한 자동차인도채무도 발생하는데, 단지 그 자동차인도채무가 'A가 30세 되는 때'까지 유예된 것이라고 해석할 수도 있다. 즉 이때 기한사실은 법률행위의 효력과는 무관하고[457] 채무의 이행기와 관련되어 이미 효력이 발생하고 있는 계약상의 채무의 이행기만이 연기되어 있다. 이런 기한은 '이행기한'이라고 한다.

계약 당사자는 사적자치의 원칙에 따라 기한을 정지기한으로 할지, 이행기한으로 할지 자유롭게 정할 수 있다. 따라서 위 예 (2)에서 기한사실인 'A가 30세가 되는 때'가 정지기한인지, 이행기한인지는 계약의 해석에 의하여 결정된다.[458]

그런데 시기를 정지기한과 이행기한으로 나눌 현실적인 실익이 있는지는 의문이다. 정지기한이든 이행기한이든 법률행위 시부터 법적 구속력이 인정되는 것은 마찬가지이고, 또 정지기한부 채권이든 이행기한부 채권이든 보전, 양도, 상속, 변제, 면제의 대상이 될 수 있기 때문이다.[459]

(2) 종기

종기는 법률행위의 효력과 관계된 부관이다. 예컨대 A가 B에게 자동차를 사용하게 하면서 자신이 30세가 되면 자동차를 자신의 처에게 반환하기로 합의하였다면, A가 30세가 되면 B의 자동차 무상사용권(제609조, 제613조 제1항)이 소멸하여 자동차를 반환하여야 하므로 이는 종기이다.

---

457) 따라서 이행기한의 경우에는 조건과 같은 지위에서 논의할 것은 아니고 채무의 이행기로서 논의되어야 할 것이다. 따라서 이행기한으로서의 제153조는 제468조와 동일한 취지이다.

458) 법률행위가 성립하면 그 즉시 효력이 발생하는 것이 원칙이므로 분명하지 않으면 원칙적으로 이행기한으로 해석하여야 할 것이다.

459) 조건부 권리에 대해서는 제149조에 의하여 처분 등의 권한이 인정되고 있는데, 조건부 권리보다 발생이 더 확실한 기한부 권리는 더욱 제149조와 같은 권한이 인정되어야 할 것이다.

나. 확정기한과 불확정기한

기한의 내용인 사실이 발생하는 시기가 확정되어 있는 것이 확정기한이고, 확정되어 있지 않아 언제 도래하는지가 확정적이지 않은 것이 불확정기한이다.

예를 들면 A가 B에게 '2020.1.1.부터' 또는 '지금부터 1년 후까지'라고 기한을 정한 경우는 확정기한이다. 그러나 'A가 사망하면'과 같이 날짜를 확정할 수 없는 경우는 불확정기한이라고 한다.

문제는 조건과 불확정기한의 구별이다.

예 5-54

A가 건축사 B에게 A가 신축할 건물에 대한 설계용역을 부탁하면서, 설계비는 공사착공 시 지급하기로 약정하였다. 그런데 신축건물에 대한 건축허가신청을 관할관청이 불허하는 바람에 착공을 할 수 없게 되자 A가 건축을 포기하였다. B는 A에 대하여 설계도면을 완성하였다는 이유로 설계비의 지급을 요구하였다.

위 예에서 '공사착공'이 설계비의 조건인지 아니면 설계비의 불확정기한인지가 문제이다.

이를 조건으로 본다면 건축허가를 받지 못하여 착공하지 못하게 되는 경우 B는 설계비의 지급을 청구할 수 없다. 그러나 '공사착공'을 설계비의 지급시기로서의 불확정기한으로 본다면 건축허가를 받지 못하여 공사착공을 못하게 되는 것으로 확정된 때 설계비의 지급시기가 도래한 것으로 보므로[460] 건축허가신청에 대하여 불허가가 확정된 때 A는 B에게 설계비를 지급하여야 한다.

결국 이 문제는 당사자의 의사표시의 해석에 관한 문제로서 계약의 해석으로 해결하여야 할 것이다. 즉 부관에 표시된 사실이 발생하지 않으면 채무를 이행하지 않아도 된다고 보는 것이 합리적인 경우에는 조건으로 보아야 하고, 부관에 표시된 사실이 발생한 때는 물론이고 반대로 발생하지 않은 것으로 확정된 때에도 채무를 이행하여야 한다고 보는 것이 합리적인 경우에는 불확정기한으로 보아야 할 것이다.[461]

---

460) 공사착공이라는 기한도래의 사실이 발생할 수 없게 된 때에 기한이 도래하지 않는 것으로 보면, 설계비지급채무는 '기한이 도래할 수 없는 채무'가 된다. 그러나 이는 '기한은 반드시 도래하여야 한다'는 성질에 반하게 된다. 따라서 기한의 도래를 가능하게 하는 사실이 발생할 수 없게 된 때는 기한이 그때 도래한 것으로 보아야 한다.

위 예의 경우 건축사 B가 A와 어떤 친밀한 관계가 있고 건축설계가 복잡하지 않고 간단한 것이어서 무상으로 건축설계를 해줄 수도 있는 인적 관계에 있다면 조건으로 볼 수 있겠지만, 통상의 경우는 설계비를 무상으로 해 주는 경우는 드물 것이므로 불확정기한으로 보는 것이 합리적일 것이다.[462)]

Ⅳ. 조건이나 기한과 친하지 않은 행위

1. 조건과 친하지 않은 행위

계약자유의 원칙상 조건을 붙이는 것은 자유이지만, 조건을 붙이게 되면 그 법률행위의 효력의 발생이나 존속이 불안정해진다. 이러한 불안정이 공익적 측면이나 사익적 측면에서 바람직하지 않은 경우에는 조건을 붙일 수 없다. 그러한 법률행위를 '조건과 친하지 않은 행위'라고 한다.

가. 조건을 붙이면 강행법규나 제103조에 위반되는 행위로 되는 경우 (공익적 측면)

강행법규에 위반되는 것으로는, 어음이나 수표상의 지급에 관한 문구에는 '어떤 조건이 성취되면 지급하라'는 식으로 조건을 붙이거나 배서에 조건을 붙일 수 없다(어음법 제1조 제2호, 제12조 제1항, 수표법 제1조 제2호, 제15조 제1항)는 것을 들 수 있다.

제103조에 위반되는 것으로는 혼인, 입양, 인지 등과 같은 가족법상의 행위는 물론이고 상속의 승인이나 포기 등에도 조건을 붙일 수 없는 것을 들 수 있다.

---

461) 대판 2018.6.28. 선고 2018다201702.

462) 대판 1999.7.27. 선고 98다23447 참조, 대판 1989.6.27. 선고 88다카10579는 임대인이 임대차가 종료된 임차인에게 보증금을 '점포가 임대되면' 반환하기로 약정하였는데, 반환을 약속한 때로부터 1년 5개월이 지났음에도 점포가 임대되지 않아 지급하지 않고 있고 또 임대되지 아니하여 비어 있던 그 점포를 옆 점포 주인에게 그의 상품인 신발류의 진열에 사용하게 한 경우, 이를 불확정기한으로 보고 다른 사람에게 임대한다는 사실이 불가능하게 된 것이라고 하여 보증금의 이행기한이 도래하였다고 보았다.

나. 상대방의 지위를 현저하게 불안정하게 하는 경우(사익적 측면)

표의자의 일방적인 의사에 기하여 법률행위의 효력이 좌우되는 단독행위의 경우, 그 단독행위에 조건을 붙임으로써 상대방의 지위가 현저하게 불안정하게 되는 때에는 조건을 붙일 수 없다고 보아야 한다.

상계에 대해서는 제493조 제1항에서 '상계에는 조건 또는 기한을 붙일 수 없다'고 규정하여 명문으로 규정하고 있지만, 명문이 없는 취소(제140조 이하), 추인(제143조 이하), 선택채권의 선택권의 행사(제382조), 해제(제543조 이하), 환매(제590조) 등에 대해서도 조건을 붙일 수 없다.

다만 이것은 상대방의 보호를 위한 것이므로 상대방의 동의가 있거나, 조건의 내용이 상대방을 특히 불이익하게 하지 않는 때는 조건을 붙이는 것도 허용된다. 예를 들면 '일정기간 내에 이행이 없는 때는 해제의 의사표시를 다시 하지 않더라도 해제의 효과가 발생한다'라는 조건을 붙인 해제는 상대방이 본래 해야 할 채무의 이행을 요구하는 것일 뿐이므로 상대방에게 불리한 조건이라고 할 수 없어 허용된다.

2. 기한과 친하지 않은 행위

조건에서 본 것과 같은 이유로 기한과 친하지 않은 행위도 있는데, 통상은 조건을 붙일 수 없는 행위는 기한도 붙일 수 없는 것이 대부분이다.

가. 시기를 붙일 수 없는 행위

행위 당시 곧바로 효력이 발휘하여야 하는 법률행위인 경우에는 시기를 붙일 수 없다. 예를 들면 혼인, 이혼, 입양, 파양, 상속의 승인이나 포기 등과 같은 가족법상의 행위가 여기에 해당한다. 조건에서 본 어음이나 수표의 경우 조건을 붙일 수는 없지만, 시기는 붙일 수 있다.

소급효가 인정되는 법률행위, 즉 취소나 상계(제493조 제1항)의 경우에는 시기를 붙이지 못한다.

나. 종기를 붙일 수 없는 행위

앞의 조건에서 본 것과 같이, 종기를 붙임으로써 강행법규나 제103조에 위반되거나 상대방을 불이익하게 만드는 것인 때에는 종기를 붙일 수 없다. 예를 들면 이혼이나 인지의 효력은 10년 후에 소멸한다고 하는 경우가 이에 해당한다.

다. 위반 시의 효과

조건이나 기한과 친하지 않은 법률행위에 '조건이나 기한'을 부가한 경우, 그 법률행위의 효력이 문제이다. 즉, 조건이나 기한만이 무효로 되는지 아니면 법률행위 전체가 무효로 되는지.

법률의 규정이 있으면 그에 따르면 되고(어음법 제2조, 제12조 제1항, 수표법 제2조, 제15조 제1항), 규정이 없으면 제137조에 따라 법률행위의 전체가 무효로 되는 것이 원칙이나, 조건이 없었더라도 법률행위를 했으리라고 인정되는 때에 한하여 조건을 제외한 나머지 법률행위가 유효로 된다고 할 것이다.

V. 조건부 및 기한부 법률행위의 효력

1. 조건부 법률행위의 효력

가. 의의

조건부 법률행위는 그 조건인 장래의 불확실한 사실의 성부에 의하여 그 효력이 좌우된다. 이처럼 조건인 장래사실이 발생하는 것을 조건의 성취라 하고, 그 반대의 경우를 조건의 불성취라 한다.

나. 구체적 효력

(1) 조건의 성취 및 불성취에 따른 효력

앞에서 본 것처럼 조건이 성취되면 정지조건부 법률행위의 경우 그 법률행위의 효력이 발생하고, 해제조건부 법률행위의 경우는 그 법률행위의 효력이 소멸한다. 반면 조건이 불성취되면 정지조건부 법률행위의 경우 그 법률행위는 무효로 되고, 해제조건부 법률행위의 경우는 그 법률행위의 효력이 계속 유지되어 소멸하지 않는 것으로 된다.

조건부 법률행위는 행위 시에 법률행위가 성립하지만 효력이 조건성취 시에 발생하거나 소멸하는 것이므로 조건의 성취는 새로운 권리의 발생원인이 아니다. 따라서 법률행위 시에 행위능력이나 처분권한이 있었다면 조건성취 시에 당사자가 그 행위능력을 상실하거나 처분권한을 상실해도 원칙적으로 조건성취에 의한 법률행위의 효과는 그에 좌우되지 않는다.

다만 그 처분행위로 인한 물권변동의 효력을 다른 사람에도 주장할 수 있는지는 공시를 취하였는지 여부에 의해 결정된다. 따라서 예를 들면 A가 B에게 정지조건부 매매로 토지 L을 매도하는 계약을 체결하였고, 그 후 동일한 L을 C에게 아무런 조건 없이 매도한 경우, 조건이 성취되면 B는 A에 대해 매매계약에 따른 이행을 청구할 수 있지만, C를 상대로 자신의 권리를 주장하기 위해서는 등기를 갖추어야 한다. 이때 만일 C가 먼저 등기를 하게 되면 B는 토지 L을 취득할 수 없게 되고 단지 A에 대해 조건성취로 효력이 발생한 매매계약에 기하여 그 계약의 채무불이행(이행불능)을 이유로 한 손해배상책임만을 물을 수 있을 뿐이다.

(2) 소급효의 유무

(가) 학설

조건의 성취로 발생되는 조건부 법률행위의 효력은 소급하지 않는다. 따라서 정지조건부 법률행위의 경우 조건이 성취되면 그때부터 법률행위는 효력을 가지게 되고(제147조 제1항), 해제조건부 법률행위의 경우 그때부터 법률행위는 효력을 상실한다(제147조 제2항).

다만 계약자유의 원칙상 당사자가 조건성취의 효력을 그 성취 전에 소급하게 할 의사를 표시한 때는 그 의사에 따라 소급하게 할 수 있다(제147조 제3항). 그러나 이 소급효는 제3자에게 대항할 수 없다고 보아야 한다.

(나) 판례

1) 대판 1992.5.22. 선고 92다5584는 해제조건부로 A가 B에게 토지 L을 증여하

여 소유권 이전등기를 하였고, B가 C에게 L에 관하여 매매예약을 하고 가등기를 해 주었는데 그 후 해제조건이 성취되자, A가 C를 상대로 L의 소유자의 자격에서 가등기의 말소를 구한 사안에 관한 것이었다.

대법원은 '해제조건부 증여에서 해제조건이 성취되면 그 소유권은 증여자에게 복귀한다고 할 것이고, 이 경우 당사자 간에 별단의 의사표시가 없는 한 그 조건성취의 효과는 소급하지 아니하나, 조건성취 전에 수증자가 한 처분행위는 조건성취의 효과를 제한하는 한도 내에서는 무효라고 할 것이고, 다만 그 조건이 등기되어 있지 않는 한 그 처분행위로 인하여 권리를 취득한 제3자에게 위 무효를 대항할 수 없다'고 하면서 위 사안의 경우 '당사자 사이에 위 해제조건성취의 효력을 그 성취 전인 위 가등기경료 이전으로 소급하기로 약정하였다거나 그 약정으로 제3자인 C에게 대항할 수 있는 요건을 갖추었다는 점에 대한 주장, 증명이 없다고 하여 A가 패소했다.

2) 대판 1995.12.12. 선고 95다32037의 사안은 다음과 같다.

매수인이 매도인에게 매매대금을 전부 지급하지 않은 상태에서 매도인으로부터 매매대상 목적물인 주택의 전세 권한을 부여받으면서, 매매계약이 해제되면 전세 권한은 소멸하는 것으로 약정하였다(매매계약의 해제를 해제조건으로 한 전세권한 부여). 그에 따라 매수인이 임차인에게 위 주택을 임대하였고 임차인은 주택임대차보호법상의 대항요건까지 구비하였다. 그런데 매수인이 매매대금을 완불하지 아니하여 매도인이 매매계약을 해제한 후 임차인을 상대로 주택의 인도를 청구하자, 임차인은 주택임대차보호법상의 대항요건을 구비하였으므로 임대차계약기한까지는 사용할 수 있다고 주장한 사안이었다. 이 사안에서 대법원은 해제조건이 성취되었다면 임차인은 매도인에 대해 대항할 수 없다고 판시하였다.

(다) 판례의 검토

1) 앞의 95다32037 판결은 해제조건과 관련하여 당사자 간에 합의한 소급효의 약정은 제3자에게 대해서 대항할 수 있다는 취지라고 해석할 여지가 있는 것으로 보이고, 그렇다면 앞의 92다5584 판결과 모순된다고 할 것이다.

또 판례는 '일정한 조건이 성취되면 소급하여 권리를 상실한다는 실권약관부(失權約款附) 매매에서 그 약관에 의하여 권리가 소급적으로 실효되면 제548조 제1항 단서가 적용된다고 하면서, 조건이 성취되기 전에 이해관계를 가지게 된 제3자에 대해서는 선의·악의를 불문하고 소급효로 대항할 수 없고,[463] 조건이 성취된 후에 이해관계를 가지게 제3자에 대하여는 그가 선의인 경우에 한하여 소급효로 대항할 수 없다[464]고 하고 있다.

실권약관부 매매는 해제조건부 매매와 그 성격이 동일하다고 보아야 할 것인바, 그렇다면 대법원의 태도는 일관성이 있다고 보기 힘들다.

2) 그러면 어떻게 생각해야 할 것인가.

어떤 사항을 조건으로 할 것인지, 나아가 이를 정지조건으로 할 것인지 해제조건으로 할 것인지는 당사자들이 합의하여 임의로 정할 수 있는 것이다. 그러나 당사자들의 합의로 제3자의 권리나 의무에 관하여 어떤 영향을 주지는 못하는 것이 원칙이므로 당사자 간의 소급효의 합의가 있더라도 그 소급효 합의는 제3자의 권리에 아무런 영향을 주지 못한다고 보아야 한다.

따라서 해제조건이나 실권약관에 의해 소급효가 발생하는 것은 당사자들 사이에서의 문제이고, 이런 소급효에 관한 합의는 제3자의 권리에 영향을 줄 수 없다고 보아야 할 것이다.

이렇게 본다면 합의해제가 되거나 해제조건이나 실권약관에 의하여 소유권이 자동적으로 해제자나 조건부 권리자에게 복귀된다고 하더라도 제548조 제1항 단서의 취지를 살려 해제에 관한 법리를 적용해야 할 것이다. 즉 해제조건의 성취 전에 등장한 대항요건을 갖춘 제3자에 대해서는 선의, 악의를 불문하고 대항할 수 없고, 해제조건의 성취 후에 등장한 대항요건을 갖춘 제3자에 대해서는 그 제3자가 선의인 경우 대항할 수 없는 것으로 보아야 할 것이다.

이처럼 합의해제나 해제조건 또는 실권약관에 의한 소급효가 가지는 효력이 합의 당사자 사이에서만 효력이 있고 제3자에게 대항할 수 없다고 본다면 조건부 권리자[465]가 조건의 성취 시에 가지는 자신의 권리를 제3자에게 대항하기 위해서는 부동산의 경우에는 가등기[466]나 처분금지가처분의 방법을 취할 수밖에 없을

463) 대판 1996.11.15. 선고 94다35343.

464) 대판 2000.4.21. 선고 2000다584.

465) 조건의 성취에 의하여 권리를 취득하는 자를 의미한다. 즉 정지조건부 매매에서는 조건의 성취에 의하여 매매목적물에 관한 소유권 이전등기청구권을 가지는 매수인, 해제조건부 매매에서는 매매목적물에 관한 원상회복청구권을 가지는 매도인이 조건부 권리자이다.

466) 대판 1982.11.23. 선고 81다카1110은 매도인이 잔금지급 전에 매수인에게 매매목적 부동산의 소유권이전등기를 해 주면서, 잔금미지급을 이유로 해제할 경우를 대비하여 경료하여 두었던 가등기도 유효하다고 판시하고 있는데, 이 판결에 대해서는 가등기는 채권적 청구권을 보전하기 위한 것이지 물권적 청구권을 보전하기 위한 것이 아니라는 이유로 반대하는 견해도 있지만 위와 같은 의미로 접근하면 위 대법원의 판시를 이해할 여지도 있을 것이다.

것이다.

(3) 증명책임

증명책임을 생각함에 있어서는 조건의 존재와 조건의 성취를 따로 생각해야 할 것이다.

(가) 정지조건부 법률행위

법률행위의 효력은 법률행위가 성립하면 곧바로 효력이 발생하는 것이 원칙이므로 법률행위의 효과로서 발생하는 권리를 주장하려는 자는 법률행위의 성립(권리근거사실)을 주장, 증명하는 것으로 충분하지만, 위와 같이 그 법률행위에 정지조건이 부가되어 있는 경우에는, 그 정지조건으로 인하여 법률행위에 기한 효력이 발생하지 않으므로(권리발생의 장애사실) 정지조건의 존재는 권리의 발생을 다투는 자가 주장, 증명하여야 하고, 정지조건의 존재가 증명된 경우에는 정지조건의 성취(권리근거사실) 사실은 법률행위에 기한 권리의 발생을 주장하는 자가 주장, 증명하여야 할 것이다.

(나) 해제조건부 법률행위

법률행위에 해제조건이 부가되어 있는 경우에는, 조건의 성취에 의하여 이미 발생하고 있는 권리가 소멸하는 것이므로(권리소멸사실) 해제조건의 존재 및 해제조건의 성취는 법률행위의 효력을 다투는 자가 주장, 증명하여야 할 것이다.

다. 조건부 권리의 보호

정지조건부 법률행위는 조건이 성취되기 전까지는 효력이 발생하지 않으므로 그 권리자는 조건의 성취 전까지는 권리를 행사하지 못하는 것이 원칙이고, 해제조건부로 어떠한 부담을 지고 있는 권리자는 조건의 성취 전까지는 부담이 없는 완전한 권리를 행사하지 못하는 것이 원칙이다. 이 원칙을 관철하면 조건부 권리자는 조건성취 시까지는 아무런 보호도 받지 못하게 된다. 이런 기대권에 대해 아무런 보호도 해주지 않는 것은 부당하므로 우리 민법은 제148조 내지 제150조를 두어 조건이 성취되어 있지 않은 상태에서도 일정한 보호를 해주고 있다.

먼저 조건의 성취를 방해하는 행위가 있었던 경우와 관련하여 그 행위자가 계약 당사자인 경우와 제3자인 경우로 나누어서 보도록 한다.

예 5-55

A가 B에게, 자신이 서울 소재 아파트에 분양신청을 하여 분양자로 당첨되는 것을 조건으로, 자신의 인천 소재 단독주택 H를 1억원에 매도하기로 계약을 체결하였다.

(1) 계약 당사자가 방해한 경우

계약 당사자가 법률행위의 객체인 목적물이나 권리 자체를 침해하는 경우와 조건의 성취를 방해하는 경우로 나누어 보도록 한다.

(가) 법률행위의 객체인 목적물이나 권리 자체를 침해를 하는 경우

1) 손해배상

위 예에서 A가 H를 고의로 부수거나 다른 제3자 C에게 이중으로 양도하는 경우, B의 H를 매수할 수 있는 권리는 조건부 권리로서 아직 효력이 발생하지 않았지만, 제148조는 이런 조건부 권리도 현재의 권리로서 보호하고 있다. 따라서 이런 권리가 침해당하면 손해배상을 청구할 수 있는 것은 당연하다고 할 것이다.

이런 손해배상청구권은 채무불이행책임인지, 불법행위책임인지가 다투어지고 있으나, 양 책임의 요건에 충족되면 어느 한 쪽을 선택하여 행사하거나(청구권 경합),[467] 양 책임을 모두 추궁할 수 있다고 할 것이다(양 책임을 모두 추궁할 때는 손해는 하나이므로 어느 한 쪽 책임의 추궁으로 손해가 전보되면 다른 한 쪽의 책임을 물을 수 없게 될 것이다).

2) 손해배상청구권은 언제 발생하는가.

위와 같은 손해배상청구권은 조건의 성취가 되지 않은 상태에서도 발생하는지 아니면 조건의 성취가 된 때에 발생하는지가 문제로 된다. 즉 위 예에서 A가 서울 소재 아파트에 당첨되어야만 B는 손해배상청구권을 행사할 수 있다고 보아야 하는 것인지가 문제다.

생각건대 조건이 성취되기 전에는 손해가 발생하였는지 여부가 불투명하므로, 조건의 성취 시(위 예에서는 A의 서울 소재 아파트 당첨)까지 기다려 조건이 성취된

467) 따라서 위와 같은 방해행위가 조건부 의무자인 A의 귀책사유에 의한 것이거나(채무불이행책임), A의 고의나 과실에 의한 것(불법행위)이어야 할 것이다.

경우에 비로소 손해배상을 청구할 수 있다고 할 것이다.

3) 이중양도처럼 법률행위로 방해행위를 하였다고 판단되는 경우 조건부 권리를 침해한 것인지를 평가할 때는 주의를 요한다.

이중양도행위를 하는 경우 제3자와의 이중양도계약 그 자체만으로는 B의 매매계약상의 소유권 이전등기청구권이 이행불능으로 되지 않으므로 조건부 권리를 침해하였다고 볼 수는 없고, 제3자에게 이중양도계약에 따라 소유권 이전등기까지 해 준 경우에 비로소 조건부 권리를 침해한 방해행위를 하였다고 보아야 할 것이다.

(나) 조건의 성취를 방해하는 경우

1) 제148조의 책임추궁

A의 행위로 조건의 성취가 불가능하게 된 것이 확정된 경우, 예컨대 위 예에서 A가 아파트 분양신청을 하지 않아 조건의 성취를 방해하는 것과 같은 경우, B는 A를 상대로 손해배상을 청구할 수 있다. 이때 배상해야 할 손해액을 산정하여야 하는데, 손해액을 산정함에 있어 A가 아파트 당첨신청을 하였다고 하여 A가 반드시 당첨되리라는 보장은 없으므로 B가 얻었을 이익, 즉 H의 시가상당액 전부를 손해로 평가하여서는 곤란할 것이다. 결국 배상액은 B가 조건의 성취에 의해 받을 수 있었을 이익(H의 시가상당액)에다 조건의 발생가능성(A의 아파트 당첨 가능성)을 곱한 금액으로 해야 할 것이다.

나아가 A의 행위로 조건의 성취가 불가능하지는 않지만 조건성취 가능성이 저하된 경우, 예컨대 위 예에서 A가 1주택 소유자였으면 당첨확률이 높을 수 있었는데(70%), A가 당첨신청 전에 다른 주택을 매수하여 다주택 소유자가 됨으로써 당첨확률이 낮아진 경우(40%), B는 그가 조건성취 시에 받을 수 있었을 이익(H의 시가상당액)에 낮아진 확률(30%=70%-40%)을 곱한 금액으로 산정한 금액이 손해배상액이 될 것이다.

그러나 위의 어떤 경우이든 당첨가능성을 산정하기가 곤란하여 손해액을 산정하기는 쉽지 않을 것이다.

2) 제150조의 책임추궁

가) 앞에서 본 것처럼 B가 손해배상을 청구하는 경우 손해액을 산정하기에 어려움이 있다. 이런 경우 B는 제150조 제1항에 따라 조건이 성취된 것으로 주장할

수 있다. 즉 위 예에서 B는 A에 대하여 조건이 성취된 것으로 보아, 즉 A가 아파트에 당첨된 것으로 보아 1억원의 지급과 상환으로 H에 관한 소유권 이전등기를 청구할 수 있을 것이다.

반대로 해제조건인 경우에는 조건의 성취로 이익을 받을 당사자가 신의성실에 반하는 행위로 조건을 성취시킨 때에는 그 조건이 성취되지 않은 것으로 주장할 수 있음은 당연할 것이다(제150조 제2항).

이처럼 제150조는 B로 하여금 손해배상액 증명의 어려움을 피하여 자신의 이익을 지킬 수 있게 한 것이다.

나) 그런데 제150조를 적용하게 되면 위 예에서 B는 H에 관한 소유권의 취득이라는 이행이익 전부를 얻게 되고, 경우에 따라서는 제148조의 손해배상청구에서와 같이 배상액이 비율적으로 되지도 않고 또 과실상계도 되지 않아 상대방이 실제보다 큰 이익을 얻을 수 있게 될 가능성이 있다. 이런 점을 감안하면 제150조를 함부로 적용하면 제148조를 적용할 때와 비교하여 균형이 맞지 않게 될 우려가 있다.

그런 의미에서 제150조를 적용하기 위해서는 A에 의한 조건성취 방해행위가 존재하고 나아가 그 행위가 신의성실에 반한다는 평가를 받아야 하며,[468] 조건성취 방해행위가 있었다고 하더라도 조건이 성취될 수 없었던 경우, 즉 위 예에서 A가 아파트 당첨신청을 하였더라도 어차피 당첨되지 못하였을 사정이 있었다면, 조건성취 방해행위와 조건의 불성취와는 전혀 무관하므로 제150조는 적용되지 않는다고 할 것이다.[469]

문제는 조건성취 방해행위로 조건의 성취가 확정적으로 불가능한 것으로 된 것이 아니고 조건성취 가능성이 저하된 때에 불과한 경우에도 제150조가 적용되는가 하는 것이다. 제150조가 조건부 권리자의 보호뿐 아니라 그 의무자에 대한 제재라는 성격도 가지므로 적어도 그 방해행위가 없었다면 조건성취의 가능성이 조금이라도 있다고 판단되는 경우에는 제150조를 적용하여도 될 것이다. 이때에도

---

468) 대판 1998.12.22. 선고 98다42356은 조건성취 방해행위가 고의에 의한 경우만이 아니라 과실에 의한 경우에도 신의성실에 반하여 조건의 성취를 방해한 때에 해당할 수 있다고 판시하고 있다.

469) 대판 1979.6.26. 선고 77다2091은 변호사와 수임계약 시 '의뢰인이 동의 없이 소를 취하하는 경우 승소로 보고 성공사례금을 지급한다'고 약정하였음에도 의뢰인이 변호사가 제기한 소를 동의 없이 취하하자 변호사가 의뢰인을 상대로 성공사례금의 지급을 구한 사안에서, 위 소송이 승소가능성이 전혀 없었다는 이유로 변호사의 청구를 받아들이지 않았다.

제148조의 손해배상과의 균형상 의무자의 행위가 단순한 고의나 과실을 넘어 신의성실의 원칙에 비추어 상당한 배신적 행태가 있다고 볼 수 있어야 제150조를 적용할 수 있다고 생각한다.

다) 제150조의 권리를 행사하는 경우, 조건이 성취되는 것으로 간주되는 시기가 조건의 성취를 주장하는 때인지 아니면 방해행위가 없었더라면 조건이 성취되었으리라고 추정되는 때인지가 문제로 될 수 있는데, 이는 이행시기와 소멸시효의 기산일과도 관련되는 문제이다. 조건부 권리자가 제148조나 제150조의 권리를 선택하여 행사할 수 있다고 본다면 전자와 같이 그 시기를 당사자가 선택하여 주장하는 때라고 볼 여지도 있지만, 이는 그 시기를 지나치게 당사자의 자의에 맡기는 결과가 되어 부당하다고 할 것이므로 후자가 타당하다고 생각한다. 판례도 후자의 입장을 취하고 있다.[470)]

3) 제148조와 제150조의 관계

조건성취 방해행위가 조건의 성취를 방해한 때에는 조건부 권리자, 즉 위의 예에서 B는 제148조와 제150조의 구제수단 중에서 어느 하나를 선택하여 행사할 수 있다고 할 것이다(청구권 경합). 따라서 B가 제148조의 손해배상을 청구하게 되면 제150조는 목적달성으로 소멸하고, 또 제150조를 행사하면 손해가 없게 되어 제148조의 손해배상을 청구할 수 없게 된다고 할 것이다.

다만 B는 제148조상의 권리를 행사할 때와 제150조상의 권리를 행사할 때에 있어, 제148조의 손해배상 쪽이 비율적 손해배상 또는 과실상계 등의 조작으로 제150조의 권리를 행사할 때보다 적을 수 있다. 따라서 B로서는 자신의 권리를 선택적으로 행사할 때 유의해야 할 것이다.

(2) 제3자가 방해한 경우

(가) 제3자의 범위

제148조나 제150조는 방해행위의 주체를 '당사자'라고 하고 있으므로 제3자는 포함되지 않는다고 할 것이다. 그러나 예외적으로 당사자에 포함시킬 수 있는 제3자는 없는가.

---

470) 앞의 98다42356은 조건이 성취된 것으로 의제되는 시점은 신의성실에 반하는 방해행위가 없었더라면 조건이 성취되었으리라고 추산되는 시점이라고 판시한다.

위 두 개의 조문에서 말하는 '당사자'란 조건의 성취로 인하여 불이익을 받을 자를 말한다고 할 것이므로, '제3자를 위한 계약'에 있어서 '수익의 의사표시를 한 제3자'는 해제조건의 성취에 의하여 그 이익을 받지 못하게 되는 불이익을 받게 되므로 그 제3자는 당사자와 동일시해야 하고, 또 정지조건부 채무의 보증인도 조건이 성취되면 보증채무를 부담하게 되므로 그 보증인도 당사자와 동일시해야 한다.[471]

피용자가 사용자의 사무와 관련하여 조건의 성취를 방해한 경우 피용자의 조건성취 방해행위를 사용자의 행위와 같이 평가하여 사용자에 대하여 조건부 권리자의 청구를 인정한 외국의 판례도 있다.[472]

이처럼 예외적으로 당사자와 동일시할 수 있는 제3자에 대해서는 그가 조건부 권리를 침해하는 행위를 당사자의 침해행위로 보아 앞에서 본 이론대로 해결하면 될 것이다. 이하에서는 당사자와 같이 볼 수 없는 제3자가 조건부 권리를 침해하는 행위를 한 경우를 상정하여 논의를 진행하기로 한다.

(나) 불법행위책임

1) 제3자가 조건부 권리를 침해한 경우, 조건부 권리도 현재의 권리로서 보호하는 제148조 및 제149조의 취지와 채권에 대해서도 불법행위가 성립한다고 보는 판례[473]의 태도에 비추어 제750조의 불법행위가 성립한다고 보아야 한다. 따라서 제3자가 위 (1)항에서 본 것처럼 법률행위의 객체인 목적물이나 권리 자체를 침해를 하거나 조건의 성취를 방해하는 경우에는 불법행위자로서 손해배상책임을 진다고 할 것이다.

---

471) 앞의 98다42356. 이 판결은 주채무자와 보증인이 함께 조건성취를 방해를 한 경우이고 조건부 권리자가 보증인을 상대로 소송을 제기하여 승소한 사안인데, 만일 보증인만이 방해행위를 한 경우 조건부 권리자가 보증인을 상대로 보증채무의 이행을 구하는 것은 당연할 것이나, 방해행위를 하지 않은 주채무자를 상대로 조건성취를 이유로 채무이행을 청구할 수 있다고 보아야 하는지는 의문이다.

472) 일본 판례인 最高裁判所 昭和41(1967).10.4. 昭和40年(オ)第1185号는 은행원이 예금자로부터 자신의 예금통장에 입금해 달라는 의뢰를 받았음에도 그 수표금을 횡령하여 사용하자, 의뢰인이 은행을 상대로 예금의 지급을 구한 사안에서 수표의 추심을 정지조건으로 예금계약이 성립되었고 그 조건을 은행원이 방해하였다고 보아, 그 은행원의 행위는 은행의 행위와 같은 것으로 평가해야 한다고 하여 조건의 성취를 인정했다.

473) 대판 1975.5.13. 선고 73다1244는 제3자에 의한 채권침해가 불법행위를 구성할 수 있지만 제3자의 채권침해가 반드시 언제나 불법행위가 되는 것은 아니고 채권침해의 태양에 따라 불법행위 성립여부를 구체적으로 검토하여 정하여야 한다고 판시한다.

이런 불법행위의 성립여부를 판단함에 있어서 문제가 될 수 있는 점을 보도록 한다.

2) 위 예에서 제3자 C가 H를 훼손한 경우를 보면, A나 B 중 누가 C에 대해 손해배상을 청구할 수 있는가 하는 문제가 있다.

위 예에서 A가 소유자로서 C에 대해 손해배상을 청구할 수 있는 것은 당연하다. 나아가 조건부 권리자 B도 손해배상을 청구할 수 있는지에 대하여 보면, B가 가지는 권리는 A에 대하여서만 주장할 수 있는 채권적 권리에 불과하므로 원칙적으로 C가 H를 훼손하였다고 하더라도 B는 C를 상대로 손해배상을 청구할 수 없다. 다만 예외적으로 C의 H에 대한 훼손이 B의 A에 대한 채권을 침해할 의도에 기하여 행해진 것이라면 B의 A에 대한 채권침해로서 불법행위가 될 수 있어 B는 C에 대해 조건부 권리인 채권의 침해를 이유로 손해배상을 청구할 수 있을 것이다.[474] 그리고 B가 C에 대해 이와 같은 손해배상을 청구하려면 조건이 성취될 때까지 기다려 조건이 성취되는 때에 손해배상을 청구할 수 있다고 할 것이다. 이처럼 예외적으로 B가 C에 대해 손해배상을 청구할 수 있는 경우에 C가 A에 대해서도, 또 B에 대해서도 손해배상을 하면 이중으로 손해를 배상하여 주게 되는 결과가 되므로(C는 H의 시가에 해당하는 가격만을 배상하여야 할 것이기 때문이다), C는 A나 B 중 어느 1인에 대해 H의 시가상당액을 배상하게 되면 나머지 사람에 대해서는 다시 손해배상을 하지 않아도 된다고 보아야 할 것이고, 그 후는 A와 B 사이에서 그 손해배상액을 어떻게 분담할 것인지의 문제만 남을 뿐이다.

만일 조건부 권리자가 가지는 권리가 위 예와 달리 물권인 경우는 어떤가.

예를 들면 A가 B에게 A의 H를 해제조건부로 매도하여 소유권 이전등기를 해준 경우에는 해제조건이 성취되면 자동적으로 A에게로 복귀된다는 것이 현재 판례의 태도임은 앞의 소급효에서 본 바와 같다. 판례의 태도에 따르면 조건이 성

474) 대판 2007.9.6. 선고 2005다25021은 '제3자의 행위가 채권자에 대하여 불법행위를 구성한다고 하기 위하여는 단순히 채무자 재산의 감소행위에 관여하였다는 것만으로는 부족하고 제3자가 채무자에 대한 채권자의 존재 및 그 채권의 침해사실을 알면서 채무자와 적극 공모하였다거나 채권행사를 방해할 의도로 사회상규에 반하는 부정한 수단을 사용하였다는 등 채권침해의 고의·과실 및 위법성이 인정되는 경우라야만 할 것이며, 여기에서 채권침해의 위법성은 침해되는 채권의 내용, 침해행위의 태양, 침해자의 고의 내지 해의의 유무 등을 참작하여 구체적, 개별적으로 판단하되, 거래의 자유 보장의 필요성, 경제·사회정책적 요인을 포함한 공공의 이익, 당사자 사이의 이익균형 등을 종합적으로 고려하여 신중히 판단하여야 할 것이다'라고 판시하고 있다. 위 예에서 제3자 C가 조건부 권리자인 B의 채권을 침해하여 불법행위가 되는지 여부에 대하여도 위 판례의 법리가 적용되어야 할 것이다.

취되기 전이면 C는 B에게 H에 대한 손해배상을 해야 되지만, 조건이 성취된 후면 H의 소유권은 자동적으로 A에게 복귀하므로 C는 A에게 손해배상을 하여야 한다. 그러나 C는 등기명의가 B명의로 되어 있으면 C로서는 해제조건의 성취로 소유권이 A에게 복귀되었는지를 알 수 없을 것이므로 B에게 지급하는 경우가 많을 것이나 이로써 A에 대한 손해배상책임이 면하여 지지는 않는다. 다만 만일 C가 선의이며 과실 없이 손해배상금을 B에세 지급하였다면 제470조(채권의 준점유자에 대한 변제)에 의하여 A에 대한 손해배상책임을 면할 수는 있을 것이다.

라. 조건부 권리의 처분 등

(1) 의의

제149조가 '조건의 성취가 미정한 권리의무는 일반규정에 의하여 처분, 상속, 보존 또는 담보로 할 수 있다'고 규정하여 조건부 권리라도 무조건의 권리와 동일하게 처분 등을 할 수 있음을 인정하고 있다. 이는 조건부 권리의 권리성을 긍정한 것이다. 여기서의 '조건부 권리'는 '조건의 성취에 의하여 발생하는 권리'를 말하는 것이 아니고 '조건의 성취에 의하여 발생하는 권리를 얻을 수 있는 권리'를 말한다.

또 '일반규정에 의하여'란 '그 조건의 성취에 의하여 취득하는 권리와 동일한 방법에 의하여'라는 의미이다. 따라서 부동산에 관한 권리라면 등기, 동산에 관한 권리라면 점유의 이전의 방법, 채권의 경우에는 채권의 양도방법과 동일한 방법에 따라야 한다는 의미이다. 채무의 경우에는 채무인수의 방법에 따라야 한다.

(2) 처분

처분에는 양도, 제한물권의 설정, 포기 등이 포함될 수 있지만 대표적으로 조건부 권리의 양도의 경우에 대해서 본다.

(가) 부동산

부동산에 관한 조건부 권리도 양도가 가능하다. 이때 양수인이 자신의 권리를 다른 사람들에게 대항할 수 있기 위해서는 어떤 방법을 취하여야 할 것인가.

예컨대 A가 B에게 A의 토지 L을 해제조건부로 매도하고 소유권 이전등기를 해주면서, '해제조건이 성취될 경우 L의 소유권이 A에게로 복귀하는 것'을 제3자에게 대항하기 위해 가등기를 해 둔 때에 A가 B에 대한 위와 같은 조건부 권리를 C에게 양도하는 경우를 보면, A가 가등기권자의 명의를 C명의로 하는 가등기 이전의 부기등기를 해야 할 것이다.[475)]

(나) 동산

동산에 관한 정지조건부 매수인 B가 A소유 동산의 소유권이전을 구할 수 있는 권리(점유의 이전)를 C에게 양도하는 경우, 그 권리는 채권이므로 채권양도에 관한 방법(제450조)을 취하면 될 것이다. 아울러 C가 이를 다른 사람들에게 대항하기 위해서는 인도를 미리 받아두는 방법밖에 없을 것이다.

(다) 채권

예컨대 B가 A에 대해 정지조건부 채권을 가지는 경우(A가 B에게 B가 대학입시에서 합격하면 100만원을 준다고 약속한 경우), B는 이 권리를 C에게 양도할 수 있고, 이때 제450조에 따라 통지나 승낙을 하면 대항요건을 갖출 수 있다.

이 경우 양도의 효력과 대항력의 발생일은 '양도통지나 승낙 시'냐 아니면 '조건성립 시'냐가 문제로 될 수 있는데, 양도의 효력은 조건성립 시에 발생한다고 보아야 하더라도, 대항력은 조건성취시가 아니라 '양도통지나 승낙 시'라고 보아야할 것이다.

(3) 상속

본조에 의해 조건부 권리와 의무는 상속인에게 상속되지만, 피상속인의 일신전

475) 대판(전합체) 1998.11.19. 선고 98다24105는 '가등기는 원래 순위를 확보하는 데에 그 목적이 있으나, 순위 보전의 대상이 되는 물권변동의 청구권은 그 성질상 양도될 수 있는 재산권일 뿐만 아니라 가등기로 인하여 그 권리가 공시되어 결과적으로 공시방법까지 마련된 셈이므로, 이를 양도한 경우에는 양도인과 양수인의 공동신청으로 그 가등기상의 권리의 이전등기를 가등기에 대한 부기등기의 형식으로 경료할 수 있다고 보아야 한다'라고 판시한다. 이처럼 조건부 소유권이전등기를 보전하기 위한 가등기를 양도하는 경우에는 채무자인 조건부 의무자(위 예에서는 B)의 동의나 승낙이 있어야 할 것이다(대판 2001.10.9. 선고 2000다51216은 '매매로 인한 소유권이전등기청구권은 특별한 사정이 없는 이상 그 권리의 성질상 양도가 제한되고 그 양도에 채무자의 승낙이나 동의를 요한다고 할 것이므로 통상의 채권양도와 달리 양도인의 채무자에 대한 통지만으로는 채무자에 대한 대항력이 생기지 않으며 반드시 채무자의 동의나 승낙을 받아야 대항력이 생긴다'라고 판시하고 있다).

속(一身專屬)에 속하는 사정을 정지조건으로 한 경우, 예컨대 '피상속인이 제3자와 결혼하면'이라는 사정이 정지조건으로 된 경우에는, 피상속인의 사망으로 조건은 불성취로 확정된다고 해석해야 하고, 이때는 권리가 발생하지 않는 것으로 확정되므로 상속의 문제는 일어나지 않게 될 것이다. 만일 위와 같은 사정이 해제조건인 때는 권리는 소멸하지 않는 것이 되어 상속이 될 것이다.

상속과 유언에서는 상속재산에 포함된 조건부 권리에 관하여 그 권리의 가격평가 및 그에 기초한 청산을 위하여 제1035조 제2항, 제1051조 제3항, 제113조 제2항 등의 특칙이 있는 것에 주의해야 한다.

(4) 보존

(가) 조건부 권리를 피보전권리로 하여 가압류, 가처분이 가능할 것이다. 그리고 앞의 양도에서 본 것처럼 부동산에 관한 정지조건부 권리는 가등기를 함으로써 보존할 수 있고, 해제조건부 권리는 부동산 등기법 제54조[476]에 따라 등기하면 보존할 수 있을 것이다.

(나) 채권자 대위권이나 채권자 취소권의 피보전권리가 될 수 있는지

조건부 권리자는 채권자대위권(제404조)이나 채권자취소권(406조)을 행사할 수 있는지가 문제로 될 수 있다.

조건부 권리자에게 이런 권리의 행사를 인정하면 행사 후 조건의 불성취로 되는 때에 복잡한 문제가 생길 수 있어 부정하는 것이 타당하다는 견해가 있다(조건부 권리자가 해제권이나 취소권을 대위행사하거나 제3자와의 매매계약에 대해 사해행위라고 하여 채권자취소권을 행사하였다가 조건의 불성취로 되면 그 뒤처리가 복잡해진다).[477]

우리 판례는 채권자대위권과 관련하여, '양도담보권자가 담보부동산에 관하여 제3자에게 무효인 등기를 경료한 경우 아직 채무를 변제하지 아니한 채무자가, 장래 변제할 경우 발생할 말소등기청구권을 보전하기 위하여 양도담보권자를 대위하여 제3자를 상대로 무효등기의 말소를 구할 수 있다'고 판시하였다.[478] 그리

---

476) 부동산등기법 제54조(권리소멸약정의 등기) 등기원인에 권리의 소멸에 관한 약정이 있을 경우 신청인은 그 약정에 관한 등기를 신청할 수 있다.

477) 부동산거래신고법상의 허가를 받지 않는 토지매매에서의 매수인은 허가신청절차의 협력을 구할 청구권을 피보전권리로 매도인의 권리를 대위행사하는 것을 인정한 판례가 있다는 것은 앞에서 본 바와 같은데, 허가신청절차의 협력청구권은 앞에서 보았듯이 조건부 권리가 아니라 확정된 권리라고 보아야 하므로 위 판례가 조건부 권리자의 채권자대위권행사를 긍정한 것이라고 볼 수는 없을 것이다.

고 정지조건부 채권을 피보전권리로 한 채권자취소권의 행사에 관하여 '채권자취소권 행사는 채무 이행을 구하는 것이 아니라 총채권자를 위하여 이행기에 채무이행을 위태롭게 하는 채무자의 자력 감소를 방지하는 데 목적이 있는 점과 민법이 제148조, 제149조에서 조건부권리의 보호에 관한 규정을 두고 있는 점을 종합해 볼 때, 취소채권자의 채권이 정지조건부채권이라 하더라도 장래에 정지조건이 성취되기 어려울 것으로 보이는 등 특별한 사정이 없는 한, 이를 피보전채권으로 하여 채권자취소권을 행사할 수 있다'고 판시하였다.[479]

이를 보면 우리 판례는 원칙적으로 긍정하고 있는 것으로 보인다.

학설 중에는 기한부 권리에 대하여 기한미도래시 보존행위를 제외한 행위에 관하여는 법원의 허가 없이는 채권자대위권을 행사하지 못하도록 되어 있으므로(제404조 제2항) 그보다 권리의 발생가능성이 불명한 조건부 권리에 기하여는 채권자대위권을 행사할 수 없다는 견해가 있다. 이 견해는 나아가 채권자취소권의 위와 같은 판례의 태도에 대해서 제148조와 제149조는 일반적 총칙적 규정으로서 채권자대위권이나 채권자취소권의 특수성을 반영하지 못하고 있으며, 채권자취소권은 채권자대위권보다 제3자에게 미치는 영향이 훨씬 크므로 판례처럼 채권자취소권의 행사를 너무 쉽게 인정하는 것에는 문제가 있다고 한다.

생각건대 조건부 권리라고 하여 일률적으로 채권자대위권이나 채권자취소권을 부정하는 것에는 문제가 있고, 조건부 권리에도 조건의 성취가능성이 높은 경우에는 그 채권의 보호를 해주는 것이 마땅하므로 조건성취 가능성이 높아 그 채권의 보호필요성이 있다고 판단되면 채권자대위권이나 채권자취소권의 피보전권리성을 부정하여서는 아니 될 것이다.[480] 이런 관점에서 보면 채권자대위권은 그

---

478) 대판 2009.9.10. 선고 2009다34160.

479) 대판 2011.12.8. 선고 2011다55542(공사도급계약이 해제되는 것이 채권자 A의 채무자 B에 대한 채권행사의 정지조건이었는데, 채무자 B가 도급인 C로부터 공사도급을 받을 당시, 선행공사를 하고 있었던 공사수급인 D가 C와 사이에서 공사기성금에 대한 분쟁이 해결되지 않아 공사현장을 점거하고 있었던 것이어서, 채무자 B가 공사를 착공할 수 없는 사정이 있어 공사도급계약의 해제가능성이 매우 높았다던 사안이었다).

480) 대판 2005.8.19. 선고 2004다53173은 '채권자취소권에 의하여 보호될 수 있는 채권은 원칙적으로 사해행위라고 볼 수 있는 행위가 행하여지기 전에 발생된 것임을 요하지만 그 사해행위 당시에 이미 채권 성립의 기초가 되는 법률관계가 발생되어 있고 가까운 장래에 그 법률관계에 터잡아 채권이 성립되리라는 점에 대한 고도의 개연성이 있으며, 실제로 가까운 장래에 그 개연성이 현실화되어 채권이 성립된 경우에는 그 채권도 채권자취소권의 피보전채권이 될 수 있다'고 판시하고 있다.

행사의 효과가 채무자에게 귀속되는 것이지 조건부권리자에게 직접 어떤 권리가 귀속하는 것이 아니고 또 기존 채무의 이행에 불과한 것이므로 제3채무자에 미치는 영향도 적어 조건부권리자도 행사할 수 있다고 볼 여지가 많을 것이지만, 채권자취소권은 수익자에게 미치는 영향이 크므로 채권자대위권보다는 좀 더 엄격한 요건 하에서 인정되어야 할 것이다. 즉 채권자취소권의 경우는 조건성취 가능성이 높은 예외적인 경우에 인정되어야 할 것이라고 생각한다. 다만 이렇게 볼 경우 기한부 채권에 기한 채권자대위권은 제404조 제2항의 제한을 받는데 반하여, 그보다 발생가능성이 낮은 조건부권리는 그런 제한 없이 채권자대위권을 행사할 수 있다는 면에서 평가상의 모순이 생길 수는 있다. 일본의 경우 최근 민법 개정으로 제404조 제2항과 동일한 내용의 조문을 삭제하였는바, 우리에게도 참고가 될 것이다.

(5) 담보

원칙적으로 담보에서는 담보권의 부종성의 원칙[481]상 피담보채권이 조건부 권리이면 담보도 조건부로 성립한다고 해야 하지만, 본조는 조건부 권리에 대해서도 무조건의 담보가 성립할 수 있다는 것을 인정하고 있다.

민법에는 조건부 권리의 담보와 관련하여 제26조 제1항, 제206조 제1항, 제443조, 제588조, 제688조 제2항 등과 같은 개별적 규정도 있지만, 일반적인 규정으로 본조를 두고 있다.

담보에는 인적 담보와 물적 담보 모두 포함한다.

2. 기한부 법률행위의 효력

가. 기한 도래 전의 효력

기한부 법률행위에 관하여, 조건과 같이 기한도래 전의 효력을 규정한 조문은 없다. 그러나 기한부 법률행위는 조건부 법률행위보다 그 권리의 발생이 확실하므로 조건부 법률행위를 현재의 권리로서 제148조, 제149조가 보호하는 것처럼 기한도래 전의 기한부 법률행위도 보호되어야 하는 것은 당연하다.[482] 따라서 기

481) 피담보채권의 성립, 존속, 소멸에 따라 담보권도 성립, 존속, 소멸한다는 원칙이다. 즉 피담보채권이 주(主)된 권리이고, 담보권이 종(從)된 권리라는 의미다.

한도래전의 채권은 채무자든 제3자든 이를 침해할 수 없다.

기한 도래 전에는 채권자는 채무자에 대해 이행청구를 할 수 없지만, 채무자는 기한 전이라도 변제를 할 수 있고(제468조), 이처럼 변제한 경우 이를 반환받을 수 없는데(제743조) 이는 통상 채무자가 기한의 이익을 포기한 것(제153조)으로 보기 때문이다.

한편 기한도래 전의 채권자는 법원의 허가를 얻어 채권자대위권을 행사할 수 있다(제404조 제2항). 기한도래 전의 채권은 이미 성립되어 차후 효력이 발생하는 것이 확실한 이상 사해행위에 의하여 보호될 필요가 있으므로 채권자취소권을 행사할 수 있다[483]고 할 것이다.

나. 기한 도래와 그 효력

(1) 시기

시기가 도래하면, 이행기한인 경우는 채무의 이행기가 도래하는 효력이 발생하고, 정지기한인 경우는 법률행위의 효력이 발생한다. 어느 쪽이든 시기가 도래하면 채권자가 채무자를 상대로 이행을 청구할 수 있다는 점에서는 차이가 없고, 지체책임은 확정기한의 경우에는 시기가 도래한 때부터 즉시, 불확정기한의 경우에는 기한의 도래를 안 때부터 부담하게 된다(제387조 제1항).

(2) 종기

종기가 도래하면 법률행위의 효력은 당연히 소멸한다(제152조 제2항).

(3) 소급효

기한이 도래하는 경우, 그 기한의 효력이 소급하지는 않는다. 설사 당사자가 소

482) 이행기한부 법률행위는 채권으로서 이미 성립되어 있으므로 제148조, 제149조를 유추적용하여 보호되는 것이 아니고 채권의 효력으로서 당연히 보호되는 것이다. 이에 반해 정지기한부 채권의 보호는 제148, 제149조를 유추적용하여 보호되는 것이다.

483) 대판 2018.6.28. 선고 2016다1045는 '채권자취소권 행사는 채무 이행을 구하는 것이 아니라 총채권자를 위하여 채무자의 자력 감소를 방지하고, 일탈된 채무자의 책임재산을 회수하여 채권의 실효성을 확보하는 데 목적이 있으므로, 피보전채권이 사해행위 이전에 성립되어 있는 이상 액수나 범위가 구체적으로 확정되지 않은 경우라고 하더라도 채권자취소권의 피보전채권이 된다'라고 판시하고 있는데, 이런 취지에 비추어 가능하다고 판단된다.

급효의 특약을 하였더라도 그 특약은 기한개념과 모순되므로 효력이 발생하지 않는다고 보아야 한다. 다만 채무자는 약정기한 전이라도 기한의 이익을 포기함으로써 기한의 도래를 앞당길 수는 있다.

(4) 기한부 채권과 소멸시효

시기부 채권은 기한 도래 시에 권리를 행사할 수 있으므로 그때부터 소멸시효가 진행한다(제166조 제1항). 채무자가 기한의 이익을 포기한 때는 그때부터 소멸시효가 진행한다.

채무자가 제388조에 의하여 기한의 이익을 상실하게 된 때는 언제부터 소멸시효가 진행하는지에 대하여는, 상실사유가 발생한 때 곧바로 소멸시효가 진행한다는 견해와 채권자가 기한의 이익을 상실시킨다는 의사표시를 한 때라는 견해가 나뉘는데, 이에 대해서는 다음에서 보도록 한다.

다. 기한의 이익과 포기

(1) 기한의 이익

(가) 의의

기한의 이익이란 기한이 도래할 때까지 당사자가 받는 이익을 말한다.

(나) 기한의 이익을 가지는 자

1) 채무자

당사자 중 누가 기한의 이익을 가지는지는 법률행위의 종류나 당사자의 합의 내용으로 정해지므로 반드시 채무자에게만 있다고는 할 수 없고, 경우에 따라서는 채권자에게도 기한의 이익이 있는 때도 있다. 그런데 제153조 제1항은 기한의 이익은 채무자의 이익을 위한 것으로 추정하고 있다. 이는 이행에 기한을 붙이는 경우 변제의 유예를 목적으로 하는 경우가 많기 때문이다.

여기서의 추정은 '그러한 의사표시가 있었다'는 존재에 대한 추정이 아니라 의사표시에 대한 법률적 평가기준으로서 기능하는 해석규정이다. 따라서 단순히 '채무자에게 그러한 의사가 없었다'라는 것을 주장·증명해도 위 추정이 번복되지는 않고, 특약 등 반대의사표시의 존재나 법률행위의 성질(제698조 단서조항에 해당되는 법률행위) 등에서 위 추정과 모순되는 의사표시가 이루어졌다는 점을 주장·증명하여야 추정이 번복된다.

2) 채권자

채권자에게 인정되는 경우도 있다. 즉 무상임치의 경우 기간의 약정이 있더라도 임치인은 언제든지 계약을 해지할 수 있는데 이는 채권자인 임치인에게 기한의 이익을 인정한 것이다(제698조 단서).

3) 채권자 및 채무자 쌍방

소비대차에 있어서, 무상의 경우 기한의 이익은 채무자를 위해 있지만, 유상인 경우에는 기한의 이익은 채권자와 채무자 쌍방을 위하여 있다.

(2) 기한의 이익의 포기

(가) 의의

기한의 이익의 포기는 기한이 도래한 것과 동일한 효과를 발생시키는 의사표시를 말하며, 기한의 이익을 가지는 자만이 할 수 있다. 이는 상대방에 대한 일방적 의사표시로 행해져야 한다.

사적자치의 원칙상 자신의 권리나 이익을 스스로의 의사에 기하여 포기할 수 있는 것은 당연한 것이므로 제153조 제2항의 의의는 단서에 있다.

(나) 포기의 제한

1) 기한의 이익이 일방에만 있는 경우

기한의 이익이 일방에만 있는 경우, 그 자의 단독행위로 기한의 이익을 포기할 수 있다. 예컨대 무이자 소비대차의 경우에는 차주에게만 기한의 이익이 있으므로 차주가 기한의 이익을 포기하면 대주는 그 즉시 반환을 청구할 수 있다.

2) 기한의 이익이 쌍방에 있는 경우

예 5-56

A가 B에게, 2020.1.1. 금 1억원을 이율은 월 1%, 변제기는 2020.12.31.로 정하여 대여하였다.

위와 같은 이자부 소비대차는 대주는 1년간의 이자를 받는 이익이, 차주는 대여금의 변제를 1년간 유예받는 이익이 있으므로 기한의 이익은 쌍방에 있다.

통설에 의하면 이처럼 기한의 이익이 쌍방에 있는 경우 기한의 이익의 포기가 상대방의 이익을 해치는 것인지 해치지 않는 것인지를 묻지 않고 기한의 이익을 포기할 수 있고, 기한의 이익을 포기한 자는 포기로 인하여 생기는 상대방의 손해만을 배상하면 된다(제153조 제2항)고 보고 있다. 따라서 이에 의하면 B가 2020.7.1. 기한의 이익을 포기하고 대여금을 변제하려고 하는 경우, 기한의 이익의 포기로 상대방의 이익을 해할 수는 없으므로 2020.7.1.까지의 미지급 이자가 없으면 원금 1억원과 2020.7.1.부터 2020.12.31.까지 6개월간의 이자 600만원(월 100만원×6개월) 합계 금 1억 600만원을 지급하여 변제할 수 있게 된다.

그러면 A도 2020.7.1. 자기가 가지는 기한의 이익을 포기하고 B로부터 받을 수 있었을 600만원의 이자를 면제하는 것으로 하여 1억원의 변제를 구할 수 있는가.

통설과 같은 입장에서는 이를 긍정할 수도 있을 것이나, 이는 부정되어야 한다는 견해도 있다. 이 견해는 소비대차에서 차주 B가 가지는 이익은 기한 도래 시까지 원본 1억원을 이용할 수 있는 것 자체라고 보아야 하고, 이 경우 차주가 '기한까지 원본을 이용할 수 없게 되는 것'의 손해는 '원본을 기한까지 이용할 수 있는 이익'과 동일한 것으로서, 단순히 이자를 면제받는 것만으로는 보전될 수 없으므로[484] 위 예에서 대주 A가 기한의 이익을 포기한다는 의사표시를 하여도 효력은 발생하지 않고 B는 계속 기한의 이익을 보유한다고 보아야 할 것이라고 한다. 나아가 이 견해에 의하면 쌍방에 기한의 이익이 있는 경우 일방 당사자에 의한 기한의 이익의 포기가 가능한지 여부는, 일방 당사자의 기한이익의 포기에 의하여 타방 당사자에게 생긴 손해가, 기한까지의 이자 지급만으로 전보될 수 있는 성질의 것인가라는 기준에 의해 판단되어야 한다고 한다.

이 견해에 찬성하고 싶다.

3) 수인의 채무자와 기한의 이익의 포기

연대채무자 중 1인의 기한의 이익의 포기는 다른 연대채무자에게 영향이 없고

484) 즉 채무자가 위 1억원으로 12월 초까지 단독 주택을 다가구 주택으로 개조하여 분양하고 그 분양대금으로 변제할 생각으로 개조공사를 하면서 공사업자에게 공사대금조로 위 1억원을 지급하였는데, 한창 공사 중인 2020.7.1. 갑자기 채권자가 돈을 전부 변제하라고 하면, 채무자의 예상은 완전히 빗나가게 되고 채무자가 단순히 장래 지급하여야 할 이자 600만원을 주지 않는 이득만으로는 채무자의 손해를 전보할 수는 없을 것이다.

(제423조), 보증채무에 있어서 주채무자의 시효이익 포기는 보증인에게 효력이 없다(제433조 제2항).

(3) 기한이익의 상실

(가) 의의

채권자가 채무자에게 기한의 이익을 주는 것은 채무자의 신용상태를 신뢰하여 그 이행을 유예시켜주는 것이다. 그런데 그 신용상태에 대하여 신뢰를 할 수 없게 되는 사태가 발생하는 경우에도 채권자로 하여금 본래의 기한이 도래할 때까지 이행을 청구할 수 없게 하는 것은 채권자의 이익을 지나치게 해친다고 할 것이다. 따라서 이런 경우에는 채무자로 하여금 기한의 이익을 주장할 수 없게 하는 제도가 기한이익의 상실이라는 제도이다.

(나) 상실 사유

그러면 어떤 사유에 해당하면 채무자가 기한의 이익을 주장할 수 없게 되는가. 이에 대하여는 당사자가 약정하면 그에 따르면 될 것이다. 당사자들의 약정이 없는 경우 우리 법률은 다음과 같은 사유를 규정하고 있다.

먼저, 채무자의 신용상태에 대한 신뢰가 손상되는 대표적인 사유로는 채무자의 파산이 있다. 채무자에 대해 파산이 선고된 경우에는 기한부 채권은 파산선고 시에 변제기에 이른 것으로 보고 있다(「채무자 회생 및 파산에 관한 법률」 제425조).

그 외 채무자로 하여금 기한의 이익을 주장할 수 없게 하는 사유로서 우리 민법은 제388조에서 '채무자가 담보를 손상, 감소 또는 멸실하게 한 때'와 '채무자가 담보제공의 의무를 이행하지 아니한 때'를 규정하고 있다. 제388조에 대한 자세한 설명은 채권총론으로 미루는데, 여기서는 효과와 관련하여 간략히 보도록 한다.

(다) 효과

기한의 이익의 상실사유가 발생하여 채권자가 이행청구를 하면, 채무자는 기한의 이익을 주장하지 못하여 이행을 거절할 수 없다.

문제는 기한의 이익을 상실하는 사유가 발생하면, 당연히 기한의 이익을 상실하는지 아니면 채권자는 기한의 이익을 상실하는 사유를 주장할지 여부를 결정할 수 있는 자유가 있는 것인지이다.

예 5-57

A가 B에게, 2010.1.1. 금 1억원을 대여할 때 10년에 걸쳐 매월 말일에 원리금의 일부를 분할상환받기로 하면서 약정한 월 불입금을 B가 한번이라도 지체하거나 B의 다른 채권자로부터 가압류를 당하거나 파산선고를 받으면 기한의 이익을 잃고 대여금 전액을 즉시 변제하기로 합의하였다. 그런데 2013.1.31. B가 말일 납입하여야 할 월 불입금을 납부하지 아니하였다.

2020.5.10. A가 B를 상대로 미납된 원리금 전액에 대해 지급할 것을 법원에 청구하였다.

앞에서 본 것처럼 기한의 이익을 상실시키는 사유는 당사자들이 자유롭게 정할 수 있다. 위 예에서 위와 같이 당사자들이 정한 특약에 의하여 B가 2013.1.31. 납입하여야 할 월 불입금을 납부하지 않음으로써 기한의 이익을 상실하는 사유에 해당하는 사태가 발생하였다. 이런 경우 B가 2013.1.31. 월 불입금을 납부하지 않은 때에 곧바로 기한의 이익을 상실하는지 아니면 A가 B의 기한의 이익을 상실시키는 의사를 표시한 때에 기한의 이익을 상실하는지가 문제이다. 위 특약의 내용이 전자인지 후자인지는 당사자의 계약의 목적이나 의도 등을 고려한 해석에 의하여 결정하여야 할 것이나, 그 문언의 해석으로도 결정하기 어려운 경우에는 둘 중 어느 쪽으로 해석해야 하는가.

통설과 판례의 태도[485]는 기한의 이익을 상실시키는 사유가 발생하였다고 하더라도 곧바로 기한이 도래한 효과가 발생하거나 기한이 도래한 것으로 간주되는 것은 아니고, 채권자는 계속 채무자에게 기한의 이익을 보유하게 할 것인지 아니면 기한의 이익을 박탈할 것인지를 선택할 수 있다고 본다. 따라서 채권자가 기한의 이익을 박탈하여 즉시 이행을 선택한 경우에는 채무자가 기한의 이익을 주장할 수 없어 원리금 전부를 변제하여야 하고 이를 변제하지 않으면 그때부터 원리금 전부에 대해 지체책임을 지지만, 채권자가 기한의 이익을 박탈하지 아니한 경우에는 채무자는 여전히 기한의 이익을 보유하므로 미납한 월 불입금에 한하여 지체책임을 질뿐이고 나머지 원리금 전액에 대해서는 지체책임을 부담하지 않는다고 한다.[486]

485) 대판 2002.9.4. 선고 2002다28340.

486) 이는 제388조에 따른 해석이다. 만일 기한의 이익 상실사유가 채무자 파산인 경우에는 「채

소수설은 기한의 이익을 상실하는 사유가 발생하는 즉시 채권자의 의사와 무관하게 기한의 이익이 박탈되어 원리금 전액에 대하여 변제할 책임이 있다고 보고 있다.

이런 견해의 차이는 소멸시효에도 영향을 미치게 되는데, 위 예에서의 채권의 소멸시효가 상사시효 5년에 해당한다고 가정하고 각 견해의 차이를 보면, 통설과 판례에 의하면 2020.5.10. 채권자가 원리금 전액에 대해 법원에 청구한 것은 이때 기한의 이익을 박탈시킨 것이라고 보아야 하므로[487] 미납된 원리금 전액(2013.1.분부터의 원리금 전부)을 납부하여야 하지만, 그 소멸시효의 기산일은 2013.1.분은 2013.2.1.부터 기산되어 5년이 지나면 시효가 완성된다. 따라서 A는 2020.5.10.의 제소로 시효가 중단된 2015.5.10.(실제로는 2015.5.31.분)부터의 원리금 전부에 대해서만 청구할 수 있다고 할 것이다.

이에 반하여 소수설은 기한의 이익의 상실사유가 발생한 때인 2013.2.1.부터 원리금 전부에 대하여 소멸시효가 진행하여 2018.1.31.이 경과함으로써 시효가 완성되었고, A는 시효가 완성된 후인 2020.5.1. 제소하였으므로 원리금 채무는 전부 시효로 소멸하였다고 보게 된다.

생각건대, 위와 같은 이자부 대여계약은 양 당사자가 기한의 이익을 가지는 것이므로 기한의 이익의 상실사유가 발생하였다고 하여 곧바로 기한의 이익을 상실시키는 것은 채무자에게도 채권자에게도 득이 되지 않는다고 할 것이므로 채권자로서는 기한의 이익의 상실 여부에 관하여 선택권을 가진다고 보는 것이 타당할 것이다.

통설, 판례와 같이 채권자의 통지나 청구 등 채권자의 의사표시를 기다려 비로소 이행기가 도래하는 기한이익의 상실약관을 '형성권적 기한이익 상실의 특약'이

무자 회생 및 파산에 관한 법률」 제425조가 '기한부채권은 파산선고 시에 변제기에 이른 것으로 본다'라고 규정하여 변제기에 이른 것으로 강제적으로 의제하고 있으므로 채권자에게는 선택권이 없다. 채권자에게 선택권을 부여하면 파산절차가 신속하게 진행되지 못할 우려가 있기 때문이다.

487) 이처럼 기한의 이익을 박탈시키는 권리(형성권) 자체에도 행사기간을 관념할 수 있는 것이 아닌가 하는 문제가 있다. 즉 이런 형성권에도 행사기간으로서 제척기간에 걸리고 그 기간을 형성권에서 발생하는 청구권의 소멸시효와 같이 5년이라고 생각하면 형성권도 제척기간 5년의 기간경과로 소멸한 것이 아닌가하는 의문이 생길 수 있다. 이런 형성권이 5년의 제척기간에 걸린다고 하더라도 이런 형성권은 채무자가 매월 말 각 분할납부금을 지체할 때마다 새롭게 발생한다고 보아야 할 것이므로 마지막 분할금의 지체 시부터 5년이 경과하지 않은 이상 형성권을 행사할 수 있다고 보아야 할 것이다.

라고 하고, 그렇지 않고 특약 사유의 발생에 의하여 자동적으로 기한의 이익이 상실되어 이행기가 도래하는 것을 '정지조건부 기한이익 상실의 특약'이라고 한다.

판례에 의하면 정지조건부 기한이익 상실의 특약으로 인정받기 위해서는 상실사유와 함께 '채권자의 독촉이나 최고 등을 요함이 없이 당연히 기한의 이익이 상실되어 이행기가 도래한 것으로 한다'와 같이, 기한이익의 상실사유가 발생하면 곧바로 기한의 이익이 상실된다는 문구를 명시하여 표시해 두어야 한다고 한다.[488]

488) 대판 1997.8.29. 선고 97다12990은 기한의 이익 상실을 규정한 조항의 문언에 '채권자의 독촉이나 최고 등을 요함이 없이 당연히 기한의 이익이 상실되어 이행기가 도래하는 것으로 한다는 명시적인 표현이 없다는 점'을 형성권적 기한이익 상실조항이라고 해석하는 근거의 하나로 들고 있다. 따라서 이와 같은 문언이 있으면 정지조건부 기한의 이익상실의 특약이라고 보아야 할 것이다.

제 6 장 기간(期間)

Ⅰ. 기간의 의의

기간이란 어느 시점부터 어느 시점까지의 계속된 시간을 말한다. 기간은 다른 법률사실과 결합하여 법률요건을 이루는 경우가 많다. 예컨대 제4조의 성년의 나이, 제15조의 최고기간, 제27조의 실종기간, 제162조 등에서의 소멸시효, 제245조에서의 취득시효 등이 있다.

제155조는 '기간의 계산은 법령, 재판상의 처분 또는 법률행위에 다른 정한 바가 없으면 본장의 규정에 의한다'고 규정하여 민법상의 기간계산에 관한 규정은 보충적인 것임을 밝히고 있다.

Ⅱ. 기간의 계산방법

1. 기간을 '시 · 분 · 초'로 정한 경우

기간을 시, 분, 초로 정한 때에는 즉시로부터 기산한다(제156조). 예컨대 오늘 오후 3시에 '지금부터 2시간 동안'이라고 한다면, 오늘 오후 3시부터 즉시 기산하여 3시부터 5시까지를 의미한다.

2. 기간을 '일 · 주 · 월 · 년'으로 정한 경우

가. 기산일

기간을 일, 주, 월 또는 년(年)으로 정한 때에는 기간의 초일은 산입하지 않는다(제157조 본문). 이를 초일불산입(初日不算入)의 원칙이라고 한다. 만일 초일을 산입하면 초일이 완전한 1일이 되지 않는데도 1일로 계산되기 때문이다. 따라서 오전 0시로 시작되어 완전한 1일로 되면 초일이 산입되는 것은 당연하다(제157조 단서).

또 다른 예외는 연령계산의 경우로서, 출생일을 산입한다(제158조).

나. 만료일

기간은 말일의 종료로 만료된다(제159조). 주, 월, 년으로 기간을 정한 때에는 이를 일로 환산하지 않고 역(歷)에 의해 계산하므로(제160조 제1항) 월이 30일인지 31일인지를, 또 년의 일수가 365일인지 366일인지를 고려하지 않고 계산한다. 그리고 주, 월, 년의 처음으로부터 기간을 기산하지 아니하는 때에는 최후의 주, 월 또는 연에서 그 기산일에 해당하는 날의 전일로 기간이 만료된다(제160조 제2항).

월 또는 년으로 정한 경우에 최종의 월에 해당일이 없는 때에는 그 월의 말일로 기간이 만료된다(제160조 제3항). 기간의 말일이 토요일 또는 공휴일에 해당한 때에는 그 기간은 그 익일로 만료한다(제161조).

예 6-1

A가 B에게 2019.1.31. 오후 1시에 금 100만원을 대여하면서 지금부터 1년 1개월 후에 변제하기로 합의하였다. B는 언제 변제하여야 하는가.

위 예에서, 변제기로 어떤 특정한 날짜(예컨대 2020.2.28. 등으로 지정한 때)를 지정한 것이 아니라 2019.1.31. 오후 1시부터 1년 1개월 후라고 지정하였으므로 그 날로부터 민법의 규정에 따라 계산하여야 할 것이다. 이때 기산일은 초일불산입원칙으로 인하여 2019.2.1.부터 기산하여 2020.3.1.의 전날인 2020.2.29.이 변제기가 된다(만일 2월에 29일이 없는 해이면 28일이 될 것이다). 그런데 2020.2.29.은 토요일이고 다음날인 2020.3.1.은 공휴일이므로 월요일인 2020.3.2. 24시까지 변제하면 된다. 따라서 B는 A에게 2020.3.2. 변제하면 지체책임을 부담하지 않는다.

3. 기간의 역산방법

이와 같은 기간계산의 방법은 역산할 때도 준용된다.

예 6-2

A회사는 B회사와 2010.경부터 계속적으로 거래를 하기로 하여 매년 계약을 갱신하면서 둘 중 어느 한쪽 당사자가 계약의 종료를 원하는 때는 상대방이 계약종료에 따른 사전대비조치를 마련하게 하기 위하여 종료일로부터 1년 1개월 전에 그 계약종료의 의사표시가 전달되어야 한다고 약정하였다. B가 2020.3.1.부터 계약을 종료하기를 원한다면 언제 A에게 계약종료의 의사를 전달하여야 하는가.

위 예에서 2020.3.1.부터 1년 1개월 전이라고 하면, 기산일은 2020.2.29.부터 기산하여(2020.2.29.이 토요일이라고 하더라도 제161조는 만료일에만 적용되므로 기산일의 계산에서는 고려하지 않는다) 1년 1개월인 2019.1.31.의 전날인 2019.1.30. 0시이다. 따라서 B는 적어도 2019.1.30. 0시 전에 계약종료의 의사표시가 전달되도록 통지하여야 한다.

제 7 장 소멸시효

Ⅰ. 서

1. 의의

시효란 어떠한 사실상태가 일정기간 계속된 경우 그 사실상태가 진정한 권리관계에 합치되는지를 묻지 않고 사실상태를 존중하여 법률상 일정한 효과를 생기게 하는 법률요건을 말한다.

이런 시효에는 소멸시효와 취득시효가 있는데, 소멸시효는 권리의 불행사라는 상태가 일정기간 계속되는 경우 권리의 소멸이라는 효과[1]를 발생시키는 것을 말하고, 취득시효는 권리의 행사라는 외관이 일정기간 계속되는 경우 권리의 취득이라는 효과를 발생시키는 것을 말한다.

우리 민법은 소멸시효는 총칙편에 두고 있고, 취득시효는 물권편에 두고 있다.

2. 존재이유

소멸시효의 존재이유에 관하여 전통적인 견해는, 첫째 장기간에 걸쳐 존속하는 사실상태를 존중하여 그 사실상태를 전제로 구축된 사회질서와 법률관계의 안정을 도모하여야 한다는 점, 둘째 증명서류의 분실 등으로 과거사실의 증명곤란을 구제하여 권리자의 보호에 이바지하는 점, 셋째 권리행사를 태만히 한 자에 대한 제재 등을 든다.

첫 번째 근거에 대해서는 사회질서와 법률관계의 안정을 도모하는 목적의 하나는 제3자의 신뢰를 보호한다는 점에 있는데, 소멸시효는 제3자의 신뢰유무를 전혀 요건으로 하지 않고 있다는 점에서 문제가 있다는 비판이 있다.

1) 효과와 관련하여 소멸시효가 완성되면 권리가 소멸한다는 견해(판례와 통설)와, 권리소멸을 주장할 수 있는 항변권이 발생할 뿐이라는 견해가 있다. 아래 효과에서 자세히 보도록 한다.

두 번째 근거에 대해서는 권리자에게 자신의 권리를 증명하는 자료가 충분하거나 권리자의 권리존재가 증명되어도 권리의 소멸이 인정되는 점을 설명하기 어렵다는 비판이 있고 또 현대에는 권리의 증명서류나 변제를 증명하는 서류를 디지털화하여 보관함으로써 증명서류의 보관이 그다지 어렵지 않아 증명이 곤란하지 않다는 점에서 문제가 있다.

세 번째 근거에 대해서는 권리자의 권리불행사가 채무자의 사정을 고려한 호의에서 나온 것인 경우에는 권리행사를 태만히 하였다는 비난을 하여 권리소멸의 효과를 주는 것이 타당한지 의문이라고 비판한다.

생각건대, 시효를 어느 하나의 근거로 설명하기는 곤란하므로 다원적으로 볼 수밖에 없을 것이다.

3. 소멸시효와 구별되는 제도

가. 제척기간

(1) 의의

권리의 성격이나 법률에 의하여 그 권리를 기초로 한 법률관계를 조속히 안정시켜야 할 필요가 있다고 판단되는 경우에는 일정기간 동안 권리자가 그 권리를 행사하지 않으면 그 권리불행사에 권리자에게 귀책사유가 없더라도 그 권리를 소멸시키도록 하는 제도가 있다. 이를 소멸시효와 구별되는 것으로서 제척기간이라고 한다.

이런 제척기간에는 그 제도취지에 비추어 소멸시효에서 인정되는 시효의 중단제도를 인정하지 않는다. 시효의 중단을 인정하게 되면 권리의 존속기간이 길어져 법률관계를 조속히 안정시킨다고 하는 제도의 취지에 어긋나기 때문이다.

(2) 제척기간의 종류

제척기간에는 권리자가 그 기간 내에 재판상 행사, 즉 법원에 소를 제기하여야 하는 기간이 있고, 법원에 대해 제소하는 형식이 아니라 법정 외에서 상대방에 대한 의사표시로서 행사하면 족한 기간이 있다. 전자를 특히 출소기간(出訴期間)이라고 한다.

출소기간으로서의 제척기간은 법률에 의하여 규정되어 있는데 제204조 제3항(점유회수청구권),[2] 제205조 제2항(방해배제청구권),[3] 제406조 제2항(채권자취소권) 등이 이에 속한다.

출소기간이 아닌 제척기간으로는 취소권(제146조), 예약완결권(제564조),[4] 매도인의 하자담보책임(제573조, 제575조, 제582조), 사용대차나 임대차에서의 손해배상과 비용상환청구(제617조, 제654조), 도급인의 하자담보책임(제670조) 등이 있다.

(3) 소멸시효와의 차이

(가) 소급효

소멸시효가 완성되면 제167조에 의해 기산일에 소급하여 권리소멸의 효력이 생기나, 제척기간은 기간의 도과로 장래에 향하여 권리소멸의 효력이 확정된다.

(나) 시효중단

소멸시효에는 일정한 사유(제168조)가 있으면 시효기간이 진행되지 않고 있다가 그 사유가 종료하면 그때로부터 다시 본래의 시효기간이 새롭게 진행하는 시효중단(제178조)이라는 제도가 있는데 반하여, 제척기간에는 시효중단이라는 제도가 없다.[5] 제척기간에 시효중단이라는 제도를 도입하여 권리소멸의 기간을 연장하는 것은 법률관계의 조속한 안정이라는 하는 제척기간의 제도취지에 어긋나기 때문이다.

(다) 시효정지

소멸시효에는 제179조 내지 제182조에서 시효정지라는 제도를 인정하고 있다. 이에 반하여 제척기간에 대해서는 이런 규정들이 없어 위 시효정지에 관한 규정을 준용해야 할 것인지에 관하여 견해의 대립이 있다.

시효정지제도는 시효가 완성될 시점에서 권리를 행사하기 어려운 사정이 있는 경우 일정한 기간 연기해 주는 것인데, 제척기간은 법률관계의 조속한 안정을 위한 것이고 또 권리를 행사할 수 있었음에도 하지 않고 있던 중 권리행사가 어려

---

2) 대판 2002.4.26. 선고 2001다8097, 8103.

3) 위 2001다8097, 8103 판결.

4) 대판 2003.1.10. 선고 2000다26435.

5) 위 2000다26425(예약완결권에 관한 사안), 대판 2000.8.18. 선고 99므1855(재산분할청구권에 관한 사안).

운 상황에 처하게 되는 위험은 권리자 자신이 부담해야 하므로 준용을 부정하는 견해가 옳다고 생각한다.

(라) 기산점

소멸시효의 기산점은 권리를 행사할 수 있는 때부터로 보지만(제166조 제1항), 제척기간은 권리의 존속기간이므로 그 기산점은 권리발생 시(또는 계약 시)이다.

(마) 직권조사사항

소멸시효는 항변사항으로서 시효이익을 받을 자가 이를 주장하여야만 법원이 고려하여 재판하지만, 제척기간은 당사자의 주장을 기다리지 않고 법원이 직권으로 조사하여 판단하여야 하는 사항(직권조사사항)이다.

(바) 시효이익의 포기

소멸시효는 시효이익을 받는 자가 시효완성 후 그 이익을 포기할 수 있지만, 제척기간에는 기간도과의 효력을 부인할 수 있는 권리의 포기라는 제도가 없다. 소멸시효는 채무면제라는 사익(私益)을 보호하기 위한 제도임에 반하여 제척기간은 법률관계의 안정이라는 공익(公益)을 위한 제도라는 생각에 기초한 것이라고 볼 수 있다.

(4) 소멸시효와의 구별기준

제척기간과 소멸시효는 어떻게 구별하는가.

(가) 학설

통설은 법문의 규정형식, 즉 '시효로 인하여'라는 문언이 있으면 소멸시효이고, 이런 문언이 없으면 제척기간으로 본다. 예를 들면 불법행위에 기한 손해배상에 관한 제766조는 '… 시효로 인하여 소멸한다'라고 되어 있으므로 그 기간은 소멸시효이지만, 취소권에 관한 조문 제146조는 '… 10년 내에 행사하여야 한다'라고 되어 있고 '시효로 인하여'라는 문언이 없으므로 제척기간이라고 본다.[6)]

---

6) 제1117조의 유류분반환청구권에 관하여 법문의 문언을 중시하여 소멸시효라는 설과, 유류분반환청구권은 형성권으로서 시효의 중단이라는 관념을 상정할 수 없으므로 제척기간으로 보아야 한다는 설이 대립되고 있다. 입법자가 제정한 법률조항을 기준으로 해석을 하여야 하는 법률가의 입장에서는 법문을 중시할 수밖에 없을 것이므로 법문의 문언에 따라 소멸시효기

이에 반하여 권리의 성질이나 규정의 취지에 비추어 실질적으로 판단해야 한다는 소수설도 있다. 즉 취소권과 같은 형성권의 경우 취소권을 행사하게 되면 법률행위의 취소라는 법률관계의 변동이 일어나게 되어 취소권 자체의 목적이 달성되고, 취소권은 소멸하게 되어 시효의 중단이라는 제도(예컨대 제168조상의 권리의 행사로서 청구가 있으면 그 청구된 권리의 소멸시효의 진행이 중단된다는 제도)가 적용될 여지가 없다. 따라서 이런 경우는 소멸시효가 아니라 제척기간이라고 보아야 한다는 것이다.

(나) 사견

법조문 상에 기간과 관련한 표현이 있는 때에는 통설과 같이 그 문언의 표현에 의하여 구별하여야 할 것이다.

문제는 규정에 기간과 관련한 표현이 전혀 없는 경우이다. 예를 들면 추인권(제15조, 제132조, 제144조), 해제권(제543조), 매매예약완결권(제564조) 등은 그 권리행사기간과 관련한 표현이 없으므로 이들 권리와 관련하여 행사(존속)기간이 문제로 되는 때에는 소멸시효기간인지 제척기간인지를 판단해야 한다. 이런 경우에는 결국 법문의 문언표현에 의하여 결정할 방법이 없으므로 그 권리의 성격에 의하여 결정할 수밖에 없을 것이다. 이런 권리는 형성권에 해당하고 형성권의 경우는 앞서 본 것처럼 소멸시효에서 인정되는 시효중단이라는 것을 관념할 수가 없으므로 제척기간에 해당한다고 보아야 한다.

(5) 권리행사의 기간

나아가 위와 같이 법문의 규정이 없는 형성권의 제척기간의 경우, 그 권리행사기간 내지 권리존속기간을 얼마로 보아야하는지가 문제다.

이 문제에 대해서는 법문에서 형성권의 권리행사기간을 정해둔 경우와, 그 권리행사기간을 정해두지 않은 경우로 나누어 살펴보아야 할 것이다.

(가) 법문에서 기간을 정해둔 경우

예를 들면 형성권인 취소권의 경우는 제146조에서 그 행사기간을 규정하여 두

간이라고 볼 수밖에 없을 것이다. 대판 2012.5.24. 선고 2010다50809는 '유류분에 기한 반환청구권의 소멸시효가 중단되었다고 볼 수 있다고 하더라도'라고 설시하고 있는데, 소멸시효라고 보는 입장을 취하고 있는 것으로 보인다.

고 있다. 따라서 그 기간 내에 취소권을 행사하여야 한다는 것은 의문의 여지가 없다. 여기서 문제가 되는 것은, 취소권의 행사로 발생하는 반환청구권도 위 취소권의 행사기간 내에 행사하여야 하는지이다.

예 7-1

A가 2010.1.1. B를 속여서 A소유의 동산 M을 100만원에 매도하는 계약을 체결하였고, 당일 M을 교부함과 동시에 100만원을 B로부터 지급받았다. B가 2010.2.1. A로부터 기망 당하였다는 사실을 알게 되었고, 2010.3.1. A의 기망을 이유로 위 매매계약을 취소한다는 의사를 표시하여 당일 A에게 도달하였다.

B가 그 후 2015.1.1. A를 상대로 100만원의 지급을 구하는 소송을 제기하였다.

B가 A의 기망사실을 알게 된 때인 2010.2.1.부터 취소권의 행사기간인 3년이 경과하기 전인 2010.3.1. 취소하였으므로 B의 취소권 행사는 적법하고, 따라서 B는 A에 대하여 100만원의 반환을 청구할 수 있는 권리가 발생한다. 위 사안에서 B의 위 반환청구권은 채권이므로 제162조 제1항에 의하여 취소하여 위 청구권이 발생한 때인 2010.3.1.부터 10년 내에 행사하면 되는 것인지, 아니면 제146조는 취소권뿐 아니라 취소권의 행사로 발생하는 청구권에도 적용되는 것인지가 다투어진다.

판례는 B의 A에 대한 반환청구권은 B가 취소권을 행사한 때 비로소 발생하고 위 반환청구권은 채권이므로 2010.3.1.부터 10년 내에 행사하면 된다고 본다. 따라서 위 예에서 B의 A에 대한 100만원의 반환청구는 2010.3.1.부터 10년이 경과하기 전인 2015.1.1. 행사된 것이므로 적법하다고 보고 있다.[7)]

이에 반하여 법률관계의 조속한 안정이라는 제척기간의 취지상 제146조는 취소권 뿐아니라 취소권의 행사로 발생하는 청구권에도 적용된다는 소수설도 있다. 이에 의하면 B의 A에 대한 100만원 반환청구는 2010.2.1.부터 제146조에서 정한 3년의 권리행사기간을 도과하여 행사된 것이므로 부적법하다고 보게 된다.

생각건대, 법률관계의 안정은 형성권 그 자체에 관련되는 것이지, 형성권의 행사로 발생하는 청구권의 행사에까지 미치는 것은 아니라고 할 것이므로 판례의 입장이 타당하다고 할 것이다.

7) 앞에서 본 '무효와 취소'에서의 취소권의 단기소멸제도 참조.

(나) 법문에서 기간을 정해두지 않은 경우

1) 예약완결권

예 7-2

A가 2000.5.1. B와 A소유 부동산 L에 관하여 대물변제예약을 하였다. B가 2012.8.6. L에 관한 매매예약의 완결권을 행사한다고 하면서 소유권 이전등기를 구하는 소송을 제기하였고, 그 소송에서 A는 매매예약완결권을 B가 그 존속기간인 10년이 지난 후에 행사하였다고 하면서 거부하였다.

가) 행사(존속)기간

매매의 예약완결권이란 완결권을 가지는 일방의 의사로 매매의 본 계약을 성립시킬 수 있는 권리(제564조)를 말하고 이는 형성권에 속한다. 위 예에서 쟁점은 당사자들이 합의한 매매예약의 완결권의 행사(존속)기간은 얼마인지이다.

이러한 형성권의 존속기간과 관련하여, 형성권은 제162조 제2항의 '채권 및 소유권 이외의 재산권'에 해당하므로 20년이라는 견해, 매매예약완결권의 행사 결과로 발생하는 권리의 소멸시효기간을 기준으로 정하여야 하므로 매매예약완결권의 행사로 발생한 소유권 이전등기청구권은 채권이어서 그 소멸시효기간인 10년이 존속기간이라는 견해, 매매예약완결권이 발생하게 된 기초가 되는 법률관계를 기준으로 하여 그 법률관계가 민사상의 것이면 10년, 상사상의 것이면 5년으로 보아야 한다는 견해 등이 있다.

판례는 '매매예약의 완결권은 일종의 형성권으로서 당사자 사이에 그 행사기간을 약정한 때에는 그 기간 내에,[8] 그러한 약정이 없는 때에는 그 예약이 성립한 때로부터 10년 내에 이를 행사하여야 하고 그 기간을 지난 때에는 예약완결권은 제척기간의 경과로 인하여 소멸하는 것'이라고 보고 있다.[9]

생각건대, 매매예약완결권은 당사자의 합의에 의하여 발생하는 것으로 그 합의에 따라 완결권자가 완결권을 행사하면 매매계약이 체결되어 매매계약에 따른 채권, 채무가 발생하게 된다. 이렇게 보면 매매예약완결권은 형성권이라고 할 것이고 그 기간은 제척기간이라고 하지 않을 수 없다. 그리고 매매예약완결권은 당사

8) 대판 2017.1.25. 선고 2016다42077은 당사자 사이에 예약완결권의 행사기간을 30년으로 약정한 것에 대하여 유효하다고 하였다.

9) 대판 1995.11.10. 선고 94다22682, 22699 등.

자의 합의에 의하여 발생하는 것이므로 그 완결권을 발생하게 한 합의의 법률관계에 의하여 그 행사기간을 정할 수밖에 없다고 할 것이다. 따라서 당사자가 합의한 법률관계가 민사적인 것이면 10년, 상사적인 것이면 5년의 제척기간에 걸린다고 보아야 할 것이다. 그리고 위 기간은 예약완결권 자체의 행사기간이고 이런 예약완결권에 의하여 발생하는 권리, 즉 예약완결권의 행사에 의하여 계약이 체결된 것으로 보는 매매의 본 계약에 기한 청구권은 매매계약이 체결된 때부터 매매계약에 기한 청구권의 소멸시효가 진행한다고 할 것이다(위 예에서 만일 B가 2012.8.6. 예약완결권을 행사한 것이 적법하다고 한다면, 2012.8.7.부터 매매계약 상의 소유권 이전등기청구권의 소멸시효기간이 진행한다고 보아야 한다는 것이다).

위 예에서는 B가 2000.5.1.부터 10년이 경과한 후인 2012.8.6. 예약완결권을 행사하였으므로 예약완결권은 제척기간의 도과로 행사할 수 없다고 할 것이다.

나) 기산일

위 예는 예약완결권을 행사할 수 있는 시기(始期)에 관하여 합의하여 두지 아니하였는데, 만일 A와 B가 2000.5.1. 합의할 때 위 예약완결권을 2005.5.1.부터 행사할 수 있다고 합의하였다면, 예약완결권의 제척기간의 기산일은 2000.5.1.인지, 아니면 2005.5.1.인지가 문제다. 만일 후자라고 한다면 위 예에서 B는 2005.5.1.부터 10년이 경과하기 전인 2012.8.6. 예약완결권을 행사한 셈이 되므로 적법하게 예약완결권을 행사하였다고 보아야 한다.

이점에 관하여 판례는 약간의 동요를 보인다. 위 94다22682, 22699(대판 1992.7.28. 선고 91다44766, 44773도 동일한 판시를 보인다) 등의 대부분의 판례에서는 '제척기간은 권리자로 하여금 당해 권리를 신속하게 행사하도록 함으로써 법률관계를 조속히 확정시키려는 데 그 제도의 취지가 있는 것으로서, 소멸시효가 일정한 기간의 경과와 권리의 불행사라는 사정에 의하여 권리소멸의 효과를 가져오는 것과는 달리 그 기간의 경과 자체만으로 곧 권리소멸의 효과를 가져오게 하는 것이므로 그 기간 진행의 기산점은 특별한 사정이 없는 한 원칙적으로 권리가 발생한 때이고, 당사자 사이에 위와 같이 위 매매예약 완결권을 행사할 수 있는 시기를 특별히 약정한 경우에도 그 제척기간은 당초 권리의 발생일로부터 10년간의 기간이 경과하면 만료되는 것이지 그 기간을 넘어서 위 약정에 따라 권리를 행사할 수 있는 때로부터 10년이 되는 날까지로 된다고 볼 수 없다'고 하여 당사자들이 시기를 정할 수 없다고 판시하고 있다.[10)]

그러나 대판 1997.6.27. 선고 97다12488은 A가 1983.1.4. B에게 일정 금액을 대여하면서, B가 변제기인 1983.6.4.까지 변제하지 못하면 B소유의 부동산 L을 위 대여금의 대물변제로 양도하기로 합의하였고, 그 후 B가 변제하지 못하자, A가 L에 관한 예약완결의 의사표시를 하고 소유권 이전등기를 구한 사안에 관한 것이었는데, 그 이유에서 A의 매매예약완결권의 행사는 변제기 다음날인 1983.6.5.부터 10년 이내에 행하여져 적법하다고 판시하였다. 이는 권리발생일인 1983.1.4.이 아니라 권리행사 가능일인 1983.6.5.을 기산일로 한 것으로서 앞의 대부분의 주류 판결과는 다르게 판단하고 있다.

생각건대, 대법원의 주류적 판례가 취하는 태도가 제척기간에 관하여는 당사자 사이의 합의로 정할 수 있다고 하면서 그 기산일에 대하여는 정할 수 없다는 태도는 합리적이지 않고, 나아가 당사자들이 합의한 행사기간에 관하여 해석을 함에 있어서도 그 형식적으로 기재한 숫자에 지나치게 얽매여 당사자들의 진정한 합의 내용에 따른 행사기간을 도출하지 못하고 있다는 감이 있다. 즉 당사자들이 2000.5.1. 예약완결권에 관한 합의를 하면서 행사기간은 10년, 행사할 수 있는 시기는 '2005.5.1.부터'라고 합의한 경우, 위 94다22682, 22699 판결의 입장은 2000.5.1.부터 10년으로 계산하여야 한다는 것이나, 행사기간을 당사자들의 합의로 정할 수 있다고 한다면 당사자들이 합의한 행사기간이 얼마인지는 법률행위의 해석의 문제로서 그 객관적 문언을 당사자들의 동기나 목적, 그 경위 등을 종합적으로 고려하여 해석하여야 할 것이고, 이에 따라 위 행사기간을 해석하면 당사자들의 의사는 '2005.5.1.부터 10년'인 2015.4.30.내에 예약완결권을 행사하면 적법하다고 보고 있었다고 하여야 하고, 만일 굳이 법률행위의 성립시인 2000.5.1.을 기산일로 하여 행사기간을 산정한다면 당사자들이 거론한 형식적인 숫자 10년에 구애받을 것이 아니라 위 행사기간의 종기인 2015.4.30.에 맞추어 행사기간을 '2000.5.1.부터 15년'으로 정한 것이라고 해석하는 것이 당사자들의 의사에도 맞는 합리적인 해석일 것이다.

이렇게 해석하는 것이 당사자들의 의도도 살리고 또 기존의 대법원의 판결들의 혼란을 막을 수 있지 않을까. 위와 같이 혼란스러운 대법원의 입장은 위 97다12488 판결과 같은 내용으로 귀일되어야 할 것이다.

---

10) 양창수, 매매예약완결권의 제척기간의 기산점, 민법연구(제4권), 박영사(1997), 258면 이하에서는 '기간을 합의하여 정할 수 있는 것을 허용하면서 기산일은 정할 수 없다는 것은 합리적이지 않다'고 위 판결의 판시내용을 비판하고, 제척기간에도 제166조 제1항을 준용하여 권리를 행사할 수 있는 날부터 기산하여야 한다고 주장한다.

2) 해제권[11)]

예 7-3

A가 2000.1.1. B와 A 소유 부동산 L을 1억원에 매도하는 매매계약을 체결하면서, 계약금 1천만원은 계약 당일 B로부터 지급받았고, 잔금 9천만원은 2000.1.31. L상에 경료된 가압류 등기를 말소한 후 소유권이전등기에 필요한 서류를 교부함과 동시에 B로부터 지급받기로 하였다. 그런데 잔금기일에 B가 잔금을 준비하고 지급장소에 나가 지급하려고 등기부를 확인해 보니 여전히 가압류등기가 말소되지 않고 있었다. 그래서 B는 2000.2.1. A에게 잔금은 준비되어 있으니 2000.2.10.까지 L상의 가압류등기를 말소하고 소유권 이전등기에 필요한 서류를 교부하여 줄 것을 최고하였다. 그러나 2000.2.10.까지도 A는 위 가압류등기를 말소하지 아니하였다. 그 후 B가 2010.2.5. 위 계약을 해제하고 1천만원의 반환을 청구하는 소송을 제기하였다.

가) 학설

해제권 자체의 행사기간과 관련하여, 통설은 예약완결권에서 보는 바와 같이 해제권의 행사로 발생하는 원상회복청구권이나 손해배상청구권의 성격에 따라서 그 기간이 결정된다고 하면서 해제권의 행사로 인하여 발생하는 원상회복청구권이나 손해배상청구권이 채권적 청구권으로서 10년의 소멸시효에 걸리므로 해제권도 10년의 제척기간에 걸린다고 한다. 따라서 위 예에서 통설에 의하면, 해제권은 제544조에 의해 일정한 기간을 두고 이행을 최고한 후에야 발생하므로, 최고기간이 경과한 때인 2000.2.11.부터 10년이 경과하면[12)] 해제권은 소멸하게 된다. 그런데 B는 2010.2.5. 해제의 의사표시를 하였으므로 해제권의 행사가 적법하여 원상회복으로서 기지급한 계약금 1천만원의 반환을 구할 수 있게 된다.

이에 반하여 앞의 매매예약완결권에서 본 것처럼 20년에 걸린다는 견해와, 해제권의 경우에는 본래의 채무가 시효로 소멸하면 채무불이행을 이유로 해제권을 행사할 수 없으므로 채무가 소멸한 후까지 해제권의 존속을 인정할 이유가 없고

11) 졸고, '행사기간이 법정되지 않은 해제권의 행사기간과 기산일', 법학논문집 42집 3호(2018. 12), 143면 이하 참조.

12) 예약완결권에 관한 앞의 94다22682, 22699 판결의 입장에 따르면, 해제권의 행사기간의 기산일도 매매계약일인 2000.1.1.로 보게 될 것인가. 이렇게 보는 것은 해제권이라는 권리 자체가 발생하지도 않은 날을 기산일로 삼는 것이어서 부당할 것이다. 그러면 예약완결권과 해제권의 기산일을 이렇게 달리 보는 근거는 무엇인지 의문이다. 이런 측면에서도 예약완결권에 관한 위 판결의 판시는 의문스럽다.

따라서 채무의 소멸시효만을 생각하면 되고 해제권 자체의 행사기간을 생각할 여지나 필요가 없다는 견해도 있다.

나) 판례

대판 2010.11.25. 선고 2010다56685는 A가 B에게 건축 중인 건물에 승강기를 설치하는 공사에 관하여 도급을 주면서, A의 귀책사유로 B의 공사수행이 불가능한 경우 B는 해제할 수 있다는 특약 하에 B가 공사에 착수하여 대부분의 공사를 완공하였는데, A측의 건물골조공사의 지연으로 공사를 완공할 수 없게 되었고, B가 A에 대해 공사대금의 지급을 최고한 때로부터 7년이 경과한 후에 B가 A에 대해 계약을 해제하고 기완성한 승강기의 멸실로 인한 원상회복불능을 원인으로 손해배상을 구한 사안에 관한 것이었다.

대법원은 '도급과 관련하여 공사대금의 계약금과 중도금 지급채무가 3년의 시효로 소멸하였고(제163조 제3호 참조) 이처럼 시효로 소멸한 후에 약정해제권을 행사하는 경우 그 해제사유들은 피고의 공사대금채무가 있음을 전제로 하는 것으로서 이 사건 공사대금채권이 이미 시효로 소멸하였다고 보는 이상, A가 공사대금을 지급하지 않는다고 하여 이 사건 계약의 약정해제권 특약에 기한 해제사유가 성립한다고 할 수는 없다'라고 판시하였다.[13] 이는 해제권은 채무불이행의 경우 발생하는 것이므로 그 발생의 기초가 되는 채무에 관한 소멸시효만을 생각하면 되는 것이지 해제권 자체에 대한 행사기간을 독립적으로 생각할 필요가 없는 견해에 가깝다고 할 것이다.

따라서 판례에 따르면 위 예에서의 매매잔금지급채무는 소멸시효 기산일인 2000.2.1.부터 10년, 즉 2010.1.31.을 도과하면 시효로 소멸하므로 그 채무의 불이행을 이유로 한 해제권도 소멸하여 해제권을 행사할 수 없다. 그렇다면 위 예에서 B의 2010.2.5. 해제권을 행사하여 손해배상을 청구한다는 주장은 이유 없다고 할 것이다.

다) 사견

생각건대 통설에는 문제가 많다. 즉 통설에 따라 해제권은 채무이행의 최고기간이 경과한 때로부터 10년을 경과하게 되면 행사할 수 없다고 생각하면, 만일 위 예에서 A의 본래 채무인 소유권 이전등기채무와 관련한 시효중단 조치, 예컨

---

13) 대판 1987.6.23. 선고 86다카2549도 같은 취지라고 할 것이다.

대 A의 채무승인(제168조 제3호) 등이 있었던 경우에도 해제권은 위 기간의 경과로 소멸한다. 왜냐하면 해제권은 제척기간으로서 시효의 중단이나 정지가 있을 수 없다고 보므로 A의 채무에 관하여 이러한 시효중단조치가 취해져 있는 경우 A의 채무는 소멸시효가 중단되지만 해제권의 행사기간은 중단되지 않기 때문이다. 이런 경우 통설에 따르면 10년이 경과하면 채무는 소멸시효가 중단되어 여전히 존재하지만 해제권은 행사할 수 없다는 기묘한 결과가 된다. 이는 도저히 용납할 수 없는 결과라고 할 것이다.

따라서 해제권에 관하여는 채무와 무관하게 독립된 행사기간을 논의할 필요가 없다는 소수설이나 판례의 입장이 타당할 것이다.

라) 해제권의 행사로 발생한 원상회복청구권

위 예에서 B가 2010.1.1. 해제권만을 행사하였고, 그 후 2015.1.1. 1천만원의 원상회복청구 및 손해배상청구를 하면 원상회복 및 손해배상청구는 적법한가.

앞의 취소권에서 본 것처럼 해제권으로 발생하는 원상회복청구와 손해배상청구는 해제권의 행사기간 내에 행사하여야 한다는 견해에 의하면 해제권의 행사는 적법하지만 원상회복청구나 손해배상청구는 할 수 없을 것이다. 그러나 우리 판례는 해제권의 행사로 비로소 원상회복을 청구할 수 있으므로 해제권을 행사한 때를 원상회복 청구권의 소멸시효의 기산일로 보므로[14] 2010.1. 2.부터 10년이 경과하기 전까지만 원상회복청구가 가능하다고 보는 입장이다. 따라서 위의 경우는 적법하다고 할 것이다.

사견으로는 해제가 가능한 시점으로서 최고 후 상당기간을 경과한 때부터는 언제든지 해제하여 원상회복청구가 가능하였으므로, '최고 후 상당기간이 경과한 때'를 원상회복청구의 소멸시효 기산점으로 보아야 할 것으로 생각한다.[15]

나아가 해제권의 행사와 함께 하는 손해배상 청구의 소멸시효의 기산일에 관하여는 해제권과 무관하게 채무의 이행기와 관련지어 당해 채무를 불이행한 때부터 기산해야 하는 것이 타당하다고 생각한다. 채무불이행을 이유로 한 손해배상청구

14) 대판 2009.12.24. 선고 2009다63267.

15) 원상회복청구권은 해제시에 비로소 발생하므로 해제시가 원상회복청구권의 소멸시효 기산점으로 보아야 한다는 견해가 있을 수 있다. 그러나 이 견해를 취하면 해제권자가 임의로 해제시기를 조절할 수 있으므로 소멸시효의 기산점이 해제권자의 의사에 따라 달라지는 문제점이 생긴다. 따라서 해제권을 행사하여 원상회복청구를 할 수 있는 시기, 즉 해제가 가능한 시기가 제166조의 '권리를 행사할 수 있는 때'라고 보아야 할 것이다.

권의 소멸시효 기산일과 관련하여서는 손해배상의 내용에 따라 소멸시효의 기산일을 달리 생각해야 한다는 것이 사견인바 자세한 것은 아래 소멸시효의 기산일에서 보기로 한다.

3) 추인권

추인권에 관한 규정은 제한능력자의 경우(제15조), 무권대리의 경우(제130조), 무효행위의 경우(제139조), 취소권의 경우(제143조) 등 여러 곳에 산재해 있고, 이런 모든 경우에 적용될 수 있는 일반적인 시효를 논할 수는 없고 각 규정의 취지에 따라 달리 보아야 할 것이다.

위 각각의 경우 어떻게 보아야 할 것인지가 문제이나, 적어도 무권대리의 경우의 추인권과 추인권의 행사로 발생하는 계약상의 청구권은 무권대리행위 시부터 기산하여야 한다는 것이 사견임은 앞에서 보았다.

(다) 사견

일반적인 교과서에는 법문에서 행사기간을 정하지 않고 있는 형성권에 관하여, 그 모두에 적용되는 시효이론을 전개하고 있는 듯이 보인다. 그러나 앞에서 본 것처럼 형성권의 발생근거나 그 취지가 다르고 또 형성권의 행사로 인하여 발생하는 법률효과는 제각각이어서 형성권 전반에 공통되는 시효이론을 전개하는 것은 현 단계에서는 아직 이론적으로 성숙되지 않은 것 같다. 따라서 현 단계에서는 각 형성권에 대하여 개별적인 파악이 우선되어야 할 것으로 생각한다. 이런 생각에서 위와 같이 형성권 중 일부에 관하여 논의를 진행하여 보았다.

나. 실효제도

실효제도란 권리자가 그의 권리를 행사할 수 있었음에도 장기간 행사하지 아니하여 권리자의 상대방이 권리자가 더 이상 권리를 행사하지 않으리라고 신뢰하고 그에 따라 행동하였는데 그 후 권리자가 권리를 행사하는 것이 신의성실의 원칙에 반한다는 이유로 허용되지 않는 것을 말한다. 경우에 따라서는 소멸시효에 걸리지 않는 권리도 실효의 대상이 될 수 있다.

이 제도에 대하여는 부정적인 평가도 유력한데, 이 입장에서는 이를 인정하면 법률이 특히 소멸시효나 제척기간을 정해둔 취지가 몰각되므로 인정해서는 안 된다는 것이다.

우리 판례는 신의성실의 원칙 하에 실효제도를 인정하고 있다. 즉 대판 1992.5.26. 선고 92다3670은 '일반적으로 권리의 행사는 신의에 좇아 성실히 하여야 하고 권리는 남용하지 못하는 것이므로 권리자가 실제로 권리를 행사할 수 있는 기회가 있었음에도 불구하고 상당한 기간이 경과하도록 권리를 행사하지 아니하여 의무자인 상대방으로서도 이제는 권리자가 권리를 행사하지 아니할 것으로 신뢰할 만한 정당한 기대를 가지게 된 다음에 새삼스럽게 그 권리를 행사하는 것이 법질서 전체를 지배하는 신의성실의 원칙에 위반하는 것으로 인정되는 결과가 될 때에는 이른바 실효의 원칙에 따라 그 권리의 행사가 허용되지 않는다고 보아야 할 것이고 이러한 실효의 원칙이 적용되기 위하여 필요한 요건으로서의 실효기간(권리를 행사하지 아니한 기간)의 길이와 의무자인 상대방이 권리가 행사되지 아니하리라고 신뢰할 만한 정당한 사유가 있었는지의 여부는 일률적으로 판단할 수 있는 것이 아니라 구체적인 경우마다 권리를 행사하지 아니한 기간의 장단과 함께 권리자측과 상대방측 쌍방의 사정 및 객관적으로 존재한 사정 등을 모두 고려하여 사회통념에 따라 합리적으로 판단하여야 할 것이다'라고 판시한다.

Ⅱ. 소멸시효의 요건

시효로 인하여 권리가 소멸하기 위한 요건으로서는, 첫째 해당 권리가 소멸시효의 대상이 되어야 하고, 둘째 권리자가 권리를 행사함에 장애가 없었음에도 행사하지 않아야 하며, 셋째 권리를 행사하지 않고 있는 상태가 일정기간 계속되어야 한다.

이런 소멸시효의 요건은 발생한 권리를 소멸시키는 사유이므로 그 권리가 시효로 소멸하였음을 주장하는 자가 주장하고 증명하여야 한다.

1. 소멸시효의 대상

가. 채권 및 소유권 이외의 재산권

채권과 소유권 이외의 재산권은 소멸시효의 대상이 된다(제162조 제1항, 제2항).

나. 소멸시효의 대상이 아닌 권리

(1) 비재산권

인격권, 친권과 같은 비재산권은 소멸시효의 대상이 아니다.[16)]

(2) 소유권

소유권은 소멸시효의 대상이 되지 않는다(제162조 제2항). 소유자가 아무리 긴 시간 동안 그 권리를 행사하지 않더라도 소유권이 시효로 소멸하지 않으므로 후손들이 선조의 소유물이 있음을 알지 못하여 그 권리를 행사하지 않고 있더라도 상속을 통하여 소유권을 취득할 수 있는 것이다. 그러나 제3자가 취득시효로 소유권을 취득하게 되면 그 반사적 효력으로 소유자가 소유권을 잃게 되는 경우는 있지만 이는 소멸시효의 완성으로 소유권이 소멸하는 것과는 다르다.

(3) 형성권

유류분반환청구권은 형성권이고 소멸시효에 걸리는 것으로 보는 것이 판례의 태도인 것으로 보인다는 점은 앞에서 보았다. 한편 형성권 중에는 소멸시효가 아닌 제척기간의 대상이 되는 것이 있거나(취소권이나 예약완결권), 독립적으로 행사기간을 관념할 필요가 없는 것(해제권)이 있다는 것도 앞에서 보았다.

(4) 재산권이지만 소멸시효의 대상이 아닌 것

(가) 점유권(제192조 제1항, 제2항)이나 유치권(제320조 제1항, 제328조)은 점유를 상실하면 곧바로 권리를 상실한다. 따라서 점유권이나 유치권이라는 권리를 행사하지 못하는 상태가 일정기간 지속되면 그 점유권이나 유치권이라는 권리가 소멸된

16) 대판 1990.8.28. 선고 90다카9619는 '원고가 피고의 사원임의 확인을 구하는 이 사건 청구는 원고와 피고 사이에 개별적으로 구체화되어 존재하는 고용계약상의 권리의무, 예컨대 임금청구권, 재해보상청구권, 휴업수당청구권, 퇴직금청구권 등과 이에 대응하는 의무들의 확인을 구하는 것이 아니라 이들 권리의무의 전제가 되고 또한 이들이 파생되어 나온 기본적인 고용에 관한 법률관계 그 자체의 확인을 구하는 취지로 볼 것이어서 이러한 법률관계가 민법 제162조 제1항이 규정하는 채권이 될 수도 없는 것이다'고 판시하고 있는데, 사원임의 확인을 구할 수 있는 권리가 소멸시효에 걸리지 않는 것임을 인정한 취지로 해석할 수 있을 것이다.

다는 의미에서의 소멸시효가 문제로 될 여지가 없다. 동산질권(제329조)도 점유를 상실하면 권리를 상실한다고 보아야 하므로 마찬가지로 소멸시효가 문제될 여지가 없다.[17)]

(나) 소유권에 수반하는 권리로서 소유권에 기한 물권적 청구권(제213조, 제214조), 상린권(제216조 내지 제244조), 공유물분할청구권(제268조)[18)]은 소유권이 소멸하지 않는 이상 소멸하지 않는 것이므로 시효소멸의 대상이 아니다.

소유권이외의 물권에 기한 물권적 청구권이 시효로 소멸하는지에 관하여는 긍정설과 부정설이 있는데, 물권적 청구권은 물권에 수반하는 것으로서 물권적 청구권의 연원(淵源)이 되는 물권이 소멸시효에 걸려 소멸하면 그에 따라 물권적 청구권도 소멸하므로 해당 물권이 소멸시효에 걸리는지만 논하면 되고, 그와 별도로 그 물권에 기한 물권적 청구권이 소멸시효에 걸리는지 여부를 논하는 것은 의미가 없다고 할 것이다.

지상권, 지역권,[19)] 전세권[20)] 등의 용익물권도 그 이용이라는 권리의 행사를 일정기간[21)] 하지 않는 경우에는 소멸시효에 걸린다고 보아야 한다. 담보물권 중 저당권은 등기가 그 성립요건이므로 등기된 상태가 지속되어 있으면 시효소멸에 걸릴 수가 없다. 다만 담보물권(유치권, 질권, 저당권)은 부종성이 있으므로(제326조, 제369조), 피담보채권이 시효로 소멸하면 담보물권도 소멸하게 된다.

다. 문제가 되는 경우

(1) 법률행위로 인한 소유권 이전등기청구권

17) 동산질권은 제330조와 관련하여 점유의 이전이 질권설정계약의 성립요건(요물계약)이라는 견해와, 점유의 이전은 질권설정계약의 성립요건은 아니고 질권이라는 물권의 성립요건이라는 견해가 나뉘는데, 후자의 견해가 타당하다고 생각한다.

18) 대판 1981.3.24. 선고 80다1888.

19) 제296조는 지역권이 소멸시효에 걸리는 것을 전제로 한 규정이다.

20) 전세권은 용익물권적 성격과 담보물권적 성격을 겸하고 있다는 것이 판례(대판 1995.2.10. 선고 94다18508 등)의 태도이다.

21) 채권이외의 재산권이므로 소멸시효기간을 20년으로 보아야 할 것이다. 지상권의 경우 제280조의 제1항 제2호, 제3호와 같이 최단기간만을 정한 경우에는 그 기간이 소멸시효기간보다 짧아 소멸시효를 따지는 의미가 없을 것이다. 지역권의 경우도 그 약정기간을 20년보다 짧은 기간을 정해둔 경우에는 소멸시효를 따질 의미는 없다.

예 7-4

A가 1990.1.1. B에게 자기 소유의 부동산 L을 1천만원에 매도하기로 하여, 1990.6.1. B로부터 1천만원을 받고 그 즉시 L을 인도하여 B가 점유, 사용하기 시작하였다. 그러나 아직 소유권 이전등기는 경료하고 있지 않았는데, 2001.1.1. B가 다시 C에게 L을 등기하지 않은 상태에서 매도하면서 당일 대금을 받고 인도해 주어, 그때부터 C가 점유하고 있다.

C로부터 L에 관한 소유권 이전등기를 해 달라는 요구를 받은 B가 2015.1.1. A를 상대로 L에 관하여 B명의로 소유권 이전등기를 해 줄 것을 청구하는 소송을 제기하였다. 그러자 그 소송에서 A는 B의 소유권 이전등기청구권이 1990.6.1.부터 소멸시효기간 10년이 도과함으로써 소멸하였거나, B가 L의 점유를 상실한 2001.1.2.부터 소멸시효기간 10년이 도과함으로써 소멸하였다고 주장하였다.

가) 매매라는 법률행위에서 발생하는 채권들, 즉 매매대금지급청구권, 목적물 인도청구권, 소유권 이전등기청구권 등은 모두 채권계약인 매매에서 발생한 채권적 청구권이므로 제162조 제1항에 의하여 10년이 도과하면 시효로 소멸한다.

나) 위 청구권 중 소유권 이전등기청구권의 소멸시효는 매수인이 그 부동산을 인도받아서 점유, 사용하고 있는 경우에도 그대로 적용되는가.

우리 판례는 부동산을 매수한 자가 그 목적물을 인도받아 사용, 수익하고 있는 경우에는 그 매수인을 권리 위에 잠자는 자로 볼 수 없고, 매도인보다는 매수인을 더욱 보호해야 한다는 이유로 이런 경우의 소유권 이전등기청구권은 시효에 걸리지 않는다고 판시했다.[22)]

22) 대판(전합체) 1976.11.6. 선고 76다148은 '시효제도는 일정기간 계속된 사회질서를 유지하고 시간의 경과로 인하여 곤란하게 되는 증거보전으로부터의 구제 내지는 자기 권리를 행사하지 않고 소위 권리 위에 잠자는 자는 법적 보호에서 이를 제외하기 위하여 규정된 제도라 할 것인 바, 토지나 건물 등 부동산을 매수한 자가 아직 자기명의로 그 소유권이전등기를 경료하지 못하였으나, 그 매매 목적물의 인도를 받아 이를 사용수익 하고 있는 경우에는 물권변동에 있어서 형식주의를 취하는 우리의 법제상으로 보아 매수인에게 법률상의 소유권은 이전된 것이 아니므로 매수인의 등기청구권은 채권적 청구권에 불과하여 소멸시효 제도의 일반원칙에 따르면 매매목적물을 인도받은 매수인의 등기청구권도 소멸시효에 걸린다고 할 것이지만… 부동산의 매수인으로서 그 목적물을 인도받아서 이를 사용수익하고 있는 경우에는 위 시효제도의 존재이유에 비추어 보아 그 매수인을 권리위에 잠자는 것으로 볼 수도 없고, 또 매도인의 명의로 등기가 남아있는 상태와 매수인이 인도받아 이를 사용수익하고 있는 상태를 비교하면 매도인 명의로 잔존하고 있는 등기를 보호하기 보다는 매수인의 사용수익상태를 더욱 보호하여야 할 것이며 만일 이러한 경우의 등기청구권도 다른 일반 채권과 동일하게 소멸시효에 걸린다면 매도인의 등기이전의무가 소멸되는데 그치는 것이 아니고 더 나아가 매도하여 기히 매수인에게 인도까지 완료한 매매목적물이 매도인에게 환원되어야 하

다) 그렇다면 매수인이 그 목적 부동산을 타인에게 양도하여 점유하지 않고 또 사용, 수익하고 있지 않는 경우에는 점유를 상실한 때로부터 소멸시효가 진행하는 것으로 보아야 하는가.

우리 판례[23]는 매수인이 점유하다가 제3자에게 처분하여 점유를 승계해 주는 것은 목적물에 대한 보다 적극적인 권리행사로서 자신이 점유 사용하고 있는 것과 다를 바가 없다고 하면서 시효가 진행하지 않는다고 한다.

라) 이런 판례에 대해서는 부동산을 인도받아 사용·수익하고 있다고 하여 소유권 이전등기청구권을 행사하는 것은 아니므로 인도 여부에 관계없이 소유권 이전등기청구권의 시효는 진행한다는 견해, 매매대금이 완납된 경우에 한하여 소멸시효가 진행한다는 견해, 매수인이 점유하고 있는 동안에는 매도인의 채무승인이 있었다고 보아 시효가 진행하지 않는다는 견해, 소유권 이전등기청구권은 물권적 청구권이라고 보아 시효에 걸리지 않는다는 견해 등이 있다.

생각건대, 법리면에서는 소멸시효가 진행한다고 볼 여지가 많지만, 현실적으로나 가치판단의 면에서는 판례의 태도를 수긍할 수 있지 않을까 한다.[24]

(2) 소유권에 기한 말소등기청구권

예 7-5

A가 B에게 자신의 부동산을 매도하여 B명의로 소유권 이전등기를 경료해 주었는데, 위 매매계약이 무효나 취소 또는 해제된 경우, A가 B에 대해 가지는 B명의 소유권 이전등기의 말소등기 청구권은 시효에 걸리는가.

는 결과가 되어 비록 그 책임이 매수인의 등기청구권행사의 태만에 있다고는 할지라도 우리나라 부동산 거래의 현 실정에 비추어 심히 불합리하다고 아니할 수 없다. 따라서 부동산을 매수한 자가 그 목적물을 인도받은 경우에는 그 매수인의 등기청구권은 다른 채권과는 달리 소멸시효에 걸리지 않는다고 해석함이 타당하다'고 판시한다.

23) 대판(전합체) 1999.3.18. 선고 98다32175. 이에 대하여는 반대하는 소수의견도 있다.

24) 참고로 대판 2013.5.9. 선고 2011다71964는 '상표권 또는 서비스표권(이하 상표권, 나아가 상표권자 또는 상표만을 들어 설시하기로 한다)의 양도에는 상표권에 관한 이전등록으로 족한 점(상표법 제56조 제1항 제1호 참조), 상표권 매매 기타 그 양도의무 발생의 원인이 되는 계약으로부터 통상 부동산 메메에서의 목적물인도의무와 같은 의무가 발생하지 아니하여 매도인 등 상표권 양도의무자가 상표권의 이전등록 외에 적극적으로 하여야 할 '주된 급부'의 의무를 상정하기 어려운 점, 나아가 오늘날 상표권 양도 거래의 실제 양태 등에 비추어 보면, 상표권자에 대하여 상표권에 관한 이전약정에 기하여 이전등록을 청구할 권리를 가지는 사람이 이미 그 상표를 실제로 사용하고 있다는 것만으로 상표권이전등록청구권의 소멸시효가 진행되지 아니한다고 할 수는 없다'고 판시하고 있다.

A와 B사이의 부동산에 관한 매매계약이 무효인 경우에는 물권행위의 유인론에 의하여 설령 L의 등기부에 B명의로 등기가 되어 있더라도 여전히 A소유이다. 따라서 A는 소유권에 기하여 B명의 등기말소를 청구할 수 있고[25] 이는 소유권에 기한 물권적 청구권으로 시효에 걸리지 않는다.

A와 B의 매매계약이 취소나 해제가 된 경우에도 위와 같다. 나아가 A가 B명의로 L에 관하여 적법한 명의신탁을 해 둔 경우,[26] 신탁해지로 소유권이 신탁자에게 복귀하므로 소유권에 기한 소유권 이전등기청구도 가능하고, 명의신탁해지를 원인으로 하는 소유권 이전등기청구도 가능하다.[27]

(3) 항변권

항변권이란 권리자의 청구권 자체를 소멸시킬 수 있는 권리가 아니라 그 청구권의 행사가 가능한 것을 전제로 하여 그 청구에 대해 급부를 거절할 수 있는 권리를 말한다. 이런 항변권의 종류로는 권리자의 청구권을 일시적으로 저지할 수 있는 경우(제437조의 최고나 검색의 항변권, 제536조의 동시이행의 항변권)와 영구적으로 저지할 수 있는 경우(제1028조의 상속인의 한정승인의 항변권)가 있다.

이런 항변권이 소멸시효에 걸리는지와 관련하여 이른바 항변권의 영구성이 문제되고 있다.

예 7-6

(1) A가 2000.1.1. B에게 A 소유의 부동산 L을 3천만원에 매도하는 계약을 체결하면서, 대금 3천만원은 B가 2000.1.31. 일시에 지급하기로 약정하였다. 그런데 B가 2000.1.31. 대금을 지급하지 아니하자 A가 2000.10.1. B에 대한 위 매매대금 3천만원의 지급채권을 피보전권리로 하여 B소유의 부동산에 가압류를 하였다. 그 후 2010.4.1. A가 B를 상대로 3천만원의 매매대금지급을 구하는 소송을 제기하자 B는 매매대금의 지급은 L의 소유권 이전등기와 동시이행관계에 있으므로 L의 소유권 이전등기와 동시에 지급하겠다고 항변권을 행사하였고, 이에 A는 B의 L에 관한 소유권 이전등기청구권은 시효로 소멸하였다고 주장하였다.

---

25) 대판(전합체) 1990.11.27. 선고 89다카12398에 의하면, 이때 A는 B에 대해 말소등기청구 외에도 소유권 이전등기청구도 가능하고, 이런 소유권 이전등기청구를 진정한 등기명의의 회복을 원인으로 한 소유권 이전등기청구라고 부른다. 이런 소유권 이전등기청구권도 소유권에 기한 것이므로 소멸시효에 걸리지 않는다.

26) 명의신탁은 부동산실권리자명의등기에 관한 법률에서 금지되어 있으나, 동법 제8조에서 종중이나 부부 사이 등 일정한 경우에는 명의신탁을 인정하고 있다.

27) 대판(전합체) 1980.12.9. 선고 79다634.

(2) A가 2000.1.1. B에게 속아 1억원에 상당하는 A소유의 부동산 L을 불과 3천만원에 매도하는 계약을 체결하면서 대금 3천만원은 2000.1.31. 일시에 지급받기로 하였다. A가 2000.1.15.경 기망당한 사실을 알고 대금지급일에 B가 오면 그때 계약을 취소하려 하였는데, B가 그날 나타나지 않았다. 계약서상의 B의 주소도 불명확하고 또 B와 연락도 되지 않아 취소의 의사표시를 하지 못하고 있었다. 그러던 중 2005.1.1. B가 A를 상대로 3천만원을 지급받음과 동시에 L에 관한 소유권 이전등기를 하라는 소송을 제기하였다.

(3) A가 2000.1.1. B에게 속아 1억원에 상당하는 A 소유의 부동산 L을 불과 3천만원에 매도하는 계약을 체결하였다. 위 계약에서 계약금 300만원은 당일 지급하기로 하여 지급되었고, 잔금 2,700만원은 2000.1.31. 지급하기로 합의했다. A는 2000.1.15.경 기망사실을 알고 잔금일에 B가 잔금을 지급하려고 나타나면 취소하려고 하였는데, B가 잔금기일에 나타나지도 않았고 계약서상의 B 주소도 명확하지 않아 그냥 있었다. 그런데 2005.1.1. B가 나타나서 잔금 2,700만원을 지급하겠으니 L에 관하여 소유권 이전등기를 하라고 소송을 제기하였다.

(4) A가 2000.1.1. B에게 속아 1억원에 상당하는 A 소유의 부동산 L을 불과 3천만원에 매도하는 계약을 체결하였다. 위 계약에 따라 2000.1.31. A는 B로부터 3천만원을 지급받았고 L에 관하여는 B명의로 소유권 이전등기가 경료되었다. A가 2000.3.1. B에게 위 매매는 사기에 의한 것이므로 취소한다고 통보하여 도달되었다. 그 후 A가 2011.3.1. B를 상대로 L 등기의 말소를 구하는 소송을 제기하자, B는 그 소송에서 L등기의 말소는 3천만원의 반환과 동시이행되어야 한다고 주장했다.

(가) 위 예 (1)의 경우

B의 A에 대한 3천만원의 지급채무와 A의 B에 대한 L에 관한 소유권 이전등기절차이행의 채무는 서로 동시이행관계에 있다(제568조 제2항). 두 채무는 모두 10년의 소멸시효에 걸리는데, B의 A에 대한 대금지급채무에 관하여는 A가 시효중단조치(제168조 제2호)를 취하여 두었음에 반하여, A의 B에 대한 소유권 이전등기절차이행채무에 관하여는 시효중단조치가 취해지지 않았으므로 시효가 진행되어 10년이 경과하면 소멸하게 된다. 그리하여 소유권 이전등기절차이행채무는 시효가 완성되어 소멸하지만 그 대가인 매매대금지급채무는 존속하여 매매대금지급채무의 채무자인 B는 A에 대해 이행하여야 한다는 결과가 된다.

그러나 본래 항변권은 상대방의 청구가 없으면 행사할 수 없는 소극적인 것으로서 상대방이 청구하지 않는 이상 항변권을 행사할 수 없으므로(예컨대 제437조의 최고, 검색의 항변권) 상대방이 청구를 하지 않고 있는 상태에서는 항변권을 행사하지 않았다고 하여 권리행사를 태만히 한 것으로 평가할 수 없다. 게다가 위 대금지급채무가 소유권 이전등기절차이행채무의 대가로서 동시이행관계를 인정하고 있는 점을 감안하면 불합리하다고 생각된다.[28)]

이런 생각에 의하면 위와 같이 동시이행관계에 있는 채무는 한쪽이 시효로 소멸하지 않는 이상은 다른 한쪽도 시효로 소멸하지 않는다고 하게 된다. 이를 소위 항변권의 영구성이라고 하며 이를 인정하자고 하는 견해도 있다.

그러나 우리 판례[29)]는 이를 인정하고 있지 않다.[30)]

(나) 위 예 (2)의 경우

A의 취소권은 제146조에 의하여 추인할 수 있는 날인 2000.1.16.부터 제척기간 3년이 경과하여 소멸하였으므로 2005.1.1. B의 매매계약에 의한 청구에 관하여 A는 취소권을 행시할 수 없다. 그러나 여기서의 취소권은 상대방인 B의 이행청구를 거절하는 기능만을 하고 있어 상대방의 청구가 없으면 취소권을 행사하기 곤란하고, 또 여기서의 취소권의 행사는 소멸시효에서 보호하고자 하는 현재의 현상을 유지하는 역할만을 하고 있을 뿐이므로 마치 위의 동시이행의 항변권과 같은 기능을 하고 있다. 그렇다면 위 예 (1)에서 항변권의 영구성을 인정하는 견해에 따르면 여기서도 취소권의 행사를 인정해야 할 것이다.[31)]

---

28) 위 예의 동시이행 항변권을 주장할 수 있는 관계에 있는 두 청구권은 어느 일방의 청구가 없더라도 상대방에 대하여 언제든지 이행을 청구할 수 있다는 점에서 본래의 항변권, 즉 최고나 검색의 항변권과는 차이가 있다.

29) 대판 1991.3.22. 선고 90다9797은 '매매대금 채권이 비록 소유권이전등기청구권과 동시이행의 관계에 있다 할지라도 매도인은 매매대금의 지급기일 이후 언제라도 그 대금의 지급을 청구할 수 있는 것이며, 다만 매수인은 매도인으로부터 그 소유권 이전등기에 관한 이행의 제공을 받기까지 그 지급을 거절할 수 있는 데 지나지 아니하므로 매매대금청구권은 그 지급기일 이후 시효의 진행에 걸린다고 할 것이다'고 판시한다.

30) 이와 관련하여 대판 2020.7.9. 선고 2016다244224, 244231은 '주택임대차보호법에 따른 임대차에서 그 기간이 끝난 후 임차인이 보증금을 반환받기 위해 목적물을 점유하고 있는 경우 임차인의 보증금채권에 대한 소멸시효는 진행하지 않는다고 보아야 한다'고 판시하면서 '임차인이 임대차 종료 후 동시이행항변권을 근거로 임차목적물을 계속 점유하는 것은 임대인에 대한 보증금반환채권에 기초한 권능을 행사하는 것에 해당한다'는 점을 근거로 들고 있다. 그러나 이 판결의 사안에서 보면 임차인은 언제든지 보증금반환청구를 할 수 있었으므로 항변권의 영구성을 인정하지 않는 이상 소멸시효는 진행한다고 보아야 하고 앞의 90다9797 판결에도 맞지 않다는 점에서 찬성하기 어려운 판결이다.

31) 이런 논리는 취소권뿐 아니고 해제권 등과 같은 형성권에도 적용될 수 있다.

(다) 위 예 (3)의 경우

A의 취소권은 소멸하였지만 항변권의 영구성을 인정하여 취소권을 인정하게 되면, A는 B에 대해 소유권 이전등기절차이행채무를 면하게 된다. 그러면 A가 받은 계약금 300만원은 어떻게 해야 하는지가 문제로 될 것이다. 이때에는 A가 자신의 B에 대한 채무는 이행하지 않으면서 그 대가의 일부로서 받은 금액을 B에게 반환하지 않고 그대로 보유하는 이득을 취해도 된다는 것은 형평에 맞지 않을 것이다. 그렇다면 이런 경우 항변권의 영구성을 인정한다고 해도 A가 받은 이득은 반환해야 할 것이라고 해석해야 할 것인지가 문제로 된다.

(라) 위 예 (4)의 경우

A가 취소된 계약에 기하여 급부한 L에 관한 B명의의 소유권 이전등기의 말소를 구한 때인 2011.3.1.은 A가 취소한 때인 2000.3.1.로부터 10년이 경과한 상태라서 A가 B를 상대로 채권적 청구권인 부당이득반환청구권을 행사할 수는 없고, 물권행위의 유인성에 따라 소유권이라는 물권에 기한 반환청구권은 행사할 수 있을 것이다. 그런데 B의 A에 대한 매매대금 반환청구권은 채권적 청구권으로서 10년의 소멸시효에 걸리는데 위 예에서는 2000.3.1.부터 10년이 경과하였으므로 시효로 소멸하였다. 그렇다면 B는 L을 반환해주어야 하지만, 그 대가인 매매대금을 반환받을 수는 없다.

이런 결과는 매매대금의 반환과 L의 반환을 동시이행관계로 보는 판례[32]의 입장에서 보면 형평에 맞지 않는 것으로 여겨지고 따라서 이때에도 항변권의 영구성의 원칙을 적용해야 하지 않는가라는 주장이 있을 수 있다.

(마) 사견

항변권의 영구성에 관하여는 어느 정도 수긍할만한 면도 있다. 그러나 이를 인정한다고 하더라도 앞에서 본 것과 같은 다양한 경우에 이 원칙을 어떻게 적용할 것인지에 대해 아직 모든 문제점을 해결할 수 있는 완전한 이론이 정립되어 있다고 보기는 어렵다.

그리고 앞에서 본 것처럼 항변권에는 상대방으로부터 청구가 없으면 행사할 수 없는 것이 있는가 하면, 상대방의 청구 유무와 무관하게 청구할 수 있는 것도 있

---

32) 취소에서의 예 5-38 (2) 참조.

고, 후자의 경우 권리자가 청구를 할 수 있었음에도 청구를 하지 않고 있다면 권리 위에 잠자는 자라고 하여 소멸시효제도를 적용하여도 불합리하지는 않을 것이다. 이렇게 보면 위 예 (1)에서 B는 A의 매매대금청구 여부와 관계없이 언제든지 소유권 이전등기청구가 가능하였고, 위 예 (2)나 (3)에서도 A는 언제든지 취소권을 행사할 수 있었으며,[33] 위 예 (4)에서도 B는 언제든지 3천만원의 반환을 청구할 수 있었음에도 하지 않았다는 점에서 권리행사를 태만히 한 것으로 볼 수 있고, 이런 점에서 본래적 의미에서의 항변권과는 그 사정이 다르다. 이런 점을 감안하면 항변권의 영구성에 소극적인 우리 판례의 태도가 타당하다고 생각한다.

2. 권리의 불행사

가. 권리행사에 법률상의 장애가 없을 것

(1) 권리를 행사함에 있어 장애가 없었음에도 그 권리를 행사하지 않은 경우여야 한다. 이때의 장애는 법률상의 장애를 말하고 사실상의 장애는 여기서의 장애에 포함되지 않는다. 법률상의 장애란 정지조건의 불성취나 이행기의 미도래처럼 권리를 행사하려고 해도 법률상의 문제로 행사할 수 없는 것을 의미하고, 사실상의 장애는 권리발생사실을 몰랐거나 채무자의 소재불명 등으로 권리를 행사할 수 없었던 경우를 말하며 권리자에게 과실이 있었는지 여부는 묻지 아니한다.

사실상의 장애를 제외하는 이유는 권리행사가 현실적으로 가능한지 여부를 문제로 하게 되면 구체적인 사정에 따라 소멸시효의 기산점이 달라지게 되어 법률관계가 불안정해지기 때문이다.

(2) 그러나 현실적으로 법률상의 장애와 사실상의 장래를 판단하기는 쉽지 않은 바, 판례에서 나타난 경우를 살펴보기로 한다.

건물에 관한 소유권이전등기청구권은 건물이 완공됨으로써 그 권리를 행사할 수 있으므로 건물이 완공되지 아니하여 소유권이전등기청구권을 행사하지 못한 것은 법률상의 장애라고 한다.[34]

이에 반하여 사실상의 장애라고 한 것은 다음과 같다. 은행이 은행원 퇴직시

---

33) B의 주소를 모르면 취소의 의사표시를 공시송달하는 형식으로 취소권을 행사할 수 있다(제113조).

34) 대판 2007.8.23. 선고 2007다28204, 28031.

퇴직금을 지급함에 있어, 재직할 때의 불법행위를 이유로 그 손해배상금에 상당하다고 예상하는 금액을 퇴직금에서 상계한 후 나머지 금액만을 퇴직금으로 지급한 다음, 은행이 정식으로 은행원을 상대로 불법행위를 원인으로 한 손해배상소송을 제기하였지만 결국 불법행위에 해당하지 않는다고 하여 은행측의 패소판결이 확정되자, 퇴직한 은행원이 은행을 상대로, 상계되어 미지급된 나머지 퇴직금의 지급을 구한 사안에서, 은행원이 은행측에서 제기한 손해배상청구 소송에 응소하느라 권리를 행사하지 못한 것은 사실상의 장애에 불과하다고 보았다.[35)]

(3) 한편, 보험금청구와 관련한 판례의 태도는 반드시 위와 같은 일률적인 기준으로 판단하는 것으로는 보이지 않고 보험사고가 발생한 사실을 보험청구권자가 알아야만 청구할 수 있다는 보험금의 성격상 구체적 타당성을 고려하여 판단을 하는 경향을 보인다.

즉 보험사고가 발생하였지만 보험금청구권자[36)]가 보험사고의 발생을 알 수 없었던 것은 사실상의 장애로 보아야 할 것 같은데, 판례는 법률상의 장애로 보고 있다. 예컨대 교통사고가 어느 쪽의 중앙선 침범으로 발생하였는지에 관한 수사결과가 번복되는 바람에 자동차손해보험상의 보험금청구를 하지 않고 있었던 경우는 법률상 장애로 보았으나,[37)] 피해자가 스스로 자동차를 운전하다가 사망한 사건에서 보험회사가 보험금청구권자에게 그 사고는 면책 대상이어서 보험금을 지급할 수 없다는 내용의 잘못된 통보를 하였다고 하더라도 그와 같은 사유는 보험금의 직접청구권이나 자손사고를 이유로 한 보험금청구권을 행사하는 데 있어서 법률상의 장애사유가 될 수 없다고 한 것[38)]도 있다.

위의 판례는 모두 보험과 관련된 것으로서 보험이라는 특수성을 고려하여 법률상의 장애인지 사실상의 장애인지를 판단하고 있는 것으로 보인다.[39)]

---

35) 대판 1992.5.12. 선고 91다28979.

36) 보험금청구권의 소멸시효는 2년이었다가 2014.3.11. 3년으로 개정되었다(상법 제662조).

37) 대판 2001.4.27. 선고 2000다31168, 대판 1993.7.13. 선고 92다39822(실제 운전자가 아닌 다른 사람이 교통사고를 낸 것으로 공소가 제기되어 피해자가 실제운전자의 보험회사에 대해 보험금청구를 하지 못하고 있다가 나중에 위와 같은 사유로 무죄판결이 선고됨으로써 실제 운전자가 밝혀진 사안).

38) 대판 1997.11.11. 선고 97다36521. 그러나 보험회사가 위와 같이 보험사고에 해당되지 않는다고 통고를 하였다면 그 후 보험회사가 소멸시효를 주장하는 것은 신의칙에 위반되어 주장할 수 없다고 해야 하지 않을까. 대판 2010.5.27. 선고 2009다44327은 교통사고로 심신상실의 상태에 빠진 보험금청구권자가 소멸시효 완성 후에 보험회사를 상대로 보험금 청구를 한 것에 대해 보험회사가 시효소멸을 주장하는 것은 신의칙에 위배된다고 하였다.

나. 기산점

소멸시효는 법률상의 장애가 없어 권리를 행사할 수 있을 때부터 진행하게 된다(제166조 제1항). 소멸시효 자체에 관한 주장은 변론주의의 적용대상이므로 시효로 이익을 얻을 자가 주장하지 않으면 소멸시효에 대하여는 판단하지 않고 또 소멸시효를 주장하더라도 이런 구체적인 기산점에 관하여 실제와 다른 주장을 하는 경우에도 법원은 그 주장에 구속받게 된다. 판례도 마찬가지로 보고 있다.[40]

아래에서 구체적인 기산점을 본다.

(1) 기한부 채권

앞의 기간에서 본 것처럼 기한에는 확정기한과 불확정기한이 있는 것과 동일하

---

39) 대판 2008.11.13. 선고 2007다19624는 '보험금청구권은 보험사고가 발생하기 전에는 추상적인 권리에 지나지 않고 보험사고의 발생으로 인하여 구체적인 권리로 확정되어 그때부터 권리를 행사할 수 있게 되는 것이므로, 보험금청구권의 소멸시효는 특별한 다른 사정이 없는 한 보험사고가 발생한 때부터 진행하는 것이 원칙이지만, 보험사고가 발생하였는지 여부가 객관적으로 분명하지 아니하여 보험금청구권자가 과실 없이 보험사고의 발생을 알 수 없었던 경우에도 보험사고가 발생한 때부터 보험금청구권의 소멸시효가 진행한다고 해석하는 것은 보험금청구권자에게 가혹한 결과를 초래하게 되어 정의와 형평의 이념에 반하고 소멸시효제도의 존재이유에도 부합하지 않는다. 따라서 객관적으로 보아 보험사고가 발생한 사실을 확인할 수 없는 사정이 있는 경우에는 보험금청구권자가 보험사고의 발생을 알았거나 알 수 있었던 때부터 보험금청구권의 소멸시효가 진행한다'고 판시하고 있다.

40) 대판 1995.8.25. 선고 94다355886(소멸시효의 기산일은 채무의 소멸이라고 하는 법률효과 발생의 요건에 해당하는 소멸시효기간 계산의 시발점으로서 소멸시효 항변의 법률요건을 구성하는 구체적인 사실에 해당하므로 이는 변론주의의 적용대상이라 할 것이고, 따라서 본래의 소멸시효 기산일과 당사자가 주장하는 기산일이 서로 다른 경우에는 변론주의의 원칙상 법원은 당사자가 주장하는 기산일을 기준으로 소멸시효를 계산하여야 하는데, 이는 당사자가 본래의 기산일보다 뒤의 날짜를 기산일로 하여 주장하는 경우는 물론이고, 특별한 사정이 없는 한 그 반대의 경우에 있어서도 마찬가지라고 보아야 할 것이다. 왜냐하면 본래의 기산일이 당사자가 주장하는 기산일보다 뒤의 날짜라 하여 법원이 본래의 기산일에 따라 소멸시효기간을 인정하게 되면 그 기간 가운데에는 당사자가 주장한 기간 속에 들어 있지 아니한 부분이 있어 위 양자 사이에 전체가 부분을 포함하는 관계가 있다고는 할 수 없으므로 법원의 인정사실은 당사자의 주장사실과 전혀 별개의 것으로서 양자 사이에는 동일성이 없다 할 것이고, 나아가 당사자가 주장하는 기산일을 기준으로 심리·판단하여야만 상대방으로서도 법원이 임의의 날을 기산일로 인정하는 것에 의하여 예측하지 못한 불이익을 받음이 없이 이에 맞추어 권리를 행사할 수 있는 때에 해당하는지의 여부 및 소멸시효의 중단 사유가 있었는지의 여부 등에 관한 공격방어방법을 집중시킬 수 있을 것이기 때문이다).

게 기한부 채권에도 확정기한부 채권과 불확정기한부 채권이 있다.

확정기한부 채권은 변제기가 도래한 때부터 권리를 행사할 수 있으므로 변제기가 도래한 날부터 기산한다. 여기서 '변제기가 도래한 날'부터란 초일불산입의 원칙에 따라 변제기 다음날부터 기산하게 된다.[41)]

불확정기한부 채권은 기한이 객관적으로 도래한 때부터 권리를 행사할 수 있으므로 기한이 객관적으로 도래한 날부터 기산한다. 그러나 지체책임은 채무자가 기한의 도래를 안 때부터임에 유의하여야 한다(제387조 제1항 제2문). 기한의 도래를 채권자가 모르고 권리를 행사하지 않고 있는 것은 사실상의 장애사유에 불과하기 때문이다.

(2) 기한이익의 상실조항이 있는 경우

기한이익의 상실조항은 정지조건적인 것과 형성권적인 것이 있고, 정지조건적인 것인 경우는 조건성취 시부터, 형성권적인 것인 경우는 각 분기의 채권은 그 분기의 변제기부터이고, 잔액전부에 대해서는 기한이익상실의 의사표시를 한 때부터라는 것은 앞 기간(예 5-56)에서 본 바와 같다.

(3) 기한을 정하지 않은 채권

기한을 정하지 않은 채권은 언제든지 채권을 행사할 수 있으므로 채권의 성립시부터 기산한다. 그러나 지체책임은 채무자가 이행청구를 받은 때부터라는 것에 주의해야 한다(제387조 제2항). 만일 시효의 기산일을 지체책임의 개시일과 같이 채권자로부터 이행청구를 받은 때로부터라고 하게 되면, 채권자가 이행청구를 하지 않으면 시효가 진행되지 않게 되는 불합리가 생기기 때문이다.

기한을 정하지 않은 채권으로 대표적인 것으로 부당이득반환채권이 있다.

(4) 최고 또는 해지통고를 한 후 일정기간이 경과하여야 청구할 수 있는 채권

반환시기의 약정이 없는 소비대차의 차용물반환채권은 대주의 반환최고로부터

---

41) 이에 반하여 제166조 제1항의 문언대로 해석하여야 하고 또 이행지체는 변제기 다음날부터 생기지만 변제기부터 권리를 행사할 수 있으므로 변제기 당일부터 시효가 진행한다고 보아야 한다는 견해도 있다. 그러나 이행기가 1.1.부터 1.5.까지 식으로 기간으로 정한 경우에는 이행기 마지막 날의 다음날인 1.6.부터 소멸시효가 진행한다고 보아야 하므로 위 견해에는 반대한다.

상당기간이 경과한 때가 반환시기가 되고(제603조 제2항), 기간의 약정이 없는 임대차의 임차물반환채권은 당사자의 해지통고 후 일정한 기간이 경과한 때가 반환시기가 된다(제635조 제1항, 제2항). 이처럼 반환의 최고나 해지통고를 한 후 일정기간이 경과하여야 반환이나 해지의 효력을 주장하여 권리를 행사할 수 있는 경우에는 언제부터 소멸시효가 진행하는가.

통설은 권리를 행사할 수 있는 시기는 최고나 해지통고 후 일정한 기간이 지나야 한다는 것을 이유로 일정한 기간이 지난 때가 소멸시효의 기산일이라고 한다. 그러나 이행기와 소멸시효의 기산점이 반드시 일치할 필요는 없고 위와 같은 경우에는 채권자가 계약성립 이후 언제든지 청구할 수 있으며, 만일 위와 같이 해석하면 권리자가 최고나 해지통고를 하지 않는 이상은 시효가 진행하지 않게 되어 소멸시효제도를 둔 취지와 배치되므로, 소멸시효의 기산일은 계약성립일이라고 보아야 할 것이다.

이와 구별하여야 할 것은 보험금지급과 같이 '보험금청구가 있으면 보험금지급신청 시부터 일정기간 후에 지급한다'는 약정이 있는 경우로서, 이런 경우의 기산일도 그 일정기간이 지난 후부터 지급해야 하는지는 문제이다.

판례는 이런 경우라도 보험금청구권은 보험사고가 발생하기 전에는 추상적인 권리에 지나지 아니할 뿐 보험사고의 발생으로 인하여 구체적인 권리로 확정되어 그때부터 그 권리를 행사할 수 있게 되는 것이므로, 특별한 다른 사정이 없는 한 원칙적으로 보험금액청구권의 소멸시효는 보험사고가 발생한 때로부터 진행한다고 해석해야 한다고 하여 그 일정기간 후부터 소멸시효가 진행한다고는 볼 수 없다고 한다.[42]

(5) 조건부 채권

정지조건부 채권은 조건이 성취된 때 권리를 행사할 수 있으므로 조건의 성취시가 기산일이다. 채권자가 조건의 성취를 알지 못한 것은 사실상의 장애사유에 불과하므로 시효의 진행을 방해하지 않는다.

해제조건부 채권은 채권성립 시부터 권리를 행사할 수 있으므로 채권성립 시가 기산일이다. 시효소멸하기 전에 해제조건이 성취되어 채권이 소멸하면 소멸시효를 따지는 것은 의미가 없을 것이다.

---

42) 대판 2005.12.23. 선고 2005다59383, 59390.

(6) 계속적 거래에서 발생하는 채권

예 7-7

주류공급업자 A가 2010.1.1. 주점을 운영하는 B에게 2014.12.31.까지 5년간 주류를 계속적으로 공급하기로 하는 계약을 체결하여 그때부터 공급한 주류에 대하여 결제가 이루어져 오고 있었다. 2013.5.5. A가 B에게 100만원의 주류를 공급하였으나 B가 그 대금을 결제하지 않아 A가 공급을 중단하고 있었다. 그러던 중 2014.1.3. B가 50만원 상당의 주류 공급을 요청하여 A가 공급하였다. 그러나 B가 A에게 150만원의 주류대금을 지급하지 않자 2016.6.5. A가 B를 상대로 150만원의 주류대금의 지급을 청구하는 소송을 제기하였다.

위 예에서 주류대금의 소멸시효는 제163조 제6호에 의하여 3년이다. 위 예와 같은 계속적 거래에서 발생하는 채권의 소멸시효 기산점은 당사자의 특약이 있으면 그에 따르지만 별다른 특약이 없으면 각 외상대금이 발생한 때부터 개별적으로 진행하는 것인지 아니면 계속적 거래를 종료하기로 한 날(위 예에서는 2015.1.1.)부터인지가 문제로 된다.

판례는 특약이 없으면 각 외상대금이 발생한 때부터 개별적으로 진행한다고 보고 있다.[43] 따라서 위 예에서는 A가 B를 상대로 청구한 날인 2016.6.5.을 기준으로 보면 2013.5.5. 공급한 100만원의 대금채권은 2013.5.6.부터 기산하여 3년이 도과하였고, 2014.1.3. 공급한 50만원의 대금채권은 시효로 소멸하지 않은 것으로 된다.

나아가 위 예에서 B가 2014.1.3. 50만원의 동종의 주류를 주문하여 공급받은 것이 기존의 채무 100만원의 채무승인이 되어 시효가 중단되느냐는 문제도 생기지만, 또 다른 주문을 하였다고 하여 채무승인이라는 시효중단의 사유로 되지는 않는다고 보아야 한다.[44]

또 판례는 장기간 입원한 환자에 대한 치료비에 대해서도 특약이 없으면 그 소멸시효의 기산점은 퇴원시가 아니고 개개의 진료가 종료될 때마다 각각의 당해 진료에 필요한 비용의 이행기가 도래하여 그에 대한 소멸시효가 진행된다고 해석함이 상당하다고 한다.[45] 그러나 장기간 입원하고 있으면서 동일한 증상으로 고

43) 대판 2007.1.25. 선고 2006다68940.

44) 위 2006다68940 판결.

45) 대판 2001.11.9. 선고 2001다52568.

통받는 환자가 계속적으로 병원이 제공하는 시설을 이용하면서 진료를 받는 점을 감안하면 적어도 퇴원을 요청하여 진료를 거부하지 않는 이상은 입원하고 있는 동안은 채무를 승인하고 있다고 보는 것이 경험칙상 타당한 해석이 아닐까.

(7) 채무불이행으로 인한 손해배상 청구권

예 7-8

(1) A가 2000.1.1. B에게 A 소유의 부동산 L을 1억원에 매도하는 계약을 체결하였다. 계약 내용에 의하면 B는 A에게 계약금 1천만원은 당일 지급하고 잔금 9천만원은 2000.1.31. 소유권 이전등기에 필요한 서류와 상환으로 지급하기로 하였다. 이때 A의 B에 대한 잔금지급청구권과 B의 A에 대한 소유권 이전등기 청구권의 소멸시효 기산점과 소멸시효기간은 어떻게 되는가.

(2) A가 건축물 신축에 관한 설계공모를 하면서 최우수작으로 판정된 자에게는 공사에 관한 기본설계권을 부여하기로 하였고, 그 공모에서 2000.1.1. B가 설계한 작품이 최우수작으로 선정되었다. 그 후 B가 2000.3.1. 설계도면을 작성하여 견적서를 제출하자, A는 설계에 따른 건축비가 너무 과다하다면서 감액된 건축비를 기준으로 한 설계도면을 요구하였다. 이런 사정으로 A와 B 사이에 설계대금에 관한 합의가 이루어지지 아니하던 중 2000.7.1. A가 B에게 '7.20.까지 A의 안을 수용하지 아니하면 B가 설계계약을 체결할 의사가 없는 것으로 알겠다'고 통지하였고, B가 위 기간 내에 아무런 답변도 하지 않았다. B의 A에 대한 '설계권을 부여하여야 하는 채무'의 불이행으로 인한 손해배상청구권의 소멸시효의 기산점은 언제부터인가.

(가) 학설

1) 기산점

채무불이행으로 인한 손해배상청구권의 기산점에 관하여 손해배상청구권은 원채권의 변형물이므로 원 채권을 행사할 수 있는 때부터 시효가 진행한다는 견해와, 손해배상청구권은 채무불이행이 있어야 비로소 성립하므로 채무불이행 시부터 소멸시효가 진행한다는 견해가 있다.

전자의 견해는 손해배상청구권은 원 계약의 효과로서 발생하는 채권인 이행청구권의 변형물이라는 전형론(轉形論)에서 출발한 이론으로서 이행청구권이 소멸하면 동시에 이런 전형이 일어나 손해배상청구권이 발생한다고 보는 것이므로 시효기간도 이행청구권의 기간과 동일하고 이행청구권이 시효로 소멸하면 손해배상청구권도 시효로 소멸한다고 한다.

후자의 견해는 손해배상청구권은 계약의 효과에서가 아니라 제390조의 구성요건에 해당하는 사실의 발생에 의하여 새롭게 발생하는 법정채권으로 보아 이행청구권과 구별되는 별개의 권리라고 하면서, 손해배상청구권은 채권의 이행청구권의 '소멸시효기간'에는 따르지만 '기산점'은 제390조의 구성요건에 해당하는 때, 즉 채무불이행 시부터라고 하여 그때부터 소멸시효가 진행한다고 한다.

2) 소멸시효기간

앞에서 본 것처럼 채무불이행으로 인한 손해배상청구권의 소멸시효기간에 관하여는 본래 채무의 그것과 동일한 것으로 보는 데는 학설이 일치한다. 따라서 채무불이행으로 인한 손해배상청구권의 소멸시효는 불이행된 채무가 민사상 채무인지, 아니면 상사상 채무인지에 따라 민사상 소멸시효인 10년, 상사상 소멸시효인 5년이 된다고 한다. 그리고 민사상 채무 중 제163조 내지 제164조의 단기소멸시효에 걸리는 채무라 하더라도 그 채무의 불이행으로 인한 손해배상청구권은 단기소멸시효에 걸리는 것이 아닌 점은 아래 단기소멸시효에서 본다.

(나) 판례

소멸시효기간에 관하여는 판례도 학설과 같이 보고 있지만 기산점과 관련하여서는 문제가 있다. 즉 판례의 입장에 관하여 일반적인 교과서에서는 기산점과 관련하여 채무불이행 시부터 소멸시효가 진행한다고 하는 것이 판례라고 보고 있다. 그러나 이렇게 판례를 해석하는 것은 피상적인 관찰에서 비롯된 것이라고 생각한다.

판례의 입장을 살펴보기 위해서는 채무불이행의 유형별[46]로 나누어서 볼 필요가 있다.

1) 이행지체

이행을 지체하게 되면 그 지체로 인한 손해가 발생할 수 있다. 대표적인 것이 금전채무불이행 시의 법정이율에 상당하는 지연손해금이 이에 해당한다(제397조).

---

46) 통설과 판례는 채무불이행의 유형을 이행지체, 이행불능, 불완전이행으로 나누고 있다. 그러나 '채무의 내용에 좇지 않은 이행'(제390조)을 채무불이행으로 보기 때문에 유형에 얽매일 필요 없이 계약의 해석을 통하여 '채무의 내용'을 확정하고, 그 채무의 내용에 따른 이행이 있었는지만을 파악하는 것이 바람직할 것으로 생각한다. 자세한 것은 채권총론에 넘긴다.

채무의 이행지체로 인한 경우에는 본래 채무의 이행과 함께 그 채무의 지체로 인한 손해배상을 청구할 수 있다.

이와 같은 이행지체로 인한 손해배상청구권은 주된 채무의 종된 권리로서 주된 채무가 소멸시효의 완성으로 소멸하면 그 손해배상청구권도 소멸하는 것으로 보아야 할 것이다(제183조).

판례도 같은 입장에 있는 것으로 보인다.[47] 판례에 따르면 위 예 (1)에서 만일 잔금을 기일에 지급하지 아니하였다면 B의 A에 대한 잔금지급채무는 2000.2.1.부터 10년이 경과한 때에 시효로 소멸하고, 그 잔금지급채무의 지체로 인한 지연손해배상채무도 잔금지급채무의 소멸과 함께 소멸한다고 하게 될 것이다.

2) 이행불능

가) 채무의 이행불능으로 인한 손해배상은 일반적으로 채무의 이행에 갈음하는 것이라고 하여 전보배상이라고 한다. 판례는 이런 손해배상청구권에 관하여는 원칙적으로 본래의 채무의 이행청구권이 시효로 소멸하면 그 채무의 이행불능으로 인한 손해배상청구권도 역시 소멸하는 것으로 판단하고 있는 것으로 보인다.

즉 대판 1987.6.23. 선고 86다카2549는 원고와 피고 사이에, 원고가 택지조성공사와 아울러 토지 형질변경허가 신청 및 환지예정지 지정신청 등의 사무를 대행하면 피고는 그 보수로 '환지예정지가 지정되는 때 그 환지예정지 중 일부를 양도'하기로 약정하였는데, 피고가 원고의 공사 및 사무 대행완료 후 1972.10.21. 환지예정지가 지정되었음에도 1980년경 그 환지예정지를 제3자에게 소유권 이전등기를 경료하여 공사비채권이 이행불능이 되자, 원고가 피고를 상대로 공사비채무의 이행불능을 원인으로 한 손해배상을 청구한 사안이었다. 대법원은 위 공사비채권은 제163조 제3호에 해당하여 3년의 소멸시효에 걸린다고 하면서 '본래의 공사비채권이 1972.10.21.부터 3년이 경과하여 시효소멸된 이상 그 채권이 이행불능이 되었다하여 이를 원인으로 한 손해배상청구권이 허용될 수 있는 것은 아니다'고 판시하였다.

이 판시만 본다면 본래 채무의 이행불능으로 인한 손해배상청구권의 소멸시효의 기산점과 소멸시효기간을 본래 채무의 그것과 동일한 것으로 보고 있으므로

---

47) 대판 2018.2.28. 선고 2016다45779(채무불이행으로 인한 손해배상채권은 본래의 채권이 확장된 것이거나 본래의 채권의 내용이 변경된 것이므로 본래의 채권과 동일성을 가진다. 따라서 본래의 채권이 시효로 소멸한 때에는 손해배상채권도 함께 소멸한다).

학설 중 전형론에 가까운 결론을 취한 것으로 볼 수 있을지 모른다. 그러나 위 판결은 본래 채무가 시효완성으로 소멸이 된 후 이행불능이 된 사안이기 때문에 채무가 시효로 소멸된 이상 그 채무의 이행불능이란 것을 생각할 수 없는 사안이었으므로 당연한 것을 판시한 것이라고 할 수 있다.

따라서 이 판시가, 원 채무가 시효소멸하기 전에 그 채무가 이행불능이 되어 이행불능을 원인으로 한 손해배상청구소송이 제기되었는데, 그 손해배상청구가 제기된 시점을 기준으로 손해배상청구권이 소멸되었는지를 판단할 때 원 채무의 변제기를 기산점으로 하면 시효소멸하였지만, 이행불능 시를 기산점으로 하면 시효소멸하지 않은 경우에까지 적용되는지는 의문이다. 예컨대 위 사안에서 본래 공사비채권이 시효소멸하기 전인 1975.9.1. 피고가 환지예정지를 제3자에게 소유권 이전등기를 경료하여 주어 1977.9.경에 원고가 피고를 상대로 소송을 제기한 경우, 제소당시 원 채권인 공사비채권은 1975.10.21.부로 시효로 소멸하였지만 이행불능으로 이유로 한 손해배상청구권은 이행불능 시인 1975.9.1.을 기준으로 하면 아직 3년의 소멸시효는 경과하지 않은 경우에도 위 판시를 그대로 적용하여 본래 채권이 시효로 소멸하였다고 하여 이행불능을 이유로 한 손해배상청구권도 시효로 소멸하였다고 보아야 할 것인가 하는 것이다.

위 판시는 이런 경우에까지 그대로 적용할 것은 아니라고 생각한다. 만일 아래에서 보는 사건처럼 이행불능으로 인한 손해배상청구권은 '채무불이행 시'인 '이행불능 시'를 기준으로 한다고 하면 원 채무의 소멸시효가 완성되었더라도 이행불능을 원인으로 한 손해배상청구권은 시효로 소멸하지 않았다고 보아야 할 것이다.

나) 한편 학설은 일부 판결(대판 1973.10.10. 선고 72다2600, 대판 1990.11.9. 선고 90다카22513 등)의 판시를 이유로 '이행불능을 원인으로 한 손해배상청구권의 소멸시효 기산점은 어떤 경우이든 모두 이행불능 시를 기준으로 한다는 것이 판례의 태도'라고 해석하고 있다. 그러나 위 판례를 가지고 이행불능의 모든 경우에 이행불능 시를 이행불능을 원인으로 한 손해배상청구권의 기산점으로 파악하는 것은 지나친 비약이고 아직 우리 판례의 태도는 명확하지 않은 상태라고 파악해야 한다고 생각한다.

즉 위 90다카22513 판결은 매수인의 소유권 이전등기청구권의 이행불능을 원인으로 한 손해배상청구권에 관하여 '매수인이 매도인에 대하여 갖게 되는 손해배상채권은 그 부동산 소유권의 이전채무가 이행불능된 때에 발생하는 것이고 그 계약체결일에 생기는 것은 아니므로 위 손해배상채권의 소멸시효는 계약체결일이 아닌 소유권이전채무가 이행불능된 때부터 진행한다'고 판시하고 있다. 그러나 위 판결들은 모두 부동산의 매수인이 미등기상태에서 매매목적 부동산을 인도받아 점유, 사용하고 있는 상태에 있던 중 매도인이 매매목적부동산을 제3자에게 소유권 이전등기를 경료해 줌으로써 매수인의 소유권 이전등기청구권이 이행불능이 된 사안에 관한 것이다. 이런 경우 앞에서 본 76다148 전원합의체 판결에 의하면 매수인이 매매목적물을 점유 사용 중인 동안은 매수인의 소유권 이전등기청구권은 시효가 진행하지 않으므로, 소유권 이전등기청구권 자체의 소멸시효 역시 계약체결일이나 계약상의 이행기로부터 소멸시효가 진행한다고 할 수 없고, 제3자에게 소유권 이전등기를 함으로써 시효가 중단되어 있던 소유권 이전등기청구권이 이행불능이 되고 그때부터 이행불능으로 인한 손해배상청구권의 소멸시효가 진행한다고 보아야 하는 것이다.

따라서 위 판결의 판시는 '매매목적물을 이전받아 점유, 사용 중인 매수인의 소유권 이전등기청구권'에 대해서만 예외적으로 적용되는 것이지 이를 일반적인 이행불능을 이유로 한 손해배상청구권에 대하여서까지 대법원이 위와 같이 판시한 것이라고는 단정하기는 어렵다고 생각한다.

다) 결국 이행불능을 이유로 한 손해배상청구권은 위와 같은 소유권 이전등기청구권에 관한 예외적 사안을 제외하면 현재까지는 확실하게 견해를 밝히고 있는 판례는 존재하지 않는다고 보아야 할 것이다.

3) 불완전이행

불완전이행이란 이행이 완료되었으나 그 이행이 완전하지 못한 경우를 말하는데, 우리 판례는 이러한 불완전한 이행으로 인한 손해배상청구권의 소멸시효의 기산점은 '이행 시(인도 시)'라고 보고 있다.

대판 2011.10.13. 선고 2011다10266은 '매수인이 매도인으로부터 토지를 매수하여 인도받았다가 매매대상 토지에 폐기물이 매립되어 있음을 안 날로부터 6개월 내에(제582조) 매도인에게 통지한 후, 매도인에 대해 손해배상소송을 제기한 사안에 관한 것이다. 이 사안에서 문제가 된 것은 위와 같은 손해배상청구권의 소멸시효의 기산일이 매매계약한 날인지, 매매대금을 완납한 날인지, 소유권 이전등기를 한 날인지, 토지를 인도받은 날인지가 문제로 되었는데, 대법원은 위 판결에서 위와 같은 손해배상청구권의 소멸시효기산일은 토지를 인도받은 날이라고 하면서

그때로부터 기산하여 10년의 소멸시효에 걸린다고 하였다.[48)]

4) 이행거절

우리 판례는 '하는 채무'와 관련하여 이행거절이 있는 경우 이를 이유로 한 손해배상청구권의 기산점은 '이행거절 시'로 보고 있다.

즉 우리 판례는 위 예 (2)와 같은 사안에서 'B가 A에 대하여 행사할 수 있는 권리는 설계계약의 체결을 청구할 수 있는 권리라고 할 것이고, 이런 계약체결의무의 채무불이행을 원인으로 하는 손해배상청구권은 그 계약이 체결되었을 경우에 취득하게 될 계약상의 이행청구권과 실질적이고 경제적으로 밀접한 관계가 형성되어 있기 때문에 그 손해배상청구권의 소멸시효기간은 계약이 체결되었을 때 취득하게 될 이행청구권에 적용되는 소멸시효기간에 따른다'고 하면서, 제163조 제3호의 '설계에 종사하는 자의 공사에 관한 채권'으로 3년의 단기소멸시효가 적용된다고 한다.[49)] 나아가 그 기산점에 관하여는 채무불이행으로 인한 손해배상청구권의 소멸시효는 채무불이행 시로부터 진행하는데, 위 예 (2)에서는 A가 자신의 안에 대하여 B에게 '7.20.까지 수용하지 않으면 설계계약을 체결할 의사가 없는 것으로 간주하겠다'는 통지를 한 것은 자신의 채무이행의 의사가 없음을 명백히 한 것이므로 그 이행거절의 의사를 표시한 다음날부터 또는 그 통보에서 정한 B의 회신시한 다음날인 2000.7.21.부터 진행한다고 보아야 한다고 하였다.[50)]

---

48) 이 판결은 위와 같은 쟁점 외에도 제580조의 하자담보책임의 수단으로서 해제권과 손해배상청구권을 제582조의 제척기간 내에 행사하여야 하는지의 문제도 쟁점이 되었던 사건이었는데, 이 판결은 제580조의 손해배상청구권은 10년의 소멸시효에 걸리는 것으로 보았다. 이 판결의 판시를 이해하기가 쉽지 않다. 사안은 1998.10.16. 매매목적물인 토지의 인도를 받고 2006.8.2. 토지에 폐기물이 매립된 것을 알고서 그로부터 6개월 내인 2006.8.17. 하자를 통지한 후 2009.8.7. 소를 제기한 것이었다. 대법원은 앞에서 본 것처럼 1998.10.16.부터 10년이 지난 후에 제소되었다고 하여 시효로 소멸되었다고 판단한 것이다. 2006.8.17. 해제한 것으로 보면 그때부터 손해배상청구권이 생긴다고 볼 여지도 있는데 대법원은 그렇게 보지 않았다. 대법원의 이런 태도는 하자담보책임에 관한 성질과 관련하여 법정책임설이 아니라 채무불이행책임설을 취한 것으로 볼 수 있다.

49) 대판 2005.1.14. 선고 2002다57119.

50) 대판 1995.6.30. 선고 94다54269에서도 같은 취지의 판시를 했다. 그 사안은, 피고가 1987.11.11. 원고에게 추후 협의에 따라 무상으로 시설공사를 해주기로 약정을 하였고, 1990.4.11. 원고가 피고에게 무상시설공사의 이행을 촉구하였으나 피고가 거부하였으며, 그 후로도 원고가 계속 공사를 촉구하다가 최종적으로 1991.8.7. 공사를 해줄 것을 요구하였으나 피고는 아무런 응답도 하지 않자 1993.4.16. 소송을 제기한 것에 관한 것이었다. 1심은 원고의 피고에 대한 무상시설공사 이행청구권은 기한의 정함이 없는 채권으로서 그 성립시인 1987.11.11.부터 소

(다) 사견

1) 앞에서 본 판례의 입장을 간략히 정리하면, 이행지체로 인한 지연손해금의 손해배상은 원 채무의 이행청구권의 소멸시효 기산일과 같이 보지만, 인도채무의 이행불능으로 인하여 그 채무에 갈음하는 배상을 구하는 손해배상의 경우는 아직 불명확하고, 이행이 완료되었지만 그 이행이 불완전하였던 경우에는 이행(인도)시로 보고 있으며, 하는 채무에서 이행거절을 한 경우에는 이행거절 시를 손해배상채권의 소멸시효 기산일로 보고 있는 것으로 보인다.

2) 이와 같은 판례의 입장을 일관성 있게 설명하기에는 어려움이 많지만, 이하에서는 나름대로의 사견을 밝히고자 한다.

사견으로는 채무불이행으로 인한 손해배상의 경우 소멸시효 기간에 관한 판례의 태도에는 찬동하지만, 그 기산점에 관하여는 판례와 달리 손해의 종류에 따라 그 기산일을 정해야 할 것으로 생각한다.

가) 즉 채무의 이행지체로 인한 지연손해 배상청구권(예컨대 금전채권의 경우에는 지연손해금)은 주된 권리에 대한 종된 권리이므로 제183조에 따라 주된 권리인 이행청구권이 시효로 소멸하면 종된 권리인 이행지체로 인한 손해배상청구권 역시 소멸한다고 보아야 할 것이다. 따라서 이 부분에 관한 판례의 태도는 정당하다고

멸시효가 진행한다고 할 것이나, 피고가 원고에 대한 위 1991.8.7.자 통지에 대하여 피고 주장의 근거를 상당한 기간 내에 원고에게 제시하지 않음으로써 원고에 대하여 무상시설공사 의무 이행거절의 의사를 명백히 표시하였으므로, 이로써 원고는 피고에 대하여 피고가 무상시설공사의무를 이행하지 않은 채무불이행으로 인한 손해배상청구권을 가지게 되었다고 할 것이고, 채무불이행으로 인한 손해배상청구권의 소멸시효는 본래의 채권을 행사할 수 있었을 때가 아니라 채무불이행시부터 새로이 기산한다고 할 것인데, 원고의 위 무상시설공사이행청구권의 행사가능시점인 1987.11.11.부터 기산하여 그 채무불이행시인 1991.8.7.경에는 상사소멸시효기간인 5년이 경과하지 아니하였음이 역수상 분명하므로 이 사건 무상시설공사 이행청구권이 시효로 소멸하였다는 항변은 이유 없고, 나아가 손해배상청구권의 시효소멸여부에 관하여 보건대, 이 사건 손해배상청구권은 3년의 단기소멸시효기간이 적용되는 불법행위로 인한 손해배상청구권이 아니라 통상의 소멸시효기간이 적용되는 채무불이행으로 인한 손해배상청구권이라 할 것인데, 피고가 소멸시효의 기산점으로 주장하는 1987.11.11.에는 이 사건 손해배상청구권이 발생하지도 아니하였고 1991.8.7.경에야 비로소 그 손해배상청구권이 발생하였음은 앞서 본 바와 같고 그 때로부터 기산하여도 이 사건 소제기일인 1993.4.16.에는 그 손해배상청구권의 소멸시효기간이 경과하지 아니하였음이 역수상 분명하므로 이 사건 손해배상청구권이 시효로 소멸하였다는 항변 역시 이유 없다고 판결하였고, 이는 대법원에서 그대로 확정되었다. 이 판결은 본래의 이행청구권과 그 이행청구권의 불이행으로 인한 손해배상청구권은 별개의 권리라는 입장에 선 것이라고 할 것이다.

할 것이다.

그러나 이행지체의 경우 본래 채무의 이행과 함께 이행지체로 인한 지연손해배상청구만이 가능한 것이 아니라 제395조에 따라 이행최고 후 '이행에 갈음하는 손해배상'도 가능하므로[51] 이런 경우 '이행에 갈음하는 손해배상청구권'에 관하여도 본래 이행청구권의 소멸시효의 기산점과 같이 보아야 하는지, 나아가 이행지체를 이유로 해제를 하고 손해배상을 청구하는 경우 이 손해배상청구권의 기산일은 언제로 보아야 하는지가 문제로 될 수 있다.[52]

사견으로는 이런 때에는 동일하게 '이행에 갈음하는 손해배상'을 청구할 수 있는 이행불능의 경우와 균형을 맞추어야 하고 '이행을 최고하고 상당한 기간이 경과한 때'는 언제든지 해제를 하거나 또는 해제하지 않고 '이행에 갈음하는 손해배상'을 청구할 수 있으므로 '이행을 최고하고 상당한 기간이 경과한 때'를 이행지체로 인한 '이행에 갈음하는 손해배상청구권'의 소멸시효 기산점으로 해야 할 것이라고 생각한다.

나) 채무의 이행불능으로 인한 손해배상의 경우를 본다. 이행불능으로 인한 손해배상의 경우 위 예 (1)에서 보면 L의 시가에 상당하는 손해(이행에 갈음하는 손해배상)와 만일 이를 제3자에 전매한 계약을 체결하였던 경우에는 전매차익 등이 있을 수 있다. 그리고 이행불능이 이행기 후에 발생하면 이행기 후부터 이행불능 시까지의 지체로 인한 손해(위 예 (1)에서 보면 L을 사용하지 못한 손해)도 발생한다.[53]

먼저, 이행에 갈음하는 손해배상에 관하여 본다.

앞에서 보듯 이행지체의 경우에도 이행불능 시와 마찬가지로 '이행에 갈음하는 손해배상'을 청구할 수 있는데, 이러한 이행지체의 경우 채권자는 '본래 채무의

---

51) 통상 '이행에 갈음하는 손해배상'을 전보배상이라고 하는데, 이런 의미의 전보배상에는 인도채무의 경우 목적물 가액의 손해배상만을 의미하는지, 아니면 목적물의 가액 외에 전매이익의 상실의 손해배상까지도 포함하는지가 명확하지 아니하여 여기서는 전보배상이라는 단어보다는 목적물 가액의 손해배상만을 의미한다는 취지에서 '이행에 갈음하는 손해배상'이라 단어를 사용하기로 한다.

52) 해제로 인한 손해배상청구권은 해제 시에 비로소 발생한다고 보면 해제 시부터 소멸시효가 진행한다고 볼 여지가 있다. 그러나 앞의 94다54269 판결은 해제 시를 기산점으로 보고 있지 않다.

53) 대판(전합체) 2004.3.18. 선고 2001다82507은 불법행위로 인한 손해배상에 관한 것이기는 하지만 영업용 물건의 멸실 시 대체용 물건을 마련하는 데 필요한 기간 동안의 휴업손해 배상을 인정했다. 이런 취지에 비추어 불능 시까지의 지체로 인한 사용이익의 배상을 인정해야 할 것이다.

이행과 함께 지연손해금'을 청구할 수도 있고 '이행에 갈음하는 손해배상'을 청구할 수도 있는 지위에 있다(이런 사정은 이행거절에서도 마찬가지다). 이것은 본래의 이행청구권과 '이행에 갈음하는 손해배상청구권'이 동시에 존재할 수 없고 또 본래의 이행청구권이 변하여 '이행에 갈음하는 손해배상청구권'으로 형태가 변하여 존속한다고 하는 전형론이 옳지 않다는 것을 의미한다. 결국 '본래의 이행청구권'과 '이행에 갈음하는 손해배상청구권'은 별개의 권리로서 '이행에 갈음하는 손해배상청구권'은 제390조에 기하여 비로소 발생하는 권리라고 보아야 할 것이다.

이렇게 본다면 채무불이행에 기한 손해배상청구권은 '채무의 본지에 따른 이행에 없는 때'에 행사할 수 있으므로 이행불능에 의한 손해배상청구권은 이행불능시에 비로소 소멸시효가 진행한다고 보아야 한다. 다만 본래 이행청구권이 시효가 완성되어 소멸하였다면 그 이후에는 채무의 본지에 따른 이행을 할 채무도 소멸하므로 채무불이행이 발생하지 않고, 따라서 채무불이행으로 인한 손해배상청구권 역시 발생하지 아니하므로 이러한 손해배상청구권에 관하여는 소멸시효를 논할 수 없을 것이다.[54)]

이런 사견에 대해서는 본래 채무의 이행청구권의 소멸시효보다 '이행에 갈음하는 손해배상청구권'의 소멸시효가 길어진다는 비판이 있을 수 있으나 채무불이행에 귀책사유가 있는 채무자는 이런 불이익을 감수해도 어쩔 수 없다고 생각한다.

전매이익을 상실하게 된 손해배상청구권도 위와 같이 생각하면 될 것이다. 다만 이행기 후부터 이행불능시까지의 사용이익에 대해서는 이는 지체로 인한 지연손해배상청구와 동일한 성격의 것이므로 본래의 이행청구권이 시효로 소멸하면 그때 같이 소멸한다고 보아야 할 것이라고 생각한다.

다) 불완전 이행

이행한 목적물이나 용역에 하자가 있고 그로 인하여 손해가 발생하는 경우 중에는 목적물이나 용역 자체에 발생하는 손해(예컨대 매수한 토지에 폐기물이 매립되어 그 매립된 폐기물을 처리하여야 하는 경우)와 그 목적물이나 용역을 넘어서 채권자의 다른 재산에 손해를 입힌 경우(예컨대 폐기물이 매립된 매수 토지에 수목을 식재했다가 수목이 죽은 경우)가 있을 수 있다.[55)]

---

54) 판례상 매수 부동산을 이전받아 점유 사용 중인 경우의 소유권 이전등기청구권은 시효가 진행하지 않으므로 이 경우에는 판례와 같이 취급해야 할 것이다.

55) 대판 2013.11.14. 선고 2013다65178은 간병인이 환자를 제대로 부축하지 못하여 환자가 넘어져 상해를 입게 되자 환자가 간병인을 상대로 간병계약상의 채무불이행을 원인으로 한 손해

이런 경우에는 하자담보책임과 채무불이행책임이 성립되고 그 책임의 경합문제가 발생할 수 있다. 즉 매매의 경우는 제580조, 제581조의 하자담보책임과 제390조의 채무불이행책임이 문제로 되고, 도급의 경우에는 제667조, 제670조의 하자담보책임과 제390조의 채무불이행책임이 문제로 될 것이다.

사견은 하자담보책임의 본질은 채무불이행책임으로 보는 입장이고 두 책임은 경합하여 성립할 수 있다는 입장이 타당하다고 생각하므로 이행(인도)한 때부터 일반 채무불이행에 따른 손해배상청구권의 소멸시효가 진행한다고 생각한다.

우리 판례는 하자담보책임과 일반 채무불이행책임이 경합하여 성립한다는 입장에 있고[56] 소멸시효의 기산점과 관련하여서는 앞 2011다10266 판결에서 본 것처럼 이행한 때부터 일반 채무불이행책임에 따른 손해배상청구권의 소멸시효가 진행한다고 보고 있다.

라) 이행거절

이행거절을 독립된 채무불이행유형으로 보는 입장에서는 이행거절 시를 이행거절로 인한 손해배상청구권의 소멸시효 기산점으로 볼 여지가 많고, 우리 판례 역시 같은 입장에 있다고 할 수 있다.

사견으로는 '인도 채무'의 경우 이행거절은 이행지체의 문제로 해소하여, '이행에 갈음하는 손해배상'은 제395조에 기한 손해배상의 문제로 처리하면 될 것으로 생각한다.

'하는 채무'의 경우에는 그 채무의 이행에 상당한 기간이 소요되고, 특히 위 예(2)와 같은 사례에서는 확정되어 있는 채무의 채무불이행이 문제로 된 것이 아니라, 이행하여야 할 채무의 내용이 확정되어 있지 아니하여 그 채무의 내용을 확정하기 위하여 서로 협의하여 할 채무를 부담하는데 그런 채무를 이행하지 않은 경우의 문제라고 할 것이다. 이런 채무에 있어서는 채권자가 채무자에게 채무의 내용확정을 위한 협의에 응하라는 채무의 이행을 촉구하고 그에 대해 채무자가 대응하는 것은 채무의 이행과정에서 일어나는 일로서, 이런 채무자의 대응은 채

배상청구를 한 사건에서, 간병인의 간병료 채권은 (제164조 제3호의) 노역인의 임금채권(소멸시효 1년)에 해당하지만 환자의 간병인에 대한 채무불이행을 이유로 한 손해배상청구권은 제164조 제3호에 해당하지 않는다고 했다. 이것도 일종의 불완전이행으로서 그로 인하여 손해가 확대된 것이다. 소멸시효의 기산점은 불완전이행 시이지만, 그 소멸시효의 기간은 본래의 채무의 기간이 아닌 점에 주의를 요한다.

56) 대판 2004.7.22. 선고 2002다51586(매매의 경우), 대판 2020.1.30. 선고 2019다268252(도급의 경우).

무의 승인에 해당하여 시효가 중단된 것으로 볼 수 있다는 점을 감안하면 이행을 해야 할 시점(협의를 해야 할 시점)부터 소멸시효가 진행한다고 보는 것은 채권자에게 불리하게 되므로 판례와 같이 보아야 할 것으로 생각한다. 다만 이 경우에도 이행거절이라는 독립된 별개의 채무불이행 유형이 있다기보다는 제395조를 적용하여 이행을 최고한 후 상당한 기간이 지난 후 '이행에 갈음한 손해배상'을 청구할 수 있는 것에 불과하고 이를 대법원은 이행거절이라고 표현한 것이라고 생각해야 하지 않을까.

(8) 불법행위로 인한 손해배상 청구권

불법행위로 인한 손해배상청구권에 관하여는 제766조에서 그 손해 및 가해자를 안 날로부터 3년간, 불법행위를 한 날로부터 10년간 행사하지 아니하면 시효로 소멸한다고 하고 있다. 따라서 그 기산점은 '불법행위로 인하여 발생한 손해 및 가해자를 안 날' 또는 '불법행위를 한 날'이 된다.

그러나 예컨대 불법점유자가 계속적으로 타인의 토지를 점거하고 있는 경우와 같이 불법행위가 계속적으로 행해지고 있는 경우에는 손해도 계속 발생하여 나날이 새로운 불법행위에 기한 손해가 발생하는 것이므로 나날이 발생한 새로운 각 손해를 안 날로부터 별개로 시효가 진행된다고 보아야 한다.[57)]

참고로 고층건물의 축조로 인한 인접지 소유자의 일조(日照)이익의 침해의 정도가 사회통념상 수인할 수 있는 한도를 넘어서 불법행위에 해당되는 경우 이런 건축행위가 계속적 불법행위에 해당되는지와 관련하여 우리 판례는 '일반적으로 위법한 건축행위에 의하여 건물 등이 준공되거나 외부골조공사가 완료되면 그 건축행위에 따른 일영(日影)의 증가는 더 이상 발생하지 않게 되고 해당 토지의 소유자는 그 시점에 이러한 일조방해행위로 인하여 현재 또는 장래에 발생 가능한 재산상 손해나 정신적 손해 등을 예견할 수 있다고 할 것이므로, 이러한 손해배상청구권에 관한 민법 제766조 제1항 소정의 소멸시효는 원칙적으로 그때부터 진행한다. 다만 위와 같은 일조방해로 인하여 건물 등의 소유자 내지 실질적 처분권자가 피해자에 대하여 건물 등의 전부 또는 일부에 대한 철거의무를 부담하는 경

57) 대판(전합체) 1966.6.9. 선고 66다615, 대판 1999.3.23. 선고 98다30285(공무원이 위법하게 준공검사를 지연한 경우, 준공검사의무의 해태라는 위법한 부작위가 계속되어 그로 인한 손해가 계속하여 발생하는 경우에는 그 손해는 날마다 새로운 불법행위에 기한 손해로서 그 각 손해를 안 때로부터 각별로 소멸시효가 진행된다고 보아야 한다).

우가 있다면, 이러한 철거의무를 계속적으로 이행하지 않는 부작위는 새로운 불법행위가 되고 그 손해는 날마다 새로운 불법행위에 기하여 발생하는 것이므로 피해자가 그 각 손해를 안 때로부터 각별로 소멸시효가 진행한다'고 보고 있다.[58]

(9) 부작위를 목적으로 한 채권

부작위를 목적으로 한 채권은 위반행위를 한 때부터 진행한다(제166조 제2항). 만일 이런 규정이 없어 원칙대로 제1항을 적용하면 부작위를 목적으로 한 계약이 성립한 후 이행기 도래에 의하여 시효가 진행되게 되는데, 이렇게 되면 위반행위가 없어 권리자가 권리행사를 할 수 없는 기간 동안에도 시효가 진행되고 그에 따라 그 채권이 시효로 소멸하게 될 위험이 있어 부당하기 때문에 위와 같은 규정을 둔 것이다.

예컨대 A가 자신의 토지 위로 인접지 소유자인 B가 통행하는 것을 20년간 방해하지 않기로 계약한 경우 계약 시부터 10년간 A가 방해하지 않으면 위 계약이 시효로 소멸한다는 것은 부당하다. 따라서 20년 내에 A가 방해하는 행위(견고한 창고를 건립하는 등)를 하는 경우에는 그때부터 소멸시효가 진행한다고 보아야 한다.[59]

(10) 「진실 · 화해를 위한 과거사정리 기본법」

위 법 제2조 제1항 제3호(1945년 8월 15일부터 한국전쟁 전후의 시기에 불법적으로 이루어진 민간인 집단 희생사건), 제4호(1945년 8월 15일부터 권위주의 통치시까지 헌정질서 파괴행위 등 위법 또는 현저히 부당한 공권력의 행사로 인하여 발생한 사망·상해·실종사건, 그밖에 중대한 인권침해사건과 조작의혹사건)에 해당하는 공무원의 위법한 직무집행으로 입은 손해에 대한 배상을 청구하는 사건에 대해서는, 민법 제166조 제1항, 제766조 제2항에 따른 '객관적 기산점을 기준으로 하는 소멸시효'는 적용

58) 대판(전합체) 2008.4.17. 선고 2006다35865.

59) 대판 1975.8.29. 선고 75다740은 A가 1957.4.25. 인접지 소유자 B에 대해 A의 소유지 L상으로 통로를 개설하도록 하면서 L을 타인에게 양도하더라도 그 통로를 무상으로 통행할 수 있도록 하겠다는 계약을 체결한 후 A가 1958.10.29. C에게 L을 양도하였고, C가 1970.9.1. B를 상대로 L의 통행료를 내라는 소송을 제기하여 1971.6.24. B가 패소로 확정되자, 1974년경에 B가 A를 상대로 채무불이행으로 인한 손해배상을 제기한 사안이다. A는 L을 C에게 양도함으로써 이행불능이 되었고 그때부터 소멸시효가 진행하여 1968.10.29. 손해배상청구권의 시효가 완성된다고 주장했으나, B의 패소로 확정된 1971.6.25.부터 시효가 진행한다고 판시하였다.

되지 않고, 국가에 대한 금전 급부를 목적으로 하는 권리의 소멸시효기간을 5년으로 규정한 국가재정법 제96조 제2항(구「예산회계법」제96조 제2항) 역시 이러한 객관적 기산점을 전제로 하는 경우에는 적용되지 않는다.[60]

이런 사건들은 국가기관이 국민에게 누명을 씌워 불법행위를 자행하고, 소속 공무원들이 조직적으로 관여하였으며, 사후에도 조작·은폐함으로써 오랜 기간 진실규명이 불가능한 경우가 많아 일반적인 소멸시효 법리로 타당한 결론을 도출하기 어렵고, 국가가 소속 공무원들의 조직적 관여를 통해 불법적으로 민간인을 집단 희생시키거나 장기간의 불법구금·고문 등에 의한 허위자백으로 유죄판결을 하고 사후에도 조작·은폐를 통해 진상규명을 저해하였음에도 불구하고, 그 불법행위 시점을 소멸시효의 기산점으로 삼는 것은 피해자와 가해자 보호의 균형을 도모하는 것으로 보기 어렵고, 발생한 손해의 공평·타당한 분담이라는 손해배상제도의 지도원리에도 부합하지 않는다고 판난하였기 때문이다.

3. 소멸시효기간

소멸시효기간에 관하여 민법은 채권의 경우와 그 이외의 다른 재산권으로 나누어 정하면서 채권 중 일정한 경우에는 그 소멸시효의 기간을 단축시키고 있다. 또 상법의 적용을 받는 채권의 경우에는 상법에 특별규정을 두어 단축시키고 있다.

소멸시효의 기간은 소멸시효의 기산점과는 달리 변론주의의 적용을 받지 않는다는 것이 판례의 입장인데,[61] 소멸시효의 대상이 되는 권리가 어떤 법률적 성격을 가지는 지는 법률적용의 문제이므로 법원이 판단할 대상이라고 보기 때문이다.

---

60) 헌법재판소(전원재판부) 결정 2018.8.30. 선고 2014헌바148, 162, 219, 466, 2015헌바50, 440(병합), 2014헌바223, 290, 2016헌바419(병합), 대판 2019.11.14. 선고 2018다233686.

61) 대판 2017.3.22. 선고 2016다258124(민사소송절차에서 변론주의 원칙은 권리의 발생·변경·소멸이라는 법률효과 판단의 요건이 되는 주요사실에 관한 주장·증명에 적용된다. 따라서 권리를 소멸시키는 소멸시효 항변은 변론주의 원칙에 따라 당사자의 주장이 있어야만 법원의 판단대상이 된다. 그러나 이 경우 어떤 시효기간이 적용되는지에 관한 주장은 권리의 소멸이라는 법률효과를 발생시키는 요건을 구성하는 사실에 관한 주장이 아니라 단순히 법률의 해석이나 적용에 관한 의견을 표명한 것이다. 이러한 주장에는 변론주의가 적용되지 않으므로 법원이 당사자의 주장에 구속되지 않고 직권으로 판단할 수 있다. 당사자가 민법에 따른 소멸시효기간을 주장한 경우에도 법원은 직권으로 상법에 따른 소멸시효기간을 적용할 수 있다).

가. 채권

(1) 원칙

원칙적으로 민사상 채권의 소멸시효기간은 10년이다(제162조 제1항). 이 기간은 당사자의 합의로 단축 또는 경감시킬 수 있지만 배제, 연장 또는 가중할 수는 없다(제184조 제2항). 그리고 상사(商事)채권의 경우에는 원칙적으로 5년이나, 민법을 포함한 다른 법령에 이보다 단기의 시효규정이 있으면 그에 따른다(상법 제64조).

(가) 채권관계의 변동과 시효기간

1) 채권자의 변경(채권양도)

채권자 A가 자신의 채무자 B에 대한 채권을 C에게 양도한 경우에 문제가 될 수 있는 경우를 본다.

첫째, 먼저 A의 B에 대한 채권은 민사상의 채권인데 A가 C에게 채권양도한 행위는 상행위로서 상법이 적용되는 경우, C가 B에 대해 상사시효 5년이 경과한 후에 채권을 행사하면 B는 시효가 완성되었다고 주장할 수 있는지가 문제로 될 수 있다. 채권양도란 채권의 성질은 변함이 없이 채권자만이 교체되는 것이므로 C가 B에게 행사하는 채권은 원래 민사상의 채권이므로 그 시효는 민사상 시효인 10년이 된다고 할 것이다.

둘째, A가 C에게 채권을 양도할 경우에 이미 채권의 소멸시효가 완성된 경우, C가 B에 대해 채권을 행사할 때 B는 시효로 소멸되었다는 주장을 할 수 있는지가 문제될 수 있으나, 채권양도로 인하여 채무자 B가 불리한 지위에 처하여서는 아니 되므로 시효로 소멸했다는 주장을 할 수 있다고 할 것이다.

셋째 A가 C에게 채권을 양도하면서 B에게 하는 양도통지나 채무자 B의 양도에 대한 승낙(제450조)에는 A의 B에 대한 채권에 대해 시효중단의 효력이 있는지가 문제가 될 수 있다.

아래 시효중단에서 보는 것처럼 채권자가 권리를 행사하였다고 보이는 일정한 사유에 대해서는 시효중단의 효력을 인정하고 있는데(제168조), 우리 판례는 채권양도통지는 양수인에게 채권이 양도되었다는 사실을 채무자에게 알리는 것에 불과한 것으로 권리의 재판외 행사에 해당하지 않는다고 보고 있다.[62] 그러나 채권양도에 관하여 채무자가 승낙하는 것은 제168조 제3호의 승인에 해당하는 것으로

시효중단사유에 해당한다고 볼 것이다.[63)]

2) **채무자의 변경(채무인수)**

채무인수(정확히는 면책적 채무인수)란 채무자 B가 채권자 A에 대하여 부담하는 채무를 제3자 C에게 인수하게 하는 제도로서 그 방법은 A, B, C 3자간 합의에 의하는 방법과 채권자 A와 제3자 C가 합의하는 방법(제453조, 이 경우는 채무자의 의사에 반하지 않아야 한다), 채무자 B와 제3자 C가 합의하고 채권자 A가 승낙하는 방법(제454조 제1항)이 있다.

채무가 민사상의 채무라면 채무인수라는 행위가 상사상의 것이라도 채무인수에 의해 채무의 성질이 변하는 것은 아니므로 인수된 채무는 여전히 민사상의 소멸시효가 적용되는 것은 채권양도에서와 마찬가지다.[64)]

그리고 관련 당사자 3인이 합의한 경우나 채무자와 제3자가 합의하고 채권자가 승낙한 경우에는 그 채무에 대해 채무자의 채무승인(제168조 제3호)이라는 시효중단의 사유가 발생하였다고 보아야 할 것이다.[65)] 그러나 채권자와 인수인 사이에 이루어진 채무인수의 경우에는 채무자의 의사가 전혀 개입하지 않았으므로 채무승인이 있었다고 보기는 힘들 것이다.

3) **채권 목적의 변경(경개나 준소비대차)**

경개란 채무의 중요부분의 변경, 예컨대 채권자나 채무자를 교체하거나 채무의

---

62) 대판(전합체) 2012.3.22. 선고 2010다28840. 그러나 채권양도통지에 양도사실 외에 이행을 청구하는 뜻이 별도로 덧붙여지면 최고로 보아줄 수 있을 것이다.

63) 대판 2010.3.11. 선고 2009다100098은 채무자가 시효가 완성된 채권에 대한 채권양도를 승낙한 경우에는 시효이익을 포기한 것으로 보아야 한다고 판시하고 있으므로 시효완성 전의 채권양도에 대한 승낙은 시효중단사유인 채무의 승인(제168조 제3호)으로 볼 수 있을 것이다.

64) 대판 1999.7.9. 선고 99다12376(면책적 채무인수라 함은 채무의 동일성을 유지하면서 이를 종래의 채무자로부터 제3자인 인수인에게 이전하는 것을 목적으로 하는 계약으로서, 채무인수로 인하여 인수인은 종래의 채무자와 지위를 교체하여 새로이 당사자로서 채무관계에 들어서서 종래의 채무자와 동일한 채무를 부담하고 동시에 종래의 채무자는 채무관계에서 탈퇴하여 면책되는 것일 뿐이므로, 인수채무가 원래 5년의 상사시효의 적용을 받던 채무라면 그 후 면책적 채무인수에 따라 그 채무자의 지위가 인수인으로 교체되었다고 하더라도 그 소멸시효의 기간은 여전히 5년의 상사시효의 적용을 받는다 할 것이고, 이는 채무인수행위가 상행위나 보조적 상행위에 해당하지 아니한다고 하여 달리 볼 것이 아니다).

65) 위 99다12376 판결은 면책적 채무인수가 이루어진 경우, 인수채무의 소멸시효기간은 채무인수와 동시에 이루어진 소멸시효 중단사유, 즉 채무승인에 따라 채무인수일로부터 새로이 진행된다고 한다.

내용을 변경하는 등으로 신 채무를 성립시킴과 동시에 구 채무를 소멸시키는 계약을 말하고(제500조), 준소비대차란 소비대차에 의하지 않은 금전 기타의 대체물을 지급할 의무가 있는 경우에 당사자가 그 목적물을 소비대차의 목적물로 할 것을 약정하는 것을 말한다(제605조).

위와 같은 경우에는 구 채무는 소멸하고 신채무가 성립하므로 그 소멸시효도 신 채무를 기준으로 정하여야 한다.[66]

4) 물상보증인의 주채무자에 대한 구상권

채권자 A가 채무자 B에 대해 상사채권(소멸시효 5년)을 가지고 있고, C가 자신의 부동산 L에 위 채무를 담보하기 위하여 근저당권을 설정해 준 경우(이런 경우 C를 물상보증인이라고 한다), C가 B를 대신하여 A에게 채무를 변제한 후 B를 상대로 구상권을 행사하는 때 이 구상권의 소멸시효는 원 채권인 상사시효 5년인지, 아니면 민사상의 일반 소멸시효 10년인지가 문제 된다.

판례는 '물상보증은 채무자 아닌 사람이 채무자를 위하여 담보물권을 설정하는 행위이고 채무자를 대신해서 채무를 이행하는 사무의 처리를 위탁받는 것이 아니므로, 물상보증인이 변제 등에 의하여 채무자를 면책시키는 것은 위임사무의 처리가 아니고 법적 의미에서는 의무 없이 채무자를 위하여 사무를 관리한 것에 유사하다. 따라서 물상보증인의 채무자에 대한 구상권은 그들 사이의 물상보증위탁계약의 법적 성질과 관계없이 민법에 의하여 인정된 별개의 독립한 권리이고, 그 소멸시효에 있어서는 민법상 일반채권에 관한 규정이 적용된다'고 판시하였다.[67]

(나) 상행위와 관련된 소멸시효

상법의 규율을 받는 상사관계에서는 소멸시효가 5년임은 앞에서 본 바와 같다. 이런 상법의 소멸시효의 규율을 받기 위해서는 상행위인 법률행위가 적법하고 유효할 것을 전제로 하는 것이라고 보면, 만일 그 상행위인 법률행위가 해제되거나 무효로 되는 경우에는 상법의 적용을 받을 수 없는 것이 아닌가 하는 의문이 있

---

66) 대판 1981.12.22. 선고 80다1363(민법 제164조 제3호 소정의 1년의 단기소멸시효의 적용을 받는 노임채권이라도 채권자인 원고와 채무자인 피고 회사 사이에 위 노임채권에 관하여 준소비대차의 약정이 있었다면 동 준소비대차계약은 상인인 피고 회사가 영업을 위하여 한 상행위로 추정함이 상당하고, 이에 의하여 새로이 발생한 채권은 상사채권으로서 5년의 상사시효의 적용을 받게 된다).

67) 대판 2001.4.24. 선고 2001다6237.

을 수 있다.

판례는 상행위에서 직접 생긴 채권뿐만 아니라 이에 준하는 채권에도 상법 제64조가 적용되거나 유추적용될 수 있다는 전제에서 원칙적으로 상행위인 계약의 무효로 인한 부당이득반환청구권은 민법 제741조의 부당이득 규정에 따라 발생한 것으로서 특별한 사정이 없는 한 민법 제162조 제1항이 정하는 10년의 민사 소멸시효기간이 적용되지만, 예외적으로 부당이득반환청구권이 상행위인 계약에 기초하여 이루어진 급부 자체의 반환을 구하는 것으로서 채권의 발생 경위나 원인, 당사자의 지위와 관계 등에 비추어 법률관계를 상거래 관계와 같은 정도로 신속하게 해결할 필요성이 있는 경우 등에는 상법 제64조가 정하는 5년의 상사 소멸시효기간이 적용되거나 유추적용된다고 보고 있다.[68)]

그리하여 판례는 상행위에 해당하는 계약[69)]을 해제한 경우에 발생하는 원상회복청구권은 해제한 때부터 상사시효가 적용된다고 하였고,[70)] 상행위로 인하여 생긴 채무의 불이행을 원인으로 한 손해배상청구권도 상사시효에 해당된다고 하였다.[71)] 또 상행위에 해당하는 계약에 기하여 급부하였으나 그 계약이 무효로 되어

---

68) 대판(전합체) 2021.7.22. 선고 2019다277812(제103조 위반으로 무효인 보험계약에 따라 보험금을 지급받은 보험수익자를 상대로 보험회사가 보험금의 반환을 청구한 사안에서 부당이득을 원인으로 한 보험금반환청구권은 5년의 상사시효가 걸린다고 판시함).

69) 대판 2012.4.13. 선고 2011다104246은 개업준비행위나 영업자금의 차입행위가 상사시효의 대상인지에 관한 것인데, 이 판결은 '영업의 목적인 상행위를 개시하기 전에 영업을 위한 준비행위를 하는 자는 영업으로 상행위를 할 의사를 실현하는 것이므로 준비행위를 한 때 상인자격을 취득함과 아울러 개업준비행위는 영업을 위한 행위로서 최초의 보조적 상행위가 되는 것이고, 이와 같은 개업준비행위는 반드시 상호등기·개업광고·간판부착 등에 의하여 영업의사를 일반적·대외적으로 표시할 필요는 없으나 점포구입·영업양수·상업사용인의 고용 등 준비행위의 성질로 보아 영업의사를 상대방이 객관적으로 인식할 수 있으면 당해 준비행위는 보조적 상행위로서 여기에 상행위에 관한 상법의 규정이 적용된다. 그리고 영업자금 차입행위는 행위 자체의 성질로 보아서는 영업의 목적인 상행위를 준비하는 행위라고 할 수 없지만, 행위자의 주관적 의사가 영업을 위한 준비행위이었고 상대방도 행위자의 설명 등에 의하여 그 행위가 영업을 위한 준비행위라는 점을 인식하였던 경우에는 상행위에 관한 상법의 규정이 적용된다고 봄이 타당하다'고 판시하였다. 한편, 대판 2012.7.26. 선고 2011다43594는 '개업준비행위와 같은 준비행위가 보조적 상행위로서 상법의 적용을 받기 위해서는 그 행위를 하는 자 스스로 상인자격의 취득을 전제로 하는데, 채무자가 차용한 금전을 채무자 자신의 명의로 운영하는 사업에 사용하는 것이 아니라 채무자가 아닌 제3자나 다른 회사의 영업과 관련하여 필요한 자금을 마련하기 위하여 차용한 것이라면 이 경우 채무자는 상인자격을 취득하지 못하였으므로 그 채무자의 차용행위는 보조적 상행위로서의 개업준비행위 등에 해당한다고 볼 수 없다'고 판시하고 있음에 주의해야 한다.

70) 대판 1993.9.14. 선고 93다21569.

부당이득반환을 청구하는 경우 신속하게 해결할 필요성의 유무에 따라 민사소멸시효[72] 또는 상사시효[73])를 적용하고 있다.

한편, 판례는 상법 제399조상의 주식회사의 이사 또는 감사의 회사에 대한 임무해태로 인한 손해배상책임은 일반 불법행위책임이 아니라 위임관계로 인한 채무불이행책임이므로 그 소멸시효기간은 일반 민사채무와 같이 10년으로 보고 있는 점에 유의해야 한다.[74]

(2) 단기소멸시효

단기소멸시효제도를 둔 이유는 이들은 단기간에 결제되는 것이 관행이고, 일상에서 빈번하게 소액의 채권이 발생하는 것으로서 이런 채권의 영수증은 교부되지 않는 것이 많고 또 교부되더라도 이를 장기간 보관하게 하면 보관상 어려움이 많으므로 법률관계를 조기에 안정시켜 채무자를 보호할 필요성이 있기 때문이라고 한다.

그러나 이에 대해서는 소액채권이라 하여 단기의 소멸시효에 걸린다고 보면,

---

71) 대판 1997.8.26. 선고 97다9260. 채무불이행의 경우에는 본래 채무의 성질에 따라 소멸시효기간이 정해지는 것은 앞에서 본 바이므로 이 경우 상사시효에 해당하는 것은 당연하다고 할 것이다.

72) 민사시효를 적용한 것에는 대판 2012.5.10. 선고 2012다4633(임차인 A주식회사가 임대인 B주식회사와 체결한 건물임대차계약이 종료되었는데도 임차건물을 무단으로 점유·사용하자 B주식회사가 A주식회사를 상대로 부당이득반환을 구한 사안에서, B주식회사의 A주식회사에 대한 부당이득반환채권은 법률행위가 아닌 법률규정에 의하여 발생하는 것이고, 발생 경위나 원인 등에 비추어 상거래 관계에서와 같이 정형적으로나 신속하게 해결할 필요성이 있는 것이 아니라는 이유로 10년의 민사소멸시효가 적용된다고 판시함), 대판 2003.4.8. 선고 2002다64957, 64964(의료법인인 매도인이 주식회사에게 부동산을 매도함에 따라 매매대금을 수령하였는데 의료법인을 대표한 대표자의 선임에 관한 이사회결의가 부존재하여 매매계약이 무효로 됨에 따라 주식회사의 의료법인에 대한 매매대금 상당액의 부당이득반환채권은 상거래관계와 같은 정도로 신속하게 해결할 필요성이 없다고 하여 10년의 민사소멸시효를 적용함).

73) 대판 2007.5.31. 선고 2006다63150(보험계약자의 명의가 도용되어 이루어진 보증보험계약에 기하여 보험회사가 보험수익자에게 보험금을 지급한 후 명의도용사실이 드러나 보험회사가 보험수익자를 상대로 지급한 보험금의 반환을 청구한 사안에서 위 부당이득반환채권은 근본적으로 상행위에 해당하는 보증보험계약에 기초한 급부가 이루어짐에 따라 발생한 것일 뿐만 아니라, 그 채권 발생의 경위나 원인, 원고와 피고의 지위와 관계 등에 비추어 그 법률관계를 상거래 관계와 같은 정도로 신속하게 해결할 필요성이 있다고 보이므로 이에 대하여는 5년의 소멸시효를 정한 상법 제64조가 적용되는 것으로 보아야 한다고 판시함).

74) 대판 1985.6.25. 선고 84다카1954.

소를 제기하는 등 적극적인 권리행사를 기대하기 어려운 소액 채권자의 보호에 소홀하다는 단점을 지적하는 견해도 있다.

시효제도는 채권자의 권리보호에 대해서도 충분히 고려하면서 채무자의 변제증명서류의 보관상 어려움과 시효기간의 단축으로 인한 사법의 심리부담경감 등과도 조화를 이루어야 한다. 이런 관점에서 보면, 현행 규정은 시효기간이 너무 복잡하고, 적용범위도 명확하지 않으며 기간의 차이(3년, 1년)를 둔 근거에 합리성이 있다고 할 수 없는 문제점이 있고, 현대에 와서 컴퓨터의 발전으로 영수증 등의 서류를 보관함에 있어서의 어려움이 사라졌으므로 단기소멸제도의 존치여부에 관하여 재검토가 필요할 것이다.

(가) 소멸시효가 3년인 채권

제163조의 각호에 해당하는 채권의 소멸시효는 3년이다. 이하 각호에서 문제가 될 수 있는 것에 대하여 보도록 한다.

1) 이자, 부양료, 급료, 사용료 기타 1년 이내의 기간으로 정한 금전 또는 물건의 지급을 목적으로 한 채권

이런 채권들은 권리자가 모아두었다가 일시에 변제를 요구하게 되면, 채무자가 파산에 이르게 될 우려가 많고 또 정기적인 급부는 채권자의 생활을 유지하는 데 필요한 것이므로 단기에 채권자가 권리를 행사할 것이 예상되고 그럼에도 채권자가 권리를 행사하지 않으면 그 급부는 생활에 필수적인 것이 아니라고 보아 위와 같이 단기로 정한 것이다.

가) 이자

예 7-9

A가 2010.1.1. B에게 금 100만원을 연 12%의 비율로 대여하면서 매달 이자를 지급하되 변제기는 2010.12.31.로 정하였다. 그런데 B가 2010.6.30.까지의 이자만 지급하였다.

이에 2015.1.1. A가 B를 상대로 100만원 및 이에 대한 2010.7.1.부터 완제일까지 연 12%의 비율에 의한 금원을 지급을 구하는 소송을 법원에 제기하자, B는 이자는 3년의 소멸시효에 걸리므로 2010.7.1.부터 2011.12.31.(2015.1.1.부터 역산하여 3년인 날)까지 발생한 이자는 시효로 소멸하였다고 주장했다.

이자는 금전 기타 대체물의 사용대가로서 사용기간에 비례하여 지급되는 금전 기타 대체물을 의미한다.

위 예에서 이자는 100만원에 대한 변제기인 2010.12.31.까지 매달 발생하는 연 12%의 비율에 의해 계산되는 금 1만원(100만원×연 12%÷12달)이고, 변제기 다음날인 2011.1.1.부터서 매달 발생하는 연 12%의 비율에 의해 계산되는 금 1만원(100만원×연 12%÷12달)은 채무불이행으로 인한 손해배상, 즉 지연손해금으로서 이자가 아니다(제397조 제1항 단서).[75)]

따라서 위 예에서는 100만원에 대한 2010.7.1.부터 2010.12.31.까지 매달 발생하는 1만원은 이자로서 각기 3년의 소멸시효에 걸리므로 그 발생한 때로부터 3년이 경과하면 시효로 소멸하는데, 위 예에서는 적어도 2013.12.31.을 도과하면 그 동안 발생한 이자는 모두 시효로 소멸한다.[76)]

그러나 2011.1.1.부터 매달 발생하는 1만원은 민사상 채무의 불이행을 원인으로 한 손해배상이므로 본래의 채무와 동일하게 일반 민사상의 채권의 소멸시효인 10년의 시효를 적용하여야 하고, 따라서 위 예에서 2015.1.1. 제소한 시점에서 보면 10년의 소멸시효가 도과하지 않았다. 결국 위 예에서는 100만원 및 이에 대한 2011.1.1.부터 완제일까지 연 12%의 비율에 의한 금원을 지급해야 한다.

나) 사용료, 급료

사용료의 대표적인 예로서는 부동산이나 동산의 임대 시 임대인이 임차인으로부터 받는 차임을 들 수 있다. 한편 급료에 대해서는 민법보다는 근로기준법의 적용을 받는 경우가 많고, 근로기준법 제49조에서 임금채권은 3년의 시효에 걸리는 것으로 되어 있어 차이는 없다.

다) 1년 이내의 기간으로 정한 금전 또는 물건의 지급을 목적으로 한 채권

이 의미는 '변제기가 1년 이내'라는 의미가 아니라 1년 이내의 '정기'에 지급되는 채권을 말하는 것이다. 따라서 1개월 단위로 지급하는 집합건물(아파트)의 관리비채권은 이에 해당한다.[77)] 그러나 앞서 본 것처럼 생활상의 필수적 급부로서 의

75) 대판 1991.5.14. 선고 91다7156, 대판 1989.2.28. 선고 88다카214.

76) 대판 1996.9.20. 선고 96다25302는 이자채권 중 민법 제163조 제1호 소정의 3년의 단기소멸시효에 걸리는 것은 '1년 이내의 정기'에 지급하기로 한 이자채권에 한하고, 변제기에 원금과 함께 변제기까지의 이자를 '일시'에 지급하기로 한 이자채권은 위 규정 소정의 3년의 소멸시효기간이 적용되는 채권이 아니라고 한다.

77) 대판 2007.2.22. 선고 2005다65821.

미를 가지는 정기적 급부를 말하므로, 확정된 금액에 대하여 1년 이내의 기간으로 분할하여 지급하는 경우에는 여기에 해당되지 않는다.[78)]

2) 의사, 조산사, 간호사 및 약사의 치료, 근로 및 조제에 관한 채권

의사에는 치과의사, 한의사, 수의사도 포함되고 의료법인도 포함된다. 또 자격이 없는 무자격자의 치료비도 포함된다.[79)] 치료비 외에 치료에 부수되는 개호비, 이송비 및 식사비도 여기에 포함되고, 의사가 국가에 대해 가지는 산업재해보상보험법상의 요양급여청구권도 치료비와 동일한 성격의 것이므로 여기에 포함된다.[80)]

3) 도급받은 자, 기사 기타 공사의 설계 또는 감독에 종사하는 자의 공사에 관한 채권

도급은 당사자 일방이 어느 일을 완성할 것을 약정하고 상대방이 그 일의 결과에 대하여 보수를 지급할 것을 약정하는 것으로서(제664조), 도급을 받은 수급인이 도급인에 대하여 가지는 공사대금채권 외에 그 공사에 부수되는 채권도 포함되고[81)] 도급인으로부터 하청을 받은 하수급인이 수급인에 대하여 가지는 공사대금

---

78) 대판 2001.6.12. 선고 99다1949(금융리스에 있어서 리스료는, 리스회사가 리스이용자에게 제공하는 취득자금의 금융편의에 대한 원금의 분할변제 및 이자·비용 등의 변제의 기능을 갖는 것은 물론이거니와 그 외에도 리스회사가 리스이용자에게 제공하는 이용상의 편익을 포함하여 거래관계 전체에 대한 대가로서의 의미를 지닌다. 따라서 리스료 채권은, 그 채권관계가 일시에 발생하여 확정되고 다만 그 변제방법만이 일정 기간마다의 분할변제로 정하여진 것에 불과하기 때문에(기본적 정기금채권에 기하여 발생하는 지분적 채권이 아니다) 3년의 단기 소멸시효가 적용되는 채권이라고 할 수 없고, 한편 매회분의 리스료가 각 시점별 취득원가분할액과 그 잔존액의 이자조로 계산된 금액을 합한 금액으로 구성되어 있다 하더라도, 이는 리스료액의 산출을 위한 계산방법에 지나지 않는 것이므로 그 중 이자부분만이 따로 3년의 단기 소멸시효에 걸린다고 할 것도 아니다), 대판 1993.9.10. 선고 93다21705(낙찰계는 계주의 개인사업으로 운영되는 상호신용금고법 제2조 소정의 상호신용계에 유사한 무명계약의 일종인데 이 사건과 같이 매월 낙찰받아 계금을 수령한 계원이 불입할 불입금을 공제한 나머지를 균등분할한 금액을 계불입금으로 불입하는 것은 계주로부터 대여받은 금원에 해당하는 계금에 관한 원리금변제의 성질을 가지고 있다고 새겨야 할 것이고, 따라서 계불입금채권은 채권관계가 일시에 발생하여 확정되고 변제방법에 있어서 매월 분할변제로 정하여진 것에 불과하여 기본이 되는 정기금채권에 기한 채권이라고 할 수 없기 때문에 3년의 소멸시효가 적용되는 채권이라고 할 수 없고, 계불입금채권을 원금부분과 이자부분으로 나누어 이자부분에 관하여만 3년의 소멸시효가 적용된다고 할 것도 아니라 할 것이다).

79) 무자격자의 치료비를 여기에 포함시키지 않으면 무자격자가 오히려 이익을 보는 결과가 될 것이다.

80) 대판 1998.2.13. 선고 97다47675는 요양급여청구권의 기산일을 치료행위 완료시가 아니라 국가로부터 요양승인을 받은 때라고 보고 있다.

채권도 포함된다.[82)]

이런 공사대금채권은 특약이 없는 한 완성된 목적물의 인도를 요하지 아니하는 경우에는 그 일을 완성한 때에, 그리고 완성된 목적물의 인도를 요하는 경우에는 그 인도와 동시에 지급을 요한다 할 것이므로(제665조), 수급인이 건물을 완공하여 도급인에게 이를 인도하여야 하는 경우 공사계약에 따른 공사대금채권은 특별한 사정이 없는 한 건물이 도급인에게 인도된 때에 그 이행기가 도래하고 그 때부터 소멸시효가 진행한다.[83)]

위와 같은 단기소멸시효에 해당하는 공사에 관한 채권은 어디까지나 수급인이 채권자로 나설 경우를 말하는 것으로 도급인이 수급인을 상대로 과다하게 지급된 공사대금의 반환을 구하는 채권은 여기에 해당되지 않는다.[84)]

4) 변호사, 변리사, 공증인, 공인회계사 및 법무사에 대한 직무상 보관한 서류의 반환을 청구하는 채권

이런 직종에 있는 사람들은 의뢰인으로부터 많은 서류를 받아서 처리를 하는데, 이런 서류들을 장기간 보관하도록 하게 되면 보관료가 증가되어 생업에 지장을 주게 되므로 단기로 한 것이다.

5) 변호사, 변리사, 공증인, 공인회계사 및 법무사의 직무에 관한 채권

변호사의 1심 성공보수청구권은 당사자 사이에 특약이 없는 한 심급대리의 원칙에 따라 수임한 소송사무가 종료하는 시기인 제1심 판결을 송달받은 때로부터 그 소멸시효 기간이 진행된다.[85)]

이와 비슷한 직종으로는 공인중개사, 세무사 등도 있으나 이런 직종의 사람들

---

81) 채무불이행으로 인한 손해배상청구권에서 본 위 86다카2549 판결은 '원래 도급은 도급계약의 거래관행상 위임적인 요소를 포함시키는 경우가 많음에 비추어 반드시 민법상의 도급계약만을 뜻하는 것이 아니고 광범위하게 공사의 완성을 맡은 것으로 볼 수 있는 경우까지도 포함되는 것으로 봄이 상당하다'고 하면서 택지조성공사 외에 토지의 형질변경허가신청과 준공허가 및 환지예정지 지정신청 등의 사무를 대행하기로 한 계약에 기한 채권도 단기소멸시효에 해당된다고 판시하였다.

82) 대판 1994.10.14. 선고 94다17185는 도급을 받은 수급인으로부터 하도급받은 공사를 하수급인이 시행하던 도중에 폭우로 인하여 침수된 지하 공사장과 붕괴된 토류벽을 복구하는 데 소요된 복구공사대금채권을 본 호에 해당한다고 판시했다.

83) 대판 1968.5.21. 선고 67다639.

84) 대판 1963.4.18. 선고 63다92.

85) 대판 1995.12.26. 선고 95다24609.

은 빠져있는데, 이들을 구별하여야 할 합리적인 이유가 없다. 이런 점에서도 단기 소멸시효에 관한 규정들은 대폭 수정되어야 할 것이다.

6) 생산자 및 상인이 판매한 생산물 및 상품의 대가

상인이 판매한 상품의 대가란 상품의 매매로 인한 대금 그 자체의 채권만을 말하는 것으로 상품의 공급 자체와 등가성이 있는 청구권에 한한다.

전기업자가 공급하는 전력의 대가인 전기요금채권은 이에 해당하나,[86] 위탁자의 위탁상품공급으로 인한 위탁매매인에 대한 이득상환청구권(상법 제106조)이나 이행담보책임 이행청구권(상법 제105조)은 위탁자의 위탁매매인에 대한 상품 공급과 서로 대가관계에 있지 아니하여 등가성이 없으므로 이에 해당하지 않는다.[87]

주의할 것은 위 경우 상사시효에 걸리지만(상법 제64조) 상사시효 5년보다 본 호의 시효가 짧으므로 본 호를 적용해야 한다는 점이다.

7) 수공업자 및 제조자의 업무에 관한 채권

수공업자나 제조자는 주문자와 고용관계에 있는 자가 아닌 자를 말한다(고용관계에 있다면 급료에 해당할 것이다).

(나) 소멸시효가 1년인 채권

제164조 각호의 채권은 시효가 1년이다. 이런 채권은 단기간 내에 결제되는 것이 통상이고 채권증서나 영수증 등의 서류의 보존을 기대하기 어렵기 때문에 단기소멸시효에 걸리게 한 것이나, 현재는 컴퓨터의 발달로 서류의 보관이 용이해져 사정이 달라졌으므로 대폭 개정이 되어야 할 것이다.

이런 단기시효에 걸리는 계약에 기한 채권 중 상대방의 반대채권이나 그 계약상의 불이행으로 인하여 상대방이 가지는 손해배상채권은 본 호에 해당되지 않는다.[88]

1) 여관, 음식점, 대석(貸席), 오락장의 숙박료, 음식료, 대석료, 입장료, 소비물의 대가 및 체당금의 채권

---

86) 대판 2014.10.16. 선고 2013다84940.

87) 대판 1996.1.23. 선고 95다39854.

88) 채무불이행으로 인한 손해배상에서 소멸시효의 기산점과 관련하여 본 2013다65178 판결 참조(간병인이 환자를 제대로 부축하지 못하여 환자가 넘어져 상해를 입게 되자 환자가 간병인을 상대로 간병계약상의 채무불이행을 이유로 한 손해배상청구를 한 사건에서, 간병인의 간병료 채권은 노역인의 임금채권에 해당하지만 환자의 간병인에 대한 채무불이행을 이유로 한 손해배상청구권은 제164조 제3호에 해당하지 않는다).

이런 채권들은 일상에서 빈번히 일어나는 것이므로 이에 대한 채권증서나 영수증을 장기간 보관하게 되면 보관료도 많이 들고 분실의 우려도 많기 때문에 단기로 한 것이다.

2) 의복, 침구, 장구(葬具), 기타 동산의 사용료의 채권

3) 노역인, 연예인의 임금 및 그에 공급한 물건의 대금채권

급여는 제163조 제1호에 해당하여 3년의 시효에 걸리지만, 노역인이나 연예인의 임금은 본 호에 의해 1년의 시효에 걸린다. 노역인은 일시적이고 단기간의 노동에 종사하는 자, 즉 part-time 근로자나 아르바이트를 하는 사람이라는 점에서 제163조의 급료와 구별된다. 앞에서 본 것처럼 판례(위의 2013다65178 판결)는 간병인을 노역인으로 보고 있다.

4) 학생 및 수업자의 교육, 의식 및 유숙(留宿)에 관한 교주(校主), 숙주(塾主), 교사의 채권

교육비, 기숙사비 등이 여기에 해당한다.

(다) 판결 등에 의해 확정된 채권

1) 단기소멸시효에 해당하는 채권이라도, 채권자가 채무자에 대해 소송을 제기하여 법원으로부터 판결을 받아 확정되면 그 시효는 판결확정 시로부터 10년으로 된다(제165조 제1항). 법원의 판결을 받으면 채권의 존재가 확정되고 증거자료의 일실 등으로 인한 다툼이 없어지는데, 이런 상황임에도 단기소멸시효가 걸린다면 또 다시 중단절차를 취해야 하는 불편함이 있으므로 시효를 10년으로 한 것이다.[89)]

그러나 확정당시에 변제기가 도래하지 않은 채권은 10년으로 연장되지 않는데(제165조 제3항), 이는 채권의 존재는 확정되었지만 변제기 전이라 '권리를 행사할 수 있는 때부터 소멸시효가 기산된다'는 원칙에 비추어 그 권리를 행사하였다고 보기 힘들기 때문이다.

2) 판결 외에도 파산절차에 의해 확정된 채권 및 재판상의 화해, 조정 기타 판결과 동일한 효력이 있는 것에 의해 확정된 채권도 판결의 경우와 마찬가지로 10

---

89) 대판 2006.8.24. 선고 2004다26287(민법 제165조 제1항이 "판결에 의하여 확정된 채권은 단기의 소멸시효에 해당한 것이라도 그 소멸시효는 10년으로 한다."고 정한 것은 단기소멸시효가 적용되는 채권이라도 판결에 의하여 채권의 존재가 확정되면 그 성립이나 소멸에 관한 증거자료의 일실 등으로 인한 다툼의 여지가 없어지고, 법률관계를 조속히 확정할 필요성도 소멸하며, 채권자로 하여금 단기소멸시효 중단을 위해 여러 차례 중단절차를 밟도록 하는 것은 바람직하지 않기 때문이다).

년으로 소멸시효가 연장되지만, 판결과 같은 집행력을 가지는 공정증서의 경우에는 연장되는 것으로 볼 수는 없을 것이다. 공정증서는 법원의 개입 없이 공정증서를 작성할 수 있는 기관에서 통상 채권성립 시에 작성하는 것이므로 공정증서의 작성만으로는 채권자가 권리를 행사한 것으로 보기 어렵기 때문이다. 다만 채권성립 후에 공정증서가 작성되었다면 소멸시효 중단사유인 채무자의 채무의 승인으로 볼 수는 있을 것이다.

3) 본조는 판결 등에 의해 채권이 확정되면 그 단기소멸시효가 10년으로 된다는 의미일 뿐이고, 10년보다 장기인 것('채권 및 소유권 외의 재산권'은 20년임)을 10년으로 줄이는 것도 아니고, 본래 소멸시효에 걸리지 않는 것(소유권에 기한 물권적 청구권)을 10년의 소멸시효에 걸리게 한다는 의미도 아니다.

4) 채권자가 채무자를 상대로 승소확정판결을 받아 10년으로 소멸시효가 연장되었음에도 채무자가 변제를 하지 않아 10년이 또다시 도과될 지경에 이른 경우, 소멸시효를 다시 중단시키기 위하여 채권자는 채무자를 상대로 소송을 제기할 수 있다. 그 소송형태로는 전에 제기한 소송과 동일한 이행소송을 제기할 수도 있고,[90] 소멸시효중단을 위한 재판상의 청구가 있었다는 점에 대한 확인을 구하는 확인소송을 구할 수도 있다.[91]

이행소송을 제기하는 경우에는, 소멸시효의 진행을 막기 위해 제기한 후소(後訴)는 확정된 승소판결인 전소(前訴)와 동일한 것이어서 기판력에 위반될 수 있으므로 전소에 의한 채권의 소멸시효기간인 10년의 경과가 임박한 때라는 예외적인 경우에 한하여 소의 이익을 인정하고, 나아가 이러한 경우에 후소의 판결이 전소의 승소 확정판결의 내용에 저촉되어서는 아니 되므로, 후소 법원은 그 확정된 권리를 주장할 수 있는 모든 요건이 구비되어 있는지 여부에 관한 '전소 변론종결 시까지 발생한 것'에 대하여는 다시 심리할 수 없지만, 전소의 변론종결 후에 발생한 변제, 상계, 소멸시효의 완성 등의 실체적 사유에 대해서는 심리를 하여야 한다.[92]

---

90) 대판(전합체) 2018.7.19. 선고 2018다22008.

91) 대판(전합체) 2018.10.18. 선고 2015다232316. 이 판결에서 이행소송 외에 확인소송을 인정하는 이유는 이행소송에서는 전소의 변론종결 후에 발생한 변제, 상계, 소멸시효의 완성 등의 실체적 사유에 대하여 심리를 하게 됨으로써 시효를 위해 소를 제기한 채권자인 원고의 기대에 반할 뿐 아니라 법원의 신속한 심리를 방해하고, 또 이행소송만을 인정하게 되면 전소의 승소판결과 후소의 승소판결에 기하여 이중집행을 받을 우려가 채무자에게 존재하는 점 등을 들고 있다.

이에 반하여 확인소송을 제기하는 경우에는 소멸시효기간인 10년의 경과가 임박할 것을 요하지 않고 또 전소의 변론종결 후에 발생한 변제, 상계, 소멸시효의 완성 등의 실체적 사유에 대해 심리를 하는 등의 수고를 피할 수 있는 점에서 장점이 있다.[93]

5) 본래 보증채무는 주채무와는 독립된 별개의 채무이므로 보증채무와 주채무의 소멸시효기간은 그 채무의 성질에 따라 각기 별개로 정해지는데,[94] 단기소멸시효에 걸리는 주채무를 보증인이 보증한 경우, 주채무에 대해 판결을 받아 10년으로 연장되는 경우 보증채무도 10년으로 연장되는지가 문제로 된다.

판례는 '제440조는 주채무자에 대한 시효중단의 사유가 발생하였을 때는 그 보증인에 대한 별도의 중단조치가 이루어지지 아니하여도 동시에 시효중단의 효력이 생기도록 한 것에 불과하고 중단된 이후의 시효기간까지 당연히 보증인에게도 그 효력이 미친다는 취지는 아니'라고 하면서 '보증채무가 주채무에 부종(附從)한다고 할지라도 원래 보증채무는 주채무와는 별개의 독립된 채무이어서 채권자와 주채무자 사이에서 주채무가 판결에 의하여 확정되었다고 하더라도 이로 인하여 보증채무 자체의 성립 및 소멸에 관한 분쟁까지 당연히 해결되어 보증채무의 존재가 명확하게 되는 것은 아니므로 채권자가 보증채무에 대하여 뒤늦게 권리행사에 나선 경우 보증채무 자체의 성립과 소멸에 관한 분쟁에 대하여 단기소멸시효를 적용하여야 할 필요성은 여전히 남는다'고 하여 종전의 소멸시효기간에 따른다고 한다.[95]

이런 판례의 태도에 의하면 채권자의 주채무자에 대한 재판상의 청구 시에 제440조에 의해 보증인의 보증채무에 대해서도 시효가 중단되고,[96] 주채무자에 대

---

92) 위 2015다232316 판결.

93) 위 2015다232316 판결. 확인소송의 경우 청구원인으로서는 전소 판결이 확정되었다는 점과 그 청구권의 시효중단을 위해 후소인 본 소송이 제기되었다는 점만을 주장하고, 증거로는 전소 판결의 사본과 확정증명이 있으면 되고, 법원도 이 점만 심리하면 된다고 한다.

94) 대판 2010.9.9. 선고 2010다28031.

95) 앞의 2004다26287 판결. 대판 1986.11.25. 선고 86다카1569는 판결의 효력은 판결의 당사자인 채권자와 주채무자 사이에 한하여 효력이 발생하고 위 당사자 이외의 채권자와 연대보증인 사이에서는 판결의 효력이 미치지 않는다는 점도 들고 있다.

96) 반대로 채권자가 보증인의 재산에 대하여 가압류를 하여 보증채무에 관하여 시효중단조치를 취하여도 주채무에 대하여는 시효가 중단되지 않는다(대판 2002.5.14. 선고 2000다62476). 부종성의 원칙은 주채무에 보증채무가 부종한다는 것이지 보증채무에 주채무가 부종한다는 것은 아니기 때문이다.

한 판결이 확정되면 그 후부터 보증채무의 본래의 소멸시효기간이 다시 진행하게 된다.

한편 제163조나 제164조의 단기소멸시효에 해당하는 주채무에 관하여 채권자가 주채무자를 상대로 제소하여 승소확정판결을 받음으로써 주채무의 소멸시효기간이 10년으로 연장된 경우, 이렇게 연장된 상태의 주채무를 보증한 보증채무는 제163조나 제164조의 단기소멸사유가 적용될 여지가 없고 보증채무의 성질에 따라 민사채권이면 10년, 상사채권이면 5년의 소멸시효에 걸린다.[97)]

나. 채권과 소유권 외의 재산권

채권과 소유권 외의 재산권의 소멸시효기간은 20년이다(제162조 제2항).

Ⅲ. 소멸시효의 중단

1. 의의

일정한 사유가 있으면 이미 경과한 소멸시효기간을 소멸시키고 그때부터 새롭게 다시 소멸시효기간이 진행하도록 하는 것이 소멸시효의 중단이다. 민법은 이런 중단사유로 청구, 압류·가압류·가처분, 승인 3가지를 규정하고 있는데(제168조), 이것들이 중단사유로 되는 근거를 통일적으로 설명하기는 곤란하다.

즉 앞의 두 가지(청구, 압류·가압류·가처분)는 채권자의 권리행사이지만, 그 행사방법은 법원을 통한 것으로 제한되고 또 소가 취하되거나 청구가 기각되면 시효중단의 효과가 생기지 않는다. 결국 이는 재판에 의한 권리의 확정을 의미한다고 할 수 있다.

이에 반하여 마지막의 승인은 채무자에 의해 채무의 존재를 명확하게 하는 행위로서, 승인에 대한 방식에는 제한이 없고 채무자의 행위에서 승인으로 평가할 수 있는 측면이 있으면 승인으로 판단한다. 그리하여 소멸시효중단의 근거에 관하여, 판례와 통설은 시효제도의 근거를 영속하는 사실의 존중과 '권리 위에 잠자는 자'에 대한 제재라는 점에서 찾고 있으므로 '권리 위에 잠자는 자'가 아니라는

---

97) 대판 2014.6.12. 선고 2011다76105.

것을 표명하여 그 시효의 효력을 차단시키는 것이 필요하다고 보고, 권리를 자각하여 행사한 것이 소멸시효의 중단의 근거라고 한다(권리행사설의 입장).

이에 대하여 소수설은 시효제도는 채무자가 변제하였다는 사실을 증명하는 것의 곤란함을 완화하는 데에 그 목적이 있다고 보고 소멸시효의 중단은 권리의 존재를 확정하는 확정판결이라는 법정증거의 성립을 저지하는 사유, 즉 채무의 변제가 있었다는 것과 모순되는 사유여야 하므로 단순히 권리자라고 칭하는 자가 권리의 주장을 하였다는 것만으로는 족하지 않고 최종적이며 공권적으로 권리의 존재가 확정되는 것이 필요하다고 한다(권리확정설의 입장).

판례와 통설의 설명은 시효중단의 사유로 채권자의 권리행사에 해당하는 사유인 청구나 압류·가압류·가처분의 경우에는 타당하지만, 채권자의 권리행사라고 볼 수 없는 승인을 포함시키는 것을 설명하기 힘들고(제168조), 또 권리행사로서의 청구도 법원에 대한 소제기로 하는 것만을 포함시키고 게다가 그 소송이 종국판결에까지 도달해야만 시효중단을 인정하고 그 외 권리행사라고 볼 수 있는 '재판외에서의 청구'는 최고의 효력밖에 가지지 않는 것으로 규정하고 있는 점(제174조)도 위 설명의 불충분함을 드러내고 있다고 할 것이다.

소수설의 입장에서도 채무의 승인이 소멸시효중단의 사유로 되는 것에 대한 근거 설명이 충분하다고는 할 수 없다.[98] 결국 소멸시효의 존재이유에서 보듯이 어느 하나의 통일적인 설명은 불가능하다고 볼 수밖에 없을 것이다.

2. 중단사유

제168조는 소멸시효 중단사유로서 청구, 압류·가압류·가처분, 승인을 들고 있다. 그 외 소비자기본법 제68조의3은 분쟁조정의 신청과 집단분쟁조정의 의뢰 또는 신청이 있는 경우에도 소멸시효의 중단효를 인정하고 있다.

여기서는 민법상의 시효중단사유에 대하여 보도록 한다.

---

98) 채무승인에 대하여 판례와 통설의 입장을 관철하자면 채무자가 승인함으로써 채권자의 권리행사를 불필요하게 만든 것에 대한 제재로서 의미가 있다고 해야 할 것이고, 소수설에서는 채무자의 승인으로 권리의 존재가 명확하게 되었다는 점에 있다고 할 수밖에 없을 것이다.

가. 청구

여기서의 청구는 법원에 소를 제기하는 재판상 청구만을 의미하고 재판 외에서의 청구는 최고(제174조)의 효력을 가지는 데 불과하다.

(1) 재판상 청구

(가) 적극적인 소제기

재판상의 청구 시 소멸시효 중단의 효과는 소를 제기한 때 생긴다(민사소송법 제265조). 여기서 '소를 제기한 때'란 법원에 소장을 접수한 때를 말하고 소장이 상대방인 피고에게 송달된 때를 의미하지 않는다. 민사소송법 제265조에서 피고의 경정이나 청구 변경 등의 경우 서면을 법원에 제출한 때에 그 효력이 생긴다고 한 것과 균형을 맞추고 또 피고가 송달을 지연시켜 송달 전에 시효가 완성되게 함으로써 원고에게 불이익을 주는 것을 막기 위해서다.

여기서의 소는 이행의 소, 확인의 소, 형성의 소 등 어떤 소송형태라도 상관없지만, 형성의 소는 본안소송의 확정 시에 비로소 권리관계에 변동이 생기므로 변동을 일으키게 하는 권리(형성권)에 대하여는 소멸시효를 적용할 여지가 있지만, 형성의 소의 확정 시에 변동이 되는 권리관계에 기한 채권은 판결확정 시에 비로소 발생하므로 그 채권에 대한 소멸시효의 중단을 관념하기는 힘들 것이다. 그리고 그 소는 반소의 형태로 이루어져도 무방하나 반소를 제기한 경우에는 본소제기 시가 아니라 반소장이 법원에 접수된 때에 시효가 중단된다.[99]

제소가 되었다고 하여 시효중단의 효력이 완전히 발생하는 것은 아니고 재판의 완료시까지 그 상태가 계속되다가 승소확정판결에 의하여 채권의 존재가 판결에 의해 확정되면 중단의 효력이 완전히 발생하게 되지만, 본안판결에까지 이르지 못하거나(취하, 각하) 패소하여(기각) 채권의 존재가 부정되면 시효중단의 효력은 처음부터 생기지 않았던 것으로 된다. 그러나 그 이후 6개월 내에 시효중단조치를 취하면 최초 제소 시의 시효중단의 효력이 지속된다(제170조).[100] 이는 제소 시

99) 대판 2010.8.26. 선고 2008다42416, 42423.

100) 제소에 의해 시효가 중단되었다가 승소판결이 확정되면 그때부터 10년의 소멸시효기간이 진행한다. 그러므로 재판상 청구를 독립된 소멸시효중단사유로 삼을 필요는 없고, 단지 제소하면 그때부터 본안판결의 확정시까지 시효의 진행을 잠시 정지시키고 그 후 승소판결이 확

부터 '소의 취하나 각하 또는 기각 시'까지 최고가 계속되고 있다는 것과 결과적으로 동일하다.

1) 채권자대위소송

예 7-10

A가 B에게 부동산 L을 매도하고, 다시 B가 C에게 전매한 경우, C가 B를 대위하여 A를 상대로 B에게로 L에 관한 소유권 이전등기절차를 이행하라고 채권자대위소송을 제기하는 경우, 위 대위소송의 제기로 C의 B에 대한 소유권 이전등기청구권 또는 B의 A에 대한 소유권 이전등기청구권에 관하여 소멸시효가 중단되는가.

가) 대위행사하는 권리(B의 A에 대한 채권)의 소멸시효

먼저 B의 A에 대한 채권에 관하여 보면, C가 B를 대위하여 A에 대한 B의 권리를 대신행사는 것이므로 B가 권리를 행사한 것과 같이 보아야 한다. 따라서 위 소송의 제기로 B의 A에 대한 채권은 시효중단된다고 할 것이다.[101)]

나) 피보전권리(C의 B에 대한 채권)의 소멸시효

다음으로 C의 B에 대한 채권에 관하여 본다. 채권자대위권의 경우 C는 B에 대하여 자신의 권리를 행사하고 있는 것은 아니므로 시효가 중단되지 않는다는 견해와, 채권자대위소송에서 C의 B에 대한 채권이 있는지 여부가 심리의 대상으로 되고 있고,[102)] 또 채권자대위소송에 관하여 채무자에게 통지가 이루어지거나 법원의 대위허가의 고지(제404조 제2항)가 있으면[103)] 압류와 유사한 처분제한의 효력이 생기므로(제405조 제2항) 제168조 제2호에 준하여 C의 권리행사에 대한 통지가 B에게 송달되면 C의 B에 대한 채권에 관하여 시효중단의 효력을 인정해야 한다

정되면 그때부터 10년의 시효를 진행시키면 될 것이다. 만약 패소판결이 확정되면 시효중단의 문제는 발생하지 않을 것이다. 제소 후 본안판결이 나오기 전에 취하나 각하되면 제170조 제2항과 같이 6개월 내에 시효중단조치를 취하지 않으면 시효로 소멸한다고 하는 것이 타당할 것이다. 일본의 최근 개정민법이 취한 태도이다.

101) 대판 2011.10.13. 선고 2010다80930.

102) 피보전권리의 유무에 관해서는 직권으로 심리, 판단하여야 하고(대판 2015.9.10. 선고 2013다55300), 심리결과 피보전권리가 없다고 판단되면 소각하 판결을 해야 한다(대판 1992.7.28. 선고 92다8996).

103) 비송사건절차법 제49조 제1항은 '대위의 신청을 허가한 재판은 직권으로 채무자에게 고지하여야 한다'라고, 제2항은 '제1항에 따른 고지를 받은 채무자는 그 권리를 처분할 수 없다'라고 규정한다.

는 견해가 있다.[104)]

생각건대 시효가 중단되려면 채권자가 채무자를 상대로 어떤 행위를 하여야 하는데, 채권자대위권을 행사하는 것은 채무자 B의 채무자인 제3채무자 A를 상대로 소를 제기한 것이지 채무자 B를 상대로 소를 제기한 것이 아니므로 채권자대위권의 행사만으로는 채권자 C의 채무자 B에 대한 채권의 시효가 중단된다고 볼 수는 없을 것이다(제176조 참조). 다만 채무자 B에 대해 채권자대위권의 행사에 관한 통지가 이루어지면 채권자대위권의 재판이 종료될 때까지 재판외 최고가 행해지고 있다고 보아 채권자대위권의 재판이 종료된 후 6개월 내에 채권자 C가 채무자 B를 상대로 시효중단조치를 취하면 채권자대위권에 기한 소가 제기된 때부터 시효가 중단된 것으로 보아야 할 것으로 생각한다.

다) 그 외 판례의 검토

① 채권자대위소송을 양수금청구로 변경한 경우

판례에 의하면, A가 채무자 B의 채권자라고 하면서 B의 C에 대한 계약금반환청구권을 대위행사하는 채권자대위소송을 제기하였다가 B의 C에 대한 위 계약금반환청구권을 양수하였다고 하여 양수금청구로 소를 변경하는 경우 채권자대위소송의 제기로 인한 B의 C에 대한 계약금반환청구권에 대한 시효중단의 효력이 소 변경된 양수금청구의 소에서도 지속된다고 한다.[105)] 즉 위와 같은 소의 변경은 청구원인의 교환적 변경으로서 채권자대위권에 기한 구 청구는 취하된 것으로 보아야 하나, 그 채권자대위소송의 소송물은 채무자(B)의 제3채무자(C)에 대한 계약금반환청구권이고 위 양수금청구는 원고(A)가 위 계약금반환청구권 자체를 양수하였다는 것이어서 양 청구는 동일한 소송물에 관한 권리의무의 특정승계가 있을 뿐 그 소송물은 동일한 점, 시효중단의 효력은 특정승계인에게도 미치는 점, 계속 중인 소송에 소송목적인 권리 또는 의무의 전부나 일부를 승계한 특정승계인이 소송참가하거나 소송인수한 경우에는 소송이 법원에 처음 계속된 때에 소급하여 시효중단의 효력이 생기는 점, 원고 A는 위 계약금반환채권을 채권자대위권에 기해 행사하다 다시 이를 양수받아 직접 행사한 것이어서 위 계약금반환채권과 관련하여 원고 A를 '권리 위에 잠자는 자'로 볼 수 없는 점 등에 비추어 볼 때, 당초의 채권자대위소송으로 인한 시효중단의 효력이 소멸하지 않는다고 하였다.

---

104) 일본에서는 전자가 통설이라고 한다.

105) 대판 2010.6.24. 선고 2010다17284.

② 계속된 채권자대위소송의 경우

이와 관련한 판례[106]의 사안은 다음과 같다.

2005.2.25. 채무자 B의 채권자 A1이 B를 대위하여 B의 채무자 C를 상대로 부당이득반환청구(이 청구권은 2006.7.1. 시효소멸하는 권리였다)를 하였다가 피보전권리가 인정되지 않는다고 하여 소각하 판결을 받아 그 판결이 2008.6.5. 확정되고, 그 후인 2008.9.19. B의 다른 채권자 A2가 B를 대위하여 C를 상대로 위와 동일한 부당이득반환청구를 하였으나 2009.12.4. A2와 B사이에 피보전권리가 존재하지 않는다는 취지의 조정이 성립되었다. 그 후 이 사건 소송으로 2009.12.17. B의 또 다른 채권자 A3가 B를 대위하여 C를 상대로 동일한 부당이득반환청구를 제기하자 C는 'B의 자신에 대한 권리는 2006.7.1. 시효로 소멸하였다'고 주장하였다.

이 사건에서 B의 C에 대한 채권은 본래 2006.7.1. 시효로 소멸하는 것인데, 그 전인 2005.2.25. 제기한 A1의 제소로 시효가 중단되었다고 볼 수 있지만 그 소송이 2008.6.5. 각하되어 시효중단의 효력은 없게 되었다(제170조 제1항). 그러나 A2가 위 소각하판결이 확정된 2008.6.5.부터 6개월 이내에 다시 채권자대위소송을 제기함으로써 제170조 제2항에 의하여 2005.2.25. 시효가 중단된 것으로 볼 수 있어 시효가 완성되지 않았다고 할 것이다.

그런데 위 사안은 여기서 끝나지 않고 위 A2의 소송 역시 2009.12.14. 조정이 성립함으로써 시효중단의 효력은 없어지게 되었고, 또다시 A3가 위 조정이 성립된 날로부터 6개월 이내인 2009.12.17. 소송을 제기한 것이고 이런 A3의 소제기로서 제170조 제2항에 의하여 A1의 최초 소제기일인 2005.2.25. 시효가 중단된 것으로 볼 수 있는지가 문제다.

대법원은 B의 C에 대한 청구권의 소멸시효는 A1, A2, A3의 순차적인 채권자대위소송에 따라 최초의 재판상 청구인 A1의 채권자대위소송의 제기로 중단되었다고 보아 시효가 소멸하지 않았다고 판시했다.[107]

---

106) 앞의 2010다80930 판결.

107) 이 판결의 원심은 대법원과 같이 시효로 소멸되지 않았다는 점의 근거로, A3가 A1이 제기한 재판상 청구에 대하여 소각하 판결이 선고된 이후 6월이 경과하기 전에 채권자대위소송 등 재판상 청구를 함으로써 소멸된 시효중단효과를 부활시킬 수 있었지만, 다른 채권자 A2가 대위소송을 제기하고 있는 바람에 중복하여 채권자대위소송을 제기할 수 없었던 점, 이렇게 A2의 대위소송으로 A3가 중복하여 재판상 청구를 할 수 없었던 기간은 법률상의 장애로 인한 기간으로 보아야 한다는 점을 들었다. 그러나 대판 2015.7.23. 선고 2013다30301은 채권자들이 채권자대위소송을 각기 제기한 경우 소송물이 동일하여 중복되더라도 합일확정의 필

그러나 이 결론은 타당하지 않다고 생각한다. 대판 1987.12.22. 선고 87다카2337의 사안은, 채권자 A의 채무자 B에 대한 치료비채권의 시효완성일은 1985.10.20.인데, 1985.7.6. A가 B에 대해 치료비지급을 재판 외에서 최고한 뒤 최고한 때로부터 6월내인 1985.11.28. B를 상대로 소를 제기하였다가 취하하고 소취하시부터 6월내인 1986.3.31. 다시 소를 제기한 경우 위 치료비채권이 시효소멸하였는지가 쟁점으로 등장한 사건에 관한 것이다. 거기서 대법원은 '(재판 외) 최고를 여러 번 거듭하다가 재판상 청구 등을 한 경우 시효중단의 효력은 항상 최초의 최고 시에 발생하는 것이 아니라 재판상 청구 등을 한 시점을 기준으로 하여 이로부터 소급하여 6월 이내에 한 최고 시에 발생한다고 보아야 하고, 제170조의 해석상, 재판상의 청구는 그 소송이 취하된 경우에는 그로부터 6월내에 다시 재판상의 청구를 하지 않는 한 시효중단의 효력이 없고 다만 재판 외의 최고의 효력만 있다'고 하면서, 위 사안에서 '이 사건 재판상 청구를 한 1986.3.31.로부터 소급하여 6월내인 1985.11.28.의 재판상 청구만이 그 취하로 인하여 최고의 효력이 있을 뿐이고 그 재판상 취하는 시효만료일인 1985.10.20.이후이므로 그 재판상 청구의 취하로 인한 최고로는 시효중단의 효력이 발생할 여지가 없다. 따라서 비록 1985.7.6.의 최고 후 6월 이내에 재판상의 청구를 하고 그 취하 후 6월 이내에 이 사건 재판상의 청구를 하였다고 하더라도 1985.7.6.의 최고가 이 사건 재판상 청구를 한 때로부터 소급하여 6월 후라면 이 사건 재판상의 청구를 한 때로부터 6월안에 있었던 재판상 청구가 최고의 효력이 있다하여 그 6개월 이전에 한 1985.7.6.의 최고까지 그 효력이 부활할 수 없는 이치라 할 것이다'라고 판시하고 있다.

이 87다카2337 판결의 논리를 위 2010다80930 판결의 사안에 적용하면, A1과 A2의 재판상 청구가 각하되거나 권리의 부존재의 조정합의가 이뤄진 것은 재판 외의 최고로서의 효력밖에 없는 것이고 이렇게 여러 번 최고가 이뤄진 때는 재판상 청구를 한 시점을 기준으로 소급하여 6월 이내에 한 최고시에 시효중단의 효력이 발생하는 것이다. 따라서 A3가 2009.12.17. 제기한 재판상 청구가 적법하기 위해서는 이미 시효만료일인 2006.7.1. 전에 이루어진 A2의 제소로 인한 최고의 효력이 유효하여야 한다. 그런데 A2가 제기한 소송 역시 소멸시효가 완료된 후인 2008.9.19. 제기된 것이었으므로 A2의 소제기로 발생한 재판 외 최고는 효력이 없

요가 있다고 하여 민사소송법 제83조에 따라 공동소송참가가 가능하다고 보고 있으므로 A3로서는 공동소송참가를 하여 시효중단조치를 취할 수 있었을 것이므로 법률상의 장애가 있다고는 보기 어려울 것이다.

고, 따라서 최고로서의 효력이 없는 A2의 재판 외 최고에 기한 A3의 재판상 청구는 시효가 완료된 후에 제기된 것이라고 보아야 할 것이다.

그리고 실제적인 관점에서도 위 2010다80930 판결의 논리에 따르면 채권자들이 계속하여 돌아가며 전 소송의 종료시점으로부터 6월 이내에 소를 제기하기만 하면 언제까지나 시효완성이 되지 않는 것이 되어 소멸시효제도의 취지에도 반한다고 할 것이다.

2) 채권자취소소송

예 7-11

B는 자기의 재산보다 채무가 초과된 상태에서 자신의 친척 C에게 L을 매도하는 매매계약을 체결하고 C 앞으로 소유권 이전등기를 경료하였다. B의 금전채권자 A가 이런 사실을 알고 C를 상대로 B와 C 사이의 매매계약을 취소하고 L에 관한 C명의의 소유권 이전등기를 말소하라는 사해행위취소소송을 제기하여 승소하였다. 이 소송의 제기로 A의 B에 대한 채권과 B의 C에 대한 채권의 소멸시효가 중단되는가.

가) B의 C에 대한 채권

A의 C에 대한 채권자취소권은 A가 가지는 권리이지 B가 가지는 권리가 아니고 A가 행사하는 권리의 내용도 B가 C에 대하여 가지는 권리와는 무관하므로 A가 C를 상대로 채권자취소소송을 제기하더라도 B가 C에 대하여 권리를 행사한 것이라고 볼 수 없다.

따라서 위 소송으로 B의 C에 대한 채권에 관하여 시효가 중단되지 않는다.

나) A의 B에 대한 채권

위 채권자취소소송에서의 상대방 당사자는 B가 아니라 C라는 것이 판례이므로[108] 이런 관점에서는 채권자취소소송의 제기는 A의 B에 대한 권리행사로 보기 어렵다. 그러나 채권자취소소송에서 채권자 A의 채무자 B에 대한 채권의 존부와 액수에 관하여 심리가 이루어진다는 관점에서 보면 A의 B에 대한 권리행사가 있다고 볼 여지도 있다.

그러나 시효중단이 되려면 채권자가 채무자를 상대로 소를 제기하는 방법으로

108) 대판 1991.8.13. 선고 91다13717(채권자가 채권자취소권을 행사하려면 사해행위로 인하여 이익을 받은 자나 전득한 자를 상대로 그 법률행위의 취소를 청구하는 소송을 제기하여야 되는 것으로서, 채무자를 상대로 그 소송을 제기할 수는 없다).

권리를 행사하여야 하는데, 채권자취소소송의 상대방은 채무자 B가 아니라 제3채무자 C이므로 채무자를 상대로 권리를 행사한다고 볼 수 없다는 점에서 채권자취소소송의 제기는 A의 B에 대한 채권의 소멸시효 중단사유가 되기 어렵다고 할 것이다.

3) 일부청구

채권자가 채권의 전부를 행사할 것인지 아니면 일부만을 행사할 것인지는 전적으로 채권자의 자유이다. 그런데 만일 채권자가 가분채권 중 일부만을 청구한 경우 그 청구한 일부에 관하여 시효가 중단되는 것은 당연하지만, 청구하지 않은 나머지 부분에 대해서도 시효가 중단되는지가 문제이다.

판례는 일부만에 관하여 시효중단조치를 취하면 원칙적으로 그 일부에 관해서만 시효가 중단되고 나머지 부분에 관하여는 시효가 중단되지 않는다고 본다.[109] 다만 일부만을 청구한 경우에도 그 취지로 보아 채권 전부에 관하여 판결을 구하는 것으로 해석된다면 그 청구액을 소송물인 채권의 전부로 보아 그 채권의 동일성의 범위 내에서 그 전부에 관하여 시효중단의 효력이 발생한다고 한다.[110]

특히 신체훼손으로 인한 손해배상의 경우에는 신체감정 등을 통하여 노동능력상실율이 확정되어야만 정확한 손해액을 알 수 있고, 소제기단계에서는 정확한 손해액을 알기 어려운 경우가 많으므로 소제기시에 전체 금액을 청구하는 것은 무리이므로 판례의 태도는 정당하다고 할 것이다.[111]

대판 2020.2.6. 선고 2019다223723은 '소장에서 청구의 대상으로 삼은 채권 중 일부만을 청구하면서 소송의 진행경과에 따라 장차 청구금액을 확장할 뜻을 표시하였으나 당해 소송이 종료될 때까지 실제로 청구금액을 확장하지 않은 경우, 나머지 부분에 대하여 재판상 청구로 인한 시효중단의 효력이 발생하고, 또 이와 같은 경우 채권자가 당해 소송이 종료된 때부터 6월내에 재판상 청구를 하는 등

109) 대판 1976.2.24. 선고 75다1240(가분채권의 일부분을 피보전권리로 하여 가압류를 한 경우 피보전채권액에 한하여 시효중단의 효력이 미치고 나머지 채권에 대해서는 시효중단의 효력이 발생하지 않는다), 대판 1991.12.10. 선고 91다17092(경매신청서의 청구금액에 기재되지 아니한 채권은 경매신청에 의해 시효가 중단되지 아니한다).

110) 대판 1992.4.10. 선고 91다43695.

111) 통상 손해배상의 경우 노동능력상실율은 소송 중의 감정을 통하여 확정되므로 그 전에는 어떻게 나올지가 불분명한 상태이다. 이런 상태에서 많은 금액을 청구하게 되면 인지대의 손해를 보게 되므로 실무상 제소 시는 일부만을 청구하고 신체감정결과가 나오면 그때 그 결과에 맞추어 정확한 손해액을 산정하여 청구를 확장하는 경우가 대부분이다.

의 민법 제174조에서 정한 조치를 취함으로써 나머지 부분에 대한 소멸시효를 중단시킬 수 있다'고 판시하고 있다.

이런 판례의 태도에 대하여 권리행사설의 입장에서는 청구의 일부라도 채권 전부가 명시적 또는 묵시적으로 주장되고 있는 경우 채권 전체에 대한 중단을 인정해야 한다고 한다. 한편 권리확정설의 입장 중에는 일부청구라도 청구권 전체가 소송물로 되어 있는 경우 청구를 인용한 판결은 청구권 전부의 존재를 확인하는 것이므로 청구권 전체에 대해 시효가 중단되어야 한다는 견해도 있다.

4) 기본적 법률관계에 기한 청구와 파생적 권리

가) 재판상 청구에는 그 권리 자체의 이행청구나 확인청구를 하는 경우만이 아니라 그 권리가 발생한 기본적 법률관계에 관한 확인청구를 하는 경우에도 그 법률관계의 확인청구가 이로부터 발생한 권리의 실현수단이 될 수 있어 권리 위에 잠자는 것이 아님을 표명한 것으로 볼 수 있는 때에는 그 기본적 법률관계에 관한 확인청구도 이에 포함된다. 따라서 소유권이전등기청구권이 발생한 기본적 법률관계에 해당하는 매매계약을 기초로 하여 건축주명의변경을 구하는 소를 제기하면 매매계약에 기한 소유권이전등기청구권의 시효가 중단되고,[112] 교직원의 학교법인을 상대로 한 의원면직처분 무효확인청구의 소를 제기하면 교직원의 학교법인에 대한 급여청구권의 시효가 중단된다고 한다.[113]

나) 행정소송이나 형사고소는 사권(私權)의 행사가 아니어서 '청구'에 해당하지 않는 것이 원칙이다. 그러나 판례는 오납(誤納)한 조세에 대한 부당이득반환청구권을 실현하기 위한 수단으로서 과세처분의 취소 또는 무효확인을 구하는 소는 실질적으로 민사소송인 채무부존재확인의 소와 유사하다고 보아 과세처분의 취소 또는 무효확인청구의 소가 비록 행정소송이라고 할지라도 조세환급을 구하는 부당이득반환청구권의 소멸시효중단사유인 재판상 청구에 해당한다고 하고,[114] 부당노동행위로 인하여 해고를 당한 근로자가 부당노동행위구제신청을 한 후 이에 관한 행정소송에서 권리관계를 다투는 것은 부당해고기간 동안 임금지급청구권의 소멸시효중단사유가 된다고 한다.[115]

---

112) 대판 2011.7.14. 선고 2011다19737.

113) 대판 1994.5.10. 선고 93다21606.

114) 대판(전합체) 1992.3.31. 선고 91다32053.

115) 대판 2012.2.9. 선고 2011다20034.

다) 한편 판례는 저당권설정등기청구권의 행사는 그 피담보채권이 될 금전채권의 실현을 목적으로 하는 것으로서, 채권자인 원고의 근저당권설정등기청구의 소에는 그 피담보채권이 될 채권의 존재에 관한 주장이 당연히 포함되어 있는 것이고, 채무자인 피고로서도 원고가 원심에 이르러 금전지급을 구하는 청구를 추가하기 전부터 피담보채권이 될 금전채권의 소멸을 항변으로 주장하여 그 채권의 존부에 관한 실질적 심리가 이루어져 그 존부가 확인된 이상, 그 피담보채권이 될 채권으로 주장되고 심리된 채권에 관하여는 근저당권설정등기청구의 소의 제기에 의하여 피담보채권이 될 채권에 관한 권리의 행사가 있은 것으로 볼 수 있으므로, 근저당권설정등기청구의 소의 제기는 그 피담보채권의 재판상의 청구에 준하는 것으로서 피담보채권에 대한 소멸시효 중단의 효력을 생기게 한다고 봄이 상당하다고 판시하고 있다.116)

(나) 응소(應訴)

1) 중단사유인지

제168조 제1호의 '청구'는 재판상의 청구로서 권리자가 원고가 되어 적극적으로 소를 제기하는 경우를 상정하고 있다. 그러면 권리자가 의무자에 의해 제기된 소송에서 피고가 되어 적극적으로 다툰 경우 이와 같은 응소행위는 '청구'에 해당하지 않는가.

판례는 '권리자가 시효를 주장하는 자로부터 제소당하여 직접 응소행위로서 상대방의 청구를 적극적으로 다투면서 자신의 권리를 주장하는 것은 자신이 권리위에 잠자는 자가 아님을 표명한 것에 다름 아닐 뿐만 아니라, 계속된 사실상태와 상용할 수 없는 다른 사정이 발생한 때로 보아야 할 것이므로, 이를 민법이 시효중단사유로서 규정한 재판상의 청구에 준하는 것으로 보더라도 전혀 시효제도의 본지에 반한다고 말할 수는 없다 할 것이다'고 하여 시효중단사유로서의 '청구'로 인정하고 있다.117)

2) 중단사유의 기산점

응소행위가 시효중단사유라면 중단사유가 발생한 시점은 언제인지가 문제이다. 재판상의 청구의 경우에는 그 시점을 '소장이 접수된 때'라고 하는 것과 대비하

116) 대판 2004.2.13. 선고 2002다7213.

117) 대판(전합체) 1993.12.21. 선고 92다47861.

면 피고로 된 권리자가 의무자인 원고의 주장에 대하여 적극적으로 다투는 때, 예컨대 서면을 제출하였다면 서면을 접수한 때[118] 또는 서면을 제출함이 없이 법정에서 변론으로 다투었다면 변론을 한 때가 될 것이다.

3) 소를 취하하거나 소가 각하 또는 패소되는 경우

가) 의무자가 제기한 소송에서 피고로 된 권리자가 열심히 다투던 도중에 원고인 의무자가 취하하거나 소가 각하되는 경우에는 본안에서 그 권리주장에 관한 판단 없이 소송이 종료된 것이므로 민법 제170조 제2항을 유추적용하여 그때부터 6월 이내에 피고로 되었던 권리자가 재판상의 청구 등 다른 시효중단조치를 취하지 않으면 응소로 인한 시효중단의 효력은 발생하지 않고, 위와 같은 시효중단조치를 취하여야만 응소 시에 소급하여 시효중단의 효력이 있는 것으로 된다.[119]

나) 응소자가 패소한 경우, 그 패소의 원인이 응소자인 권리자의 권리가 인정되지 않은 것에 기인한 것이라면 시효중단이 될 권리가 없으므로 시효중단여부를 논의할 필요가 없을 것이다.[120] 그러나 그 외의 다른 사유로 패소된 때에는 앞에서 본 바와 같이 그때로부터 6월 이내에 다른 시효중단조치를 취하여야 할 것이다.

다) 문제는 최고나 최고와 같은 효력을 가지는 재판 외의 최고의 효력과 응소행위로 인한 시효중단의 효력이 중복될 때이다. 이에 대한 대법원의 판결은 일관성이 없는 듯하다.

① 대판 2019.3.14. 선고 2018두56435는 채무자가 채권자를 상대로 채무부존재

---

118) 통상 실무에서 제1차 변론기일이전에 답변서를 제출할 때, 늦게 수임한 변호사가 본안에 관하여 제대로 알지 못하는 경우 답변서에 일단 원고의 청구를 기각해달라고 하면서, 그 이유는 차후에 자세히 밝히겠다고 하는 경우가 있는데, 이런 내용의 서면의 접수는 적극적으로 자신의 권리를 행사하여 다툰 것이라고 보기 힘들 것이다. 따라서 자세한 내용으로 반박하는 준비서면을 제출한 때에 시효가 중단된다고 보아야 할 것이다.

119) 대판 2012.1.12. 선고 2011다78606.

120) 대판 1992.4.24. 선고 92다6983은 기각 판결이 확정된 경우에는 청구권의 부존재가 확정됨으로써 중단의 효력이 생길 수 없다고 하고, 설사 기각 판결의 확정 후 재심을 청구하더라도 시효의 진행이 중단된다고 할 수 없다고 한다. 나아가 대판 1998.6.12. 선고 96다26961은 소유권 이전등기를 명한 확정판결에서 패소한 피고가 재심의 소에서 해당 토지에 대한 소유권이 여전히 자신에게 있다고 주장한 것은 상대방의 시효취득과 양립할 수 없는 자신의 권리를 명확히 표명한 것이므로 이는 취득시효의 중단사유가 되는 재판상의 청구에 준하는 것이라고 볼 것이고, 위 확정판결에 의해 소유권이전등기를 경료받은 자의 당해 토지에 대한 취득시효는, 확정판결의 소 제기일이 아닌 재심의 소 제기일로부터 재심판결 확정일까지 중단된다고 한다.

확인소송(소송물인 채권의 소멸시효는 2015.8.25.이었다)을 1차로 2013.12.10. 제기하였으나 채권자가 2014.1.21. 응소하여 다투어 2015.8.27. 소각하 판결이 확정되었고, 2차로 채무자가 2015.11.23. 다시 채무부존재확인소송을 제기하자 채권자가 2016.1.5. 응소하여 다투어 소각하 판결이 내려져 확정되었으며, 또 다시 이 사건 소송으로 채무자가 채권자를 상대로 2017.8.28. 채무부존재확인소송을 제기하였고 이에 채권자가 2017.9.27. 답변서를 제출하여 다툰 사안에 관한 것이다. 거기에서 원심은 2014.1.21. 채권자가 응소하여 적극적으로 다투었으므로 시효가 중단된 상태라고 보았지만, 대법원은 2차례의 소각하 판결로 인하여 채권자의 응소행위는 제168조 제1항에 따른 시효중단의 효력이 인정되지 않고 단지 제170조 제2항의 유추적용에 따른 재판 외 최고로서의 효력밖에 없다고 하면서 '피고인 채권자가 2017.9.27. 이 사건 소에 응소하여 적극적으로 권리를 주장한 것은 재판상 청구에 해당한다고 볼 수 있으나 이미 소멸시효가 완성된 이후이다. 그리고 피고가 응소한 2017.9.27.부터 소급하여 6월 내에 최고나 그 밖의 시효중단의 조치 등이 이루어졌는지 여부를 살펴볼 필요는 없다. 2017.9.27.부터 6월을 소급하더라도 이미 소멸시효가 완성된 이후이기 때문이다'라고 하여 원심을 파기하였다. 이 법리는 이미 적극적으로 재판상 청구를 한 경우에서 본 앞의 87다카2337 판결과 같은 법리이다.

② 한편 대판 2012.1.12. 선고 2011다78606은 2010.3.28. 시효가 완성되는 채권에 관하여 채권자가 신청한 재산명시신청이 2010.2.23. 채무자에게 송달되어 최고로서의 효력이 발생하였고, 주채무자와 연대보증인이 채권자를 상대로 2010.3.3. 이 사건 채무부존재확인 소송을 제기하자 2010.5.11. 채권자가 적극적으로 응소하여 2010.10.10. 주채무자와 연대보증인이 패소하였으며, 이에 주채무자와 물상보증인이 항소하였다가 2010.12.22. 주채무자만 소를 취하하였고, 나머지 연대보증인과 채권자 사이에는 여전히 이 사건 소송으로 다투면서 주채무자의 채무가 시효로 소멸하였는지 여부가 다투어진 사안에 관한 것이다.

여기서 대법원은 채권자의 이 사건 소송에서의 2010.5.11.의 응소행위는 시효완성 후에 이루어진 것이나 그로부터 6월 내에 최고의 효력을 가진 재산명시신청이 시효완성 전에 주채무자에게 송달됨으로써 시효중단의 효력이 발생하였고 또 이 사건의 응소로 채권자의 보증인에 대한 보증채무의 시효가 중단되었지만, 주채무의 시효는 채권자의 보증인에 대한 제소나 응소로 중단되지 않는다고 하면서 '채권자가 주채무자의 채권자에 대한 소가 소취하로 종료된 때부터 6월 이내에 주채무인 주채무자의 채권자에 대한 이 사건 주채무에 대하여 재판상의 청구 등 다른 시효중단조치를 취하지 아니하여 채권자의 응소행위로 인한 (주채무에 대한) 시효중단의 효력이 소멸되고, 따라서 주채무에 대한 보증채무 역시 부종성에 따라 소멸한다'고 판시하였다.

그런데 위 2011다78606 판결의 논리에 따르면, 주채무자의 이 사건 소송에 대한 채권자의 응소행위는 이미 시효가 완성된 후에 이루어진 것이어서 원래는 시효중단의 효력이 없는 것이지만, 응소행위 전의 시효완성 전에 행해진 최고의 효력(위 판례의 예에서는 재산명시신청)으로 인하여 시효중단의 효력을 가지고 있었을 뿐인데, 이 사건 소송이 주채무자의 취하로 종료되면 '그로부터 6월 이내에 채권자가 주채무자에 대한 재판상의 청구 등 다른 조치를 취하였는지' 여부를 살펴볼 필요 없이 시효가 완성된 것으로 보아야 할 것이다. 그럼에도 불구하고 위 2011다78606 판결은 '채권자가 주채무자의 채권자에 대한 소가 소취하로 종료된 때로부터 6월 이내에 주채무자의 채권자에 대한 재판상의 청구 등의 다른 시효중단조치를 취하면' 시효가 중단되는 듯이 이유에서 설시를 하고 있어 서로 상치되는 것으로 보인다.

③ 어느 법리가 맞는가. 적극적으로 제소한 경우의 법리가 응소한 경우에도 그대로 적용되어야 할 것이므로 위 2018두56435 판결의 법리가 타당하다고 할 것이다. 위 법리에 의하면 권리자가 적극적으로 응소하던 중 제소자인 의무자가 소를 취하하는 경우에는 더 이상 권리자가 시효중단조치를 취할 수 없게 되는 불이익은 있지만, 이는 시효기간 중에 시효중단조치를 취하지 않은 권리자의 태만 때문이라고 할 것이므로 어쩔 수 없다고 할 것이다.

(다) 청구권경합과 소멸시효의 중단

1) 동일한 사실관계에 기인하지만 법적으로는 채권자가 채무자에 대해 복수의 권리를 가지는 경우가 있다.

예를 들면 법인인 금융기관의 대표가 충분한 담보를 확보하지 않고서 단속규정을 위반하여 대출을 함으로써 금융기관에 피해를 주게 되거나 의사가 환자를 치료함에 있어 주의의무를 위반하여 환자를 다치게 한 경우 등에서는 불법행위로 인한 손해배상책임과 선관주의 의무위반을 이유로 한 채무불이행책임이 경합하게 된다. 이런 경우를 청구권 경합이라고 하고 통설, 판례는 두 청구권을 각기 독자적으로 청구할 수 있다고 본다. 따라서 원칙적으로 그 소멸시효의 기산점도 각기 독립적으로 진행하고 어느 한 청구권을 행사하였다고 하여 다른 청구권의 시효가 중단된다고 볼 수는 없을 것이다.[121]

2) 그러나 판례는 원인채권과 어음채권은 별개로서 채권자는 그 선택에 따라 권리를 행사할 수 있고, 원인채권에 기하여 청구를 한 것만으로는 어음채권 그 자체를 행사한 것으로 볼 수 없어 어음채권의 소멸시효를 중단시키지 못하지만, 원인채권의 지급을 확보하기 위한 방법으로 어음이나 수표가 수수(授受)된 경우 어음채권을 행사하면 원인채권의 소멸시효도 중단시키는 효력이 있다고 하고,[122] 원인채권의 지급확보를 위하여 지급된 어음채권이 시효가 완성되어 소멸한 후에는 그 어음채권을 피보전권리로 하여 시효중단사유인 가압류결정을 받아도 원인채권에 시효중단의 효력은 없다고 하며,[123] 한편 어음할인의 원인채권에 관하여 소를 제

121) 대판 2002.6.14. 선고 2002다11441(상호신용금고 대표이사가 충분한 담보를 확보하지 아니하고 동일인 대출한도를 초과하여 대출함으로써 상호신용금고가 그 대출금을 회수하지 못함으로써 상법 제399조 소정의 책임을 부담하는 경우, 위 상법 제399조에 기한 손해배상청구의 소를 제기한 것은 일반 불법행위로 인한 손해배상청구권에 대한 소멸시효 중단의 효력은 없다), 대판 2001.3.23. 선고 2001다6145(채권자가 동일한 목적을 달성하기 위하여 복수의 채권을 갖고 있는 경우, 채권자로서는 그 선택에 따라 권리를 행사할 수 있되, 그 중 어느 하나의 청구를 한 것만으로는 다른 채권 그 자체를 행사한 것으로 볼 수는 없으므로, 특별한 사정이 없는 한 그 다른 채권에 대한 소멸시효 중단의 효력은 없는 것이고, 채권자가 채무자를 상대로 공동불법행위자에 대한 구상금 청구의 소를 제기하였다고 하여 이로써 채권자의 사무관리로 인한 비용상환청구권의 소멸시효가 중단될 수는 없다), 대판 2011.2.10. 선고 2010다81285(부당이득반환청구의 소 제기로 채무불이행으로 인한 손해배상청구권의 소멸시효가 중단되었다고 볼 수 없다).

122) 대판 1996.6.11. 선고 99다16378(이러한 어음은 경제적으로 동일한 급부를 위하여 원인채권의 지급수단으로 수수된 것으로서 그 어음채권의 행사는 원인채권을 실현하기 위한 것일 뿐만 아니라, 원인채권의 소멸시효는 어음금 청구소송에 있어서 채무자의 인적항변 사유에 해당하는 관계로 채권자가 어음채권의 소멸시효를 중단하여 두어도 채무자의 인적항변에 따라 그 권리를 실현할 수 없게 되는 불합리한 결과가 발생하게 되므로, 채권자가 원인채권에 기하여 청구를 한 것이 아니라 어음채권에 기하여 청구를 하는 반대의 경우에는 원인채권의 소멸시효를 중단시키는 효력이 있다고 봄이 상당하고, 이러한 법리는 채권자가 어음채권을 피보전권리로 하여 채무자의 재산을 가압류함으로써 그 권리를 행사한 경우에도 마찬가지로 적용된다).

123) 대판 2007.9.20. 선고 2006다68902는 '이미 소멸시효가 완성된 후에는 그 채권이 소멸하고 시효 중단을 인정할 여지가 없으므로, 이미 시효로 소멸한 어음채권을 피보전권리로 하여 가압류 결정을 받는다고 하더라도 이를 어음채권 내지는 원인채권을 실현하기 위한 적법한 권리행사로 볼 수 없을 뿐 아니라, 더 이상 원인채권에 관한 시효 중단 여부가 어음채권의 권

기한 것만으로는 그 할인된 어음상의 채권 그 자체를 행사한 것으로 볼 수 없어 이는 어음채권에 관한 소멸시효 중단사유인 재판상 청구에 해당하지 않는다고 한다.[124)]

3) 참고로 어음의 경우 만기나 지급지, 발행지 등의 어음요건을 공란으로 하여 발행되는 경우가 있는데, 이런 경우 어음발행인에 대한 어음채권상의 소멸시효는 만기일로부터 3년으로(어음법 제70조 제1항) 보고 있다.

그런데 백지가 보충되지 않은 상태에서는 적법한 어음상의 청구를 할 수 없으므로 이런 경우 어음의 소멸시효는 언제부터 기산하는지가 문제로 될 수 있다.

판례는 '만기를 백지로 한 약속어음을 발행한 경우, 그 보충권의 소멸시효는 다른 특별한 사정이 없는 한 그 어음발행의 원인관계에 비추어 어음상의 권리를 행사하는 것이 법률적으로 가능하게 된 때부터 진행하고, 백지약속어음의 보충권 행사에 의하여 생기는 채권은 어음금 채권이며 어음법 제77조 제1항 제8호, 제70조 제1항, 제78조 제1항에 의하면 약속어음의 발행인에 대한 어음금 채권은 만기의 날로부터 3년간 행사하지 아니하면 소멸시효가 완성되는 점 등을 고려하면, 만기를 백지로 하여 발행된 약속어음의 백지보충권의 소멸시효기간은 백지보충권을 행사할 수 있는 때로부터 3년으로 보아야 한다'고 하고,[125)] '만기는 기재되어 있으나 지급지, 지급을 받을 자 등과 같은 어음요건이 백지인 약속어음의 소지인이 그 백지 부분을 보충하지 않은 상태에서 어음금을 청구하는 것은 어음상의 청구권에 관하여 잠자는 자가 아님을 객관적으로 표명한 것이라고 할 수 있고 그 청구로써 어음상의 청구권에 관한 소멸시효는 중단된다고 할 것이다. 이 경우 백지에 대한 보충권은 그 행사에 의하여 어음상의 청구권을 완성시키는 것에 불과하여 그 보충권이 어음상의 청구권과 별개로 독립하여 시효에 의하여 소멸한다고 볼 것은 아니므로 어음상의 청구권이 시효중단에 의하여 소멸하지 않고 존속하고 있는 한 이를 행사할 수 있다'고 판시한다.[126)]

리 실현에 영향을 주지 못하여 어떠한 불합리한 결과가 발생하지 아니한다는 점'을 근거로 위와 같이 보고 있다.

124) 대판 1994.12.2. 선고 93다59922.

125) 대판 2003.5.30. 선고 2003다16214.

126) 대판(전합체) 2010.5.20. 선고 2009다48312.

(라) 망인을 상대로 소가 제기되거나 망인의 명의로 소가 제기된 경우

1) 망인을 상대로 한 소송

망인을 상대로 한 소제기는 원고와 피고의 대립당사자 구조를 요구하는 민사소송법상의 기본원칙이 무시된 것으로서 실질적 소송관계가 이루어질 수 없어 부적법한 것이므로 시효중단의 효력이 발생할 수 없다.[127] 피고가 소제기 당시에는 생존해 있었지만 소장부본이 송달되기 전에 사망한 경우에도 마찬가지다.[128] 다만 원고가 망인을 피고로 표시하였지만 소장에 첨부된 자료에 피고의 사망사실이 표시된 주민등록초본이 제출되어 있어 상속인을 상대로 소송을 제기한 것으로 인정될 수 있는 상태에서 그 후 상속인들로 정정한 경우에는 제소시에 시효중단의 효력을 인정한다.[129]

그리고 상속인들이 단순히 망인의 사망신고를 늦게 하여 채권자가 사망사실을 몰라서 망인을 상대로 제소하게 되어 시효중단의 효력을 받지 못하게 된 경우, 이때 사망신고를 늦게 한 상속인들이 시효중단을 주장하는 것은 권리남용이나 신의칙에 위반된다고 보지 않는다.[130]

---

127) 대판 2014.2.27. 선고 2013다94312.

128) 대판 2018.6.15. 선고 2017다289828.

129) 대판 2011.3.10. 선고 2010다99040은 망인을 피고로 표시하였지만 망인의 사망사실이 표시된 주민등록초본을 제출한 사안에서, '소송에서 당사자가 누구인가는 당사자능력, 당사자적격 등에 관한 문제와 직결되는 중요한 사항이므로, 사건을 심리·판결하는 법원으로서는 직권으로 소송당사자가 누구인가를 확정하여 심리를 진행하여야 하며, 이때 당사자가 누구인가는 소장에 기재된 표시 및 청구의 내용과 원인 사실 등 소장의 전취지를 합리적으로 해석하여 확정하여야 한다. 따라서 소장에 표시된 피고에게 당사자능력이 인정되지 않는 경우에는 소장의 전취지를 합리적으로 해석한 결과 인정되는 올바른 당사자능력자로 그 표시를 정정하는 것이 허용된다'고 하면서 '이 사건의 실질적인 피고는 당사자능력이 없어 소송당사자가 될 수 없는 사망자인 소외인이 아니라 처음부터 사망자의 상속인인 피고이고 다만 소장의 표시에 잘못이 있었던 것에 불과하므로, 원고는 소외인의 상속인으로 피고의 표시를 정정할 수 있고, 따라서 당초 소장을 제출한 때에 소멸시효중단의 효력이 생긴다'고 판결하였다. 이 판결은 피고로 되어야 할 망인의 상속인을 파악하는데 시간이 걸리고 그때까지 기다리게 되면 시효완성되기 전에 제소하기 어려운 현실적 곤란도 고려한 것으로 보인다.

130) 대판 2006.8.24. 선고 2004다26287, 26294(상속채무를 부담하게 된 상속인의 행위가 단순히 피상속인에 대한 사망신고 및 상속부동산에 대한 상속등기를 게을리 함으로써 채권자로 하여금 사망한 피상속인을 피신청인으로 하여 상속부동산에 대하여 당연 무효의 가압류를 하도록 방치하고 그 가압류에 대하여 이의를 제기하거나 피상속인의 사망 사실을 채권자에게 알리지 않은 정도에 그치고, 그 외 달리 채권자의 권리 행사를 저지·방해할 만한 행위에 나아간 바 없다면 위와 같은 소극적인 행위만을 문제 삼아 상속인의 소멸시효 완성 주장이 신

2) 망인의 명의로 제소한 경우

사망한 사람을 원고로 표기하여 소를 제기한 경우에도 부적법한 소송으로서 시효중단의 효력이 없는 것이 원칙이다.[131] 그런데 변호사가 의뢰인으로부터 소제기를 의뢰받아 소제기를 준비하던 도중 의뢰인이 사망하였으나 변호사가 그 사실을 모르고 망인을 원고로 표기하여 소를 제기한 사안에서, 판례는 '당사자가 사망하더라도 소송대리인의 소송대리권은 소멸하지 않으므로(민사소송법 제95조 제1호), 당사자가 소송대리인에게 소송위임을 한 다음 소제기 전에 사망하였는데 소송대리인이 당사자가 사망한 것을 모르고 그 당사자를 원고로 표시하여 소를 제기하였다면 이러한 소의 제기는 적법하고, 시효중단 등 소 제기의 효력은 상속인들에게 귀속된다'고 판시하였다.[132]

(마) 무권리자에 의한 제소

무권리자에 의한 제소의 경우 판례에 의해 시효중단이 인정되지 않은 예가 있다. 즉 채권추심을 위하여 양수한 자가 채무자를 상대로 소송을 제기했지만 양도금지채권임을 알고서 양수하였다는 이유로 기각된 후(제449조 제2항 단서) 양도인이 채무자를 상대로 소송을 제기한 경우 위 양수인의 기각된 제소는 시효중단사유가 되지 않는다고 하였다.[133]

(2) 소의 기각, 각하, 취하

(가) 재판상의 청구가 기각, 각하되거나 취하된 경우에는 시효중단의 효력이 없지만, 그 이후 6월내에 재판상의 청구, 파산절차참가, 압류 또는 가압류·가처분을

의성실의 원칙에 반하여 권리남용으로서 허용될 수 없다고 볼 것은 아니다).

131) 앞의 2017다289828은 파산선고가 되면 파산재단에 관한 소송에서 채무자는 당사자적격이 없으므로 파산선고 전에 채무자가 원고로 되어 채권자를 상대로 채무부존재확인소송을 제기하였으나 그 소장부본이 채권자에게 송달되기 전에 채무자에 대해 파산선고가 이루어졌다면 그 소는 부적법하다고 판시하고 있다.

132) 대판 2016.4.29. 선고 2014다210449.

133) 대판 1963.11.28. 선고 63다654는 그 이유로, 재판상의 청구가 시효중단의 효력을 발생하려면 그 청구 당시의 채권자 또는 그 채권을 행사할 권능을 가진 자가 이 청구를 하여야 하는데, 위 양수인은 양도인의 대리인으로서가 아니라 채권양수자로서 재판상의 청구를 한 이상 위 양수인은 이 사건 양수채권의 채권자 또는 그 채권을 행사할 수 있는 권능을 가진 자라고 할 수 없기 때문이라고 한다.

한 때에는 시효는 최초의 재판상 청구 시에 중단된 것으로 본다(제170조).

(나) 각하나 취하의 경우에는 권리의 존재여부에 관하여 실질적인 판단이 되지 않았으므로 시효중단의 효력을 인정하지 않지만, 재판외의 최고의 취지를 살려 소장이 상대방에게 도달된 때에는 재판상의 최고로서 잠정적으로 중단의 효력을 인정하고 각하판결 확정 시 내지 취하된 때(소송종료시)까지 최고가 계속되고 있다고 보아, 최고효력이 종료되었다고 보는 '각하 내지 취하된 때'로부터 6월 내에 강력한 조치를 취하면 시효중단의 효력을 인정한다. 소제기 시부터 6월로 하지 않은 이유는 소송이 6월 이상 진행되다가 각하나 취하되면 이를 인정하는 의미가 없어지기 때문이다.

(다) 기각의 경우, 권리가 부존재하여 기각된 때에는 시효중단여부가 문제로 되지 않아 본조가 별 의미가 없지만, 권리의 부존재와 무관하게 기각된 때에는 의미가 있다. 즉 채권양도는 하였으나 양도통지를 하지 않은 상태에서 양도인이 채무자를 상대로 소송을 제기하였다가 채무자가 채권양도를 승낙하여 청구기각의 판결을 받은 후 시효가 완성되었더라도 청구기각판결이 확정된 후부터 6월내에 채권양수인이 채무자를 상대로 소송을 제기하면 채권양도인의 제소 시에 시효가 중단된 것으로 보겠다는 것이 본조 제2항의 의미이다.[134)]

(라) 각하, 기각, 취하의 경우 시효중단효가 없다고 보는 이유와 관련하여, 권리행사설에서는 제소도 적법한 것이 아니면 권리행사로 인정되지 않기 때문이라고 설명하지만, 소제기 자체가 강력한 권리행사로 보아야 할 것이므로 설득력이 있다고 하기 어렵다.

권리확정설에서는 중단사유가 되기 위해서는 사실상태의 계속에 의하여 생기는 추정을 깨뜨리는 정도의 권리확인이 필요하다고 하면서 기각이나 각하, 취하로는 충분하지 않다고 설명한다.

이런 측면에서는 권리확정설이 중단사유를 더 잘 설명할 수 있다고 생각한다.

(마) 판례는 소송목적인 권리를 양도한 원고가 민사소송법 제82조 제3항, 제80조에 따라 소송에서 탈퇴한 후 그 소송을 인수한 인수참가인의 청구가 기각 또는 각하 판결이 확정된 경우, 원고가 제기한 최초의 재판상 청구로 인한 시효중단의 효력은 소멸하지만, 인수참가인의 소송목적 양수 효력이 부정되어 인수참가인에 대한 청구기각 또는 소각하 판결이 확정된 날부터 6개월 내에 탈퇴한 원고가 다

134) 대판 2009.2.12. 선고 2008두20109.

시 탈퇴 전과 같은 재판상의 청구 등을 한 때에는, 탈퇴 전에 원고가 제기한 재판상의 청구로 인하여 발생한 시효중단의 효력은 그대로 유지된다고 한다.[135)]

그리고 판례에 따르면 채권양도통지를 하지 않은 양도인이 채무자를 상대로 소송을 제기하였다가 '채무자가 채권양도를 승낙하였다'는 이유로 청구기각판결을 받은 후 이제는 양수인이 채무자를 상대로 소를 제기하면 '양도인이 채무자를 상대로 소를 제기한 때'에 소멸시효가 중단된다고 하는 것은 앞에서 본 바와 같고,[136)] 채권양도는 하였으나 양도통지를 하지 않은 상태에서 양도인이 채무자를 상대로 소송을 제기한 경우에도 소제기 시에 시효가 중단된다고 하며,[137)] 나아가 채권양수인이 대항요건을 갖추지 못한 상태에서 채무자를 상대로 재판상 청구를 하여 소계속 중에 시효로 소멸되고 그 후 채무자에게 양도통지가 이뤄진 경우 제소 시에 소멸시효가 중단된다고 하였다.[138)]

(3) 파산절차참가

「채무자 회생 및 파산에 관한 법률」 제32조는 '회생채권자 목록의 제출 그 밖의 회생절차 참가, 파산절차참가, 개인회생채권자목록의 제출 그 밖의 개인회생절차에 참가한 경우에는 시효중단의 효력이 있으나 다만, 그 신고나 신청을 취하하거나 그것이 각하된 때에는 그러하지 아니하다'고 규정한다.

(4) 지급명령

민사소송법 제462조는 '금전, 그밖에 대체물(代替物)이나 유가증권의 일정한 수량의 지급을 목적으로 하는 청구에 대하여 법원은 채권자의 신청에 따라 지급명

---

135) 대판 2017.7.18. 선고 2016다35789.

136) 앞의 2008두20109 판결.

137) 대판 2018.6.15. 선고 2018다10920은 그 이유로 '채권양도로 채권은 그 동일성을 잃지 않고 양도인으로부터 양수인에게 이전되며 이러한 법리는 채권양도의 대항요건을 갖추지 못하였다고 하더라도 마찬가지인 점, 민법 제149조의 "조건의 성취가 미정한 권리의무는 일반규정에 의하여 처분, 상속, 보존 또는 담보로 할 수 있다"라는 규정은 대항요건을 갖추지 못하여 채무자에게 대항하지 못하더라도 채권양도로 채권을 이전받은 양수인의 경우에도 그대로 준용될 수 있는 점, 채무자를 상대로 재판상 청구를 한 채권 양수인을 '권리 위에 잠자는 자'라고 할 수 없는 점 등에 비추어 보면, 비록 대항요건을 갖추지 못하여 채무자에게 대항하지 못한다고 하더라도 채권의 양수인이 채무자를 상대로 재판상 청구를 하였다면 이는 소멸시효 중단사유인 재판상 청구에 해당한다고 보아야 한다'고 한다.

138) 대판 2005.11.10. 선고 2005다41818.

령을 할 수 있다'라고 규정하고 있다.

지급명령에 시효중단이 인정되는지와 관련하여 판례는 일반의 재판상의 청구와 같이 취급하여 시효중단을 인정한다.[139)]

민법 제172조는 지급명령에 대해 법정기간 내에 가집행신청을 하지 아니함으로써 그 효력을 잃은 때에는 시효중단의 효력이 없다고 규정하나, 민사소송법의 개정으로 '법정기간 내에 가집행신청을 하지 않으면 지급명령은 효력을 잃는다'라는 규정이 삭제되었으므로 위 규정 부분은 의미가 없게 되었다.

(5) 화해를 위한 소환

제소전 화해신청(민사소송법 제385조)을 하면 시효가 중단되지만 화해를 위하여 법원이 소환했음에도 상대방이 출석하지 아니하거나 화해가 성립되지 아니한 때에는 1월내에 소를 제기하지 이니하면 시효중단의 효력이 없다(제173조 전단).

민사조정법에 의한 조정신청을 하면 시효중단의 효력이 있으나, 조정신청이 취하되거나 신청인이 조정기일에 2회 불출석하여 취하된 것으로 간주된 때에는 1개월 이내에 소를 제기하지 아니하면 시효중단의 효력이 없어진다(민사조정법 제35조).

소비자기본법 제68조의3에 의하면, 분쟁조정의 신청과 집단분쟁조정의 의뢰 또는 신청이 있는 경우 시효중단의 효력이 있지만, 분쟁조정절차 또는 집단 분쟁조정절차가 종료된 경우에는 그 조정절차가 종료된 날부터 1개월 이내에 소를 제기

---

139) 대판 2011.11.10. 선고 2011다54686(지급명령이란 금전 그밖에 대체물이나 유가증권의 일정한 수량의 지급을 목적으로 하는 청구에 대하여 법원이 보통의 소송절차에 의함이 없이 채권자의 신청에 의하여 간이, 신속하게 발하는 이행에 관한 명령으로 지급명령에 관한 절차는 종국판결을 받기 위한 소의 제기는 아니지만, 채권자로 하여금 간이, 신속하게 집행권원을 취득하도록 하기 위하여 이행의 소를 대신하여 법이 마련한 특별소송절차로 볼 수 있다. 그런데 재판상 청구에 시효중단의 효력을 인정하는 근거는 권리자가 재판상 그 권리를 주장하여 권리 위에 잠자는 것이 아님을 표명하고 이로써 시효제도의 기초인 영속되는 사실상태와 상용할 수 없는 다른 사정이 발생하였다는 점에 기인하는 것인데, 그와 같은 점에서 보면 지급명령 신청은 권리자가 권리의 존재를 주장하면서 재판상 그 실현을 요구하는 것이므로 본질적으로 소의 제기와 다르지 않다. 따라서 민법 제170조 제1항에 규정하고 있는 '재판상의 청구'란 종국판결을 받기 위한 '소의 제기'에 한정되지 않고, 권리자가 이행의 소를 대신하여 재판기관의 공권적인 법률판단을 구하는 지급명령 신청도 포함된다고 보는 것이 타당하다. 그리고 민법 제170조의 재판상 청구에 지급명령 신청이 포함되는 것으로 보는 이상 특별한 사정이 없는 한, 지급명령 신청이 각하된 경우라도 6개월 이내 다시 소를 제기한 경우라면 민법 제170조 제2항에 의하여 시효는 당초 지급명령신청이 있었던 때에 중단되었다고 보아야 한다).

하여야 시효중단의 효력이 유지된다. 그러나 분쟁조정이나 집단분쟁조정의 내용을 당사자 쌍방이 모두 수락하거나 쌍방 중 일방이라도 수락하지 아니한 경우에는 그때부터 새롭게 진행한다.

(6) 임의출석

임의출석이란 당사자 쌍방이 임의로 법원에 출석하여 소송에 관한 변론을 통하여 제소 또는 제소전 화해신청을 하도록 허용하는 제도를 말하며, 시효중단의 효력을 갖는다.

민사소송법 제248조는 '소는 법원에 소장을 제출함으로써 제기한다'라고 규정하여 소장이라는 서면을 제출할 것을 요구하지만, 소송목적의 값이 3,000만원을 초과하지 아니하는 금전 기타 대체물이나 유가증권의 일정한 수량의 지급을 목적으로 하는 경우에는 소액사건심판법의 적용을 받아 구술로써 소를 제기할 수 있다(「소액사건심판법」 제4조 제1항).

그리고 제173조 후단은 '임의출석의 경우에 화해가 성립되지 아니한 때에도 그러하다'라고 규정하고 있어 화해가 성립되지 않으면 1개월 내에 제소하여야 시효중단의 효력이 유지된다.

(7) 최고

(가) 최고란 채권자가 채무자에 대하여 채무의 이행을 청구하는 의사를 통지하는 것으로서, '재판 외의 청구'라고도 한다. 이는 의사표시가 아니라 준법률행위인 의사의 통지에 해당하므로 소멸시효중단을 의욕할 필요는 없다(즉 시효중단의 효과는 채권자의 시효를 중단시키겠다고 하는 효과의사에 기하여 발생하는 것이 아니라는 의미이다).

이런 최고는 채권자의 권리행사의 의사가 객관적으로 표현되어 있다는 점을 감안하여 일시적이고 잠정적인 시효중단사유로 하여 최고의 의사표시가 상대방에게 도달된 시점으로부터 6월 내에 그보다 강력한 시효중단사유인 재판상의 청구, 파산절차참가, 화해를 위한 소환, 임의출석, 압류 또는 가압류·가처분 등의 후속조치를 취해야만 시효중단의 효력이 유지된다. 즉 최고는 시간이 촉박할 때 권리보전수단으로 다른 강력한 중단사유의 전단계 조치로서 시효기간을 약간 연장하는 기능을 한다.

(나) 동시이행의 항변권이 있는 채권에 대하여 반대채무의 이행제공 없이 한 최고도 시효중단의 효력은 인정되어야 할 것이다. 최고가 독립된 시효중단사유가 아니고 후일 더 강력한 시효중단조치를 취할 것을 요건으로 하는 잠정적이고 예비적인 것임을 감안하면 최고를 이행지체의 효력을 가지는 청구와 동일하게 해석할 필요는 없기 때문이다. 따라서 어음채권의 최고에 어음의 소지는 불필요하다고 할 것이다.

일부에 대한 최고는 전부에 대하여 미치는지에 관하여는 의사해석의 문제로서 통상은 전부에 대한 청구의 의사로 보아야 하고 재판상의 일부청구의 문제로 생각할 수는 없을 것이다.

(다) 본래 최고는 채권자의 의사표시가 도달하면 그것으로 최고의 역할은 종료되는 것으로 보는데, 재판상의 청구로서 소를 제기하였다가 그 소를 취하하거나 각하, 기각되는 때에는 그 제소 시부터 취하, 각하, 기각 판결의 확정시까지 최고가 계속되고 있는 것으로 취급하여 위 판결확정 시부터 6월 내에 재판상의 청구, 파산절차참가, 압류 또는 가압류·가처분을 하면 최초의 재판상 청구 시에 시효가 중단된 것으로 보고 있다. 이는 계속적 최고로서 특수한 최고유형이라고 할 수 있다.[140)]

판례는 이런 계속적 최고의 법리는 소송고지,[141)] 재산명시신청[142)]에 대해서도

140) 앞의 재판상 청구에서의 2018두56435 판결 참조.

141) 대판 2015.5.14. 선고 2014다16494(소송고지의 요건이 갖추어진 경우에 소송고지서에 고지자가 피고지자에 대하여 채무의 이행을 청구하는 의사가 표명되어 있으면 민법 제174조에 정한 시효중단사유로서의 최고의 효력이 인정된다. 소송고지에 의한 최고의 경우에는 민사소송법 제265조를 유추 적용하여 당사자가 소송고지서를 법원에 제출한 때에 시효중단의 효력이 발생한다), 대판 2009.7.9. 선고 2009다14340(소송고지로 인한 최고의 경우 보통의 최고와는 달리 법원의 행위를 통하여 이루어지는 것으로서, 그 소송에 참가할 수 있는 제3자를 상대로 소송고지를 한 경우에 그 피고지자는 그가 실제로 그 소송에 참가하였는지 여부와 관계없이 후일 고지자와의 소송에서 전소 확정판결에서의 결론의 기초가 된 사실상·법률상의 판단에 반하는 것을 주장할 수 없어 그 소송의 결과에 따라서는 피고지자에 대한 참가적 효력이라는 일정한 소송법상의 효력까지 발생함에 비추어 볼 때, 고지자로서는 소송고지를 통하여 당해 소송의 결과에 따라 피고지자에게 권리를 행사하겠다는 취지의 의사를 표명한 것으로 볼 것이므로, 당해 소송이 계속 중인 동안은 최고에 의하여 권리를 행사하고 있는 상태가 지속되는 것으로 보아 민법 제174조에 규정된 6월의 기간은 당해 소송이 종료된 때로부터 기산되는 것으로 해석하여야 한다).

142) 대판 1992.2.11. 선고 91다41118(재산명시신청이 채무자에게 송달되면 최고로서의 효력이 인정된다), 대판 2001.5.29. 선고 2000다32161(재산명시결정은 압류 또는 가압류, 가처분에 준하는 시효중단효는 없고, 재산관계명시결정에 의한 소멸시효 중단의 효력은 그로부터 6월 내

적용하고 있다.

이런 판례에 의하면 계속적 최고는 일반적인 최고와는 달리 상대방에게 최고의 의사표시가 송달된 때가 아니라, 법원에 위 각 서류가 제출되어 접수된 때에 시효중단의 효력이 발생하고, 법원의 각 절차가 종료되는 때(소송고지의 경우에는 당해 소송이 종료된 때, 재산명시신청의 경우에는 재산관계명시결정이 내려진 때)가 그 최고의 효력이 종료된 시점으로 보는 점에서 특색이 있다.

(라) 채권자가 최고를 여러 번 거듭하다가 재판상 청구 등을 한 경우 시효중단의 효력은 항상 최초의 최고 시에 발생하는 것은 아니고 재판상 청구 등을 한 시점을 기준으로 하여 이로부터 소급하여 6월 이내에 한 최고 시에 발생한다.[143)]

예 7-12

A가 B에 대하여 갑채권(시효완성일 1981.2.27.), 을채권(시효완성일 1981.3.21.)을 가지고 있었는데, A가 B에 대하여 1차로 1981.1.29., 2차로 1981.3.20., 3차로 1981.7.25. 최고하였다가 1981.8.13. 갑채권과 을채권의 지급을 구하는 소송을 제기하자, B는 두 채권 모두 시효로 소멸하였다고 주장하였다.

위 예에서 최고가 3번에 걸쳐 있었지만 재판상 청구를 한 1981.8.13.로부터 소급하여 6월 내인 1981.3.20.에 한 2차 최고시에 비로소 시효중단의 효력이 발생하였으므로 을채권은 2차 최고에 의하여 시효가 중단되었다고 할 수 있지만, 갑채권은 2차 최고 전에 이미 시효가 완성되었으므로 위 2차 최고에 의한 시효중단의 문제가 일어나지 않는다. 따라서 위 예에서 갑채권은 시효소멸하였으므로 A는 을채권에 대해서만 승소할 수 있다.

이와 같은 법리는 앞에서 본 것처럼 최고한 후 시효가 완성되어 채권이 소멸된 상태에서 최고 시로부터 6월 내에 소를 제기하였다가 소를 취하한 다음 그후 위 최초 최고 시부터는 6월을 경과하였으나 소취하시부터는 6월 내에 다시 소를 제기한 때와 같이 적극적 소제기로 인한 계속적 최고의 경우에도 적용되어야 함은 앞에서 본 87다카2337 판결에서 본 바와 같다.

에 다시 소를 제기하거나 압류 또는 가압류, 가처분을 하는 등 민법 제174조에 규정된 절차를 속행하지 아니하는 한 상실되는 것이다).

143) 대판 1983.7.12. 선고 83다카437, 이런 법리는 취득시효에도 적용하는데, 대판 1970.3.10. 선고 69다1151, 1152는 소유자가 점유자를 상대로 점유취득시효의 중단을 위하여 최고를 수회 반복하였다가 소유권에 기한 반환청구를 한 경우 점유취득시효의 중단은 제소 시부터 6월 내에 있는 최고 시에 발생한다고 했다.

(마) 채무이행의 최고를 받은 채무자가 그 이행의무의 존부 등에 대하여 조사를 해 볼 필요가 있다는 이유로 채권자에 대하여 그 이행의 유예를 구한 경우에는 채권자가 그 회답을 받을 때까지는 최고의 효력이 계속된다고 보아야 한다. 따라서 같은 조 소정의 6월의 기간은 채권자가 채무자로부터 회답을 받은 때로부터 기산되는 것이라고 해석하여야 한다.[144)]

나. 압류, 가압류, 가처분

권리자는 의무자를 상대로 의무의 이행을 청구하였음에도 의무자가 임의로 이행하지 않으면 강제로 의무의 이행을 구하는 강제집행을 하게 되고(제389조), 이런 강제집행의 실효성을 얻기 위한 보전처분으로서 가압류나 가처분을 할 수 있게 된다(민사집행법 제276조 이하 참조). 이런 강제집행과 보전처분으로서의 압류 또는 가압류, 가처분이 중단사유로 규정된 이유는 권리의 실행행위로서 권리를 행사하였다고 볼 수 있고 이런 절차를 통하여 권리의 존재가 어느 정도 공적으로 확인되었다는 점에 있다.[145)]

따라서 집행절차나 보전처분이라고 볼 수 없는 임차권등기명령에 의한 임차권등기[146)]나 가등기가처분[147)]은 여기서 말하는 시효중단사유가 아니다.

압류는 금전채권에 기초하여 부동산이나 동산, 채권 등에 대한 집행방법이다. 한편 비금전채권에 기초한 집행방법으로서는 압류가 아닌 대체집행이나 간접강제도 있고(제389조) 이것도 권리의 실행행위라고 할 수 있으므로 대체집행이나 간접강제를 한 경우에도 압류와 동일하게 시효중단을 인정해야 한다. 이런 점에서 제168조에서 '압류'라고만 한 것은 문제가 있고 민사집행이라고 해야 할 것이다.

이런 민사집행에는 강제집행과 담보권실행을 위한 집행이 있으므로 이를 나누

---

144) 앞에서 기산점에서 본 94다24336 판결, 2010다9467 판결 참조.

145) 가압류나 가처분과 같은 보전절차의 개시에는 압류와 달리 집행권원은 불필요하고 또 법원으로부터 가압류나 가처분을 명하는 결정이 내려진 것만으로 채권자가 더 보호의 가치가 있는 것으로 되는 것도 아니므로 시효중단사유로 하는 것은 지나치고 본안의 소제기 시까지 시효진행의 정지가 계속되는 것으로 보면 충분하다고 하면서 이렇게 개정해야 한다는 견해도 있다. 이에 대해서는 보전처분을 한 자가 본안의 소제기를 하지 않고 있는 경우에는 언제까지나 시효진행이 정지되어 있다고 보아야 하는 것은 부당한 것이 아닌가라는 비판도 가능할 것이다.

146) 대판 2019.5.16. 선고 2017다226629.

147) 대판 1993.9.14. 선고 93다16758.

어 보도록 한다.

(1) 강제집행의 경우

(가) 시효가 중단되는 시기

1) 채권자가 채무자 소유의 부동산이나 동산 또는 채권을 압류하면 시효가 본조에 의해 중단되는데, 이때 시효가 중단되는 시기와 관련하여 통설과 판례[148]는 '채권자가 집행신청서를 법원에 접수한 때'라고 하고, 소수설은 '집행이 개시된 때'라고 한다.

재판상의 청구의 경우 소장부본이 피고에게 송달된 때가 아니라 소장을 법원에 접수한 때라고 하는 것과 같이 압류의 경우에도 집행신청서를 법원에 접수한 때라고 하는 판례, 통설의 입장이 타당하다고 할 것이다.

2) 채권에 대한 강제집행의 경우에는 조금 까다로운 문제가 있다.

예 7-13

A가 B에 대하여 1천만원의 채권이 있고, B가 C에 대하여 500만원의 채권이 있다. A는 B에 대한 1천만원의 채권을 변제받기 위하여 B의 C에 대한 500만원의 채권에 관하여 법원으로부터 압류명령을 받아 위 압류명령이 C에게 송달되었다. 그 후 A는 위 압류명령에 기한 추심명령을 받았고 그 명령이 C에게 송달되었음에도 C가 변제하지 않자 C에 대하여 위 추심명령에 기하여 추심금 소송을 제기하였다.

위의 예에서 A가 B의 C에 대한 채권에 대한 압류신청을 하여 그에 따라 법원이 발령한 압류명령이 제3채무자 C에게 송달되면 압류명령은 효력을 발생하고 그 압

148) 대판 2017.4.7. 선고 2016다35451은 가압류에 관한 것으로 가압류신청을 한 때에 시효중단의 효력이 생긴다는 점에 관한 근거에 대해 다음과 같이 판시하고 있다. 즉 가압류로 인한 시효중단의 효력이 언제 발생하는지에 관해서는 명시적으로 규정되어 있지 않다. 민사소송법 제265조에 의하면, 시효중단사유 중 하나인 '재판상의 청구'(민법 제168조 제1호, 제170조)는 소를 제기한 때 시효중단의 효력이 발생한다. 이는 소장 송달 등으로 채무자가 소제기 사실을 알기 전에 시효중단의 효력을 인정한 것이다. 가압류에 관해서도 위 민사소송법 규정을 유추적용하여 '재판상의 청구'와 유사하게 가압류를 신청한 때 시효중단의 효력이 생긴다고 보아야 한다. '가압류'는 법원의 가압류명령을 얻기 위한 재판절차와 가압류명령의 집행절차를 포함하는데, 가압류도 재판상의 청구와 마찬가지로 법원에 신청을 함으로써 이루어지고(민사집행법 제279조), 가압류명령에 따른 집행이나 가압류명령의 송달을 통해서 채무자에게 고지가 이루어지기 때문이다. 가압류를 시효중단사유로 규정한 이유는 가압류에 의하여 채권자가 권리를 행사하였다고 할 수 있기 때문이다. 가압류채권자의 권리행사는 가압류를 신청한 때에 시작되므로 이 점에서도 가압류에 의한 시효중단의 효력은 가압류신청을 한 때에 소급한다.

류명령의 집행이 종료되는데(민사집행법 제227조 제3항), 이때 A의 B에 대한 채권에 관하여 시효중단의 효력은 소급하여 A가 압류명령을 신청했을 때 발생한다.[149)]

이 경우 B의 C에 대한 채권에 대하여도 시효중단효력이 발생하는지가 문제이다. 판례는 제168조 제2호와 같은 시효중단의 효력은 없지만 최고로서의 효력은 인정하여야 한다고 한다.[150)] 나아가 가압류나 가처분 명령 등의 제3채무자 C에 대한 송달에 대해 B의 C에 대한 채권에 관한 최고로서의 효력을 인정하는 경우, 가압류나 가처분 후에 가압류권자나 가처분권자가 후속조치를 취하지 않으면 최고가 계속된다는 것은 불합리하므로 계속적 최고로 볼 수는 없다고 생각한다.

(나) 시효중단이 종료되는 시기

이와 같이 발생한 시효중단효는 압류가 해제되거나 압류를 포함한 모든 집행절차가 종료될 때 시효중단효도 종료된다.[151)]

1) 집행절차가 종료되는 때

채권자가 금전채권에 기초하여 채무자의 재산(부동산, 동산, 채권 등)에 대하여 강제집행을 한 경우 먼저 채무자의 재산을 처분하지 못하도록 압류를 하고(압류절차),[152)] 이 압류된 재산을 경매 등의 방법을 통하여 금전으로 환가(환가절차)한 후

---

149) 대판 2019.7.25. 선고 2019다212945(채무자가 제3채무자를 상대로 제기한 금전채권의 이행소송이 압류 및 추심명령으로 인한 당사자적격의 상실로 각하되더라도, 위 이행소송의 계속 중에 피압류채권에 대하여 채무자에 갈음하여 당사자적격을 취득한 추심채권자가 위 각하판결이 확정된 날로부터 6개월 내에 제3채무자를 상대로 추심의 소를 제기하였다면, 채무자가 제기한 재판상 청구로 인하여 발생한 시효중단의 효력은 추심채권자의 추심소송에서도 그대로 유지된다고 보는 것이 타당하다).

150) 대판 2003.5.13. 선고 16238은 채권자(위 예에서의 A)가 채무자(위 예에서의 B)의 제3채무자(위 예에서의 C)에 대한 채권을 압류 또는 가압류한 경우에 채무자에 대한 채권자의 채권에 관하여 시효중단의 효력이 생긴다고 할 것이나, 압류 또는 가압류된 채무자의 제3채무자에 대한 채권에 대하여는 민법 제168조 제2호 소정의 소멸시효 중단사유에 준하는 확정적인 시효중단의 효력이 생긴다고 할 수 없다고 하고, 나아가 소멸시효 중단사유의 하나로서 민법 제174조가 규정하고 있는 최고는 채무자에 대하여 채무이행을 구한다는 채권자의 의사통지(준법률행위)로서, 이에는 특별한 형식이 요구되지 아니할 뿐 아니라 행위 당시 당사자가 시효중단의 효과를 발생시킨다는 점을 알거나 의욕하지 않았다 하더라도 이로써 권리 행사의 주장을 하는 취지임이 명백하다면 최고에 해당하는 것으로 보아야 할 것이므로, 채권자가 확정판결에 기한 채권의 실현을 위하여 채무자의 제3채무자에 대한 채권에 관하여 압류 및 추심명령을 받아 그 결정이 제3채무자에게 송달이 되었다면 거기에 소멸시효 중단사유인 최고로서의 효력을 인정하여야 한다고 판시한다.

151) 대판 2017.4.28. 선고 2016다239840.

그 환가된 금전을 채권자에게 배당하는 절차(배당절차)를 거쳐서 종료된다.

압류로 시작된 강제집행절차가 배당을 함으로써 전체로서의 강제집행절차가 완료되므로 압류로 시작된 시효중단의 효력도 이때 종료된다. 따라서 만일 채권자의 채권액 중 배당을 받고도 남은 금액이 있다면 그 금액에 대한 소멸시효는 집행절차가 종료된 때부터 다시 시효가 진행된다(제178조 제1항).

2) 압류, 가압류 및 가처분이 실효되는 때

가) 압류, 가압류 및 가처분은 권리자의 청구에 의하여 또는 법원의 규정에 따르지 아니함으로 인하여 취소된 때에는 시효중단의 효력이 없으므로(제175조) 채권자가 집행신청을 취하하거나 집행취소(민사집행법 제181조)나 집행해제에 의하여 집행이 취소되면 시효중단효는 소급하여 상실된다.[153)]

이때 제170조 제2항을 유추적용하여 집행이 취소된 때로부터 6월내에 재판상의 청구나 압류, 가압류 및 가처분 등 강력한 시효중단조치를 취하는 경우 최초의 압류 시의 시효중단효력이 유지되는지의 문제가 있을 수 있다.

압류, 가압류 및 가처분의 경우에는 제170조 제2항과 같은 조문이 없으므로 원칙적으로 압류, 가압류 및 가처분이 취소된 때에는 시효중단의 효력은 완전히 상실한다고 보아야 할 것이다.[154)] 다만 압류, 가압류 및 가처분의 경우에는 채무자 B에게 각 그 명령을 송달하게 되므로 그 명령이 채무자에게 송달되면 A의 B에 대한 채권에 관한 최고로서의 효력은 인정하는 것이 타당할 것이다. 다만 그 최고의 효력의 효력은 소취하에서 본 바와 같이 위 각 명령이 채무자에게 송달된 때부터 집행신청 취하 시나 집행취소 시까지는 계속되고 있었던 것으로 보아야 할 것이다.

나) 판례는 유체동산에 관하여 가압류나 가처분 결정이 내려졌어도 집행절차에 착수하지 않았다면 전체로서의 압류절차가 종료된 것이라고 볼 수 없어 처음부터 시효중단의 효력이 없지만, 집행절차를 개시하였으나 가압류할 동산이 없기 때문

---

152) 압류 전에 가압류가 되어 있으면 가압류를 본압류로 전이하는 명령을 받아서 집행절차를 진행하게 된다.

153) 대판 2010.10.14. 선고 2010다53273은 가압류에 관한 것이지만, '가압류신청의 취소는 물론이고, 집행취소나 집행해제의 경우도 가압류 자체의 신청을 취하하는 것과 마찬가지로 그에게 권리행사의 의사가 없음을 객관적으로 표명하는 행위로서 제175조에 의하여 시효중단의 효력이 소멸하고, 집행취소의 경우 그 취소의 효력이 단지 장래에 대해서만 발생한다고 하여 달라지지 않는다'고 판시한다.

154) 앞의 2010다28031 판결.

에 집행불능이 된 경우에는 집행절차가 종료된 때로부터 시효가 새로이 진행된다고 하는데,[155] 이는 채권자의 권리행사의 의사는 표시되었고 또 압류집행의 불능이 채권자측의 사유에 기인한 것이 아니고 채무자측의 사유에 기인한 것이어서 그 불이익을 채권자에게 귀속시킬 수는 없으므로 압류된 것과 같이 평가하여 압류신청에 일단 시효중단의 효력을 인정한 것이라고 해석해야 할 것이다.

또 판례는 위의 예 7-13에서 B의 C에 대한 채권이 압류되었더라도 그 채권을 발생시킨 기본적 계약관계 자체의 해제나 해지는 가능하므로 기본적 계약관계가 해제 또는 해지되면 그 계약에 기한 채권도 소멸하여 이를 대상으로 한 압류명령도 실효되고, 나아가 압류자체가 실효되므로 강제집행절차가 더 이상 진행될 수 없어 시효중단사유가 종료된 것으로 보아 그때부터 시효가 새로이 진행한다고 한다.[156]

다) 그런데 가압류명령이나 가압류집행이 취소되는 경우는 가압류나 가처분이의가 받아들여진 때(민사집행법 제286조), 가압류된 후 채무자의 제소명령신청에 따라 제소명령이 발령되었음에도 채권자가 그 기간 내에 제소를 하지 않은 때(민사집행법 제287조). 사정변경이 있는 때(민사집행법 제288조) 등이 있고 이런 경우에 가압류나 가처분에 시효중단의 효력이 있는지가 제175조와 관련하여 문제가 된다.

보전절차가 도중에 종료되는 이유는 여러 가지가 있으므로 일률적으로 시효중단의 효력이 있다거나 없다고 할 수는 없을 것이다. 특히 가압류나 가처분 이의사유는 광범위하여 이의가 받아들여져 보전처분이 취소되더라도 일률적으로 시효중단효력이 소멸한다고 할 수는 없을 것이다.

사견으로는 제소명령에 위반한 경우[157]나 사정변경이 있어 취소된 때는 보전처

---

155) 대판 2011.5.13. 선고 2011다10044.

156) 앞의 2016다239840 판결은 국가가 세금을 체납한 채무자의 보험회사에 대한 보험금청구권과 보험료환급청구권을 체납처분으로서의 압류를 하였는데, 그후 보험회사가 채무자의 보험료의 미납을 이유로 보험계약을 해지하여 채무자의 보험회사에 대한 보험료청구권과 보험료환급청구권이 소멸한 사안에서 보험계약이 해지되어 압류가 실효된 때부터 국가의 채무자에 대한 채권의 소멸시효가 새로이 진행한다고 하였다.

157) 대판 2011.1.13. 선고 2010다88019(민법 제175조는 가압류가 '권리자의 청구에 의하여 또는 법률의 규정에 따르지 아니함으로 인하여 취소된 때에는 소멸시효 중단의 효력이 없다'고 규정하고 있고, 이는 그러한 사유가 가압류 채권자에게 권리행사의 의사가 없음을 객관적으로 표명하는 행위이거나 또는 처음부터 적법한 권리행사가 있었다고 볼 수 없는 사유에 해당한다고 보기 때문이므로, 법률의 규정에 따른 적법한 가압류가 있었으나 제소기간의 도과로 인하여 가압류가 취소된 경우에는 위 법조가 정한 소멸시효 중단의 효력이 없는 경우에 해당한다고 볼 수 없다).

분의 신청 자체는 적법하였으나 그 후에 발생된 사유로 집행이 취소된 것이므로 시효중단효력을 인정하고 보전처분이의사건에 관하여는 이의사유가 무엇인지에 따라 시효중단효의 인정여부를 결정해야 한다고 생각하나 차후 신중한 검토가 필요할 것이다.

라) 가압류나 가처분 등의 보전처분을 한 채권자가 채무자를 상대로 본안소송을 제기하여 승소확정판결을 받으면, 보전처분은 본안 승소판결에 흡수되어 본안판결 시로부터 10년이 경과되면 피보전채권도 시효소멸하는지에 관하여 논란이 있다.

예 7-14

1982.2.8. A가 B에 대한 대여금채권을 보전하기 위하여 가압류신청을 하고 법원으로부터 가압류결정을 받아 가압류등기가 B 소유의 부동산 L에 경료되었다. 1982.4.28. A는 B를 상대로 대여금의 지급을 구하는 소송을 제기하여 승소하였고 그 무렵 확정되었다. 위 승소판결이 확정된 때로부터 10년이 도과한 1998.1.1. B가 A를 상대로 피보전권리인 대여금채권이 시효로 소멸하였다는 이유로 가압류취소소송을 제기하였다.

판례는 보전처분에 의한 시효중단의 효력은 집행보전의 효력이 존속하는 동안은 계속되고 보전처분의 피보전채권에 관하여 본안의 승소판결이 확정되었다고 하더라도 그 시효중단의 효력이 소멸하지 않는다고 하면서,[158] 가압류에 의한 시효중단은 가압류등기가 말소된 때 중단사유가 종료되고 그때부터 새로이 소멸시효가 진행하는 것이 원칙이고, 다만 경매절차에서 부동산이 매각되어 가압류등기가 말소되기 전에 배당절차가 진행되어 가압류권자에 대한 배당표가 확정되는 때에는 배당표가 확정된 때에 시효중단의 효력이 소멸하게 된다고 한다.[159] 이런 판례에 의하면 위 예에서 본안판결이 확정된 후부터 10년이 경과하였지만 A의 가압류등기가 말소되지 않은 이상 A의 B에 대한 채권에 기하여 이루어진 가압류등기로 인한 집행보전의 효력은 존속하므로 위 채권에 대한 시효중단의 효력은 여전히 존속한다고 할 것이다.

이런 판결의 태도에 대해서는 가압류의 집행이 종료된 때, 예컨대 부동산가압

158) 대판 2000.4.25. 선고 2000다11102(부동산에 대한 가압류등기의 사안), 대판 2004.4.9. 선고 2002다58389(부동산에 대한 처분금지가처분의 사안).

159) 대판 2013.11.14. 선고 2013다18622, 18639.

류의 경우는 가압류등기가 된 때로부터 새로이 시효가 진행한다고 보아야 한다면서 판례를 다음과 같이 비판하는 견해가 있다. 즉 일반적으로 저당권의 등기가 존재하여도 그 피담보채권의 소멸시효는 진행하는 것에서 보듯이 등기의 존재를 권리행사의 발로라고 할 수 없으므로 가압류등기만 이루어지고 그 후 아무 것도 행해지지 않으면 권리 위에 잠자고 있다고 봐야 하고(권리행사설에서의 비판), 가압류에는 판결과 같은 집행권원을 요하지 않으므로 권리의 존재가 공적으로 확정되어 있다고 볼 수도 없으며(권리확정설에서의 비판), 부동산에 대한 압류의 경우 '본안판결이 확정되고 강제집행은 신청하지 않는 때에는 확정시에, 강제집행까지 나아간 경우에는 배당절차의 종료 시에 시효중단효도 종료되는 것'과 비교하여 압류의 준비절차에 불과한 보전절차에 확정판결이나 압류보다 강력한 시효중단효를 인정하는 것은 균형이 맞지 않다는 것이다.

생각건대 판례의 입장을 지지하기 위해서는, 권리행사설의 입장에서는 가압류의 집행보전의 효력이 존속하는 동안은 채권자에 의한 권리행사가 계속되고 있고, 또 채무자에게는 가압류명령을 취소하는 방법[160]도 있기 때문에 채무자에게 가혹하지 않다고 설명해야 하고, 권리확정설의 입장에서는 가압류등기가 있는 한 권리의 존재가 공적으로 확정되어 있다고 설명해야 할 것이다. 그러나 가압류등기가 있다고 하여 권리의 존재가 공적으로 확정되어 있다고는 할 수 없으므로 권리확정설의 입장에서는 판례의 입장을 지지하기는 어려울 것이다. 그러나 가압류등기가 되었을 때에 채무자에게 시효중단효를 저지할 수 있는 수단이 있어 판례와 같이 해석해도 채무자에게 가혹하다고 할 수 없고, 가압류와 가처분을 재판상의 청구와는 별개의 시효중단사유로 규정하고 있는 점에 비추어 판례의 입장을 지지하고 싶다.

(2) 담보권실행을 위한 집행의 경우

(가) 강제집행에는 판결이나 공정증서 등의 집행권원이 필요하지만, 질권자나 저당권자는 판결이나 공정증서가 없어도 질권이나 저당권 등의 담보권에 기하여 집행을 할 수 있다. 이런 경우를 '담보권실행을 위한 집행'이라고 하며 이런 때에

---

160) 채무자는 본안의 제소명령신청을 하거나 가압류가 집행된 뒤에 3년간 본안의 소를 제기하지 아니한 때에는 사정변경을 이유로 가압류취소신청을 할 수 있다(민사집행법 제288조 제1항 제3호).

도 시효중단효를 인정한다. 이런 담보물권은 부종성의 원칙상 피담보채권이 소멸시효에 걸리지 않는 이상 담보권만이 독립하여 소멸시효에 걸리지 않는 점은 앞에서 본 바와 같고, 질권에 기하여 계속 목적물을 점유하고 있다거나 저당권이 목적부동산의 등기부에 기재되어 공시되고 있다는 것은 권리행사로 볼 수 없어 시효중단사유가 되지는 못한다.

(나) 시효중단의 시기와 종기는 앞의 강제집행에서 본 바와 같은 법리가 적용된다. 따라서 경매신청서를 접수한 때에 시효중단이 되고 집행절차가 전체로서 종료되면 시효중단의 효력은 종료되고 배당받지 못하고 남은 채권금액이 있으면 그때부터 새롭게 시효가 진행한다고 보아야 할 것이다.

(다) 담보권에 기한 경매에서 제175조의 '권리자의 청구에 의하여 또는 법률의 규정에 따르지 아니함으로 인하여 취소된 때에는 소멸시효중단의 효력이 없다'는 규정과 관련하여 의문이 있다.

예 7-15

A소유의 부동산에는 1번 저당권자로 B, 2번 저당권자로 C가 있다. C가 위 부동산에 관하여 저당권에 기하여 경매신청을 하였고, 이에 B가 1번 저당권자로서 배당을 받기 위하여 피담보채권에 관하여 집행법원에 채권신고를 하였으며 집행력 있는 정본을 가진 일반채권자인 D가 위 경매절차에서 자신의 채권에 대해서도 배당을 해달라고 하면서 자신의 채권액에 관하여 집행법원에 배당요구를 하였다.

1) 담보권에 기한 경매신청에는 시효중단효가 있으므로 C의 A에 대한 채권은 경매신청으로 시효의 진행이 중단되고, 만일 C가 경매신청을 취하하면 시효중단효는 소멸한다.[161)]

2) 이때 B의 A에 대한 채권은 언제 시효중단되는가. B는 C와 같이 중복하여 경매신청을 하든지(민사집행법 제87조) 아니면 C의 경매신청으로 개시된 집행절차에서 채권신고서를 집행법원에 제출하면 그때부터 제168조 제2호의 압류에 준하는 것으로서 소멸시효가 중단되는 효력이 생긴다.[162)] B가 채권신고서를 제출한 경우 그로 인하여 발생한 시효중단효는 C가 경매를 취하하게 되면 B의 채권신고로 인한 시효중단효 역시 소멸하고, 이러한 채권신고에는 채무자에 대하여 채무의 이행을 청구하는 의사가 직접적으로 표명되어 있지도 않고 또 집행절차 내에

161) 대판 2015.2.26. 선고 2014다228778.

162) 위 2014다228778 판결.

채권신고서를 채무자에게 송달하는 절차도 없으므로 제174조의 최고로서의 효력도 인정되지 않는다.[163] 따라서 위 예에서 C가 경매신청을 취하하면 채권신고를 한 B가 C의 경매신청 취하 후 6월내에 소제기 등의 재판상 청구를 하더라도 제170조 제2항에 의하여 채권신고서 제출 시로 소급하여 소멸시효 중단의 효력이 유지된다고 할 수 없다.

3) 집행력 있는 정본(집행권원)을 가진 채권자 D는 C에 의해 개시된 집행절차에서 배당요구신청을 하여 배당절차에 참가할 수 있다(민사집행법 제88조 제1항). D의 이런 배당요구신청은 집행력 있는 정본에 기하여 능동적으로 그 권리를 실현하려 한다는 점에서 강제경매의 신청과 동일하므로 제168조 제2호의 압류에 준하는 것으로 시효중단의 효력이 발생한다.[164] 그러나 배당요구는 권리를 확정하는 절차가 아니어서 '재판상 청구'에 해당한다고는 하기 어려워 청구로서의 시효중단효는 부정된다.

위 예에서 C가 경매신청을 취하하면 D의 배당요구에 의해 발생한 시효중단효도 소멸하고, 이 경우 이런 배당요구에 제174조의 최고로서의 효력도 인정되지 않는다는 점은 B의 채권신고서의 제출의 경우와 같다.

4) 배당절차에서 집행에 참가한 채권자들에 대한 배당액을 기재한 배당표가 작성되고 이해관계자들이 그 배당표에 대해 이의를 제기하지 아니하여 배당표가 확정된 경우에는 집행절차가 완전히 종료되고, 그에 따라 시효중단효도 종료하게 된다. 따라서 위 배당에도 불구하고 채권액을 전부 변제받지 못한 나머지 채권액에 대하여는 배당표가 확정된 때부터 새로이 시효가 진행된다. 그러나 배당표에 대하여 다른 채권자들이 배당이의를 하는 경우 배당표가 확정되지 아니하여 배당절차가 종료되지 못하게 되므로 배당이의의 소가 확정된 때부터 시효가 새롭게 진행하게 된다.[165]

(라) 채권자에 의한 물상보증인의 담보부동산에 대한 담보권실행

예 7-16

A가 B에게 1천만원을 대여하면서 그 담보로 B의 친구 C 소유의 부동산 L에 저당권을 설정하였다.

---

163) 앞의 2010다28031 판결.

164) 대판 2002.2.26. 선고 2000다25484.

165) 대판 2009.3.26. 선고 2008다89880.

C는 자신의 채무가 아니라 B의 A에 대한 채무를 담보하기 위하여 그 소유의 부동산을 담보로 제공한 자로서 이런 자를 '물상보증인'이라고 한다. A는 자신의 채무자 B가 대여금채무를 변제하지 않으면 C소유의 L 부동산에 설정된 저당권을 실행하여 B에 대한 채무의 변제에 충당할 수 있다. 이처럼 A가 C소유 부동산에 설정된 저당권을 실행하는 경우 A의 B에 대한 채권에 대한 권리행사로 보아 압류에 준하여 시효중단의 효력이 발생하는지가 문제다.

시효중단이 되려면 채권자의 권리행사가 채무자를 상대로 하여 행해져야 하는데 채권자 A의 물상보증인 C의 담보부동산에 대한 저당권 실행은 채무자 B를 상대로 한 권리행사라고 할 수 없고, 또 저당권 실행으로서의 경매절차에서는 저당권의 피담보채권의 존부 및 그 액의 확정을 위한 절차가 예정되어 있지 않고 절차의 진행에 있어서도 채권자의 관여정도가 희박하고 법원이 직권으로 진행하는 점을 감안하면 시효중단의 효력이 발생한다고 보기 어려운 것이 아닌가 하는 의문이 든다. 이런 점을 감안하여 제176조는 '압류, 가압류 및 가처분은 시효의 이익을 받은 자에 대하여 하지 아니한 때에는 이를 그에게 통지한 후가 아니면 시효중단의 효력이 없다'라고 규정한다.[166] 이에 따라 A의 C에 대한 담보권실행의 통지가 채무자 B에게 송달되어야[167] 비로소 제168조 제2호에 준하여 시효중단의 효력이 발생한다.[168]

나아가 판례는 물상보증인이 채권자를 상대로 한 저당권말소등기청구소송에서, 채권자가 적극적으로 응소하여 물상보증인의 위 청구가 기각된 경우 그 소송절차에서는 채무자에게 채권자의 권리행사에 대해 통지하는 절차가 없으므로 채무자에 대한 시효가 중단되지 않는다고 한다.[169] 이것도 채권자가 채무자를 상대로

166) 한편 제440조는 '주채무자에 대한 시효의 중단은 보증인에 대하여 그 효력이 있다'고 규정하고 있으므로 주채무자에 대한 채권자의 압류가 있으면 보증인에게 통지되지 않더라도 보증인에 대해서도 시효중단효가 미친다(대판 2005.10.27. 선고 2005다35554, 35561). 그러나 보증인의 재산에 가압류가 되면 보증채무에는 시효중단의 효력이 생기지만 주채무에는 시효중단의 효력이 생기지 않는다(대판 2002.5.14. 선고 2000다62476). 이는 부종성의 원칙에 따른 것이다.

167) 담보권실행을 위한 경매에서는 민사집행법 제268조, 제83조 제4항에 의하여 채무자에 대한 경매개시결정의 통지가 필수적으로 행해지고 있다.

168) 대판 1994.1.11. 선고 93다21477.

169) 대판 2004.1.16. 선고 2003다30890(물상보증인이 그 피담보채무의 부존재 또는 소멸을 이유로 제기한 저당권설정등기 말소등기절차이행청구소송에서 채권자 겸 저당권자가 청구기각의 판결을 구하고 피담보채권의 존재를 주장하였다고 하더라도 이로써 직접 채무자에 대하여

권리행사를 한 것이 아니라고 보기 때문이다. 이런 경우 채권자로서는 채무자에게 소송고지의 방법을 통하여 시효를 중단시킬 수는 있을 것이다.

참고로 대판 2007.1.11. 선고 2006다33364는, A가 자신의 부동산 L을 B에게 '자신의 B에 대한 채무'의 담보조로 가등기(이를 통상 담보가등기라 부른다)를 해 준 후 C에게 양도하여 소유권 이전등기까지 해 주었고, C가 B를 상대로 피담보채무가 부존재한다고 하여 가등기말소청구소송을 제기하였으나 B가 적극적으로 응소하여 C가 패소한 경우, B의 위 응소행위가 B의 A에 대한 채권의 중단사유가 되는지에 관하여, '시효를 주장하는 자의 소제기에 대한 응소행위가 민법상 시효중단사유로서의 재판상 청구에 준하는 행위로 인정되려면 의무 있는 자가 제기한 소송에서 권리자가 의무 있는 자를 상대로 응소하여야 할 것이므로, 담보가등기가 설정된 후에 그 목적 부동산의 소유권을 취득한 제3취득자나 물상보증인 등 시효를 원용할 수 있는 지위에 있으나 직접 의무를 부담하지 아니하는 자가 제기한 소송에서의 응소행위는 권리자의 의무자에 대한 재판상 청구에 준하는 행위에 해당한다고 볼 수 없다'고 판시하였다. 이것도 동일한 취지라 할 것이다.

(마) 유치권과 관련하여

예 7-17

B가 A로부터 그 소유의 자동차를 빌려서 타고가다 자동차를 파손시키는 사고를 내서 C에게 수리를 맡긴 후 수리비가 많이 나오자 찾아가지 않았다. A는 B로부터 자동차를 반환받지 못하자 C를 상대로 소유권에 기하여 자동차의 인도를 청구했다.

소유자인 A는 제213조에 의하여 자신의 소유물을 점유한 자에 대하여 그 소유물의 반환을 구할 수 있으므로 A는 C에 대하여 자신의 자동차의 인도를 구할 수 있다. 이때 C는 자동차수리계약의 상대방인 B에 대해서는 수리비의 지급을 청구할 수 있지만 위 계약의 상대방이 아닌 A에 대해서는 수리비지급을 청구할 수 없다. 그렇다고 하여 C가 수리비를 받지 못하고 자동차를 인도하여 주어야 한다면 부당하다. 그리하여 우리 민법은 C에게 제320조의 유치권, 즉, B로부터 수리비를 지급받지 못하면 자동차의 점유를 계속하면서 그 반환을 거부할 수 있는 권리를 부여하고 있다.

재판상 청구를 한 것으로 볼 수는 없는 것이므로 피담보채권의 소멸시효에 관하여 규정한 민법 제168조 제1호 소정의 '청구'에 해당하지 아니한다).

여기서의 문제는 A가 C를 상대로 자동차의 반환을 구하는 소송을 제기하고 이 소송에서 C가 B에 대한 수리비채권을 피담보채권으로 하여 유치권을 행사하여 적극적으로 응소하여 방어한 경우[170] C의 B에 대한 채권의 시효중단효가 발생하는지 여부이다.

생각건대 만일 B가 C를 상대로 자동차의 인도소송을 제기하고 C가 적극적으로 응소하였다면 시효중단의 효력이 생긴다고 보아야 하지만 여기서는 채무자가 아닌 A가 제기한 소송에서 C가 유치권을 행사한 것이므로 이런 경우 유치권의 행사는 피담보채권 자체의 행사는 아니고 또 위 경우 채무자인 B에 대해 권리를 행사한 것도 아니므로 시효가 중단된다고 할 수는 없을 것이다.

그리고 만일 C가 B를 상대로 수리비지급 소송을 제기하여 확정됨으로써 상사채권인 수리비채권의 시효가 5년에서 10년으로 된 경우(제165조 제1항), C는 A에 대해서도 시효기간이 10년임을 주장할 수 있다.[171] 담보권의 부종성의 원칙에 따른 것이라 할 수 있다.

다. 승인

(1) 의의

(가) 승인의 의미

승인은 시효의 이익을 받을 자가 권리자의 권리의 존재를 인식하고 이를 인정하는 것을 상대방에게 표시하는 행위를 말한다. 승인은 관념의 통지로서 준법률행위에 해당하고 상대방 있는 단독행위이다. 그 표시방법은 아무런 형식을 요구하지 아니하므로 명시적이든 묵시적이든 불문한다.

그런데, 우리 판례는 시효완성 후의 승인은 시효이익의 포기로 보기 때문에 의

170) 이때 법원은 수리비채권액을 심리하여 'C는 B로부터 수리비를 받음과 동시에 자동차를 인도하라'는 동시이행판결을 내린다.

171) 대판 2009.9.24. 선고 2009다39530(유치권이 성립된 부동산의 매수인은 피담보채권의 소멸시효가 완성되면 시효로 인하여 채무가 소멸되는 결과 직접적인 이익을 받는 자에 해당하므로 소멸시효의 완성을 원용할 수 있는 지위에 있다고 할 것이나, 매수인은 유치권자에게 채무자의 채무와는 별개의 독립된 채무를 부담하는 것이 아니라 단지 채무자의 채무를 변제할 책임을 부담하는 점 등에 비추어 보면, 유치권의 피담보채권의 소멸시효기간이 확정판결 등에 의하여 10년으로 된 경우 매수인은 그 채권의 소멸시효기간이 된 효과를 부정하고 종전의 단기소멸시효기간을 원용할 수는 없다).

무자에게 시효의 완성으로 인한 법적인 이익을 받지 않겠다는 효과의사가 필요한 의사표시라고 본다.[172] 따라서 이와 같은 판례의 입장에 따르면 같은 채무의 승인이라도 '시효중단사유로서의 승인'과 '시효이익의 포기로서의 승인'은 구별해야 한다.

(나) 승인이 시효중단의 사유가 되는 근거

권리행사설에서는 승인이 있으면 권리를 행사하지 않더라도 권리행사를 게을리 하였다고 볼 수 없다고 하는 점에서 구하는 데 반하여, 권리확정설에서는 오랜 기간 동안의 권리불행사는 권리부존재를 추정시키는데 승인은 그 추정을 깨뜨리고 권리의 존재를 추정시키는 유효한 증거라는 점에서 구한다.

생각건대 채무자의 승인을 권리자의 권리행사와 관련지우기는 무리가 있으므로 근거에 대한 설명으로서는 권리확정설이 더 설득력이 있다고 할 것이다.

(2) 요건

(가) 승인할 수 있는 자에 대한 요건

채무자가 승인할 수 있는 것은 당연하다. 그런데 제한능력자이거나 처분권한 내지 관리권한이 없는 자가 승인할 수 있는지가 문제다.

승인은 앞에서 본 것처럼 관념의 통지로서 준법률행위에 해당하고 엄밀한 의미에서의 의사표시는 아니므로 채무의 승인을 함에 있어서는 완전한 행위능력을 필요로 하지 않는다. 승인이 있게 되면 시효가 완성되지 않아 상대방이 현재 가지고 있는 권리가 그대로 인정되는 것에 불과하고 자기의 권리를 처분하는 것은 아니다. 따라서 행위능력 중 처분능력은 필요로 하지 않지만, 승인도 재산관리에 속하는 행위인 이상 관리행위를 할 수 있는 능력 내지 권한은 필요하다(제177조). 따라서 미성년자에게는 단독으로 자기 재산을 관리할 수 있는 능력을 인정하지 않으므로 법정대리인의 동의 없이는 승인할 수 없고, 피성년후견인도 승인할 수 없

172) 대판 2013.2.28. 선고 2011다21556(소멸시효 중단사유로서의 채무승인은 시효이익을 받는 당사자인 채무자가 소멸시효의 완성으로 채권을 상실하게 될 자에 대하여 상대방의 권리 또는 자신의 채무가 있음을 알고 있다는 뜻을 표시함으로써 성립하는 이른바 관념의 통지로 여기에 어떠한 효과의사가 필요하지 않다. 이에 반하여 시효완성 후 시효이익의 포기가 인정되려면 시효이익을 받는 채무자가 시효의 완성으로 인한 법적인 이익을 받지 않겠다는 효과의사가 필요하기 때문에 시효완성 후 소멸시효 중단사유에 해당하는 채무의 승인이 있었다 하더라도 그것만으로는 곧바로 소멸시효 이익의 포기라는 의사표시가 있었다고 단정할 수 없다).

지만 일용품의 구입 등 일상생활에 필요하고 대가가 과도하지 않은 권리에 대하여는 승인할 수 있다고 할 것이다(제10조 제4항).

부재자의 재산관리인(제25조)이나 권한을 정하지 아니한 대리인(제118조)은 관리능력은 있으므로 승인을 할 수 있다.

판례에 의하면 이행인수인은 채무자가 아니므로 채권자에 대하여 채무자의 채무를 승인하더라도 다른 특별한 사정이 없는 한 시효중단 사유가 되는 채무승인의 효력은 발생하지 않는다고 하고,[173] 비법인사단의 대표자는 비법인사단의 사원총회의 승인 하에 체결한 총유물에 관한 매매계약상의 소유권 이전등기청구권에 관하여 소멸시효의 중단사유로서의 승인을 할 수 있다고 한다.[174]

(나) 상대방에 대한 요건

상대방은 권리자, 즉 소멸시효의 완성으로 권리를 상실하게 될 자를 말하고, 그 권리자의 적법한 대리인도 이에 해당된다.

판례는 채무자가 형사고소를 당하여 검사의 신문에 대하여 채무의 일부를 승인하는 의사를 표시하여 피의자신문조서에 기재되었더라도 검사는 소멸시효의 완성으로 권리를 상실하게 될 자 또는 그 대리인에 해당되지 않는다고 하여 채무의 승인의 효력을 부정했다.[175]

(다) 채무승인의 의사의 도달

승인은 상대방 있는 단독행위이므로 승인이 효력을 발생하려면 상대방에게 도달하여야 한다.

판례는 채권자와 세무서장 사이의 행정소송에서 채무자가 증인으로 출석하여 채권자의 소송대리인의 신문에 '채권자로부터 금전을 차용하였다'고 증언한 경우 승인의 의사표시가 도달한 것으로 보아 채무의 승인을 인정했다.[176]

---

173) 대판 2016.10.27. 선고 2015다239744.

174) 대판 2009.11.26. 선고 2009다64383은 '비법인사단이 총유물에 관한 매매계약을 체결하는 행위는 총유물 그 자체의 처분이 따르는 채무부담행위로서 총유물의 처분행위에 해당하나, 그 매매계약에 의하여 부담하고 있는 채무의 존재를 인식하고 있다는 뜻을 표시하는 데 불과한 소멸시효 중단사유로서의 승인은 총유물 그 자체의 관리·처분이 따르는 행위가 아니어서 총유물의 관리·처분행위라고 볼 수 없다'고 하면서 비법인사단의 사원총회의 승인 하에 체결한 총유물에 관한 매매계약상의 소유권 이전등기청구권의 소멸시효의 중단을 비법인사단의 대표자가 할 수 있다고 하였다.

175) 대판 1999.3.12. 선고 98다18124.

(3) 승인으로 보는 경우

(가) 일부변제

시효완성 전 채무의 일부변제는 그 수액에 관하여 다툼이 없는 한 채무 전부의 승인으로 본다.[177] 따라서 임차인이 미지급 임료의 수액에 관하여 다툼이 있는 상태에서 일부를 변제공탁한 경우 나머지 부분에 대해서는 시효중단의 효력이 생기시 않는다.

동일 당사자 간에 계속적인 거래로 같은 종류를 목적으로 하는 수개의 채권관계가 성립되어 있는 경우에 채무자가 특정채무를 지정하지 아니하고 그 일부의 변제를 한 때에는 다른 특별한 사정이 없다면 잔존 채무에 대하여도 승인을 한 것으로 보아 시효중단이나 포기의 효력을 인정할 수 있을 것이다. 그러나 그 채무가 별개로 성립되어 독립성을 갖고 있는 경우에는 일률적으로 그렇게 해석할 수는 없을 것이고, 특히 수개의 금전채무를 부담하는 채무자가 근저당권설정등기를 말소하기 위하여 피담보채무를 변제하는 경우에는 특별한 사정이 없는 한 피담보채무가 아닌 별개의 금전채무에 대하여서까지 채무를 승인하거나 소멸시효의 이익을 포기한 것이라고 볼 수는 없다.[178]

판례는, 채무자가 채권자에게 담보가등기를 경료하고 부동산을 인도하여 준 다음 피담보채권에 대한 이자 또는 지연손해금의 지급에 갈음하여 채권자로 하여금 부동산을 사용·수익할 수 있도록 한 경우라면, 채권자가 부동산을 사용·수익하는 동안에는 채무자가 계속하여 이자 또는 지연손해금을 채권자에게 변제하고 있는 것으로 볼 수 있으므로 피담보채권의 소멸시효가 중단된다고 보아야 한다고 하고 있다.[179]

(나) 이자지급

이자나 지연손해금의 지급은 원본채무의 승인으로 보고 있다. 이는 일부변제와 마찬가지의 법리에 의한 것이다.

---

176) 대판 1992.4.14. 선고 92다947.

177) 대판 1996.1.23. 선고 95다39854.

178) 대판 2014.1.23. 선고 2013다64793.

179) 대판 2009.11.12. 선고 2009다51028.

(다) 담보제공

채권자에게 담보를 제공한 것은 승인으로 된다.

(라) 지급유예의 간청

채무자가 지급의 연기를 요청하면서 연기증서를 작성, 교부하면 채무의 승인으로 본다. 판례에 의하면 채권양수인이라고 주장하는 자가 채무자를 상대로 제기한 양수금 청구소송에서 채무자가 채권자로부터 '채권을 양도한 사실이 없다'는 취지의 진술서를 작성, 교부받아 이를 증거로 제출하여 채무자가 승소한 경우, 채무자는 채권자로부터 위 진술서를 교부받음으로써 채무를 승인한 것이라고 하였다.[180]

(마) 그 외

판례에 의하면 금융기관이 최종거래일로부터 5년이 경과하여 시효가 완성된 예금자 명의의 예금계좌에 그 예금에 대한 이자를 입금한 것으로 처리한 경우, 그 행위는 금융기관이 예금채권의 존재를 인식하고 있다는 것을 나타낸 것이어서 채무의 승인에 해당하고, 이자가 예금계좌에 입금되면 예금주는 인터넷 뱅킹 등에 의한 잔액조회를 함으로써 그 사실을 확인할 수 있고 그에 대한 처분권도 취득하게 되므로 그로 인한 채무승인의 통지는 그 시점에 예금주에게 도달하게 되어 그 예금에 대한 소멸시효는 중단되었다고 보고 있다.[181]

또 A가 B의 부동산을 매수하고 등기명의를 신탁하였으나 「부동산 실권리자명의 등기에 관한 법률」 제11조에서 정한 유예기간이 경과할 때까지 실명등기를 하지 않았는데, 그로부터 10년이 경과한 후에 위 부동산에 관한 소유권이전등기절차 이행을 구하는 소를 제기한 사안에서, B가 명의신탁 받은 부동산에 관한 세금의 납부를 요구하는 등 A의 대내적 소유권을 인정하는 행태를 보인 것에는 A에 대하여 소유권등기를 이전·회복하여 줄 의무를 부담함을 알고 있다는 뜻이 묵시적으로 포함되어 표현되었다고 봄이 타당하다고 하였으며,[182] 비법인사단의 대표

180) 대판 2000.4.25. 선고 98다63193.

181) 대판 2012.8.17. 선고 2009두14965. 이 판결의 사안에 의하면 5년의 경과로 소멸시효가 완성된 후에 한 채무승인이므로 '소멸시효 중단사유로서의 승인'이 아니라 '시효이익포기로서의 승인'이라고 보아야 할 것인데, '소멸시효 중단사유로서의 승인'에 해당되는 것으로 판시한 것은 잘못이라고 할 것이다.

182) 대판 2012.10.25. 선고 2012다45566.

자가 비법인사단 소유인 총유물의 매수인에게 소유권이전등기를 해주기 위하여 매수인과 함께 법무사 사무실을 방문한 행위는 소유권이전등기청구권의 소멸시효 중단의 효력이 있는 승인에 해당한다고 한다.183)

(4) 승인으로 보지 않은 경우

앞의 예 7-7에서 본 것처럼 당사자 간의 계속적 거래관계에서 물품을 추가로 주문하고 공급받은 행위가 기왕의 미변제 채무를 승인한 것으로 볼 수 없다.184)

채권자의 권리행사에 대하여 채무자가 이의제기를 하지 않았다는 것만으로는 승인으로 보기 어렵지만 다른 사정이 부가되면 승인으로 볼 수 있다. 예컨대 판례는 다른 채권자가 신청한 부동산경매절차에서 채무자 소유의 부동산이 매각되고 그 대금이 이미 소멸시효가 완성된 채무를 피담보채무로 하는 근저당권을 가진 채권자에게 배당되어 그 채무의 변제에 충당될 때까지 채무자가 이의를 제기하지 않은 경우, 채무자가 그 채권에 대한 소멸시효 이익을 포기한 것으로 볼 수 있다고 한다.185) 이는 '소멸시효완성 후의 승인'의 경우에 관한 판시여서 법적 성격이 다른 '시효중단으로서의 승인'의 경우에도 위 판시가 적용될 수 있는지에 대해 의문이 있을 수 있지만, '소멸시효완성 후의 승인'이 시효중단사유로서의 승인보다 더 좁게 인정되는 점을 감안하면 '시효중단사유로서의 승인'에도 같은 논리가 적용될 수 있을 것이다.

3. 중단의 효과

가. 기본적 효과

시효가 중단되면 그때까지 경과한 시효기간은 산입되지 않고, 중단사유가 종료

---

183) 앞의 2009다64383.

184) 앞의 2006다68940 판결, 대판 2005.2.17. 선고 2004다59959는 그 이유로서 '당사자 간에 계속적 거래관계가 있다고 하더라도 물품 등을 주문하고 공급하는 과정에서 기왕의 미변제 채무에 대하여 서로 확인하거나 확인된 채무의 일부를 변제하는 등의 절차가 없었다면 기왕의 채무의 존부 및 액수에 대한 당사자 간의 인식이 다를 수도 있는 점에 비추어 볼 때, 피고가 단순히 기왕에 공급받던 것과 동종의 물품을 추가로 주문하고 공급받았다는 사실만으로는 기왕의 채무의 존부 및 액수에 대한 인식을 묵시적으로 표시하였다고 보기 어렵다'는 점을 든다.

185) 대판 2012.5.10. 선고 2011다109500 등.

한 후 그 시효의 기초가 되는 사실상태가 다시 계속하면 중단사유가 종료한 때로부터 새로이 진행한다(제178조 제1항). 재판상의 청구로 인하여 중단된 시효는 재판이 확정된 때부터 새로이 진행한다(제178조 제2항).

새로이 소멸시효가 진행하는 구체적 시기에 대하여는 중단사유를 설명할 때 상세히 보았으므로 여기서는 생략한다.

나. 시효중단의 인적 범위

(1) 원칙

시효중단은 원칙적으로 당사자 및 그 승계인 사이에서만 효력이 있고, 그 외 사람들에게는 효력이 미치지 않는다(상대적 효력).

(가) 당사자

당사자란 시효중단행위에 관여한 자라는 의미이고 시효에 관계하고 있는 권리 또는 청구권의 당사자를 말하는 것은 아니다.

예컨대 A와 B가 C로부터 C 소유의 부동산을 1/2지분씩 매수하는 계약을 체결한 경우, A가 C를 상대로 매매목적 부동산의 1/2지분에 관하여 이전등기소송을 제기하여 시효중단을 시켜도 다른 매수인 B는 A의 시효중단행위인 재판상의 청구에 관여하지 않았으므로 B의 C에 대한 이전등기청구권은 시효중단 되지 않는다. 마찬가지로 상속인 중의 1인의 청구는 다른 상속인에게는 시효중단의 효력이 미치지 않는다.

통상의 경우 권리관계의 당사자, 즉 권리자와 의무자가 시효중단사유에 해당하는 행위의 당사자로 관여하는 것이 통상이므로 대부분의 경우 권리관계의 당사자와 시효중단행위에 관여한 당사자가 일치하지만 경우에 따라서는 일치하지 않는 경우도 있다.

1) 재판상 청구

권리자와 의무자가 소송의 당사자가 되어 소송에 관여하는 경우에는 별 문제가 없다. 그러나 채권자대위소송, 채권자취소소송, 추심금소송 등에서는 위 두 당사자가 달라지는데, 이 경우의 시효중단여부나 시효중단시 개시시점에 대하여는 앞에서 본 바와 같다.

2) 압류, 가압류 및 가처분

권리자와 의무자가 위와 같은 집행의 당사자로 등장하면 별 문제는 없다. 그런데 권리자와 의무자 외에 제3채무자까지 등장하는 채권집행의 경우 어느 채권에 대하여 시효가 중단되는지 등의 문제가 발생할 수 있고 이에 대하여는 앞에서 보았다.

문제는 의무자가 아닌 제3자가 점유하는 동산이 압류된 경우에는 의무자가 집행의 당사자가 아니어서 집행된 사실을 알지 못하는 사이에 시효가 중단되어 채무자의 이익이 무시될 수 있다는 점이다(예컨대 채무자가 시효완성된 것으로 믿고 채무변제의 영수증을 파기하는 경우 등).

여기서 제176조는 '압류, 가압류 및 가처분은 시효의 이익을 받은 자에 대하여 하지 아니한 때에는 이를 그에게 통지한 후가 아니면 시효중단의 효력이 없다'고 규정하여 의무자에게 통지하도록 하고 있다. 이런 통지는 권리자가 하지 않았더라도 법원 등 집행기관이 행하여 의무자에게 도달되면 충분하다.[186] 이때 시효중단의 효력의 발생시기와 관련하여, 의무자에게 통지된 때 발생한다는 견해와 보통의 압류처럼 집행신청서가 법원에 접수된 때에 발생한다는 견해로 나뉘는데, 권리행사설의 입장에서 권리자가 권리위에 잠자는 자가 아님을 표명한 때는 압류신청서를 법원에 접수한 때라고 보아야 하고 또 소를 제기한 경우나 압류를 한 경우와 달리 볼 이유가 없으므로 후자의 견해가 타당하다고 할 것이다.

이런 법리는 물상보증인이 제공한 저당부동산에 대하여 저당권자가 저당권을 실행하는 경우에도 적용되어야 할 것이다.

3) 승인

승인은 시효이익을 받는 당사자인 채무자가 소멸시효의 완성으로 채권을 상실하게 될 자에 대하여 상대방의 권리 또는 자신의 채무가 있음을 알고 있다는 뜻을 표시하는 것이므로 여기서는 양자가 동일하여 별 문제가 없다.

---

186) 대판 1990.6.26. 선고 89다카32606(채권자가 물상보증인이나 저당부동산의 제3취득자에 대하여 그 피담보채권의 실행으로서 임의경매를 신청하여 경매법원이 경매개시결정을 하고 경매절차의 이해관계인인 채무자에게 그 결정이 송달된 경우에는 시효의 이익을 받은 채무자는 민법 제176조에 의하여 당해 피담보채권의 소멸시효 중단의 효과를 받는다고 보아야 한다).

(나) 승계인

승계인이란 시효중단에 관여한 당사자로부터 중단의 효과를 받는 권리 또는 의무를, 그 중단효과가 발생한 이후에 승계한 자를 말하고, 특정승계이든 포괄승계이든 불문한다. 따라서 시효중단된 채권의 양수인[187] 또는 그 채권의 질권자는 시효중단의 효력을 받기 때문에 시효를 중단시키려면 새로이 진행하는 시효기간 내에 중단행위를 하면 족하다.

승계는 중단효과가 발생한 이후에 이루어져야 한다. 따라서 승계가 되었더라도 승계된 후에 시효중단행위가 이루어지면 본조의 승계인에 해당되지 아니한다.

대판 1973.2.13. 선고 72다1549는 시효취득과 관련하여[188] B가 A종중의 대표자로부터 토지 L을 매수하여 소유권 이전등기를 경료하고 1949.12.30.부터 점유를 시작하였고 1969.7.4. C가 B로부터 L을 매수하여 소유권 이전등기를 하고 점유도 이전받아 B의 점유를 승계하여 계속 점유함으로써 20년이 된 때인 1969.12.30. 점유취득시효가 완성되었는데(제246조 제2항), 점유취득시효가 완성되기 전인 1969. 11.22. A가 B를 상대로 L에 관한 B명의의 등기는 원인무효의 등기라는 이유로 말소등기소송(이하 1차 소송이라 한다)을 제기하였다가 1970.2.12. 취하하고 그로부터 6월내인 1970.8.1. A가 B와 C를 상대로 각 소유권 이전등기말소소송(이하 2차 소송이라 한다)을 제기한 사안에서 C가 1차 소송의 제소로 인한 취득시효의 중단의 승계인에 해당하는지가 쟁점이 된 사안에 관한 것이다. 여기서 1차 소송은 점유취득시효기간인 20년이 도과하기 전에 제기된 것이나, A가 B를 상대로 한 소송이므로 B의 취득시효의 진행은 중단되지만, C가 점유하고 소유권 이전등기를 마친 것은 위 시효중단행위가 발생하기 전인 1969.7.4.이므로 A의 B에 대한 시효중단의 효과는 C에게 미치지 않는다고 판시했다.

(2) 예외

시효중단에 관여한 당사자나 승계인이 아님에도 시효중단의 효력이 미치는 경우가 있다.

---

187) 대판 1997.2.11. 선고 96다1733.

188) 시효취득에 관하여도 소멸시효의 중단에 관한 규정이 준용된다(제247조 제2항).

(가) 지역권

제296조는 '요역지가 수인의 공유인 경우에 그 1인에 의한 지역권 소멸시효의 중단 또는 정지는 다른 공유자를 위하여 효력이 있다'라고 규정하여 시효중단에 관여하지 않는 자에게도 효력을 미치게 하고 있다. 이는 지역권의 불가분성에서 나오는 것이다.

(나) 연대채무

제416조는 '어느 연대채무자에 대한 이행청구는 다른 연대채무자에게도 효력이 있다'라고 규정하여 채권자로부터 이행청구를 받지 않은 연대채무자에게도 이행청구에 따른 효력, 즉 시효중단 및 이행지체의 효력이 생기게 하고 있다. 이는 채권자의 입장에서는 채권의 효력이 강력하여 이롭지만 이행청구를 받지 않은 연대채무자의 입장에서는 자신이 알지도 못하는 사이에 지체책임을 부담하게 되어 부당한 면이 있다.

또 이 규정은 이행청구만을 규정하고 있는데, 그 이외의 시효중단사유인 압류나 승인의 경우에도 이행청구와 같이 다른 연대채무자에게 시효중단이 생기는지에 관하여 의문이 있다.

판례는 채권자의 연대채무자 1인에 대한 경매신청으로 인한 시효중단효는 다른 연대채무자에게 미치지 않는다고 하는데,[189] 이에 비추어 압류나 승인의 경우에도 마찬가지 입장을 취할 것으로 생각된다.

그러나 채무자의 승인은 채권자의 이행청구를 전제로 하는 것임을 감안하면 이행청구에 대해서만 다른 연대채무자에게 시효중단의 효력을 인정하고 승인에 대하여는 시효중단의 효력을 인정하지 않는 위 규정에 합리성이 있는지는 의문이다. 개인적으로는 위와 같은 의문 외에도 이행청구를 당하지 않은 연대채무자가

---

189) 대판 2001.8.21. 선고 2001다22840은 채권자 A가 1978.11.19.에 확정된 연대채무자 B, C에 대한 판결에 기하여 1988년경 연대채무자 B의 부동산을 압류하여 1990.6.26. 배당을 받았지만 완제되지 않았고, 그 외 1988년경 A가 B, C를 상대로 시효연장을 위해 소송을 제기하였다가 1989.10.24. 확정되었는데, 또 다시 시효연장을 위해 A가 B와 C를 상대로 1999.10.25. 나머지 금액의 지급을 구하는 소송을 제기한 사안에 관한 것이다. 이 소송에서 제소시 B에 대해서는 1990.6.26.부터 시효가 진행하여 10년이 경과하지 않았지만, C에 대하여는 확정된 판결 시부터는 10년이 도과한 상태였으므로 C에 대해서도 B에 대한 압류로 인한 시효중단의 효력이 미치는지가 문제로 되었다. 대법원은 A의 B에 대한 압류로 인한 시효중단의 효력은 다른 연대채무자인 C에게 미치지 않는다고 판시했다.

이행지체의 책임을 지는 등의 문제점도 있으므로 오히려 모든 시효중단사유에 대하여 상대적 효력을 인정하는 것이 합리적이 아닌가 생각한다.

(다) 보증채무

주채무자에 대한 시효의 중단은 보증인에 대하여 그 효력이 있으므로(제440조) 채권자가 주채무자에 대해 재판상의 청구 등 시효중단행위를 하면 따로 보증인에 대하여 어떠한 시효중단행위를 하지 않더라도 시효가 중단된다. 다만 채권자가 재판상 청구에서 승소확정판결을 받아 시효가 10년으로 연장되어도 보증인의 채무는 본래의 시효기간이 적용되고 10년으로 연장되지 않는다는 것이 판례의 태도임은 앞에서 본바와 같다.

연대보증의 경우에도 위 조항이 적용되는지에 대해서는 논란이 있을 수 있으나 적용된다고 보아야 할 것이다.

(라) 물상보증

물상보증인(예 7-16 참조)은 채권자에 대한 채무자가 아니고 채권자의 채무에 대한 책임만을 부담하고 있을 뿐이다. 따라서 채권자의 채무자에 대한 채무에 대하여 제168조의 시효중단사유가 발생하여 채무가 연장되면 그에 따라 그 책임도 연장된다고 보아야 할 것이다.[190)]

Ⅳ. 소멸시효의 정지

1. 서

소멸시효의 정지란 사전적 의미로는 권리행사를 곤란하게 하거나 불가능하게 하는 일정한 사유가 있는 경우 시효진행을 잠시 멈추게 하였다가 그런 사정이 없어진 때에 다시 나머지 기간이 진행하도록 하는 것을 말한다.

그러나 우리 민법이 인정하는 시효정지사유는 이런 본래 의미의 시효정지는 아니고 시효가 완성될 즈음에 이르러 권리를 행사하기 곤란하거나 불가능하게 하는 사유가 존재하는 경우 그 사유가 존재하는 기간 중이거나 그 사유가 소멸한 후부

190) 앞의 2009다39530 판결은 유치권에 관한 판결이나 물상보증인도 동일하게 보아야 할 것이다.

터 일정 기간 내에 시효가 완성하는 것을 저지하는 제도이다.[191] 이런 사유가 발생하기 전에 경과한 기간을 무효로 하지 않는다는 점에서 중단과 구별된다.

소멸시효의 중단에 관하여는 취득시효에 준용하는 규정이 있으나(제247조 제2항), 이런 소멸시효의 정지제도에 관하여는 취득시효에 준용한다는 규정이 없어 취득시효에 준용할 것인지에 대하여 논란이 있다. 학설은 일반적으로 준용을 긍정한다. 그러나 영미법처럼 취득시효기간 동안 소를 제기하지 않고 있다가 시효가 완성될 즈음에 가서 발생하는 제소의 어려움에 대한 위험은 권리자가 부담해야 할 것이므로 부정적으로 보아야 할 것으로 생각한다.

2. 정지사유

가. 제한능력자를 위한 정지

소멸시효의 기간 만료 전 6개월 내에 제한능력자에게 법정대리인이 없는 경우에는 그가 능력자가 되거나 법정대리인이 취임한 때부터 6개월 내에는 시효가 완성되지 아니한다(제179조).

재산을 관리하는 부, 모 또는 후견인에 대한 제한능력자의 권리는 그가 능력자가 되거나 후임법정대리인이 취임한 때부터 6개월 내에는 소멸시효가 완성되지 아니한다(제180조 제1항).

한편 2020.10.20. 신설된 민법 제766조 제3항은 '미성년자가 성폭력, 성추행, 성희롱, 그 밖의 성적(性的) 침해를 당한 경우에 이로 인한 손해배상청구권의 소멸시효는 그가 성년이 될 때까지는 진행되지 아니한다'고 규정하고 있고, '이 규정은 이 법 시행 전에 행하여진 성적 침해로 발생하여 이 법 시행 당시 소멸시효가 완성되지 아니한 손해배상청구권에도 적용한다'고 부칙 제2조에서 규정하고 있다. 주의를 요한다.

---

191) 이런 의미에서 '시효완성의 정지'나 '시효완성의 유예 또는 연기'라고 불러야 한다는 견해도 있다. 영미법에서는 우리와 같은 시효정지제도는 없다고 하는데 그 이유는 시효완성 전에 제소할 수 있었음에도 불구하고 제소하지 않고 있다가 시효완성 즈음에 제소하기 어려운 상황에 처하게 되는 위험은 권리자 자신이 부담해야 한다는 생각 때문이라고 한다.

나. 부부사이의 권리의 정지

부부 중 한 쪽이 다른 쪽에 대하여 가지는 권리는 혼인관계가 종료된 때부터 6개월 내에는 소멸시효가 완성되지 아니한다(제180조 제2항).

다. 상속재산에 관한 권리의 정지

상속재산에 속한 권리나 상속재산에 대한 권리는 상속인의 확정, 관리인의 선임 또는 파산선고가 있는 때로부터 6개월 내에는 소멸시효가 완성하지 아니한다(제181조).

라. 천재 기타 사변에 의한 정지

천재 기타 사변으로 인하여 소멸시효를 중단할 수 없을 때에는 그 사유가 종료한 때로부터 1월내에는 시효가 완성하지 아니한다(제182조).

Ⅴ. 소멸시효완성의 효과

1. 서

민법 제162조는 '… 소멸시효가 완성한다'고만 규정하고 있을 뿐 소멸시효가 완성되면 어떠한 효과가 있는지에 관하여는 정면으로 규정하는 바가 없다.

일반적으로 소멸시효가 완성하면 권리가 소멸하는 것으로 보는데, 소멸시효완성에 의한 권리소멸의 효력과 관련하여, 첫째 어떻게 해야 권리소멸의 효력이 생기는지, 둘째 권리소멸의 효력의 정도는 어느 정도인지가 문제로 된다.

첫째 문제는 권리소멸이라는 효과가 발생하기 위해서는 원용이라는 행위가 필요한지에 관한 원용권의 문제와 관련이 있고, 둘째 문제는 시효가 완성되면 권리는 완전히 소멸되는 것으로 보아야 하는지와 관련이 되며 특히 시효완성된 권리에 대해서도 상계를 인정한 제495조와 어떤 관계에 서는지가 문제로 된다.

2. 효과와 관련한 문제점

예 7-18

A가 B에 대하여 변제기인 2000.1.1.부터 3년의 시효에 걸리는 제163조 제6호에 해당하는 금 100만원의 물품대금 채권이 있는데 2003.4.1. A가 B를 상대로 100만원의 물품대금의 지급을 구하는 소송을 법원에 제기하였다.

가. 권리소멸의 발생

(1) 학설

절대적 소멸설은 소멸시효의 완성으로 발생하는 권리소멸의 효력은 소멸시효기간의 경과로 자동적으로 당연히 생긴다고 하면서 위 예에서 A의 B에 대한 채권은 3년의 기간의 경과로 소멸한다고 한다.

한편 상대적 소멸설은 소멸시효의 완성 즉 시효기간의 경과로 권리가 자동적으로 소멸하는 것은 아니고 시효의 이익을 받을 자(원용권자)에게 권리의 소멸을 주장할 수 있는 권리(원용권)가 생기고 이 권리를 행사하여야 권리가 소멸한다고 한다. 따라서 위 예에서는 A의 B에 대한 채권의 소멸시효기간인 3년의 경과로 권리가 자동적으로 소멸하지는 않고 B가 위 채권의 소멸시효기간이 도과하여 소멸되었다고 주장하여야 비로소 채권이 소멸한다고 한다.

절대적 소멸설의 근거로서는 시효와 관련하여 제369조, 제766조 제1항, 부칙 제8조 제1항에서 '… 소멸'이라는 단어를 사용하고 있고, 취득시효와의 균형에서도 자동적으로 소멸한다고 보아야 한다는 점을 든다.

상대적 소멸설은 그 근거로서 소멸시효의 이익을 받을 것인지 여부는 당사자의 의사에 맡기는 것이 시효의 이익포기를 설명함에 있어서나, 채무자가 시효완성사실을 모르고 변제한 경우 반환을 청구할 수 없다는 점을 설명함에 있어서 용이하다는 점을 든다.

(2) 판례

대판 1979.2.13. 선고 78다2157은 '신 민법상 당사자의 원용이 없어도 시효완성의 사실로서 채무는 당연히 소멸하고, 다만 소멸시효의 이익을 받는 자가 소멸시효 이익을 받겠다는 뜻을 항변하지 않는 이상 그 의사에 반하여 재판할 수 없을 뿐이다'라고 판시하고 있는 점에 비추어 절대적 소멸설을 취하고 있는 것으로 보인다.

(3) 사견

(가) 소멸시효가 완성하면 권리가 소멸한다는 효과가 발생하지만, 법원에서 재판을 할 때 시효이익을 받을 자가 소멸시효를 주장(원용)하지 아니하면 법원에서는 증거에 의해 시효소멸한 것처럼 보이더라도 소멸시효를 고려하지 않고 권리가 존재하는 것으로 보아 판단한다. 이를 변론주의라고 하는데 민사재판의 기본원칙이다.

재판에서의 이와 같은 당사자의 원용에 관하여, 절대적 효력설에서는 민사소송법의 변론주의에 따른 것이라고 하여 절차법적인 것으로 봄에 반하여, 상대적 효력설에서는 시효완성으로 인한 권리소멸을 구성하는 하나의 요소로 보아 실체법적인 것으로 생각하고 있다. 소멸시효의 이익을 받으려는 자의 원용이 없으면 법원은 소멸시효완성의 점을 고려할 수 없다는 결론에서 있어서는 차이가 없지만 그 설명방법에 있어서 차이가 있다.

(나) 절대적 소멸설에서는 소멸시효가 완성된 후 채무자가 시효가 완성된 사실을 알면서 변제하면 악의의 비채변제(제742조)로서 취급하고, 채무자가 시효완성사실을 모르고 변제한 때는 도의관념에 적합한 변제(제744조)로서 취급하여 두 경우 모두 변제는 유효하다고 하여 채무자가 반환을 청구할 수 없다고 한다.

그러나 후자에 관한 설명은 민법상의 소멸시효제도가 부도덕한 제도라는 것을 자인하는 것이 되고, 이런 부도덕한 제도를 둔 것 자체가 비난받아 마땅한 것이 되어 자기모순이라고 할 것이므로 위 설명에는 찬성하기 어렵다고 생각한다.

(다) 상대적 소멸설에서는 원용권이라는 형성권적인 권리의 행사를 통하여 권리가 소멸한다고 보는데, 이는 원용권의 행사를 정지조건적인 것으로 보는 것이다. 즉 시효가 완성되더라도 권리소멸의 효과는 원용권을 행사하여야 확정적으로 생기고, 원용권을 행사하고 있지 않는 동안은 시효가 완성되어 있더라도 권리소멸의 효과는 불확정적인 상태에 있다고 보는 것이다.[192] 이 설에 따르면 시효이

---

192) 원용권을 행사할 수 있는 자가 원용권을 행사하지 않고 사망한 경우, 그 상속인들이 원용

익의 포기의 경우 원용권의 포기라고 보고 소급효가 생기는 것을 이론상 무리 없이 설명이 가능하다는 장점이 있는 것은 무시할 수 없다. 그러나 조문의 내용상으로는 권리가 소멸한다는 식으로 규정하고 있어 조문내용과 맞지 않는다는 인상이 짙다.

(라) 생각건대, 아래에서 볼 시효원용권자에서의 논의를 고려하면 조문의 내용과 맞지는 않지만 상대적 소멸설이 타당하지 않을까 생각한다.[193]

나. 권리소멸의 정도

(1) 소멸시효의 완성으로 인한 권리나 채권의 소멸이라는 효력은 통상의 권리소멸처럼 그다지 강력하지 않다. 즉 제495조는 '소멸시효가 완성된 채권이 그 완성 전에 상계할 수 있었던 것이면 그 채권자는 상계할 수 있다'고 하고 있어, 소멸시효에 의해 소멸한 채권의 채권자가 시효소멸 전에 채무자에 대하여 채무를 부담하고 있었던 경우에는 상계를 주장할 수 있고, 나아가 시효가 완성된 채권에 대해 채무자가 시효소멸을 모르고 변제를 한 경우 채권자의 변제수령은 부당이득이 되지 않는다고 한다.

(2) 제495조와 관련하여 절대적 효력설에 의하든, 상대적 소멸설에 의하든 위 예에서 B가 A에 대해 2002.1.1. 변제기가 도래한 대여금 채권 80만원을 가지고 있었던 경우 2003.4.1. A가 B를 상대로 청구를 할 때 B가 소멸시효를 주장하면 A의 B에 대한 물품대금 100만원은 시효로 소멸하게 되고, A는 위 대여금 80만원을 변제해야 된다. 그런데 제495조에 따르면 A는 2003.1.1.의 소멸시효의 완성으로 소멸한 B에 대한 물품대금 채권 100만원으로, 현재 유효한 B의 A에 대한 대여금 채권 80만원과 상계할 수 있다는 것이다. 이는 시효로 인한 채권소멸의 효과가 그다지 강력하지 않다는 것을 의미하고, 위 어느 설에 의하든 상계가 가능한 것을 무리 없이 설명하기 곤란하다.[194] 결국 이에 대한 설명은 소멸시효와는

권이라는 형성권을 공동으로 행사하여야 하느냐, 개별적으로 행사할 수 있느냐라는 문제가 생길 수 있다. 이에 대해서는 '무권대리와 상속'에서 본 바와 같이 공동으로 행사하여야 한다고 보아도 되는지가 문제로 될 수 있을 것이다. 이 경우에는 상속인들이 개별적으로 행사하는 것을 인정하는 것이 소멸시효의 상대효에 맞을 것으로 생각한다.

193) 시효가 완성되면 독일에서는 채권의 소멸이 아니고 항변권이 발생하고, 프랑스법에서는 채권이 아닌 소권이 시효에 걸린다고 하며, 영미법에서는 소송을 제기할 수 없다고 규정되어 있다고 한다.

무관하게 상계제도의 존재근거나 특수성에 의해 설명할 수밖에 없을 것이다.[195]

(3) 시효완성 후 채무자가 임의로 변제하는 경우(위 예에서 B가 2003.4.1. 물품대금 100만원을 변제하는 경우), 절대적 효력설에 의하면 시효로 채권이 완전히 소멸하였으므로 채무자가 시효완성 사실을 알든 모르든 비채변제로서 반환해야 하는 것이 논리적이라고 하지 않을 수 없고, 상대적 효력설에서는 채무자인 B가 시효원용을 하지 않는 한 채권이 여전히 존재하므로 B가 시효원용을 하지 않고 변제한 것은 유효한 채권에 대한 변제로서 비채변제가 되지 않는다고 하므로 무리 없이 설명이 가능하다.

생각건대 상대적 효력설에서는 시효완성 후의 채무자의 임의변제는 무리 없이 설명이 가능하지만 상계에서는 설명이 곤란하고, 상계와 관련해서는 앞서 보았듯이 상계제도의 근거나 특수성에 의해 설명할 수밖에 없을 것이다.

3. 시효완성의 효력

가. 권리소멸의 인적범위와 원용권자

원용권자를 논하는 의미는, 원용권자로 되는 자는 시효의 이익을 받을지 여부를 독립적으로 결정할 수 있으므로 다른 원용권자가 원용하지 않는 때는 물론,

---

194) 이런 상계를 인정하는 이유에 대해서, 판례(대판 2016.11.25. 선고 2016다211309)는 상계권자의 상계에 관한 기대, 즉 당사자 쌍방의 채권이 상계적상에 있었던 경우 당사자들은 그 채권 채무관계가 이미 정산되어 소멸하였다고 생각하는 것이 일반적이고 이런 당사자들의 신뢰는 보호되어야 한다는 점을 들고 있다.

195) 우리 판례는 제495조에서 더 나아가 임대인은 소멸시효가 완성된 차임채권을, 그 차임채권의 소멸시효완성 후에 변제기에 도달한 임차인에 대한 보증금반환채무에서 공제하는 것을 인정한 것이 있다. 즉 위 2016다211309 판결은 '임대인의 임대차보증금 반환채무는 임대차계약이 종료된 때에 비로소 이행기에 도달하므로, 임대차 존속 중 차임채권의 소멸시효가 완성된 경우에는 소멸시효 완성 전에 임대인이 임대차보증금 반환채무에 관한 기한의 이익을 실제로 포기하였다는 등의 특별한 사정이 없는 한 양 채권이 상계할 수 있는 상태에 있었다고 할 수 없다. 그러므로 그 이후에 임대인이 이미 소멸시효가 완성된 차임채권을 자동채권으로 삼아 임대차보증금 반환채무와 상계하는 것은 민법 제495조에 의하더라도 인정될 수 없지만, 임대차 존속 중 차임이 연체되고 있음에도 임대차보증금에서 연체차임을 충당하지 않고 있었던 임대인의 신뢰와 차임연체 상태에서 임대차관계를 지속해 온 임차인의 묵시적 의사를 감안하면 연체차임은 민법 제495조의 유추적용에 의하여 임대차보증금에서 공제할 수 있다'고 판시하였다. 이는 임대차보증금이 연체차임 등을 담보하는 기능을 가지고 있다는 특성을 고려한 해석이라고 할 수 있다.

시효의 이익을 포기한 때에도 이와 별도로 시효를 원용할 수 있다는 점에 있다.

상대적 효력설에 의하면 시효소멸의 원용을 하여야만 채권소멸의 효력이 발생하므로 원용을 할 수 있는 사람, 즉 원용권자가 누구인지가 문제로 될 수 있다. 그러나 절대적 효력설에 의하면 시효완성되면 자동적으로 당연히 채권이 소멸하므로 누구든지 주장할 수 있다고 보아야 할 것이고 원용은 변론주의에 따른 '재판에서의 공격방어방법의 제출'이라고 보게 된다.

우리 판례는 '소멸시효를 원용할 수 있는 사람은 권리의 소멸에 의하여 직접 이익을 받는 사람에 한정된다'고 판시하고 있어 일정한 자만이 시효를 원용할 수 있고 그 외의 자는 시효를 원용할 수 없어 시효소멸주장을 하지 못한다고 한다. 이를 보면 판례가 절대적 효력설을 일관하고 있다고는 보기 어렵지 않을까 한다.

아래에서는 판례가 원용권자로 보는 예를 보기로 한다.

(1) 채무의 이행을 면하는 자

시효에 의하여 채무의 이행을 면하는 자는 이에 해당한다. 채무자, 보증인, 연대채무자가 여기에 속한다.

예 7-19

A가 B에 대하여 변제기인 2000.1.1.부터 3년의 시효에 걸리는 제163조 제6호에 해당하는 금 100만원의 물품대금 채권이 있는데, C가 2000.2.1. 위 채무에 대하여 보증을 하였다.

(가) 채무자

위 예에서 시효에 의해 소멸하는 채무의 채무자 B는 시효에 의해 직접 의무를 면한다. 이것이 원용권자의 전형적인 예라고 할 수 있다.

(나) 연대채무자

연대채무에 있어서 경우에 따라서는 연대채무자 각자에 대해 소멸시효의 완성일이 다를 수 있다(예컨대 채권자가 연대채무자 일부 대해서만 압류의 시효중단조치를 취하는 경우 등). 이 경우 연대채무자의 1인에 대해 시효가 완성한 때에는 그 채무자의 부담부분에 한하여 다른 연대채무자도 의무를 면하게 되므로(제421조) 연대채무자에게도 원용권이 인정된다.

즉 위 예에서 B1과 B2가 A에 대하여 연대채무를 지고 있다고 하면, B1이 자신의 A에 대한 채무에 관하여 시효를 원용하고 있지 않거나 시효이익을 포기하여 원용하지 않더라도[196] 또 다른 연대채무자인 B2는 B1의 A에 대한 채무에 관하여 시효원용권을 B1과 독립적으로 원용할 수 있다는 것을 의미한다(B2가 자신의 A에 대한 채무에 대해 시효를 원용하는 것은 채무자로서 원용하는 것이므로 당연히 할 수 있다).

그러나 만일 B1과 B2의 A에 대한 채무가 부진정 연대채무인 경우에는 B1이나 B2에게는 다른 부진정 연대채무자의 채무에 관하여 시효원용권이 없다고 보아야 한다. 부진정 연대채무라는 개념은 주로 연대채무에서의 절대적 효력사유를 인정하지 않기 위하여 도입된 것이어서 제421조가 적용되지 않는다고 보기 때문이다. 판례도 같은 취지로 보인다.[197]

(다) 보증인

1) 보증채무는 주채무와 독립적인 것이지만 주채무를 담보하기 위한 것이므로, 부종성의 원칙에 따라 주채무가 소멸하면 보증채무도 소멸한다(제430조). 따라서 주채무가 시효로 소멸하면 보증인도 보증채무의 이행을 면하므로 원용권이 있다.

---

196) B1이 시효이익을 포기하고 B2는 B1의 A에 대한 채무의 시효를 원용하게 되면(B1과 B2의 부담부분은 동일하다고 가정한다), B1은 여전히 100만원의 채무를 부담하지만, B2는 50만원의 채무만을 부담하게 된다. 이때 B1이 100만원을 A에게 변제하게 되면 B1은 B2에 대해 50만원의 구상권을 가지는지가 문제로 된다(제425조). 시효원용의 효과가 상대적이므로 시효의 효과는 채권자 A와 B2의 문제이므로 B1은 B2에 대해 50만원을 구상할 수 있다고 보아야 할 것이다. 그러면 이때 B2는 A에 대하여 다시 시효소멸된 50만원의 구상을 할 수 있는지가 또 문제로 된다. 이에 대하여는 구상을 인정하는 견해와 구상을 인정하지 않는 견해가 있다. 구상을 인정하는 견해는 B2의 시효원용의 이익을 중시하는 것임에 반하여, 구상을 인정하지 않는 견해는 A가 B1으로부터 100만원을 지급받은 것은 자신의 채권의 이행을 받은 것이므로 부당이득이 되지 않는다는 것을 이유로 한다. 후자의 견해가 타당할 것이다. 일본에서는 이처럼 복잡한 문제가 생기는 것은 소멸시효의 경우 부담부분에 관해 절대적 효력을 인정하기 때문이라고 하여 소멸시효의 효력을 상대적으로 하자는 제안부터, B1채무의 소멸시효가 완성되면 그 원용은 전적으로 B1만이 결정하도록 하고 다른 연대채무자 B2에게는 B1이 결정할 때까지 급부를 거절할 수 있는 연기적 항변권(제435조 참조)을 부여하자는 제안까지 여러 개정의견이 개진되었으나 전자의 제안(상대적 효력설)이 채택되어 그와 같은 내용으로 개정되었다. 이에 대한 자세한 논의는 채권총론을 참조할 것.

197) 대판 1997.12.23. 선고 97다42830(연대채무에 있어서 소멸시효의 절대적 효력에 관한 민법 제421조의 규정은 공동불법행위자 상호간의 부진정 연대채무에 대하여는 그 적용이 없으므로, 공동불법행위자 중 1인의 손해배상채무가 시효로 소멸한 후에 다른 공동불법행위자 1인이 피해자에게 자기의 부담 부분을 넘는 손해를 배상하였을 경우에도, 그 공동불법행위자는 다른 공동불법행위자에게 구상권을 행사할 수 있다고 할 것이다).

따라서 위 예에서 B가 시효를 원용하지 않거나 시효이익을 포기하더라도 보증인 C는 그에 구애받지 않고 독자적으로 시효를 원용할 수 있다(제433조 제2항).[198]

2) 반대로 보증인이 보증채무에 관하여 시효를 원용하지 않거나 시효이익을 포기하면, 주채무에 대한 시효이익도 포기한 것으로 보아서 그 후 주채무에 대하여 소멸시효가 완성된 경우에도 보증인은 주채무의 시효소멸로 보증채무도 시효소멸하였다는 주장을 할 수 없는지와 관련하여, 우리 판례는 부종성의 원칙상 보증채무에 관한 시효이익을 포기한 보증인도 주채무의 시효소멸을 주장할 수 있다고 한다.[199]

3) 보증인이 주채무의 시효가 완성된 후에 주채무에 대한 시효이익을 포기한다고 한 후, 주채무자가 시효이익을 주장하여 주채무가 시효로 소멸하면 보증인은 주채무의 시효소멸을 이유로 보증채무의 이행을 거절할 수 있는지가 문제로 될 수 있다. 보증인이 주채무의 시효소멸을 알면서도 주채무의 시효이익을 포기하였다면 선행행위에 모순되는 행위를 금지하는 신의칙의 원칙상 보증인은 보증채무의 이행을 거절할 수 없다고 보아야 할 것이다. 나아가 이 경우 보증인이 채권자에게 보증채무를 이행한 때 주채무자에 대해 구상을 할 수 있는지노 분제가 될 수 있는데, 주채무자가 주채무의 이행을 면하게 된 것은 보증인의 채무이행으로 인한 것이 아니고 보증인의 채무이행과 무관한 시효소멸에 의한 것이므로 주채무자는 보증인의 구상에 응할 의무는 없다고 보아야할 것이다.

(2) 권리상실을 면하는 자

시효완성으로 자신의 권리가 상실되는 것을 면하는 자도 원용권이 있다.

(가) 물상보증인

B의 A에 대한 채무의 담보로 D가 자신의 부동산에 저당권을 설정한 경우, A가 저당권을 실행하면 D는 자신의 소유인 부동산의 소유권을 상실하게 된다. 이런 물상보증인 D는 A에 대하여 어떠한 채무를 부담하지는 않지만 자기 부동산으

198) 대판 1991.1.29. 선고 89다카1114.

199) 대판 2012.7.12. 선고 2010다51192(주채무에 대한 소멸시효가 완성되어 보증채무가 소멸된 상태에서 보증인이 보증채무를 이행하거나 승인하였다고 하더라도, 주채무자가 아닌 보증인의 행위에 의하여 주채무에 대한 소멸시효 이익의 포기 효과가 발생된다고 할 수 없으며, 주채무의 시효소멸에도 불구하고 보증채무를 이행하겠다는 의사를 표시한 경우 등과 같이 부종성을 부정하여야 할 다른 특별한 사정이 없는 한 보증인은 여전히 주채무의 시효소멸을 이유로 보증채무의 소멸을 주장할 수 있다고 보아야 한다).

로 위 채무에 대한 책임은 부담하므로 B의 A에 대한 채무에 관하여 소멸시효의 원용권을 가진다고 보아야 한다.

(나) 저당부동산의 제3취득자

A의 채무자 B가 자신 소유의 부동산에 위 채무를 담보하기 위하여 저당권을 설정하여 둔 상태에서 E에게 위 부동산을 양도한 경우, E를 제3취득자라고 한다. 이런 제3취득자도 A가 저당권을 실행하는 경우 물상보증인과 같이 자신의 소유인 부동산의 소유권을 상실하게 된다. 따라서 물상보증인과 같이 제3취득자도 시효원용권을 가진다고 보아야 한다.[200]

그러나 채무자 B가 시효이익을 포기한 후에 저당부동산을 E에게 양도한 경우에는 제3취득자 E에게 시효원용권을 인정하지 않는다. 왜냐하면 시효이익의 포기에 대하여 상대적인 효과만을 부여하는 이유는 그 포기 당시에 시효이익을 원용할 수 있는 다수의 이해관계인이 존재하는 경우 그들의 의사와는 무관하게 채무자 등 어느 일방의 포기의사만으로 시효이익을 원용할 권리를 박탈당하게 되는 부당한 결과의 발생을 막으려는 데 있는 것이지, 시효이익을 이미 포기한 자와의 법률관계를 통하여 비로소 시효이익을 원용할 이해관계를 형성한 자에게 이미 이루어진 시효이익포기의 효력을 부정할 수 있게 하여 시효완성을 둘러싼 법률관계를 사후에 불안정하게 만들자는 데 있는 것은 아니기 때문이다.[201]

판례는 유치권이 성립된 부동산의 매수인에게 유치권의 피담보채무에 대하여 시효원용권이 있음을 인정하고 있고,[202] 가등기가 된 부동산의 매수인에게도 가등기에 기한 본등기청구권에 관하여 시효원용권이 있음을 인정하고 있다.[203]

(다) 사해행위의 수익자

판례는 사해행위취소소송의 상대방이 된 사해행위의 수익자는 사해행위로 인정되어 위 소송에서 패소하면 사해행위에 의하여 얻은 이익을 상실하게 되지만, 사해행위취소권을 행사하는 채권자의 채권이 소멸하면 그와 같은 이익의 상실을 면할 수 있는 지위에 있으므로, 그 채권의 소멸에 의하여 직접 이익을 받는 자에 해당하는 것으로 보고 있다.[204]

---

200) 앞의 2009다100098.

201) 대판 2015.6.11. 선고 2015다200227.

202) 대판 2009.9.24. 선고 2009다39530.

203) 대판 1995.7.11. 선고 95다12446.

(3) 해당되지 않는 자

(가) 일반채권자

예 7-20

일반채권자인 A가 B에 대한 채권으로 B의 재산을 압류하여 강제경매를 하자, 또 다른 일반채권자 C가 위 강제경매절차에서 배당요구를 하였다. 그러나 C의 B에 대한 채권은 시효가 완성되었으나 채무자 B는 위 강제경매에서 아무런 이의도 제기하지 않았다.

일반 채권자 A나 C는 채무자 B의 전 재산에 관하여 다른 채권자들과 평등하게 채권액을 회수할 수 있는 권리가 있고 C의 B에 대한 채권이 소멸시효가 완성되어 소멸한다고 하더라도 A의 B에 대한 채권이 소멸하거나 소멸하지 않는 등의 변화가 생기지 않는다. 따라서 일반채권자는 자신의 권리로서, 즉 채무자의 일반채권자의 지위에서는 시효원용권이 없다. 다만 일반채권자로서 채권자대위의 요건(예컨대 채무자가 무자력)에 해당한다면 채권자대위권을 행사하여 채무자가 가지는 시효원용권을 대위행사할 수는 있을 것이다.[205] 뒤에서 보는 것처럼 경매절차에서 시효완성된 채권자가 배당요구하여 배당받아갈 때까지 채무자가 아무런 이의를 제기하지 않았다면 채무자가 시효이익을 포기한 것으로 보지만, 위와 같이 일반 채권자가 채무자를 대위하여 시효원용권을 행사한 때에는 채무자가 시효이익을 포기한 것으로 볼 수는 없다.[206]

---

204) 대판 2007.11.29. 선고 2007다54849.

205) 대판 2012.5.10. 선고 2011다109500(소멸시효가 완성된 경우 채무자에 대한 일반 채권자는 채권자의 지위에서 독자적으로 소멸시효의 주장을 할 수는 없지만 자기의 채권을 보전하기 위하여 필요한 한도 내에서 채무자를 대위하여 소멸시효 주장을 할 수 있다), 대판 1979.6.26. 선고 79다407은 일반 채권자가 채무자를 대위하여 소멸시효의 이익을 원용할 수 있지만, 이 사건에서 채무자가 일반 채권자의 시효원용 전에 이미 채무를 승인하여 대위권 행사의 대상이 존재하지 않는다고 하여 일반 채권자의 시효원용권의 대위행사를 부정했다.

206) 대판 2017.7.11. 선고 2014다32458(소멸시효가 완성된 채무를 피담보채무로 하는 근저당권이 실행되어 채무자 소유의 부동산이 경락되고 대금이 배당되어 채무의 일부 변제에 충당될 때까지 채무자가 아무런 이의를 제기하지 아니하였다면, 경매절차의 진행을 채무자가 알지 못하였다는 등 다른 특별한 사정이 없는 한, 채무자는 시효완성의 사실을 알고 채무를 묵시적으로 승인하여 시효의 이익을 포기한 것으로 볼 수 있기는 하다. 그러나 소멸시효가 완성된 경우 채무자에 대한 일반채권자는 채권자의 지위에서 독자적으로 소멸시효의 주장을 할

따라서 위 예에서 일반채권자인 C에 대하여 배당액이 존재하고 그 배당이 취소되면 A의 배당액이 증액되는 경우에는 일반채권자인 A는 일반채권자의 지위에서는 C의 B에 대한 채권의 시효소멸을 주장할 수 없지만, 채권자대위권의 요건에 해당하면 채무자를 대위하여 그 채권의 시효소멸을 주장할 수 있다.

(나) 후순위 담보권자

예 7-21

채무자의 부동산에 관하여 A가 1번 저당권, B가 2번 저당권, C가 3번 저당권을 가지고 있는 상태에서 위 부동산이 경매되어 A, B, C순으로 차례로 배당되었다. 그런데 A의 피담보채권은 시효소멸된 상태였다. 이때 B가 A의 채권이 시효소멸되었다고 주장할 수 있는 시효원용권을 가지는가.

후순위저당권자인 B에게 채무자를 대위함이 없이 독자적인 시효원용권을 가지는지에 대해서는 견해가 나뉜다.

긍정설은 선순위 저당권자의 피담보채권이 시효소멸되면 순위가 상승하는 이익이 있으므로 시효원용권을 가진다고 본다.

부정설은 후순위저당권자는 처음부터 선순위 저당권의 부담을 각오한 자로서 피담보채권이 시효소멸하더라도 자신의 저당권이나 피담보채권 등 권리자체에는 전혀 영향을 주지 못하고 순위 상승의 이익은 반사적 이익에 불과한 것으로, 만일 시효원용권을 인정한다면 2번 저당권자인 B가 시효원용을 하지 않고 3번 저당권자인 C가 시효원용권을 행사하면 시효의 상대효에 의하여 C에 대해서만 1번 저당권이 소멸된 것으로 처리해야 하는데 그렇다고 하여 3번 저당권을 2번 저당권보다 우선 배당받는 것으로 처리할 수 없어 현행법상 처리가 불가능하다는 점(저당권은 물권으로서 대세효를 가진다) 등을 들어 시효원용권이 없다고 한다.

판례는 부정설을 따르고 있다.[207] 부정설이 타당할 것으로 생각한다.

수는 없지만 자기의 채권을 보전하기 위하여 필요한 한도 내에서 채무자를 대위하여 소멸시효 주장을 할 수 있으므로 채무자가 배당절차에서 이의를 제기하지 아니하였다고 하더라도 채무자의 다른 채권자가 이의를 제기하고 채무자를 대위하여 소멸시효 완성의 주장을 원용하였다면, 시효의 이익을 묵시적으로 포기한 것으로 볼 수 없다).

207) 대판 2021.2.25. 선고 2016다232597.

(다) 채권자대위권에서의 제3채무자

판례는, 부동산 L 소유자 A가 B에게 매도하는 매매계약을 체결하였는데, L에 관하여 원인무효인 C명의의 소유권 이전등기가 경료되었고 이에 B가 채권자대위권을 행사하여 자신의 A에 대한 소유권 이전등기청구권을 피보전권리로 하여 A를 대위하여 C를 상대로 L에 관한 소유권 이전등기의 말소를 구하자, C가 B의 A에 대한 소유권 이전등기청구권은 시효로 소멸되었다고 주장한 사안에서, 위 경우 시효를 원용할 수 있는 자는 시효이익을 직접 받는 자인 A만이고 제3채무자인 C는 이를 행사할 수 없다고 판시하였다.[208]

이는 시효주장을 할 것인지 여부를 채무자의 의사에 맡겨야 할 뿐 아니라[209] 채권자 B의 채무자 A에 대한 권리가 시효소멸하였다고 하더라도 채무자 B의 제3채무자 C에 대한 권리에는 영향을 미치지 않으며 채권자대위권을 행사한 결과의 효과는 채무자 B에게 귀속되기 때문이다.

나. 소급효

소멸시효는 그 기산일에 소급하여 효력이 생긴다(제167조). 시효가 시간의 경과에 의해 효력을 인정하는 것이라면 시효완성 시나 시효원용 시에 효력이 생긴다고 하는 것이 자연스러울 것이다. 그럼에도 위와 같이 소급효를 규정한 이유는, 채권의 경우 채권의 소급적 소멸을 인정하지 않으면 채권자는 시효의 완성으로 원본채권은 소멸하더라도 시효기간의 만료 전의 이자나 지연손해금을 청구할 수 있게 되고, 이렇게 되면 시효완성 전에 채권이 존재하였는지 여부가 법정에서 다투어지게 되어 증명곤란의 구제라고 하는 시효를 둔 입법취지를 관철할 수 없게 되기 때문이다. 따라서 원본채권이 시효에 걸리면 이자채권이나 (원본과 이자의) 지연손해금채권이 발생하지 않는 것으로 취급하여 복잡한 법률관계를 간명하게

---

208) 대판 1992.11.10. 선고 92다35899, 대판 1997.7.22. 선고 97다5749.

209) 대판 2015.9.10. 선고 2013다55300(채권자가 채권자대위소송을 제기한 경우, 제3채무자는 채무자가 채권자에 대하여 가지는 항변권이나 형성권 등과 같이 권리자에 의한 행사를 필요로 하는 사유를 들어 채권자의 채무자에 대한 권리가 인정되는지 여부를 다툴 수 없지만, 채권자의 채무자에 대한 권리의 발생원인이 된 법률행위가 무효라거나 위 권리가 변제 등으로 소멸하였다는 등의 사실을 주장하여 채권자의 채무자에 대한 권리가 인정되는지 여부를 다투는 것은 가능하고, 이 경우 법원은 제3채무자의 주장을 고려하여 채권자의 채무자에 대한 권리가 인정되는지 여부에 관하여 직권으로 심리·판단하여야 한다).

처리하려는 것이다.

그러나 이런 소급효에는 예외도 존재하는데, 앞에서 본 소멸시효가 완성된 채권으로 상계를 인정한 제495조가 그것이다.

다. 주된 권리의 소멸과 종된 권리

주된 권리의 소멸시효가 완성한 때에는 종속된 권리에 그 효력이 미친다(제183조). 따라서 주된 권리인 원본 채권이 소멸하면 종속된 권리인 이자채권이나 지연손해금채권도 소멸한다.

라. 시효이익의 포기

(1) 의의

시효제도를 영속한 사실상태의 보호라고 하는 '사회질서' 또는 법적 안정이라는 '공적 질서'와 관련된 것이라고 보면 개인의 의사에 기한 시효이익의 포기를 인정하기는 어렵다고 보아야 한다. 그러나 이를 권리소멸의 증명곤란을 구제하는 것으로 사익의 보호를 위한 것이라고 본다면 시효이익의 포기를 인정할 수 있다고 할 것이다.

우리 민법은 '소멸시효 완성 전의 시효이익의 포기'에 관하여 민법 제184조 제1항은 '소멸시효의 이익은 미리 포기하지 못한다'고 규정하여 인정하지 않고 있는 데 반하여, '소멸시효완성 후의 포기'에 대하여는 위 조항의 반대해석으로 인정하고 있다.

예 7-22

A가 B에게 1천만원을 대여했는데, 변제기에 변제받지 못한 채 10년이 경과하였다. B는 아래의 각 시점에 A에게 '위 채권에 관하여 시효이익을 주장하지 않겠다'는 각서를 제출하였다.

(1) A가 B에게 1천만원을 대여한 때
(2) 변제기로부터 7년이 경과한 때
(3) 변제기로부터 12년이 경과한 때

(2) 시효완성 전의 시효이익의 포기

시효완성 전에 한 시효이익의 포기는 제184조 제1항에 의하여 금지되는데, 이를 인정하면 채권자가 채무자의 궁박한 처지를 이용하여 남용할 위험이 있기 때문이다. 이런 위험은 소멸시효를 배제하거나 연장 또는 가중하는 경우에도 동일하므로 이것은 금지된다. 그러나 소멸시효를 단축하거나 경감하는 것은 그와 같은 위험이 없기 때문에 허용된다(제184조 제2항).[210)]

이 조항에서의 '미리'라 함은 '시효가 완성되기 전'을 의미한다. 따라서 위 예 (1)과 (2)에서의 시효이익의 포기특약은 시효완성 전에 이루어진 것으로 무효이다. 다만 (2)의 경우에는 시효이익의 포기는 아니지만 시효중단사유로서의 승인으로 볼 수는 있으므로, 시효중단사유인 승인으로 인하여 승인한 때부터 다시 시효가 진행한다고 할 것이다(제178조).

(3) 시효완성 후의 시효이익의 포기

(가) 의의

시효완성 후의 시효이익포기가 인정되는 점은 앞에서 본 바와 같은데 문제는 시효완성의 효과와의 관계에서 이를 어떻게 설명할 것인지이다.

절대적 소멸설에서는 시효완성으로 권리가 당연히 소멸한다고 보므로 시효이익을 포기하면 소멸된 권리를 다시 회복시키는 것이 되고, 이를 설명하기 위해서는 '동일한 권리의 증여'나 '동일한 채무의 부담행위'라고 할 수밖에 없는데, 증여의 경우에는 상대방과의 합의가 있어야 한다는 점에 문제가 있고, 채무부담행위의 경우에는 일방적인 행위로 채무부담이 가능한지에 의문이 있다는 점에서 문제가 있다.

상대적 소멸설에서는 시효완성으로 시효원용권이 발생한다고 보므로, 이 시효원용권이라는 권리를 포기하는 것이 시효이익의 포기라고 보게 되고, 이론적 설명에 어려움은 없다.

(나) 법적 성질

우리 판례에 의하면 시효이익의 포기는 시효완성으로 인한 법적 이익을 받지 않겠다고 하는 '의사표시'로서 시효이익을 받는 채무자가 시효의 완성으로 인한

---

210) 대판 2007.1.12. 선고 2006다32170은 '지급보증계약상 주채무의 보증기일 경과 후 2개월 이내에 보증채무의 이행청구를 하지 않을 경우 보증채무가 소멸하는 것으로 정한 약정은 소멸시효기간을 단축하는 약정으로서 특별한 사정이 없는 한 제184조 제2항에 의하여 유효하다'고 보고 있다.

법적 이익을 받지 않겠다는 '효과의사'가 필요하다고 보고 있으므로,[211] 이는 권리 내지 법적 이익을 포기하는 '상대방 있는 단독행위'로 보고 있다. 따라서 이런 권리나 법적 이익의 포기를 위해서는 일반적인 법률행위에서와 동일한 처분능력과 처분권한이 필요하다.

절대적 소멸설에서는 판례의 이런 입장을 설명하기 힘들지만, 상대적 소멸설에서는 시효원용권이라는 권리를 포기하는 단독행위라고 할 수 있어 판례의 입장을 무리 없이 설명할 수 있다.

(다) 포기의 방법

소멸시효 완성 후의 시효이익의 포기는 상대방 있는 단독행위이므로 상대방의 동의가 불필요하지만 그 의사는 상대방에게 도달해야 할 것이다.

이 경우 포기의 의사표시가 있었는지 여부는 의사표시의 해석문제이지만, 통상의 의사표시와 동일하게 명시·묵시의 의사표시로도 가능하고 의사실현에 의해서도 가능하다고 보아야 할 것이다. 따라서 위 예 (3)에서는 B가 소멸시효기간 10년이 경과한 후에 위와 같은 각서를 제출한 것은 시효완성 후에 시효이익을 포기한 것으로 보아도 좋을 것이다.

(라) 묵시적 포기와 시효완성의 인식가능성

1) 시효이익의 포기는 의사표시로서의 법률행위 중 단독행위라고 보기 때문에 시효완성사실을 알고 있음에도 이를 포기한다는 효과의사가 필요하다. 따라서 채무자가 시효완성사실을 알지 못하여 시효원용권이 발생하였다는 사실을 알지 못하면 설사 시효이익의 포기로 보이는 행위가 행해졌더라도 채무자에게 포기의 의사가 있었다고 할 수 없어 시효이익의 포기라고 볼 수 없는 것은 당연할 것이다. 그러나 이런 시효이익의 포기의 의사는 묵시적으로도 가능하므로 채무자가 시효이익의 포기로 보이는 행동을 한 때 시효이익의 포기의 의사가 있었는지는 결국 의사해석의 문제라고 할 수 있다.

우리 판례는 시효이익 포기의 의사표시가 존재하는지의 판단은 표시된 행위 내

---

211) 앞의 승인에서 본 2011다21556 판결(시효완성 후 시효이익의 포기가 인정되려면 시효이익을 받는 채무자가 시효의 완성으로 인한 법적인 이익을 받지 않겠다는 효과의사가 필요하기 때문에 시효완성 후 소멸시효 중단사유에 해당하는 채무의 승인이 있었다 하더라도 그것만으로는 곧바로 소멸시효 이익의 포기라는 의사표시가 있었다고 단정할 수 없다).

지 의사표시의 내용과 동기 및 경위, 당사자가 의사표시 등에 의하여 달성하려고 하는 목적과 진정한 의도 등을 종합적으로 고찰하여 사회정의와 형평의 이념에 맞도록 논리와 경험의 법칙, 그리고 사회일반의 상식에 따라 객관적이고 합리적으로 이루어져야 한다고 판시한다.[212)]

2) 이런 점에서 문제가 되는 것은 시효완성 후 채무자가 채무의 승인, 변제, 일부변제, 변제연기증서의 교부 등의 행위를 한 경우 묵시적으로 시효이익의 포기의 효과의사가 있다고 할 수 있는지 이다. 주의할 점으로서 같은 채무승인이라도 시효중단사유로서의 채무승인과 시효이익의 포기로서의 채무승인은 그 법적 성격이 다르다는 것이고 이에 대해서는 앞에서 보았다.

판례는 시효완성 후 채무를 승인한 경우는 시효완성의 사실을 알고 그 이익을 포기한 것으로 추정할 수 있다고 하고,[213)] 시효완성된 채무의 일부변제 시 전부에 대한 시효완성사실을 알고 그 이익을 포기한 것으로 추정하며,[214)] 시효완성 후 채무자가 채권양도서에 입회인으로 서명날인한 경우,[215)] 채권양도를 승낙한 경우,[216)] 채무자가 채무변제의 연기를 구한 경우,[217)] 경매에서의 배당절차에서 시효완성된 채권자에세 배당될 때까지 채무자가 이의를 제기하지 않은 경우[218)]에는 시효이익의 포기가 있었다고 보고 있다.

그러나 소멸시효 완성 후에 있은 과세처분에 따라 세액을 납부한 경우[219)]나 소송에서 1심에서는 상계항변만을 제출하였다가 2심에서 소멸시효항변을 한 때 1심에서의 상계항변을 한 것을 시효이익의 포기라고 보지 않는다.[220)]

---

212) 위 2011다21556 판결.

213) 대판 1967.2.7. 선고 66다2173.

214) 대판 2013.5.23. 선고 2013다12464.

215) 대판 1992.5.22. 선고 92다3580.

216) 앞의 2009다100098 판결.

217) 대판 1991.1.29. 선고 89다카1114.

218) 앞의 2011다109500 판결, 대판 2001.6.12. 선고 2001다3580.

219) 대판 1988.1.19. 선고 87다카70. 세금의 경우 납부기한을 어기면 가산세가 붙게 되는 등으로 불이익이 상당하기 때문에 통상 세금을 납부한 후 과세처분을 다투는 예가 많다. 따라서 이런 경우의 세금납부를 시효이익의 포기로 보게 되면 납세자에게 큰 불이익이라고 할 것이다. 이런 이유에서 판례가 통상의 채무변제와 달리 본 것이라고 생각한다.

220) 앞의 2011다21556 판결(소송에서의 상계항변은 일반적으로 소송상의 공격방어방법으로 피고의 금전지급의무가 인정되는 경우 자동채권으로 상계를 한다는 예비적 항변의 성격을 갖는다. 따라서 상계항변이 먼저 이루어지고 그 후 대여금채권의 소멸을 주장하는 소멸시효항

3) 시효완성 후 채무를 승인하거나 변제한 경우 시효완성의 사실을 알고 그 이익을 포기한 것으로 추정할 수 있다고 하는 판례의 태도에 대해서는 비판이 있다. 즉 판례를 비판하는 입장에서는 시효완성 후에 채무자가 채무를 승인한다든지 변제를 하는 등의 행위를 하는 경우 채무자가 시효완성을 알고서 한 것이라고 보기보다는 알지 못하고 한 것으로 추정하는 것이 경험칙상 합당하고, 또 판례와 같이 보는 경우 변제한 채무자가 시효완성을 알지 못한 것을 증명하면 다시 시효완성을 원용할 수 있다고 보는 것도 불합리하다(판례는 이런 불합리를 피하기 위하여 위와 같은 추정의 번복을 거의 인정하지 않는다)고 한다.

우리와 비슷한 조문을 가지고 있는 일본의 경우 우리 판례와 같은 입장이었다가 昭和41年(1966년).4.20. 판례를 변경하여 시효완성 후 채무를 승인한 경우 위와 같은 추정이 미치지 않는다고 하면서도 위와 같은 행위를 하여 채무를 승인한 후에 시효이익의 포기를 주장하는 것은 선행행위와 반대되는 언동(言動)을 금지하는 신의칙에 반하여 허용되지 아니한다고 판시하였다.[221]

4) 생각건대 현재 우리 판례가 시효완성 후에 채무자가 채무를 승인하는 등의 행위는 채무자가 시효완성을 알고서 한 것이라고 추정하는 것은 경험칙에 반한다고 할 것이므로, 채무승인을 하였더라도 현실적으로 이행을 하지 않고 있는 이상은 시효원용을 할 수 있고, 현실적으로 일부를 변제하였더라도 그 채권 전부에 대해 시효이익을 포기하였다고 볼 수는 없고 나머지 부분에 대해 소멸시효를 원용할 수 있으나 이미 급부한 것에 대하여는 급부를 이행한 후에 이르러 소멸시효를 원용하는 것은 금반언의 원칙상 인정되지 않는다고 하는 것이 어떨까.

(마) 포기의 상대효

시효이익의 포기의 효과는 시효중단에서의 시효원용권에서 본 것처럼 상대적 효력만 있다. 판례에 의하면 주채무자의 시효이익포기의 효력은 보증인(제433조 제2항),[222] 제3취득자에게[223] 미치지 않는다고 하는 점과 보증인의 시효이익의 포기

변이 있었던 경우에, 상계항변 당시 채무자인 피고에게 수동채권인 대여금채권의 시효이익을 포기하려는 효과의사가 있었다고 단정할 수 없다).

221) 신의칙에 반한다는 일본의 판례에 대해서는 일본의 통설은 찬동하고 있으나, 채권자의 신뢰보호는 채권자에게 시효중단행위로 나올 수 있는 수단이 남아있다는 점을 전제로 한 것인데 시효완성된 경우에는 채권자가 시효를 중단할 수 있는 조치를 취할 수 있는 가능성을 상실하였으므로 시효완성 후에 발생한 채권자의 신뢰는 법적 보호에 가치 있는 신뢰라고 할 수 없다고 하여 판례에 반대하는 설도 있다.

와 관련한 사항은 앞의 '시효중단의 시효원용권자'항에서 보았다.

4. 소멸시효 주장과 신의칙

채무자의 소멸시효에 기한 항변권의 행사도 우리 민법의 대원칙인 신의성실의 원칙과 권리남용금지의 원칙의 지배를 받는 것은 당연하다. 따라서 채무자가 시효완성 전에 채권자의 권리행사나 시효중단을 불가능 또는 현저히 곤란하게 하거나 그러한 조치가 불필요하다고 믿게 하는 행동을 하였거나, 객관적으로 채권자가 권리를 행사할 수 없는 장애사유가 있었거나, 일단 시효완성 후에 채무자가 시효를 원용하지 아니할 것 같은 태도를 보여 채권자로 하여금 그와 같이 신뢰하게 하였거나, 또는 채권자를 보호할 필요성이 크고 같은 조건의 그 채권자들 중 일부가 이미 채무의 변제를 수령하는 등 채무이행의 거절을 인정함이 현저히 부당하거나 불공평하게 되는 등의 특별한 사정이 있는 경우에는 채무자가 소멸시효의 완성을 주장하는 것은 신의성실의 원칙에 반하여 권리남용으로서 허용될 수 없다.[224]

판례에 의하면, 교통사고로 심신상실의 상태에 빠진 피해자가 보험회사를 상대로 교통사고 발생일로부터 소멸시효기간이 경과한 시점에 보험계약에 기한 보험금의 청구를 내용으로 하는 소를 제기한 사안에서 보험회사가 소멸시효완성을 주장하는 것은 신의성실의 원칙에 반한다고 하고,[225] 국가가 「진실·화해를 위한 과거사정리 기본법」(이하 「과거사정리법」이라 한다)의 적용대상인 피해자의 진실규명신청을 받아 국가 산하 '진실·화해를 위한 과거사정리위원회'(이하 '정리위원회'라 한다)에서 희생자로 확인 또는 추정하는 진실규명결정을 하였다면, 그 결정에 기초하여 피해자나 그 유족이 상당한 기간 내에 권리를 행사할 경우에, 국가가 적어도 소멸시효의 완성을 들어 권리소멸을 주장하지 않을 것이라는 데 대한 신뢰를 가질 만한 특별한 사정이 있다고 봄이 타당하고, 이에 불구하고 국가가 피해자 등에 대하여 소멸시효의 완성을 주장하는 것은 신의성실 원칙에 반하는 권리남용에 해당하여 허용될 수 없다고 한다. 그리고 비록 피해자 등으로부터 진실규

222) 앞의 89다카1114 판결.

223) 앞의 2009다100098 판결.

224) 대판 2010.6.10. 선고 2010다8266.

225) 앞의 법률상의 장애에서 본 2009다44327 판결.

명신청이 없었더라도 정리위원회가 '역사적으로 중요한 사건으로서 진실규명사건에 해당한다고 인정할 만한 상당한 근거가 있고 진실규명이 중대하다고 판단되는 때에는 이를 직권으로 조사할 수 있다'는 「과거사정리법」 제22조 제3항에 따라 직권으로 조사를 개시하여 희생자로 확인 또는 추정하는 진실규명결정을 한 경우에는, 「과거사정리법」의 입법 목적 및 위 조항의 내용에 비추어 볼 때 당해 사건의 중대성을 감안하여 그 희생자의 피해 및 명예회복이 반드시 이루어져야 하며 이를 수용하겠다는 「과거사정리법」에 의한 국가의 의사가 담긴 것으로 보아야 하고, 피해자 등에 대한 신뢰부여라는 측면에서 진실규명신청에 의하여 진실규명결정이 이루어진 경우와 달리 취급할 이유가 없으므로, 그 희생자나 유족의 권리행사에 대하여 국가가 소멸시효를 주장하는 것은 마찬가지로 권리남용에 해당한다고 한다.[226)]

나아가 이처럼 채무자가 소멸시효의 이익을 원용하지 않을 것 같은 신뢰를 부여한 경우에도 채권자는 그러한 사정이 있은 때로부터 상당한 기간 내에 권리를 행사하여야만 채무자의 소멸시효의 항변을 저지할 수 있는데, 여기에서 '상당한 기간' 내에 권리행사가 있었는지는 채권자와 채무자 사이의 관계, 신뢰를 부여하게 된 채무자의 행위 등의 내용과 동기 및 경위, 채무자가 그 행위 등에 의하여 달성하려고 한 목적과 진정한 의도, 채권자의 권리행사가 지연될 수밖에 없었던 특별한 사정이 있었는지 여부 등을 종합적으로 고려하여 판단할 것이지만 신의성실의 원칙을 들어 시효완성의 효력을 부정하는 것은 법적 안정성의 달성, 입증곤란의 구제, 권리행사의 태만에 대한 제재를 이념으로 삼고 있는 소멸시효 제도에 대한 대단히 예외적인 제한에 그쳐야 할 것이므로, 위 권리행사의 '상당한 기간'은 특별한 사정이 없는 한 민법상 시효정지의 경우에 준하여 단기간으로 제한되어야 하고 따라서 개별 사건에서 매우 특수한 사정이 있어 그 기간을 연장하여 인정하는 것이 부득이한 경우에도 불법행위로 인한 손해배상청구 시 그 기간은 아무리 길어도 민법 제766조 제1항이 규정한 단기소멸시효기간인 3년을 넘을 수는 없다고 보고 있다.[227)]

한편 판례는 임기만료된 국공립대학 교원에 대한 재임용거부가 불법행위임을 이유로 그 교원이 국가를 상대로 한 손해배상청구사안에서, '국가에게 국민을 보

226) 대판 2013.7.25. 선고 2013다16602.

227) 대판(전합체) 2013.5.16. 선고 2012다202819.

호할 의무가 있다는 사유만으로 국가가 소멸시효의 완성을 주장하는 것 자체가 신의성실의 원칙에 반하여 권리남용에 해당한다고 할 수는 없으므로, 국가의 소멸시효완성 주장이 신의칙에 반하고 권리남용에 해당한다고 하려면 일반 채무자의 소멸시효완성 주장에서와 같은 특별사정이 인정되어야 하는데 이 사건에서는 그런 특별사정이 인정되지 않는다'고 하여 교원의 청구를 기각한 것이 있다.[228)]

228) 대판 2010.9.9. 선고 2008다15865. 국가는 국민의 신체 및 재산을 보호할 의무를 부담하므로 국민의 국가에 대한 권리가 인정된다면 원칙적으로 권리가 인정되는 국민의 권리행사에 대하여 국가가 시효소멸을 주장하는 것은 원칙적으로 불가능하고, 특별한 사정이 있어야 시효소멸주장이 가능하다고 해야 하지 않을까. 더욱이 우리 판례는 국민의 재산에 대한 국가의 시효취득을 인정하는데 이것도 함부로 인정해서는 안되지 않을까.

제 8 장 신의성실의 원칙

Ⅰ. 서

1. 법 조항

제2조 제1항은 '권리의 행사와 의무의 이행은 신의에 좇아 성실히 하여야 한다'고 규정하고 있고, 제2항은 '권리는 남용하지 못한다'고 규정하고 있다. 그런데 위 조항은 다른 조항과 달리 그 조항 자체만으로는 어떤 요건에 해당되어야 신의칙에 위반되는 것인지 또 권리의 남용에 해당하는 것인지를 알 수 없다. 결국 이 조항은 추상적인 일반원칙을 선언한 것으로서 제103조와 같은 일반조항에 불과하고 그 구체적인 내용은 개별사건에 관한 법원의 판결에 의해 형성될 수밖에 없다.

2. 연혁

가. 신의성실의 원칙

독립적이고 자유로운 개인 사이에 이루어지는 사적 거래는 당사자들 사이의 합의에 대한 상대방의 이행을 신뢰하지 않으면 행해질 수 없다. 따라서 상호간에 상대방을 배신하지 않고 성실하게 행동하는 것이 필요하고 이런 점에서 채권관계 특히 채무이행과 관련하여 신의성실의 원칙이 생성되게 된다. 이처럼 개인의 자유를 기초로 하여 소유권 등 개인의 권리존중을 가장 중요한 원리로 하였던 근대에서는 신의성실의 원칙이 채무자의 이행의 충실함을 정한 것으로서 채무이행의 기준을 보이는 것이었다. 그러나 점차 이 원칙이 채무이행의 영역을 벗어나서 채권법의 전 분야에까지 적용되게 되면서 채권법 전반을 지배하게 되었다. 이러한 적용영역의 확장은 점점 더 진행되어 현대에 와서는 채권법의 전 분야를 넘어 일반적인 권리, 의무의 영역에까지 미치게 되어 현재 이 원칙은 모든 권리, 의무관계에 대해서도 확대 적용되기에 이르렀다.

나. 권리남용금지

근대에서는 재산권은 불가침이고 절대적이라고 보았다. 따라서 근대에는 권리를 행사한 결과 타인이 피해를 입더라도 비난받아서는 아니 된다고 생각하였다. 그렇지만 그 시대에서도 권리를 행사하는 자에게 권리행사로 인한 특별한 이득이 없음에도 상대방에게 손해를 줄 목적으로만 권리를 행사하는 것은 윤리관념상 허용되지 않고 이런 경우에는 권리남용이 된다고 보았다. 이처럼 이 법리는 최초에는 권리를 행사하는 자의 주관적 측면을 중시하였다.

그러나 권리의 사회성 즉 권리도 공공복리에 부합하도록 행사되어야 한다는 사상이 지배적으로 되자 재산권의 절대불가침적 성격도 변화되었고, 이에 따라 이 원칙도 판단기준의 중심이 서서히 주관적인 사정의 존재를 요건으로 하는 판단에서 객관적인 이익형량쪽으로 이전하게 되었다.

3. 신의성실의 원칙과 권리남용금지의 관계

연혁적으로 최초 신의성실의 원칙은 채권법 영역에 적용되는 것이었고, 권리남용금지는 절대권인 소유권에 관한 법원칙이었다. 그런데 신의성실의 원칙이 채권법 영역을 벗어나 일반적인 권리·의무관계에까지 그 적용영역이 확대되고, 또 권리남용금지 역시 주관적 요건을 중시하지 않게 되자 두 원칙이 서로 충돌하게 되는 사태가 발생하게 되었다.

이에 따라 이 두 원칙의 상호관계가 문제로 부각되게 되었다.

이 문제에 대해서는 연혁을 중시하여 신의성실의 원칙은 채권법의 총칙적 기능을 가진다고 보아 채권법의 영역에 적용이 있고, 권리남용금지는 소유권 등 지배권의 영역에 적용이 있다는 견해, 신의성실의 원칙은 특별한 권리의무에 의해 결합되어 있는 자들 사이의 이해조절을 목적으로 하는 반면 권리남용은 특별한 종류의 권리의무로 결합되어 있지 않는 사인(私人)들 사이의 이해조절을 목적으로 하므로 권리남용은 특정한 자의 소유권의 행사와 사회일반인과의 관계에 적용이 있다는 견해 등이 있다.

판례는 이 둘의 관계를 엄격히 구분하고 있는 것으로 보이지 않는다. 그리하여 판례에 따라서는 제2조 제1항과 제2항을 같이 거론하는 경우도 많이 있다.

사견으로는 신의성실의 원칙이 권리남용금지보다 상위에 있는 원칙이라고 생각하지만, 둘의 적용영역을 구분하려는 시도는 그다지 실익이 있는 논의는 아닌 것으로 보인다.

Ⅱ. 신의성실의 원칙(신의칙)

1. 기능의 분류

가. 법률의 한계와 보완

법률문제를 해결하기 위해서는 그 법률문제의 해결을 위한 기준으로서의 법률의 존재를 파악한 후 그 법률의 해석을 거쳐 해결하게 된다. 그런데 법률은 동일한 성격을 가진 많은 경우를 통일적으로 규율하므로 일반적이고 추상적인 성격을 가지지 않을 수 없고 이를 구체적 사건에 그대로 적용하다보면 경우에 따라서는 불합리한 결과가 생길 가능성이 있다. 그렇다고 하여 요건이나 효과를 각각 그 개별적 경우에 맞추어 모든 경우를 대비한 법률을 제정하는 것은 불가능하다. 게다가 법률은 입법하는데 시간이 소요되고 사회의 변화에 따라 제대로 대응하기 힘든 입법의 지체현상도 생기게 되어 새로운 사회현상을 현존하는 법률로 규율하기 힘들 때도 있다.

이를 보완하기 위한 수단으로서의 역할을 수행하는 것이 법률에서의 일반조항이다.

나. 일반조항의 문제점(일반조항으로의 도피)

일반조항은 앞에서 본 것처럼 법률의 불충분한 점을 보충하고 미처 준비하지 못하였던 점을 보정하여 기계적인 법률의 적용 시에 나타날 수 있는 불합리한 점을 구제함으로써 구체적 사건에서 가장 타당한 해결을 도모할 수 있다는 점에서 장점이 있다.

그러나 이런 일반조항의 적용이 남용되게 되면 입법자가 정한 제정법의 구속력을 무시하게 되는 위험이 있게 된다. 즉 입법자들이 입법한 제성법을 사법부가 쉽게 수정하게 됨으로써 법률을 제정한 의미가 사라지게 될 수 있다. 또 기존에 확립된 법률에 의한 제약을 피하여 사법부가 자유롭게 판단하게 되면 법관의 자의(恣意)가 개입함으로써 사건처리의 기준이 법관마다 달라져 법적 안정성이 위협받거나 법 적용에 대한 예측가능성이 상실될 위험도 높게 된다.

이런 문제점을 의식한다면 일반조항의 적용에 의한 법률문제의 해결기능도 일정한 한계가 있을 수밖에 없다는 점은 쉽게 수긍할 수 있을 것이다.

다. 분류기준

일반조항을 어떤 기준에 따라서 분류할 것인지는 학자들마다 다를 수 있다. 그런데 이 문제는 결국은 사법부가 구체적 사건을 해결하기 위해 기존의 법률을 적용함에 있어 어느 정도까지 자유롭게 판단할 수 있는가라는 점에 있다고 할 것이다. 따라서 법관이 구체적인 사건의 해결에 있어서 기존의 법규정을 어떻게 취급하는지를 기준으로 분류하는 것이 타당할 것이다.

이렇게 본다면 법관이 법률문제와 관련된 사건해결에 있어, 기존의 법규정과 관련하여 그에 의하여 이미 예정되어 있는 구도나 구조를 초월하지 않고 그 법규정을 보다 상세하고 구체적인 실현을 도모하는 것인지(일반조항에 의한 법규정의 구체화), 아니면 법규정에 규정되어 있지만 기존의 법규정에 부과된 목적에 비추어 변화된 사회문제를 해결하기 곤란하다는 실제적 필요성에 의하여 그 법규정을 수정하는 것인지(일반조항에 의한 법규정의 수정 내지 보완), 나아가 제정법이 예정하고 있지 않았던 문제에 대해 일반조항을 매개로 새로운 규칙을 형성하는 것인지(일반조항에 의한 규칙형성)를 기준으로 나누어 보아야 할 것이다.

2. 분류에 따른 구체적 기능

가. 일반조항에 의한 법규정의 구체화

예 8-1

A가 B로부터 계속적으로 물품공급을 받으면서 그 물품대금의 담보조로 자신 A의 토지 L에 채권최고액 1억원인 근저당권을 설정하였다. 그 후 A가 B를 상대로 남은 물품대금이 지연손해금을 포함하여 금 69,135,945원이라고 주장하면서 변제제공하였으나 B는 그 금액보다 많다고 하면서 수령을 거절하였다. 그러자 A는 위

금액을 변제공탁하고 L에 설정된 근저당권의 말소를 구하는 소송을 제기하였다. 재판결과 실제 물품대금은 위 금액보다 금 248,816원이 많은 금액임이 밝혀졌고 이에 B는 근저당권의 피담보채무 전액이 변제되지 아니하였으므로 근저당권이 말소될 수 없다고 다투었다.

근저당권은 담보할 채무(피담보채무)의 최고액만을 정하고 채무의 확정을 장래에 보류하여 설정하는 것이고(제357조 제1항), 피담보채무의 전부를 변제받을 때까지 담보물 전부에 대하여 그 근저당권의 권리를 행사할 수 있으며(제370조, 제321조), 변제는 채무내용에 좇은 현실제공으로 이를 하여야 한다(제460조). 따라서 위 예의 경우 채무자인 A가 근저당권의 말소를 구하기 위해서는 먼저 채권자이자 근저당권자인 B에게 피담보채무액 전부를 현실적으로 지급하여 변제하여야 한다. 이때 만일 B가 A에 의해 현실제공된 금액의 수령을 거절하면 공탁하여 채무를 면할 수 있다(제487조). 따라서 위 각 조항을 문자 그대로 위 예에 적용하면 A는 피담보채무액 전부를 현실적으로 제공하거나 공탁을 한 것이 아니므로 근저당권의 말소를 구할 수 없게 될 것이다.

그러나 우리 판례는 위와 같은 사안에서 채권자에 대한 변제자의 공탁금액이 채무의 총액에 비하여 부족한 금액이 0.35%에 지나지 않아 그 부족액이 아주 근소한 경우에는 당해 변제공탁은 신의칙상 유효한 것으로 보아야 할 것이라고 판시했다.[1] 이는 신의성실의 원칙에 의하여 '채무의 내용에 좇은' 변제의 제공이라는 제정법의 내용을 구체화한 것이라고 볼 수 있다.

나. 일반조항에 의한 법규정의 수정 내지 보완

예 8-2

B가 1990.1.1. A로부터 토지 L을 10년간 임차하여 건물 H를 신축한 후 H에서 처 C와 동거하면서 가구점을 경영하여 왔다. 1996년경 B와 C가 이혼하게 되자 그 위자료조로 B가 C에게 위 가구점 H를 양도하여 이전등기까지 경료해준 후 계속 가구점을 경영하였다. 그런데 이혼 후 별거하던 C가 위 H로 복귀하여 B와 함께 기거하고 있다. A는 자신의 동의 없이 B가 C로 하여금 토지를 사용 수익하게 하였다는 이유로 임대차계약을 해지하고 건물 H의 철거와 토지의 반환을 청구하였다.

1) 대판 2002.5.10. 선고 2002다12871, 12888. 그 외 대판 1988.3.22. 선고 86다카909에서는 49,050,000원의 채무에 관해 63,700원이 부족한 금액을 공탁한 것에 대하여 신의성실의 원칙상 유효한 변제공탁이라고 하였다.

임대차의 경우 제629조는 임차인은 임대인의 동의 없이 그 권리를 양도하거나 전대하지 못하고(제1항), 이를 위반하면 임대인은 임대차계약을 해지할 수 있다(제2항)고 규정한다. 따라서 위 규정에 의하면 위 사안에서 B가 임대인의 동의 없이 C로 하여금 임대인 소유의 토지 L을 사용하게 하였으므로[2] 임대인 A는 임대차계약을 해지할 수 있다고 해야 할 것이다.

그런데 대법원은 제629조와 관련하여 '민법상의 임대차계약은 원래 당사자의 개인적 신뢰를 기초로 하는 계속적 법률관계임을 고려하여 임대인의 인적 신뢰나 경제적 이익을 보호하여 이를 해치지 않게 하고자 함에 있으며, 임차인이 임대인의 승낙 없이 제3자에게 임차물을 사용 수익시키는 것은 임대인에게 임대차관계를 계속 시키기 어려운 배신적 행위가 될 수 있는 것이기 때문에 임대인에게 일방적으로 임대차관계를 종지(終止)시킬 수 있도록 하고자 함에 있다고 할 것이다. 따라서 임차인이 임대인으로부터 별도의 승낙을 얻은 바 없이 제3자에게 임차물을 사용·수익하도록 한 경우에 있어서도 임차인의 당해 행위가 임대인에 대한 배신적 행위라고 인정할 수 없는 특별한 사정이 있는 경우에는 위의 법조에 의한 해지권은 발생하지 않는다'고 하여 위와 같은 사안에서는 '본래의 임차인인 B와 동일한 사업을 수행하면서 그 형식적인 사업주체의 인격만 변경된 것뿐이고, 더구나 C는 B와 부부 사이로 한 세대를 구성하고 건물 H에서 동거하며 함께 가구점을 경영해 오고 있으므로, 실질적으로 임대인인 A의 인적 신뢰나 경제적 이익을 해치는 것도 아니고, 이와 같은 경우에는 임대차관계를 계속시키기 어려운 배신적 행위라고 인정할 수 없는 특별한 사정이 있는 경우에 해당한다고 봄이 상당하다'고 하여 해지권을 인정하지 않았다.[3]

민법의 규정에 의하면 임대인의 동의 없이 임대차 목적물을 양도하거나 전대한 경우에는 아무런 예외 없이 임대인이 해지할 수 있다고 규정하고 있음에도 대법원은 '배신적 행위가 없는 경우'에는 해지할 수 없다고 해석하여 임대인의 해지권을 제한적으로 해석하고 있다. 법원의 이런 태도는 임차인의 주거 불안정에 대

2) 건물부지의 점유자가 누구인지에 관한 우리 판례의 태도는 실제로 건물을 누가 점유하고 있는지와 무관하게 건물의 소유자가 건물부지의 점유자로 본다(대판 2003.11.13. 선고 2002다57935). 따라서 위 예에서 B가 신축하여 H를 소유할 때에는 L을 B가 사용·수익하고 있다고 보지만, H를 C가 소유하게 되면 그때부터는 실제 H를 B가 점유·사용하고 있다고 하더라도 C가 L을 사용·수익하고 있다고 본다.

3) 대판 1993.4.27. 선고 92다45308.

한 사회적 배려로서 임차인의 지위를 강화하려는 목적에서 나온 것으로 보이는데 이는 본래 민법과는 이질적인 요소, 즉 사법부도 국가기관으로서 국가의 주택정책의 일익을 담당해야한다는 사회정책적 배려가 엿보인다고 할 수 있다.

이처럼 민법의 규정상으로는 위 예와 같은 경우 임대인의 해지권에 관하여 아무런 제한을 두고 있지 않음에도, 법원은 신의성실의 원칙이라는 법리를 도입하여 위 규정의 적용범위를 '배신적 행위'에 해당하는 경우에만 행사할 수 있다고 해석함으로써 그 적용범위를 제한하고 있다.

신의성실의 원칙이 가지는 이런 기능은 권리자의 권리행사가 외견상 또 규정상으로는 적법한 것으로 보이지만 남용에 해당한다고 판단되는 때에 그 권리의 행사를 부정하는 경우에도 보인다. 이러한 권리남용금지의 경우에 관하여는 아래 권리남용에서 보기로 한다.

다. 일반조항에 의한 새로운 규칙 형성

예 8-3

A는 주택건설사업을 계획하여 관할 관청에 주택건설사업의 허가신청절차를 진행하면서 허가가 나올 경우를 대비하여 견본주택을 축조하기 위해 B로부터 B소유의 토지 L을 임차하는 계약을 체결하고 계약에서 정한 임대보증금을 지급하였다. 당시 B는 A의 주택건설사업의 진행절차나 진척상황을 잘 알고 있었고 또 L을 견본주택축조를 위하여 임차한다는 점도 알고 있었다. 임대차계약체결 후 A가 L상에 견본주택의 축조를 위해 관할관청에 가설건축물 축조신고서를 제출하였으나 관할관청으로부터 '주택건설 사업의 허가가 아직 내려지지 않은 상태에서는 주택건설사업의 견본주택의 건립은 불가능하다'는 이유로 축조신고서가 반려되었다. 그 후 A가 신청한 주택건설사업허가도 반려되었다. 그러자 A가 B를 상대로 위 임대차계약을 해제한다고 하면서 위 계약에 따라 지급한 임대보증금의 반환을 구하였다.

당사자는 적법하고 유효한 계약을 체결한 이상 그 계약에 구속되는 것은 당연한 것으로서 이는 민법의 대원칙이다. 따라서 A와 B가 계약을 체결한 이상 어느 당사자든 일방적으로 그 계약을 해제할 수 없고, 단지 일방 당사자가 중요한 채무의 불이행에 해당하는 사태를 발생시킨 때, 즉 제544조 내지 제546조에 해당하는 때에만 상대방은 그 계약을 해제할 수 있다. 이에 의하면 위 예의 경우 B가 위 임대차계약상의 채무를 불이행한 바가 없으므로 A는 그 계약을 해제할 수 없다고 해야 할 것이다.

그러나 우리 판례[4]는 위 예와 같은 경우 '사정변경의 원칙'을 적용하여 해제를 인정하였다. 즉 판례는 '계약성립 당시 당사자가 예견할 수 없었던 현저한 사정의 변경이 발생하였고 그러한 사정의 변경이 해제권을 취득하는 당사자에게 책임 없는 사유로 생긴 것으로서 계약내용대로의 구속력을 인정한다면 신의칙에 현저히 반하는 결과가 생기는 경우에는 계약준수의 원칙의 예외로서 사정변경으로 인한 계약해제권이 인정되고 여기서 말하는 사정이란 계약의 기초가 되었던 객관적인 사정으로서 일방 당사자의 주관적 또는 개인적인 사정을 의미하는 것은 아니다'고 판시하였다.[5]

이러한 사정변경을 이유로 하는 해제권은 우리 민법에는 규정이 없다. 그럼에도 대법원이 이를 인정한 것은 기존의 명문규정이 가지는 한계를 타파하여 법규에 반하는 새로운 판례법을 창조한 경우에 해당한다고 할 것이다.

3. 기능의 한계

앞에서 본 것처럼 일반조항인 신의성실의 원칙을 지나치게 넓게 적용하면 입법자가 정한 제정법의 구속력을 무시하는 위험에 빠지게 되므로 그 적용에는 한계가 있을 수밖에 없다. 특히 문제가 되는 것은 신의성실의 원칙과 강행규정과의 관계에 대한 것이다.

강행규정에는 이에 위반되는 합의는 어떤 일이 있어도 허용하지 않겠다는 입법자의 의지가 담겨져 있으므로 법원도 강행규정을 제정한 입법자의 의도를 무시하면 아니 되고, 따라서 법원이 신의성실의 원칙을 적용한 결과가 강행법규에 위반되는 때에는 신의성실의 원칙을 적용할 수 없다고 할 것이다.

나아가 당사자의 일방이 강행법규에 위반되어 무효임을 알면서도 법률행위를 한 후, 이렇게 행동한 자가 그 법률행위의 강행법규 위반을 들어 무효를 주장하는 것이 신의칙 또는 금반언의 원칙(앞서 한 언동과 모순되는 언동을 하여서는 아니된다는 원칙)에 반하거나 권리남용에 해당하는지가 문제로 될 수 있다.

판례는 '당사자들의 법률행위가 강행규정을 위반하여 무효인 경우 그 무효를

---

4) 대판 2020.12.10. 선고 2020다254846.

5) 대판 2007.3.29. 선고 2004다31302.

주장하는 것이 신의칙에 위배되는 권리의 행사라는 이유로 배척하면 강행규정으로 정한 입법 취지를 몰각하는 결과가 되므로 특별한 사정이 없는 한 무효를 주장할 수 있다'고 한다.[6)]

무효를 주장할 수 있는 특별한 사정이 있는 경우에 해당한다고 본 판례로는 대판(전합체) 2013.12.18. 선고 2012다89399가 있다. 이 판결은 정기상여금을 통상임금에서 제외하기로 한 노사간의 합의가 근로기준법의 강행규정을 위반하여 무효인 경우에 관한 것으로서, 위 노사합의가 강행규정에 위반되어 무효라고 주장하는 것은, 정기상여금을 통상임금에서 제외하기로 한 것이 이미 관행으로 정착되어 왔고 그럼에도 불구하고 노사가 합의한 임금수준을 훨씬 초과하는 예상외의 이익을 추구하고 그로 말미암아 사용자에게 예측하지 못한 새로운 재정적 부담을 지워 중대한 경영상의 어려움을 초래하거나 기업의 존립을 위태롭게 한다면, 이는 종국적으로 근로자 측에까지 피해가 미치게 되어 노사 어느 쪽에도 도움이 되지 않는 결과를 가져오므로 정의와 형평 관념에 비추어 신의에 현저히 반하고 도저히 용인될 수 없다고 판시하였다.

Ⅲ. 권리남용금지

1. 의의

권리남용의 금지는 외형상으로는 권리의 행사로 보이지만 구체적인 경우에 따라서는 권리의 사회성에 반하여 권리의 행사로서 시인될 수 없는 행위를 말한다. 권리남용에 해당하는 경우에는 권리행사로서의 법률효과를 부정하게 된다.

권리남용금지의 연혁이나 신의성실의 원칙과의 관계에 대해서는 앞에서 보았다.

---

6) 대판 2002.3.15. 선고 2001다67126(신의성실의 원칙은 법률관계의 당사자는 상대방의 이익을 배려하여 형평에 어긋나거나 신뢰를 저버리는 내용 또는 방법으로 권리를 행사하거나 의무를 이행하여서는 아니 된다는 추상적 규범으로서 신의성실의 원칙에 위배된다는 이유로 권리의 행사를 부정하기 위하여는 상대방에게 신의를 공여하였다거나 객관적으로 보아 상대방이 신의를 가짐이 정당한 상태에 있어야 하고, 이러한 상대방의 신의에 반하여 권리를 행사하는 것이 정의관념에 비추어 용인될 수 없는 정도의 상태에 이르러야 하며, 또한 특별한 사정이 없는 한 법령에 위반되어 무효임을 알고서도 그 법률행위를 한 자가 강행법규 위반을 이유로 무효를 주장한다고 하여 신의칙 또는 금반언의 원칙에 반하거나 권리남용에 해당한다고 볼 수는 없다).

2. 요건

권리남용에 해당하는지는 외형상 권리의 행사로 보이는 행위가 있어야 하고 그 것이 사회적 평가로서 권리의 행사로서 시인될 수 있는지를 판단해야 한다.

권리행사로서 시인될 수 있는지 여부를 판단하기 위해서는 다음과 같은 것을 참작해야 한다. 첫째 객관적 요건으로서 권리자가 권리를 행사함으로써 얻게 되는 이익과 그로 인하여 상대방 또는 그 외 제3자가 입게 되는 피해를 비교형량하여야 한다. 둘째 이런 객관적 요건인 이해관계자들의 이득상황 외에 주관적 요건으로서 권리자의 주관적 사정, 즉 타인에게 손해를 주는 것만을 목적으로 하는 것을 요건으로 부가해야 하느냐를 검토해야 한다.

가. 객관적 요건

권리남용에 해당되기 위해서는 권리의 행사로 인하여 권리자가 얻는 이익이 그로 인하여 제3자 내지는 사회공동생활상의 이득에 미치는 피해보다 커야 하느냐가 문제로 된다. 만일 권리자의 이익이 사회공동생활상의 피해보다 커야 한다고 보면, 개인의 권리를 사회 전체의 이익을 위해 희생해도 된다는 전체주의국가이념으로 빠지게 되고 사회공동생활상의 이익을 위해 개인의 권리를 무시하게 되어 바람직스럽지 못하다. 그러므로 권리자의 권리를 중시하는 입장에서 권리자가 권리를 행사하는 경우에는 원칙적으로 적법하다고 보아야 한다. 다만 그 권리행사가 권리자의 이익에 비하여 사회공동생활상의 피해가 현저하게 크다고 인정되는 경우에 한하여 극히 예외적으로 권리남용에 해당한다고 해야 할 것이다.

이처럼 위와 같은 판단기준은 일반적이고 추상적인 수준에 그치는 바, 그 구체적인 판단은 문제되는 사안에서 행사되는 권리의 종류, 권리가 행사될 때의 제반관계 내지 상황 등을 종합적으로 고려하여 판단할 수밖에 없을 것이다.

나. 주관적 요건

권리남용의 법리는 연혁적으로는 상대방을 해하는 것만을 목적으로 한다는 주관적 요건을 중시했으나 서서히 주관적 사정의 존재보다는 객관적인 요건, 즉 이

해당사자간의 이익형량에 중점을 두고 판단함으로써 그 판단기준의 중심이 이전하였다.

그렇다면 주관적 요건은 완전히 배제되어야 하는 것인가. 이에 대하여는 긍정설과 부정설로 학설이 나뉘어져 있다.

우리나라의 판례는 권리남용에 해당하는지를 판단함에 있어 주관적 요건을 강조한 것도 있고,[7] 객관적 요건과 함께 주관적 요건도 필요한 것으로 판시한 것도 있다.[8]

생각건대, 판례는 오로지 객관적 요건만으로 권리남용을 판단하는 경우 빠질 수 있는 전체주의적 경향에서 벗어나기 위해 객관적 요건 외에도 주관적 요소를 고려하여 권리남용을 판단하고 있다고 보아야 할 것이고[9] 기본적으로 정당한 태도라고 할 것이다.

3. 권리남용의 효과

조문상으로는 권리는 남용하지 못한다고만 규정하고 있을 뿐이다. 따라서 그 구체적인 효과는 개별사안에 따라 다르다고 해야 하지만 일반적으로는 해당 권리행사가 적법하였다면 부여되었어야 할 법적 효과가 발생하지 않는다는 점과 권리남용에 해당한다고 하여 그 권리 자체가 소멸하는 것은 아니라는 점은 유의해야

---

7) 대판 1980.5.27. 선고 80다484(원고소유 대지 위에 건립된 건물부분을 철거한다면 건물 전체가 붕괴될 위험이 있어 원고에게는 이득이 없으면서 오직 피고에게 손해만을 주기 위하여 소송에 이른 사정이 인정되는 경우에만 권리남용이 된다).

8) 대판 1988.12.27. 선고 87다카2911(토지소유자가 그 토지의 소유권을 행사하는 것이 권리남용이 되기 위하여는 그 권리행사가 사회질서에 위반된다고 볼 수 있는 객관적 요건 이외에 주관적으로 그 권리행사의 목적이 오로지 현재 토지를 이용하고 있는 자에게 고통이나 손해를 주는데 그칠 뿐 소유자에게는 아무런 이익이 없는 경우라야 한다), 대판 1986.7.22. 선고 85다카2307(권리행사가 권리의 남용에 해당한다고 할 수 있으려면, 주관적으로 그 권리행사의 목적이 오직 상대방에게 고통을 주고 손해를 입히려는데 있을 뿐, 행사하는 사람에게 아무런 이익이 없을 경우이어야 하고, 객관적으로는 그 권리행사가 사회질서에 위반된다고 볼 수 있어야 하는 것이며, 이와 같은 경우에 해당하지 않는 한 비록 그 권리의 행사에 의하여 권리행사자가 얻는 이익보다 상대방이 입을 손해가 현저히 크다 하여도 그러한 사정만으로는 권리남용이라 할 수 없는 것이다).

9) 대판 2010.12.9. 선고 2010다59783(권리의 행사가 상대방에게 고통이나 손해를 주기 위한 것이라는 주관적 요건은 권리자의 정당한 이익을 결여한 권리행사로 보여지는 객관적인 사정에 의하여 추인할 수 있으며, 어느 권리행사가 권리남용이 되는가의 여부는 개별적이고 구체적인 사안에 따라 판단되어야 한다).

할 것이다(다만 친권남용의 경우에는 예외적으로 제924조에 따라 법원에 의해 친권이 상실될 수 있다).

개별 사안에서의 구체적인 효과는 남용되는 권리의 종류, 남용의 태양에 따라 다르다. 예컨대 소유권에 기한 방해배제청구권의 행사가 남용에 해당되면 그 방해를 배제할 수 없게 되므로 무권한으로 점거한 자는 사실상 그 상태를 계속할 수 있게 되는 결과가 된다. 그런데 이런 경우 무권한 점거자에게 새로운 적법한 이용권한이 발생하는 것은 아니고 소유권을 침해하고 있는 사실은 변함이 없으므로 소유자가 입은 손해를 전보해야 하는 문제가 발생하고 이 경우 그 손해전보의 방법으로 어떠한 법적 수단을 동원할 수 있는지가 문제로 남게 된다.[10)]

또 소유자가 자신의 소유권에 기한 토지의 사용·수익행위에 의해 타인에게 손해(일조권침해나 인격권 침해 등)를 발생시키고 이러한 그 권리행사가 권리남용으로 판단되는 경우에는 그 효과로서 손해배상의무를 부담하거나 방해배제가 인정되게 된다.[11)] 이런 효과는 법적으로는 불법행위가 성립되거나 또는 인격권 등의 침해에 기초한 방해배제청구권의 대상이 된다는 것이고, 권리남용의 판단은 해당 행위가 권리의 행사로서 허용되지 않는다는 위법성을 도출하는 도구개념으로 사용된 것에 불과하다고 할 것이다.[12)]

---

10) 위 87다카2911 판결은 학교의 교사(校舍) 부지 한 가운데 위치한 토지의 소유자가 학교 교사의 철거와 부지 인도를 청구한 사안에서 토지 소유자의 청구를 권리남용으로 배척한 것이다. 이처럼 학교 교사의 철거청구가 권리남용에 해당되더라도 학교교사로서 사용할 권리가 발생하는 것은 아니므로 이로 인한 토지 소유자의 손해는 전보되어야 할 것이다. 이런 경우의 법리로서 손해배상의 법리로 해야 할 것인지, 부당이득의 법리로 해결해야 할 것인지의 문제가 남는다.

11) 대판 2001.6.26. 선고 2000다44928, 44935(주거의 일조는 쾌적하고 건강한 생활에 필요한 생활이익으로서 법적 보호의 대상이 되는 것이며, 어떤 토지의 거주자가 인접한 타인의 토지 위를 거쳐서 태양의 직사광선을 받고 있는데, 그 인접 토지의 사용권자가 건물 등을 건축함으로써 직사광선이 차단되는 불이익을 입게 되고, 그 일조방해의 정도가 사회통념상 일반적으로 인용하는 수인한도를 넘어서는 경우에는 그 건축행위는 정당한 권리행사로서의 범위를 벗어나거나 권리남용에 이르는 행위로서 위법한 가해행위로 평가되어 일조방해로 인한 불법행위가 성립한다).

12) 권리남용이 불법행위로 인한 손해배상에서 위법성을 도출하기 위한 도구개념에 불과하다고 보는 경우, 권리남용이라는 도구개념을 굳이 사용하지 않고서도 '수인한도'라는 도구개념을 이용하면 충분하다는 주장도 제기된다. 대판 2000.5.16. 선고 98다56997(건물의 신축으로 인하여 그 이웃 토지상의 거주자가 직사광선이 차단되는 불이익을 받은 경우에 그 신축행위가 정당한 권리행사로서의 범위를 벗어나 사법상 위법한 가해행위로 평가되기 위해서는 그 일조방해의 정도가 사회통념상 일반적으로 인용하는 수인한도를 넘어야 한다)에서는 수인한도

그리고 채무자의 소멸시효의 원용이 권리남용에 해당되는 경우가 있다는 것은 소멸시효에서 본 바와 같고, 이런 경우에는 해당 청구권의 채권자는 시효기간이 경과하였음에도 불구하고 여전히 법적 조력에 의해 그 청구권을 실현시킬 수 있게 된다.

Ⅳ. 그 외

1. 금반언(禁反言)의 원칙

권리자의 권리행사가 그가 그 전에 한 말이나 행동과 모순되는 경우 그런 권리행사는 허용되지 않는다는 원칙을 말하고, 이것도 신의성실의 원칙의 파생원칙이라 할 수 있다.

이와 관련하여서는 앞에서 보았던 '무권대리와 상속'의 경우나 소멸시효의 원용이 권리남용에 해당하는 경우 등에서 볼 수 있다.

2. 실효의 원칙

실효의 원칙에 대하여는 소멸시효에서 보았다. 이런 실효의 원칙에 의한 권리의 실효제도 역시 신의칙의 한 파생원칙이라고 할 것이다.

의 개념을 이용하여 손해배상책임을 인정하고 있고, 권리남용법리를 굳이 끌어서 사용하지 않고 있는 점에서 눈길을 끈다.

판례색인

【헌법재판소판례】

【대법원판례】

사항색인

【ㅇ】

【ㅈ】

【ㅊ】

【ㅌ】

【ㅍ】

황 경 웅

서울대학교 법과대학 졸업
사법시험 합격
부산지방법원, 인천지방법원, 서울가정법원 판사 역임
변호사 개업(법무법인 천지인 구성원 변호사)

현 중앙대학교 법과대학 교수

[저 서]

"저당권자의 물상대위"(2012) 외 논문 다수

민법총칙

2022년 3월 15일 초판 인쇄
2022년 3월 20일 초판 발행

저 자 황 경 웅
발 행 인 고 호 균
발 행 처 **법 영 사**

저자와의 협의하에 인지첩부를 생략함

06302 서울시 강남구 논현로 130
전화 (501)8898(대) Fax (501)8895
등록 1987. 5. 11. 제3-125호(윤)
Homepage : www.bubyoungsa.co.kr
E-mail : bys1986@hanmail.net

※ 파본은 교환해 드립니다. **정가 38,000원**

ISBN 978-89-7032-331-2